西方劳动经济学说史

李仲生　著

中国人事出版社

图书在版编目(CIP)数据

西方劳动经济学说史/李仲生著. —北京：中国人事出版社，2015
ISBN 978-7-5129-0887-1

Ⅰ.①西… Ⅱ.①李… Ⅲ.①劳动经济学-经济思想史-西方国家 Ⅳ.①F240

中国版本图书馆 CIP 数据核字(2015)第 108939 号

中国人事出版社出版发行

（北京市惠新东街 1 号 邮政编码：100029）

*

北京京华虎彩印刷有限公司印刷装订 新华书店经销

787 毫米×1092 毫米 16 开本 28.25 印张 616 千字

2015 年 7 月第 1 版 2016 年 7 月第 2 次印刷

定价：70.00 元

读者服务部电话：（010） 64929211/64921644/84643933

发行部电话：（010） 64961894

出版社网址：http://www.class.com.cn

作者简介

李仲生，1951 年出生于北京。首都经济贸易大学劳动经济系教授，兼任致公党中央经济工作委员会委员。中国经济学界的著名学者，日本国立千叶大学经济学博士，后在日本早稻田从事经济学博士后研究。日文专著《中国的人口变动》获日本首届“华人学术奖”。出版专著《人口经济学》《世界人口经济史》以及《中外人才思想史》等 13 部、合著 2 部。在国内外学术刊物上发表论文《人口经济学的形成与发展》等 140 余篇，总研究成果 1 050 多万字。其留学经历及拼搏精神自大型纪录片《我们的留学生活——在日本的日子之我的太阳》在全国播出后，在国内引起轰动，感动和震撼了亿万观众，受到社会广泛关注，《人民日报》、《光明日报》、中国新闻社、中央电视台、日本富士电视台和美国侨报等数百家中外媒体进行过报道。传略和学术贡献被《世界名人录》《世界优秀专家人才名典》以及《伟大的复兴——中国优秀经济学家篇》等 30 余部辞书收集入典。

前　言

西方劳动经济学说史是以古代以来西方国家的主流劳动经济思想发展为研究对象的。其研究范畴侧重于西方劳动经济学说的产生、发展的历史，或者说，从劳动经济学的角度阐述有关劳动与经济之间关系的历史，同时研究劳动变动的经济因素以及劳动现象和经济现象的相互关系。本书的涵盖内容十分丰富，是中国第一部劳动经济思想史，具有一定的开拓性和创新性。

《西方劳动经济学说史》全书共分为 33 章，第 1 章概述了劳动经济学说的形成与发展的历史。第 2 章至第 5 章分别阐述了前古典劳动经济学时代的古希腊、古罗马到中世纪以及重商主义、重农主义的劳动经济思想。第 6 章至第 14 章分别阐述了古典劳动经济学时代的古典经济学派、庸俗经济学派、马克思主义、德国历史学派、英国空想社会主义和法国空想社会主义的劳动经济学说，主要是按照各个不同的劳动经济思想流派来阐述各种劳动经济学理论。第 15 章至第 20 章分别阐述了新古典劳动经济学时代的边际效用学派、奥地利经济学派、数理经济学派、新古典经济学派、瑞典学派的形成与早期的发展以及美国边际学派的劳动经济思想。第 21 章至第 25 章分别阐述了现代劳动经济学时代的凯恩期学派、新古典综合派、新剑桥学派、瑞典学派中后期的发展以及马歇尔学派以后的劳动经济学说。第 26 章至第 32 章主要从劳动经济学的视角论述了劳动力市场歧视、工资、就业、人力资本、劳动力迁移、工会以及劳工运动等各个领域的劳动经济学说。第 33 章则概述了凯恩斯学派以后的劳动经济思想。

本书具有以下几个特点：

第一，评论了自远古以来到现代近两百位著名的经济学家、劳动经济学家、哲学家、社会学家、政治家的劳动经济思想，为人们了解西方劳动经济思想发展史提供了较丰富的资料，并且从纵横两个方面分析了各种劳动经济学说之间的关系，在一定程度上提示了各种劳动经济学说的渊源。体现了作者开阔的视野和较深厚的学术功底，这使得本书成为一本不可多得的劳动经济思想史读物。

第二，较为集中地评价了西方经济学家和劳动经济学家的劳动经济理论和分析模型以及研究方法。就其理论意义和实践意义而言，具有一定的学术价值和创新性，弥补了中国在这一领域的空白。

第三，是一部西方劳动经济思想史教科书，框架结构合理、语言流畅，不仅适合高等院校经济学和劳动经济学相关专业的师生阅读使用，而且也适合各级管理者阅读。本书有助于各位学者明了劳动经济思想对各项劳动经济政策所产生的深远影响。

本书得到国家重点学科劳动经济学专项资金的出版资助，以及首都经济贸易大学冯喜良教授的大力支持，在此表示深深的感谢。在本书的审稿和出版过程中，中国人事出版社的张文春编审提供了帮助和支持，在此特致以最诚挚的谢意。

李仲生

2015 年 3 月 31 日于北京

目　　录

第一篇　前古典劳动经济学时代

第二篇 古典劳动经济学时代

第三篇 新古典劳动经济学时代

第四篇 现代劳动经济学时代

第 1 章　劳动经济学说的形成与发展

1.1　早期前古典劳动经济学说的萌芽

西方劳动经济思想有着极其悠久的历史，在远古时期的一些学者和政治家的著作和论述中就已经孕育着劳动经济学说的萌芽。公元前 8 世纪希腊诗人赫西奥德（Hesiod，Hσίοδos）在他的《劳动与时日》著作中热情歌颂了人类的劳动，认为只有劳动才能得到财富，整个社会才能繁荣昌盛。这蕴含着劳动是一切价值源泉的思想萌芽。这种朴素的劳动经济观念成为以后希腊劳动经济学说的思想渊源。

古希腊思想家、经济学家色诺芬（Xenephon，Ξενοφῶν，约公元前 430—前 354 在其著作《经济论》和《雅典的收入》中，从奴隶制的自然经济观点出发，从使用价值生产的角度强调了分工的必要性，考察了劳动分工及其意义，并且认识到分工受市场范围的限制。古希腊思想家、哲学家柏拉图（Plato，Πάλτων，约公元前 427—前 347）在其著作《理想国》和《法律论》中，从国家组织原理角度考察了劳动分工的问题。他认为，由于人们具有不同的需求，而各自又不能自给自足，就必然有分工，于是形成了各种团体，这些团体联合起来便形成国家。另外，他还从产品的生产效率方面说明了分工的必要性。古希腊思想家、哲学家亚里士多德（Aριστοτέ λης，Aristotéles，公元前 384—前 322）在《伦理学》中论述了价值思想。他的价值思想包括以下内容：物的两种用途是直接使用和交换；剩余产品的存在是交换产生的前提；交换的原则是同一性和等同性；货币的重要性是实现交换中介的职能。他的这种朴素经济思想是现代经济学价值论的起点，隐含了劳动经济思想。亚里士多德还考察了劳动分工问题，他和柏拉图一样也把奴隶制度看作自然的劳动分工的结果。

古代罗马共和时期的政治家和演说家马库斯·塔留斯·西塞罗（Marcus Tullius Cicero，公元前 106—前 43）在《国家篇》和《论责任》中，明确地把经济社会视为一个以劳动分工为基础而相互联系的整体，劳动分工形成各种专业和职业，是社会有机体正常运转的必要组成部分，而劳动分工体系的每一部分，对于社会的生存与发展来说，都是不可缺少的必经环节。劳动分工是为了适应人们的多种需求。劳动分工导致的专业化与需求的矛盾通过交换来解决。他的劳动经济思想，特别是劳动分工学说显然是对柏拉图和亚里士多德的继承。但通过研究发现，实际上他做了很多深入的研究工作，他的某些研究成果已经超越了古希腊的哲学家和思想家。所以，西塞罗也是前古典劳动经济学时代的重要启蒙者之一。

从公元 5 世纪到 10 世纪是西欧封建社会的早期。反映这一时期劳动经济思想最重要的史料是《萨利克法典》和《庄园敕令》。《萨利克法典》反映了公元 5—6 世纪刚步入封建社会初期的法兰克王国的经济制度及编写者的主要经济观点。它十分重视对主要生产者的人身自由及财产的保护，规定劳动所得归农户所有。《庄园敕令》是公元8世纪末查理大帝为整顿领地而颁布的诏令，共70条。它详细地规定了庄园里各个部门的组织形式和生产管理方式，并对农作物的耕作、收割，对农奴的监督、耕畜的使用等都作了详细的说明。与《萨利克法典》不同，《庄园敕令》更具有劳动经济管理的倾向，要求庄园管理要充分利用土地和劳动力，督促农奴“勤于耕作”，“不要虚度工作日”。

西欧从公元11世纪起进入封建社会的极盛时期，西欧的劳动经济思想随之进入了一个新的发展阶段。德意志著名的神学家、自然科学家阿尔伯图斯·马格努斯（Albertus Magnus，1206—1280）把公平价格看成是生产上劳动的消耗相当的价格。他在解读亚里士多德的《伦理学》时指出，只有劳动耗费相等的物品，才可以互相交换。这是朴素的劳动市场经济思想。他指出，交换价值必须依从生产成本，并提出了以劳动和花费来衡量成本的观点，这实际上已经把商品的价格看作是以生产耗费的劳动量为基础，从而成为古典劳动经济学的先驱。

西欧中世纪鼎盛期最著名的学者、经院哲学的哲学家和神学家托马斯·阿奎那（Thomas Aquinas，1225—1274）以经验事实为依据，把公平价格定义为与产品的必要成本相等的价格。他提出的商品价值论和同等性原则在人类劳动经济思想史上具有重大的历史意义。他从经济学的立场思考劳动经济现象和公平价格问题，提出并初步论证了一种素朴的效用价值论和劳动价值论，把交换正义放在“物物等值”的基础上，从交换物品的生产、效用和流通本身来寻找“同等性”的根据。

从公元16世纪到18世纪，欧洲出现了重商主义的经济时期。这一时期的主要代表人物主要有英国的托马斯·孟（Thomas Mun，1571—1641）、伯纳德·曼德维尔（Bernard Mandevile，1670—1733）以及法国的让·巴蒂斯特·柯尔培尔（Jean Baptiste Colbero，1619—1683）等人。托马斯·孟在1621年发表了《论英国与东印度的贸易》一书，阐明了他的劳动经济思想。他认为，要拓展有利于英国对外贸易发展的各种产业，就需要大量的劳动力，以增加国民财富。在对外商战中，一个国家的人口越多，劳动力就越多，可以输出换回金银的商品也就越多。因此，“在人数众多和技艺高超的地方，一定是商业繁盛和国家富庶的”。这种人口众多和丰富的劳动力供给会带来商业兴旺和国家富强的观点在资本主义原始积累时期无疑是正确的。因为当时资本主义还处在萌芽状态，大量的资源有待于开发，而人口众多、劳动力资源充足有利于发展商业，提供广阔的消费品市场。

伯纳德·曼德维尔在1714年出版的《蜜蜂的寓言——私人的恶德，公众的利益》对于劳动的态度是相当明确的，因为社会的目标是生产，而不是古典经济学派所提倡的消费，所以他主张拥有大量的人口与童工，并谴责懒惰。拥有劳动力参与率高的大量人口会导致低工资，这将使国家在出口和国际贸易方面具有竞争优势。低工资也保证了劳动的充分供给，因为他注意了一条向下倾斜的劳动力供给曲线，根据曼德维尔的观点，较高的工资将减少劳动供给。他还提出了劳动分工可以提高劳动生产率的思想，他认为劳动分工是增加财富的最有效办法。在重商主义的劳动经济思想体系中，主要讨论了劳动力人口与财富之间的关系，以及劳动分工等劳动经济问题。

在这一时期，重农主义的劳动经济学说也迅速发展起来。重农主义学派认为财富是物质产品，财富的来源不是流通而是生产。所以，财富的生产意味着物质的创造和数量的增加。在各经济部门中，他们认为只有农业是生产的，因为只有农业既生产物质产品又能在投入和产出的使用价值中，表现为物质财富的量的增加。在重农学派看来，农业是一个国家富强的基础。重农主义者继承了这一传统，并以“纯产品”学说论证了农业是一个国家财富的来源和一切社会收入的基础，为这一传统观点提供了理论基础。重农主义的代表人物主要有皮埃尔·布阿吉尔贝尔（Pierre Boisguillebert，1646—1714）、理查德·坎蒂隆（Richard Cantillon，1680—1734）、弗朗斯瓦·魁奈（Francois Quesnay，1694—1774）及安纳·罗伯特·雅克·杜尔哥（Anne Robert Jacques Turgot，1727—1781）等人。魁奈的劳动经济思想主要见于《农业国经济统治的一般准则》和《人口论》。他从重农主义观点出发，提出农业是一切财富的本源，只有农业才是满足人们需要的财富的来源，并强调劳动力人口是财富的第一个创造性因素。他认为财富的增长先于劳动力增长，只有财富增加，才能使劳动力人口增长，一国劳动力人口是随着国民收入的增长而增加的。由于收入能够提供富裕的生活和利益，因而促使劳动力人口增长速度加快。当然，劳动力人口过多或者无限制的增长对一个国家也是不利的。他揭示了劳动力变化与财富之间的内在联系，并在一定程度上看到劳动力人口、需求、分工、交换等因素之间的联系。他指出，一种产品必须具有满足人们需要的使用价值，并且只有一定数量的情况下，通过分工生产、相互交换生产物来满足各自的需求，因而有交换价值时，生产物才能成为财富。

杜尔哥在《关于财富的形成和分配的考察》一书中认为，农业劳动是一切财富的唯一源泉，是其他各种劳动能够独立经营的自然基础和前提。他把纯产品看作自然界对农业劳动者的劳动的赐予，纯产品是由劳动者通过劳动所生产出来的，实际上认识到地主阶级占有纯产品是对他人劳动的占有。在他看来，工资、利润、利息、地租都归结为资本主义社会的基本收入，但是他不是把收入看成对劳动创造价值的分割，而是对劳动产品本身的分割。他还明确地提出资本的概念，把利润看作是一个独立的经济范畴。他基本上抛弃了重农学派的封建主义外观，并提出了一系列的政策纲领。杜尔哥在其代表作中，联系工资理论阐明了他对劳动经济问题的观点。在重农主义的劳动经济思想体系中，主要探讨了农业人口增长与财富、劳动价值论及工资论等问题。

在前古典劳动经济学的孕育阶段，尽管许多思想家和经济学家提出了劳动分工、劳动力、劳动价值论及工资论等劳动经济思想，但是他们的学说还是朴素的、零散的，还没有形成独立的思想体系。

1.2 古典经济学时代劳动经济思想的形成

产业革命以后，西方劳动经济学说开始成为经济学和管理学的重要组成部分。这一时期古典经济学派的创始人威廉·配第（William Petty）、亚当·斯密（Adam Smith）、大卫·李嘉图（David Ricardo）等经济学家提出了重要的劳动经济思想。

威廉·配第（William Petty）最先阐明了劳动力和财富之间的内在关系。他从劳动价值论出发，提出了土地为财富之母，而劳动则为财富之父和能动的要素。配第认为，人的劳动是财富的源泉，劳动力人口和土地是财富生产的必要条件，而土地上的生产物是由人们的劳动创造出来的。他认为，一个国家的财富生产要求一定数量的劳动力人口。如果劳动力人口数量过少或不足，对一个国家来说是不利的。他还区分了生产人口与非生产人口，说明了人口状况和就业状况对征税和调整人口经济结构的作用。

亚当·斯密（Adam Smith）继承了配第的传统的观点，认为劳动是财富的源泉。斯密所说的国民财富是指一个国家所生产的商品总量。斯密在1776年发表的《国富论》中从劳动价值论出发，分析了劳动力人口与财富的关系。他看到劳动人口与生产资料和资本之间有一定的比例关系。他还分析了把人口与财富联系起来的中间环节，如社会分工、生产、交换、分配、需求、消费等因素，并强调社会分工对国民财富的重要性，认为提高劳动生产力是增加国民财富的主要原因，而分工又是提高劳动生产率的重要因素。斯密还从劳动分工对劳动生产力增长的影响、工资性质及决定工资差别的因素、劳动力供给与需求和工资率变动状况等方面的论述，系统地奠定了劳动经济的基本理论框架。此后，通过对工资性质和工资决定问题的研究，他提出了著名的工资理论，成为劳动经济学关于工资运动的规律及劳动供给决定工资观点的直接基础。

大卫·李嘉图（David Ricardo）是古典经济学的集大成者。他在《政治经济学及赋税原理》中坚持劳动价值论。他认为工资是劳动的价格，劳动和其他商品一样，具有自然价格和市场价格。劳动的自然价格由维持劳动者的生活必需品的价格决定，其市场价格由对劳动的供求状况决定，并把劳动力人口数量和工资即劳动价格联系起来，认为在任何情况下，工人只能得到相当于维持其自身及延续后裔所必需的货币工资。李嘉图还认为，在商品的价值中，利润所占的份额首先取决于工资所占的份额，并坚持工资是劳动力的再生费用的观点。他指出，工资虽然有符合自然率的倾向，但市场工资率却可能持续高于自然率。如果资本的增加不断进行，劳动的需求就会刺激劳动力人口增长。因此，劳动需求就成了劳动力人口增长的动因。李嘉图的工资理论成为劳动经济学关于工资运动的规律及劳动供给决定工资的观点的直接基础。

古典经济学学派较有影响的还有市场法则论和工资基金学说。让·巴蒂斯特·萨伊（Jean-Baptiste Say）的市场法则论对劳动力市场的均衡分析、微观经济学及其后劳动经济学说的进一步发展奠定了直接的基础。而由重农主义者提出，亚当·斯密发展，斯图亚特·穆勒将其定型的工资基金学说之后，纳索·威廉·西尼尔（Nassau William Senior）在《政治经济学大纲》（1836）对其进行了批判。这些争论对劳动经济学说的形成提供了条件，通过论争，工资的性质和工资的决定更趋于明确和清晰，劳动力供求、工资决定及其运行规律等劳动力市场现象引起了经济学家的关注，客观上也促进了劳动经济学说的形成。

在古典经济学派向新古典经济学发展的时期，历史学派盛行于德国经济学界，同时制度学派在美国经济思想界得到发展。历史学派批评了古典经济学派的抽象演绎方法，将历史和道德等非直接经济因素运用到劳动力市场的选择和人的行为及工资分析中。

德国著名的经济学家卡尔·亨利希·马克思（Karl Heinrich Marx）在《资本论》等著作中探讨了劳动价值、劳动二重性、生产价格理论、剩余价值等劳动经济问题。他的关于利润、地租、工资理论的研究，关于劳动与劳动力区别的研究，关于劳动力商品的存在而产生劳动力市场的研究，对拓展劳动经济学说的研究领域具有重要的影响。

尽管经济学对劳动问题的理论研究已有悠久的历史，但是这一时期的劳动经济学说主要是古典经济学的一个重要组成部分。许多经济学家提出的劳动经济学说无疑对劳动经济学的形成奠定了基础，但是在古典经济学时代的劳动经济理论还分散于经济学和管理学之中，尚未形成独立的劳动经济学说体系。

1.3　新古典经济学时代的劳动经济思想

新古典经济学为劳动经济学的形成提供了新的分析方法（边际分析和均衡分析）和理论。“边际革命”将数学作为经济学分析的工具，并将其用于劳动经济分析之中。19世纪70年代，英国的经济学家威廉·斯坦利·杰文斯（William Stanleyb Jevons）在《政治经济学理论》（1871）、奥地利经济学家卡尔·门格尔（Carl Menger）在《国民经济学原理》（1871）、法国经济学家马利·埃斯普里·里昂·瓦尔拉斯（Marie Esprit Leon Walras）在《纯粹经济学要义》（1874）中，分别提出了边际效用价值理论和边际分析方法，引发了经济学上的“边际革命”。新古典经济学广泛地将数学作为经济学的工具，尽可能以严密和准确的数学模型表达和解释经济理论，并将其用于劳动力市场的分析之中。

新古典经济学提出了资源配置理论和均衡分析方法，新古典经济学的基本理论假设是理性和资源稀缺性，研究的中心是如何实现在资源稀缺约束下实现效用的最大化。在这种前提下，杰文斯提出了他的劳动学说，分析了个人在劳动力市场上的最佳选择行为。瓦尔拉斯将生产要素和产品市场统一起来进行考察，提出了整个经济的一般均衡论。维尔弗雷多·帕累托（Vilfredo Pareto）将基数效用论发展为序数效用论，并使之成为立论严密的市场理论。阿弗里德·马歇尔（Alfred Marshall）在《经济学原理》（1890）一书中，综合了当时的各种学说，提出了局部均衡理论，并用供给、需求和价格三者之间的函数关系，揭示了均衡价格规律。约翰·贝茨·克拉克（John Bates Clark）在《财富的分配：一种关于工资、利息和利润的学说》（1899）一书中，以边际生产理论为基础，提出了边际生产力工资决定理论。

德国历史学派的路德维格·布伦塔诺（Ludwig J. Berntana）在1881年出版的《现代劳动组合》一书中，主张广泛利用工会组织推行改良措施，通过劳资谈判解决工资、劳动条件等劳动力市场问题。美国制度学派则强调制度对解决劳工问题的重要性。美国学者理查德·西奥多·伊利（Richard Theodore Ely）在1886年发表的《美国的劳工运动》一书中，考察了工会运动的发展，分析了工会在劳动力市场中竞争、劳动条件决定等方面的地位与作用等问题，开创了系统地对劳动力市场现象进行制度与组织研究的先河。英国社会学家西德尼·韦伯（Sidney Webb）和比阿特丽丝·珀特·韦伯（Beatrice Potter Webb）合著的《工人运动史》《工业民主》等书全面探讨了劳动力市场体制的发展。

英国经济学家阿瑟·塞西尔·庇古（Arthur Cecil Pigou）论述了劳动经济学的一些重要理论。他在《财产与福利》中，把劳动经济问题放到了一个包括工资、工时、报酬、劳动力职业和区域分布及劳动力流动的更广泛的经济学论述中，对劳动力质量问题作了深入的研究，强调了教育和培训对劳动生产率的贡献。另外，他还论述了市场机制下难以避免的摩擦失业和资源失业问题。

19 世纪 70 年代到 20 世纪初期，尽管德国历史学派和美国制度学派及新古典经济学派的学者提出了一些劳动社会学和劳动管理学的劳动经济理论，但这一阶段的劳动经济理论还分散于经济学和管理学中，劳动经济学还没有形成一个独立的学科。

1.4 现代经济学时代劳动经济学说的形成与发展

劳动经济学说进入独立发展阶段是从 20 世纪 20 年代开始的。根据美国劳动经济学家保罗·J·麦克纳尔蒂（Paul J. McNulty）的考证，劳动经济学正是在 20 世纪 20 年代由美国制度学派的经济学家首先建立的。他们从制度演进分析入手，运用历史归纳和比较方法，研究经济过程中的劳动力市场现象。他们认为各种制度（如公司、工会、政府机关）对经济发展起着重要的作用，因此他们特别重视这些制度的结构和活动，以劳资关系、劳动力市场的竞争和制度结构为对象，分析工会运动的发展及工会在劳动力市场中的竞争、劳动条件决定的作用等问题。当时，有些制度学派的经济学家专门从事劳动经济问题的研究。在美国制度学派盛行的后期阶段，制度学派的经济学家所罗门·布拉姆出版了世界上第一部《劳动经济学》，标志着劳动经济学说作为一门经济学分科进入独立发展阶段。此后，在欧洲各国也建立和发展了劳动经济学说。

随着劳动力市场的不断发展和完善及工人运动的推动，西方劳动经济学说在实践中不断发展并逐步深化，劳动经济学说的研究内容日臻完善，特别是与工资相关的劳动经济理论得到了深化发展。英国经济学家约翰·理查德·希克斯（John Richard Hicks）在 1932 年发表的《工资理论》中，创立了一系列关于劳动力需求与供给的关键性概念。他运用工会理论，将罢工时间长短同工资率相联系，对集体谈判条件下的工资决定体制进行了纯理论分析。他在对劳资争议双方的行为作了一系列可预期的假设基础之上，提出了一个资方的“让步曲线”与工会的“抵制曲线”相交点的均衡工资模型，并解释了为什么此点所代表的工资是劳资双方所能接受的工资。

美国经济学家保罗·霍华德·道格拉斯（Paul Howard Douglas）同数学家查尔斯·W·柯布合作（C. W. Cobb）提出了生产函数理论。道格拉斯在 1934 年出版的《工资理论》一书中对希克斯的工资理论进行了补充，用统计的结果论证了边际生产力理论的正确性。更为重要的是，道格拉斯在数学家柯布的帮助下，提出了著名的柯布—道格拉斯生产函数理论。他们用测定边际生产率的方法发现了美国经济中制造行业生产率的

75%归功于劳动力，25%归功于资本。这与长期收集的各种数据相吻合，也与国家研究局得出的这一时期工资基金形成了74%的国民收入的结论基本吻合。20世纪40年代后期，奥地利裔美国经济学家约瑟夫·阿洛伊斯·熊彼特（Joseph Alois Schumpeter）称此研究是经济理论与统计方法相结合，是“在经济学研究中一次极具想象力的探索”。

20世纪30年代“凯恩斯革命”后形成的凯恩斯主义宏观经济学使就业理论获得了重要发展。英国经济学家约翰·梅纳德·凯恩斯（John Maynard Keynes）在1936年发表的《就业、利息和货币通论》一书中，将国民经济的长期发展水平与就业水平联系起来，以有效需求不足来解释非自愿失业存在的原因，并提出了加强政府对经济干预的政策建议。这标志着宏观经济学的产生。此后所形成的新古典综合学派、新剑桥学派、美国新凯恩斯主义学派分别从宏观、宏观与微观结合的角度分析了就业理论。宏观经济学的建立与发展对现代劳动经济学说的发展具有重大意义。

劳动力资源的利用程度得到深入研究。传统经济学认为，通过市场机制可以使生产达到充分就业的均衡，还可以依靠市场机制充分利用劳动力资源；而宏观经济学认为，充分就业只是短期的现象，大量存在的是介于充分就业与普遍失业之间或普遍失业的情况。宏观经济学深入地研究了劳动力资源未能达到充分利用的原因，以及如何达到充分利用的途径。这样，不仅劳动力资源的配置，而且劳动力资源的利用水平作为经济学需要解决的问题被明确提出来，拓展了劳动经济学的研究领域。

失业与通货膨胀是宏观经济运行中常见的最重要的问题，宏观经济学将失业、通货膨胀与国民收入联系起来，分析和认识它们相互之间的关系和原因，并提出一系列经济对策，为现代经济学从产品市场、要素市场的联系中更深刻地认识劳动力市场的功能，提供了新的视角。

20世纪40年代，美国芝加哥学派又把劳动力市场理论增加到劳动经济学中，进行了一场“劳动经济学革命”，以克服原劳动经济学研究范围过窄、内容不全、理论性不强等缺陷。在劳动经济学独立发展阶段，学者们主要考察了20世纪20年代至60年代劳动经济学从经济学和管理学中独立出来、工资理论研究的深化、劳动经济学的宏观总量研究、完整劳动力市场理论的提出、人力资本理论的丰富与发展等内容。

20世纪60年代以后，经济学家们对劳动经济问题进行了更为深入的研究，使劳动经济学说体系逐渐进入了完善阶段。劳动经济学研究的重点从劳动需求逐渐转向劳动供给，尤其是供给质量问题。其突出的成果是人力资本理论的崛起，美国经济学家雅各布·明瑟尔（Jacob Mincer）、西奥多·威廉·舒尔茨（Theodore William Schultz）、加里·斯坦利·贝克尔（Gary Stanley Becker）等对此做出了卓越的贡献。

雅各布·明瑟尔在1958年首次用现代分析方法研究了人力资本，他当时将注意力集中在对个人收入差距的解释上。在他以前，收入分配的研究常常是同凯恩斯的消费函数研究相联系的。明瑟尔的模型则是一个研究生产函数的模型，他用人们按照自主选择原则进行人力资本投资的结果来解释职业间和职业内部的收入差别，发现职业间的差别是培训差别的函数，并把人力资本投资扩大到工作阅历，以便广泛地解释不同质的劳动者个人的收入差别。舒尔茨是人力资本的集大成者，他提出了人力资本的五种形式，认为科学技术和教育极大地提高了人力资本，成为推动经济发展的第一因素。贝克尔在对人力资本投资进行了一般意义上的分析后，对高等教育所带来的个人收益率和社会收益率进行了实证研究。他们分别研究了人力资本对劳动供给、经济增长、收入分配的重要作用，指出经济增长的源泉除了劳动力和物质要素投入外，更主要的是人的能力的提高，并对教育培训对劳动报酬的影响进行了分析和研究。在这一时期，美国经济学家威廉·阿瑟·刘易斯（William Arthur Lewis）的二元经济与劳动力转移理论、美国经济学家迈克尔·托达罗（Michael P. Todaro）和约翰·里斯·哈里斯（John Rees Harris）的劳动力迁移模型也为现代劳动经济理论的创新做出了重大贡献。

20 世纪 70 年代以来，市场缺陷理论和分割劳动力市场理论构成了劳动经济学说最为重要的发展。传统理论认为，劳动力市场是完全竞争的，在这个市场上劳动力是同质的。而市场缺陷理论认为，在劳动力市场运行中，一些制度性的因素使得劳动力价格具有某种黏性，因此劳动力市场的失业常态是存在失业现象，而不是充分就业。这一学说在宏观经济学中属于新凯恩斯主义经济学中的一部分。分割劳动力市场理论主要由外部劳动力市场和内部劳动力市场组成。分割劳动力市场理论按劳动的技能、产业、地区等因素分割为不同的部分，其中最为著名的是迈克尔·帕雷（Michael Piore）提出的二元劳动力市场模型。美国劳动经济学家皮特·多林格（Perter B. Doringer）和迈克尔·约瑟夫·皮奥里（Michael Joseph Piore）提出的内部劳动力市场理论则注意到劳动并不完全是在外部劳动力市场通过工资的竞争进行配置的，很多劳动力是长期服务于固定的企业，并在企业内沿着工作阶梯被提升或淘汰。内部劳动力市场理论大量运用了博弈论和信息经济学的理论工具，目前仍然是劳动经济学说的一个研究热点。

20 世纪 80 年代以后，数理经济分析方法和计量经济学成为劳动经济学说的主要研究方法。这个学科就其大部分内容而言，不再集中于描述或制度研究。劳动经济学论著先介绍需要解释的事实，然后构建原则上能够复制需要解释的事实的理论模型，最后通过实证检验来对所构建的理论模型与需要解释的事实进行比较。在 20 世纪 90 年代末期，人们开始研究知识经济下的劳动经济理论问题。近年来，由于技术创新的加速和知识经济的崛起，越来越多的劳动经济学家正在研究“技术创新对劳动力供求的影响”“全球化过程中的就业结构”“新经济中的收入分配格局”等问题。随着具有创新性劳动经济研究论著的不断出现，劳动经济学说逐渐成为宏观与微观相结合的经济学科，其理论体系与研究方法日益完善。

思考题

1. 简述早期前古典的劳动经济学说。
2. 简述古典经济学时代的劳动经济思想。
3. 试论新古典经济学时代的劳动经济思想。
4. 论述现代经济学时代劳动经济学说的形成与发展。

第一篇　前古典劳动经济学时代

第 2 章　古希腊的劳动经济思想

2.1　古希腊劳动经济思想的渊源

古希腊是西方奴隶制的发源地，同时也是西方经济思想和劳动经济学说的发源地。古希腊从公元前 12 世纪至前 8 世纪开始从原始社会制度向奴隶制度过渡，公元前 8 世纪至前 6 世纪，进入奴隶制国家形成时期，公元前 146 年希腊奴隶制国家被罗马征服。古希腊的奴隶制经济基本上是自然经济，但商品货币经济已相当发达，商业资本和高利贷资本都已出现，随着生产和分工的发展，为劳动经济思想的产生和发展提供了物质前提。希腊奴隶制经历了城邦国家的兴起和奴隶社会的鼎盛，而城邦之间的战争使经济急剧恶化，阶级斗争日趋激烈。一些奴隶主思想家力图寻求巩固和发展奴隶制经济的办法和途径，于是出现了最初的奴隶主阶级的经济学说。

古希腊最早的劳动经济思想散见于诗人赫西俄德（Hesiod，Hσίοδοζ）的《工作和时日》（Work and Days）诗篇中，赫西俄德朦胧地意识到劳动是财富之母的概念。他把现实的苦难归结为人的自然属性，从而引申出他的经济伦理，即以劳动的方式获得，而不是掠夺，整个社会才能繁荣昌盛。这蕴含着劳动是一切价值源泉的思想萌芽。赫西俄德的劳动经济观念成为以后希腊劳动经济学说的思想渊源。

色诺芬（Xenephon，Ξενοφών）出身于雅典贵族家庭，在政治上反对雅典民主政治。他重视农业，鄙视商业和手工业，认为奴隶主家庭管理的任务在于取得更多的使用价值，而农业在奴隶制经济中居于主要地位，是奴隶制自然经济的物质基础，奴隶主的剩余产品主要来自农业。所以，他把农业看作是最重要的职业。在分工思想方面，色诺芬从使用价值生产的角度强调了分工的必要性，并且认识到分工受市场范围的限制。

柏拉图（Plato，Πάλτων）出身于雅典贵族家庭，作为苏格拉底的门生，他同色诺芬一样拥护贵族专政，反对雅典民主制度。柏拉图的劳动经济思想主要反映在《理想国》和《法律论》中，其中劳动分工思想具有较大的影响。在分工思想上，他从国家组织原理的角度考察了社会分工，由于人们具有不同的需求，而各自又不能自给自足，就必然有分工。从使用价值的角度，由于不同的人适合不同的工作，这都是由上天决定的，有的人天生就为奴隶，他认为奴隶制是合理的。他以分工学说为基础，描绘了理想国的组织构造。它包括三个阶层：最底层是一切从事经济活动的人；第二阶层是保家卫国的不从事经济活动的人；最高阶层是哲学家。

亚里士多德（Αριστοτ ἑ λης，Aristotélēs）是柏拉图的学生，当过亚历山大的老师，他一生涉猎许多学科，在很多方面都有很深的造诣，对后世的影响很大。亚里士多德的价值思想包括以下内容：物的两种用途是直接使用和交换；剩余产品的存在是交换产生的前提；交换的原则是同一性和等同性；货币的重要性是实现交换中介的职能。他的这种朴素经济思想是现代经济学价值论的起点，隐含了劳动经济思想。亚里士多德还考察了劳动分工问题，他和柏拉图一样也把奴隶制度看作是自然的劳动分工的结果。

劳动经济学说的产生离不开劳动经济思想及当时人类的经济行为。从赫西俄德到色诺芬和柏拉图，从柏拉图到亚里士多德，他们体现了一种朴素的劳动经济思想理论，有人说在亚当·斯密（Adam Smith）以前是没有劳动经济学说的，但是作为在奴隶制国家发展起来的劳动经济思想，它们的贡献是不可替代的，经济基础决定了其不能形成很系统的劳动经济学说体系，但他们作为西方文明的开创者和劳动经济学的先驱者在劳动经济学说史上的贡献是不可置疑的。

2.2 劳动经济学的探索者色诺芬的劳动分工思想

色诺芬（Xenephon，Ξενοφών，约公元前430—前354）是古希腊著名的经济学家、史学家和政论家。他出生于雅典上流家庭，曾师从苏格拉底（Socrates，Σωκρ τ，公元前469—前399），是苏格拉底的得意门生和柏拉图（Plato，Πάλτων，约公元前427—前347）是同窗好友。色诺芬多才多艺，涉猎很广，著述涉及哲学、政治、经济、历史、军事等方面，主要著作有《远征记》（Anabasis）、《希腊史》（Hellenica）、《苏格拉底回忆录》（The Memorabilia or Recollections of Socrates）及《居鲁士的教育》（Cyropadia）等。他的文笔朴素而精炼，具有明快优美的风格。色诺芬在经济方面的主要著作是《经济论》（Oeconomicus or Economics）和《论税收》（On Revenues）。这两部著作是现今流传下来的古希腊最早的经济专著，集中反映了色诺芬的经济思想和对经济活动的主张。

色诺芬约公元前
约公元前430—前354

色诺芬的《经济论》共分为两大部分。在第一部分中，色诺芬借苏格拉底之口阐述了农业对国家经济的重要性，认为农业是国民赖以生存的基础，是希腊自由民的最重要的职业；然后又讨论了人们应当如何用最有效的方法来管理好自己的家产。在第二部分中，色诺芬提出主持家务是妇女的天职，家政训练应该成为女子教育中的特别项目。总体看来，色诺芬拥护自然经济，反对雅典所采取的发展商业和货币经济的方针。他根据奴隶制自然经济的要求，确定了奴隶主的经济任务，主张把奴隶主的家庭经济管理辟为一门专门学问。《论税收》是色诺芬晚年的作品，主要讨论了如何改进雅典的税收制度的问题，主张要在不增加税收的前提下维持财政平衡。《经济论》是人类历史上第一部经济著作，色诺芬也是最早使用"经济学"一词的人。色诺芬对劳动经济学也有研究，他从奴隶制的自然经济观点出发考察了劳动分工及其意义。色诺芬的著述中已经隐含了劳动经济思想，他是西方早期劳动经济思想的探索者之一。

色诺芬在其著作《经济论》与《雅典的收入》中，最先从劳动经济学的视角观察了劳动分工。色诺芬认为，既然神分派给男女以不同的责任，那么他们就应该遵守神的旨意，努力完成各自的责任。不仅如此，色诺芬还从法律规定方面来说明男外女内的劳动分工的合理性。因为在他看来，法律的根据来自神意。他说，既然神使男女有别并要求他们相互合作，那么，法律也认可男女之间的不同责任，并使男女成为家庭的合作者。因此，男女劳动分工有别，家庭管理安排有序，双方相互合作，一个家庭的经济管理就会增加财产。

色诺芬首先从男女先天的生理差别来说明户外与户内工作的劳动分工。他认为，男女之间存在着天然的或生理的差别，这种差别使女性只适合于从事户内工作，或者反过来说，男性只适合户外工作，这种因生理的差别导致的劳动分工显然是大有疑问的。男人起主导作用的观念在当时仍然渗透于生活各个方面之中，另外也肯定受到了原始社会文化的影响。色诺芬的男外女内的劳动分工观点反映了那个时代的劳动经济分工状况。

其次，色诺芬从人能力的有限性说明分工的必要性。他明确指出，一个人不可能成为精通一切技艺的专家。如果人们只做一种最简单的工作，肯定会无条件地把工作做得更好。他在《居鲁士的教育》一书中对劳动分工作了一个精辟的解释。色诺芬说，在一个小镇上，工人不仅要制造各种农业工具，而且要制造日常生活的居室用品乃至房子。即使这样，也还不容易谋生。一个人做这么多种类的工作，要想做好做精当然是不可能的。在大城市，一个人只从事某种手工业甚至一种手工业的某一部分工作，就可以维持生活，而只做一种工作的人当然会把工作做得更好乃至达到精通。① 色诺芬认识到了人的能力的有限性，分工能使人精通某种技艺，带来更高的经济效率。他是从自然经济角度出发来看分工的，虽然强调劳动分工会使产品制造得更精美，但还没有涉及社会分工与商品价值量的关系。

色诺芬反对某些有害于人的身体健康的分工，认识到人在身心两个方面和谐发展的重要性。这可以说是色诺芬劳动经济思想的一个闪光点所在。他说，有些粗笨的工作迫使劳动者静止地坐在室内，甚至整天待在高温炙热的火炉旁，这不仅损害他们的身体，而且也损害他们的精神。从事这类工作让人们没有闲暇去注意和结交朋友，没有精力去关心城邦大事，因而致使他们不善于交往。在色诺芬看来，劳动分工是管理的一个重要方面，分工管理是有秩序的，是经济繁荣的必要条件。

---

① ［希腊］色诺芬．经济论·雅典的收入．北京：商务印书馆，1981

色诺芬还论述了劳动分工与市场的关系。他已认识到分工的规模取决于市场的大小，大城市的分工比小城市发达。他说，一切手艺都是在大城市中最为完善，而在小市镇上，一个工人要制床、门和桌子，甚至还要修盖房子。为什么城市的大小会导致分工状况不同？因为在大城市中，每一种职业都可以找到许多主顾。一个人只要从事一种手工业，甚至不必做一种手工业产品的全部或工艺过程的全部，就可以维持生活。而在小市镇，手工业者不容易找到足够的主顾来维持自己的生活。应该承认，色诺芬关于劳动分工的论述很肤浅，也不全面，这种局限性是由当时历史经济条件所决定的。然而，其论述的合理性是不容置疑的，他在劳动分工领域的研究使之成为伟大的劳动经济学先驱和思想巨人。

2.3 劳动经济学的鼻祖柏拉图的劳动分工思想

柏拉图（Plato，Πάλτων，约公元前 427—前 347）是古希腊伟大的哲学家，也是西方最伟大的哲学家和思想家之一。作为西方客观唯心主义的创始人，他在哲学上建立了欧洲哲学史上第一个庞大的客观唯心主义体系。柏拉图才思敏捷，研究广泛，著述颇丰，以他的名义流传下来的著作有 40 多篇，主要著作有《伊壁鸠鲁篇》《苏格拉底的申辩》《克力同篇》《斐多篇》《克堤拉斯篇》《泰阿泰德篇》《智士篇》《政治家篇》《巴曼尼得斯篇》《菲力帕斯篇》《飨宴篇》《斐德罗篇》《阿奇拜得篇之一》《阿奇拜得篇之二》《高尔吉亚篇》《智者篇》《政治家篇》《斐利布斯篇》《法律篇》《理想国》及《苏格拉底之死》等。他创造或发展的概念包括柏拉图思想、柏拉图主义、柏拉图式爱情、经济学图表等。柏拉图的哲学体系博大精深，对其教学思想影响尤甚。他的经济思想主要发表在《理想国》和《法律论》两书中。柏拉图在《理想国》中，提出了理想国家的方案，并考察了劳动分工的问题。

柏拉图
约公元前 427—前 347

按照柏拉图的解释，根据正义原则组织国家，就是每个人必须在国家担当一种最适合于其天性的职务。柏拉图从国家组织原理论述了劳动分工问题。柏拉图认为，人具有物质性，每个人都有多方面的需求，任何一个人也不可能生产出满足自己需要的全部物质生产资料。所以，他指出："在我看来，之所以要建立一个城邦，是因为我们每一个人不能单靠自己达到自足。"他认为，正是有了劳动分工，人们的各种需要的满足有待于互助。既然人们有多种需要，而必须由其他人供给其各种需要，于是产生了各种联合团体，这些团体的联合便形成了城市、国家。这也是国家之所以产生的唯一原因。[①] 可见，在柏拉图看来，城邦的产生源于社会分工，劳动分工是城邦产生的原因和动力。弗

① ［希腊］柏拉图. 理想国. 郭斌和，张竹明译. 北京：商务印书馆，1995

里德里希·冯·恩格斯（Friedrich Von Engels，1820—1895）认为“柏拉图把分工描述为城市的（在希腊人看来，城市等于国家）自然基础”，“在当时说来是天才的描述”。

柏拉图还从使用价值来说明社会分工的必要性，劳动分工提高了生产效率。在《理想国》中，柏拉图指出：“我们大家并不是生来都是一样的，各人性格不同，适合于不同的工作。”“只要每个人在适当的时候干适合他性格的工作，放弃其他的事情，专搞一行，这样就会每种东西都生产得又多又好。”① 显然柏拉图是根据每个人不同的天赋和才能来进行劳动分工的。在他看来，在劳动分工中，每一个人应该担任哪种行业和职务，这都是取决于人们的秉性，而由先天决定的。每个人只从事一件最适合自己的工作，这样一方面使个人才能得到充分发挥；另一方面也增加了产品数量，提高了产品质量。

根据上述劳工分工学说，他试图证明有些人生来适合当统治者，另一些人生来只适合从事手工业和农业。体力劳动是一些人的天然职业，脑力劳动天生宜于贵族，彼此绝不能改变和交换。② 由此可以看出，柏拉图把劳动分工看作社会分裂为阶级的基础，而劳动分工又被视为经济生活所必需的一种自然现象。既然劳动分工为自然现象，那么社会成员划分为统治者和被统治者，一部分人从事脑力劳动，另一部分人从事体力劳动，也就成为自然而然的事情。③ 柏拉图就是这样将分工看作是符合人们理性的自然现象，用分工理论来说明理想国的等级制度是符合天性及自然的，从而证明了奴隶制的自然性和合理性。

柏拉图从唯心主义哲学出发，提出按正义原则进行社会分工。正义原则就是符合人类理性的原则，也就是要求每个人按最适合其天性原则，担当一种职务。根据这个原则，柏拉图在他的理想国中，在天赋差异和社会分工的基础上，将城邦人员分成三个阶层：第一个阶层是统治阶层，即哲学家阶层。这是由具有高超智慧的少数哲学家组成的阶层，哲学家具有美德、知识丰富，能够以正义治理国家。第二个阶层是保卫国家的战士。他们的先天禀赋比较高，形成了城邦的第二等级。他们平时从事体育活动，锻炼体魄；战时担负着保卫国家的责任，充当统治者的辅助者，这个阶层不应从事任何经济活动。第三个阶层是生产阶层。这是由农民、手工业者和商人等一切从事经济活动的人所构成的阶层，由于他们的先天禀赋比较低，这就使得他们处于城邦的最低阶层，为整个社会提供生活资料，从根本上维护社会的正常运转。在柏拉图的理想国中，奴隶被视为会说话的工具，负担沉重的体力劳动，没有被列于国家组成的阶层之内。

经过严格的劳动分工，城邦中形成了有序的社会结构。三个阶层在各自的工作岗位上各尽其才，各得其所。而且，“当生意人、辅助者和护国者这三种人在国家各做各的事而不相互干扰时，便有了正义，从而也就使国家成为了正义的国家了”。④

柏拉图认为，私有财产和家庭会造成人们的利己和贪欲之心，从而引起社会的分歧和矛盾。所以，在理想国里，除了自由民阶层外，哲学家和武士都不能有私有财产和家

① ［希腊］柏拉图．理想国．郭斌和，张竹明译．北京：商务印书馆，1995
② ［希腊］柏拉图．理想国．郭斌和，张竹明译．北京：商务印书馆，1995
③ ［希腊］柏拉图．理想国．郭斌和，张竹明译．北京：商务印书馆，1995
④ 鲁友章，李宗正主编．经济学说史．北京：中国人民大学出版社，2013

庭。在这两个阶层中，国家提供仅够他们每年之用的收入。柏拉图不仅主张在奴隶主阶级上层分子之间消灭财产私有制，而且还主张他们之间实行共妻共子，房屋、食物都共有，过集体生活，因为私产和家庭是一切私心邪念的根源。柏拉图后来在《法律篇》中已放弃了废除私有财产的主张，提出保持私有财产制度，但依然实行财产的平均分配。每个公民占有的财产不许买卖，不许抵押和扩散，财产不能继承，也不许合并，以实现财产平等。[①] 有人把柏拉图的理想国称为“共产主义”，但这个理想国是建立在奴隶制——压迫和剥削奴隶的基础上，是与科学的共产主义毫无共同之处的。

柏拉图揭示了劳动分工的互惠本质。柏拉图认为，专业化创造了互惠的相互依存，而互惠的相互依存又确立了互惠的交换。柏拉图还指出，在理想国中存在社会分工，自然也就有交换，用交换取得财富是允许的。劳动分工引起的交换可通过市场进行，也就产生了货币。柏拉图从劳动分工学说出发，认为交换、商业、货币的产生与分工有因果联系，也与分工的出现一样是自然的。

2.4 古希腊思想的综合者亚里士多德的劳动经济学说

亚里士多德（Αριστοτέλης，Aristotélēs，公元前384—前322）是古代希腊最伟大的哲学家、科学家和教育家之一，堪称希腊哲学的集大成者。马克思曾称亚里士多德是古希腊哲学家中最博学的人物。他作为一位百科全书式的科学家，一生勤奋治学，从事的学术研究涉及哲学、逻辑学、修辞学、物理学、生物学、教育学、心理学、政治学、经济学、美学和博物学等，著作170多部，特别是在政治学、哲学、心理学和教育学等领域中取得了巨大成就。亚里士多德推崇经济思想，在其庞硕的学术体系中，蕴含着丰富的经济学理念。其中，最核心的是公平思想，主要是指交换公平，包括互惠和等同两个要素，还包括自然观念。他认为，自然与否是经济事物和经济行为是否具有价值及是否应该发生的标准。在财富思想方面，他认为人类活动的目的是幸福，而幸福生活是通过人们对财富的应用实现的。他的财富思想较柏拉图有明确具体的内涵，他不仅将财富缩小到具体形式，而且提出了财富和财富获取手段伦理化的观点，这成为以后很长时间内被认可的一个思想。

亚里士多德
公元前384—前322

亚里士多德的《伦理学》论述了价值思想，是现代经济学价值论的起点，隐含了劳动经济思想，是亚里士多德对经济理论和劳动经济学学说最卓越的贡献。他是历史上第一个系统论述价值理论的思想家。他认为，物的双重性是直接使用和交换。前者是物品

① ［希腊］柏拉图．法律篇．张智仁，何勤华译．上海：上海人民出版社，2001

本身固有的属性，后者的产生与劳动分工有关。他的物品双重属性认识后来被亚当·斯密（Adam Smith，1723—1790）发展为物品具有使用价值和交换价值双重价值的思想，奠定了区分使用价值和交换价值的基础。正是在他及斯密的基础上，卡尔·亨利希·马克思（Karl Heinrich Marx，1818—1883）才提出商品具有使用价值和价值的思想。

亚里士多德在价值论中指出劳动剩余产品是交换产生的前提。只有在劳动生产率提高导致产品除了直接满足劳动者自身消费以外还有剩余时，才有可能将其用于交换，以得到具有更高相对效用的商品。同时，在劳动分工条件下，生产除了满足自身需要商品以外的商品，一开始就具有“剩余”性，其使用价值和价值必须通过交换才能实现，所以剩余决定交换的产生。亚里士多德把产品的交换看作是以剩余产品为基础、互利互惠的双边过程，并提出了交换的前提条件。他说：“在这个过程中，双方当事人的境况作为一种交换的结果会变得更好。当潜在交易的双方当事人各自都有剩余并为获得另一方的产品而愿意放弃剩余的时候，便引致了贸易。”[①] 不仅如此，亚里士多德还把交换看作社会分工的产物。在《政治学》一书中，他写道：“对于第一共同体（即家庭）这种技术显然无用，当社会共同体形成后它就变得有用起来。因为家庭成员在开始共同拥有一切，后来分家后，各分支便分有了许多物品，而且不同的分支又分有不同的物品，这样他们便不得不用一些物品来交换他们所需要的东西，这种以物易物的交换至今在野蛮民族中仍然存在，他们除了相互交换生活必需品外，不交换任何别的东西，例如，用酒交换谷物或谷物交换酒以及其他一类的交换。这种物物交换并不是致富术的一个部分，也不违背自然，它对于满足人们的自然需要乃是必需的。其他形式的交换都从这种交换中演化出来，就如我们可以猜测到的那样。”[②] 这说明亚里士多德视交换为维持生活的必备条件，并把生活必需品的交换视为合乎“自然”。他还补充说明，剩余产品的交换能否持续还取决于互惠是否实现。只有剩余产品互惠的交易是平等和有效率的，才是可持续的，这是物的产品交换存在的充分条件。他的这种朴素的价值互惠思想是近代经济学“交易剩余”的思想萌芽。

亚里士多德认识到交换行为只发生在不同劳动职业的人之间及不同性质的物品之间，而这些物品之所以交换是因为它们都具有同一性和等同性。因此，亚里士多德进一步探讨了商品相交换的等一性和可公约性，涉及了价值交换的均等性问题。亚里士多德还特别研究了从使用价值中派生出来的交换价值。为此，亚里士多德区分了自愿和非自愿的交易，认为在自愿交易情况下，交易往往是公平的，实际上探讨了交换中的“正当价格”，暗含了理想社会等价交换要求的萌芽。他所说的交换价值相等指的是劳动成本相等，即通过交换使生产者的劳动成本得到补偿。因此，亚里士多德的同一性的基础是劳动成本，他主张商品按一种等于生产成本的比率进行交换，而不是按使用财货所得到的满足来计算，以劳动成本等同解释交换原则从而以生产费用理解交换价值成为后来客观价值论的源头。他没有明确等同性的具体含义，但他对等同性的探索意义仍然深远。

---

① ［希］亚里士多德．政治学．北京：商务印书馆，1965

② ［希］亚里士多德．政治学．北京：商务印书馆，1965

亚里士多德论述了劳动分工问题，他和柏拉图一样也把奴隶制度看作自然的劳动分工的结果。他论证说，天之生人，有宜于从事脑力劳动者，有宜于从事体力劳动者。宜于脑力劳动者能由精神运用而具有先知，依自然他们是主人；而宜于体力劳动者只能用他的体力实现脑力劳动者的先知，所以就自然地应该成为奴隶。① 事实上，脑力劳动和体力劳动之间对立的社会分工是奴隶制度的特征，是在一定的历史条件下形成的，并将在人类社会进入发展的高级阶段时被消灭，而亚里士多德并没有看到脑力劳动和体力劳动之间的对立是历史发展的结果，而是把特定社会制度下产生的劳动分工当作自然的分工，用以证明奴隶制度是自然的。亚里士多德还从劳动力的生理构造上证明，奴隶体力强壮适合于体力劳动，而自由人长得端庄清秀适合于统治者的生活。同时，他认为既然奴隶和奴隶主都处于自然，那么彼此之间有一种共同的利害，从而应当合作。亚里士多德这些为奴隶主制度辩护的言论都是反科学的。

在劳动经济学说史上，亚里士多德是最早论述劳动分工的启蒙者之一，也是第一次真正接触到价值概念的哲学家。他论述了剩余产品是交换产生的前提及物品的同一性和等同性的交换原则，提出了劳动价值论，闪耀出天才的光辉。从他开始，经过经院学派的分析及重商主义学者们的发展，到斯密才形成正式的近代价值理论。亚里士多德的价值和劳动价值概念虽很粗俗，但却是劳动力价值理论的直接渊源。

思考题

1. 试论古希腊劳动经济思想的渊源。
2. 简述色诺芬的劳动分工思想 。
3. 试论劳动经济学的鼻祖柏拉图的劳动分工思想。
4. 简述亚里士多德的劳动经济学说。

① ［希］亚里士多德. 政治学. 北京：商务印书馆，1965

第3章 古罗马——中世纪的劳动经济思想

3.1 古罗马的劳动经济思想

古罗马是继古希腊之后西方文明的又一发源地，从公元前2世纪至公元1世纪之间，它成为地跨欧、亚、非三洲的最大的奴隶制帝国。公元476年在奴隶起义与日耳曼族入侵的打击下，西罗马帝国灭亡。古罗马是靠武力征服古希腊等一些经济发展程度较高的国家和地区而形成的奴隶制国家。古罗马的奴隶制经济在基本特征上与古希腊大致相同。自然经济占主导地位，手工业有了一定的发展。在罗马帝国时期，广泛、大规模地使用奴隶，建立了许多规模巨大的奴隶制农庄、手工作坊和矿场。在罗马奴隶制生产方式兴盛时期，统治者力图用政治和法律证明罗马帝国的合法性。所以，古罗马在政治和法律的研究上做出了重大贡献，而经济的研究，特别是劳动经济思想就相对逊色，主要散见于农学家的著作中，其代表人物是马尔库斯·波尔基乌斯·加图（Marcus Porcius Cato）、马尔库斯·铁伦提乌斯·瓦罗（Varro）和L. J. M. 柯鲁麦拉（L. J. M. Columella）。

马尔库斯·波尔基乌斯·加图（Marcus Porcius Cato，公元前234—前149）是罗马共和时期有名的政治家、演说家和农学家，是罗马史上第一个拉丁散文作家和出色的农业经营管理者。在西塞罗时代，加图的演说辞超过150篇以上。除了大量的演说辞，加图一生写了7部书，涉及历史、军事、法律、医学、农业等方面，《农业志》和《创始记》是其代表作。《农业志》是论述奴隶制大庄园经济的著作，是其最受赞誉的作品，大约完成于公元前160年。此书对于研究意大利公元前2世纪的经济状态有重大意义。加图本人是一个非常富有的大地产者，他在书中总结了经营奴隶制庄园的许多经验，还描述了奴隶的生活状况，并对农业生产中的一些具体问题提出了许多独到的见解。

古罗马奴隶主阶级的劳动经济思想明显地表现在《农业志》一书中。加图在该书中记载了意大利中部庄园的经营管理，特别是使用奴隶劳动的情况。加图对于不同规模和性质的庄园应当使用多少奴隶劳动及奴隶们之间的分工，都进行了精细的计算，反映出对奴隶的劳动剥削极其残酷。加图认为，农业是罗马人最适宜从事的职业，奴隶主的主要任务就是管理庄园以增加收入。为了达到增加收入的目的，加图劝告奴隶主必须将维持奴隶生存的生活必需品的供应减少到最低程度，以加强对奴隶的剥削。必须让奴隶不断工作，高强度的劳动会使奴隶不偷窃和犯罪。这样可以巩固和扩大奴隶制经济，以榨取更多的剩余产品。加图还主张奴隶主农庄应该自给自足，养活奴隶的一切产品都应当在自己农庄上生产，强调了农业劳动的重要性。

马尔库斯·特连提乌斯·瓦罗（Marcus Terentius Varro，约公元前116—前27）是古罗马的政治家、语言学家和农学家。他虽从政多年，担任过高级官职，但主要以学者而著称。他博学多闻，在语言、历史、文艺、农业和数学方面作了广泛的研究，著作甚丰。经济代表作是三卷本《论农业》，该书主要反映了公元前50年前后的罗马农业状况，明确地把经济发展史分成三个阶段：在第一阶段，大地与自然界向人们提供生活资料，人们以采集天然物为生；在第二阶段，人们过着游牧生活，驯养野生动物，获得畜产品；在第三阶段，人们以农耕为主。这种看法表现了瓦罗的朴素唯物主义历史观。瓦罗在叙述农业技术的同时，还对一些农业理论问题提出见解，如关于农业和畜牧业的目的、农业与畜牧业的关系、农业的经营原则等问题。

瓦罗认为，农业是最重要的产业。在瓦罗时代，罗马大土地占有者通常把农庄交给管家经营。瓦罗则劝告他们应该亲自管理农业，奴隶制庄园应保持自给自足。他主张奴隶主各项需要都应该由自己的农庄生产。在对奴隶管理上，他主张刺激监督人执行管理奴隶的工作；用语言而不用鞭子管理奴隶；奴隶主可以和能干的奴隶共同干农活；为了提高农业劳动生产效率，可用物质刺激奴隶的劳动热情。瓦罗同其他思想家一样，视奴隶为工具。他把工具划分为三种，即会说话的工具、不会说话的工具和哑巴工具。“奴隶属于会说话的工具，耕牛属于不会说话的工具，大车属于哑巴工具”。

瓦罗在分析公元前50年前后的罗马农业状况时，意识到奴隶劳动生产力低下，奴隶劳动制不能使土地资源得到较好的利用，同时认识到提高劳动生产率的重要性。因此，他主张确立小农经济，把土地交给小农经营。瓦罗主张发展将农业和畜牧业合二为一的农业，并主张同时经营渔业和家畜业，以达到更高程度的自给自足。

L. J. M. 柯鲁麦拉（L. J. M. Columella，约公元23—79）是古罗马时代西班牙的农学家、天文学家。他在60年左右所撰写的《农业论》一书主要反映了他对罗马奴隶制危机时期庄园制度的一些反思。因为奴隶劳动生产率极低，所以他认为奴隶主的大庄园制度已经不利于奴隶制经济的发展，应该进行改革。他对劳动经济学的重要贡献是提高劳动生产率，必须使奴隶对劳动感兴趣。一方面，他提出应该提高奴隶的劳动兴趣；另一方面，他认为奴隶制的大土地占有制已经不能为奴隶主提供有利的收入，应该把农业交给隶农去经营。他还指出，在农业多种经营和专业化方面，农牧林等产业应合理结合，农业专业化有利于劳动效率提高，从而获得更多的经济效益。

3.2 马库斯·塔留斯·西塞罗

马库斯·塔留斯·西塞罗（Marcus Tullius Cicero，公元前106—前43）是古代罗马共和国末期著名的政治家、文学家、哲学家和教育家，曾经被选为执政官。其主要著作有《国家篇》《法律篇》《论老年》《布鲁图斯》《论演说家》《论神的本质》《霍廷西乌斯》《论学园》《图斯库卢姆谈话录》《论创意》《论占卜》《哲学的劝诫》《论命运》《我的执政官》及《我的时代》等，内容涉及文学、哲学、历史、伦理学、政治学和经济学等领域。西塞罗以善于雄辩而成为罗马政治舞台的显要人物。他起初倾向于平民派，后来成为贵族派。在哲学上，西塞罗属于折中主义者。他从实用的观点出发，把毕达哥拉斯派、柏拉图派、斯多葛派和怀疑派等各个学派体系拼凑在一起。其主要贡献在于将希腊哲学思想通俗化，使其明白易懂，让人易于接受。西塞罗著述广博，集中体现了共和国晚期罗马元老知识界的文学、政治和知识兴趣，文风通俗流畅，被誉为拉丁文的典范。西塞罗的劳动经济思想主要体现在其《国家篇》和《论责任》中。

马库斯·塔留斯·西塞罗
公元前 106—前 43

西塞罗明确地把经济社会视为一个以劳动分工为基础相互联系的整体，劳动分工形成各种专业和职业，是社会有机体正常运转的必要组成部分，而劳动分工体系的每一部分，对于社会的生存与发展来说，都是不可缺少的必经环节。劳动分工是为了适应人们的多种需求。劳动分工导致的专业化与需求的矛盾通过交换来解决。在对不同劳动行业进行价值判断时，西塞罗明显地表现出单纯重视农业而轻视工商业的倾向。他指出，一些招人厌恶的谋生方式，如收税人和高利贷者，应该遭到唾弃；零售商贩这类行当是令人讨厌的；一切技工也是卑贱的。他认为，具有较高价值的是那些需要高超技艺而对社会有较大利益的行业，如医生、建筑师和幼儿教师，他们应当受到尊重；能从事大宗进出口业务的商人而又不搞欺诈行为者应受到尊重。但在所有行业中，他认为没有比从事农业者更应当受到尊重。然而，西塞罗对商业的看法与古代其他思想家不同。他不赞成小商业，但不否认大商业，甚至认为大商业优于小商业。

西塞罗还强调了劳动在经济社会中的重要作用。他指出，不论农业，不论收集和保存果实，或者是其他职业，离开了人的劳动都是不可能的。离开了人的劳动，就不能从土地中取得金、银、铜、铁。劳动是农业经济发展的最重要因素。但是，作为奴隶主的代表，他不承认奴隶劳动是罗马得以生存的基础。这显然是形而上学的，与当时的实际劳动经济状况相背离。

西塞罗的劳动经济思想，特别是劳动分工学说，显然是对柏拉图和亚里士多德的继承。但通过研究发现，实际上他做了很多深入的研究工作，他的某些研究成果，已经超越了古希腊的哲学家和思想家，也远远超越了他的时代。作为一个继承者和传播者，西塞罗的劳动经济思想同柏拉图和亚里士多德一样有着浓厚的伦理色彩，其主要劳动经济思想体现在伦理学著作《论责任》中就证明劳动经济思想不过是他研究伦理学问题的一个副产品。但是，同柏拉图和亚里士多德相比，注重实际的罗马人的性格使其研究没有仅仅停留在思辨的层次上，而是深入到实际应用中。例如，他研究劳动分工问题时提出农业是最好的职业，农业对于经济发展来说是最重要的产业部门，而劳动又是农业经济的重要因素。这些观点是符合当时经济社会背景的，正如他自己所申明的，“那些就在我们眼皮底下的事情，更值得去探索。”[①] 由于对现实问题的关注及将劳动经济思想研究应用于现实的需要，西塞罗更加注重对研究对象的细节把握，从而使其研究达到了相当的深度。所以，西塞罗也是前古典劳动经济学时代的重要启蒙者之一。

3.3 教父思想集大成者奥若里斯·奥古斯丁

奥若里斯·奥古斯丁（Aurelius Augustinus，354—430）是古罗马帝国时期最著名的基督教思想家，欧洲中世纪基督教神学、教父哲学的重要代表人物。在罗马基督教系统中，他被封为圣人和圣师，是基督教神学家中最伟大的人物，古希腊之后的整个西方世界的精神导师。他的主要贡献是运用希腊哲学解释《圣经》，建立了一个完整的基督教神学体系。代表作有《忏悔录》（The Confessions，357）、《论自由意志》（391—395）、《论三位一体》（The Trinity，406—416）、《上帝之城》（The City of God，413—426）及《论美与适合》。《上帝之城》被视为基督教神学的经典，系统地阐述了恺撒世界和上帝世界的二元论。他的美学思想主要体现在其神学著作和《忏悔录》中。奥古斯丁在注释《圣经》时还提出了朴素的劳动经济思想。

奥若里斯·奥古斯丁
354—430

在奥古斯丁生活的时代，怎样激发奴隶和隶农的劳动积极性成为当时统治阶级的迫切经济任务。为了适应这种需要，奥古斯丁发表了与古代思想家不同的劳动思想。他认为，必须改变忽视劳动的早期教义，所有的人都应当劳动。他在注释《圣经》时说，在上帝创造世界的时候，就要人劳动；上帝将乐园交给人，要人“保卫它，耕种它”，而且“那时候没有不堪忍受的劳动，只有愉快的自愿的活动，上帝所创造的万物，也由于人们的活动而欣欣向荣”。在当时科技不发达的时代，他认为体力劳动和脑力劳动同等重要，只从事精神活动而不从事体力劳动，乃是懒惰的标志。奥古斯丁把铁匠、木匠、鞋匠等劳动都称为纯洁的、正直的行业，体力劳动也是不可缺少的劳动形式之一。奥古斯丁对奴隶劳动制度的看法，也反映了当时的社会状况。

在奥古斯丁的劳动经济思想中，农业被视为高于一切的行业，农业劳动是最重要的劳动，他说农业是所有手艺中最纯洁的。至于商业，奥古斯丁则采取非难的态度。在他看来，为了谋生而从事小商业是情有可原的。他并不把大商业看作是值得人们从事的行业。他说，商人的职业是买贱卖贵，这种行为是败行，因此，这种以营利为目的的大商业是绝对不能容忍的。

奥古斯丁还提出了公平价格的概念。他说：“我知道有这样的人，当购求抄本时，看

---

① ［罗马］西塞罗. 国家篇·法律篇. 沈叔平，苏力译. 北京：商务印书馆，1999

见卖主不知抄本的价值，而他却自然而然地给予卖主以公平的价格。”由于当时商品货币关系还不发达，他把直接生产者的奴隶与劳动工具等同看待，不可能理解价值的本质，所以奥古斯丁的这一价值论并没有得到充分的论证，但却为中世纪教会作家所继承和发展。

3.4 阿尔伯图斯·马格努斯

阿尔伯图斯·马格努斯（Albertus Magnus，1206—1280）是中世纪德意志著名的神学家、自然科学家，曾在托科伦和巴黎等地执教，是托马斯·阿奎那的老师。他把公平价格看成是生产上劳动的消耗相当的价格。他在解读亚里士多德的《伦理学》时指出，只有劳动耗费相等的物品，才可以互相交换。据他的解释，“因为制造床的人，如果不能得到大约相当于他制造床所耗费的劳动的数量与品质，那么他在将来就不可能重新制造出一张床，从而制床业也就会消失。其他的职业也是如此”①。马格努斯由此得出结论：农民和手工业者生产的继续存在就是以“按比例的报偿”，即按劳动的等量交换为基础。这是朴素的劳动市场经济思想。他指出，交换价值必须依从生产成本，并提出了以劳动和花费衡量成本的观点，这实际上已经把商品的价格看作是以生产耗费的劳动量为基础，从而成为古典劳动经济学的先驱。

马格努斯认为商品的价格依存于生产上耗费的劳动量，这在当时商品生产不很发达的情况下并不是一种了不起的看法，因为当时的农民和手工业者都知道自己所生产的商品需要耗费多少劳动量，而他们也据此决定自己商品的价格。他在强调劳动的等量交换的基础上，更强调报酬的比例问题，但物品的“等价值”常常不是报偿的基础。他说：“当交换时其本体之价值往往也不相等，也不适用于同一欲望的人。如房屋对卧床或谷物对短靴，这一件与那一件是不能直接交换的。倘若相交换的是均等的同一物品，即不会有交换方式的发生。故交换是基于一物之价值与另一物之价值的比例而发生。而此等比例又确实发生于形成交换动机的欲望关系。”② 但人类对产品的欲望是多元化的，需要有各种各样而且差异很大的物品。这些物品不可能由一个人来制造，大多数制品往往通过细致的劳动分工由很多人来分别制造才能完成。此时，“一种劳动之所以产生，与其他劳动相比可能会有较大的价值，而在劳动的量和费用上也常常是很不相同的。然而交换却只是依存于比例均等才可实行。因此各种不同的物品就不得不基于某种比例使其成为均等的。”③ 他指出：“从各种不同的作业来看，只有彼此不均等的，才可以相互形成比例关系。”“唯一的办法是把欲望的强度比例于价值，并以某种方法使其成为可以相对比，各种物品只有在这样的比之后才是可以相互交换的。”④

马格努斯的见解，在当时商品交换仍然从属于占统治地位的自然经济，商品生产者

① 胡寄窗．政治经济学前史．沈阳：辽宁人民出版社，1988
② 胡寄窗．政治经济学前史．沈阳：辽宁人民出版社，1988
③ 胡寄窗．政治经济学前史．沈阳：辽宁人民出版社，1988
④ 胡寄窗．政治经济学前史．沈阳：辽宁人民出版社，1988

能够相当精确地互相计算原料、辅助材料的生产成本和劳动时间的条件下，不过是以事实为依据的经验主义论断。但马格努斯提出，因社会分工而使交换成为必然，而劳动分工构成交换制度的一般基础；交换能够发生的准则是成本支出的数量，即成本价格，成本价格蕴含着劳动价值论的萌芽，并可以推论出市场供求关系决定论的观念；公平价格不仅由消耗劳动决定，而且也受供求关系的影响。他还试图在欲望的强度和价格高低之间建立某种关系。其问题的核心是商品就其自然属性而言，不存在固定的比例关系，但如果通过人们对它们的欲望或效用的评价，就可以把它们结合在一起，如通过货币的媒介作用就可以使它们的交换比例相等。他还把公平价格看成是生产劳动与耗费相等的价格，并认为只有劳动耗费相等的物品才可以交换。可以说，在马格努斯的公平价格学说中已经有了劳动价值论的萌芽。

3.5 经院哲学的集大成者托马斯·阿奎那

托马斯·阿奎那（Thomas Aquinas，1225—1274）是西欧中世纪鼎盛期最著名的学者、经院哲学的哲学家和神学家。他出生于意大利中部阿奎洛城附近的罗卡塞卡城堡，父母亲均是贵族。他最初在那不勒斯大学求学，后转入巴黎大学，师从当时著名的神学家阿尔伯图斯·马格努斯研究哲学。阿奎那接触到古希腊亚里士多德的学说，后来相继在巴黎、那不勒斯等地讲学，名震一时。同时，他还担任过修道院院长、罗马教廷神学顾问等教职。阿奎那在政治上主张君主专制。在亚里士多德所划分的几种国家政体中，他最崇尚君主政治。在哲学上他虽然也以亚里士多德为师，却抛弃了其学说中有生命的东西，他的哲学思想可以说是宗教神秘主义与形而上学主观唯心主义的混合。他学习勤奋，著述极丰，文笔流畅风趣，为后人所喜读。他是自然神学最早的提倡者之一，也是托马斯哲学学派的创立者，成为天主教长期以来研究哲学的重要根据，被天主教会看作历史上最伟大的神学家。

托马斯·阿奎那
1225—1274

阿奎那的著作颇丰，其中包含着较多哲学观点的著作有《箴言书注》《论存在与本质》《论自然原理》《论真理》《波埃修》及《反异教大全》等。其中，《神学大全》最为著名，成为中世纪集大成的著作。阿奎那无疑是中世纪最重要的哲学家，其托马斯主义不仅是经院哲学的最高成果，也是中世纪神学与哲学的最大、最全面的体系，除了神学和哲学外，他还研究了私有财产与商业制度、财富与分配、商品、货币、价值、价格、利息等经济问题，对劳动经济问题也有较精深的研究。

阿奎那提出了关于劳动是上帝所喜悦的说法。他认为，为了维持生活，防止游手好闲、加强道德风尚和获得施舍机会，劳动都是必需的。但是，因为阿奎那生活于封建社会的兴盛时期，所以他对劳动的看法贯穿了等级制的观念。在他看来，劳动有贵贱之分，体力劳动是低贱的，是“下等人”所做的事情，这些人主要包括奴隶和农奴；只有脑力劳动才是高尚的，适合于奴隶主和封建主等“上等人”的身份。阿奎那把体力劳动和脑力劳动之间的分工看作是封建社会等级划分的基础。他说，正像工蜂采蜜、酿蜜而蜂王却免去这种劳动一样，在人类社会中一部分人必须从事体力劳动，另一部分人则献身于精神劳动。

阿奎那关于公平价格的理论在他的劳动经济学说中占有重要的地位。他的公平价格论述深受亚里士多德和阿尔伯图斯·马格努斯的影响，如果说马格努斯是以经验事实为依据，断定公平价格取决于劳动的耗费，那么他的弟子阿奎那则主要是把主观的因素作为所谓公平价格的基础。他以经验事实为依据，把公平价格定义为与产品的必要成本相等的价格。“在不存在垄断和市场控制的情况下，售卖者间的竞争将使市场保持这样的价格水平，即仅仅收回生产成本和实现正常利润的价格水平。生产成本要足以维持工人的生存费用，包括维持家庭生活费用、教育和获取必要技能的费用。如果向工人支付的生活费用过少，工人的人口数量将会下降，市场供给将会下降，价格将会上升，直到必要的劳动力得到了再生产为止。如果利润太低则难以保证交易者去提供为购买者所需要的足够数量的商品，同样的过程将会发生。”这种公平价格类似于现代经济学中完全竞争条件下的长期市场价格，具有一定的合理性。他认为公平价格的均等是以耗费的劳动量为转移的。例如，他在《亚里士多德的（尼科马赫伦理学）诠释》一书中承认，在用房屋交换鞋子的时候，应当为房屋多付出代价，因为造房屋的人“在劳动的耗费和货币的支出上都超过鞋匠”。他在《神学大全》一书中指出，无论把一件物品卖得贵于它的价值或隐瞒所出售物品的缺点，都属于欺骗行为，从而也破坏了公平价格。

阿奎那把公平价格归结为与耗费的劳动量相符合的价格，像他的前辈一样反对商人的活动。因为在封建社会里，商人主要依靠贱买贵卖的不等价交换获取利润，而这种利润既占有了农民和手工业者的剩余劳动，也夺取了封建主从农奴身上剥削得来的一部分剩余生产物。所以阿奎那从封建主立场出发，断言物品应当按照与劳动量相符的公平价格进行交换。作为封建主的思想家，阿奎那力图利用公平价格来证明封建贵族有权从劳动的等价交换以外获得补充的收入。他从等级制的观点出发，断言公平价格必须保证卖主有“相当于他的等级地位的生活条件”。因此，同一种产品以各个等级不同的价格出售，被看成是公平的。阿奎那对于所谓公平价格的这种解释，反映了封建贵族阶级有特权可以从劳动等价以外取得额外性的侵夺性收入。这种见解显然有很深的阶级偏见及历史局限性，在阿奎那以后的封建社会中相当流行。

阿奎那的商品价值论和同等性原则在人类劳动经济思想史上有重大的历史意义。他从经济学的立场思考劳动经济现象和公平价格问题，提出并初步论证了一种素朴的效用价值论和劳动价值论，把交换正义放在“物物等值”的基础上，从交换物品的生产、效用和流通本身来寻找“同等性”的根据。阿奎那认为，如果制造某种物品的工人不能得到相似数量和质量的另一种物品，此技艺将被破坏。要实现公平交换，一个人的劳动必须与另一个人的劳动相等。众所周知，在阿奎那时代，商品形式尚未成为劳动产品的一般形式，人们彼此作为商品所有者的关系尚未成为占统治地位的社会关系，因而不能苛求阿奎那提出一种系统的科学形态的价值论，而且，也正因为如此，他的素朴的商品交换的同等性原则及与之相关的效用价值论和劳动成本价值论就越发难能可贵。

思考题

1. 试论古罗马的劳动经济思想。
2. 简述马库斯·塔留斯·西塞罗的劳动经济思想。
3. 试论奥若里斯·奥古斯丁的劳动经济思想。
4. 简述经院哲学的集大成者托马斯·阿奎那的劳动经济学说。

第4章 重商主义的劳动经济思想

重商主义（mercantilism）是16—18世纪资本原始积累时期风行于欧洲，并代表商业资产阶级利益的一种经济学说体系，该名称最初是由亚当·斯密（Adam Smith）在《国民财富的性质和原因的研究》（《国富论》）一书中提出来的。这一时期商业资本兴起，促使西欧封建自然经济瓦解，各国国内市场统一，并通过对殖民地的掠夺和对外贸易的扩张积累了大量货币财富，推动了工场手工业发展，因而产生了代表商业资本利益和要求的重商主义经济思想。它主张应由政府控制经济，积极参与国际贸易竞争，增强本国的经济实力。重商主义学派是现代早期经济学的主导学派，产生于15世纪，流行于16、17世纪，瓦解于18世纪下半叶资产阶级阶段古典经济学兴盛时期，是最早运用经济学方法研究国际问题的理论学派，后来被古典经济学派所取代。

重商主义者的研究领域是商品流通领域，从商品资本家的角度阐述经济关系。重商主义认为货币是财富的唯一形态，金银就是货币。他们还强调积累金银货币和对外贸易的重要性，认为国家的繁荣依赖于贵金属的供应，贸易的全球规模是不可改变的。贵金属所代表的资本量可通过多出口少进口来增加，认为财富的真正源泉是对外贸易，要获取更多的金银财富只有在国际贸易中保持较大的“顺差”，即出口额必须较大幅度地超过进口额。因此，重商主义者主张在国家的支持下发展对外贸易，加速原始资本积累。重商主义的代表人物主要有英国的托马斯·孟（Thomas Mun）、伯纳德·曼德维尔（Bernard Mandevile）、詹姆斯·德哈姆·斯图亚特（James Denham Steuart）及法国的让·巴蒂斯特·柯尔培尔（Jean Baptiste Colbero）等人。在重商主义的劳动经济思想体系中，主要讨论了劳动力人口与财富之间的关系及劳动分工等劳动经济问题。

4.1 重商主义的劳动经济思想

从16世纪到18世纪，欧洲处于重商主义的经济时期。中世纪分权性的庄园经济被瓦解，为了增强国力，许多思想家主张富国强兵，即积累财富以强化军事力量，要健全统一国家的官僚制度和军备扩张，就必须积累财富，而积累财富又必须征收国民税金，通过对外贸易摄取财富。因此，重商主义主张国内政府对经济的干预和控制，许多现代资本主义制度在这一时期建立。重商主义学派的发展经历了早期的重金主义和晚期的贸易差额论两个阶段。重商主义强调积累金银货币和对外贸易的重要性，把金银看作是财富的唯一形式，主张在国家的支持下发展对外贸易。同时，为了富国强兵，重商主义主张人口增长和扩充劳动力规模是必要的。

显而易见，在重商主义时期，无论是劳动经济思想，还是经济政策，都倾向于繁殖众多人口以促进劳动力供给和争夺海外市场，这与当时的背景有关：由于鼠疫等不治之症的流行和百年战争等原因，欧洲各国的劳动力人口大量减少；重商主义者为了发展对外经济贸易，大力发展本国以劳动密集型生产为特点的工场手工业，需要众多的劳动力，以解决当时工场劳动力不足的困难；各国为了建立统一的国家，争夺海外市场和殖民地，需要建立强大的军事力量。因此，在这样一个重商主义时代，追求众多的人口和足够的劳动力不仅是君主实现王权强大的手段，也是新兴的民族国家繁荣富强的重要标志。

重商主义者把劳动力人口看作是一个国家财富的源泉和国力强盛的标志，因而主张人口增加。这是劳动经济思想史上出现的早期劳动力人口乐观主义思潮。他们从增加货币财富和发展商业资本主义的利益出发，把劳动力人口视为商品实现的条件，因而鼓励人口和劳动力增殖。重商主义还强调了国家财富的重要性，并把货币财富作为财富的唯一形态，而对外贸易是一国财富的唯一来源，只有通过对外贸易吸收他国财富才能增加本国财富。基于上述理论，重商主义者主张国家对国内外经济实行全面干预。他们主张实行贸易保护主义以谋求贸易顺差，主张实行重出口产业的产业政策和低工资的消费政策，限制国内非生产部门的发展，增加国家和商业资本的财富积累。

当时，经济活动的最终目的在于国家的经济繁荣及国力的增强，劳动成为其重要的手段。因此，在生产要素中重商主义最重视劳动力。生产的增长主要取决于劳动力的增加及其雇佣。对重商主义者来说，经济政策关心的不是人均产量而是总产量，而只有增加劳动力才能增加总产值。为达到此目的，必须以劳动力人口增长为基础，因为丰富的廉价劳动力能降低生产价格和工资。低价格有助于增强国际竞争力，使贸易收入有盈余，促进货币流通，增加财富的积累。

重商主义为了适应其经济政策的目的而采取了积极吸引外国移民的策略。当时，国外移民是很受欢迎的。因为除了劳动力外，他们还带来资本、新事业和先进的生产方法。从经济效益上看，国外移民的流入可以增加本国的劳动力资源，缓和劳动力不足，增加对商品的需求，由此产生更有效率的经济效益。与此相反，重商主义原则上禁止向国外移民，因为会造成人口的流失和技术的外流，特别是技术人员的外流，使迁出国专业技术人才短缺，降低了开发和应用新技术的能力，影响本国经济发展的速度。

事实上，重商主义的劳动力人口增长倾向在当时的历史条件下自有其合理的一面，特别是欧洲连年的战争、中世纪鼠疫的猖獗及自然灾害的频发导致欧洲人口迅速减少，劳动力人口严重不足。在当时以手工劳动为主的条件下，这种劳动力供给不足妨碍了经济的恢复和发展。但是，劳动力人口就是财富的思想本身是片面的，因为劳动力人口作为生产的主体除了创造物质财富外，还是消费者。劳动力人口增长过快，会在一定程度上抑制经济增长的速度。重商主义者大胆地、绝对地追求劳动力人口数量的思想，从长远看是缺乏理性的。尽管如此，重商主义较早地提出劳动力人口众多和劳动分工是国家富强和经济发展的源泉等劳动经济学说，对近代前期的劳动经济思想和古典经济学派的产生和发展，都有一定的影响。

4.2 托马斯·孟

托马斯·孟（Thomas Mun，1571—1641）是英国晚期重商主义的代表人物之一及英国贸易差额说的主要倡导者。他出生于伦敦的一个商人家庭，早年从商，成为英国的大商人、商业资本家。1615 年他担任东印度公司的董事，后又任政府贸易委员会的常务委员。托马斯·孟虽然是当时著名的经济学家，但著述不多，其代表作是 1621 年出版的《论英国与东印度公司的贸易》（*A Discourse of Trade from England to the East Indies*）。在 1630 年，托马斯·孟把该书改写为《英国的对外贸易的财富》（*England's Treasure by Foreign Trade*），于 1664 年出版。这部著作被誉为重商主义的《圣经》。在这一著作中，商业资本的成熟经济思想得到了系统和充分的阐述。亚当·斯密在他的《国民财富的性质和原因的研究》一书中，曾称这一著作“不仅成为英格兰而且成为其他一切商业国家的政治经济学的基本准则”。卡尔·马克思则认为该书一直是重商主义的福音书。因此，重商主义具有划时代意义的著作，那就是托马斯·孟的著作。

托马斯·孟
1571—1641

在 16 世纪，早期重商主义者禁止金银货币输出的政策仍在英国占支配地位，他们在 17 世纪初期猛烈抨击东印度公司在对外贸易中大量输出金银的做法。为了反驳这种责难，1621 年，托马斯·孟发表了《论英国与东印度的贸易》一书，论述东印度公司输出金银买进东印度地区的商品，再转卖到别国去，所换回的金银远比运出的多。这表明孟已摆脱禁止金银输出的旧思想。在该书中，他还阐明了自己的劳动经济思想。他认为，要拓展有利于英国对外贸易发展的各种产业，就需要大量的劳动力，以增加国民财富。在对外商战中，一个国家的人口越多，劳动力就越多，可以输出换回金银的商品也就越多。因此，“在人数众多和技艺高超的地方，一定是商业繁盛和国家富庶的”。[①] 这种人口众多和丰富的劳动力供给会带来商业兴旺和国家富强的观点在资本主义原始积累时期无疑是正确的。因为，当时资本主义还处在萌芽状态，大量的资源有待于开发，而人口众多、劳动力资源充足有利于发展商业，提供广阔的消费品市场。在人力资本的培养方面，孟提到了有技艺的学校，还提到士兵、海员的培养，这都成为当时商业与殖民主义不可缺少的部分。

在托马斯·孟看来，商业的兴旺与否取决于对外贸易和本国贸易。为了保证对外贸易的顺差，他提出并证论了应该采取的各种措施，主张尽可能扩大本国商品出口和减少对外国商品的消费，减少奢侈品进口，扩大经济作物的耕种，力求在饮食和服饰方面做

① ［英］托马斯·孟. 英国得自对外贸易的财富. 北京：商务印书馆，1982

到自给自足。他还要求消除不利于出口的各种措施，促进本国工场手工业的发展，多出口制成品，减少原料品出口，减免出口商品的税收，使出口商品能以低廉价格增强在国际市场的竞争力。另一方面，商业的兴衰依赖于人口数量的规模、劳动力就业和人们消费能力的强弱。实际上，商业的兴旺与衰败取决于消费者对商品的需求规模，而消费者的需求总量主要取决于消费者数量或人口数量的大小，其次是人均消费能力的强弱。可以看出，孟在商业与人口和劳动力供给关系问题上的见解具有独到之处。在当时商业不够发达的条件下，商业兴衰与否可影响这一地区或国家的就业及人口平均预期寿命的提高，进而作用于劳动力人口的规模。

托马斯·孟还探讨了对外经济贸易与就业的关系。他认为，一国或一地区对外经济贸易的发展有利于就业，特别是给贫民提供更多的就业机会，也有助于进一步改善其就业条件。他举例说，英国通过东印度公司从东方国家进口生丝等原材料，使英国的丝织业得以迅速发展。这不仅使英国通过出口丝织产品而挣回大量的贵金属，而且使人数众多的贫民得到较多的就业机会，维持和提高了生活水平。孟还尖锐地指出，面对原始资本积累时期英国出现的大量移民，英国政府负有维持人民，特别是贫民生活和健康的责任。

托马斯·孟作为英国重商主义的集大成者，其重商主义理论的核心是国际贸易差额论。他认为金银货币是财富的唯一形态，而对外贸易是财富的唯一源泉。为了实现国家外贸出超及增加本国货币积累的目的，国家要干预经济生活，以保证上述目标的实现。他建议国家采取有效政策和措施，其中主要是保护关税政策，以奖励输出，限制输入。他的观点反映了英国资本原始积累时期商业资本的利益和要求。为了扩大出口，作为晚期重商主义代表的孟已关注商品生产的发展，从而为英国古典经济学从流通领域转向对生产领域的研究作了思想准备。虽然他没有专门对劳动经济问题进行考察。但是，他从重商主义的立场出发，在探讨国际贸易对英国经济的影响时，从若干不同的视角谈到商业与劳动力人口规模、对外经济贸易与就业的关系等劳动经济问题，具有特殊的理论意义。这是他对西方劳动经济思想史的重要贡献之一，对后来英国古典经济学派劳动经济学说的形成与发展有较深远的影响。

4.3 让·巴蒂斯特·柯尔培尔

让·巴蒂斯特·柯尔培尔（Jean Baptiste Colbero，1619—1683）是晚期重商主义在法国的主要代表人物。他出生于法国呢绒商人家庭，早年对商业有浓厚的兴趣。他曾任法国国王路易十四的财政大臣，兼管工商农业及海军等工作，是路易十四时代法国最著名的人物之一。在柯尔培尔当政期间，他推行了一系列重商主义政策。其经济观点及政策主要包括以下几点：改革税收制度，将实物税改为货币税；发展对外贸易，鼓励本国商品出口，减少外国商品进口；实行保护关税政策，扩大商品出口，提供低利率贷款，扶植本国工场手工业，促进工业发展，禁止原料输出，对外国进口商品课以重税；建立特许贸易公司，促进海外贸易发展；实行殖民扩张政策，争夺世界市场和殖民地。柯尔培尔作为当时法国的经济决策人及重商主义的实践家，他的一系列重商主义政策被称为柯尔培尔主义，使法国的重商主义成为欧洲其他各国重商主义的典范。

让·巴蒂斯特·柯尔培尔
1619—1683

柯尔培尔当政期间致力于重建法国经济和法国的对外扩张，其重商主义政策对法国工商业发展起到了一定的积极作用。法国也在路易十四时期成为欧洲大陆最强大的国家，海外扩张也一度达到顶峰，从而成为欧洲其他列强效法的对象。柯尔培尔作为重商主义的实践家，虽然不像其他重商主义者那样著书立说，但他的经济和人口的观点是鲜明的，主要体现在他从政时期颁布的各项财政经济和对外贸易的法令和布告等。

柯尔培尔在论述法国劳动经济问题时指出，一国所拥有的货币数量决定该国的财富和军事政治实力。由于流通于欧洲的货币总额是一定的，法国若想富强，必须设法从其他国家通过对外贸易取得货币，而法国当时的富裕与强大是与其拥有众多的劳动力人口密切相关的。相比欧洲各国，法国的人口和劳动力居欧洲第一位。所以，柯尔培尔倾向于法国人口和劳动力的继续增加。在柯尔培尔看来，劳动力人口众多既有利于发展工场手工业，又可以促进法国对外经济贸易的发展，使更多的硬通货通过贸易顺差源源不断流入法国，从而不断增强国家的经济实力。

为了促进法国劳动力人口的增长，柯尔培尔提出并采取了一系列刺激人口和劳动力增长的政策措施，主要包括积极鼓励外来移民，禁止向国外移民，对外迁移只能流向本国的殖民地；给予早婚者和多育者以奖励和免税的特权，对独身者课以重税。此外，柯尔培尔还采取了一些增加就业人口、调整就业人口结构的措施，包括奖励年轻人从事生产性劳动，使他们在从事生产性劳动中得到更多的益处；限制僧侣、金融和法律等非生产性劳动职业的从业人数；鼓励更多的劳动力，特别是青年劳动力转移到农业、工商业和军事等；取缔社会上的流浪者、乞丐等无业游民，使他们转化为从事生产的劳动人口。他试图通过调整从业人员的产业结构促进法国的经济发展。

让·巴蒂斯特·柯尔培尔作为法国重商主义的代表人物和实践家，在他执政期间所推行的经济政策是其关于劳动经济问题的观点从理论走向实践的必然结果。这些政策对当时法国工商业和农业的发展，乃至国家经济实力的增强，都起到了重大的促进作用。但他实施的其他经济政策，如不断增加税收、禁止本国农产品输出、鼓励外国农产品输入以降低农产品价格及减少工业成本等，采取的是以牺牲法国农民利益发展工商业的策略，使许多农民生活贫困，农业停滞不前，也使法国劳动力有所减少。显而易见，柯尔培尔的重商主义经济政策和劳动政策没有取得应有的成功。到了 17 世纪中后期，柯尔培尔的重商主义政策大多被废除，但是重商主义实践在法国的影响还持续了一个相当长的时期。

4.4 伯纳德·曼德维尔

伯纳德·曼德维尔（Bernard Mandevile，1670—1733）是英国古典经济学家、哲学家。他生于荷兰鹿特丹，于1691年获得莱顿大学医学博士学位。1699年他到英国行医，成为英国公民。他的主要论著有《蜜蜂的寓言——私人的恶德，公众的利益》（*Fable of the Bees；Or，Private Vices，Publick Benefits*，1714）、《论忧郁情绪和歇斯底里情绪》、《关于宗教、教会和国家幸福的自由思考》《关于荣誉起源的研究》及《为公共烦恼的中肯辩护》，主要研究领域为经济学、哲学和伦理学。曼德维尔并不是一个单纯的经济学家，他同时也可以被看作是一位伦理学家，但不是研究规范性伦理的伦理学家，而是一个对人类的实际伦理行为进行深刻分析的实证性伦理学家。

曼德维尔的代表作《蜜蜂的寓言——私人的恶德，公众的利益》于1723年再版后引起了轰动，在人们对该书的一片讨伐声中，1729年他又发表了由六个对话组成的第二卷。这本书对18世纪西方经济思想发展的方向产生了明显的影响，还从劳动经济学的视角论述了自由放任与劳动分工。曼德维尔说："经营不需要的商业是愚蠢之举，将其数量扩大得超过所需的数量也不明智。将酿酒工安排得同面包师一样多，或让布商同鞋工一样多，也是荒谬之极。每种贸易的数量之比是它自行发现的。要保持这种比例，最好是任何人都不要干预或干涉。"[①] 曼德维尔认为，社会分工会增加财富。缺乏劳动分工使原始社会落后，而此后发展得益于社会分工，公益的实现总以私欲得到满足为前提。人们既然存在不同的需要，便决定社会各个成员之间必须相互服务，分工还会提高产品的质量。国家可利用自身优势组织生产，通过交换满足彼此需求，增进彼此利益。

伯纳德·曼德维尔
1670—1733

曼德维尔对于劳动的态度是相当清晰的，因为社会的目标是生产，而不是古典经济学派所提倡的消费，所以他主张拥有大量的人口与童工，并谴责懒惰。拥有劳动力参与率高的大量人口会导致低工资，这将使国家在出口和国际贸易方面具有竞争优势。低工资也保证了劳动的充分供给，因为他注意了一条向下倾斜的劳动力供给曲线，根据曼德维尔的观点，较高的工资将减少劳动供给。[②]

他还提出了劳动分工可以提高劳动生产率的思想，认为劳动分工是增加财富的最有效办法。他说："人生来爱模仿别人，原始人都干同样的事情，理由就在这里，这妨碍他们改善自己的条件。" 在谈到社会内部各种职业和行业的分工时，他说："不过，假定一

① ［英］曼德维尔. 蜜蜂的寓言：私人的恶德，公众的利益. 肖聿译. 北京：中国社会科学出版社，2002

② ［美］哈里·兰德雷斯，大卫·C·柯南德尔. 周文译. 北京：人民邮电出版社，2011

个人全力以赴只制造弓箭，另一个人提供食物，第三个人搭盖棚舍。第四个人缝制衣服，第五个人制作器具，那么他们不仅会变得对别人有用处，而且各种职业行业本身，与过去每个人干所有的事情相比，在同一年份也会有更大的改进。”① 在谈到工场手工业内部的分工时，曼德维尔说：“制作钟表是一个更好的例证。无论是钟表这样多，还是它们这样准确和精美，我敢说主要得益于将该技艺搞成许多分支的分工。”②

曼德维尔还指出，对于一个国家来说，经济繁荣的康乐状态之道就是向每一个人提供就业机会。为了实现这一目的，政府应该促进劳动分工，促进尽可能多的不同类型的制造业、技术业和手工艺业，多到人类的智慧可以发明的程度。奖励农业和渔业及各种分支行业，从而使从事各种行业的人各尽其力，才能使国家达到伟大和幸福的目标。因为不论金和银的价值是上升还是下降，一切社会所享受之物总是取决于土地的果实和人的劳动，两者结合在一起，相对于秘鲁的金和玻利维亚的银而言，是一种更加肯定、更加难于枯竭和更加真实的财富。③

总之，曼德维尔认为，勤俭节约对个人是美德，但对于经济发展是不利的，因为它会带来失业增加、商业衰落和经济崩溃的后果；相反，奢侈贪婪对个人来说是劣性，但对促进经济是有利的，因为这会引起对各种职业的劳动力需求，激发人们热爱劳作，提供服务，从事发明和投机钻营，从而促进经济的繁荣。这种奢侈有益论虽然在一个长时期内没有被认同，但他关于劳动分工和自由放任的经济思想却引人注目，被后来的古典经济学家所采纳。

4.5 詹姆斯·德哈姆·斯图亚特

詹姆斯·德哈姆·斯图亚特（Jame Denham Stuart，1712—1780）是英国资产阶级经济学家、重商主义末期的主要代表人物之一，出身于苏格兰贵族家庭。1735年他毕业于爱丁堡大学，取得律师资格后，赴欧洲大陆的荷兰、法国、西班牙、意大利等地旅行。1745年，斯图亚特参与了法国詹姆斯党的第五次复辟活动，并成为显赫人物。复辟失败后，斯图亚特流亡欧洲达17年之久，并开始研究政治经济学。他在经济学理论方面颇有建树，著述甚多。长期以来，苏联学术界一直把他视为晚期重商主义的代表人物之一。例如，卢森贝在《政治经济学史》第一卷中指出，斯图亚特是“重商主义理论的发展阶段中的最高峰”，是“一个率直而顽固的重商主义者”，他“坚决地站在重商主义立场上，而且完全赞同重商主义的贸易平衡说”，他“想在理论方面来复兴重商主义”，“斯图亚特的著作是重商主义的表现，他最充分地表达了重商主义的长处和短处”。④ 而卡尔·亨利希·马克思（Karl Heinrich Marx）称他是“第一个试图建立经济学体系的不列颠人，是

① ［英］曼德维尔．蜜蜂的寓言：私人的恶德，公众的利益．肖聿译．北京：中国社会科学出版社，2002

② ［英］曼德维尔．蜜蜂的寓言：私人的恶德，公众的利益．肖聿译．北京：中国社会科学出版社，2002

③ ［英］凯恩斯．就业、利息和货币通论．高鸿业译．北京：商务印书馆，1999

④ ［苏］卢森贝．政治经济学史（第一卷）．北京：生活·读书·新知三联书店，1978

詹姆斯·德哈姆·斯图亚特
1712—1780

亚当·斯密进入经济殿堂的领路人"[①]。他的主要著作有《政治经济学原理的研究》(*An Inquiry into the Principles of Political Economy*，1767)、《政治、形而上学和年代学著作集》(*Works*，*Political*，*Metaphysical and Chronological*，1805)。他的经济学说具有两面性的特征，一方面带有重商主义的色彩，另一方面是古典经济学理论的前驱者。斯图亚特在《政治经济学原理的研究》中较系统地研究了价值。他指出商品的价值通常是由耗费在生产中的必要劳动量调节的，初步提出了劳动量的概念；区分了使用价值和交换价值，坚持劳动决定价值的原理。他在货币理论中探讨了货币的职能，发现了货币流通的规律，对英国古典货币理论的发展起了决定性作用。除此之外，他在这部代表作中还论述了劳动力人口增长与财富及劳动者的分工等劳动经济问题。

斯图亚特较系统地研究了价值问题，提出了"实际价值"的概念。实际价值是由生产中所花费的平均劳动量、工资和固定资本的损耗及原材料价值三种因素决定的。抛开其混乱的表述，即在价值决定中不恰当地加上工资和原材料的价值。这一规定的重要意义是明确指出商品的价值决定于必要劳动，是对劳动价值论的重大发展。

他试图区分抽象劳动和具体劳动，从而触及生产商品的劳动二重性。他指出："那种通过自身转移出一般等价物的劳动，我们称之为产业。"[②] 斯图亚特称为产业创造一般等价物的劳动实际上就是指有别于实在劳动的特殊社会劳动，也就是有别于具体劳动的抽象劳动。在这一点上，他已经超过了威廉·配第。

斯图亚特主张增加劳动力人口，并强调劳动力人口会带来许多经济上的效益。他认为，一个国家或地区财富的多寡由该国或地区所拥有的金银等贵金属的数量来衡量，要获得更多的金银，就必须扩大出口贸易，而要增加出口贸易量，就需要更多的劳动者从事劳动生产，劳动力人口和金银又是建立军备和巩固国防的要素。所以，他主张增加国家的人口，从而增加工资劳动者。如果一个国家或地区拥有较多金银等贵金属，但劳动力人口较少，那么这个国家或地区在对外贸易上因为劳动力不足而处于劣势，其原有的金银会因为贸易逆差而流出，逐步变得贫穷；相反地，如果一个国家或地区原来并不富裕，拥有很少的贵金属，但由于劳动力人口众多，增长速度快，随着时间的推移，由于劳动力人口供给充足，其对外贸易提高，可依靠较廉价的劳动力使其外贸产品在外贸市场上具有强大竞争力，从而通过各种产业所生产的大量外贸产品的优势换取大量的金银等贵金属，使这个国家或地区变得繁荣昌盛。

斯图亚特还提出了对不同产业的劳动者提出劳动分工的劳动经济思想，并指出了工

---

① [德] 马克思，恩格斯. 马克思恩格斯全集 (第26卷). 北京：人民出版社，1972

② [德] 马克思，恩格斯. 马克思恩格斯全集 (第13卷). 北京：人民出版社，1972

作方法研究和刺激工资在管理中的作用。他指出，如果给一个人每天的劳动规定一定的量，他会以一种固定的速度工作，没有任何改进；如果是计件付酬的话，他会千方百计地想办法来增加其产量。斯图亚特还指出，当时英国建立了工厂制度，正是在这种制度下大量使用机器，带来了部分人口过剩现象。

詹姆斯·德哈姆·斯图亚特在重商主义的框架内探讨了劳动力供给的经济效果。他认为当时的英国应增加劳动力，从而可以促进对外经济贸易的发展，推动英国走向世界经济强国。他在论述劳动的二重性时，清楚地划分了表现在交换价值中特殊社会劳动和获取使用价值的实在劳动之间的区别，从而发展了劳动价值学说。他提出的劳动分工可以促进生产的思想也是颇有见地的，但在确定劳动力人口增速快于食物等生活资料增速的假说是不充分的，没有考虑到农业机械的使用、农业优良品种的培育及农业技术的提高等因素可以较大幅度提高食物等生活资料的速度。尽管如此，他把重商主义理论推向高峰，成为晚期重商主义的集大成者。

思考题

1. 试论重商主义的劳动经济思想。
2. 简述托马斯·孟的劳动经济学说。
3. 试论让·巴蒂斯特·柯尔培尔的劳动经济思想。
4. 简述詹姆斯·德哈姆·斯图亚特的劳动经济思想。

第5章 重农主义的劳动经济思想

重农主义（Physiocrat）也称作重农学派，是18世纪50—70年代法国资产阶级古典经济学学派。重农主义以自然秩序为最高信条，视农业为财富的唯一来源和社会一切收入的基础，认为保障财产权利和个人经济自由是社会繁荣的必要因素，是经济学说史上第一个真正的经济学派。与重商学派相比，重农学派无疑是短命的。弗朗斯瓦·魁奈（Francois Quesnay）于1756年在《百科全书》上发表第一篇经济学论文，标志着这个学派的形成。1776年罗伯特·雅克·杜尔哥（Anne Robert Jacques Turgot）下台，同年亚当·斯密发表了巨著《国富论》，又标志着重农学派的迅速瓦解。但是，重农学派对经济学发展做出了超时代的贡献。魁奈在1758年发表了《经济表》，第一次从整体角度考察社会财富与商品流通的规律，是经济循环图和国民收入账户概念理论的先驱，后被发展为投入—产出表，并强调了均衡及其重要性，为经济学发展成为一门社会科学奠定了基础。另外，他倡导自由放任，使经济学家的注意力转移到政府在经济活动和发展过程中的角色和作用的探讨上，促进了经济理论的发展。

重农主义理论的核心是纯产品学说。他们认为财富是物质产品，财富的来源不是流通，而是生产。所以，财富的生产意味着物质的创造和其量的增加。在各经济部门中，他们认为只有农业是生产的，因为只有农业既生产物质产品，又能在投入和产出的使用价值中表现为物质财富的量的增加。在重农学派看来，农业是一个国家富强的基础。重农主义者继承了这一传统，并以“纯产品”学说论证了农业是一个国家财富的来源和一切社会收入的基础，为这一传统观点提供了理论基础。重农主义的代表人物主要有皮埃尔·布阿吉尔贝尔（Pierre Boisguillebert、理查德·坎蒂隆（Richard Cantillon）、弗朗斯瓦·魁奈（Francois Quesnay）及安·罗伯特·雅克·杜尔哥（Anne Robert Jacques Turgot）等人。在重农主义的劳动经济思想体系中，主要探讨了农业人口增长与财富、劳动价值论及工资论等问题。

5.1 重农主义的劳动经济思想

重农主义盛行于法国18世纪50年代到70年代，其出现与当时法国的社会历史条件相吻合。18世纪中叶，法国实施重商主义政策，使国家和工商业者致富，使资本主义工商业有了一定的发展，但是当时的法国仍然是一个落后的以封建农业为主的国家。柯尔培尔主义的推行加剧了农业的衰败，致使国家财政困难，经济问题严重，农民生活更是日益贫困。与此同时，封建行会制度和贸易管制等国家干预政策阻碍了法国新兴资本主义工商业的发展。在经济思想领域，由于法国重商主义与封建专制王朝有着紧密的联系，加上法国正处在资产阶级革命时期，所以当时人们展开对重商主义的批判也就成了对封建制度的批判。于是，由皮埃尔·布阿吉尔贝尔（Pierre Boisguillebert）开创的重农学派应运而生，代表了法国资产阶级在这个历史时期的利益与要求。重农学派以重农主义思想批判和抨击重商主义，用农业资本概括产业资本的特殊形式，为资本主义发展开辟道路的法国资产阶级古典经济学理论便在新的历史条件下发展成为重农主义体系。

重农主义的劳动经济思想产生于他们对经济现象的分析。他们把经济状况视为一个整体，从社会的生产、流通、分配和消费等不同角度考察经济循环发展的过程。他们认为，财富是物质，是使用价值，来源于生产而非流通领域，生产而不是交换才是财富的真正源泉。在一切经济部门中，只有农业才生产新的财富，才是真正的生产部门，工业、贸易等都是非生产性的，只有农业才能增加产生剩余。重农主义还把“自然秩序”[①] 的概念引入经济学思想，认为自然规律统治着人类社会，人类的活动应该与自然规律保持一致。自然规律赋予个人以享受自己劳动果实的自然权利，人身自由和私有财产是自然秩序规定的基本自然权利，是天赋人权。政府除了保证最低限度的基本保障之外，不要对经济生活施加任何干预。因此，重农主义学派反对国家的经济干预，主张采取自由放任政策。在这样的经济思想的基础上，重农主义阐述了他们有关劳动经济问题的见解，发展了重农主义的劳动经济理论，并产生了深远的影响。

纯产品学说是重农主义理论的核心。他们的全部体系都围绕着这一学说而展开，一切政策也以之为基础。重农主义者认为财富是物质产品，财富的来源不是流通而是生产。所以，财富的生产意味着物质的创造和其量的增加。在各经济部门中，他们认为只有农业是生产的，因为只有农业既生产物质产品，又能在投入和产出的使用价值中表现为物质财富的量的增加。工业不创造物质而只变更或组合已存在的物质财富的形态，商业也不创造任何物质财富，而只变更其市场的时、地，二者都是不生产的。农业中投入和产出的使用价值的差额构成了“纯产品”。重农学派认为“纯产品”即剩余价值只有在农业中才能创造出来，这是不正确的。但他们在学术史上却是第一次把剩余价值看成来源于直接生产领域，这则是他们的重大科学功绩。重农学派的“纯产品”学说在重农学派后期

---

① 自然秩序学说在重农主义体系中占有十分重要的地位。重农学派关于“自然秩序”的概念来源于西欧封建社会学家的“自然法”的思想。在西欧封建社会里，基督教神学在意识形态领域中占着统治地位。封建社会神学家区分了“上帝的法”和“人为的法”，前者也就是所谓的“自然法”。重农学派接受了这种思想，认为“自然法”是“上帝制定的最高的法”。而“自然秩序”则是上帝为了结合成社会的人们幸福，根据“自然法”安排的最有利和根本的社会秩序。在重农学派的整个体系中，按照重农学派的观点，因为“自然秩序”是上帝制定的，所以是不依人们的意志为转移的。但是，为什么各个国家的社会组织又是各不相同的呢？重农学派认为“自然秩序”是一种理想的秩序，即应当坚定不移地遵守和努力求实现的秩序，但除“自然秩序”之外，还存在着一种所谓“人为秩序”，与“自然资源秩序”不同，它是依人们的意志为转移。魁奈把这种“人为秩序”又称为“实际秩序”。根据他的解释，“实际秩序”是由于国家的不同和时代的不同而不断变化的。它是人类社会实际上存在的秩序，具体地表现为各种社会经济和政治制度，以及政府的法令和规章等。因此，当重农学派运用“自然秩序”观念考察社会经济现象时，就把经济过程看成是一种客观的、自然的过程，这是他们的科学贡献。但是，由于重农学派把“自然秩序”理解为上帝创造的秩序，当然，这种秩序是超历史的、不受时代限制的，所以他们从“自然秩序”中引申出来的规律也就是永恒的东西。正因为这样，资本主义也就变成万古不变的、永恒的生产方式，这是资产阶级经济学所固有的一种观念，重农学派也不例外。

最重要的代表人物安·罗伯特·雅克·杜尔哥那里得到了发展。杜尔哥虽然也认为“纯产品”是自然的赐予，但同时却又经常强调它是土地，即自然界对耕种者劳动的赐予。在他看来，在农业中存在着一种特殊的自然生产力，使耕种者的劳动在土地上能够生产出超过他本人所需要的东西，即能够生产出“纯产品”。因此“纯产品”在重农学派看来是“纯粹的自然赐予”。

重农主义者认为，国家的财富决定于农业生产的盈余。其他的经济活动，如制造，被看作是利用农业产品的盈余部分，将其转化为另外的产品形式，用盈余的农产品养活从事制造的工人。虽然制造业和其他非农业工人还是有其用途，他们的收入并非最终来源于他们的劳动，而是农产品盈余部分的转化。

重农主义的劳动经济思想主要是基于当时法国的经济和劳动力人口发展问题而产生的。18世纪五六十年代，法国经济依然是以分散落后的小农经济为主，农业人口占总人口的绝大多数，农业是法国的主要经济部门，农业总产值占国内生产总值的3/4左右。当时法国实施重商主义政策，加上连年对外发动侵略战争，导致经济衰退，农业经济停滞不前，农村人口减少，劳动力严重不足。正是在这种经济衰退和劳动力人口不断减少的情况下，重农学派在强调经济发展的“自然秩序”和只有农业生产出社会财富，即“纯产品”的基础上，较全面地论述了他们的劳动经济思想。

重农主义者是最早把社会分为阶级并加以分析社会现象的经济学家，这是值得重视的。他们在谈到劳动力人口的数量与经济发展之间的关系时指出，判断劳动力人口增长是否有积极的因素，首先看能否促进经济发展，是否有利于劳动生产力的提高。就其最低增长限度而言，增长的劳动力人口要能够取得自身生存所需要的生活资料。重农主义者看到劳动力人口既是生产者，又是消费者。这种观点与他们对社会再生产和流通的思想是完全吻合的。当然，重农学派也认为劳动力人口增长对财富的增加有促进作用。在他们看来，人口数量如果随财富的增加而增长，就会促进经济发展。其理由是，人不但能从事劳动，而且还需要消费生活资料，而消费总量的增加和消费水平的提高可以使各种农产品保持较高的价格，从而有利于农业生产的发展。

显而易见，重农主义把整个经济现象作为其研究对象，超越了以国家目的手段为研究思想体系的重商主义界线，建立了解释经济循环过程的理论体系，第一次试图对经济问题的科学接近，促进了经济学作为一门独立的学科的发展。重农主义关于劳动力人口与财富之间存在着一定比例，比例适当才能使财富增加的观点是很有价值的，因此他们一般不主张直接鼓励增加劳动力人口，而是把促进农业发展、增加国民收入作为一切进化的前提。至于财富增加劳动力人口就会增长的观点并不是一般规律，尤其是在产业不断发展和国民生活水平不断提高的时代，财富增加后，更大的部分往往被用来提高生活质量。当然，重农学派的有些观点也是片面的。例如，他们认为工业和贸易是非生产性的，只有农业创造财富和剩余等。实践证明，经济进入工业化和后工业化后，农业在国民经济中的比重及农业人口占总人口的比重和重要性都在不断降低，逐步让位于工业和服务业。重农学派的经济政策缺乏连贯性和有效性，旨在重视农业和农村劳动力人口的生产性，但主张只对土地所有者征税而不对工商业征税的观点必然不利于农业，而只会促进工商业的发展。

5.2 皮埃尔·布阿吉尔贝尔

皮埃尔·布阿吉尔贝尔（Pierre Boisguillebert，1646—1714）是法国资产阶级古典经济学的创始人，法国重农学派的先驱者之一。他出身于法国诺曼底省的贵族家庭，青年时接受过极好的教育，曾任鲁昂地方议会的法官和路易十四的经理官，也是当时法国著名的经济学家。他生活的时代正是法国经济严重衰败的时期。他任法官时，对农村经济衰落和农民贫困有了较多了解，深切同情农民的境遇。布阿吉尔贝尔认为，一个国家的繁荣和富裕取决于农业。他主张农业发展，反对柯尔培尔压低法国农产品价格以提高制造业竞争力的经济政策。他把交换价值归结于劳动时间，主张谷物自由输出，减少间接税，公平分配赋税负担。他还指出国民财富是由物品而不是由货币构成，认为货币是造成农民贫困的基本原因，因而反对重商主义。他的主要著作有《法兰西的详情》（*Le détail de France*，1695）、《法兰西的申辩书》（*Factum de la France*，1706）、《谷物论》《论财富、货币和赋税的性质》（1705）及《货币缺乏的原因》等。布阿吉尔贝尔在《法兰西的详情》和《法兰西的申辩书》中描述法国农业的极度衰退现象，并指出农业才是创造财富的最重要源泉。他认为法国的200多个行业组成一个财富的链条，其中农业是基础，各个行业相互间保持一定比例，各种产品主要以小麦等农产品为依据按比例进行交换。如果农业遭到破坏，整个国民经济就将崩溃。换句话说，农业发展在整个国民经济中有巨大的不可替代的作用。布阿吉尔贝尔在其《论财富、货币和赋税的性质》中，强调农业在整个国民经济中的基础地位和重要性。他认为，农业是财富的真正源泉。他说："只有衣食等物品才应当称为财富。""一切财富来源于土地的耕种。""耕种者繁荣昌盛是一切其他等级财富的必要基础。"① 换句话说，他把财富看作主要是由农产品构成的，农业生产是财富的真正源泉，而一国的财富和其国土的肥沃成正比例关系，土地则是供给人口生活必需品的唯一来源。同时，他明确地反对法国重商主义压低粮食价格以鼓励人口增加的政策主张，并指出这是法国农业衰退、农村劳动力人口缩减的最根本的原因。他论证到，在商品经济发展的初期，农产品是农民在商品市场上进行交换的最主要的东西，农产品价格的高低决定农民的利益和农业经济的发展潜力，重商主义实施的压低粮价政策挫伤了农民的利益，导致农民放弃农产品种植，从而使农业衰退和农业劳动力人口减少。

皮埃尔·布阿吉尔贝尔
1646—1714

① ［法］布阿吉尔贝尔．论财富、货币和赋税的性质．北京：商务印书馆，1979

在价值理论中，布阿吉尔贝尔对价值的见解是与他关于社会各生产部门内在联系的观念相协调的。他认为各行业生产必须均衡发展，有赖于各部门商品价格的正确交换比例。比例价格是指不仅能使生产不亏本，还能继续经营且盈利的价格。在布阿吉尔贝尔看来，与劳动力人口密切相关的价值，决定其所谓“真正价值”，而“真正价值”是由个人劳动时间在各个特殊生产部门之间分配时所依据的正确比例决定的。显而易见，布阿吉尔贝尔的价值论是与劳动力人口紧密相关联的。不过，他并没有主张因此要增加劳动力人口数量。

布阿吉尔贝尔比英国的威廉·配第稍晚一些，从另一个角度论述了劳动价值论的原理。他力图从经常变动的市场价值背后寻找“真正价值”，实际上就是交换价值。在分析市场价值时，他下意识地认为交换价值是由劳动时间决定的。正如马克思在《政治经济学批判》中所说，布阿吉尔贝尔“用个人劳动时间在各个特殊产业部门间分配时所依据的正确比例来决定‘真正价值’，并且把自由竞争说成是造成这种正确比例的社会过程”。[①] 在布阿吉尔贝尔看来，在自由竞争过程中，如果某一部门分配的劳动力过多，这一部门生产出来的商品就多，商品在市场上的价格就会降低，这说明分配到这一部门的劳动过多，而过多的劳动自然会从这一部门转移；而另一部门如果分配的劳动少，生产的商品就会少，商品在市场上的价格就会提高，这说明分配到这个部门的劳动少了，因此就会吸引一部分劳动到这个部门来。这样通过竞争，各部门就能达到按比例地分配劳动，从而使交换价值得以由各部门生产商品的劳动时间来决定。布阿吉尔贝尔在威廉·配第之后，虽然不是有意识地，但在事实上把商品的交换价值归结为劳动时间，提出了他的劳动价值论。

5.3 理查德·坎蒂隆

理查德·坎蒂隆（Richard Cantillon，1680—1734）是17世纪末18世纪初资产阶级古典经济学产生时期的经济学家及重农学派的先驱。他出生于爱尔兰的贵族家庭，起初在伦敦经商，后来长期移居法国，从事银行和贸易业务。他主要生活在法国，而且他的经济学研究以法国为对象，因此被列入法国经济学家的行列。其唯一的经济学著作是《商业性质概论》（*Essai sur la Nature du Commerce en Général*，1733）。他的经济理论带有浓厚的重农主义色彩，基本上是以考察土地经济关系为中心而展开的，实际上是在农业这一特殊的生产领域考察了政治经济学的一般理论问题，正是这一点使他成为法国重农学派的启蒙者。但是，坎蒂隆的过早去世和其住宅被大火烧毁，使他失去了进一步

理查德·坎蒂隆
1680—1734

① ［德］马克思，恩格斯．马克思恩格斯全集（第13卷）．北京：人民出版社，1962

发展的可能性。尽管他以挣钱为生活的目标，却写出了第一部真正意义上的经济学论著，主要阐述了经济体系之间的关系和运行。这本书对以后许多经济学家都发生过影响，特别是法国重农学派和英国经济学家受其影响最大，被称为威廉·配第以后到亚当·斯密之前最杰出的经济学著作，是重农主义的重要先驱。

坎蒂隆在其著作中，阐明了一套简单的解释经济如何运行的重要原理。他将经济看作是一个相关的体系，或货币和商品的循环流动，并解释了这一体系内部的相互关系。他深入地分析了生产交换的循环过程，指出其重点在于地主的货币支出。坎蒂隆认为社会财富是农业中生产出来的农产品及其必需品，财富来源于农业生产。他在农业领域中，系统考察了农业产品如何经过流通而在社会各阶级之间进行分配的过程，初步阐述了土地所有者的支出与国民生活的关系，论述了农业的优越性及其在国民经济中的重要作用。他还对社会生产各部门的内在联系进行了揭示，除了论述农业的重要之外，还提出了各产业部门之间保持“经济协调”的思想，并对价值、货币、利息、工资、企业家等领域进行了开创性的深入研究。

坎蒂隆在威廉·配第等前辈们所已取得的研究成果的基础之上，进一步系统地考察和阐述了劳动决定价值论。坎蒂隆认为，任何商品的价值都取决于生产该商品所耗的劳动，且与这种劳动成正比。他说：“如果一英亩土地出产的羊毛制成了粗毛料服装，另一英亩土地出产的羊毛制成了细毛料服装，后者往往比前者贵九倍，因为虽然两者包含着同样数量和质量的羊毛，但后者要求更多的劳动和更昂贵的做工。”“在其他因素相同的情况下，土地产品所费的劳动越多，像商品那样，它们的价值就越高。”[①] 但是，与配第一样，他也将土地和劳动看作是衡量商品内在价值的共同尺度。“任何东西的内在价值都可以用在它的生产中所使用的土地的数量以及劳动的数量来度量。”[②] 显然，坎蒂隆未能走出配第二元价值论的误区。

坎蒂隆力图找出土地与劳动之间的平价关系，以便以其中之一作为价值的尺度。他认为，可以用一定量土地产品作为各种劳动的报酬的尺度。例如，将一个自由劳动者的日常劳动在价值上等同于维持其生活所需的土地产品的两倍，而监工的劳动的价值要高一些。这种等价关系可以用货币明确和准确地表现出来。

坎蒂隆在探讨劳动充分就业均衡时指出，市场自动机制在有效地调节经济资源配置的同时，也会使劳动力自行达到就业均衡。他说：“如果一个村里的所有工人都教自己的几个儿子做同样的工作，耕种该村土地的工人就太多了。多余的成年人就必须到别处谋生。一般来说，他们是到城里去谋生。”“对于村庄里的手工业者来说也是如此。如果一个裁缝承做村里的所有衣服，并把手艺传给他的三个儿子，由于这里的工作只够他的一个继承者来做，其他两个儿子就只好到别处去谋生。”“不管情况如何，如果他们找不到工作，他们就会离开自己居住的村庄、集镇或城市，使留下来的人的数目同足以维持他们生活的就业机会相适应；如果工作不断增加，这里就将有钱可赚，就会有足够的人来

---

① ［法］坎蒂隆．商业性质概论．北京：商务印书馆，1986

② ［法］坎蒂隆．商业性质概论．北京：商务印书馆，1986

到这里，以分享这种收入。"① 而且，他还从人口与生活资料的比例关系出发，论证了劳动充分就业均衡。他这样分析，依据经验资料估计，25 个成年人的劳动完全可以使 100 个成年人基本上达到舒适、充裕的生活水平。因此，他假定，一国三分之一强的人口不是太年轻就是太年老，因而无法从事日常劳动；有六分之一的人口是土地所有者、病人或各种并不通过自己双手的直接劳动为人类的各种需要做出贡献的业主。这样，一国共有一半人口不从事劳动。所以，如果 25 个人承担起养活 100 个人所需的全部工作，那么在这 100 个人里就还有 25 个人虽有劳动能力却无事可做，即出现了充分就业不足。为此，他提出，这 25 个人，一是除一部分兵士、家仆之外，其他人都可从事某种旨在使生活必需品完善化的附加劳动，如制作精美的亚麻制品和棉织品等，以致富国家；二是用于生产永久性产品，即用于从矿井中采掘铁、铅、锡、铜等，并把它们加工成供人使用的工具，制成碗、碟及其他远比陶器耐用的物品，同样会使国家富庶起来；三是制造出口产品，并改善本国消费的国产品质量，减少一切外国产品的输入，以给国内居民提供充足的就业机会；四是如果实在无法为这 25 个人找到对国家有用和有利的工作，则鼓励他们从事某些纯属装饰性和娱乐性的工作，即使像有人在别人工作时"放倒一个水桶来滚"以示自己"也没闲着"也行。"无论一个人的劳动所能给国家提供的装饰甚至娱乐是多么少，只要这个人无法找到有用的工作，就应该鼓励他这样做。"② 于是，便可达到劳动的充分就业均衡。

坎蒂隆继配第之后也视物质产品为财富，并指出土地和劳动是财富的源泉。他说："土地是所有财富由以产生的源泉或资料。人的劳动是生产它的形式，财富自身不是别的，只是维持生活，方便生活和使生活富裕的资料。"③ 在他看来，每一个人赖以生存的生活资料都有赖于土地产品。他说："一国的所有产品以及制造商品所用的原料都直接或间接地来自租地农场主之手。除鱼类以外，一切东西都是土地生产的；而且，即使是以捕鱼为业的渔夫，也必须靠土地产品维持生活。"④ 并指出，正是由于人类的劳动，才使土地丰产。"在人类劳动的帮助下，按照土壤的丰度和居民的勤劳程度，土地天然地能生产 4 倍、10 倍、20 倍、50 倍、100 倍、150 倍于播种在土地上的种子的谷物。它使水果和牲畜成倍增加。"⑤ 坎蒂隆进一步认为，在土地由租地农场主租地经营的条件下，租地农场主必须拥有足够的资本经营其事业。如果租地农场主没有资本，就得依靠节约、依靠省吃俭用积累资本。由此看来，坎蒂隆实际上试图从土地、劳动和资本诸要素的结合来考察一国财富增长问题。

坎蒂隆不仅以土地和劳动说明财富及其源泉，而且同样以它们说明商品价值的性质及其尺度。他提出了"商品内在价值或价格"和"市场价格"两个概念。在坎蒂隆看来，商品的价格是由商品的供求所决定的，且由此形成的价格与商品的内在价值较相近。"待

① [法] 坎蒂隆．商业性质概论．北京：商务印书馆，1986
② [法] 坎蒂隆．商业性质概论．北京：商务印书馆，1986
③ [法] 坎蒂隆．商业性质概论．北京：商务印书馆，1986
④ [法] 坎蒂隆．商业性质概论．北京：商务印书馆，1986
⑤ [法] 坎蒂隆．商业性质概论．北京：商务印书馆，1986

售产品或商品的数量同买者的数量或需求量之间的比例是确定市场实际价格的基础。而且，一般而言，这些价格不会偏离物品的内在价值很远。”① 在这一点上，他还比配第更确切地区分了商品的“内在价值”和“市场价格”，更清楚地看到了商品的内在价值与市场价格之间的不一致性。他还说：“任何东西的内在价值都可以用它在生产中所使用的土地数量以及劳动数量来度量。”② 这其实就是生产要素论的雏形。

坎蒂隆还论述了贸易与劳动力的关系。他提倡贸易保护主义制度，并希望制造业贸易实现顺差。这种顺差有两种情况：一种是输出低级产品，获得顺差而变富。这种畸形顺差的代价会使人们生活贫困，无法进行劳动力的再生产。另一种顺差是通过劳动附加值高的产品获得，这是“有益的和实质性的方法使该国变富”。第一种顺差是坎蒂隆所反对的，第二种顺差是坎蒂隆所赞成的。坎蒂隆还主张开拓和发展法国的对外贸易，使其成为扩大生活资料来源的重要手段，这是因为从西欧各国日益增加的国际贸易中，他发现发展对外贸易有助于增加国民财富，扩大生活资料的供给数量，从而改善国民的生活质量。

关于劳动，坎蒂隆注意到不同劳动之间报酬的差别。他指出，手工业工人的报酬之所以高出农民的报酬，是因为前者必须“同他们在学艺期间所丧失的时间以及精通技艺所需支付的费用和承担的风险成比例”。③ 他还指出，即使在手工业者之间，他们的报酬也会因为供求关系、经营方式和服务态度等差别而不同。值得一提的是，坎蒂隆还提出了不同职业的报酬因情况、场合不同而不同的见解。他说：“那些训练时间最长，最需要创造性和勤勉精神的手艺必然是报酬最高的。一个熟练木匠的工作报酬必然比一个普通的木匠高，一个优秀钟表匠的工作报酬必然比一个马蹄铁匠高。那些伴随着危险的技艺和手艺，如铸工、海员、采银矿工等的技艺和手艺，应根据所冒的风险得到报酬。如果除了承担风险之外，还需要有熟练技术的职业，如领海员、潜水员、工程师等职业，他们的报酬就应该更高一些。如果某种职业需要资格和承担责任，如首饰匠、出纳员等，劳动的报酬就还要更高一些。”④ 他认为，不同职业的报酬是与其熟练程度、风险大小、技艺高低和责任大小相称的。

在工资方面，坎蒂隆接受了配第关于工资应等于最低限度生活资料价值的看法，并对最低限度生活资料价值作了具体说明。他考察了农业劳动者的劳动价格，一个最不熟练的普通劳动者的劳动价值至少应等于庄园主用于给他提供食物和生活必需品的土地数量加上为把一个孩子抚养到能够劳动的年龄的土地价格的两倍。这就是说，一个普通农业劳动者的劳动价值应等于维持他生活所需要的土地产品的两倍。他还考察了不同工资形式，注意到计件工资和计时工资的区别和联系。他认为，帮工一天能完成多少工作，业主心中大体上是有数的，往往根据他们的工作量支付报酬。因此，即使没有监督，这些帮工为了切身利益也会尽量劳动。坎蒂隆已认识到计件工资仍然是受到工作日长度制

① ［法］坎蒂隆．商业性质概论．北京：商务印书馆，1986
② ［法］坎蒂隆．商业性质概论．北京：商务印书馆，1986
③ ［法］坎蒂隆．商业性质概论．北京：商务印书馆，1986
④ ［法］坎蒂隆．商业性质概论．北京：商务印书馆，1986

约的，在实际上把计件工资看作是计时工资的转化形式。坎蒂隆的工资论对后来的经济学家的影响很大，特别是为亚当·斯密所接受。

5.4 重农学派的创立者弗朗斯瓦·魁奈

弗朗斯瓦·魁奈（Francois Quesnay，1694—1774）是重农学派的创始人，出生于巴黎附近一个地主家庭。魁奈一生研究广泛，先后研究过化学、植物学和哲学，最擅长医学，获得过医学博士学位。他主要的职业是医生，曾担任法王路易十五的宫廷御医，由于其医学上的成就后来被封为贵族。他在研究经济问题时，运用自然科学的方法研究经济现象，把经济规律理解为自然规律，认为只有农业才创造“纯产品”，并把关于剩余价值的研究由流通领域转到生产领域，为分析资本主义生产奠定了基础。他的主要代表作有《经济表》（*Tableau économique*，1758）、经济表的分析（1766），在经济学史上占有极其重要的地位。他还发表了《租地农场主论》（1756）、《谷物论》（*Grains*，1757）、《人口论》（1758）、《赋税论》（1758）、《自然权利》（1765）及《农业国经济统治的一般原则》（1767）。他拟定一整套经济理论和政策措施，在他周围形成一个学派，自称“经济学家”。

弗朗斯瓦·魁奈
1694—1774

“纯产品”学说是魁奈经济理论的中心。他认为“纯产品”是农业生产中创造出来的，因而只有农业才是唯一的生产部门，其他的工业、商业都不生产“纯产品”，都不是生产部门。他认为农业是生产部门，在于农业能够使财富扩大，即增加财富的数量，而“纯产品”就是农业生产中生产出来的总产品在扣除了生产资料和工人的工资之后的剩余产品。他完全从生产领域来研究“纯产品”即剩余价值的源泉问题，为分析资本主义生产奠定了基础。魁奈对经济学的最大贡献是通过《经济表》试图分析社会总资本的再生产和流通。《经济表》分析社会总资本简单再生产的前提是社会上普遍实行的大规模租地农业经济；社会划分为三个主要阶级；生产阶级与不生产阶级之间进行的是简单再生产；三个主要阶级相互间的买卖价格是不变的；货币只在三大阶级之间流通，各阶级内部的流通被抽象掉；对外贸易关系也撇开不谈。这些前提明显表现出魁奈的科学创见。马克思对魁奈的《经济表》给予了很高评价，他指出这个表是极有创建的天才尝试。“这个尝试是在18世纪30至60年代政治经济学幼年时期做出的，这是一个极有天才的思想，毫无疑问是政治经济学至今所提出的一切思想中最有天才的思想。”[①] 魁奈从“纯产品”学说出发，探索性地研究社会成员，划分阶级和资本，认真分析了社会资本的再生产和流通，创立了完整的重农

---

① ［德］马克思，恩格斯．马克思恩格斯全集（第26卷）．北京：人民出版社，1962

主义经济理论体系。魁奈的劳动经济思想主要见于《农业国经济统治的一般原则》和《人口论》。

魁奈从生产领域对劳动力人口和财富作了进一步分析。他从重农主义观点出发，提出农业是一切财富的本源，只有农业才是满足人们需要的财富的来源，并强调劳动力人口是财富的第一个创造性因素。他认为财富的增长先于劳动力增长，只有财富增加，才能使劳动力人口增长，一国劳动力人口是随着国民收入的增长而增加的，由于收入能够提供富裕的生活和利益，因而促使劳动力人口增长速度加快。当然，劳动力人口过多或者无限制的增长对一个国家也是不利的。他揭示了劳动力变化与财富之间的内在联系，并在一定程度上看到劳动力人口、需求、分工、交换等因素之间的联系。他指出，一种产品必须具有满足人们需要的使用价值，并且只有一定数量的情况下，通过分工生产、相互交换生产物来满足各自的需求，因而有交换价值时，生产物才能成为财富。

魁奈认为，在生产中，只有农业生产才会使物质本身增加，即使用价值的增加，而在其他部门，只不过把已经存在的各种物质因素结合起来，也就是把各种使用价值结合成一种新的价值，但是并没有创造财富。在他看来，农业和其他经济部门之所以有这种区别，是因为在农业生产中有各种自然力参加工作，进行着“创造”。魁奈还指出，社会分工必须以农业劳动和农业生产力一定的发展程度为基础，而剩余价值的生产是以一个既定的劳动生产力为前提的。这就是说，只有在劳动者所创造的价值超过劳动力本身的价值的条件下，才能有剩余劳动和剩余价值。这种程度的劳动生产力存在于作为人们生活和生产基础的农业劳动中。但是，农业劳动一开始就和自然力结合在一起，以土地为基础，劳动生产力通过人们对自然力的运用不断增进。因此魁奈从表面现象看问题，错误地认为农业劳动生产力是自然的赐予，是自然的生产力。

在分析劳动力人口与财富之间的关系时，魁奈认为财富的增长能引起人口和劳动力的增加。魁奈分析了促使劳动力人口和财富都增加的条件：首先，居民必须能得到自由和拥有自己的财富。其次，“要生产财富，必须有财富”“财富和人口只有在由财富本身造成富足生活条件下才可能维持”。[①] 要生产财富，必须有生产性财富，即生产资料，如果没有生产资料或生产资料不足，还是不能达到增加财富的目的。再次，降低农产品税或加工的农产品税是必要的，无论赋税本身，还是由于征税所花费的各种费用，都会引起价格的上涨，而价格的上升妨碍了粮食的生产和销售，导致人们购买力下降，也会妨碍劳动力人口增长。与此相反，如果对粮食产品赋税较轻，使其价格合理，就会促进粮食产量的增加，财富也随之增加，从而促进人口与劳动力增长。当然，经营规模的大小也是很重要的。在当时魁奈所处的时代，分散的小农经营在法国农业中占主导地位，他看到了农民经营规模过小、耕作方法落后、农业产量低、农村劳动力人口减少等现象。所以他极力主张由农业资本家来经营大规模的农业，即大农场。他认为大农场经营能够得到大量的收入，从而导致农业人口增长。

在《人口论》中，魁奈还把劳动力人口区分为生产性人口与非生产性人口，并分析

① ［法］魁奈．魁奈经济著作选集．北京：商务印书馆，1979

这两种人口对财富的影响。按照魁奈所创立的重农主义理论和所运用的经济范畴，他认为，凡是生产“纯产品”的人口为生产性人口，包括从事农业、捕鱼业和采矿业的人口；而从事其他行业的人口是辅助部分，属于非生产性人口，包括从事工商业、管理业、文化教育业等行业的人口，因为这些人口都不生产“纯产品”，只是从事辅助性的工作而已。实际上，“纯产品”的生产就是剩余价值的生产，所以，魁奈从剩余价值的角度区分生产性人口与非生产性人口在人口经济思想史上具有较高的学术价值，然而，他把从事工商业的人口当作非生产性人口则是不科学的，显示了一定的局限性。

在分析了生产性人口与非生产性人口的基础上，魁奈根据纯产品学说，把资本主义社会划分为三个阶级：第一，生产阶级，即真正从事农业的阶级。由农业、捕鱼业和采矿业的人口构成，包括租地农场主和农业工人。因为只有他们才生产纯产品，才是唯一的生产部门，所以从事农业的阶级就自然而然地成为唯一的生产阶级。第二，土地所有者阶级，即占有纯产品的阶级，包括君主、贵族、政府官吏及宗教人员等方面的人员及其从属者。他们不从事任何生产劳动，但以地租、赋税等形式从生产阶级那里获得“纯产品”。第三，不生产阶级，包括从事工商业的资本家和工人，因为他们不生产纯产品，但是在经济运行过程中是不可缺少的。这是历史上最早以经济标准区分人口的阶级构成，是值得称道的。但他一方面把占有生产资料的农业资本家归入生产阶级；另一方面又把从事生产劳动的工商业中的工人作为不生产阶级，这是错误的，是重农学派理论局限性的表现。

魁奈关于阶级结构和划分理论的局限性与当时社会经济没有充分发展，雇用工人仍包含在第三等级内而没有成为独立的阶级的情况有关。但他在揭示整个社会的“经济秩序”时，在分析国民收入的分配这个关系到全局的问题时，依据人们之间的经济关系，把社会成员划分为不同的集团或阶级，这在方法论上具有重要意义。魁奈以能否创造“纯产品”为标准来划分生产阶级与不生产阶级，也有其正确的一面。事实上，在资本主义社会，也只有生产剩余价值的劳动才是生产劳动，只有能创造剩余价值的阶级才是生产阶级。

5.5 安·罗伯特·雅克·杜尔哥

安·罗伯特·雅克·杜尔哥（Anne Robert Jacques Turgot，1727—1781），是法国资产阶级古典经济学家，重农学派后期最重要的代表人物。杜尔哥出生于贵族官僚家庭，早年受过神学教育，1747年获神学士学位，1748年转入巴黎索邦神学院，翌年被推选为名誉副院长。他曾任索邦神学院院士和名誉副院长，1751年放弃神职，投身政界，任过利摩日州州长。路易十六上台后，他曾任海军大臣，后调任财政大臣。在任期内，他试图进行多方面的财政改革，执行重农主义政策。所以，他既是资产阶级经济学家，又是政治活动家。其代表作是1766年出版的《关于财富的形成和分配的考察》（*Reflections on the Formation and Distribution of Wealth*），他在一系列经济观点上发展和修正了魁奈和其追随者的论点，使重农主义作为资产阶级思想体系的特征有了更加鲜明的表现。

在他那里，重农主义体系发展到最高峰。

安·罗伯特·雅克·杜尔哥
1727—1781

杜尔哥认为农业劳动是一切财富的唯一源泉，是其各种劳动能够独立经营的自然基础和前提。他把纯产品看作是自然界对农业劳动者的劳动的赐予，纯产品是由劳动者通过劳动所生产出来的，实际上认识到地主阶级占有纯产品是对他人劳动的占有。在他看来，工资、利润、利息、地租都归结为资本主义社会的基本收入，但是他把收入不是看成对劳动创造价值的分割，而是看成对劳动产品本身的分割。他还明确地提出资本的概念，把利润看作是一个独立的经济范畴。他基本上抛弃了重农学派的封建主义外观，并提出了一系列的政策纲领。杜尔哥在其代表作中，联系工资理论阐明了他对劳动经济问题的观点。

在工资理论中，杜尔哥很有创见地表述了雇佣劳动制度是工资产生的客观经济条件的思想。杜尔哥认为，工人的劳动报酬之所以取得工资的形式，不是由于别的原因，而是由于他们失去了生产资料，只能受雇于手中掌握资本的资产阶级。工资这一资本主义经济范畴是在工人与生产资料分离、资本家雇用工人的经济制度下产生的。杜尔哥进一步指出，就工人的工资来说，由于他们之间存在相互之间竞争的关系，工人得到的工资仅能维持其最低生活水平。对于资本主义条件下的工人工资进行考察后，杜尔哥把自由竞争原则应用于劳动者和资本家的关系上，从而提出了在当时来说最好的工资理论。他认为工人出卖劳动时，其价格不能完全由个人决定，而是劳动者同购买其劳动的资本家双方协议的结果。后者尽力压低这一价格，由于资本家有“一大群工人可供挑选，他会优先选择讨价最低的工人。在这种彼此激烈竞争的局面下，工人们为了维持生活不得不降低这一价格。在各种部门工作中，基本上都会出现这种状况，而事实上工人的工资只限于为维持他的生活所必需的东西”。[①] 也就是说，工资必然等于最低限度的生活资料。但他没有说明为什么在劳动市场上供给总是大于需求。这一最低限度的工资理论弥补了弗朗斯瓦·魁奈在这方面的缺陷，而且也为亚当·斯密论述该问题打下了坚实基础。

杜尔哥还把生产阶级分为农业资本家和农业工人，把不生产阶级分为工业资本家和工业工人，指出财富分配不平等使生产者和生产资料分离，并初步表述了劳动者和劳动条件分离的历史过程。他说：“企业家、制造业主、雇主阶层都是大量资本的所有者，他们依靠资本，使别人从事劳动，通过垫支而赚取利润。”[②] 他认为雇用工人就是“只有双手和辛勤劳动的单纯工人，除了能够把他的劳动出卖给别人以外，就一无所有”。[③] 杜尔哥认为，既然雇用工人一无所有，他们就得不到利润，只有靠他们的双手每日进行劳动

① ［法］杜尔哥. 关于财富的形成和分配的考察. 北京：商务印书馆，1978
② ［法］杜尔哥. 关于财富的形成和分配的考察. 北京：商务印书馆，1978
③ ［法］杜尔哥. 关于财富的形成和分配的考察. 北京：商务印书馆，1978

以挣取工资。他对资本的类别和作用作了进一步的分析，从而论证了利息、利润的合理性和其在作为资本收入本质上的共同性。

杜尔哥在描述雇用工人产生的条件和过程时，正确地指出雇用工人只有在劳动者与生产资料分离后才能出现。但是，他对雇佣劳动认识存在缺陷，他把土地看作是财富唯一源泉。农业中的劳动者只是利用他们的劳动向土地取得财富，工业中的劳动者则是对农产品进行加工改制，两者都是因提供劳动而取得他们的收入。杜尔哥把没有占有土地的整个农业阶级和工业阶级都视为雇用阶层，而且也包括那些预付资本经营农业或工业的资本家。

杜尔哥正确地说明了农业劳动者所创造的"纯产品"为什么成为地租被土地所有者占有，这是杜尔哥在发展重农主义观点的另一个重要贡献。杜尔哥认为"纯产品"是自然的恩赐，但又强调土地对农业劳动者的赐予。在杜尔哥看来，因为农业中存在一种特殊的自然生产力，所以就使得农业劳动者在劳动中所生产出来的数量大于为自己再生产劳动力所必需的数量。他指出："农业的劳动一旦生产出多于他的需要的产品以后，他就能用自然界在他的劳动工资以外作为纯粹礼物给予他的这种剩余产品，来购买社会中其他成员的劳动。"① 杜尔哥进一步指明，农业劳动者是"唯一的这样一种人，他生产出来的产品超过了他的劳动工资"。②

然而，杜尔哥在工资理论中，对于为什么要求就业的工人人数众多这一问题，没有明确的表述，这在劳动经济思想史上留下了一个悬而未解的问题。对此，后来的庸俗经济学家认为寻求就业机会工人人数过多是因为某一时期内经济的发展对工人的需求量相对增加，这种增加导致工人的工资上升，而工资上升后工人的生活有所改善，于是人口开始增长。事实上，正如卡尔·马克思所分析的那样，资本家为了榨取剩余价值必须付给工人工资，使他们能够维持最低的生活水平，但这个工资往往是被压到最低限度的，以尽可能扩大剩余价值部分。

思考题

1. 试论重农主义的劳动经济思想。
2. 简述皮埃尔·布阿吉尔贝尔的劳动经济学说。
3. 简述理查德·坎蒂隆的劳动经济学说。
4. 试论重农学派的创立者弗朗斯瓦·魁奈的劳动经济思想。
5. 简述安·罗伯特·雅克·杜尔哥的劳动经济学说。

① ［法］杜尔哥. 关于财富的形成和分配的考察. 北京：商务印书馆，1978

② ［法］杜尔哥. 关于财富的形成和分配的考察. 北京：商务印书馆，1978

第二篇　古典劳动经济学时代

第6章　古典劳动经济学的起源

古典经济学派是在批判重商主义中逐渐产生的，始于17世纪中期，完成于19世纪70年代。古典经济学派分析了自由竞争的市场机制，将其看作是一只“看不见的手”，支配着社会经济活动；反对国家干预经济生活，提出自由放任原则；分析了国民财富增长的条件、促进或阻碍国民财富增长的原因。古典经济学反映了自由竞争时期资本主义经济发展的要求，建立了人类历史上第一个独立的经济学体系，也是真正意义上的资产阶级经济学体系，把重商主义以来的经济理论向前推进了一大步，并为以后经济理论的发展奠定了比较坚实的基础。此时经济学已逐步成为一门具有独立体系的科学，真正意义的经济学便从此时产生，并派生出劳动经济学。古典经济学的先驱是英国经济学家威廉·配第（William Petty）、英国古典主义的代表人物约翰·洛克（John Locke）和大卫·休谟（David Hume）。

欧洲在17世纪中期以后，随着资本主义生产方式的发展，经济结构从自给自足的自然经济向资本主义商品经济发展，资本主义经济关系逐渐取得支配地位，财富形态由土地等不动产为主向资本为主的方向发展。在资本主义经济关系下，古典经济学派明确提出了以劳动价值论为主要理论基础的一整套理论体系，把经济研究从流通领域转移到生产领域。他们研究的中心问题是国民财富如何增长，并研究了自由竞争的市场经济秩序和规律，提出了“自由放任”的政策主张，并对发展市场经济、货币、经济危机以及国际贸易等经济理论作了重要论述。在古典经济学的思想体系中，古典经济学派还考察了劳动分工、工资、生产劳动与非生产劳动人口等劳动经济问题。

6.1　古典经济学派劳动经济学说产生的背景

古典经济学[①]派劳动经济学说的产生和发展不是偶然的，而是在17世纪中期到19世

---

① 古典经济学又称古典政治经济学、资产阶级古典政治经济学。古典经济学派一般指英国古典经济学派，其创始人为英国经济学家威廉·配第，其杰出代表和理论体系的创立者是亚当·斯密，他所著的《国富论》把资本主义经济学发展成为一个完整的体系，书中批判了重商主义把对外贸易作为唯一源泉的片面观点，斯密把经济研究从流通领域扩大到生产领域。古典经济学分析了自由竞争的市场机制，将其看作是一只“看不见的手”支配着社会经济活动；反对国家干预经济生活，提出自由放任原则；分析了国民财富增长的条件、促进或阻碍国民财富增长的原因。

纪70年代西欧劳动力人口变动和经济发展在学术理论领域中的一种反映。古典经济学体系逐渐取代重商主义体系的过程与西欧资本主义生产方式的产生发展相伴，因此有必要阐述这一时期西欧的经济和劳动力人口发展概况。

从17世纪中叶起，西欧，首先是英国，然后是法国资本主义经济迅速发展，资本主义工场手工业迅速替代了简单协作的初级形式的资本主义，逐渐成为生产的主要形式。当时英国封建经济关系已趋瓦解，资本主义生产方式正在兴起，但封建制度仍严重阻碍资本主义的进一步发展，新生的资本主义与封建制度的矛盾不断激化，终于在1640—1648年爆发了资产阶级革命。这时，工坊手工业迅速发展，原始积累大规模进行，为资本主义发展创造了条件。到了18世纪中后期，英国开始了产业革命，机器制造业代替了工场手工业，典型的资本主义生产关系和阶级结构已经逐渐形成。到19世纪上半叶，工业革命迅速在整个欧洲扩展开来，大机器工业在法国、德国和瑞士等欧洲大陆国家的发展促使这些国家的经济关系发生巨大的变化，工业革命趋于完成，资本主义的经济关系日臻成熟。

伴随着西欧资本主义经济关系的迅速发展，西欧的劳动力人口状况也发生了较大的变化。从17世纪中叶开始，当西欧封建经济制度开始瓦解，资本主义商品经济开始出现时，西欧的劳动力增长的速度比较缓慢。随着商品经济和社会生产力的发展及医疗卫生科学的进步，18世纪初期以后，欧洲各国的劳动力人口增长较快。除了社会生产力有了较大提高，国民经济发展较快等原因外，更重要的原因是当时产业资本增加较快，为了榨取更多的剩余价值，就需要吸收更多的劳动力，从而导致劳动力人口增长较快。

另一方面，随着重商主义的逐步解体和资本主义的发展，物理学、化学、生物学、数学等自然科学领域都取得相当的成就。哲学和社会科学领域也获得巨大发展，不断产生了新的学科，为新的经济理论的产生提供了方法论的基础。弗朗西斯·培根（Francis Bacon，1561—1626）和托马斯·霍布斯（Thomas Hobbes，1588—1679）的唯物主义思想和威廉·哈维（William Harvey，1578—1657）的实验生理学方法推动经济学家探寻经济发展的内在联系及客观规律，一些思想家超越了重商主义者眼界，到生产领域寻找国富民强的原因，这就导致古典经济学在17世纪中期的英国和法国产生。

古典经济学家正是在上述劳动力增长与经济发展较快的背景下，探讨资本主义上升时期的劳动力人口与经济的相互关系及劳动分工等劳动经济问题。他们在理论上说明了在资本主义制度下，如何使财富增长，如何进行财富的生产和分配。论证资本主义生产的优越性，在当时是古典经济学初创者面临的任务。作为英国古典经济学最初创始人和奠基人的威廉·配第，就活动于上述背景之中。随后，约翰·洛克、大卫·休谟继承了这一古典经济学说，而亚当·斯密则发展了这一古典经济学说，使其成为一门独立的经济学体系，真正意义的经济学便从此时产生，并派生出劳动经济学说的前身。

6.2 古典劳动经济学的先驱者威廉·配第

威廉·配第（William Petty，1623—1687）是英国古典经济学的创始人，出生于英国汉普郡的小手工业家庭，1848年获牛津大学医学博士，两年后被聘为牛津大学勃拉斯诺医学院解剖学教授，1651年任英国驻爱尔兰总督亨利·克伦威尔的私人秘书和侍从医生，1658年被选为爱尔兰国会议员，斯图亚特王朝复辟以后，又投靠国王查理二世，取得男爵而成为新贵族，还被任命为爱尔兰测量总监。尽管在政治上无所作为，但他作为经济学家颇有建树，主要经济著作有《赋税论》（*A treatise of Taxes and Contributions*，1662）、《货币论》（*Quantulumcunque Concerning Money*，1682），以及《政治算术》（*Political Arithmetic*，1672）和《爱尔兰政治剖析》（*The Political Anatomy of Ireland*，1674）等。配第代表新兴产业资本的利益，著书立说，为统治者出谋划策。在研究赋税时，他探讨了经济学的一些基本范畴。他还指出价值量与劳动时间成正比，与劳动生产率成反比，但未能把价值、交换价值、价格等区分开来。在劳动价值论基础上，他考察了工资、地租、利息等，并实际上把地租看作是剩余价值的基本形态，主张赋税要以地租及其派生收入为征收对象。他的论述并未形成完整体系，但在许多方面提出了开创性的见解，把分析从流通领域转向了生产领域，最终摆脱了重商主义的影响，奠定了英国古典经济学的基础。配第除了研究资本主义经济外，还阐述了许多有价值的劳动经济学说。

威廉·配第
1623—1687

英国古典经济学派的创始人威廉·配第（William Petty）最先阐明劳动力人口和财富之间的内在关系。他从劳动价值论出发，提出了土地为财富之母，而劳动则为财富之父和能动的要素。配第认为，人的劳动是财富的源泉，劳动力人口和土地是财富生产的必要条件，而土地上的生产物是由人们的劳动创造出来的。在承认生产力水平在各国各地区存在较大差异的前提下，配第较深刻地分析了劳动力人口与土地之间的关系。要创造财富，就要生产出具有使用价值的物品，而使用价值的生产，除了劳动之外还有土地的因素。在配第看来，一个国家或地区是否富裕，有必要考察土地的地理位置、肥沃程度和实现社会发展的技术水平，需要研究劳动力人口数量规模与土地资源的对比关系。他认识到，在财富生产上，土地和劳动都是必不可少的，而劳动起着更为主导的作用。所以，他主张增加人口以增加劳动力。在劳动力人口中，只有从事物质生产劳动的人才会创造财富。因此，他极力主张压缩牧师、官吏和商人等非生产人口，减少非生产的开支，增加生产性劳动数量。他指出，一个国家的统治者要使国家富强，就不能对全国的人口、财富、产业的情况一无所知。配第还对影响财富增长的资本、劳动、生产力等因素进行了分析。他认为，决定经济发展的因素是土地、劳动力人口的素质和人口的密度。配第在考察人口密度对社会分工和经济发展的影响时指出，人口密度高的地区由于分工更细，有利于进行协作生产和提高劳动生产力，所以经济发展速度比较快。

配第在《赋税论》中谈到了劳动创造价值的观点。在论述价格论时，他将商品的价格区分为自然价格和政治价格。自然价格实际上是指商品的价值，政治价格则是指常会发生涨落的市场价格。同时，这种市场价格涨落的中心就是自然价格，而市场价格是商品的成本及运送到销售地点所有费用的总和。配第着重研究的是自然价格问题，并把自然价格看作是观察其他经济现象的基础。

配第在研究价值问题时，认识到劳动是商品价值的源泉。在他所做的统计例证中，就是以劳动衡量粮食的生产，衡量粮食的价值。他举例说："假如一个人能生产一蒲式耳谷物的时间内，将一盎司白银从秘鲁的银矿中运来伦敦，那么，后者便是前者的自然价格，① 即一盎司白银成了一蒲式耳小麦的自然价格。"可以看出，配第认为一种商品的价值是由生产它所耗费的劳动决定的，商品交换就是以它们所包含的劳动量为依据的，这是配第对劳动经济学的一个重大贡献。配第不仅确信商品的价值是由劳动创造的，并且用劳动时间测量商品的价值量。配第根据劳动决定价值的原理，还提出了价值量的大小是以劳动生产率为转移的。他说："自然价格的高低决定于生产自然必需品所需要的人手的多少。谷物的价格，在一个人能生产十人所需的谷物的时候，要比一个人只能生产六人所需的谷物的时候来得低廉。"② 他还指出："一百个农民所能做的工作，如果由两百个农民来做的话，谷物就会涨价一倍。"③ 从这里可以看出，配第已经了解到商品的价值和生产该商品的劳动生产率成反比例的关系。

配第把劳动时间看作衡量价值的尺度和基础，这是劳动价值论的一个基本观点。当时古典学派的劳动价值论还处于初创阶段，配第主要是在分析谷物的价格时，提出劳动价值论的基本观点。他说，谷物值多少货币，"就看另一个在同一时间内专门从事货币生产和铸造的人，除去自己费用之外还能剩下多少货币。假定这一个人前往生产白银的地方在那里采掘和提炼白银，然后把它运到另一个人栽培谷物的地方铸成货币，并假定这一个人在从事这些工作的同时也能得到生活所必需的食物和衣服。我认为这个人的白银和另一个人的谷物价值一定相等。"④ 实际上，这是用劳动时间来确定商品的价值，用配第的话说，"这是各种价值相等和权衡比较的基础"。配第不仅明确用生产中所耗费的劳动时间作为计量商品价值量的尺度，并且看到价值量的大小和所耗费的劳动时间成正比，商品价值量与劳动生产率的高低有关，两者是反向关系。

配第不仅认识到商品的价值取决于劳动，而且意识到货币的价值量也是由劳动量决定的。他在讨论商品的价值时说："假定生产一蒲式耳小麦所需的劳动，和生产一盎司白银所需的劳动相等。"⑤ 在这里，配第明白地指出了一定数量的商品和一定数量的货币交换是因为劳动量相等，货币本身的价值也是由劳动决定的。

配第开始以劳动时间测量商品的价值量，并以此为基础，比较正确地论述了剩余价值的实质。但由于配第不理解价值的社会性质，虽然他用不同的形式在一定程度上区分

① ［英］威廉·配第．赋税论、献给英明人士、货币略论．北京：商务印书馆，1978
② ［英］威廉·配第．赋税论、献给英明人士、货币略论．北京：商务印书馆，1978
③ ［英］威廉·配第．赋税论、献给英明人士、货币略论．北京：商务印书馆，1978
④ ［英］威廉·配第．赋税论、献给英明人士、货币略论．北京：商务印书馆，1978
⑤ ［英］威廉·配第．政治算数．北京：商务印书馆，1978

了交换价值和价格，却始终没有从交换价值中抽象出价值，而是把交换价值和价值混淆了。配第也没有从价格中抽象出交换价值。配第不清楚它们之间的区别，在分析商品价值时，把价值、交换价值和价格的概念混为一谈。

配第在论述劳动与交换价值的关系时，把劳动进行了分类：一类是生产金银的劳动，另一类是生产其他普通商品的劳动。在配第看来，并不是一切劳动都能直接生产交换价值，只有开采金银的劳动才能直接生产交换价值，至于其他种种劳动，只有在这些产品同金银交换时，才产生价值。配第虽然已不自觉地谈到了创造价值的劳动和创造使用价值的劳动的不一致，但并不理解创造商品劳动的二重性，即创造价值的抽象劳动和创造使用价值的具体劳动，而是把生产金银的劳动当作创造价值的劳动，而生产其他商品的劳动只是创造使用价值的劳动。他把创造价值的劳动与生产使用价值的劳动完全混淆了，没有把劳动决定价值论贯穿始终。

配第还认识到劳动分工会促进劳动生产率的提高。他说："譬如织布，一人梳清，一人纺纱，另一个人织造，又一人拉引，再一人整理，最后又一人将其压平包装，这样分工生产和只是单独一个人笨拙地担负上述全部操作比起来，所花的成本一定较低。"① 显而易见，配第在资产阶级经济学家中最初认识到劳动分工会引起劳动生产率相应变化，以及劳动生产率变化会引起价值量相应变化的关系。

配第在提出劳动价值论的同时，又提出了他的工资理论，力图从理论上论证政府所规定的工资额。配第把工资和生活资料联系起来，提出工资是维持工人生活所必需的生活资料的价值，并认为法律规定的工资应该维持工人正常的生活水平，工资不仅能够使工人过一般的生活，而且能够赡养家人。也就是说，工人工资的高低取决于生产维持工人所需的生活资料的劳动时间，即工资就是维持工人生活、劳动和延续后代所必需的生活资料的价值。显然，这是对重商主义观点的发展，并且被后来大部分古典经济学家所接受，成为古典工资理论的基础。同时，配第还进一步将工人的劳动时间区分为必要劳动时间和剩余劳动时间，认为工人的劳动是整个社会收入的源泉，资本家得到的产品就是工人少拿的工资。他把工资和资本家的利润联系起来了，触及资本主义条件下工资同利润的对立。

配第在劳动价值论的基础上还考察了地租的性质和来源。地租是从农产品中扣除生产费用以后的余额。他说，假定一个人用自己的双手在一块土地上栽培谷物，在收获以后，"这个人从他的收获之中，扣除了种子、自己食用及为换取其他必需品而给予别人的部分之后，剩下的谷物就是这一年这块土地的当然的正当的地租。"② 他所说的地租还包括农业投资的利润。由于他把地租同工资相对比，所以他所说的地租实际上是剩余价值的一般形式。关于利息，配第认为利息是由地租派生的，他称利息为"货币租金"。他认为，每个货币所有者都能购买土地并收取地租，所以货币应当与土地一样产生收入。配第把剩余价值看成是地租，把利息看作是地租的一种形态，并用地租的合法性来论证利

① ［英］威廉·配第．赋税论．陈东野译．北京：商务印书馆，1981

② ［英］威廉·配第．赋税论．陈东野译．北京：商务印书馆，1981

息的合法性。但是，由于配第把地租和剩余价值混同了，不能了解地租的本质。因此，他并没有建立起较为完整的地租理论。

配第从劳动创造价值的正确观点出发考察了当时的劳动经济问题。其中，他特别强调生产劳动和生产人口的重要性，主张增加生产人口，缩减非生产人口，以此提高劳动生产力，促进国家的经济增长。毫无疑问，配第关于劳动创造价值和重视劳动力人口的观点是新颖的和进步的。配第作为英国古典经济学派的创始人，其劳动经济思想对后世古典经济学家的影响重大，不仅在亚当·斯密的《国民财富的性质和原因研究》和大卫·李嘉图的《政治经济学及赋税原理》等代表作中能找到蛛丝马迹，而且欧洲大陆上其他的古典经济学家都或多或少地受到配第的影响。然而，配第作为一个殖民主义的实践者，其劳动经济思想也有消极的一面。他主张当时的英格兰、苏格兰向其最近的殖民地爱尔兰大量移民，对海外殖民地进行掠夺，并提出用暴力迫使劳动者破产和出卖劳动力。尽管如此，配第仍不失为人类劳动经济思想史上的一位大思想家，作为一个古典经济学派的创立者，对经济学做出了巨大的贡献，并阐述了大量有价值的劳动经济学说。

6.3 古典自由主义的奠基者约翰·洛克

约翰·洛克（John Locke，1632—1704）是英国著名的哲学家、经济学家和政治学家，是公认的古典自由主义和现代经验主义的奠基人。他出生于英国萨默塞特郡的一个律师家庭，幼年在西敏中学读书，1652年进入牛津大学宗教专业深造，学习和研究哲学、自然科学和医学，分别获得学士和硕士学位，毕业后留校任教讲授希腊语和自然法。1683年他因积极参加辉格党的政治活动，受到迫害而逃亡至荷兰。1688年洛克返回英格兰，担任英国贸易和殖民事务大臣。出版的著述有《论宽容》（*A Letter Concerning Toleration*，1689）、《政府论》（*Two Treatises of Government*，1689）、《论宽容第二篇》（*A Second Letter Concerning Toleration*，1690）、《人类理解论》（*An Essay Concerning Human Understanding*，1690）、《论宽容第三篇》（*A Third Letter for Toleration*，1692）、《论降低利息和提高货币价格的后果》（1691）、《教育漫话》（*Some Thoughts Concerning Education*，1693）、《圣经中体现出来的基督教的合理性》（*The Reasonableness of Christianity, as Delivered in the Scriptures*，1695）、《为基督教合理性辩护》（*A Vindication of the Reasonableness of Christianity*，1695）及《再论提高货币价值》（1695）等。

约翰·洛克
1632—1704

在哲学上，洛克继承和发展了弗朗西斯·培根（Francis Bacon，1561—1626）和托马斯·霍布斯（Thomas Hobbes，1588—1679）的思想，强调知识起源于感性世界。他反对天赋权利说，主张“自然权力论”，在自然状态中，人人受自然法则的统治。他对哲学产生极大影响，尤其是自由主义的发展。洛克的哲学思想成为继威廉·配第之后英国政治经济学的一切观念的基础。在经济学领域，他是威廉·配第的直接后继者之一，他的经济思想主要集中在1691年出版的《论降低利息和提高货币价格的后果》及1690年出版的《政府论》下篇。洛克的经济思想主要论述了财富与贸易、货币论及产权理论等问题，其中涉及较为丰富的劳动经济思想，具有重商主义和古典主义的色彩。

洛克在威廉·配第之后较早论述了劳动经济问题，他强调劳动是财富和价值的唯一合法和合理的源泉。除了自然物以外，都是劳动创造了一切。因此，劳动是衡量人类创造物的唯一合理尺度。在劳动价值学说上，洛克与威廉·配第一脉相承，他指出劳动的多寡决定商品价值的大小，这为劳动价值理论提供了基础。洛克写道："将大部分价值加在土地上的是劳动，没有劳动土地差不多分文不值。我们是靠劳动才得到土地上所有有用产品的最大部分。"[①] 这强调了劳动对农业经济和价值的重要性。

洛克接受了威廉·配第著名的财富公式，即"劳动是财富之父，土地是财富之母"，但他更强调劳动在这方面比土地更为重要。他说："如果说有利于认识的土地产品中，十之有九是劳动的结果，这不过是个极保守的计算。""在绝大多数的东西中，百分之九十九要归之于劳动。"[②] 因为如考察任何一种普通的产品，抽取劳动所给予的影响，那么剩下来的就微不足道了。所以，劳动创造"占我们在世界上所享受的东西的价值的绝大部分"。[③]这大概是抽象劳动的最初概念，如果商品的99%是劳动创造的，剩下的1%就可以忽略不计，但他还是把价值和使用价值混同了。他从劳动是价值唯一源泉的观点出发阐述私有制起源及合理限度问题，提出著名的劳动产权论或劳动财产论，这是他影响最深远的论述。

洛克关注财产的不平等问题，提出了其著名的财产论。洛克认为，自然把地球给予人类共享，也给予人类以私有财产。凡是自然界所生产的一切都是公有财产，凡是劳动者所生产的一切便是劳动者的私有财产。劳动产生劳动产品的所有权。因为，"每个人对他自己的人身享有一种所有权，除了他以外任何人都没有这种权利。他的身体所从事的劳动和他的双手所进行的工作，我们可以说，是正当的属于他的。所以只要他使任何东西脱离自然所提供的和那个东西所处的状态，他就已经掺进他的劳动，在这上面掺加他自己所有的某些东西，因而使它成为他的财产。"[④] 洛克不仅用劳动所有权说明私有财产，而且还用劳动作为一个人所应该拥有的私有财产的尺度。他指出，私有财产积累应该有两种限制，即个人劳动的界限和个人消费能力的界限。私有财产的积累超过了这两个界限就是对他的同胞的掠夺和剥削。他说："财产的幅度是自然根据人类的劳动和生活所需的范围而很好规定的。没有任何人的劳动能够开拓一切土地或把一切土地划归私用，他的享用也顶多或为自己取得一宗财产而伤害他的邻人。"[⑤]

① ［英］洛克. 政府论：下篇. 叶启芳等译. 北京：商务印书馆，1996
② ［英］洛克. 政府论：下篇. 叶启芳等译. 北京：商务印书馆，1996
③ ［英］洛克. 政府论：下篇. 叶启芳等译. 北京：商务印书馆，1996
④ ［英］洛克. 政府论：下篇. 叶启芳等译. 北京：商务印书馆，1996
⑤ ［英］洛克. 政府论：下篇. 叶启芳等译. 北京：商务印书馆，1996

洛克在探讨地租和利息起源时指出，财产不平等产生的原因在于生产性财产分配的不均而导致劳动所有权的界限遭到破坏。地租的产生是由于土地的分配不平等突破劳动所有权的第一个界限。一个人拥有土地的数量应该适合他的劳动能力，如果其土地超过了他愿意或能够耕种的数量，而另一人的土地少于此数量，这种不平等的结果便是后者成为前者的土地佃户。洛克还从地租引出利息，并进一步作了说明。他认为，每个人的劳动果实理应归自己所有。一旦社会上产生了对货币占有的不均等，拥有货币的人就能凭出借货币，从他的债务人的劳动收入中获取一定的利息。他说："货币是一种不生不长、不能产生任何东西的物品。但是它却能通过契约把一个人的劳动报酬转移到另一个人的口袋中去。"[①] 这实际上是把利息看作是一种剥削收入。

约翰·洛克从劳动经济学的角度基于自然法和自然权利提出的私有财产理论寓意深刻，实际上明确地把地租和利息归结为生活资料和直接生产者相分离的结果，其来源是剩余劳动所创造的剩余价值，并把非劳动收入视为对他人劳动成果无偿占有的剥削收入，明确规定财产不平等的适度界限，也就是明确地指出只有劳动才是分配财富的唯一尺度。他还从"自然权利"出发，把利息看作货币所有权分配不均等的结果，进而把利息看作占有别人剩余劳动的结果，这种观点把利息性质的看法又向前推进了一步，具有积极意义。

6.4 大卫·休谟

大卫·休谟（David Hume，1711—1776）是英国哲学家、经济学家、历史学家，是英国古典经济学产生时期的代表人物之一。他出身于苏格兰爱丁堡一个没落贵族家庭，1723年进入爱丁堡大学学习，3年后离校学习法律，从1729年起专攻哲学。1934年赴法国考察后，转而从事哲学、文学等领域研究。1763年任英国驻法国大使馆秘书，后任参赞，与法国著名思想家卢梭、魁奈和杜生哥交往密切。1766年回伦敦，不久任副国务大臣。主要著作有《人性论》(*A Treatise of Human Nature*，1735)、《道德和政治论说文集》(*Essays Moral and Political*，1744)、《人类理解研究》(*An Enquiry concerning Human Understanding*，1748)、《道德原理探究》(*An Enquiry Concerning the Principles of Morals*，1751)、《大不列颠史》(*The History of Great Britain*，6卷，1754—1762)、《宗教的自然史》及《自然宗教对话录》(*Dialogues concerning Natural Religion*，1779）等。他的经济思想主要见于1752年出版的《政治论丛》中的经济论文。他在本书中提出了著名的货币数量论。他认为，货币是商品和劳动的代表，是决定价格的手段；商品价格由流通中的货币数量决定，流通中的货币数量的增加必然引起商品价格成比例的上涨。这一理论是反重商主义的，是18世纪货币数量论的最重要的代表。书中还论述了商品、利息、赋税、国际贸易及人口等问题。在休谟的经济学著述中，还散见一些劳动经济思想。

休谟的劳动经济理论是以其人性论为哲学基础的。在休谟看来，"自私"和"贪欲"

---

① ［英］洛克．论降低利息和提高货币价格的后果．何新译．北京：商务印书馆，1962

是人的本性。人类的欲望促使人们去劳动，但是在社会中一个人的劳动满足不了自己多种的欲望，于是人们凭着协作、劳动分工和互助来弥补。随着劳动产量的扩大和产品种类的增加，这样就引起了物品的交换。休谟认为，经济活动是人类通过劳动、协作和交换满足自己需要的活动，人们从事经济活动的原初动机是自私，而不是为了公益。他说："世界上的每一样东西都要靠劳动来购买，人们的欲望则是劳动的唯一动机。"[①] 休谟把人类经济活动视为人类"自私"和"贪欲"的自然本性的结果，而私有制的产生则是作为劳动唯一动机的人类欲望超过了自然界稀少的供应的产物。

大卫·休谟
1711—1776

休谟在论述经济正义保障人们劳动的合法利益，促进劳动生产效率提高时指出，当人们的劳动技能和生产情绪提高时，他们的劳动成果在数量上远远超过自身所需。他们能用所剩余的产品去换取可供消遣或满足虚荣心的商品；反之，将使他们没有兴趣去提高劳动技能，生产情绪也会变得低落。因此，为了满足人们的欲望，商品之间需要交换，以互通有无，导致贸易活动产生。人们将生产的剩余产品换取他们所需的其他产品，同时人们的生产情绪也得到大幅度提高。随着国家工业产品不断丰富和机械技术不断发展，农民就会变得兢兢业业，自觉自愿地工作，以求生产更多的产品供社会之需。休谟认为，政府要保持经济增长的势头，就必须采取措施调动人们的劳动积极性，增加劳动产品的储备，确立产品交易的法则，保证人们能用所剩余的产品换取可供他们所需的产品，从而刺激人们提高劳动技能和生产情绪的愿望，进而提高生产效率，制造更多的产品，最终使国富民强。

休谟还从生产资料和生产者的分离角度来说明地租产生的原因，认为地租是剩余劳动所创造的剩余产物。休谟认为，劳动力的工资主要取决于劳动力的供给和需求，而不是税收，对工人征税并不会通过提高工资、降低地租的方式转嫁给富豪。在论述工资时，休谟超过其前辈人和同代人的地方在于他指出，"劳动价格"的提高总是在其他商品价格已经提高后。这一见解可以说具有深刻的理论内涵和现实意义。

思考题

1. 试论古典经济学派劳动经济学说产生的背景。
2. 简述古典劳动经济学的先驱者威廉·配第的劳动经济学说。
3. 简述古典自由主义的奠基者约翰·洛克的劳动经济学说。
4. 试论大卫·休谟的劳动经济思想。

---

① ［英］休谟. 休谟经济论文选. 陈玮译. 北京：商务印书馆，1984

第7章　古典劳动经济学的创立者亚当·斯密

7.1　古典经济学之父亚当·斯密

亚当·斯密（Adam Smith，1723—1790）是英国资产阶级古典政治经济学的主要代表人物之一，是劳动经济学体系和基本原理的奠基者、经济自由主义的倡导者，被称为“现代经济学之父”。他出生于英国英格兰的哥卡第城，17岁进入了牛津大学深造。大学毕业后，他长期在大学任教，1751年被任命为格拉斯哥大学的逻辑学教授，后改任道德哲学教授。他的授课内容涉及逻辑学、修辞学、法学和政治经济学等领域。斯密在1759年出版了《道德情操论》（*The Theory of Moral Sentiments*）一书，从此成为英国一流学者。1764年，斯密辞去了大学教授职务，作为年轻的巴克莱公爵的私人教师，陪同这位公爵游历欧洲。在巴黎，他结识了重农学派的弗朗斯瓦·魁奈（Francois Quesnay）、安·罗伯特·雅克·杜尔哥（Anne Robert Jacques Turgot）和启蒙学派的著名代表伏尔泰（Voltaire，原名：Fran ois-Marie Arouet），这对于他后来的经济思想的形成有着重要的影响。1767年，斯密回到故乡，专心致志著书。1776年他又出版了《国富论》（全名为《国民财富的性质和原因的研究》（*An Inquiry into the Nature and Causes of the Wealth of Nations*），这本书对经济学领域的创立有极大贡献，标志着经济学作为一门独立学科的形成。它是经济学的百科全书，基本包括当时人类所建树的经济理论、经济史、经济思想史、财政学、经济政策等方面的知识，涉及历史、伦理、经济和政治所表现的社会行为的所有方面，是影响人类历史进程的划时代巨著之一。在西方世界，这本书甚至可以说是经济学最具影响力的著作。由于这本书，斯密从此也就成为举世公认的经济学权威。1778年，斯密被任命为苏格兰的海关税务司长，1787年任母校格拉斯哥大学校长，直至1790年逝世。

亚当·斯密
1723—1790

斯密在《国富论》中着眼于他所观察到的尚未出现工业革命的世界经济，首次系统地分析了国民财富产生、分配与持续运转的内在规律。他认为，人类利己的动机就像一只看不见的手，在暗中推动一切经济行为。同时，他强调政府应尽可能干预，并给予贸易自由的发展空间。《国富论》一书成为针对重商主义最经典的反驳，在这本书于1776

年出版后，英国和美国都出现了许多要求自由贸易的声浪。《国富论》一书也否定了重农主义学派对于土地的重视，另一方面，斯密认为劳动才是最重要的，而劳动分工将能大幅提升生产效率。《国富论》一书非常成功，事实上还导致许多早期学派的理论被抛弃，而经济学家如托马斯·罗伯特·马尔萨斯和大卫·李嘉图则专注于将斯密的理论整合为古典经济学。斯密在经济学界拥有泰斗的地位，迄今为止，他的思想仍是所有主流的经济学理论必须参考借鉴的基础，极大地影响了后代经济学家。斯密在《国富论》中论述经济理论时，提出了分工理论、劳动价值理论及生产劳动的确定等劳动经济问题，形成了富有见地的劳动经济学体系，对后来的劳动经济思想的发展有着深刻影响。

斯密的劳动经济思想形成于资产阶级与封建贵族的斗争取得主导地位的历史时期。他以劳动价值论为基础，研究了劳动力人口，并且反对非生产劳动人口的增加，在劳动价值论的研究上发展了威廉·配第和法国重农学派的思想，使创造价值的社会劳动的含义更富有一般性。以此为基点，他较充分地认识到劳动力人口创造国民财富的事实和历史作用。斯密在劳动分工和劳动力价值论及国际分工等方面为资产阶级古典劳动经济学所做的贡献是巨大的。尽管斯密整个思想体系有一定的局限性，但他是一位真正在学术上具有卓识远见的经济学大师级人物，为人类提供了一个完整的涵盖多方面学科在内的社科体系，堪称人类经济思想史上的一座光辉的里程碑。亚当·斯密作为英国资产阶级古典劳动经济学体系创立者的地位是不容动摇的。

7.2　劳动分工理论

亚当·斯密的整个经济理论是从分析劳动分工开始的，劳动分工学说在他的经济理论中占有相当重要的地位。他把劳动分工作为提高劳动生产率、增加国民财富的主要途径。他认为，一国生产及供应情况取决于两个因素：劳动生产率和生产性劳动与非生产性劳动的比例。斯密把非生产性劳动解释为所有从事服务业的劳动，而劳动生产率与分工有关，分工有助于劳动生产率的提高。他说："劳动生产力最大的增进，以及运用劳动时所表现的更大的熟练技巧和判断力，似乎都是分工的结果。""凡能采用分工制的工艺，一经采用分工制，便相应地增进劳动的生产力。"①

国富论

为了说明分工可以促进劳动生产率的提高，他举出了制针手工工场的例子。这个工场由于实行了分工，生产效率提高了 4 800 倍。②在斯密看来，分工之所以能提高劳动生产率，主要是由于以下三个原因：第一，分工使劳动专门化，劳动者仅限于一种单纯的操作，因而能

① ［英］亚当·斯密．国富论．杨敬年译．西安：陕西人民出版社，2001

② ［英］亚当·斯密．国民财富的性质和原因的研究．上卷．郭大力等译．北京：商务印书馆，1977

提高劳动者的技巧和熟练程度，增加他们完成的工作量；第二，分工使每个人专门从事某项作业，生产专一，可以节省与生产没有直接关系的时间，从而增加与生产有关的时间；第三，分工使专门从事某项操作的工人比较容易改进和发明机器，从而使一个人能够完成许多人的工作。因此，斯密认为，国民财富的大幅增殖需由分工的发展决定，所以他在劳动经济理论的研究中以劳动分工为出发点。

斯密认为分工能够促进劳动生产率的急速上升，这是符合事实的。为了说明分工的利益，他以毛纺织场为例。这种分工不同于工场手工业的内部分工，而是各个企业和各个部门的生产者之间的分工。由于这些企业和生产者生产不同的商品，他们之间发生了分工和密切的联系。他说，考察最普通技工或日工的日用品可以看出，“用他的劳动的一部分来生产这种日用品的人的数目，是难以计数的。例如，日工所穿的粗劣呢绒上衣就是许多劳动者联合劳动的产物。为完成这种朴素的产物，势必有牧羊者、捡羊毛者、梳羊毛者、染工、粗梳工、纺工、织工、漂白工、裁缝工及其他许多人联合起来工作。”① 除此之外，还需要商人、运输工人、造船人等。在斯密看来，这种分工同样促进了劳动生产力的提高。

斯密论述分工的作用时，还广泛地论证了分工的社会意义。斯密力图证明社会进步的程度和国家贫富的差别都是由分工的发展状况决定的。他说，未开化的社会分工极不发展，一个人要独自做许多种工作。在进步的社会里，生产一个制成品的劳动却要由许许多多劳动者共同分担。在农业方面，富国并不比贫国更优越。这是由于农业的性质使之不易实行分工。而在工业方面，富国比贫国要优越得多。这是因为工业易于实行分工，富国建立了分工复杂的具有强大竞争能力的制造业。

斯密还强调社会分工对国民财富的重要性，认为提高劳动生产力是增加国民财富的主要原因。分工是提高劳动生产率的重要因素，会导致国民收入增长，而国民收入的增长带来劳动力增加，劳动力人口的增长扩大市场规模，有可能进一步增加储蓄。这就扩大了劳动基金和投资，提高了对劳动的需求，从而通过劳动专业化扩大市场，刺激技术的改良，进一步促进社会分工和专业化，使劳动生产率日益提高，经济就会得到持续发展。

在分工产生的原因上，斯密将之归因于人类交换的本性。也就是说，分工是人类互通有无、物物交换、相互交易的缓慢而渐进演化的自然产物，而不是人类理性或政府干涉的结果。同时，交换引起分工，而分工的发展又受交换范围的限制。斯密说：“分工起因于交换能力，分工的程度总是受交换能力大小的限制。换言之，要受市场广狭的限制。”②例如，大城市就难以在小村落中存在。显然，斯密对分工的研究是多维度的，既分析了工场内部分工，又描绘了社会各部门的分工。

当然，人与人之所以产生分工，就在于人是异质的，有各自的比较优势。斯密认为，后天教养而非天性是决定人类差异的主要因素。在斯密看来，人的能力的差别通常并不

① ［英］亚当·斯密. 国民财富的性质和原因的研究. 上卷. 郭大力等译. 北京：商务印书馆，1972

② ［英］亚当·斯密. 国民财富的性质和原因的研究. 上卷. 郭大力等译. 北京：商务印书馆，1972

大，而劳动分工的影响扩大了差异。他说道："人们壮年时在不同的职业上表现出来的不相同的才能，在多数场合，与其说是分工的原因，倒不如说是分工的结果。例如，两个性格极不相同的人，一个是哲学家，一个是街上的挑夫。"①他们之间的差异就是职业分工的结果。他说，分工的发展把工人的一生消磨在少数单纯的操作上，他们的智力不能发挥，因而变成最愚钝、最无知的人。因此，他提出国家要实行国民教育。当然，斯密的见解也存在着缺欠。他脱离分工的社会性，用纯技术观点考察分工，不了解所谓分工的不利后果是分工的资本主义性质造成的。

斯密在考察了分工之后，又分析了交换。他认为正是商品交换引起了社会分工，社会分工发展到一定的历史阶段，便产生了工场手工业内部的分工。在分工起因问题上，斯密的基本论点是交换引起分工。按照他的看法，分工"原不是人类智慧的结果"，而是由"人类的本性"所体现的一种互通有无、互相交易的交换倾向所缓慢而逐渐造成的结果。②他说："当初产生分工的也正是人类要求互相交换这个倾向。例如，在狩猎或游牧民族中，有个善于制造弓矢的人，他往往以自己制成的弓矢，与他人交换家畜和兽肉，结果他发觉，与其亲自到野外捕猎，倒不如与猎人交换，因为交换所得却比较多。为自身的利益打算，他只好以制造弓矢为主要业务，于是他便成为一种武器制造者。"③另外，还有人也因此成了房屋建筑者、铁匠、铜匠等。"这样一来，人人都一定能够把自己消费不了的自己劳动生产物的剩余部分，换得自己所需要的别人劳动生产物的剩余部分。这就鼓励大家各自委身于一种特定业务，使他们在各自的业务上，磨炼和发挥各自的天赋资质或才能。"④

斯密把分工的产生看成是一个客观过程，这是正确的。但是他从"人性的本性"中引申出分工的客观性质是错误的。他既看不到交换不是由"人性"产生的一种自发的倾向，而是一种社会的历史现象，也颠倒了分工和交换的关系。实际上，先存在社会分工和私有制，才会出现商品交换，而商品交换的发展反过来又促进社会劳动分工。在论述分工和劳动生产率的关系时，他只看到分工促进劳动生产力提高，没看到劳动生产力的发展也会推动分工的发展，忽视了劳动分工的历史性和社会性。但是，他毕竟强调了分工和其客观作用。就资产阶级劳动经济学而言，他的思想仍不失为综合其前辈成就的集大成的劳动分工学说。

7.3　劳动价值论

斯密认为，"劳动是衡量一切商品交换价值的真实尺度。""一个人是贫是富，要看他能够支配多少劳动。"⑤

① ［英］亚当·斯密．国民财富的性质和原因的研究．上卷．郭大力等译．北京：商务印书馆，1972
② ［英］亚当·斯密．国民财富的性质和原因的研究．上卷．郭大力等译．北京：商务印书馆，1972
③ ［英］亚当·斯密．国民财富的性质和原因的研究．上卷．郭大力等译．北京：商务印书馆，1972
④ ［英］亚当·斯密．国民财富的性质和原因的研究．上卷．郭大力等译．北京：商务印书馆，1972
⑤ ［英］亚当·斯密．国民财富的性质和原因的研究．上卷．郭大力等译．北京：商务印书馆，1972

他首先明确肯定，一切商品的价值都是由劳动决定的。他所说的劳动不是局限于某个部门的特殊劳动，而是撇开劳动的特殊形式，是一般的社会劳动。他还认为，“世间一切财富，原来都是用劳动购买的而不是用金银购买的。”①可见，劳动才是衡量财富的尺度。斯密在探讨劳动是价值的真实尺度时指出，劳动本身的价值经常是保持不变的，等量劳动无论何时何地，对劳动者都有同等价值。这个尺度也可以用来衡量一个人的贫富及权力。而贫富或权力指一个人拥有的或有权支配的必需品、便利品或娱乐品，即物质产品。他探讨了形成这种尺度的原因：一方面，是社会分工使各人所需物品的绝大部分依赖他人的劳动；另一方面，任何人都必须付出相当代价，他人才肯让出自己的物品。这个代价就是为获得物品所付出的“辛苦和麻烦”。相比之下，劳动尺度由于具有自身价值的不变，因此优于谷物，也优于货币。可见，斯密始终把交换或购买劳动看作是价值尺度，并没有认为它是价值决定原则。斯密认为价值尺度具有二重性，既是作为生产商品所耗费的劳动，也是购买或支配的劳动。他虽然把商品的价值归结为一般的社会劳动，但他并不了解这种劳动的社会性质。他在进一步考察是什么劳动决定商品价值及劳动怎样衡量商品的价值时，就陷入了混乱。因此，劳动价值论是矛盾的，既有科学性，又有庸俗性。

其次，他指出，劳动时间是商品交换价值的尺度。“在资本积累和土地私有尚未发生以前的初期野蛮社会，获得各种物品所需要的劳动量之间的比例，似乎是各种物品相互交换的唯一标准。”②这成为以后古典价值论的源头。

斯密认为，商品的价值是由生产该商品所耗费的劳动决定的。这是斯密的第一个价值理论，也是他的价值理论中的科学部分。他所说的“真实价值”即价值，“辛苦和麻烦”是指劳动。斯密已深刻认识到，价值是由生产这种商品付出的劳动决定的。他还认识到商品价值量与生产中所耗费的劳动量成正比。另外，他还看到简单劳动与复杂劳动的区别：“两种不同工作所费去的时间往往不是决定这种比例的唯一因素，它们的不同困难程度和精巧程度也需加以考虑。一个钟头的困难工作比一个钟头的容易工作也许包含着更多的劳动量；需要10年学习的工作做一小时，比普通业务做一个月所含劳动量也可能较多。”③ 这实际上已提出复杂劳动等于倍加的简单劳动的思想，是含有科学成分的。

斯密认为，价值大小是由商品交换中能购买到的劳动多少决定的。这是他的第二个价值理论。他说：“自分工完全确立以来，各人所需要的物品仅有极小部分要给予自己劳动，最大部分却需要给予他人劳动。所以，他是贫是富，要看他能够支配多少劳动，换言之，看他能够购买多少劳动。”④ 显然，前一种财富观是以生产使用价值为目的，而后一种财富观则以生产价值和剩余价值为目的。斯密既把简单商品生产和资本主义商品生产混为一谈，又主要从后一种财富观出发研究价值问题，重视的是资本在交换中“使他能购买到或能支配的他人劳动量”，即作为剩余价值源泉的“他人劳动”，因此把这种劳

① ［英］亚当·斯密. 国民财富的性质和原因的研究. 上卷. 郭大力等译. 北京：商务印书馆，1972

② ［英］亚当·斯密. 国民财富的性质和原因的研究. 上卷. 郭大力等译. 北京：商务印书馆，1972

③ ［英］亚当·斯密. 国民财富的性质和原因的研究. 上卷. 郭大力等译. 北京：商务印书馆，1972

④ ［英］亚当·斯密. 国民财富的性质和原因的研究. 上卷. 郭大力等译. 北京：商务印书馆，1972

动看作是决定商品价值的劳动。而且他认为，在生产中使资本价值增值的劳动也就是资本在交换中所购买到的劳动，以致把生产中耗费的劳动同交换中购买的劳动混淆起来。这是他运用“外在”方法观察社会现象的结果。

斯密认为，资本在交换中购买到的是别人的劳动，这就混同了劳动和劳动力。显而易见，资本家向工人购买的是劳动力而不是劳动，工资是劳动力价值的转化形态。但是，资本家购买到劳动力以后，工人在生产过程中要付出活劳动。因此，在资本主义社会里产生了一种假象，好像资本家购买的就是劳动，工资是“劳动的价值”。这种假象掩盖了资本家对工人的剥削。斯密还把独立劳动生产者和雇佣劳动者混为一谈。他认为，劳动生产者自己生产的商品就是他的劳动的“自然工资”；例如，裁缝用 10 小时生产 1 件上衣，这件上衣就是裁缝 10 小时劳动的“自然工资”。因此，在斯密看来，劳动生产者用自己的商品去交换商品，同他用自己的劳动去交换别人的劳动也是一回事。于是，斯密就把生产中耗费劳动和交换中购买到的劳动混为一谈了。

尽管如此，斯密的劳动价值理论还是很有学术价值的。其主要功绩在于认为任何部门生产的劳动都创造价值，提出“劳动是一切商品交换价值的真实尺度”的著名论断，克服了前人只有采金的劳动才创造价值的片面性，纠正了只有农业劳动才创造价值的偏见。他指明决定商品价值的是一般社会劳动，生产商品耗费的劳动决定商品价值，商品价值同生产中耗费的劳动成正比，商品价值量取决于商品内部凝结的劳动时间。另外，他还区别了简单劳动和复杂劳动。

7.4 生产劳动和非生产劳动学说

斯密的经济理论还讨论了生产劳动和非生产劳动的问题，这是斯密劳动经济理论中最有价值的部分之一。他认为，增加国民财富有两个途径：一是提高劳动生产率，二是增加劳动力人数。

把劳动区分为生产劳动和非生产劳动，并不是从斯密开始的。但在斯密以前，生产劳动或非生产劳动都是按照行业划分的。重商主义认为商业劳动，特别是对外贸易部门中的劳动是生产的；重农学派与此相反，他们断言从事工商业的劳动是非生产的，而只有农业劳动才是生产的。斯密克服了过去那种按行业划分生产劳动与非生产劳动的局限。他认为，能生产增加的价值的劳动就是生产性劳动；反之，就是非生产性劳动。“有一种劳动，加在物上，能增加物的价值；另一种劳动，却不能增加物的价值。前者因可生产价值可称为生产性劳动，后者可称为非生产性劳动”。[①]

当斯密把利润看成是资本主义生产的动机时，他认为只有资本家生产利润的劳动是生产劳动，而其他一切劳动，即使对社会有益，也是非生产性劳动。他在对比工场手工业工人与家仆时说：“制造业工人的劳动，通常会把维持自身生活所需的价值与提供雇主

① ［英］亚当·斯密．国民财富的性质和原因的研究．上卷．郭大力等译．北京：商务印书馆，1972

利润的价值，加在所加工的原材料的价值上。反之，家仆的劳动却不能增加什么价值。”[①] 斯密认为，工场手工业工人的劳动是直接与资本相交换的劳动。因此，“制造业工人的工资虽由雇主垫付，但事实上雇主毫无所费。制造业工人把劳动投在物上，物的价值便增加。这样增加的价值通常可以补还工资的价值，并提供利润。”[②] 与此相反，家仆的劳动是直接与收入相交换的劳动。因此，“家仆的维持费却是不能收回的。”斯密把前一种劳动称为生产劳动，后一种劳动称为非生产劳动。斯密还指出：“假若这一定量的食品和衣服，不被不生产者消费，而是分配给生产者，他们就不仅可再生产他们消费的全部价值，而且可提供利润了。”[③] 斯密实际上把生产劳动定义为生产资本的劳动，这种劳动是由资本购买，经过劳动后能够再生产出来并能带来利润。所以，这种劳动又是同资本相交换生产剩余价值的劳动。斯密的这个定义是从一定的生产关系考察中得来的，体现了资本主义关系的特殊性质，指出了资本积累与生产劳动的关系。

斯密认为，生产是生产利润并直接与资本相交换的劳动。这种看法是正确的，反映了资本主义生产关系的本质。正如马克思所指出的：“因为资本主义生产的直接目的和固有的产物是剩余价值，所以只有直接生产剩余价值的劳动才是生产劳动，只有直接生产剩余价值的劳动能力使用者是生产的劳动者，就是说，只有直接在生产过程中为资本的价值增值而消费的劳动才是生产劳动。”[④]

斯密把非生产性劳动规定为直接和收入相交换的劳动，也反映了资本主义社会生产关系的情况。因为这种劳动不是雇用工人的劳动，所以它不会使商品或货币变为资本，就不会发生资本价值增值的现象。

斯密关于生产劳动和非生产劳动的正确定义是同他的劳动价值论和正确的利润论联系在一起的。此外，斯密还对生产劳动和非生产劳动作了另一种解释，即认为生产物质产品的劳动是生产劳动。他说：“制造业工人的劳动可以固定并且实现在特殊商品或可卖商品上，可以经历一些时候，不会随生随灭。那似乎是把一部分劳动储存起来，在必要时再提出来使用。”“反之，家仆的劳动却不固定亦不实现在特殊物品或可卖商品上。家仆的劳动随生随灭，要把它们的价值保存下来，供日后雇用等量劳动之用，是很困难的。”[⑤] 因此，斯密把是否能生产物质产品视为区分生产劳动和非生产劳动的标准。这种观点离开了劳动的社会性，不能反映资本主义生产关系的实质。

斯密关于生产劳动和非生产劳动的第一个见解，即能生产增加的价值的劳动就是生产性劳动的标准，体现了资本主义生产关系，这无疑是正确的。斯密在这里触及了问题的本质和要害，说明了资本主义生产方式的特征，反映了资本主义生产关系及其劳动采取的特定社会形式。他根据生产劳动同资本直接交换给生产劳动下定义，只有通过这种交换，劳动的生产条件和一般价值即货币或商品，才转化为资本。这种解释符合当时资

① ［英］亚当·斯密．国民财富的性质和原因的研究．上卷．郭大力等译．北京：商务印书馆，1972

② ［英］亚当·斯密．国民财富的性质和原因的研究．上卷．郭大力等译．北京：商务印书馆，1972

③ ［英］亚当·斯密．国民财富的性质和原因的研究．上卷．郭大力等译．北京：商务印书馆，1972

④ ［德］马克思．直接生产过程的结果．北京：人民出版社，1964

⑤ ［英］亚当·斯密．国民财富的性质和原因的研究．上卷．郭大力等译．北京：商务印书馆，1972

产阶级的需要，也反映了客观情况，是斯密的一大功绩。

斯密的第二种见解是从商品生产角度说明了劳动的物质形式，但把资本主义制度下的生产劳动定义为生产物质产品的劳动是不科学的。他认为，能生产一种物品而且有价值的劳动，即生产商品的劳动就是生产性劳动，凡不生产商品的劳动就是非生产性劳动。他举例说，除家仆外，还有君主、官吏、海陆军、演员、歌手、舞蹈家、牧师、律师、医师、文人等都是不生产的劳动者。“在这一类中，当然包含着各种职业，有些是很尊贵很重要的，有些却可以说是最不重要的。前者如牧师、律师、医师、文人；后者如演员、歌手、舞蹈家。”[①] 在斯密看来，这些不生产者浪费了社会财富，从而妨碍了资本的增长。因为每年全国的劳动生产物的数量是有限的。为此，斯密还提出了资本用于生产性劳动和非生产性劳动的比例，决定次年的生产量。斯密主张节俭，主张减少非劳动者的人数，以减少非生产性开支来增加生产性劳动的支出，从而增加国民财富。

斯密还对生产性劳动进一步进行分类。他认为，生产劳动部门包括农业、制造业、批发商业和零售商业，投资这四个部门的人都是生产性劳动者，从事其他职业的人都是非生产性劳动者。除了以上两种人之外，还有一种不劳动者——地主。在生产性劳动者中，不论工人还是资本家的劳动，都是生产劳动，甚至农业上的耕畜、自然力都成了生产劳动者。显然，这种对劳动的理解是浅薄和谬误的。

7.5　工资论

斯密从劳动决定价值论出发，认为在资本主义社会三种基本收入里，只有工资是劳动的收入，“劳动生产物构成劳动的自然报酬或自然工资。”[②] 在资本积累和土地私有还未发生的“原始社会状态下”，工资就是劳动者所生产的全部劳动生产物。而当资本积累和土地私有权发生以后，工资就变成劳动生产物的一部分。正是劳动决定着工资在劳动生产物中所占比例大小，而工资作为“劳动的价格”，是由供求关系决定的。这表明斯密实际上把工资以外的收入看成是非劳动收入，是本应由工人占有的劳动产品扣除部分。这种见解在一定程度上揭示了资本主义制度下工资包含着一种剥削关系。这是斯密的第一个工资理论，包含着合理的成分。但是，斯密一方面承认工资存在于资本雇佣关系之中；另一方面，他又承认原始社会也存在工资范畴，从而把工资看成是一个永恒的自然范畴，把表示特定生产关系和分配关系的工资同其他社会形态下的一切劳动收入混为一谈。这说明他没有明确认识工资的社会性和历史性。

工资是劳动的价格，这是斯密的第二个工资理论。他认为，劳动是一种商品，同其他商品一样，是一种买卖的对象。工人出卖劳动，得到的工资就是劳动价格，全部劳动得到了报酬。斯密的两种工资论是同他的二重价值论相适应的。根据他的第一个价值论，商品由劳动决定。在小商品生产条件下，工资是劳动所创造的全部价值。在资本主义条

① ［英］亚当·斯密．国民财富的性质和原因的研究．上卷．郭大力等译．北京：商务印书馆，1972

② ［英］亚当·斯密．国民财富的性质和原因的研究．上卷．郭大力等译．北京：商务印书馆，1972

件下，工资就是劳动所创造的一部分价值。根据他的第二个价值论，商品价值有三种收入构成，工资是商品价值的组成部分，工资是劳动报酬，掩盖了资本家剥削工人剩余劳动的本质。

斯密为了解决工资在劳动产品中所占份额及其变化趋势问题，提出了工资的自然价格和市场价格。斯密把劳动看作是商品，认为“劳动的价值”就是工资的自然价格和市场价格，相当于维持工人及其后代所必需的生活资料的价值。他指出，这一工资标准是符合人道标准的最低工资。斯密认为，工资的市场价格是劳资双方在竞争中所确定的劳动价格，它以工资的自然价格为中心，随着劳动力市场的供求关系而上下波动。

斯密认为，在资本主义社会中靠出卖劳动力为生的劳动者和雇用劳动力的资本家之间的利害关系不一致。“劳动者盼望多得，雇主盼望少给。劳动者都想为提高工资而结合，雇主却想为降低工资而联合。”[①] 而且，在工人和资本家的斗争中，由于工人的联合常常遭到政府的禁止，而资本家则常常得到政府的援助。同时，又由于资本家的斗争较工人持久，因此资本家总是居于有利地位。但是，斯密认为，劳动者是财富的创造者，提高劳动者的工资会刺激劳动者的生产积极性，有利于生产的发展。因此，他认为，工资低廉是不能促进财富增长的，劳动报酬优厚是国民财富增进的必然结果。斯密把工资的变动和财富生产的变动关系联系起来考察，即把提高工资看作是促进生产发展的前提，又把它看作是生产发展的必然趋势，这种观点与重商主义一味要求压低工人工资的观点形成鲜明的对照。

斯密还把工资的变动与财富生产的变动联系在一起，认为两者之间有因果关系。在他看来，一个国家的工资有时可能高于工人必需的生活资料的价格，有时则低于这个水平。这些情况决定于对劳动需求的变动，而对劳动需求的变动有决定于财富生产的状况。他把世界上的国家分为三类：第一类是财富不断增长的国家；第二类是经济处于停滞状态的国家；第三类是日趋贫穷的国家。他认为，在第一类国家中，工资不断提高，因为“对工资劳动者的需求，必随着一国收入的增加而增加”[②]；在第二类国家中，工资水平维持不变；在第三类国家中，工资不断下降。斯密断言财富生产的增长必然引起工资的提高是不正确的。实际上，在资本主义社会，财富的增长必然使资本的有机构成提高，可变资本不断减少，因此对工资劳动者的需求也相对减少，形成庞大的产业后备军，工人的贫困也随之增加，这是资本积累的一般规律。斯密忽视了这一事实。

在斯密看来，只要资本积累不断扩大，就有更多的利润转化为资本。因此，工资也就必然上升。他的这种工资论可用下述公式来表示：

$$W = L_l + \mathrm{a}(\Delta K / \Delta t)$$

公式中，W 为工资率，L_l 为生活费水平，$\mathrm{a}>0$，$\Delta K/\Delta t$ 为资本增长速度。

这个公式概括了斯密的想法：当资本增长速度大于零时，工资高于生活费水平。工资大小在很大程度上取决于资本增长速度。

---

① ［英］亚当·斯密. 国民财富的性质和原因的研究. 上卷. 郭大力等译. 北京：商务印书馆，1972

② ［英］亚当·斯密. 国民财富的性质和原因的研究. 上卷. 郭大力等译. 北京：商务印书馆，1972

斯密的这种工资论是针对当时重商主义者压低工资的政策主张的。他指出，重商主义压低工人工资的主张与资本积累的发展趋势是背道而驰的。斯密除了分析一般工资水平的决定因素外，还分析了不同行业工资差异的决定因素。斯密认为，决定行业工资的差异有以下几点：工资与就业的愉快程度成反比、工资与学习技能的成本成正比、工资与就业的稳定性成反比、工资与所需承担的责任和信任成正比、工资与取得职业资格及从业成功的可能性成反比。

7.6 国际分工

斯密的国际分工学说是其关于个人分工学说的发展、扩大和延伸的终点。为了论证自由贸易的好处，斯密提出了国际分工的思想。在他看来，正如国内每个生产部门内部和彼此之间存在着分工，而且这种分工的发展能够提高劳动生产率一样，国际上不同地域之间也存在着分工，这种国际地域分工通过自由贸易也能促进各国劳动生产力的发展。在这方面，斯密主要提出了国际分工的原理，这在劳动经济史上是有深远影响的，而且至今仍是一个重要的劳动经济理论问题。

斯密从劳动价值理论出发提出，各国之间商品生产的不同成本是用生产商品的劳动耗费量来衡量的，成本的差异归因于劳动生产率的差异，形成各国商品生产的劳动生产率差异的基础是各国所拥有的绝对优势不同。斯密认为，绝对优势分为两大类：一类是自然绝对优势，就是超乎人力范围之外的气候、土壤、矿产和其他非人力所能控制的相对固定的环境优势；另一类是获得性绝对优势，即工业发展所取得的经济条件，如资本、技术优势，以及通过教育或培训获得的生产技巧和工艺。两者结合起来构成一个国家在生产和出口某种产品上具有的劳动生产率绝对优势。由此可见，获得性优势是靠后天培育和发展取得的，包含了资本积累、技术进步、劳动技能提高的作用，因而绝对优势应该是动态变化的，而不仅仅是静态的天然绝对优势。

关于分工优势，斯密认为，一国某种商品的劳动生产率绝对高于他国，即形成劳动生产率的绝对优势，该商品就可以出口；反之，就要进口。因此，劳动生产率的绝对优势是国际分工与贸易产生的基础和原因。斯密强调，各个国家不应生产所有自己所需要的产品，“如果外国能以比我们自己制造还便宜的商品供应我们，我们就应该用自己有利的产业生产出来的产品的一部分供他们购买。”① 各国按绝对优势进行分工生产和贸易，将会大大提高劳动生产率。随着经济和分工的发展，各国生产技术水平都可因“业精”而提高，绝对优势则随之加强；相互贸易的国家都可以获得生产和消费利益的改善，实现国民财富的增值。

此外，斯密还提出了相对优势原理的基本观点。他说：“现在最富裕的国家固然在农业和制造业上都优于邻国，但制造业方面的优越程度必定大于农业方面的优越程度。”“在农业方面，富国劳动生产力未必都比贫国劳动生产力大得多，至少不像制造业方面一

① ［英］亚当·斯密．国民财富的性质和原因的研究．上卷．郭大力等译．北京：商务印书馆，1972

般情况那样大得多，”“贫国的耕作尽管不如富国，但贫国生产的小麦在品质优良及售价低廉方面，却能在相当程度上与富国竞争。但是贫国在制造业上不能与富国竞争。至少在富国，土壤、气候、位置适宜于这类制造业的场合，贫国不能和富国竞争。”[①] 这里，斯密实际上说明，富有国家的相对优势在于制造业，所以应重点发展制造业；而贫穷的国家的相对优势在于农业，应当专门生产农业。在此基础上，就可以形成相对优势为基础的国际分工。

斯密认为，上述合理的国际分工可以节约生产成本及提高劳动生产率，从而增加产品，而外国市场的存在则有助于克服国内市场狭小所带来的限制。一国为世界市场生产、发展对外贸易，就能利用外国市场扩展市场范围，必然能够促进分工与专业化的深化和生产率的提高，加速经济增长。而专门生产大量产品并出口的国家通过改进生产技术以降低生产成本，就必然会在这些产品的生产中取得自我强化的绝对优势，这种自我强化的绝对优势来源就是技术创新。他还指出，合理国际分工的形成与自由的国际贸易是分不开的。没有经济和贸易的自由，这一切都谈不上。斯密的国际分工理论基本上是一种静态分析的产物，尽管有其合理性，但终究存在着僵化和片面性。事实上，斯密的国际分工论反映了当时英国资产阶级企图独霸世界市场和对外扩张的强烈愿望。当时英国是世界上工业最发达的国家，在世界市场上已经压倒其他对手，如荷兰和法国。他提出国际分工论的主张，实际上存在为英国在国际经济中的优势地位与格局固定化辩护的意味。

思考题

1. 论述亚当·斯密的劳动分工理论。
2. 简述亚当·斯密的劳动价值学说。
3. 简述亚当·斯密的生产劳动和非生产劳动学说。
4. 试论亚当·斯密的工资论。

① ［英］亚当·斯密. 国民财富的性质和原因的研究. 上卷. 郭大力等译. 北京：商务印书馆，1972

第8章　古典劳动经济学的继承与发展

亚当·斯密把经济研究从流通领域扩大到生产领域，内含一些深刻的矛盾。例如，斯密的价值理论中既有劳动价值论的思想，也有效用价值的思想。其中，劳动价值论为阶级冲突奠定了理论基础，效用价值论则更好地解释了“看不见的手”的原理。但在劳动经济中有许多重大的关键性理论还没有得到解决，如价值理论方面的劳动二重性、价值形式、劳动力剩余价值、劳动力等问题，存在着一些混乱和不合理的因素。由于斯密是那个时代的经济学之父，没有人敢挑战他的权威。但到了19世纪早期出现了许多知名的古典经济学家，继承和发展了斯密的思想。其中，早期最突出的继承者是大卫·李嘉图（David Ricardo），在他的周围还形成了一群支持者。稍晚出现了一些相对独立而有建树的学者，如托马斯·罗伯特·马尔萨斯（Thomas Robert Malthus）、纳索·威廉·西尼尔（Nassau William Senior）、让·沙尔·列奥纳尔·西蒙·德·西斯蒙第（Jean Charles Leonard Simonde de Sismondi）、乔治·拉姆赛（George Ramsay）及理查德·琼斯（Richard Jones）等。这些古典经济学家的观点相互交叉，但又有所不同，形成了古典劳动经济学繁荣和发展的局面。

8.1　大卫·李嘉图

大卫·李嘉图（David Ricardo，1772—1823）是英国资产阶级古典政治经济学的主要代表之一，也是英国资产阶级古典政治经济学的完成者、古典经济学派的最后一名代表。他继承和发展了斯密经济学说中的科学成分，使资产阶级古典经济学达到最高峰。李嘉图生于英国一个犹太人家庭，14岁时，他跟随父亲进入伦敦证券交易所学习金融运作，为将来在股票和房地产市场的成功奠定了基础。早期是交易所的证券经纪人，由于他的投机天才，25岁的他成为资产逾百万英镑的大资产者后，才开始逐渐转入学术领域，先进行数学、物理、化学等自然科学的研究，后受亚当·斯密的《国民财富的性质和原因的研究》一书的影响，激发了他对经济学研究的兴趣。他37岁时完成了第一篇经济学论文《黄金的价格》，批评了当时英格兰银行滥发纸币的政策，奠定了他的货币数量论的基础。10年后，他在这一领域获得了极高的声誉。其研究的领域主要包括货币和价格，对税收问题也有一定的研究。李嘉图的主要经济著述有《金块的高价》（*The High Price of Bullion*，1810）、《论谷物低价格对资本利润的影响》（*Essay on the Influence of a Low Price of Corn on the Profits of Stock*，1814）、《政治经济学及赋税原理》（*On the Principles of Political Economy and Taxation*，1817）、《论农业的保护》（*On Protection to Agriculture*，1822）及《建立国家银行的计划》（*Plan for the*

Establishment of a National Bank，1824）。其代表作是《政治经济学及赋税原理》，书中阐述了他的税收理论。他认为，限制国家的活动范围、减轻税收负担是增长经济的最好办法。李嘉图的著作不像斯密那样结构严谨，行文没有斯密那样流畅，词句也不如斯密那样华美，但《政治经济学及赋税原理》以更为精炼的理论框架及更加贴近现实的语言与例证，全面阐述了资本主义生产方式的运行机制，使他成为了英国古典政治经济学的集大成者，19世纪初叶最伟大的经济学家。1819年他曾被选为下院议员，极力主张议会改革，鼓吹自由贸易。

大卫·李嘉图
1772—1823

李嘉图以杰里米·边沁（Jeremy Bentham）的功利主义为出发点，建立起了以劳动价值论为基础、分配论为中心的经济学理论体系。他继承了斯密理论中的科学因素，坚持商品价值由生产中所耗费的劳动决定的原理，并批评了斯密价值论中的错误。他第一次以演绎法构建了一个高度抽象的理论模型，用以解释资本主义社会三个阶级收入来源与相互关系，初步揭示了资本主义社会中阶级利益的对立。他还论述了货币流通量的规律、对外贸易中的比较成本学说等。但他把资本主义制度看作是永恒的，只注意经济范畴的数量关系，在方法论上又有形而上学的缺陷，因而不能在价值规律基础上说明资本和劳动的交换、等量资本获等量利润等。李嘉图研究资本主义运行的各个方面，并得出一些具有科学性的理论，主张经济自由主义，反对国家干预经济。他的理论达到资产阶级界限内的高峰，对后来的经济思想有重大影响。李嘉图在研究资本主义的经济问题时，还注重劳动价值论、工资等劳动经济问题的研究，提出了劳动的市场价格和自然价格，最突出的贡献是对工资和工资比例进行了系统的分析。

李嘉图的整个理论体系建立在价值理论的基础上，以劳动价值论为基本出发点。他的价值理论是从评论亚当·斯密的价值理论开始的，他本人也明确承认这点。可以说，没有对斯密的理论批判，就不可能有李嘉图劳动价值论的发展。李嘉图首先肯定了亚当·斯密关于使用价值和交换价值的区分，认为交换价值必须以使用价值为前提条件，进而研究交换价值如何决定的问题。他把商品分为两类：一类是增加劳动也不能增加其数量的。这类商品的种类有限，如古钱、古画等。另一类是可以由劳动而无限增加其数量的商品。他认为第一类商品的价值由稀少性决定，而第二类商品的价值则由劳动时间决定。李嘉图着重研究了第二类商品，他始终坚持劳动时间决定这类商品的原理。

李嘉图作为古典经济学派的集大成者，在坚持商品的价值由劳动时间决定这个原理的基础上，批判了斯密价值学说的观点。他说："斯密如此精确地说明了交换价值的原始源泉，他要使自己的说法前后一贯，就应该认为一切物品价值的大小和它们生产过程中所投下的劳动量成比例。但他自己却又树立了另一种价值标准尺度，并说各种物品的价值大小和它们所能交换的这种标准尺度的量成比例。”[①] 他还强调：“商品的交换价值，即决定这一商品交换另一商品时所应付出的数量的尺度，几乎完全取决于各商品所费的相对劳动量。”[②] 李嘉图认为，斯密把价值由耗费劳动决定与购买劳动决定混为一谈。他指责了斯密关于价值应比例于生产时所投入的劳动量，却又主张购买得的劳动为另一尺度的不一贯性。他坚信商品的价值只能由耗费的劳动来决定的原理。

李嘉图还批评了斯密在价值决定问题上的错误的二元论。斯密认为，劳动决定价值的原理仅适用于资本积累和土地私有权出现以前的社会，而在资本主义社会，价值则由与购买劳动相适应的三种收入（工资、利润和地租）决定。李嘉图指出，在资本主义社会，商品价值仍然是“取决于制造它和把它运到市场上所必需的劳动总量”。[③] 已经生产出来的价值无论怎样分割，工资、利润和地租在分配上怎样发生变动，都不会影响商品的价值，只是引起另外两项或者一项的反向变化。他认为，价值是第一因素，收入是派生因素。价值分割为工资、利润、地租，并不能改变价值决定于劳动时间这一原理。在资本主义社会里，商品的交换价值与投在它们生产上的劳动比例这个原理仍然正确。

李嘉图对劳动价值学说的贡献还表现在他对创造价值的分析上，指出了不同性质的劳动在决定价值上的不同意义。“劳动是一切价值的基础，当相对劳动量是几乎决定商品相对价值的因素时，决不可认为我忽视了劳动的不同性质，或是忽视了一种行业一小时或一天的劳动与另外一种行业同等时间的劳动相比较的困难。”[④] 按照他的意见，不同行业中的劳动有不同的性质，但是“为了实际目的，各种不同性质的劳动估价很快就会在市场上得到十分准确的调整，并且主要取决于劳动者的相对熟练程度和所完成的劳动的强度。估价的尺度一经形成，就很少发生变动。如果宝石匠一天的劳动比普通劳动者一天的劳动价值更大，那是许久以前已经作了这样的调整，而且它的价值尺度上也已被安放在适当的位置上了”。[⑤] 他已经看到，在同等时间内复杂劳动比简单劳动能创造更大的价值，但他实际上只承认复杂劳动等于倍加的简单劳动，没有进一步分析为什么不同的劳动在同一时间内所创造的价值是不同的。换句话说，他只注意到复杂劳动和简单劳动的数量关系。

李嘉图指出，决定商品价值的不仅有在生产时直接耗费的劳动，还有间接耗费的劳动。他说：“生产出来的商品的交换价值与投在它们生产上的劳动成比例。这里所谓劳动不仅是指投在商品的直接生产过程中的劳动，而且也包括投在实现该种劳动所需要的一切器具或机器上的劳动。”[⑥] 例如，袜子的价值，除了纺纱工人的劳动，还包括建织袜厂房和织袜机器的劳动，以及生产、运送棉花的劳动等。他认为，资本并不创造新价值，只是把自己的价值加入到生产物中。他指出了直接劳动和间接劳动在价值形成上的作用，

① ［英］李嘉图．政治经济学及赋税原理．北京：商务印书馆，1962
② ［英］李嘉图．政治经济学及赋税原理．北京：商务印书馆，1962
③ ［英］李嘉图．政治经济学及赋税原理．北京：商务印书馆，1962
④ ［英］李嘉图．政治经济学及赋税原理．北京：商务印书馆，1962
⑤ ［英］李嘉图．政治经济学及赋税原理．北京：商务印书馆，1962
⑥ ［英］李嘉图．政治经济学及赋税原理．北京：商务印书馆，1962

认为能够创造新价值的只有直接劳动，间接劳动不过是把原有价值转移到新生产出来的商品而已。由于李嘉图不了解劳动的二重性，所以他不能说明在同一劳动过程中，新价值的创造和生产资料旧价值的转移是怎样同时进行的，但他却正确地指出了活劳动和物化劳动在生产过程中的不同作用。在他看来，生产资料本身并不创造新价值，而只将自身原有价值转移到商品中去。他写道："制造这两种武器所需的劳动量相等，它们的耐久性极不相等，则较为耐用的工具只有一小部分价值转移到商品中去，而较不耐用的工具却有更大的一部分价值实现在它所协助生产出来的商品之中。"①

李嘉图还认为，决定商品价值的劳动并非是个别生产者在生产商品时实际所耗费的作用，而是必要劳动。他所说的必要劳动，是指在最不利的生产条件下，生产每单位商品所耗费的劳动。他说："一切商品，不论是工业制造品、矿产品还是土地产品，规定其交换价值的永远不是在极为有利、并且具有特种生产设施的人所独有的条件下进行生产时已够用的较小量劳动，而是不享有这种便利的人进行生产时所必须投入的较大量劳动。"② 这一观点说明他在分析商品价值量时，已考虑需求因素的影响了，因为他所说的最不利条件就是受需求限制的边际生产条件。在李嘉图看来，一单位商品的价值量在需求既定的前提下，由该商品在边际生产条件中所耗费的劳动量决定。从这种观点出发，他推导出一个重要结论，即劳动工资的变动不可能使这些商品的相对价值发生任何变动。这一结论实际上已隐含着工资与利润对立的命题了。

李嘉图在以劳动价值学说为其理论体系的基础上，考察了资本主义的工资。他认为尽管劳动是商品价值的基础，但供求的偶然或暂时波动都会导致市场价格偏离其自然价格或价值。短期价格取决于供求，长期价值则取决于生产的真实成本。相应地，劳动和其他商品一样，也具有自然价格和市场价格之分。他说："劳动正像其他一切可以买卖并且可以在数量上增加或减少的物品一样，具有自然价格和市场价格。劳动的自然价格是让劳动者大体上能够生活下去并不增不减地延续其后裔所必需的价格。"③ 劳动者是靠生活资料来维持的，因此，"劳动的自然价格便取决于劳动者维持其自身与家庭所必需的食物、必需品和享用品的价格④"。他的理论中劳动力这个范畴，也没有区分劳动和劳动力。他所说的劳动自然价格，实际上是劳动力的价值。他所说的市场价格是"根据供求比例的自然作用实际支付的价格"。至于劳动的市场价格，李嘉图认为，它不能长期地高于或低于自然价格，因为工人的人口增值率会调节工资水平。在他看来，工人人口增加的快慢是随着工资的高低而变化的，而工人人数的增减又会引起劳动供求关系的变化，会使劳动力市场价格和劳动的自然价格趋于一致。

李嘉图在一定程度上认为，"劳动的自然价格不能理解为绝对固定和恒常不变的。""它在同一国家的不同时期中是有变化的，在不同的国家差别就十分大。这一点基本上取

① ［英］李嘉图. 政治经济学及赋税原理. 北京：商务印书馆，1962
② ［英］李嘉图. 政治经济学及赋税原理. 北京：商务印书馆，1962
③ ［英］李嘉图. 政治经济学及赋税原理. 北京：商务印书馆，1962
④ ［英］李嘉图. 政治经济学及赋税原理. 北京：商务印书馆，1962

决于人们的风俗习惯。”[①] 他还考察了劳动的自然价格和劳动力市场价格的关系，实际上就是劳动力价值和它的货币表现即劳动力价格之间的关系。劳动供不应求时，价格上涨；供过于求时，价格下跌。但是劳动的市场价格不论和自然价格有多大背离，它和其他商品一样，都具有符合自然价格的倾向。这是因为当劳动力市场价格超过劳动的自然价格时，劳动者的境遇变好，能够得到更多的生活必需品，以享受和供养家庭，刺激人口增长，从而增加市场上劳动的供给量。当劳动供给超过对劳动的需求时，劳动的市场价格就会下降。当劳动力市场价格低于自然价格时，劳动者的境况困苦，劳动力的人口减少，劳动需求增加，劳动力的市场价格再提高到自然价格以上。他把劳动看作是商品，因而把劳动力的价值归结为由劳动力市场的供求来决定。

李嘉图在工资学说方面最突出的贡献是他对工资和工资比例的分析。他从劳动价值论出发，论证了工资和利润的关系，说明工人劳动创造的价值在工人和资本家之间进行分配。他认为，在产品价值中，工资变动引起利润的相反运动。工资提高，利润就相对降低；工资降低，利润就相对提高。李嘉图说：“作为工资而付出的比例，对利润问题是极其重要的，因为我们一眼就可以看清楚，利润的高低恰好和工资的高低成反比。”[②]他认为，引起这种变化的最终原因，是生活必需品的劳动生产率变动。当劳动生产率提高时，生活必需品价值下降，工资跟着下降，于是利润增多；相反地，当劳动生产率降低时，生活必需品价值上涨，工资跟着上涨，于是利润减少。因为劳动生产率的变动先影响工资，再影响利润，所以工资变化是原因，利润变化是结果。

按照李嘉图的相对工资概念，在技术进步的情况下，即使工资的绝对量有所提高，但只要工资的提高落后于利润的提高，那么相对工资下降。他认为，要正确地判断地租率、利润率和工资率，不应当根据任何一个阶级所获得产品的绝对量，而应当根据获得这种产品所必需的劳动量。如果机器和利润增加一倍，三者之间的相对比例也会和以前一样。但是如果工资没有增加一倍而只增加一半，那就可以说工资已经降低而利润已经提高。李嘉图的相对工资学说超过了前人的理论，它深刻地揭示了资本主义社会内部的经济关系和阶级关系。

李嘉图在《政治经济学及赋税原理》一书中，从生产领域阐述资本主义社会的劳动经济问题，以劳动价值论为基础，提出了劳动的市场价格和自然价格、工资与工资比率之间存在一定的联系，论述了在资本主义条件下相对工资的学说，这些观点具有一定的学术价值。但是，李嘉图的劳动经济思想是具有片面性的。一方面，李嘉图认识到决定价值的劳动不是实际耗费的个别劳动而是社会必要劳动，但他不知道如何确定生产商品的社会必要劳动，错误地把决定农产品价值的社会必要劳动应用到工业中去，混淆了两者的社会必要劳动；另一方面，通过对工人阶级贫困和失业问题的细心观察和深入研究，他又提出了一些非常有价值的别具匠心的见解。正因为这样，李嘉图的劳动经济思想对后人的影响是具有两面性的。尽管如此，李嘉图作为当时英国最著名的资产阶级经济学

① ［英］李嘉图．政治经济学及赋税原理．北京：商务印书馆，1962
② ［英］李嘉图．政治经济学及赋税原理．北京：商务印书馆，1962

家，对古典经济学的影响是巨大的，并由此形成了李嘉图学派。李嘉图继承和发展了斯密经济学的精华，完成了英国古典经济学说。他用逻辑演绎法坚持劳动决定价值，对劳动经济学理论的发展产生深刻和持久的影响。

8.2 让·沙尔·列奥纳尔·西蒙·德·西斯蒙第

让·沙尔·列奥纳尔·西蒙·德·西斯蒙第（Jean Charles Leonard Simonde de Sismondi，1773—1842）是法国古典经济学完成者，也是经济浪漫主义[①]的创始人。他原籍意大利，出生于瑞士日内瓦的一个新教牧师的家庭，曾在巴黎上过大学，后中途退学到里昂一家银行当职员，法国大革命时回到瑞士。19 世纪初期，西斯蒙第开始研究经济学，1801 年出版了《托斯卡那农业统计表》，1803 年出版《论商业财富》，书中完全贯穿斯密的经济思想，但法国大革命后小生产者的破产分化和英国经济危机使他成为英国古典经济学的激烈反对者。1819 年他发表了《政治经济学新原理》（*Nouveaux Principes d'économie Politique*）。西斯蒙第的经济理论反映了 19 世纪上半期小生产者的愿望和要求。西斯蒙第作为小生产者的代表，并没有拒绝接受与商品生产有关的一些经济范畴，但他清楚地看到资本主义的缺点和矛盾，提出了同英国古典政治经济学迥然不同的结论，否定了他们宣扬的资本主义的进步性和永恒性。他从小生产者的立场出发，展开对资本主义经济和英国古典经济学的批判。他认为，资本主义不以人的享受而以财富作为经济活动的目的，其结果是经济自由主义给社会带来灾难，要求依靠国家政策调节社会经济生活。他强调消费先于生产，生产服从消费，反对李嘉图为生产而生产的思想。1837—1838 年，他又出版了两卷集的《政治经济学研究》，以大量的历史和现状材料论证了《政治经济学新原理》中提出的理论。

让·沙尔·列奥纳尔·西蒙·德·西斯蒙第 1773—1842

他在研究资本主义的经济问题时，也十分重视分析劳动经济问题。在其代表作《政治经济学新原理》中，西斯蒙第较详细地论述了自己的劳动经济思想。他的劳动经济思想和他整个经济理论体系一样，主要分析法国和西欧社会经济的产物。

西斯蒙第生活在欧洲大陆大机器工业兴起的时代，大机器的使用使欧洲资本主义经济迅速发展，与此同时出现了大量的劳动力过剩。西斯蒙第看到这一现象，因而在研究经济学的同时，特别注重对劳动力的研究。他将劳动力看成经济学的重要组成部分，把劳动力人口问题与其他经济问题联系起来加以分析，强调劳动力人口与财富之间必须保持比例关系。他指出，人的消费需要生活资料来满足，因而消费资料决定着劳动力人口

① ［法］西斯蒙第．政治经济学新原理．何钦译．北京：商务印书馆，1998

的增减。如果在社会安定且有充足的生活资料的情况下，可促进劳动力人口快速增长。由于生活资料是靠人们的收入来购买的，西斯蒙第认为劳动力人口是由收入来调节的，为了使人们生活幸福，最重要的是使劳动力人口随着收入的变化而增减。他认为劳动力人口与消费、收入及生产相互关联，互为因果。

西斯蒙第继承了斯密的劳动价值论的观点，并提出了自己的见解。他认为，财富是劳动创造的，物品的交换价值是由劳动时间决定的。“每个人都要估计一下自己生产自己所提供的那件物品花去多少劳动和时间，这就是售价的基础；他也要把自己给别人的物品所需要的劳动和时间和自己的物品所付出的劳动和时间作比较。只有进行交换的双方经过计算，每个人都认为用这种方式取得自己所需要的东西比自己亲自去做更方便的时候，交换才能实现。”[①]西斯蒙第还强调了劳动的社会性质。他说：“价值是以某种社会观念取代了个人的观念；此外，它以抽象的观念代替了具体的观念。”“自从人类社会有了商业，有了职业分工，每个人就不是为自己劳动，而是为社会劳动，人们也从社会得到劳动的补偿，对交换价值的估价代替了对物品的估价。”而且，“价值是对受估价物品进行比较后的估计，不是与某一物品，而是与所有物品进行比较。”[②]

对于社会必要劳动和价值量的关系，西斯蒙第则更明确地从社会消费和需求出发提出：“价值就是人们的需求和生产之间的关系。”[③]在他看来，对价值的估量“是基于被估价的物品的必要劳动量；这种量虽然难以估计，但总由竞争来决定，是比较固定的”。[④]西斯蒙第还说到对价值的估计“靠整个社会的需求和满足这种需求的劳动量以及将来能满足这种需求量之间的关系。这种交换价值，是富于抽象概念的政治经济学所阐述的最抽象的观念”。[⑤]

西斯蒙第认为，资本主义分配制度是不公平的。他指出：“任何财富都是劳动的产品。收入是财富的一部分。”“通常认为收入有三种：地租、利润和工资。这三种收入来自三种不同的源泉：土地、积累的资本和劳动。如果我们仔细考虑一下就可以看到这三种收入是分享人类劳动果实的三种不同方式。”[⑥] 工资是劳动的价格，它只代表维持着工人一年生活的生活资料，是工人劳动创造的产品中扣除了利润和地租后剩下的部分。工人之所以要与土地所有者和资本家分享自己的劳动成果，是因为工人被剥夺了财产，不得不出卖劳动。随着资本的积累和劳动力人口的增加，在机器对工人的排挤下，工人会日益贫困，工资会越来越低。

西斯蒙第指出，资本主义生产方式造成了劳动力人口过剩。他认为，劳动力人口与收入、生产、消费是一个有比例的统一体，但是由于资本主义制度的缺陷，使这一比例失调，造成劳动力过剩。各国劳动力人口过剩的原因，“正是由于劳动需求的变化和贫困

① ［法］西斯蒙第．政治经济学新原理．何钦译．北京：商务印书馆，1998
② ［法］西斯蒙第．政治经济学研究．第2卷．胡尧步译．北京：商务印书馆，1998
③ ［法］西斯蒙第．政治经济学研究．第2卷．胡尧步译．北京：商务印书馆，1998
④ ［法］西斯蒙第．政治经济学研究．第2卷．胡尧步译．北京：商务印书馆，1998
⑤ ［法］西斯蒙第．政治经济学研究．第2卷．胡尧步译．北京：商务印书馆，1998
⑥ ［法］西斯蒙第．政治经济学新原理．何钦译．北京：商务印书馆，1998

的手工业者的生活动荡不定。"[①]西斯蒙第认为，资本家和土地所有者的资本缩减会造成失业，使人口过剩。资本主义制度使工人完全丧失了生产和生活资料，只能靠出卖劳动力为生，其命运取决于资本家的投资。当资本家及土地所有者减少投资时，必然减少工人，使工人失业。资本主义生产破坏了收入与劳动力人口的平衡，造成劳动力人口过剩。他认为，即使资本家和土地所有者的生产不消减，也会造成工人收入减少，形成过多的得不到生活资料的劳动力人口。

西斯蒙第在论述资本主义社会的劳动力人口过剩问题时，认为大机器工业的发展导致了生产力的巨大发展，使社会财富迅速增加，但机器排挤了人，使大批工人失业和大批小生产者破产。正如西斯蒙第所说："技术和实业的发展也是财富和繁荣的发展，发明出用更少的工人生产一切劳动果实的经济方法，几乎工业中的所有工序都用机器代替了人。"[②]他最先系统地分析了机器的发明造成劳动力人口过剩的现象，但他并不反对机器和技术进步，并明确指出问题的根源是机器使用的资本主义方式，而不是机器发明本身。但他并未充分认识到在资本主义社会，资本家进行生产、采用机器和技术，扩大再生产的目的不是为了获得使用价值和消费，而是为了榨取更多的剩余价值。

西斯蒙第作为古典经济学派的代表和小资产阶级的代言人，从生产领域阐述资本主义的劳动经济问题，将劳动力人口与财富、收入和消费等联系起来加以研究，并强调它们之间必须保持一定的比例关系，这是值得称道的。他还探讨了资本主义社会的生产人口与非生产人口的结构，论述了劳动力人口生产受劳动需求的调节，劳动需求取决于"流动资本"的理论，以及机器的发明造成劳动力人口过剩的学说等，这些均具有较高的学术价值。西斯蒙第在论述资本主义的劳动力人口过剩时，没有触及资本主义的本质，只看到了一些表面的现象。不过，他的这些不足之处并不影响他在劳动经济思想史上的功绩。因为，西斯蒙第是第一个指出资本主义制度必然发生全面经济危机和劳动力人口过剩的人，并否定古典经济学派所宣扬的资本主义的自然、合理和永恒性。他还是在法国第一个主张制定工厂法的人，要求政府采取措施，使劳动者避免竞争的伤害，实行休息日制度，在工资中包括对疾病、失业和老年生活的补贴等。他认为，资本积累和技术改进要与劳动人民的收入相联系，生产要与收入相适应，劳动力人口增长也要与收入相适应，提出劳动经济学应树立伦理观的思想。

8.3 乔治·拉姆赛

乔治·拉姆赛（George Ramsay，1800—1871）是19世纪英国经济学家，是古典经济学派的最后代表之一。他出生于英格兰的班夫，1826年获剑桥大学文学硕士学位。他的主要经济著作是《论财富的分配》（*Essay on the Distribution of Wealth*，1836）。在经济学说史中，拉姆赛并不是一个占据重要地位的经济学家，但他关于财富分配的理论在

① ［法］西斯蒙第．政治经济学新原理．何钦译．北京：商务印书馆，1998
② ［法］西斯蒙第．政治经济学新原理．何钦译．北京：商务印书馆，1998

经济学说中独树一帜，仍然具有现实的意义。

拉姆赛在《论财富的分配》一书中对价值的论述是英国1820—1830年经济学大论战的后续著作。拉姆赛并没有解决论战中涉及的价值规律和等量资本获得等量利润规律的矛盾，而且背离了古典经济学的劳动价值论。他认为，在自然界供给不足的情况下，物品的价值将取决于其稀缺性，而在人为的供给充足的情况下，物品的价值取决于生产它所需的牺牲。他解释说，这种牺牲是由两种要素组成的，即劳动的耗费和资本的耗费。他认为，这种耗费越大，生产成本越大，价值也越大。

拉姆赛把资本和劳动并列为价值的源泉，企图解决自詹姆斯·穆勒以来争论不休的新老葡萄酒的价值差别问题。他指出，约翰·雷姆赛·麦克库洛赫关于窖藏酒的增值是由于酒在窖藏期间，发生了一种自然作用，而自然作用是一种劳动的解释是荒谬的。在他看来，酒贮于地窖之前，它的全部价值是由种葡萄及酿酒时所耗费的劳动创造的，置于地窖之后的酒的价值高于酿成后马上就出售的酒，其原因在于窖酒作为固定资本是独立于劳动之外的价值源泉。他宣称固定资本的使用在很大程度上修改了价值决定劳动量的原理，因为资本是独立于劳动之外的价值源泉。

拉姆赛在区分固定资本和流动资本时，把资本的物质构成和它作为资本的存在相混同。因为他看到，物化在客观的劳动条件中的劳动及推动固定资本的活劳动进入实际生产过程，而流动资本作为工人消费的生活资料则处在生产过程之外。所以，流动资本不是生产中的直接力量，甚至对生产也不是必不可少的，而只是大多数人的赤贫状态，作为固定资本同工人相对立。但拉姆赛却指出了生活资料作为流动资本同工人相对立，乃是以人民的贫困为前提条件的，并得出了结论，即建立在雇佣劳动基础上的，以资本为核心的资本主义生产方式不是社会生产的绝对形式。①

拉姆赛还区分了不变资本和可变资本。他指出，在工业发达国家，随着私人资本的增加和劳动分工的日趋完善，为了提高商品的质量或降低生产成本，大量地采用机器等固定资本来代替体力劳动，而固定资本的每一增加都是以牺牲流动资本为代价的，因此产生的第一个影响是劳动需求的减少，从而导致工资率下降。他指出："这种情况足以说明，工人阶级不仅不会因资本的增加而得到任何利益，反而因前一时期工资的下降而暂时受到损害。直到新的发明推动了工业的发展，流动资本增长到超过原有的数量时，才会出现对劳动的更大需求。那时，对劳动的需求将增长，但它并不是与总资本的积累成正比例增长的。在工业很发达的国家，固定资本相对于流动资本来说，总是逐渐占着越来越大的比例。所以在社会发展过程中，用于再生产的国民资本的每一增加，对劳动者的生活状况的改善所产生的影响总是越来越小。"②他实际上已看到，随着生产力的发展和资本的积累，工人的劳动力需求逐渐减少，工资率下降。

拉姆塞还考察了财富的分配问题。他把社会分为四个阶级——工人、企业家、资本家和地主。四个阶级在生产中起了通力合作的作用，也同时分享了生产的成果。在财富

① 颜鹏飞．西方经济思想史．北京：中国经济出版社，2010

② ［英］乔治·拉姆塞．论财富的分配．北京：商务印书馆，1984

的源泉中，劳动占着突出的地位。他还指出，分配的问题就是生产总量在四个阶级中所得份额比例的决定的问题。作为分配的主导者，雇主，即企业家，是社会财富分配的枢纽，起着决定性的作用。众所周知，收入是用来满足人们的物质需要的，人们为了追求更好的生活，必然要持续地从事创造财富的劳动。由此可见，某一部分收入对未来财富的发展是不可缺少的。收入虽然不是生产中的直接力量，但对生产的延续仍是必要的。

8.4 理查德·琼斯

理查德·琼斯（Richard Jones，1790—1855）是英国早期经济学家及古典经济学派的最后代表之一。他出生于英格兰的腾布里奇韦尔斯，1819 年获得剑桥大学文学硕士学位。1833 年任伦敦大学皇家学院教授，1835 年以后又到黑利伯里学院任政治经济学教授。他的主要著作有《论财富分配与赋税来源第 1 卷：租金》（*Essay on the Distribution of Wealth and on the Sources of Taxation*. vol.1，*Rest*，1831）、《政治经济学绪论》（1833）及《国民政治经济学教程》（1852）等。

琼斯具有其他英国经济学家所没有的一个重要特点，那就是对各种生产方式的历史区别的理解。琼斯提出，在经济分析中，应有历史感和范围广泛的观察，才能揭示不同社会经济结构及其呈现出来的不同形式之间的区别。他在主要的经济著作中，对各个经济范畴的分析，都渗透着这种历史感和对不同经济关系的对比考察。这一特点使琼斯成为古典经济学家。同时，他又被认为是制度学派的先驱者。琼斯对经济结构的分析及对资本主义生产方式永恒性的否定，是他的历史观的充分体现，也是他的历史观的重大成就。在琼斯的著述中，还含有较多的劳动经济思想。

理查德·琼斯
1790—1855

琼斯在《论财富分配与赋税来源》一书中考察了生产力的范畴。在他看来，国民的生产力既取决于资源状况，又取决于人的劳动效率，而后者又取决于劳动的连续性、劳动用来实现生产者的目的所具备的知识和技能及帮助劳动的机械力。他把这三点看成劳动生产力的三要素。他在著作中还考察了劳动基金问题。

琼斯对于劳动基金的分析是有特点的。他把劳动基金范畴确定为劳动者所消费的收入总量，而不管这些收入的源泉是什么。这个范畴包括劳动者占有生产物的方式，也包括各阶级与生产资料的关系。在他看来，劳动基金可以分为三类：其一是由劳动者自己生产并由他们自己消费的收入，这些收入决不属于其他任何人；其二是属于和劳动者不同的那些阶级的收入，这些阶级花费这些收入来直接维持劳动；其三是真正的资本。他把第一类劳动基金维持生活的人叫作非雇佣劳动者，主要指自耕农；靠第二类劳动基金的人主要是士兵、仆役和做零工的手工业者等人，称作领薪金的服务人员；而靠第三类劳动基金，即资本维持生活的人，称为雇用工人。显然，劳动基金的这些形式是与劳动者同生产资料发生关系的不同方式，是与占有自己生活资料的形式相适应的。在琼斯看来，前资本主义社会的分配方式与前两类劳动基金形式有关。而资本主义分配方式的特点是资本预付工资，即劳动是用资本支付的。在这里，琼斯实际上区分了不同历史阶段上的分配方式和生产方式。[①]

琼斯还把资本区分为"用来支付劳动"的资本和"用来协助劳动"的辅助资本。前者实际上是执行了预付工资职能的可变资本，辅助资本则是不变资本中不包括原料的那部分。他在这一基础上觉察到辅助资本比"维持工人的资本"增加得快。琼斯证明，随着积累的进展和技术的进步，资本的构成不断提高。琼斯还觉察到，辅助资本和推动它的工人人数相比不断增长的情况会对工人阶级带来失业和贫困等不良的影响。但是，他并没有从剩余价值的来源把资本区别为不变资本和可变资本，没有建立起科学的资本有机构成理论。

思考题

1. 简述大卫·李嘉图的劳动经济思想。
2. 简述让·沙尔·列奥纳尔·西蒙·德·西斯蒙第的劳动经济思想。
3. 试论乔治·拉姆赛的劳动经济学说。
4. 简述理查德·琼斯的劳动经济思想。

① 颜鹏飞. 西方经济思想史. 北京：中国经济出版社，2010

第9章　早期庸俗经济学派的劳动经济思想

庸俗经济学是19世纪上半叶开始盛行于西欧各国的经济学流派，和古典经济学同属资产阶级意识形态。所不同的是，古典经济学是资本主义上升时期代表社会进步的，透过表面现象分析资本主义的本质和规律，是资产阶级与无产阶级之间尚未激化的产物，而庸俗经济学派的产生是对古典经济学派的反叛和批判。随着资产阶级与无产阶级矛盾的尖锐化，对资本主义生产方式的科学研究，越来越与资产阶级的利益不相容，资产阶级经济学开始为资本主义辩护，抛弃了古典政治经济学中的许多科学成分，致力于抹去阶级利益的对立，用各种各样的辩护理论，维护资产阶级利益，以现象掩盖本质。从此，庸俗经济学派逐渐代替了古典经济学派而成为占统治地位的主流经济学派。

庸俗经济学派始于法国经济学家让·巴蒂斯特·萨伊（Jean-Baptiste Say），终于德国旧历史学派的经济理论。在劳动经济学理论方面，早期庸俗经济学中产生巨大影响的代表人物有托马斯·罗伯特·马尔萨斯（Thomas Robert Malthus）、约翰·斯图亚特·穆勒（John Stuart Mill）及约翰·雷姆赛·麦克库洛赫（John Ramsay McCulloch）等人。

9.1　让·巴蒂斯特·萨伊

让·巴蒂斯特·萨伊（Jean-Baptiste Say，1767—1832）是法国资产阶级经济学家，法国资产阶级庸俗政治经济学的创始者和奠基人。他是继亚当·斯密、大卫·李嘉图等古典经济学派学者兴起之后的又一个经济学伟人。萨伊出生于法国里昂一个商人家庭，少年时代即开始经商，曾在英国伦敦附近一所商业学校学习，在此期间了解到英国工业革命进程并接触到亚当·斯密的学说。法国爆发大革命时，萨伊曾一度投身革命。1794年，萨伊任《哲学、文艺和政治旬报》杂志主编。1803年，他出版经济学巨著《政治经济学概论》(*A Treatise on Political Economy*)，宣扬斯密的贸易自由放任思想，后因拒绝支持拿破仑保护关税政策被解职。1815年，波旁王朝复辟，他受到重视，被派往英国考察工业。1816年起先后在法国阿森尼大学和工艺学院讲授政治经济学，他把讲稿整理为《实用政治经济学全教程》(共6卷)，在1828—1829年间出版。1830年萨伊还担任过法兰西学院政治经济学教授。他的主要著作除上述两书外，还有《政治经济学入门》(1815)、《关于政治经济学各方面的问题，特别是商业普遍萧条的原因给马尔萨斯先生的信》(1820)及《政治经济学杂录和通讯》(1833)。资产阶级经济学家历来把萨伊推崇为斯密学说的继承者和传播者，实际上，萨伊只不过是以注释斯密著作的形式来庸俗化斯密的经济学而已。萨伊不但是法国资产阶级庸俗经济学的创始人，而且也是其他各国庸俗经济学的主要奠基者。由于他的学说有利于为资本主义辩护，所以在19世纪曾广泛地流行于各个国家，也为后来的庸俗经济学的各个流派所继承和发展。

萨伊是19世纪初欧洲大陆最重要的经济学家之一，他使斯密的经济学说通俗化和系统化，但同时也抛弃了斯密学说中的科学因素，把庸俗因素分离出来并发展为庸俗政治经济学体系。他将政治经济学划分为三个部分，即财富的生产、财富的分配、财富的消费，这就是著名的政治经济学“三分法”。这在经济学说史上是首创，并被以后的经济学家所认同。萨伊在斯密学说的基础上根据自己的看法建立起政治经济学体系。他把生产财富的劳动扩展到几乎所有领域，竭力宣扬经济自由主义。他的《政治经济学概论》一出版就受到欢迎，在他生前就重版五次，后又被译成德文、西班牙文、意大利文、英文和其他多种文字。萨伊被人称为斯密学说在欧洲大陆的注释者和传播者，但他建立的学说却与亚当·斯密学说的主流相背离，开创了偏重经济学一般数量关系研究的先河，被认为是庸俗经济学的鼻祖。

让·巴蒂斯特·萨伊
1767—1832

萨伊在《政治经济学概论》一书中提出了生产三要素论。他认为，人们在生产中所创造的不是物质，而是效用，因为物质是不可创造的。他所谓的效用是指物品满足人类需要的内在力量。他强调物品的效用就是物品价值的基础，而物品的价值构成财富。萨伊从他的生产定义出发，认为生产有三个要素：劳动、资本和土地。在他看来，这三个要素在生产中协同发生作用，在生产中同样进行了生产性服务，共同生产了产品，创造了效用。这样一来，萨伊就把生产、服务、效用三者等同起来。

萨伊在论述劳动问题时指出，劳动的实质是役使自然力。他把劳动单纯地看作是人与自然之间的关系。他认为劳动有三种类型：第一种是科学家所从事的研究自然规律、形成理论的劳动；第二种是企业主、农场主、商人运用知识为从事管理提供产品的劳动；第三种是工人的劳动。也就是说，劳动可分为建立理论、应用理论和具体执行三种类型。他强调要重视科学研究，同时也看到了科学知识的易传播性，指出科学不发达的国家可以利用发达国家的知识来生产财富。萨伊可能是第一个指出科学研究的重要性和科研成果具有正外部性的经济学家。

萨伊认为，在生产三要素中，资本是比土地更重要的生产要素。因为劳动不会受土地大小的限制，却受资本多寡的限制，并且土地的大小肥瘠在很大程度上依存于地理位置，而劳动与资本的力量依存于人类本身的管理能力。他承认资本是以前劳动创造的产品。他把资本分为三类：第一类是用于生产有形产品的生产资本；第二类是处于完全不生产状态的非生产成本；第三类资本包括住宅、家具、装饰品等产生效用或愉快的物品。他认为，生产性资本由工具、原料及维持劳动者生活必需品的价值组成，甚至包括资本家维持本人生活的必需品。

萨伊的效用价值论是建立在他的生产论的基础之上的。在他看来，生产就是通过各种要素协同活动使自然界本来就有的各种物质适合于满足人们的需要。他说："人力所创造的不是物质而是效用。这种创造叫做财富的创造。"①"所谓生产，不是创造物质，而是创造效用。"②生产数量不是以产品的长短、大小或轻重估计，而是以产品所提供的效用估计。后来他更明确地把"效用"这一概念解释成"服务"，因而生产就等于是提供服务。这样一来，他就把商业看成是和工业、农业一样具有生产性，认为一切提供服务的劳动都是生产的劳动，把医生、公教人员、演员、音乐家、律师等人的劳动都看作是生产的劳动。

萨伊在他的生产论的基础上建立了价值论，认为生产不仅是创造效用，也创造价值。他说："创造具有任何效用的物品，就等于创造财富。这是因为物品的效用就是物品价值的基础，而物品的价值就是财富所由构成的。"③他还说："人们所给予物品的价值，是由物品的用途而产生的。有的东西能维持人的生命，有的东西可制为衣服，有的东西可能给人抵御狂风烈日如房屋等。""当人们承认某种东西有价值时，所根据的总是它的有用性。这是千真万确的，没有东西，谁也不肯给予价值。"④ 把商品的价值看成取决于效用，这是萨伊价值论的主要观点，他的价值论是效用价值论。

既然萨伊把价值看成是由效用决定的，就十分自然地得出结论，即认为创造商品价值的，除了劳动以外，还有资本和土地，效用是生产三要素结合起来共同创造的，因而价值也就是生产三要素创造的。根据这一观点，萨伊反对斯密的劳动价值论，断言斯密犯了一个错误，即"只有人的劳力才能创造价值，这是错误的。更严密的分析表明，一切价值都是来自劳力的作用，或说得正确些，来自人的劳动加上自然力与资本的作用"。⑤萨伊认为，正是由于斯密忽视了价值是劳动的作用、自然所提供的各种要素的作用和资本的作用联合产生的结果，"所以他不能建立机器与财富生产的关系的正确学说。"⑥

萨伊认为商品价值是由生产三要素共同创造的，这是把创造价值的要素同创造使用价值的要素混淆在一起了。李嘉图在评论萨伊对太阳、空气、气压等自然要素赋予商品价值的看法时，曾经正确地指出："这种种要素在生产中有时代替人类的劳动，有时在生产中和人类协同发生作用，不过这些自然要素尽管会大大增加商品的使用价值，但是从来不会使商品增加萨伊先生所说的交换价值。"⑦

在萨伊看来，商品的价值由效用决定，然而效用的大小又是由什么来测量呢？萨伊为了摆脱这一困境，萨伊便从效用价值论转到了所谓生产费用论。他断言价值是决定于生产这一商品即创造效用时各自所耗费的代价。由于效用的创造不仅有劳动，还有资本

① ［法］萨伊．政治经济学概论．陈福生等译．北京：商务印书馆，1963
② ［法］萨伊．政治经济学概论．陈福生等译．北京：商务印书馆，1963
③ ［法］萨伊．政治经济学概论．陈福生等译．北京：商务印书馆，1963
④ ［法］萨伊．政治经济学概论．陈福生等译．北京：商务印书馆，1963
⑤ ［法］萨伊．政治经济学概论．陈福生等译．北京：商务印书馆，1963
⑥ ［英］李嘉图．政治经济学及赋税原理．郭大力等译．北京：商务印书馆，1962
⑦ ［英］李嘉图．政治经济学及赋税原理．郭大力等译．北京：商务印书馆，1962

和土地，每一个生产要素在创造效用时各自耗费的代价——工资、利息和地租，便构成创造商品效用的生产费用，商品的价值就是由这些生产费用来决定的。他说："社会财富项目所以带有价值，是因为要获得它们必须付出代价，而代价就是在生产方面所作的努力。"① "这个价值的大小和这件物品在生产事业中所提供的合作的重要性成比例，而就各个产品来说，这个价值构成所谓生产费用。"②

萨伊把商品的价值看成取决于效用的生产费用，即由工资、利息和地租三种费用来决定的，那么这些生产费用本身又如何决定呢？于是，萨伊又求助于供求论。他认为价值是在市场上作为价格来规定的，而市场的供求变动会使价格和这种效用的生产费用相一致。正是在这个意义上，他说："价格是测量物品的价值尺度，而物品的价值又是测量物品的效用的尺度。"③ 萨伊所说的价值由价格来测量，这在方法论上是本末倒置。可以看出，萨伊的价值论是混乱的。他不仅认为价值由使用价值决定，还认为价值是由生产费用决定的。同时，他又把商品的价值和市场价格相混淆，认为价值由供求决定。

萨伊的分配论同他的生产论和价值论有密切联系。在他看来，生产有三个要素，而这三个要素在生产过程中共同协力进行了生产性服务，协同创造了价值。它们的所有者由于其服务而取得了相应的报酬，工人的劳动得到工资，资本得到利息，土地所有者得到地租。因此，萨伊的分配论对资产阶级庸俗经济学的影响很大。后来几乎所有的庸俗经济学家在分析社会各阶级的收入时，都是以萨伊的这个理论为依据的。

萨伊的分配论是承袭亚当·斯密分配理论中的庸俗成分发展而来的。首先，在工资问题上，他断言工资是劳动服务的报酬，认为工人已经得到了劳动所生产出来的那一部分的价值，不存在剥削。同时，萨伊和李嘉图的见解相反，他认定工资的下降不会引起利润的提高，而是物品价值的下降，从而否认工资和利润的对立，否认工人和资本家的矛盾。萨伊还极力主张低工资政策，认为低工资会使商品的价值下降，从而对整个社会有利。

关于资本的收入，萨伊把它区分为利息和企业主收入，把利息说成是"对于资本的效用或使用所付的租金"，④ 是资本服务的报酬，是"对借用资本所付的代价"。⑤而企业主收入则是高级熟练劳动的报酬，是企业家本人的工资。

在谈到地租问题时，萨伊认为它是对土地生产性服务的报酬，是"对借用土地所付的代价"。⑥ 同时，他又把地租归结为地主"实行节约和发挥智慧"的工资，从而把土地所有者和土地经营者混为一谈。大卫·李嘉图曾指出萨伊这种说法的错误，因为地主并不亲自经营耕种，无从在他的土地上发挥他勤勉、节约和经营技巧，地租也不是辛勤经营的报酬，如果土地所有者是企业家，那么地租根本就不存在了。

---

① ［法］萨伊．政治经济学概论．陈福生等译．北京：商务印书馆，1963

② ［法］萨伊．政治经济学概论．陈福生等译．北京：商务印书馆，1963

③ ［法］萨伊．政治经济学概论．陈福生等译．北京：商务印书馆，1963

④ ［法］萨伊．政治经济学概论．陈福生等译．北京：商务印书馆，1963

⑤ ［法］萨伊．政治经济学概论．陈福生等译．北京：商务印书馆，1963

⑥ ［法］萨伊．政治经济学概论．陈福生等译．北京：商务印书馆，1963

萨伊的分配论割裂了社会各个阶级的收入同工人的劳动之间的联系，掩盖了利息、地租的真正来源，抹杀了它们都是无偿占有工人创造的剩余价值，是一种剥削收入的事实。正是由于这种分配理论有利于为资本主义辩护，以致后来的资产阶级庸俗经济学家在分析收入分配时，几乎都是以它为依据，大肆宣扬阶级调和论。萨伊的分配理论也为后来的巴师夏的经济"和谐论"提供了基础。

萨伊的分配论也是后来的边际生产力论的基础和萌芽。他的生产性服务论被演化为要素的边际生产力论，而他的供求决定论则发展成以边际生产力论为基础的供求均衡论。可以简单地说，在萨伊之后的分配论无非是在萨伊已经建立的理论结构中，进行修补完善工作而已。

萨伊在他的著作中，最引人注目的是提出了著名的"市场法则概论"，就是后来被学者称之为"萨伊市场定律"的论述。他的这一概念主导了大多数经济学家对经济活动水平及充分就业的思考，一直到 20 世纪 30 年代的经济大萧条为止。

萨伊在 1803 年发表的代表作《政治经济学概论》一书中提出了"供给会自行创造需求"这一命题，即人们后来提到的萨伊市场定律（say's law of market)。萨伊认为，市场经济内部不会存在商品总需求不足、生产过剩危机和失业的现象。因为商品的供应和需求只是一枚硬币的两面，一种商品的供应量相当于另一种商品的需求量。任何一种商品的市场价值必然等于生产此种商品时所耗费的劳动力、资本和土地三要素之和。"这个事实使我们得到一个乍看起来似乎是很离奇的结论，就是生产给产品创造需求。"[①]

萨伊把商品流通归结为物与物的交换，认为商品的出售和购买是同一过程。他从货币是流通工具的观点出发，认为货币只不过是媒介而已。因此，商品交换的最后结局是一种商品和另一种商品交换，一种商品的出卖过程就是对另一种商品的购买过程。他说，一种产品生产出来并在出卖时换成货币，但紧接着就要购买其他产品，卖就是买，买就是卖，因而供给本身创造了需求，并且供给必然等于需求，而供应和需求是趋向平衡的。例如，资本家把商品卖掉，就需要买机器、原材料和劳动力。由于供给和需求是经常趋向平衡的，因此不会发生普遍的生产过剩的经济危机和大规模的经常性失业，只会产生局部失业，这也是古典经济学派就业理论的基石。对于萨伊的市场定律，古典经济学派的经济学家表示赞同，认为通过自由竞争的市场机制能够实现市场需求的均衡，从而能够实现充分就业。因为，在市场机制的自动调节下不会产生大规模的生产过剩，从而也不会导致大量的失业。

萨伊认为，从全局和整个国家来看，不会产生失业，如果出现了较多的失业，就会引起货币工资下降，资本家就会多雇用工人。在货币工资下降到零以前，雇主就会把工人全部吸收到企业中。这样，失业问题就可以依靠市场的自发调节作用得到解决。他还指出，在正常情况下，依靠价格机制，国家内部的经济失调会迅速地被商品市场和生产要素市场价格的自行运动消除，市场经济会自动实现充分就业，偏离均衡的现象是暂时的，是不正常的，因此失业不是内在的。

---

① [法] 萨伊．政治经济学概论．陈福生等译．北京：商务印书馆，1963

然而，就在萨伊的《政治经济学概论》发表后不久，1825年英国就爆发了第一次普遍的生产过剩的经济危机，导致大规模的失业现象，从此每隔一段时间就爆发一次周期性的经济萧条。1929—1933年的经济大危机使美国和欧洲出现严重的大规模失业现象，给资本主义经济以沉重的打击，事实上宣告萨伊市场法则的破产。萨伊的充分就业理论的错误在于混淆了商品交换与物物交换的区别，但萨伊市场定律是西方就业理论的基石。阿弗里德·马歇尔（Alfred Marshall）继承了萨伊的衣钵。他在其代表作《经济学原理》一书中，在分析了资本主义失业现象之后，提出在自由竞争的条件下，只要劳动力市场没有人为阻力，就可以通过工资和劳动力供需之间的自发调节，而达到充分就业。马歇尔和萨伊一样，在就业问题上提出自由放任原则，反对政府对市场经济和劳动力市场的干预行为。

9.2　托马斯·罗伯特·马尔萨斯

托马斯·罗伯特·马尔萨斯（Thomas Robert Malthus，1766—1834）是英国庸俗经济学家派的创始人、经济学家、人口学家，也是19世纪和20世纪最负盛名的社会科学家。他出生于英国萨立州一个土地贵族家庭，青年时期在英国剑桥大学学习哲学和神学，毕业后被委任为英国国教牧师。1791年他获得硕士学位，1793年成为耶稣学院的一名牧师。1798年他加入英国教会，并在其家乡萨立州的奥尔巴里教区担任负责教徒宗教生活和管理教堂事务的神职人员。就在这一年，他以匿名的形式发表了《人口原理》，其全名是《论影响于社会将来进步的人口原理——并论葛德文、孔多塞和其他作家思想的推测》（*An Essay on the principle of Population, as it affects the future Improvement of Society, with Remarks on the Speculation of Mr. Godwin, Mr. Condorcet, and other writers*）。这本书一经出版，便引起了极大的轰动，支持者和反对者都有很多。随后马尔萨斯周游欧洲大陆各国，此行实际上是为他的人口学说广泛收集归纳证据。1802年，马尔萨斯返回英国后重新修订他那本匿名发表的书。1803年，马尔萨斯用真名发表了第二版人口原理。这一版本的全名改为《论人口原理及其对于人类幸福的过去和现在的考察，附预测将来关于消除和缓和由人口原理所产生的弊端的研究》[①]。就其内容来看，这本书已成为一本纯学术的著作，其关心的焦点从初版中的人类社会的未来移至过去和现在的问题。这本书多次再版，一直出到第六版。

由于马尔萨斯对人口自然法则的论证得到英国统治阶级的赏识，其人口论更加声名显赫。1805年，马尔萨斯应聘东印度大学任历史和政治经济学教授，并成立了经济学会，发起组织王家统计协会。他与另一位经济学大师大卫·李嘉图在纯学术与公共经济政策上有许多争论，不过两人的争执仅限于君子之争。事实上，两人在因报章上的论战熟识对方之后还成为了挚友。后来，由于谷物法的争论，马尔萨斯从人口问题转向政治

---

① 其英文书名全称为：An Essay on the principle of Population, or, a View of its Past and Present Effects on Human Happiness; with an Inquiry into our prospects respecting the future Removal or mitigation of the Evils which it occasion

托马斯·罗伯特·马尔萨斯
1766—1834

经济学，发表了一系列经济学著作，其中主要有《地租的性质和进化的探讨》（*An Inquiry into the Nature and Progress of Rent*，1815）、《政治经济学原理》（*Principles of Political Economy*，1820）、《价值的尺度》（1823）及《政治经济学定义》（1827）等。

托马斯·罗伯特·马尔萨斯是第一个把人口经济问题当作专著来讨论和著述的经济学家，他作为《人口原理》与《政治经济学原理》的作者而出名，特别是作为人口学家享有最高的地位，被西方誉为“人口学之父”。他把人口经济问题开辟为一个专门领域，尽管他的思想是在总结前人众多人口思想和经济思想的基础上产生的，但他在人口经济学说上的贡献在当时是无与伦比的，这一点首先应得到肯定。在他逝世后，由编者修订再版的《政治经济学原理》较为系统地表述了他的经济学原理，其中包含着许多劳动经济思想。在经济学的著作中，他自称是亚当·斯密的继承者，但是马尔萨斯只继承了亚当·斯密著作中对他为英国统治阶级服务有实用价值的那一部分，因此马尔萨斯又被认为是庸俗经济学家派的创始人。

马尔萨斯关于价值理论的主要著作是 1820 年出版的《政治经济学原理》。事实上，马尔萨斯是反对李嘉图的劳动价值论的。马尔萨斯以李嘉图体系中的矛盾为批评李嘉图的出发点，并力图推翻李嘉图的劳动价值论。李嘉图没有在劳动价值论的基础上说明劳动和资本是怎样交换的。马尔萨斯指出，劳动和资本的交换是不等价交换。李嘉图没有能解决等量资本获得等量利润与价值规律的矛盾，只得宣称生产价格与价值的不一致是一种违背通例的例外。马尔萨斯毫不费力地论证说，李嘉图的例外恰好是通例，它们的一致才是例外。马尔萨斯尽管抓住了李嘉图体系中的矛盾，但他并没有把科学推进一步，而是利用李嘉图体系中的矛盾来推翻劳动价值论，为自己的庸俗经济学开辟道路。

马尔萨斯否定了李嘉图所揭露的工资和利润的矛盾。他说，李嘉图这一论断的错误根源在于他的劳动价值论所含的两大假定：第一，在生产中耗费等量劳动的商品，平均说来，其价值总是相同的；第二，商品的价值不变，但劳动本身的价值会随着工资的变动而变动。因此，在商品的既定价值中，扣除或大或小的变动价值，就造成了或大或小的余额。马尔萨斯认为这两个假定是没有根据的。针对第一个矛盾的假定，他说，在生产中耗费等量劳动的商品，其价值会有重大变动，因为根据他的价值决定购买劳动的学说，构成这些商品价值的必须是在生产它们的积累劳动和直接劳动之外，再加上不同的利润量。针对第二个矛盾的假定，他说，劳动本身的价值是不变的。不论支付劳动者的货币或实物的数量如何变动，这一数量所代表的价值总是不变的。[①] 因此，他说：“利润不是由生产中使用一定数量的劳动的变动价值与所生产的商品的既定价值相比来决定，

① 晏智杰. 西方经济学说史教程. 北京：北京大学出版社，2002

而是由所生产的商品的变动价值与生产中所用一定数量的劳动的既定价值相对比来决定。"[①] 他以此来反驳李嘉图的利润的高低和工资的高低成反比例的理论，否认工人和资本家之间的阶级对立。

马尔萨斯继承了斯密价值理论中的庸俗因素。他断言："不论何时何地商品价值可以由商品在该时该地所能交换或支配的标准劳动量来衡量。"[②] 他又说："惟有商品所能支配的劳动才能成为这种价值的尺度。"[③]他认为，价值决定于购买的劳动，并以之论证利润的来源及其合理性。购买到的劳动在通常情形下总是大于耗费的劳动。耗费劳动只包括积累劳动和直接劳动，而购买劳动"必然可以代表和衡量其中所包含的劳动量和利润"。[④] 利润就是两者间的差额。这个差额是必要的。因为利润是资本主义生产的推动力，没有利润则生产和再生产都要停止。

马尔萨斯也有其独到之处，他看到资本与劳动的交换是少量劳动同多量劳动的交换，这是不平等的，但他把资本与活劳动的这种实际上的不等价交换推广到一切商品的交换上，认为一切商品的价值都是本身的价值加上超额价值即利润，由此他把利润看作是商品出卖的价格超过它在生产中耗费的劳动的产物，把利润看成是在交换中产生的。这样一来，他就退回到让渡利润的庸俗观点上，认为利润即剩余价值来源于贱买贵卖。

马尔萨斯的工资理论是颇有见地的。他定义劳动工资是对劳动者努力的报酬。他区分了名义工资和实际工资，认为无论生活必需品价格如何，货币工资所换得的生活必需品能保证劳动人口或者稳定或者不断增加。

马尔萨斯从供求决定工资的见解出发，反对李嘉图关于劳动的自然价格，即维持劳动人数不变的价格的定义，提出劳动的自然价格就是使劳动供给和需求在长时间中相等的价格。劳动的市场价格就是劳动在市场上的实际价格，它有时高于、有时低于自然价格。这种看法比李嘉图的见解更接近当代西方劳动经济理论关于工资的见解。

马尔萨斯认为，劳动需求的大小与任何形式的资本无关，仅取决于生活必需品构成的工资基金的数量与价值。工资基金的大小通常与年总产品的大小无关，但当生产劳动和私人服务的比例一定时，年总产品价值的增长通常引起工资基金的增长。马尔萨斯以供求价值论为基础，提出了"维持劳动基金论"，认为工资的高低完全取决于劳动力供求情况。在劳动力市场上，人口增加，工人的供给会超过就业机会，即工人的人数或多或少地超过了需求，进而促使工资下降，甚至压到最低水平。尽管工资下降，但由于"人口法则"的作用，人口仍在呈现不断增加的趋势，因而引起食物需求的增加和物价的上涨，导致工人生活贫困。生活贫困迫使工人晚婚、不育或不结婚，从而使工人人数缩减，使劳动力市场的供求趋向平衡，也使人口与生活资料趋于平衡，然而工人所得工资仍不可能有多少变化。这种情况即是后来的经济学家们所谓的马尔萨斯均衡模型，如图 9—1 所示。

---

① ［英］马尔萨斯．政治经济学定义．何新译，北京：商务印书馆，1960

② ［英］马尔萨斯．政治经济学原理．厦门大学经济系翻译组译．北京：商务印书馆，1962

③ ［英］马尔萨斯．政治经济学原理．厦门大学经济系翻译组译．北京：商务印书馆，1962

④ ［英］马尔萨斯．政治经济学定义．何新译，北京：商务印书馆，1960

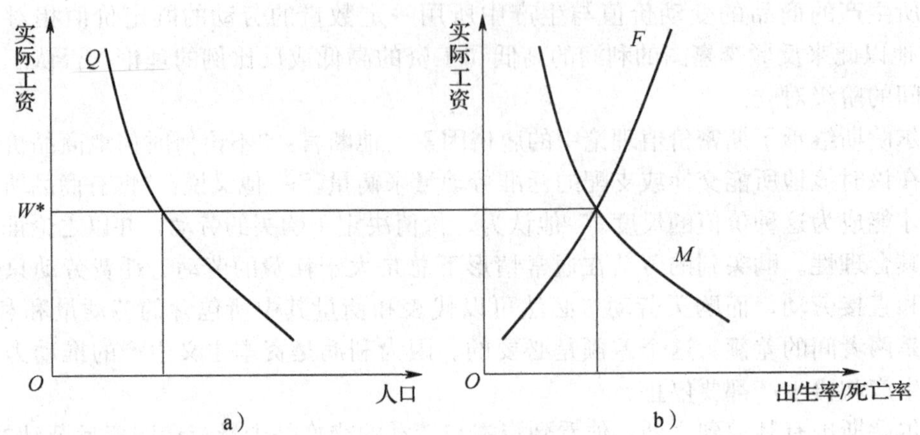

图 9—1　马尔萨斯均衡模型

在图 9—1 中，三条曲线分别表示三种函数关系。左半部是总生产函数 Q，表示由一定数量的人口所形成的实际工资或人均收入。右半部表示人口现象。死亡率 M 随着生活水平下降而上升，这是积极的抑制。出生率 F 随着生活水平下降而下降，这是预防性抑制。当出生率超过死亡率时，人口增加；当死亡率超过出生率时，人口减少。人口增长通过生产函数使生活水平下降，实际工资水平下降使死亡率上升及出生率下降，最终使人口增长趋于终止。在此模型中，人口增长为零时即为均衡状态。在此均衡点上，工资不变（图中的 W^*），因而死亡率和出生率不变，这种均衡是稳定的。该均衡的稳定性是马尔萨斯悲观主义的来源。设想土地的耕作面积扩大，于是生产函数向外移动，提高了现有人口的生活水平。由此，出生率将上升，死亡率下降。人口增长将继续吞噬增益，直到工资下降到原先的水平为止。人口增长往往会突破均衡，人口现象是工资铁律的铸造厂。图中的 W^* 曲线表示实际工资或人均收入变化的长期趋势。通过诸如大饥荒或疾病一类的灾祸起作用的积极抑制不会轻易做出反应，但一旦做出反应，便矫枉过正，从而引起新一轮的循环。

马尔萨斯所谓的劳动供给，并非短期可劳动人数中愿意在各种工资水平下就业的人数，而是指长期的劳动人口的数量，所以他分析劳动力供给的决定因素也就是分析影响劳动人口的因素。他认为，影响劳动人口的因素是工资基金和劳动者的生活习惯。一方面，当生活习惯一定时，工资基金的增长，尤其是其中的主要成分——粮食的增加，会使劳动者由于能够得到更多粮食而迅速增加；另一方面，如果劳动者的生活习惯是不断追求舒适，那么工资基金的增长引起的高工资只会增加劳动者的享受水平而非人口。①

在马尔萨斯的工资理论中，工资基金是一个很重要的概念。他认为，当期的工资基金决定着当期的劳动需求，同时工资基金通过人口的影响决定着未来的劳动供给。马尔萨斯在论述工资的供求关系时指出，人为地抬高劳动价格于自然价格之上只能导致失业。他进一步指出，劳动阶级的生活状况部分取决于工资基金的增长速度，部分取决于人民

① 李通屏等编著．人口经济学．北京：清华大学出版社，2008

的生活习惯。①

从工资的供求决定论出发，马尔萨斯极力反对英国当时实行的《济贫法》，认为如果贫困得到了救济，那就无异于奖励人任意结婚，也就无形中扩大了贫困的范围，从而降低了劳动者的生活水平。1834年，英国资产阶级就根据马尔萨斯的主张撤销了从1601年以来所实行的救济贫法，并制定了一项新济贫法。按照新济贫法的规定取消了一切金钱和实物的救济，而实行另一种救济方式，即把穷人收容到贫民习艺所里，让他们担负极其繁重的劳动。他的这种观点往往引起人们的误解，其实他也提出不少有利于穷人的政策主张，如对穷人提供免费医疗、救济六个以上孩子的贫困家庭等。

马尔萨斯在其经济理论中，系统地研究了劳动经济问题，对后来的劳动经济学产生了重大的影响。马尔萨斯通过对劳动经济的分析，奠定了分析劳动需求、劳动工资等劳动经济关系的基础。他以商品的供求决定价值的理论为基础，提出“维持劳动基金”论，认为工资的高低取决于劳动力供求状况。由于资本用于维持劳动基金的比例是既定的，因此在劳动市场，因劳动力人口增加导致工人的供给超过了需求，使工人所得到的工资呈现下降趋势。他否定了作为古典经济学基础的萨伊法则，批判了斯密和李嘉图关于劳动力增长直接使有效需求增大的提法，主张劳动力人口增长与工资基金的扩大之间存在速度的差异，并揭示了过多的资本积累会产生全面的过剩供给。过剩供给可能由于有效需求的不足而发生，所以他主张为消除失业和克服危机，应扩大有效需求。马尔萨斯关于有效需求的理论后来被凯恩斯继承发展，形成了有效需求原理。

9.3 詹姆斯·穆勒

詹姆斯·穆勒（James Mill，1773—1836）是英国著名庸俗经济学家、历史学家和哲学家。他出生于苏格兰的一个鞋匠家庭，在童年时期就因聪敏好学得到苏格兰财务署理事官约翰·斯图尔特爵士的器重，随后被送入爱丁堡大学读书。他念完大学普通课程后，在苏格兰当过几个家庭的私人教师。不久，他终止执教生活迁居伦敦，成为贫穷的自由撰稿人，1798年他出版了不朽的名著《英属印度史》（*History of British India*），而赢得了名望和东印度公司的职位。穆勒的经济自由放任思想直接来源于边沁（1748—1832），他的经济思想主要体现在1821年出版的《政治经济学纲要》（*Elements of Political Economy*）一书中。这部著作由导言和生产章、分配章、交换章、消费章构成，在经济学说史上首次提出了把政治经济学划分为生产、分配、交换和消费的分篇法，并为大多数经济学家所接受。

《政治经济学纲要》总的来看是具有一定的系统性和通俗教科书性质。可以说，穆勒在经济学说史上是第一个系统阐述李嘉图理论的人，并在某些方面推进了李嘉图的理论。但他背离了李嘉图的劳动价值论，对劳动的解释远离了李嘉图的原意，因而李嘉图学派的瓦解也是从他开始的。

---

① 张旭昆．经济思想史．北京：中国人民大学出版社，2008

詹姆斯·穆勒

1773—1836

作为李嘉图的忠实信徒，穆勒认为，价值通常决定于供求，但最终决定于生产费用，而生产费用由劳动和资本构成。创造价值不仅有直接劳动，而且还有积累劳动。他把资本看成是劳动的一种形态。他认为，劳动和资本一个是直接劳动，另一个是蓄积劳动。在穆勒看来，因为资本也是一种劳动，所以资本也创造价值。他举例说，在陈葡萄酒的生产中，“用手直接去做的劳动”虽然已经结束，但在生产新葡萄酒时所耗费的全部资本仍然“劳动”着，因此葡萄酒的价值在储藏于地窖中的整个时间里也仍然在增长。可见，穆勒虽然表现出要维护李嘉图的劳动时间决定价值的原理，但实际上把这个原理庸俗化和曲解了。他还进一步推论，如果一部机器的利润可以看作是包含着积蓄劳动所做劳动的报酬，新酒则可以看作是一部机器，陈酒是这部机器的产品，陈酒的利润所代表的价值就是源于葡萄酒所包含的积蓄劳动所做的劳动，而利润就是这种积蓄劳动的“工资”。穆勒以曲解劳动含义的手法，揭示出所谓机器及任何积蓄劳动也会劳动，也会创造价值并带来利润。

在价值规律上，詹姆斯·穆勒认为，价值规律与资本的交换并不矛盾，因为劳动和资本的交换不过是普通的商品交换。按照他的说法，价值由直接劳动和蓄积劳动共同创造，因此工人和资本家都是尚未生产出来和价值也尚未实现的商品的共同所有者，这个商品一部分属于资本家，另一部分则属于工人。但在进行生产时，资本家以预先支付的等价工资把工人应得部分的商品完全购买了。因此，工人与资本家间的交换就是普通的商品的买卖。工人如同任何一个商品所有者一样，把劳动所应得部分的商品卖给资本家，资本家则以工资支付一个相应的等价，这是等价交换，符合价值规律。工人既以工资的形态得到应得商品价值的份额，生产出来的全部商品就归资本家所有。

将资本解释为蓄积劳动，从而将劳动和资本的交换解释为普通的等价的商品交换。同时，声称这种蓄积劳动在活劳动结束之后继续劳动，从而继续创造价值。这就是穆勒用来克服劳动价值论同现实生活之间矛盾的基本论据。

9.4 约翰·雷姆赛·麦克库洛赫

约翰·雷姆赛·麦克库洛赫（John Ramsay McCulloch，1789—1864）是英国经济学家、统计学家，李嘉图学派的主要代表人物。他出生于苏格兰的威格敦郡，毕业于爱丁堡大学，先学习法律，后改而研究政治经济学。他当过《苏格兰人》报的编辑，后成为《爱丁堡评论》杂志的主要经济评论家。1828 年，他被聘为伦敦大学学院政治经济学教授，1832 年辞职。1838 年起他任英国文书局的主计官，直至逝世。其主要著作有《政治经济学起源、发展、特殊对象和重要性讲演集》（*A Discourse the Rise*，*Progress*，*Pecul-*

iar Objects and Importance of Political Economy，1824）《政治经济学原理》（*Principles of Political Economy*，1825）、《实用、理论和历史的商业和商业航海辞典》（*A dictionary*，*Practical*，*Theoretical and Historical of Commerce and Commercial Navigation*，1832）、《英帝国的情况介绍和统计资料》（*Descriptive and Statistical Account of the British Empire*，1837）、《论赋税和公债制度的原理及实际影响》（*A Treatise on the Principles and Practical Influence of Taxation and the Funding System*，1845）及《政治经济学文献》（*The Literature of Political Economy*，1845）。他还发表了大量的文章专论，编辑了商业、统计等词典，编注过亚当·斯密的《国民财富的性质和原因的研究》和大卫·李嘉图的著作集。

约翰·雷姆赛·麦克库洛赫
1789—1864

麦克库洛赫与詹姆斯·穆勒一样拥护李嘉图的经济思想，特别是劳动价值论。他在论述价值论时首先区分了实际价值和相对价值。麦克库洛赫认为，实际价值取决于生产商品所需要的劳动，而相对价值自然取决于“商品交换的劳动或其他任何商品的量”。他还指出，一般情况下即供求相等时，交换的劳动等于耗费的劳动。但事实上前者总是大于后者，这个差额构成了利润的来源。因此，与詹姆斯·穆勒等否定劳动和资本交换的不平等不同，麦克库洛赫认为这种交换是不平等的，因而资本在同劳动交换中得到更多的劳动量并没有破坏价值规律。

麦克库洛赫在论述劳动价值论时认为，畜类和自然力量也在劳动和创造价值。他给劳动下定义时说：“有充分理由可以把劳动下定义为任何一种旨在引起某一合乎愿望的结果的作用或操作，而不管它是由人、由动物、由机器还是自然力完成的。”① 这就是说，麦克库洛赫把劳动创造价值的特性更加庸俗化了，竟然认为自然力也创造价值。

麦克库洛赫由于把劳动的作用推广到机器和自然力，因而他自认为已经解决了李嘉图体系中价值规律同等量资本得到等量利润之间的矛盾。在他看来，因为劳动不仅包括真正劳动的耗费，而且也包括机器“劳动”和自然本身的作用。它们也能创造价值，并以此来解释陈酒价值的增值。他说，窖藏酒的增值是由于酒在窖藏期间，发生了一种我们所期望的自然作用，而自然作用是一种劳动。麦克库洛赫的这种解释彻底地庸俗化了李嘉图的学说，完全站在让·沙尔巴蒂斯特·萨伊的立场，只不过萨伊把资本和自然的作用称为“服务”，而麦克库洛赫则把其称为“劳动”。

麦克库洛赫还区分了市场的或实际的工资与自然的或必要的工资，前者取决于“全部资本对全部劳动人口的比例”，后者则等于生存需要。他指出：“一个国家维持和雇用

① ［英］麦克库洛赫．政治经济学原理．北京：商务印书馆，1975

工人的能力，绝不依靠其位置的优异、土地的肥沃或领土的大小。”[①] “很明显，一个国家在任何已知时期，它所拥有的维持和雇用工人的力量，并不依靠这些条件，而完全依靠它用支付工资的过去劳动所积累的产品或资本的实际数量。”[②] 显然，麦克库洛赫也是工资基金说的主要阐述者，但同时他又强烈赞成高工资。

思考题

1. 简述让·巴蒂斯特·萨伊的劳动经济思想。
2. 简述托马斯·罗伯特·马尔萨斯的劳动经济思想。
3. 试论詹姆斯·穆勒的劳动经济学说。
4. 简述约翰·雷姆赛·麦克库洛赫的劳动经济思想。

① ［英］麦克库洛赫．政治经济学原理．北京：商务印书馆，1975

② ［英］麦克库洛赫．政治经济学原理．北京：商务印书馆，1975

第10章 庸俗经济学派劳动经济思想的发展

19世纪30年代以后，庸俗经济学派逐渐取代了古典政治经济学派。从19世纪二三十年代开始，庸俗经济学抛弃“注释”和“通俗化”古典经济学的形式，放弃了亚当·斯密（Adam Smith）和大卫·李嘉图（David Ricardo）的劳动价值论，提出边际效用价值论，描述从经济表面现象所见到的似是而非的外在联系，赋以学究气味，把资本主义生产方式看作是符合人的本性的、自然的生产方式，从而把它宣布为永恒的真理。从某种程度来说，庸俗政治经济学的产生是对古典政治经济学的反叛和批判。古典政治经济学是资本主义上升时期代表社会进步的，庸俗政治经济学是反对工人阶级，为资本主义辩护的。前者透过表面现象分析资本主义的本质和规律，后者以现象掩盖本质，美化剥削，寻求为资本主义辩护的新方法。

这一时期庸俗经济学派的主要代表人物有为利润作辩解的英国的纳索·威廉·西尼尔（Nassau William Senior）、“企图调和不能调和的东西”的折中主义者英国的约翰·斯图亚特·穆勒（John Stuart Mill）、阶级利益“调和论”者法国的费雷德里克·巴师夏（Frédéric Bastiat）及“经济利益调和论”者美国的亨利·查尔斯·凯里（Henry Charles Cary）等。他们的“理论”的出现标志着资产阶级庸俗经济学开始完全代替了古典政治经济学，成为资产阶级经济学的统治思想。

10.1 纳索·威廉·西尼尔

纳索·威廉·西尼尔（Nassau William Senior，1790—1864）是英国著名古典经济学家。他出生于英国一个西班牙裔的牧师家庭，1806—1807年进入牛津大学攻读法律学。1912年毕业后的最初几年，他作为律师从事过民事诉讼等法律事务。在1825—1830年，他担任牛津大学的政治经济学教授。1830年以后，他充当辉格党的主要经济顾问，先后参加了政府的调查集会结社和罢工运动委员会、修改济贫法委员会、关于爱尔兰人委员会的工作，担任了许多英国皇家委员会的委员，参加制定《1834年济贫法修正案》，并竭力反对工会和工厂立法。1847年，他退出政坛后，又重返牛津大学任政治经济学教授，直到1852年退休。他的主要著作有《政治经济学大纲》（*An Outline of the Science of Political Economy*，1836）、《关于工厂法的几封信》（*Letters on the Factory Act*，1837）、《关于生产财富问题的讲演》（*Lecture on the Production of Wealth*，1847）、《关于政治经济学入门的四次讲演》（Four Introductory *Lectures on Political Economy*，1852）及《历史和哲学论文集》（*Historical and Philosophical Essays*，1865）等。

西尼尔在古典经济学方面最重要的贡献之一是倡导并推动了经济学的实证化。他强调了政治经济学的客观性，认为政治经济学研究的是财富，而不是福利。在他的理论中，最有名的是在价值论基础上提出了节欲论，他认为，资本是资本家的一种牺牲，资本家为提供生产资料，牺牲了个人消费所给予的享乐和满足，这种牺牲应有所报酬，就是利润。西尼尔反对客观价值论或劳动价值论，坚持效用价值论，认为价值由效用、供给有限性和可转移性三个因素构成。效用是直接或间接产生快乐和避免痛苦的能力，他还提出了边际效用递减的思想。此外，他还注重于劳动经济问题的研究。

纳索·威廉·西尼尔
1790—1864

西尼尔反对古典经济学的劳动价值论，提出了为资本主义辩护的“节欲论”。西尼尔认为，商品的价值是由生产成本决定的。他说：“所谓生产成本，我们的意思说的是生产所必要的劳动与节制的总和。”[①] 这里的节制指的就是资本。这种论点实际上是萨伊生产三要素的变种，不过把三要素改成两要素而已。同时，他又从享乐主义出发，把劳动和资本的使用都看作是一种牺牲。他认为，劳动是工人放弃自己的安乐和休息所作的牺牲，而资本则是资本家的牺牲。他说：“资本家在获得生产资料和流通资料时，要牺牲个人的消费，更确切地说，要牺牲这种消费所给予他的享乐和满足。因此，资本是一项财富，是用于财富的生产或财富分配中人类做出努力的结果。”[②]

在西尼尔看来，既然商品的价值是工人和资本家共同“牺牲”所创造的，因此商品的价值也就理应在工人和资本家之间进行分配。他说，“工资的定义是劳动的报酬”“利润的定义是节制的报酬”。[③] 为了强调资本家的牺牲，他用“节欲”代替资本，把利润看作是节欲的报酬。他认为，做出牺牲而得到报酬，是理所当然的。这样一来，就完全否定了资本对劳动的剥削。但是，价值由什么决定的问题仍然没有解决，因为劳动和节欲没有共同的基础，“劳动”的多少可以用劳动时间来计量，而“节欲”是一个主观的范畴，无法计量，这二者又怎么可能换算成一个计量单位而形成价值呢？为了解决这个问题，西尼尔就把价值换成价格，用偷换概念的办法，说明商品价值是在商品交换过程中经过供给和需求双方的自由竞争而决定的，由竞争决定的价值接近于劳动和资本所决定的生产费用。这个生产费用就是商品的价值。我们知道，供求关系只能以价值为基础决定价格，而不是价值。所以，西尼尔的价值论不过是当时流行的庸俗的供求决定论，仍然解决不了工人和资本家的共同牺牲怎样决定生产费用的问题。

西尼尔对从事服务工作的劳动性质有独特的看法。他不同意亚当·斯密将从事服务

① ［英］西尼尔．政治经济学大纲．北京：商务印书馆，1977
② ［英］西尼尔．政治经济学大纲．北京：商务印书馆，1977
③ ［英］西尼尔．政治经济学大纲．北京：商务印书馆，1977

工作的人统称为非生产性的，而认为律师、医生、教师是生产的，他们也促进财富的增加。西尼尔认为，恰当的界限不在于生产劳动和非生产劳动的划分，而在于“生产消费”与“非生产消费”的区别：生产消费指能增加劳动者生产能力的消费；而非生产消费则不能增加劳动者的生产能力，如，花边、刺绣品、珠宝、烟草、饮料等。西尼尔认为，这些商品的消费没有增加人的生产能力。实际上，西尼尔仅仅是把生产能力等同于体力，把人的欲望限制在生理的需求上。

西尼尔还提出了的“最后一小时”论。19世纪上半期，英国工人阶级为争取缩短劳动日、争取10小时工作日进行了英勇的斗争。当时的工厂法所规定的工作日劳动时间是11.5小时。西尼尔为了维护资本家的利益，反对缩短劳动时间，提出了“最后一小时”理论。西尼尔是这样论证的：工厂主的利润是当时工厂法规定的11.5小时的劳动日的最后一个小时创造出来的，如果工作日缩短一小时，资本家的“纯利润”就会消失；如果工作日缩短一个半小时则不仅“纯利润”，甚至“总利润”也没有了。因此，如果实行10小时工作日，资本家的工厂就要倒闭，工人就会失业。

西尼尔理论的根本错误在于他不懂得劳动的二重性，不懂得工人在同一劳动过程中，作为创造使用价值的具体劳动，转移了不变资本的价值到新产品中；作为创造价值的抽象劳动，创造了相当于工资和剩余价值部分的新价值。西尼尔把工人在一天内生产出来的全部商品的价值，包括转移下来的不变资本的价值，都说成是工人这一天内的劳动创造的结果。实际上，工人创造商品的每一小时劳动都具有两重性，即一方面通过具体劳动把不变资本的旧价值转移到新生产物中去。另一方面又以自己的抽象劳动创造出新的价值。因此，工人少劳动一小时，只能使资本家减少这一小时的抽象劳动的剩余价值，决不能使资本家“损失”全部剩余价值。

10.2　约翰·斯图亚特·穆勒

约翰·斯图亚特·穆勒（John Stuart Mill，1806—1873）是英国著名古典经济学家、哲学家和逻辑学家。他出生于一个英国资产阶级家庭，其父詹姆斯·穆勒（James Mill，1773—1836）是一位资产阶级经济学家和历史学家。还在少年时代，穆勒在父亲的指导下，就开始阅读亚当·斯密的《国富论》和大卫·李嘉图的《政治经济学及赋税原理》等经济学名著。他还有幸受到李嘉图的直接教诲，这当然也是由于其父亲和李嘉图有着不寻常的交往，他们经常在一起谈论经济学和哲学问题，父辈的这种亲密关系和理论观点无疑对他产生了重要影响。1820年他赴法国留学，先后寄宿在杰里米·边沁和让·巴蒂斯特·萨伊（Jean - Baptiste Say）家中，受到他们两人思想的影响。他还曾与克劳德·昂利·圣西门（Claude Henri Rouvroy Saint - Simon）交往，并开始注意空想社会主义思想。

1823—1858年，穆勒一直在英国东印度公司任职。在职期间，他把工作之余的时间和精力都用来进行政治经济学和哲学的研究和著述。1825年，穆勒开始发表讨论商业政策与货币政策的论文。同年，他与杰里米·边沁合编《司法证据的理论基础》，又发起组

约翰·斯图亚特·穆勒
1806—1873

织了“思辨学会”。这是一个业余的读书会和哲学研究会，经济学和人口论等成为这些学会讨论的中心话题。1836年，穆勒任激进派刊物《伦敦和威斯敏斯特评论报》主编。1844年穆勒发表了他的第一部经济学论文集《经济学上若干未决问题》，该书讨论的主要问题包括国际贸易、消费对生产的影响、生产性和非生产性劳动、利润和工资的关系等。1848年年初版、后来多次再版的《政治经济学原理》则是他的最重要的经济学代表作，在很长一段历史时期内一直被资产阶级政治经济学家奉为经济理论上的“圣经”。1865—1868年，他被选为英国国会议员。

穆勒著作颇丰，主要有《逻辑学体系》（*A System of Logic*，1843）、《论政治经济学中几个未解决的问题》（*Essays on Some Unsettled Questions of Political Economy*，1844）、《政治经济学原理》（*Principles of Political Economy*，1848）、《论自由》（*On Liberty*，1859）、《论代议制政府》（1861）、《功力主义》（*Utilitarianism*，1861）、《汉密尔顿哲学探讨》（1865）、《孔德与实证哲学》（1865）、《在圣安德鲁大学的就职演说》（1867）、《英格兰和爱尔兰》（1868）、《论妇女的从属地位》（*The Subjection of Women*，1869）及《论社会主义》（*Charters on Socialism*，1876）等。穆勒在经济学上的主要贡献是建立了一个折中的经济学理论体系。他吸收了19世纪上半期各种经济理论和观点，以亚当·斯密和大卫·李嘉图的著述为基础，又继承托马斯·罗伯特·马尔萨斯（Thomas Robert Malthus）、让·巴蒂斯特·萨伊及纳索·威廉·西尼尔（Nassau William Senior）等经济学家的某些理论观点，以综合、调和、折中的形式构成一个新的经济学体系。此外，他对劳动经济问题的研究也颇有建树。

穆勒在《政治经济学原理》的首篇生产篇中提出了劳动生产力要素，并对劳动和就业人口的劳动性质进行了分析。他认为，任何社会生产都必须具备三个要素，“即劳动、资本和自然所供给的材料与动力。在这三者中，劳动及地上的原料是基本的不可缺少的。”①另一个必要条件是资本，它本身是劳动的产物，是过去劳动生产物的积蓄，是决定进步程度的要素。

穆勒认为：“劳动是肉体的或精神的，说得明白些，是筋肉的或神经的。在劳动这个观念中，包括动作，也必须包括思想或筋肉的或二者用在特殊职业上所引起的一切快意的感情，一切肉体的束缚或精神的烦恼。”② 穆勒认为，劳动力是生产必要的要素，它体现在人类自身中的效用，即培养自身或他人的体力或智力，还体现在为人们提供快乐或避免烦恼痛苦的效用，如音乐家、戏剧演员等行业的劳动。他还把劳动方式分为直接劳

① ［英］穆勒. 经济学原理. 郭大力译. 上海：世界书局，1936
② ［英］穆勒. 经济学原理. 郭大力译. 上海：世界书局，1936

动和间接劳动，前者是指直接生产对人类有用的物品的劳动，后者是指为这种直接劳动作准备的劳动。对于间接劳动，穆勒又细分为用于生产原料的劳动、用于制造工具的劳动、用于保护劳动的劳动、用于产品运输和分配的劳动等。

关于生产性劳动和非生产性劳动的问题，在穆勒看来，依据萨伊学说，人类所生产的不是物质，而是效用。所以，只有生产效用的生产才是生产性劳动。但他强调指出，并不是所有生产效用的都是生产性劳动，只有生产了体现在物质对象中的效用劳动，才是生产性的，这种物质对象可以是物质产品，也可以是人本身。教师、官员等行业虽不直接生产物质产品，但他们的劳动是产业繁荣所不可缺少的，会增加物质财富，或趋向于增加物质财富，因此也是生产劳动。传教士等职业不生产物质产品的劳动不是生产劳动。一个国家所养的教士牧师越多，用在其他事物上的物品就越少。但他认为，非生产劳动也是有用的，其有用程度有时甚至会超过生产劳动。

穆勒指出，劳动受到资本的限制，因为劳动者要靠资本供养，需要靠过去劳动生产物来满足。他正确地指出，劳动者的就业要靠资本中用来雇用劳动者的那部分资本来决定，而不是靠非生产性消费来决定。他由此推论说："财富的限度绝不是消费者的不足，而是生产者和生产力的不足。资本的每一增加要么创造更多的就业机会，要么会增加劳动报酬，要么会使国家更富裕，要么会使劳动阶级更富裕起来。"①

穆勒还指出，对商品的需求并不是对劳动的需求，只有将资金用于雇用劳动者，才有益于劳动者。他说："我认为，购买商品自行消费的人没有给劳动阶级带来益处，只有节制消费，把节省的钱直接付给劳动者以换取劳动，才给劳动阶级带来益处，才能使他们的就业人数有所增加。"② 这种说法流露出穆勒对劳动者地位的密切关注。

在"论合作或劳动的联合"的标题下，穆勒着重论述分工与合作是"极为重要"的，能够提高劳动生产率和产量，扩大需求和市场。城乡分工与合作同样十分重要，他特别强调城镇出现和农业布局适当集中的经济意义。他基本沿袭亚当·斯密学说，论述分工的好处及其原因，以及劳动分工要受到市场的限制。

在谈到劳动力人口与生产之间的关系时，他指出，劳动力人口增长不会成为生产增加的障碍。他认为劳动增加受资本限制，只有增加资本，才能增加劳动者数量。关于劳动力人口对生产的影响，他基本上是乐观的。在穆勒看来，劳动力人口有"手"可创造财富，但由于土地收获递减规律的作用，新的劳动力人口在同样的条件下难以生产同前人一样的产品数量，却要消费与前人一样多的食物和其他生活资料。他从发展生产的角度提出应限制人口增长，使劳动力人口能够保持适度增长，因为劳动力人口增长最终还要受到工资铁律的制约。

穆勒还在《政治经济学原理》中阐述了劳动力人口增长与未来经济发展的关系。他指出，人们不可能准确预测到经济发展的长期趋势和结果，应由各种对立的力量在漫长的时期内自己来决定。在穆勒的设想中，第一种设想沿袭了马尔萨斯的思想，即劳动力

① ［英］穆勒．政治经济学原理（上卷）．赵荣潜译．北京：商务印书馆，1991
② ［英］穆勒．政治经济学原理（上卷）．赵荣潜译．北京：商务印书馆，1991

人口增长速度超过了资本和技术提高产出的速度。在这样的情况下，将会导致工人们的工资越来越低而资本家的利润越来越高的现象。穆勒的第二种设想继承了斯密的分析，即资本积聚的速度超过劳动力人口增长的速度时，就会引起实际工资增加，从而使工人们的平均生活水平得到提高。在其第三个设想中，资本供给和劳动力人口呈同比率增长，但技术水平却相对不变。由于劳动力供给和需求的增长速度保持同步，因此实际工资没有变化。但由于生产技术没有提高，为了满足日益增长的劳动力人口的需求，在肥沃的土地被开垦后，较为贫瘠的土地也必须加以利用，这将会提高食品的生产成本。随着食品价格和地租的同时上涨，利润便会下降。在第四种设想中，穆勒假设生产技术创新的速度超过了资本和劳动力人口增长的速度，这将会使粮食种植更为容易，并同时降低工资和地租，最后将促使利润提高，整个经济也将呈现繁荣景象。穆勒认为在所有设想中，第三种最有可能发生。穆勒生活在工业革命中期，没有经历过长期持久的技术进步，他自然认为当时的技术进步到了尽头。同时，穆勒指出，正如李嘉图所预测的，随着技术进步的结束，资本积累和经济增长也将宣告结束。

穆勒的劳动经济思想还体现在他的工资理论中。他认为，工资水平主要取决于劳动的供给与需求，或者说取决于劳动力人口与资本的关系。所谓劳动力人口指的是雇用劳动者，而资本只是流动资本，仅限于花费在直接购买劳动的那一部分资本。他认为，在竞争的条件下，工资由资本与劳动力的相对数量来确定，即工资由工资基金与雇用劳动人数的比例来确定。当工资基金总额增加，或者受雇用的劳动者人数减少时，工资提高；相反，工资基金总额减少，或者受雇用的劳动者人数增加，工资下降。穆勒还进一步解释了工资基金学说，认为工资基金不是在任何时候都固定不变，可因储蓄而增加，也可因财富增加而扩大。由于可被分配的数额是一定的，个人工资完全取决于参加分配的人数多少。根据这一工资基金学说，穆勒认为，政府不能把最低工资定得高于平均工资的水平，否则会产生失业。同时，工会也不能以集体的力量去抬高工资水平，会使其他工人工资水平下降。

穆勒在建立工资基金学说的基本内容之后，把工资水平低下、工人的贫困和失业都归因于工人劳动力人口过多。他还非常赞同马尔萨斯关于人口增长超过生活资料增长速度的观点，并把它发展为“人口增长超过资本实际增长速度”的所谓新见解。他用雇用劳动的资本这一概念代替了生活资料，其实质的内容没有变，因为工人的生活资料是需要用雇用劳动的资本去购买的。

穆勒在其工资基金学说中提出的劳动经济思想并不是他独创的，而是对古典经济学和最先使之庸俗化的马尔萨斯的有关思想的进一步发展。资本主义制度下工资水平与工人数量之间的关系经穆勒的加工，形成了一种所谓的“工资基金”学说，这种学说确立的依据在于资本主义制度的存在。实际上，他虚设了资本主义条件下雇用工人的流动资本是不变的这样一个前提，只有在这一前提下才能讨论工资水平与工人人数的关系，而资本家的可变资本总量是经常不断变化的。从根本上说，他提出“工资基金”学说的目的在于说明工资低下是由于工人自身造成的，为资本主义不合理的工资制度开脱了罪责。

穆勒综合了亚当·斯密、大卫·李嘉图及托马斯·罗伯特·马尔萨斯等古典经济学家关于劳动生产力和劳动力人口与生产之间的关系等问题的主要研究成果，并给予系统的分析。这些劳动经济思想具有一定的意义，在很大程度上反映了当时英国社会生产力的发展水平，其中有些原理被后来的西方劳动经济学说进一步发展和完善。

10.3　费雷德里克·巴师夏

费雷德里克·巴师夏（Fréderic Bastiat，1801—1850）是 19 世纪上半叶欧洲最著名的法国庸俗经济学家、经济自由主义的理论大师，还是乐观主义的“经济利益和谐论”的提出者。他出生于法国巴约讷附近的一个大商人家庭，1825 年继承祖父遗产成为酿酒业资本家。1830 年法国革命后，他当选为本地法官，又任本地区的总顾问。七月王朝后期他迁居巴黎，1846 年建立法国争取自由贸易协会，1848 年法国革命期间当选为制宪会议和立法会议的代表。

巴师夏是自由贸易思想的热情宣传者，同时也是社会主义思潮的反对者。他赞美资本主义社会是一种和谐的社会，认为社会组织是建立在人类本性的普遍规律之上的。社会就是交换，交换是相互提供服务，两种互相交换的服务决定价值。价值，即服务的尺度，就是服务提供者所作的努力的紧张程度和服务接受者所节省的努力的紧张程度。在自由放任下，二者趋于一致。交换以等价为基础，等价交换是公道的交换，这样的社会当然是和谐的。他还认为，随着社会的进步，社会总产品中分配给资本的部分会减少，分配给劳动的部分会增加，人们的状况会不断改善，社会会更加和谐。他著有《经济诡辩》（1847）、《经济和谐》（1850）等。在巴师夏的著述中包含不少劳动经济思想。

费雷德里克·巴师夏
1801—1850

巴师夏在《经济和谐》中把劳动的概念大大拓展了，他“把用来满足需要的人的各种能力的作用均称为劳动。需要、努力、满足就是经济学的范畴。努力可以是体力的，也可以是智力的，甚至可以是道德的”，因“我们的一切或几乎一切能力都可以用于而且正在用于生产。注意力、智慧、想象力都在其中占有一席之地”。而且“某些道德品质，诸如秩序、预见、自控、节俭等，即使单从财富角度看，也直接作用于我们生活条件的改善”，如“预见是人所独具的优秀才能之一。无须说，在生活中的几乎一切场合里，凡是能知道自己的决定和行动会带来什么后果的人，成功的机会肯定比别人多”，而“抑制欲望、驾驭激情，为未来而牺牲当前，为将来生活得更美好而忍受眼前的某些匮乏，这些都是资本形成的基本条件”。①

他认为，“商业是在自私自利的支配下活动的”，人们之间不仅交换物质产品，而且

① ［法］巴斯夏．和谐经济论．王家宝等译．北京：中国社会科学出版社，1995

相互提供服务，其基础都是劳动。在他看来，交换就是双方彼此提供服务。因此，交换不外乎是服务的交换。他说，人们在交换中“能够互相帮助、互相替代对方工作、提供相互服务”。[①] 服务的交换从一开始就是自然发生的，因为每个人都是根据自己的自然愿望和利益进行工作，这是自愿而无强迫的。而且，从交换角度看，交换的劳动实际上是个人获得一种物品时所节约的劳动，最终来源于“服务”。因此，交换涉及估价和衡量，就产生了价值，价值是交换着的两种服务关系。在巴师夏看来，无论是木工、泥瓦工、制造商、裁缝、医生、律师、商人、总统等人提供相互交换的义务，还是军人、战士、演员、歌手、教士和牧师等人提供相互交换的劳务，都是有生产性的，都具有价值。巴师夏还指出，人类社会是交换的社会，如果人与人之间不交换劳动成果和思想，那么可能有许多人群，但不会有社会。实际上，“社会的本质在于人人彼此为他人劳动。我们提供的劳务多，我们提供的劳务受好评、需求大、报酬高，我们得到的回报也就多。”[②] 显然，巴师夏的经济理论有新意，将交换从物质产品的交换扩大为一切服务的交换，注意从“负效用”方面考察经济问题，从而成为这一概念的先驱。但人类的劳动是否一定可以获得相等的交换？这涉及劳动的外部性问题。

在自由交换思想方面，巴师夏继承了亚当·斯密关于分工的阐述，认为通过交换可以带来三方面的好处：劳动者技艺提高、缩短生产时间、导致专业分工的出现。但是对于自由交换他又有自己的见解，巴师夏认为市场交换是维系一个社会存在的运作机制或者是把每一个单个的人连接成为社会整体的中心力量。人通过交换而产生交往和联系，社会也靠交换而得以存在和延续。“彼此为他人劳动是人所独具的能力，而为其他一切生物所无。努力的转移、劳务的交换及在时空中形成的丰繁复杂的各种交换方式的组合，这些组成了政治经济学，展示了政治经济学的根源，界定了政治经济学的范畴。”[③] 这说明了经济学理论必须以市场经济为研究对象，否则没有任何意义。巴斯夏认为，交换产生的最根本的动因是个人利益，任何一个个体都会以实现个人利益作为自己的目标。但是，这种个人利益不是自私，而是人的一种本性的体现。只有当交易满足双方的最大利益时，交易才可能发生；反过来说，正是通过交易，每个人都得到了自我利益的实现和自我需要的满足。

巴师夏在他的分配理论中有独到的见解，反对李嘉图为代表的劳动工资的铁律原则。他认为，在生产总值中资本所占份额和劳动所占份额与生产总值存在着相对关系，如生产总值增长，资本所提取的份额是绝对增长而不是相对增长，而劳动所提取的份额是相对增长的，因此劳动人民生活水平可以超过李嘉图所设想的那种程度。

至于分配的基础，巴师夏认为，交换是服务的交换，只要有服务的提供，就有价值。所有的服务可以分为两类：一类产生于人们的劳作，它必须得到补偿和支付；另一类属于自然的赐予，为自然赋予而无须支付，因而它的价值常常遭到忽视。巴师夏还指出，资本是利用和征服自然力量的工具，能够提高和满足与劳动之间的关系，而“有些人之

① ［法］巴斯夏．和谐经济论．王家宝等译．北京：中国社会科学出版社，1995

② ［法］巴斯夏．和谐经济论．王家宝等译．北京：中国社会科学出版社，1995

③ ［法］巴斯夏．和谐经济论．王家宝等译．北京：中国社会科学出版社，1995

所以成为资本的拥有者，是因为他们通过自己的劳动或节约而创造了它。他们进行这些劳动和实行节俭的目的只是为了今后的利益，如在更大程度上利用自然的力量。对他们来说，出让这种资本，就是牺牲所追求的利益，就是将这一利益让与别人，就是提供劳务”。[①] 因此，巴师夏承认，资本家提供服务，从而可以获得利益，资本的无限积累会给工人和资本家带来一样的好处。

巴师夏还指出，任何劳务都可以看成是一种资本，因而资本和劳动表达的是同一思想。当不同的劳务联合在一起时就可以从各个方面限制和缩小不稳定的状态，从而瓜分他们的劳动成果。其中一方，即“资本将承担全部风险和攫取全部巨大的利润，而作为另一方的劳动，将得到固定性的全部好处。这便是工资的起源”。[②] 因此，巴师夏认为，利息和工资实质上是一致的，“如资本负责风险，劳动的报酬以工资的名义固定。如果劳动愿意承担风险，不论幸与不幸，那么就出现了资本家的报酬，并以利息的名义确定下来。”[③] 而且，巴师夏认为，工资是工人努力的报酬，这里不存在剥削。工人获得工资是对工人利益的保护，因而工资制是一个进步。

巴师夏集庸俗之大成的经济和谐的理论体系的实质就是证明资本主义的生产关系是“和谐”的，使巴师夏成为欧洲大陆宣扬劳资经济利益调和论的突出人物。他所倡导和阐述的和谐经济论虽然并不符合当时西方国家的实际情况，但是作为一种社会的发展方向，确实值得努力。现在，无论是发达国家还是发展中国家的现实都证明了他的追求是正确的，如果劳资相斗，则两败俱伤；如果劳资和谐，则互利双方。

10.4　亨利·查尔斯·凯里

亨利·查尔斯·凯里（Henry Charles Cary，1793—1879）是美国早期资产阶级庸俗经济学家。他出生于美国宾夕法尼亚州的费城。其父马歇·凯里是爱尔兰经济学家和印刷商，因受政治迫害，移居美国。凯里从小受到良好的教育，并由其父教授经济学。1821年，凯里继承父业，成为富有的大出版商之后，开始从事学术研究，著述甚多。主要著作有《论工资率》（*Essay on the Rate of Wages*，1835）、《政治经济学原理》（*Principles of Political Economy*，共三卷，1837—1840）、《过去，现在和未来》（*The Past, the Present and the Future*，1848）、《农、工、商业的利益协调论》（1850）、《奴隶贸易》（*The Slave Trade*，1853）及《社会科学原理》（*Principles of Social Science*，3 *vols*，三卷本，1858—1860）。

凯里被经济学界称为“美国学派的创始人”“美国第一个经济学家”。凯里以宣扬“经济利益调和论”著称。凯里生活在美国独立战争后资本主义开始迅速发展的时期。这时在美国资本主义所固有的经济矛盾和阶级矛盾虽然尚未充分发展，但美国北部诸州资本和雇用劳动之间、北部工业资产阶级和南部奴隶制种植园主之间的矛盾已有明显表现。

---

① ［法］巴斯夏. 和谐经济论. 王家宝等译. 北京：中国社会科学出版社，1995

② ［法］巴斯夏. 和谐经济论. 王家宝等译. 北京：中国社会科学出版社，1995

③ ［法］巴斯夏. 和谐经济论. 王家宝等译. 北京：中国社会科学出版社，1995

这一时期，西欧蓬勃兴起的空想社会主义在美国也有所传播。因此，作为资产阶级庸俗经济学家，凯里反对空想社会主义的思潮，将经济利益调和论同主张保护关税等政策的保护主义相结合。他是建立起较有影响、较完整的美国政治经济学体系的第一个人，是当时美国唯一有创见的经济学家，从而形成美国学派（即凯里学派）。

凯里的价值论是经济调和论的基础。他反对李嘉图的劳动价值论，认为价值是取决于"再生产费用"。他的逻辑推理是："一切价值都是可以交换的；劳动是价值的唯一原因；在生产的时候，商品的价值由其所需劳动的数量和质量来测度；劳动的质量每有改进，生产一定量的商品所需的劳动的数量就会随之减少；现存资本价值不能超过其再生产所需劳动的数量和质量决定的价值，同时，随着劳动质量的每有改进，用以交换的数量将趋减少。"①

凯里认为由于生产工具、生产方法的不断完善，再次生产同样东西所必需的费用不断减少，从而交换原来已生产出来的商品所需要的价值也就减少，而不可能交换到比再生产时所需要的费用更多的价值量。至于再生产的费用，就是工资和利润。随着再生产费用的减少，资本的价值也将逐渐减少，劳动的价值将逐渐增加。在凯里看来，再生产费用包括劳动者所得的工资和资本家所得的利润，这就是价值。凯里从这个价值定义，进而引申出分配论。他认为，社会的进步使原有工具的价值，随着再生产它们所花费的代价的减少而一步一步地减少。其结果是资本家的资本价值减少，资本的利润也会减少。虽然由于资本积聚能力的提高和资本量增大，而使利润量可以增加。但是对于工资来说，由于工人劳动能力提高，工资的份额在比例上和数量上都会增加。

凯里主张和谐的分配论。他认为："劳动一旦得到资本的帮助，将具有更高的生产率，从而可以改进劳动的质量。"②"劳动的质量每次改进，被分配的商品就会随之增加。这个增加的生产率，对工人这方面来说，使他有能力对生产出来的商品保留一个不断增长的比例。所以他不断改进自己的状况。"③ 他指出："分配的一般规律，工人的份额在比例上和数量上都得到增加。资本家的份额在数量上增加，但在比例上减少。这个规律总是要使人们处在平等的境地。"④ 例如，劳动者原来空手砍树，劳动效率很低。利用石斧所完成的工作量不是很大，但对它的所有者来说价值很大。因此，借用石斧的人要向所有者付出很高的代价。用石斧一天砍伐的木材比不用石斧时在一个月内所砍伐的木材还要多，尽管使用石斧要付出自己产品的3/4给资本家，可是他自己所得的份额比空手砍树所得还是大幅度增加了，而且减轻了劳动强度。如果他得到自己产品的1/4，将大部分所得给拥有石斧的资本家作为利润，在此情况下，劳动者所得工资仍然有很大增加。随着能带来巨大效用的铜斧的发明，铜斧的所有者理解到，不仅劳动生产率因此大大提高，而且制造斧子所必需的劳动量也大大减少了。因此，他对使用这个完善得多的工具，只要求付出2/3的产品。后来出现了铁斧，再生产的费用又一次降低，同时如果拿劳动

① ［美］凯里．社会科学教本．北京：商务印书馆，1963
② ［美］凯里．社会科学教本．北京：商务印书馆，1963
③ ［美］凯里．社会科学教本．北京：商务印书馆，1963
④ ［美］凯里．社会科学教本．北京：商务印书馆，1963

同资本相比，劳动所占的比例再度提高了。新工具可以比铜斧多砍伐一倍，然而它的所有者不得不满足于接受产品的一半。其后发明了钢斧，产品又增加了一倍，同时再生产费用再一次降低了，资本家不得不满足于得到最小的比例。

凯里认为，“工人和资本家的状况有着彼此不断近似的倾向”。他还以大量篇幅证明：“随着人口和资本的增加，政府和资本家所得比例不断减少，而工人所保留的比例不断增加，其数量也迅速增多。”① 于是，凯里阐述他的思想时说：“支配劳动产品分配的伟大规律就是如此。在科学所发现的一切规律中，它可能是最美妙的，因为它正是人类各个不同阶级之间的和真正的利益达到充分和谐的基础。”②

显而易见，凯里的上述看法存在着明显的缺陷。首先，资本主义制度下劳动生产率的提高缩减了每一单位产品中的活劳动耗费，生活资料价值的降低必然引起劳动力价值，即工资的下降，因而工人在国民收入中所占份额不是增加而是减少；其次，社会劳动生产率的提高意味着不变资本增加，可变资本相对减少，资本有机构成提高，利润量的增加要比利润率的降低超过许多倍。

凯里的断言是同资本主义整个发展过程是不相符的。由上述情形而引起的利润量的增加要比利润率的降低超过很多倍，国民收入中利润所占份额不断增长，资本家因而大发其财，而工人工资在国民收入中占的份额则呈现减少的趋势。

思考题

1. 简述纳索·威廉·西尼尔的劳动经济思想。
2. 简述约翰·斯图亚特·穆勒的劳动经济思想。
3. 试论费雷德里克·巴师夏的劳动经济学说。
4. 简述亨利·查尔斯·凯里的劳动经济思想。

① ［美］凯里．社会科学教本．北京：商务印书馆，1963

② ［美］凯里．社会科学教本．北京：商务印书馆，1963

第 11 章　马克思主义的劳动经济思想

马克思主义的劳动经济理论是由德国最著名的经济学家卡尔·亨利希·马克思（Karl Heinrich Marx，1818—1883）和德国著名的经济学家弗里德里希·冯·恩格斯（Friedrich Von Engels，1820—1895 年）共同创立的。它是在 19 世纪 40 年代诞生的，当时马克思和恩格斯在反击托马斯·罗伯特·马尔萨斯（Thomas Robert Malthus）的人口原理的同时，也提出了自己的劳动经济思想。马克思主义劳动经济思想的核心是历史地考察劳动经济问题，提出资本主义相对人口过剩规律，这一规律的提出基于“产业后备军”思想的形成。这一思想是由恩格斯在他于 1845 年出版的《英国工人阶级的状况》一书中首次提出的。以此为契机，马克思和恩格斯在阐述自己所创立的历史唯物主义的基本原理时，系统地考察和分析了劳动价值学说，深入地揭示了劳动力商品的特性及劳动的两重性，揭示了劳动力人口与经济发展之间的关系及其规律性，从而把对劳动经济问题的研究建立在科学的方法论基础之上。

11.1　卡尔·亨利希·马克思

卡尔·亨利希·马克思（Karl Heinrich Marx，1818—1883）是 19 世纪以来最著名的德国经济学家、哲学家、社会家、革命家及马克思主义的创始人。他出生于德国莱茵省特里尔一个律师家庭，实际上是普鲁士的犹太人后裔。1830—1835 年，马克思在特里尔中学求学。中学毕业后，他进入波恩大学，学习希腊、罗马的神话和艺术。一年后，由于父亲的参与转学到柏林大学，攻读法律和哲学。1841，他以题为《论德谟克利特（Democritus，公元前 460—约前 360 年）的自然哲学和伊壁鸠鲁（Epicurus，公元前 341—前 270 年）的自然哲学之区别》申请获得耶鲁大学哲学博士学位。毕业后，马克思开始关心社会政治经济问题。1842 年，他被聘为《莱茵报》的主编，并迁居科伦。在《莱茵报》报社，马克思主要负责撰写社会经济问题的社论，他那犀利的思想锋芒使《莱茵报》的发行量大增，成为普鲁士最有影响的报刊之一。在此期间，他认识了弗里德里希·冯·恩格斯。

马克思在 1844 年年底出版了《哲学经济学手稿》，因为在林木盗窃法的辩论及摩塞尔河地区农民状况的研究深感缺乏经济学知识，所以开始重点研究政治经济学。1845 年年初，侨居法国的马克思在普鲁士政府的压力下，被驱逐出境，移居比利时首都布鲁塞尔。1845 年，他宣布脱离普鲁士国籍，其后和恩格斯一起完成了《德意志意识形态》一书，批判了黑格尔唯心主义和费尔巴哈唯物主义的不彻底，第一次系统地阐述了他们所创立的历史唯物主义，为社会主义由空想到科学奠定了初步的理论基础，后来才诞生了

卡尔·亨利希·马克思
1818—1883

《共产党宣言》。随后不久，他遭到比利时当局的迫害，回到德国。1846年年初，马克思和恩格斯建立布鲁塞尔共产主义通讯委员会。1847年年初，马克思和恩格斯应邀参加“正义者同盟”，并使其更名为“共产主义者同盟”，并且起草了同盟的纲领——《共产党宣言》。1848年，马克思和恩格斯在德国一起创办了《新莱茵报》，要求资产阶级政府实行立宪民主，并成为“工人联合会”的领袖。自1851年起到1862年，马克思作为美国《纽约论坛报》驻欧洲记者，给该报撰写了500多篇政治经济的评论性文章。1859年，他出版了《政治经济学批判》一书。同年，他还经常为伦敦的《人民报》撰写文稿。1864年9月，马克思和恩格斯参加并领导了“国际工人协会”，后把它改组为“第一国际”。他为国际起草《成立宣言》《临时章程》和其他重要文件。1867年，马克思的最重要的著作——《资本论》第一卷出版。1870年马克思与移居伦敦的恩格斯再度相聚。1872年《资本论》第二卷已基本完稿。到了晚年，马克思还利用业余时间学习俄语，开始关注俄国问题。由于被许多国家驱逐，到处流亡，他曾自称是“世界公民”。1883年马克思在伦敦寓所去世，葬于伦敦北郊的海格特公墓内。

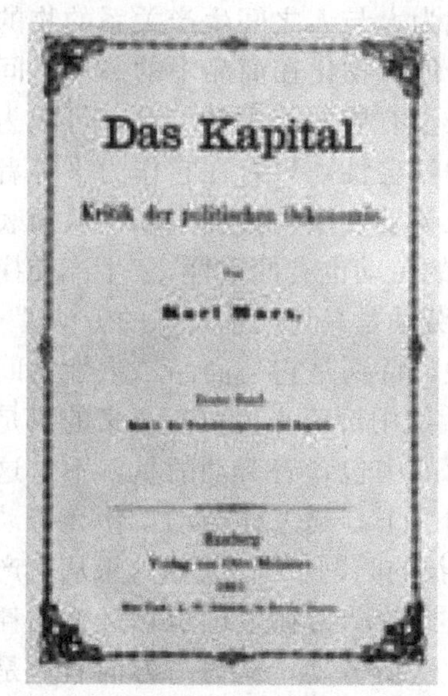

《资本论》第1卷

马克思的思想体系是近代最复杂和精深的学说之一，包括政治、哲学、经济、社会等广泛的领域。他的重要贡献是对资本主义提出了革命性的批判，并创立了社会主义的理论基础。他的主要著作有《哲学的贫困》（*The Poverty of Philosophy*，1847）、《共产党宣言》（*Communist manifesto*，1848）、《法兰西阶级斗争》（*The Class Struggles in France*，1850）、《政治经济学批判序言》（*A Contribution to the Critique of Political Economy*，1859）、《资本论》第1卷（*Capital*，1867）、《资本论》第2卷和第3卷（恩格斯编，1885—1894）、《剩余价值理论》（*Theories of Surplus Value*，1905—1910）及《马克思恩格斯全集》（1927—1935）等。马克思的研究范围广阔，但由于个人处境的艰难，使他的许多重大计划没有在生前完成。他的划时代杰作《资本论》只完成一部分，第1卷是在他生前完成的，剩下的材料是由恩格斯编辑整理而成的。这部不朽的名著被西方公认为是与亚当·斯密的《国富论》、约翰·梅纳德·凯恩斯的《就业、利息和货币通论》并驾齐驱的三大里程碑式的经济学巨著之一。其他许多材料在他逝世后才公开发表，其中包括重要的《政治经济学大纲》和《剩余价值论》。马克思的代表作《资本论》已经达到他那个时代的最高峰。他的思想既产生了马克思主义，也造就了以他的理论为基础的巨大的社会科学体系。

马克思对于劳动经济问题的研究，几乎是和恩格斯同时进行的。但他没有从批判马尔萨斯人口论开始，而是从深入分析资本主义生产关系的内在联系开始的。马克思分析劳动经济问题始于《经济学哲学手稿》，在书中初步考察了资本积累和工人的贫困与失业的关系，而对劳动经济问题的通彻剖析主要是在此后的政治经济学著作中完成的。

通观马克思的著述，其主要的劳动经济思想大致表现为劳动价值论、生产力和生产关系，区分了劳动和劳动力、资本主义社会过剩人口的实质及其形成的根源、资本主义制度下的劳动力人口迁移、劳动力人口发展与社会生产方式的关系、劳动力与经济发展的关系等几个方面。

马克思《资本论》中首先揭示了劳动的使用价值和交换价值、具体劳动和抽象劳动、私人劳动和社会劳动之间的矛盾。他通过分析商品二因素、劳动二重性、价值形式，论述了自己完整的劳动价值论，进而深入地分析了资本流通的矛盾，指出理解这个矛盾的关键在于劳动力成为商品，它的价值和使用价值在资本主义生产中具有不同的作用。劳动力成为商品是资本主义的特征，是货币资本转化为资本的决定条件。由于他明确区分了劳动和劳动力，因而揭示了剩余价值的源泉和资本主义剥削的秘密，同时把古典经济学派不能解决的、由资本和“劳动”相交换而产生的矛盾也解决了。

马克思分析了生产商品的劳动，系统地说明了劳动有二重性。他在《政治经济学批判》中阐明了只是在一定的社会历史条件下，劳动产品成为人与人之间生产关系的物的表现时，它才采取商品形式，而生产商品的劳动才形成价值，物化在商品中的劳动时间凝结为交换价值的实体。这种表现在交换价值中的劳动是没有质的差别的劳动，可成为一般人类劳动。这种抽象的一般人类劳动具有平等性这种社会性，只有在它作为平等者去和一切其他个人的劳动发生关系的限度内，它才由个人劳动表现为社会劳动，从而表现为交换价值。于是，与商品的两重性相对应，生产商品的劳动也有两重性，“生产交换价值的劳动是抽象一般的和相同劳动，而生产使用价值的劳动是具体的和特殊的劳动。”①

在《资本论》中，马克思更详细地说明了劳动二重性，特别是它与商品二重性之间的内在联系。他指出，如果从商品二重性出发来考察，“就使用价值来说，有意义的只是商品中包含着劳动的质，就价值量来说，有意义的只是商品中包含着劳动的量，不过这种劳动已经化为没有质的区别的人类的劳动。在前一种情况下，是怎样劳动，什么劳动的问题；在后一种情况下，是劳动的多少，劳动的时间多长的问题。”②但是，如果从生产商品的劳动出发来考察，“一切劳动，从一方面看，是人类劳动力在生理学意义上的耗费；作为相同的或抽象的人类劳动，它形成商品的价值。一切劳动，从另一方面看，是人类劳动力在特殊的有一定目的的形式上的耗费；作为具体的有用劳动，它生产使用价

---

① ［德］马克思．马克思恩格斯全集．第13卷下册，北京：人民出版社，1962

② ［德］马克思．马克思恩格斯全集．第23卷，北京：人民出版社，1972

值。"[①] 同时，由劳动生产力的变化所引起的使用价值和价值量之间的对立运动实际上来源于劳动二重性。

马克思比较严格地区分了劳动和劳动力，深入浅出地揭示了劳动力商品的特征。他指出，劳动者出卖的不是劳动而是劳动力，"工人同资本进行交换，是他例如在20年之内可以耗尽的全部劳动能力。"[②] 而且，"所有权同劳动相分离表现为资本和劳动之间的这种交换的必然规律。"[③] 正因为劳动者除了劳动力以外一无所有，只有依靠出卖自己的劳动力为生，所以劳动不会使劳动者富裕，而是使劳动者依附于资本并陷入贫困。创造价值的劳动本身不是商品，没有价值，而是价值的活的源泉。他指出："与资本相对立的劳动，是单纯抽象的形式，是创造价值的活动的单纯可能性。""通过同资本相接触，这种能力成为实际的活动。""从而成为实际创造价值的生产活动。"[④]马克思在这里指出了劳动力这个商品的使用价值就是创造价值的活动。劳动对于资本来说是使用价值，对于工人来说只是交换价值。

马克思在《剩余价值理论》中，对过剩劳动力人口的形成过程作了说明。他认为，如果把劳动力人口增加限制到资本积累水平以下，就会促使劳动力供给减少，劳动力的价格上升。随着机器的大量使用，流动资本向固定资本转化，从而形成劳动力人口过剩。马克思在1867年出版的巨著《资本论》中与恩格斯过剩人口理论相结合，发展了相对过剩劳动力人口理论，揭示了资本主义社会的劳动力人口与资本积累的相互关系。马克思认为，资本的构成具有两重性：一方面，从价值来看，资本是由不变资本（生产资料）的价值和可变资本（劳动力）的价值即工资总额的分配比例来决定的；另一方面，从生产原料来看，是根据生产资料的数量和劳动量的比例来决定的。前者是资本的价值构成，后者是资本的有机构成，这两者之间存在着密切的关系。他认为，相对过剩劳动力人口是资本主义经济发展的必然产物，同时也是资本主义生产方式存在的条件之一。在资本主义扩大再生产的过程中，随着资本积累的增长，资本的有机构成不断提高，必然导致工人失业，形成大规模的产业预备军。

在马克思看来，过剩的工人人口是资本主义积累的必然产物，反过来又成为资本主义积累的条件和杠杆。它不受人口实际增长的限制，为不断变化的资本增值需要创造出随时可供剥削的人身材料。他明确指出，工人人口本身在生产出资本积累的同时，也以日益扩大的规模生产出使他们自身成为相对过剩人口的手段。这就是资本主义生产方式所特有的劳动力规律。他从资本主义积累的一般规律，论述了过剩劳动力人口的各种形式及其随资本主义的经济的周期波动而变动的趋势。他还阐明了劳动力和生产资料始终是生产的要素，凡要进行生产就必须使它们结合起来。而且一定的劳动力人口数量和人口密度是劳动分工和协作的前提。

在研究资本主义社会时，马克思探讨了过剩人口产生的根源。在资本主义社会，资

① ［德］马克思．马克思恩格斯全集．第23卷，北京：人民出版社，1972
② ［德］马克思．马克思恩格斯全集．第46卷上册，北京：人民出版社，1979
③ ［德］马克思．马克思恩格斯全集．第46卷上册，北京：人民出版社，1979
④ ［德］马克思．马克思恩格斯全集．第46卷上册，北京：人民出版社，1979

本积累决定人口变动，在资本积累和剩余价值规律的支配下，总人口的绝对量的迅速增加和劳动人口的日益相对过剩是同一人口发展过程的矛盾统一的两个方面。资本的趋势是“既增加劳动人口，又不断减少劳动人口的必要部分。增加人口本身就是减少人口的主要手段”。在研究过剩人口产生的根源的同时，马克思对人口规律进行了研究。他指出：“不同的社会生产方式有不同的人口增长规律和过剩人口增长规律。”“这些不同的规律可以简单地归结为同生产条件发生关系的种种不同方式。”[①] 就人的个体来说，可以归结为同他作为社会成员的再生产条件发生关系的种种不同方式。过剩人口和贫困在资本主义条件下是资本家剥削工人的剩余劳动的结果，而且只有在资本主义制度下才表现为劳动生产力发展的结果。

马克思在揭示了资本主义生产方式下特有的劳动力人口经济规律的同时，还阐述了资本主义社会相对过剩人口的三种主要形式，即流动的过剩人口、潜在的过剩人口和停滞的过剩人口。流动的过剩人口是近代产业中的失业者，他们随着景气循环的局面反复出现暂时失业和暂时就业；潜在的过剩人口是由于资本主义渗透农业部门而产生的，他们等待着由农村部门向城市部门就业的机会；停滞的过剩人口是正在工作的底层劳动者，他们的劳动条件很差。马克思对于相对过剩人口的进一步分析是把它们放到资本主义经济的周期波动中展开的，论述了相对过剩人口的各种形式随之不断变动的倾向。

马克思认为，人只是在一定的年龄阶段与生产资料结合，才能发挥能动性而创造财富，因而作为生产者是有条件的。人从出生到死亡的整个过程都需要消费资料，因而作为消费者是无条件的。在一定历史时期，任何有限的空间范围的生产条件都是有限的，超过这个限度就形成过剩人口，要么沦为赤贫，要么外迁或被遣送。

在研究人口再生产时，马克思特别重视对劳动力再生产的研究，这不仅因为马克思在研究资本主义生产方式时，要研究劳动力商品的特殊性质、劳动力商品的价值和使用价值等问题，而且还因为劳动力再生产是人口再生产的最重要组成部分。

马克思还对资本主义条件下的劳动力人口迁移进行了初步研究，论述了历史上和当时资本主义社会的人口迁移问题。通过对古代人口的大迁移和近现代资本主义条件下人口流动与去向的比较考察，马克思认为，不论是人口的国际迁移还是在城乡间的流动，都受生产力和生产关系的制约。古代人口的大迁徙是由于生产力不足所造成的人口过剩的结果，如中世纪日耳曼人的南下；与此相反，资本主义社会则正是生产力的增长要求减少人口。现在，不是人口压迫生产力，而是生产力压迫人口。这一点已为当时西欧资本主义各国的国内外状况所证实。由此，马克思阐明了劳动力人口迁徙的规律性及其在不同社会的特点。

在《资本论》里，马克思还深入分析了人口再生产和经济发展的关系。他认为，在资本主义制度下，劳动条件恶化和劳动时间的不断延长导致工人的身体素质下降，死亡率很高，生育率也很高，世代更替迅速。资本主义工业化和人口城市化迅猛发展的同时，城市人口密度增加，城市贫民区不断扩大，工人生活条件恶化。而工人的失业和贫困不

---

① ［德］马克思．马克思恩格斯全集．第1卷，北京：人民出版社，1964

仅破坏了工人的家庭关系，也加速了工人人口再生产的过程。马克思在研究资本主义的劳动经济问题时，还阐述了劳动者在生产中的地位和作用。他指出，不论生产的社会形式如何，劳动者和生产资料始终是生产的要素。在一般生产条件下，劳动力人口增长是资本积累的必要条件和基础。他在论述劳动力人口增长与经济发展的关系时指出，一切剩余劳动形式都需要劳动力人口的增长：第一种形式即绝对剩余劳动形式需要劳动人口的增长。第二种形式即相对剩余劳动形式需要一般人口的增长，因为这种形式要求发展科学等，劳动力人口在这里是财富的基本源泉。总之，马克思在《资本论》中对不同生产方式下，特别是资本主义生产方式下劳动力人口与经济发展相互之间的分析及劳动价值学说具有重要的学术价值，对劳动经济学的发展具有深远的影响。

正因为这样，马克思的劳动经济思想在全世界范围内得到广泛的传播。马克思详细而又全面地阐明其经济思想的著作——《资本论》被视为自人类历史以来与亚当·斯密的《国富论》和约翰·梅纳德·凯恩斯的《就业、利息和货币通论》并驾齐驱的三大里程碑式的经济学巨作之一，被誉为是古典《经济学》的“圣经”，也是影响人类历史进程的划时代巨著之一。而马克思和恩格斯共同创造的马克思主义人口经济学说体系为人类提供了一个完整的涵盖经济学、哲学和社会学等多方面学科在内的社科体系，堪称人类经济思想史上的一座光辉的里程碑。

11.2　弗里德里希·冯·恩格斯

弗里德里希·冯·恩格斯（Friedrich Von Engels，1820—1895）是德国哲学家、经济学家、革命家，马克思主义的创始人之一。恩格斯是卡尔·马克思的挚友，为马克思从事学术研究提供了大量经济上的支持。在马克思逝世后，他将马克思的大量手稿、遗著整理出版，并且成为国际工人运动众望所归的领袖。他生于德国普鲁士莱茵省巴门市，1837年中学未毕业，就被迫经商。1841年去柏林服兵役，他在此期间经常到柏林大学听课，一面进行自己的业余钻研，为此博览群书。由于哲学使他开阔了思路，他参加了青年黑格尔派小组，写了《谢林和启示》等著作，对弗里德里希·谢林（Friedrich Wilhelm Joseph von Schelling）的神秘主义观点进行了批判。1844年在《德法年鉴》上发表《政治经济学批判大纲》，他从社会主义观点出发，对资本主义经济制度进行批判。1844年8月底，恩格斯从英国回国，途经巴黎时会见了马克思，此后并肩战斗终身。在巴黎他和马克思合写了《神圣家族》，批判青年黑格尔派的唯心主义哲学，阐明人民群众是历史的创造者。1845年他完成《英国工人阶级状况》，第一次说明了无产阶级不只是一个受苦的阶级，而且是能够争取自身最终解放的阶级，提出了社会主义要与工

弗里德里希·冯·恩格斯
1820—1895

人运动相结合的思想。1845 年他在布鲁塞尔和马克思合写了《德意志意识形态》，进一步批判了青年黑格尔派的唯心主义，阐述历史唯物主义的基本原理。1846 年和 1847 年他与马克思在布鲁塞尔共同建立共产主义通讯委员会和德意志工人协会，在工人组织中成功地进行了反对蒲鲁东主义、魏特林平均共产主义和“真正的社会主义”的斗争。1847 年他同马克思一起加入共产主义者同盟，为该同盟先后起草了《共产主义信条》和《共产主义原理》两个纲领草案。同盟第二次代表大会后，马克思和恩格斯受大会委托，于 1847 年 12 月至 1848 年 1 月合写了科学共产主义的纲领性文献——《共产党宣言》。

1848 年，德国革命爆发后，恩格斯同马克思一起从法国回到德国，创办《新莱茵报》，于 1850—1852 年撰写《德国农民战争》《德国的革命和反革命》两书。为了从经济上帮助马克思，他 1850 年 11 月重返曼彻斯特，从事商业活动，直到 1870 年移居伦敦。在这二十年间，他同马克思几乎天天通信，商讨各种政治问题及自然科学和社会科学中的各种问题。1851—1862 年，他在《纽约每日论坛报》和其他报刊上发表文章，写了大量具有预见性的军事文章。同时，他十分关心英国的宪章运动。

1864 年国际工人协会即第一国际成立后，恩格斯同马克思一起积极地参加了国际的领导工作。1870 年 7 月普法战争爆发后，他发表了一系列军事评论文章，科学地估计了战争的进程。1872—1873 年，他写了批判蒲鲁东主义者的《论住宅问题》。1876—1878 年，他写了《反杜林论》一书，对杜林的观点进行了全面批判，第一次系统地论述了马克思主义的三个组成部分。从 19 世纪 70 年代初至 1883 年，他致力于研究自然科学中的哲学问题，并做了许多札记，对当时自然科学的最重要成就进行了辩证唯物主义的概括。在他逝世后，这些札记被辑录成《自然辩证法》一书。1883 年 3 月马克思逝世后，恩格斯担负了整理和发表马克思的文献遗产和继续领导国际工人运动的重任，并写了许多重要著作。经他整理的《资本论》第 2 卷和第 3 卷分别在 1885 年和 1894 年出版。1884 年他写了《家庭、私有制和国家的起源》，阐明了阶级产生的过程、国家的起源和实质。1888 年他写了《路德维希·费尔巴哈和德国古典哲学的终结》，揭示了马克思主义同黑格尔哲学和费尔巴哈哲学的关系，详尽地阐释了辩证唯物主义和历史唯物主义的基本原理。

恩格斯的思想体系是近代最复杂的学说之一，涵盖了政治、哲学、经济、社会等广泛的领域。他的重要贡献同马克思一样是对资本主义提出了革命性的批判，并创立了社会主义的理论基础。他的主要著作有《英国工人阶级状况》（*Die Lage der Arbienden Klasse in England*，1845）、《神圣家族》（*The Holy Family*，与马克思合著，1845）、《德意志意识形态》（*The German Ideology*，与马克思合著，1845）、《德国农民战争》（*The Peasant War in Germany*，1856）、《反杜林论》（*Anti - Dühring*，1880）、《社会主义从空想到科学的发展》（*Socialism Utopian and Scientific*，1880）及《路德维希·费尔巴哈和德国古典哲学的终结》（*Ludwing Feuerbach and the Outcome of Classical German Philosophy*，1886）等。

恩格斯对于劳动经济问题的研究是从相对过剩人口理论开始的。恩格斯在 1844 年发表的《政治经济学批判大纲》中分析了资本主义国家的劳动经济问题，并把劳动力人口问题和经济制度联系起来考察。他认为，在资本主义条件下，相对于生活资料而言，劳动力人口并不过剩。因为科学技术和生产力水平的提高，足以保证社会全体人口对于生活资料的需要。资本主义的劳动力人口过剩只是相对于就业手段而言才是成立的。他认为，资本主义社会中过剩人口产生的原因是资本主义本身。他还批判了马尔萨斯的人口论。恩格斯指出，马尔萨斯断言人口本来就有一种超过它所支配的生活资料的倾向，这种倾向就是一切贫困和罪恶的原因，无疑是为资本主义私有制辩护的，马尔萨斯所说的绝对人口过剩是不存在的。在资本主义社会里，“人口过剩或劳动力过剩是始终同财富过剩、资本过剩和地产过剩联系着的。只有在生产力过大的地方，人口才会过多。”① 他着重指出，这种人口过剩是相对于就业手段而不是就生活资料来说的过剩。而且，就业手段并不就是生活资料，“就业手段的扩大仅仅是机器力量增加和资本扩大的最终结果；而生活资料却只要生产力稍许提高，就会立刻增加。”② 恩格斯为了说明社会劳动生产力与生活资料之间的关系，还运用了历史外延法来表述他的主张。他认为，就人类社会发展的历史趋势而言，他们所支配的生产力总和将越来越大，应用资本、劳动和科学就可以使土地的收获量无限地提高。

恩格斯在1845年发表的《英国工人阶级状况》一书中，用大量的实际调查资料，考察了工业革命后人口城市化的趋势和工人群众的家庭状况、居住条件及其对工人身体健康、寿命和死亡率的影响，深刻分析了英国工业革命后工人的贫困化趋势，并阐明经常存在于资本主义劳动市场的失业工人后备军的形成过程。他指出：“英国工业在任何时候，除短促的最繁荣的时期外，都一定要有失业的工人后备军，以便在最活跃的几个月内有可能生产市场上所需要的大批商品。”③ 恩格斯在提出了“工人后备军”这一独特概念后，又展开了进一步分析。他指出：“这个后备军的扩大或缩小，要看市场能使他们中间的小部分还是大部分得到工作而定。虽然在市场最活跃的时候，农业区、爱尔兰以及受普遍繁荣的影响较小的工业部门暂时也能供给工厂一定数量的工人，但是这些工人的数目到底是很少的，而且他们也同样属于后备军之列。”“当危机到来，这些工人被解雇了又回来的时候，他们发现自己的位置已经被人占据了，他们自己，至少是他们中的大部分，就成了‘多余的人’。这个后备军就构成了英国的‘过剩人口’，它在危机时期人口激增、而在繁荣和危机之间的时候人数也相当多。”④ 在这里，恩格斯谈到这个后备军的规模随资本主义经济繁荣和危机而变动的。他认为，决定工人是否贫困的劳动需求，并不会随机器的采用和推广而增加，相反，这种需求会随着机械操作的普遍化和机器被引进生产领域而相对减少。工人之间为了防止失业而展开的竞争比资本主义企业之间对劳动需求的竞争要激烈得多。这样，在资本主义制度下，工业和商业发展迅速，使上述倾向越演越烈，从而形成源源不断的过剩人口。

总之，恩格斯作为马克思主义的创始人之一，在自己的理论研究中，始终注重对劳

---

① ［德］恩格斯. 马克思恩格斯全集（第1卷）. 北京：人民出版社，1964
② ［德］恩格斯. 马克思恩格斯全集（第2卷）. 北京：人民出版社，1964
③ ［德］恩格斯. 马克思恩格斯全集（第2卷）. 北京：人民出版社，1964
④ ［德］恩格斯. 马克思恩格斯全集（第4卷），北京：人民出版社，1964

动经济问题的考察，特别是他首先提出“工人预备军”和“相对过剩人口”的概念，具有一定的独创性和前瞻性。这种劳动经济思想在19世纪中后期对劳动经济学说的发展所做出的新贡献是非常显赫的，不但丰富了劳动经济学说的内涵，而且对以后的劳动经济理论和社会实践产生了深远的影响。

思考题

1. 试述卡尔·亨利希·马克思的劳动经济思想。
2. 试述弗里德里希·冯·恩格斯的劳动经济思想。

第 12 章 德国历史学派的劳动经济思想

德国历史学派形成于 19 世纪初期，兴起于 19 世纪 40 年代，随后在德国流行半个多世纪。它的风格不同于当时的主流经济学——古典经济学，而是西方古典经济学的反对者。德国历史学派从大量的经济史料抽象出许多有价值的经济学理论，是第一个基于经济史的经济学流派。它强调经济发展的历史性和国民经济的有机体现，并论述了生产力理论、劳动分工、生产性劳动和非生产力劳动的划分标准，以及工业进步与农业过剩劳动力等劳动经济问题。

德国历史学派的先驱为弗里德里希・李斯特（Friedrich List）。此后威廉・格奥尔格・弗里德里希・罗雪尔（Wilhelm Georg Friedrich Roscher）将以 F. K. von 萨维尼为代表的法学研究中的历史方法，应用到经济学方面，奠定了这一学派的基础，形成了旧历史学派。1870 年后，由于工人运动和各种社会问题的出现，在旧历史学派传统的基础上，形成了以古斯塔夫・冯・施穆勒（Gustav von Schmoller）为首的新历史学派，其主要代表人物是阿道夫・瓦格纳（Adolf Wagner）和路德维格・布伦塔诺（Ludwig J. Berntana）等人。

12.1 弗里德里希・李斯特

弗里德里希・李斯特（Friedrich List，1789—1846）是德国著名经济学家、德国历史学派的先驱者，也是新古典经济学派的先驱者之一。1817—1819 年他任德国图宾根大学政治经济学教授，1825—1832 年在美国任记者及美国派驻莱比锡和巴顿的领事。1832 年，李斯特回到德国，他的奋斗目标是推动德国在经济上的统一，这决定了他的经济学是服务于国家利益和社会利益。与亚当・斯密的自由主义经济学相左，他认为国家应该在经济生活中起到重要作用。他的观点深受亚历山大・汉密尔顿（Alexander Hamilton）及美国学派影响。他的主要思想包括国家主导的工业化、贸易保护主义等。通过不懈努力，他提出的通过经济统一实现政治统一的方式得以实施，关税同盟的建立使贸易壁垒被打破，废除各邦关税，使德国经济获得统一，并对后世德国的统一产生影响。李斯特的主要著作有《政治经济学大纲》（*Outlines of Political Economy*，1827）、《政治经济学的自然体系》（1837）、《政治经济学的国民体系》（*The National System of Political Economy*，1841）等。

李斯特的主要学术贡献是系统地论述了生产力这一概念的内容。他把生产力分为四类：一是人的生产力，包括精神和肉体的；二是自然的生产力；三是社会的生产力，即社会的、市民的、政治的条件；四是物的生产力，即物质的农业、工业和商业资本的生

弗里德里希·李斯特
1789—1846

产力。李斯特认为，在这四种生产力中，前三种是不可分离的，否则不能发生作用，而它们又必须在一定的社会秩序的条件下发挥作用，第四种生产力是生产力的核心。李斯特还提出了生产力平衡的协调发展的观点。他认为，要发展生产力，农工商必须协调发展，商业是媒介，在工农业之间起协助和扩充的作用，工业对农业、商业及整个国民经济起主导作用。李斯特认为，各国要根据自身的不同发展阶段来制定对外贸易政策。他提出经济发展阶段论，并以此证明自己的经济政策。此外，他有关实行多样化的、有节制的、适度的保护税率的想法，以及强调应对处于发展时期的制造业部门实行保护的观点，成为当今发展经济学贸易理论中的关税结构理论和保护幼稚工业论的重要理论来源。事实上，李斯特被公认为是贸易保护论的最早的代表人物之一。李斯特在他的著述中还论述了生产力理论、劳动分工、生产性劳动和非生产力劳动的划分标准，以及工业进步与农业过剩劳动力等劳动经济问题。

李斯特在其1841年出版的代表作《政治经济学的国民体系》中，指责古典经济学派只研究交换价值而忽视了劳动生产力，以及把财富本身和财富的原因混淆起来。在他看来，“财富的生产力比之财富本身不晓得重要多少倍”。[①] 他又指责古典经济学派把价值的源泉仅仅归结为劳动，就是“把单纯的体力劳动认为是唯一的生产力”，而忽视了一系列社会的、政治的和精神的因素。他指出，生产力不仅包括“物质资本”形成的生产力，也包括“精神资本”所创造的生产力，即人类知识积累所创造的生产力，而不是仅限于古典经济学派所说的体力劳动，也将脑力劳动、管理、组织都包括在内。李斯特说：“如果仅仅把体力劳动作为财富的起因，那么对于这一现象将怎样解释呢？古代国家所使用的人手，与全人口对比，不知要比现在增加多少倍，工作比现在艰苦，每个人所拥有的土地面积比现在要大，然而一般群众吃的、穿的却比不上现在。要对这些现象做出解释，我们势必要提到近1 000年来在科学与艺术、国家社会制度、智力培养、生产效能这些方面的进步。各国现在的状况是在我们以前许多世代一切发现、发明、改进和努力等积累的结果。这些就是现代人类的精神资本。”[②] 也就是说，在李斯特的生产力理论中包含了法律、伦理、精神等各方面，显然已大大超过了当时古典经济学所论述的范围。

因为把许多制度性、意识性的东西都当作是生产力发展的源泉，李斯特反对亚当·斯密关于生产性劳动和非生产性劳动的划分标准。他指出，按照斯密的划分标准，像牛顿、瓦特或开普勒这样一类人的生产性，却不及一匹马、一头驴或一头载重的牛。养猪的和造乐器的、制药丸的是生产者，而教师、音乐家和医生倒是非生产者。因此斯密的

① ［德］李斯特．政治经济学的国民体系．陈万熙译．北京：商务印书馆，1961

② ［德］李斯特．政治经济学的国民体系．陈万熙译．北京：商务印书馆，1961

这种划分标准显然是错误的。在李斯特看来，划分生产劳动者和非生产劳动者的依据，不仅要看是否创造交换价值，而且要看是否生产了生产力。那些养猪的和制药丸的当然属于生产者，但是教师、音乐家、医生、法官和行政官也是生产者，而且他们的生产性比前一类人要高得多。前者所生产的是交换价值，后者所生产的是生产力。就后一类人来说，有些人能够使下一代成为生产者，有些人能促进这一代人的道德和宗教品质，有些人能提高人类的精神，有些人能使病人继续保持他的生产力，有些人能使人权和公道获得保障，有些人能确立并保护公共治安，有些人则由于他们的艺术而给予人们精神上的愉快享受，能够有助于人们产生高涨的情绪。

李斯特不仅从多种角度考察了生产力的源泉问题，对劳动分工这一推动生产力的重要力量也提出了许多有价值的创见。他认为，要推进生产力，不仅要有劳动分工，还要有各种力量为了共同生产而进行的联合。他实际上看到了劳动分工和协作的互相补充对生产力发展的重要意义，突破了亚当·斯密仅仅把劳动分工的原则运用于各生产单位内部的局限，提出了劳动分工协作原则的作用可以扩及到整个国家经济，并强调在一国之中最重要的工作划分是精神工作和物质工作之间的划分，两者是相互依存的，而在物质生产中最重要的工作划分与最重要的生产力协作是农业与工业之间的划分与协作。这就把亚当·斯密着眼于微观的分工法则升华到着眼于宏观的分业法则。从宏观上考察分业的结果，使李斯特认识到把社会总劳动力按比例地分配于全社会的各行各业之中的重要性，他称之为生产力的平衡或协调。

李斯特还系统地论述了工业进步与农业过剩劳动力之间的关系。他认为，当一国从农业阶段向后续阶段过渡时会出现两种可能性：其一是过渡受挫而保持原有的落后状态；其二是顺利完成过渡，变成高度发达的经济强国。李斯特对这两种状态所作的分析，触及当代许多发展经济学家颇为关注的有关经济发展过程中农业过剩劳动力向城市工业部门流动的理论问题。李斯特对第一种过渡受挫的可能性作了如下描述。他认为，当一个传统农业国的农业发展，就它在国外贸易影响下所能达到的发展限度来说，已经达到了顶点，或者是由于工业国在输出工业品时拒绝进口该农业国的农产品作交换，或者是由于工业国在该农业国国内市场上的有力竞争而使后者的制造业无法产生，在这种情况下，该农业国的农业生产力就会发生陷入残缺状态的危险。这样该国由于缺乏强大的稳步发展的制造力，致使所有新增劳动力不得不全部投入农业生产中去，但由于土地有限，一旦再度出现农业过剩劳动力，他们若不迁徙国外，就只好在现有土地上同原有的农户争夺土地，将土地零星分割，直到每个家庭占有的土地变得如此之小，以至于农产品产出仅能满足农户在生活资料和原料方面最基本的那部分需求，再也没有剩余可以用来同工商业者交换农业所必需的工业品。这种情形导致的必然结果是，一方面，农业部门的剩余产品被大量新增劳动力消耗殆尽，该部门无法得到新的资本投入，农业劳动者及其家庭只能长期维持在最低限度的生活水平上；另一方面，由于原有土地不断分割而造成人均土地占有规模日趋缩减，农业生产的人均产出不断下降。显而易见，李斯特对第一种可能性的描述充满了悲观的色调。

但是，李斯特对第二种可能性的描述则充满了乐观精神。他认为，当一国制造业发展处于正常状态下，一旦该国达到一定的发展阶段时，其新增劳动力大部分将转移到制造业部门中去；其农产品剩余的一部分将作为原料和生活资料向制造业提供，另一部分用来换取必需的工业品、机器和工具，以满足农户在消费和提高其产量方面的需要。如果这种演进能及时出现，农业和制造业的生产力就能同步，这样的增长将是无止境的，不再会有更多的劳动力滞留在农业部门，现有土地也不再会被分割。农业新增人口将源源不断地在制造业部门找到工作，最终趋势是制造业劳动力将大大超过农业劳动力。这一局面延伸下去，将使该国发展成为一个农工商三业齐备的经济强国。由此，李斯特提出了阻止农业生产力下降的有效措施，这就是建立起本国的制造业部门，促进农业和制造业同步繁荣的状态。

李斯特把工业进步同农业增长、农业资本投入及农村过剩劳动力流动的过程有机地结合起来加以考察，强调工农业两个部门的结构差异，在其理论的总体构架上同威廉·阿瑟·刘易斯（William Arthur Lewis）提出的二元经济结构发展模型有惊人的相似之处。虽然李斯特不可能提出现代劳动经济学意义上的劳动力流动模式，但他却以其特有的思路分析了农业过剩劳动力（在李斯特那里是新增劳动力人口）向工业部门流动的现象，对后来有关劳动力迁移的经济模式及其理论的形成有较深的影响。

12.2 威廉·格奥尔格·弗里德里希·罗雪尔

威廉·格奥尔格·弗里德里希·罗雪尔（Wilhelm Georg Friedrich Roscher，1817—1894）是德国经济学家、德国旧历史学派的创始人。他出生于德国汉诺威的一个高级法官家庭，在哥廷根大学和柏林大学专攻历史学和政治学。1840年他任哥廷根大学历史学及国家科学的讲师。从1841年开始他担任政治经济学的讲座，同时兼讲政治理论史。1843年他出版的《历史方法的国民经济学讲义大纲》（*Grundriss zu Vorlesungen ü ber die Staatswirtschaft nath Geschichtlicher Methode*）被称为“历史学派的宣言”，是德国历史学派的主要代表文献。由于罗雪尔最早把萨维尼在法学研究中的历史方法运用到政治经济学中来，为德国历史学派经济学奠定了基础，所以罗雪尔成为了德国旧历史学派的奠基人。1844年他升为教授。1848年，他应莱比锡大学之聘担任政治经济学讲座，在这里任教共达四十六年之久。他以惊人的努力在这里陆续发表了他在《历史方法的国民经济学讲义大纲》一书中预定要写的历史方法的国民经济学理论体系的庞大的多卷本著作，其中最主要的是《国民经济学体系》（*System der Volekswirtschaft*）五卷本。第一卷为《国民经济学原理》（1854），第二卷为《农业及类似原始产业的经济论》，第三卷为《商业及工业的经济论》，第四卷为《财

威廉·格奥尔格·弗里德里希·罗雪尔 1817—1894

政学体系》，第五卷为《济贫、救护及济贫政策》。其著作广为普及，成为德国大学的教科书和文官考试的参考书。他还著有《殖民、殖民政策、移民》(1848)、《十六、十七世纪英国国民经济学说史》(1851—1852) 及《德国经济学说史》(*Geschichte der National-Ökonomie in Deutschland*，1874) 等。

罗雪尔提出国民经济学是研究国民经济发展的科学，主张研究国民经济的性质和需求、满足国民经济任务的法律措施及它们所带来的效果。他称这种方法是国民经济的历史的解剖学和生理学。罗雪尔作为 19 世纪德国历史学派的创始人，否认古典学派关于经济发展存在着普遍规律的观点。他认为，如果采纳古典学经济学说，在自由竞争中，德国的经济必然要被先进的资本主义国家所扼杀。他赞成贸易保护，认为政治经济学不是一门独立的科学，而是“一门论述一个国家的经济发展诸规律的科学”。罗雪尔的经济学是建立在有机体的国民经济观和历史的相对主义的基础上的。他提出决定历史发展阶段的是生产力的发展，主要是自然、劳动和资本这三个因素。他广泛地研究了经济思想史，还从经济学的立场研究劳动问题，促进了德国劳动经济学说的发展。

罗雪尔在 1854 年出版的《国民经济学原理》中，将劳动分类及其素质同经济发展联系起来加以考察。他认为，劳动可以分为“发明发现、对自然产物的直接占有、新原料的生产、粗制品的加工、对使用者进行储藏品分配、服务性劳役等”。① 在这里，罗雪尔实际上把劳动区分为三大类，即从事科学技术的劳动（发明和发现）、物质生产中投入的劳动（加工原料和粗制品）及服务性劳动。他还按照自己的理解，对斯密提出的“生产性劳动”和“非生产性劳动”概念重新加以解释：第一，一国的总需求由该国国民的总活动来满足，每个人都是在为整个国民经济而使用土地、劳动和资本。对每一个企业来说，都有一个“理性的需求”，因此，每个企业的劳动都是生产性的，而当没有人需要该企业的产出时，其劳动才是非生产性的。这一原则不仅适用于物质生产，也适用于精神生产。第二，私人经济同国民经济和世界经济之间有着显著的差异。劳动的生产性在私人经济的场合是按其产品的交换价值测定的。罗雪尔举例说，有大量的就业对私人而言具有营利性，但对国家和全人类而言则完全是非生产性的，甚至是有害的；而在科学实验或通信业等行业中的劳动对私人来说或许完全是非生产性的，但对国家和人类来说意味着更多的利润。他说：“严格说来，唯有增加世界资源的那一类就业才应称之为生产性的。”② 第三，具有生产性的部门之间应保持适当比例。第四，劳动的生产性同经济发达程度相联系。“一般说来，农业是欠发达国家最具有生产性的劳动，而工业在高度发达国家中最具生产性。”③ 罗雪尔认为，他的上述观点是对亚当·斯密劳动经济思想的发展。

在生产上，罗雪尔主张生产要素价值论。他认为，劳动、资本和土地都创造价值，但劳动、资本和土地之间的相互关系在各个不同的生产部门是不同的。同时，罗雪尔还认为，每个国家的国民经济发展史都可以分为三个时期，生产三要素在各个时期创造的价值的作用是不一样的。在人类早期，自然（土地）要素占绝对优势，是“森林、水泽

---

① ［德］罗雪尔．国民经济学原理．第一册．亨利·霍尔特出版公司，英文版，1981

② ［德］罗雪尔．国民经济学原理．第一册．亨利·霍尔特出版公司，英文版，1981

③ ［德］罗雪尔．国民经济学原理．第一册．亨利·霍尔特出版公司，英文版，1981

和草地几乎自发地供应稀少人口的食物”；到了中世纪，劳动这一要素达到日益重要的地位，并有利于城市、市场和行会等特权的产生和发展，导致了劳动资本化；在资本主义时期，“在每一件事务上都嗅到了资本的味道。土地的价值由于投入大量资本而大大增长了，而在制造业，机器劳动压倒了手工劳动。”① 按照罗雪尔的说法，资本三要素在三个时期都是存在的。

在论述经济和劳动力人口之间的关系时，他指出，判断一国的财富大小最重要的标志之一是在人类应有的生存条件的意义上，甚至连构成人口绝大多数的下层阶级也感到舒适，这包括肉类、奶油、茶叶等食品的大量供给，而且在质量上也达到了大多数人所期望的最佳程度，以及高水平的平均寿命。

当他谈到衡量不同区域的经济实力的依据时，又提出了不仅要有必要机械地估量劳动力人口数量和资本总量等，而且有必要有机地估量其发展的能力。虽然他提出的判别一国财富大小的五个标志涵盖面过窄，但不乏有价值的内容。例如，他提出的食品的数量和质量标准、高水平的平均寿命及较高的出生率同当代发展经济学的测定经济发展水平和质量设计的经济发展综合指标体系中的若干指标非常接近或完全一致，这意味着罗雪尔已经初步意识到经济发展不仅有一个规模和速度问题，而且有一个质量标准，特别是劳动力人口的质量标准问题。

罗雪尔接受了古典经济学派关于作为劳动力资源的人口增长同经济发展之间的关系的见解。他认为，在经济高度发达的国家里多半伴随着人口稠密的倾向，稠密的人口本身就是一种生产力，因为这些人口使劳动分工和协作变得更容易，而且也是一种备用资源和利用其他生产要素力量的推进器。他并不否认人口过剩的可能性，但他认为，人口过剩存在于人口和生活资料比例失调的时候，对其医治的办法，或是增加国内的生活资料，或是向国外移民。②

罗雪尔还认为，各国劳动力存在素质上的差异，其原因在于各国的自然禀赋、价值观念、道德水平和受教育程度。他正确地指出：“一国人民的智力是他们最重要的素质。”③ 为此，他极力倡导实行对任何人都开放的教育制度。

罗雪尔使用了无形资本概念。这类资本包括人口劳动能力、在科学研究中获得的机敏和灵巧、通过长期试验而树立的更多信心。他认为，这类无形资本是用之不竭的。从发展经济学的眼光来看，他所说的人口劳动能力、机敏和灵巧显然属于人力资本范畴。这些对于经济发展而言是不可缺少的，至少是间接地起作用的。在谈到劳动力人口与储蓄之间的关系时，他指出，假使一国国民不进行任何储蓄，虽然他们能增加当前的快乐，但却是以牺牲资本和未来为代价的。

显然，罗雪尔的劳动经济学说是较为精辟的，无论在质和量都得到了充实。在这些叙述之中显示着劳动分类及其素质同经济发展的关联，富有创新性。罗雪尔本人作为德国旧历史学派的创始人，是一位在西方劳动经济学思想发展史上有较高地位的学者，这

① ［德］罗雪尔．历史方法的国民经济学讲义大纲．朱绍文译．北京：商务印书馆，1981

② 马颖．简论威廉·罗雪尔的经济发展理论．经济评论，1995（1）

③ ［德］罗雪尔．国民经济学原理．第一册．亨利·霍尔特出版公司，英文版，1981

一点正是对罗雪尔创立的国民经济学体系及其历史地位做出正确评价的关键。

12.3　古斯塔夫·冯·施穆勒

古斯塔夫·冯·施穆勒（Gustav von Schmoller，1838—1917）是德国著名经济学家、历史学家与社会活动家，被称为德国经济学的鼻祖，既是德国新历史学派的创始人，也是研究社会问题、支持社会改革的“讲坛社会主义者”的领导人之一。他出生于德国符腾堡海尔布隆市的一个官员家庭，毕业于蒂宾根大学。1864年他任哈雷大学教授，1872年转任斯特拉斯堡大学教授，1882年任柏林大学教授。他不但是新历史学派的理论代表，而且是这个学派政治运动的首领——社会政策学会的奠基人，又是普鲁士上院院议员。

施穆勒的代表作品是《一般国民经济学大纲》（*Grundriss der Allgemeinen Volkswirtschaftlehre*，1900—1904）。这部巨著是新历史学派经济理论的集大成者，在德国经济学界具有极大的影响。施穆勒也因为这本书而获得了崇高的声望。这本书一共分为两册，由序论和其他四卷组成，分别在1900年和1904年出版。序论介绍了经济科学的性质与定义、心理与道德的基础、经济学的文献与其研究方法。第一卷对土地、人民和技术进行了分析；第二卷分析了国家经济中的社会组织；第三卷分析了商品流通的社会构成和国民所得的分配；第四卷则对国民经济生活的发展进行了分析。施穆勒对经济学做出了非常突出的贡献，主要作品还包括《十九世纪德国小商业的历史》（*Zur Geschichte der Deultschen Kleingewerke im 19 Jahrhundert*，1870）、《论法律和国民经济的基本问题》（1874—1875）、《国家科学和社会科学方法论》（1883）、《重商主义及其历史意义》（1884）及《17—18世纪普鲁士国家的宪法史、行政史和经济史研究》（1898）等。他还创立和主编德国资产阶级经济学著名期刊《德意志帝国立法、行政和国民经济学年鉴》。

古斯塔夫·冯·施穆勒
1838—1917

施穆勒早年属于自由主义思想。在1870年出版的《19世纪德国中小企业发展史：统计调查和国民经济调查》中，他提出保护“中产阶级”，对自耕农和手工业者采取保护和救济，对新的中等阶层和工人阶级采取社会改良政策，这样可以维持资本主义秩序的稳定。他既排斥古典经济学的抽象的逻辑的方法，又反对旧历史学派急于寻求普遍性规律。他提倡国民经济学的道德理念，主张历史的伦理主义的经济学体系。施穆勒继承了自弗里德里希·李斯特以来德国经济学的理论传统，在把德国历史学派的方法论研究推向其最高发展形态的同时，以新历史学派的理论风格阐述了他的经济思想，包括对经济发展的基本看法、有关国民经济形成及国家作用的理解和经济发展阶段理论。他认为国民经济学是介乎应用的自然科学和比它更重要的精神科学之间的科学，经济现象既属于自然的技术的关系，又属于伦理的心理的关系，经济结构不外乎是由这种经济法规和伦理所规定的生活秩序。

与旧历史学派相比，施穆勒更强调伦理道德因素在经济生活中的地位和作用。他认为，一切经济范畴，如劳动、分工和交换等，都是心理与道德的范畴，心理与伦理道德制约着所有的经济现象。唯有与伦理道德相联系，经济问题才能够得以说明和解决。换句话说，经济生活的重要内容就是满足人们的物质欲望与伦理道德欲望。分工、生产、分配和交换等经济活动，既是技术范畴又是道德范畴。由于施穆勒强调了历史的经济学是以伦理主义为基础，被称为“历史的伦理学派”。在施穆勒看来，劳动是一种合情合理的自觉活动，是一切美德的集中体现。工资是一个道德范畴，工资变化受道德观念的影响，工资水平决定于工人性格。解决工资的问题在于教育工人，稳定其性格、培养其道德等。这种观点颠倒了伦理道德和经济基础的关系。

施穆勒从实用主义出发，将经济学变为研究经济规范和经济政策的科学。他认为，当时德国面临的最危险的经济问题是劳工问题。经济自由主义已经不能提供解决问题的答案，而社会主义思潮又开始兴起。这时，他提出改良主义的劳动经济政策主张。他指出，用给工人小恩小惠的办法削弱工人阶级的斗争意志，以缓和劳资矛盾。主要内容包括制定工厂法、劳动保险制度、救济法及若干生产事业的国有化措施等。

他主张国家应该干预经济，实行保护与统制政策。施穆勒尤其重视国家的职能，批评经济上的自由放任政策，主张在社会经济发展中，国家应该发挥重要的领导作用，并制定各种政策措施实行自上而下的改良，如制定劳动保障、工厂立法和工厂监督等法令。他把推行劳动经济政策的目标限定为促使财富的生产和收入分配趋于合理化，以满足公正及道德完善的需要。其主要内容包括孤寡救济、劳资纠纷仲裁、制定有关干涉劳动契约的法令、使工人接受更好的技术教育、鼓励劳资双方合作。1872 年，在施穆勒的倡导下成立了“社会政策协会”，以便贯彻上述社会政策。施穆勒认为，社会科学若能为社会政策目标的实现提供指导，才有其存在的意义和价值。

作为新历史学派的杰出代表和奠基人，施穆勒强调史料即使不带有思想，仍有一种相对的价值，而思想如不根据史料，则将是一种妄想。他把生产、交换、分工、劳动、工资等劳动经济范畴既看作是经济技术范畴，又看作是伦理心理的范畴。当时，历史学派肩负着为后进德国的经济发展提供理论基础的重任。在这一点上，可以说施穆勒所率领的新历史学派较好地完成了历史赋予的使命，而历史学派也因适应了时代要求而成为德国历史上第一个主流经济学派。

12.4 阿道夫·亨利希·戈特黑尔夫·瓦格纳

阿道夫·亨利希·戈特黑尔夫·瓦格纳（Adolph Heinrich Gotthelf Wagner，1835—1917）是德国最著名的财税学家、优秀的经济学家、新历史学派的奠基人。他出生于德国爱尔兰根，青年时期在格丁根及海德堡大学学习法律和国家学，1857 年获得葛丁堡大学博士学位。1858年他任维也纳商学院教授，1863年转任汉堡大学教授，1868年转任弗赖堡大学，1870年转任柏林大学教授，讲授财政学、经济学和统计学。他曾是社会政策协会创建人，并先后任普鲁士国会下院和上院议员。他在1882年通过对19世纪的许多欧洲国家和日本、美国的公共支出增长情况的考察，提出了“公共支出不断增长法则”，或称“政府活动扩张法则”，又称瓦格纳法则。

瓦格纳的主要著作有《银行学说论》（*Beiträge zur Lehre von Banken*，1857）、《皮尔银行法的货币与信贷理论》（*Die Geld urd Crdittheorie der Peel'Schen Bankacte*，1862）、《金融学》（*Finanzwissenschaft*，1871）、《政治经济学教程》（1876）、《财政学》（1877—1901）及《社会经济学理论》（*Theore - tische Sozialökonomik*，1907）等。其代表作是《政治经济学教程》和《财政学》。瓦格纳根据其所处政治、经济及社会背景，通过吸收、整理、总结以前社会政策学派代表洛伦茨·冯·施泰因、阿尔伯特·伊伯哈德·费里德里希·谢夫莱等人的思想及观点，逐步形成了自己的以社会财政、税收思想为核心的理论体系。他把社会经济分为“个人的经济组织”“共同的经济组织”和“慈善的经济组织”三种。财政是“共同的经济组织中由权利共同体构成的强制共同经济”，并据此提出了新的国家职能观。他认为，国家的职能应有发展文化教育和增进社会福利的职能，国家应为“社会国家”。他的经济学说以理论原理为基础，在“方法论争”中主要站在奥地利学派方面。他最伟大的贡献在公共财政领域，他把这一学科与一般经济学相结合，使其有坚实的理论原理。他强调税收的再分配能力，赞成现代国家的公共支出增长，他对货币银行政策也做出了重要贡献。此外，他还热衷于劳动经济问题的研究。

阿道夫·亨利希·戈特黑尔夫·瓦格纳　1835—1917

后期历史学派的巨匠之一瓦格纳在其主要著作——1893年出版的《经济学原论》第三版中，展开了国民经济的劳动力人口论。瓦格纳认为，在国民经济中劳动力人口是生产和分配中不可缺少的要素。在生产中如果其他情况不变，产量的增加和质量的改进是由劳动力人口增加或有利于分工的劳动力人口构成决定着人均收入或每个家庭的收入。也就是说，如果其他情况不变，劳动力迅速增长对生产有利，而对分配则起着不利的作用。瓦格纳特别强调了经济发展过程中劳动力问题的重要性。他指出，在经济学中，劳动力人口问题必须是竖立在前排，而且使之成为经济学的一根根本支柱。

瓦格纳认为，在经济学中要求的只是从国民经济方面观察劳动力人口问题，分为生产问题和分配问题。劳动力结构的变化对于经济上的各种关系，也就是对于生产和分配起着什么作用。或者反过来说，经济的各种关系又是由于劳动力人口而产生什么影响。换句话说，生产和分配在自身的形成和发展上是如何或多或少地受劳动力人口状况的形成和发展所左右。相反，后者在这里通过起支配作用的相互作用和相互制约的关系，又是怎样地被生产和分配的形成和发展所左右。

这一构成阿道夫·瓦格纳有关劳动力人口论的论述是复杂的，他认为这个经济的方面是由生产和分配所组成的。由于这一原因，这意味着劳动力人口的数量和质量是如何由生产和分配交互作用，因而瓦格纳有关劳动力人口与经济之间的论述是较为精彩的，颇有独特的见解。

12.5 路德维格·布伦塔诺

路德维格·布伦塔诺（Ludwig J. Berntana，1844—1931）是德国新历史学派的主要代表人物之一，曾获得1927年度诺贝尔和平奖。他早年就学于都柏林、慕尼黑、格丁根、海德堡和柏林大学。他曾是统计学家恩格尔（1821—1896）的研究生。1868年恩格尔鼓励他去英国研究工会问题。1871—1872年，他发表了其成名之作《现代工会》。1872年他参加筹备社会政策学会的成立，1872年任布雷斯劳大学副教授，1882年在斯特拉斯堡大学任教，1889年转至莱比锡大学，1891年又转到慕尼黑大学任教授，讲授经济学、经济史及财政学，直至退休。他最早提出有组织的资本主义，积极宣传新历史学派的理论。其主要著作还有《历史中的经济人》(1923)、《英国经济发展史》(3卷，1927—1929)、《劳动时间、工资与生产的关系》(1876）等，其代表作为《现代劳动组合论》。

路德维格·布伦塔诺
1844—1931

布伦塔诺的根本立场是主张工人阶级的团结自由。他承认劳动力在现代科学中是商品，有它的时代的特殊意义。他说，工会的任务就是使工人从不幸的境遇中解放出来，保障最低生活费用的工资水平。他反对“工资基金说”，认为工资的源泉不在于企业家的流动资本，而完全在于消费者的购买力。提高工资、缩短工时绝不影响工效，反而可以促进企业家采用机器，使工资最高的工人反而会成为最廉价的工人。他反对政府的强制保险，主张工人自己管理失业保险。在农业和商业政策方面，他主张自由主义，土地所有权可以自由处理。他主张由下而上地推动社会改良。

布伦塔诺认为，工会的宗旨是资本主义经济的组成部分。他不反对资本主义，认为资本主义制度使社会获得了进步，使人身自由有保障。他虽然也承认劳动力作为商品的不利之处——不出卖则不能生存，但是他主张工会的任务在于使“劳动力”这种商品获得有利的出售条件。他没有提出工人阶级的解放，不主张工会是革命的团体，不提倡消灭阶级的剥削和差别，始终停留在“社会政策的自由主义”，说明他始终没有摆脱古典经济学自由主义的影响和从个人主义利己心出发的社会改良主义的立场。他和其他“讲坛社会主义者”的区别之一，就是主张以利己心为出发点的“经济人”理论。他认为，经济强者利己心的贯彻采取“自由竞争”的形式，经济弱者的利己心的贯彻采取“团结”的形式。他说：“竞争只是强者的原理，经济的优胜者的原理，所以也特别是企业家的原理；反之，团结是大多数工人和普通平民的原理。”①

布伦塔诺是“讲坛社会主义者”中唯一能够理解工会的组织作用的，他是新历史学派中的自由派，也是现代个人主义者。他的改良思想的特点是强调加强工人阶级自身组织的团结，来改善他们自己的劳动条件和境遇。

12.6 维尔纳·桑巴特

维尔纳·桑巴特（Werner Sombart，1863—1941）是德国社会学家、经济学家、新历史学派的代表人物之一。他生于德国埃姆斯勒本的富裕的中产阶级家庭，早年在柏林和罗马学习法律、经济学、历史学和哲学，1888年他获柏林大学哲学博士学位。1888—1890年，他在不莱梅商会任商务代表。1890—1906年他得到了布列斯劳大学经济学特别教授的教职。在这里，桑巴特开始了资本主义和社会主义问题的研究，并取得了丰硕的成果。1906年，他离开布列斯劳大学，来到柏林商业大学，并在那里获得教授职位。1931年他成为荣誉退休教授，结束了正式的学术生涯。他曾与M. 韦伯参加创立德国社会学会的工作，并合办了《社会科学与社会政策》杂志。桑巴特早年倾向于马克思主义，后受到韦伯和历史主义的影响。他认为社会学是一门有明确内容和特殊方法的独立学科，其任务在于提出有关精神领域的社会联系的理论。他反对人文科学中的价值取向，主张价值中立。他对社会学理论的主要贡献集中在经济社会学和宗教社会学领域。

维尔纳·桑巴特
1863—1941

桑巴特一生著述甚丰，思想多变。他一共撰写了20多部著作，其中的部分作品已经成为经典，他的大部分作品都被翻译成多种文字出版。桑巴特还发表了众多学术论文和专题研究。桑巴特学术范围很广，他的理论甚至不是主要属于经济的，并完全蔑视分门别类的研究，而是将所有一切在历史进程中起过作用的因素都纳入研究范围。桑巴特的研究工作代表了历史学派思想的顶峰。他的代表作《现代资本主义》（*Der Moderne Kapitalismus*，1902）被认为代表了历史学派的最高成就。其他主要著作有《19世纪的社会主义和社会运动》（*Sozialismus und Soziale Bewegung im 19 Jahrhundert*，1896）、《无产阶级》（1896）、《十九世纪德国国民经济》（*Die Deutsche Volkswirtschaft im 19 Jahrhundert*，1903）、《为什么美国没有社会主义》（1906）、《犹太人与经济生活》（*Die Juden und das Wirtschaftsleben*，1911）、《资产者》（*Der Bourgeois*，1913）、《现代资本主义发展史研究》（*Studienzur Entwickungsgeschichte des Modernen Kapitalismus*，1913）、《奢侈与资本主义》（1913）、《战争与资本主义》（1913）、《商人与雄》（1915）、《资本主义》

① 陶大镛. 外国经济思想史新编. 上册. 南京：江苏人民出版社，1990

(1930)、《德国的社会主义》(*Deutscher Sozialismus*，1934)及《新社会哲学》(1934)等。他借用卡尔·亨利希·马克思的观点，分析了资本主义社会的历史、社会结构，特别是阶级结构和资本主义精神，并把资本主义发展大致划分为早期、中期、晚期三个阶段。在经济学理论上，桑巴特在探寻资本主义发生的原因时，强调宗教特别是犹太教对资本主义发展起着决定性作用，认为资本主义制度及其经济组织是建立在企业家、现代国家和机器生产的基础上，而企业家则承担着经济活动的指导任务。

桑巴特在《现代资本主义》一书中论述了劳动分工问题。他指出，在个体经济阶段，特别是自给自足的农耕经济已经有了初步的劳动分工，但劳动生产率低下。而到了社会经济阶段，即奴隶社会和资本主义社会阶段，劳动分工已经非常广泛和深入，促进了劳动生产率的提高，它必然要求建立起只有成形的资本主义秩序才能具备的相互依赖性。桑巴特有关劳动分工经济发展的理论依据是从大量的历史著作中找到的。

桑巴特在论述资本主义的起源，辨析奢侈对资本主义产生的意义和作用时，提出了雇佣劳动制度的观念。在分析工业中的奢侈品生产与资本主义产生的关系时，桑巴特认为最重要的是丝绸工业。丝绸工业是首先采取资本主义组织形式的工业之一。而早在14世纪初的巴黎，丝绸工业中出现了雇主与雇工的关系，16世纪又出现了包工体制。但是，对雇佣劳动制度的产生及其影响，桑巴特的认识是有局限的。雇佣劳动产生于生产资料与劳动力的分离，这是资本主义产生的前提条件，桑巴特立场和方法的局限性使他不可能有这样的认识。桑巴特看到的是生产规模与资本主义之间的关系。雇佣劳动制度为生产规模的扩大提供了条件，导致销售额的提高。桑巴特将销售额的扩大作为资本主义产生的前提。如果销售额扩大会推动积累的形成和增加有一定意义，那么，将销售额扩大作为资本主义产生的前提实际上是颠倒了因果。一般来说，销售额的扩大在资本主义产生的过程中更主要是通过市场的扩大，进而通过产量的扩大及分工和专业化实现的。

桑巴特在阐述资本主义生产方式时，认为提高生产力有两种方法："一是扩充生产力，这是指劳动力的增加与较好的利用，以及物品生产所用的有形物的增加；二是改善劳动方法。"[①]劳动方法的改进对于经济社会形态发生不小的影响。"这些改革引起全新工业的创立，或者至少引起旧的工业革新，使它们近乎一种新的建立。"[②]

桑巴特在论述劳动力结构时指出，经济主体的人数远远小于整个体系中的总人数，因此大多数人是被少数人控制和命令的，而这要求一种高水平的组织能力和技术。他还特别强调了企业家的作用：企业家是发明人、探索者、组织者和商人。企业家发展出新的组织模式、新的生产方式和新的商业方向，他们善于发现人才，把各种各样的拥有劳动技能的人组成一种合力，使所有人组成一个富于服务能力的整体，以达到他们能够达到的最大产出。他认为，企业家是杰出智慧的结晶。他们能精打细算、预测未来，并有出色的劳动组织能力。企业家在寻找机会战胜竞争对手的新路子时，坚持改进技术，以提高劳动生产率和创造出更多的利润。在桑巴特看来，没有企业家的资本主义是不可想

---

① ［德］维尔纳·桑巴特．现代资本主义．2卷．李季．北京：商务印书馆，1939

② ［德］维尔纳·桑巴特．现代资本主义．1卷．李季．北京：商务印书馆，1958

象的。

12.7 马克斯·韦伯和保罗·蒙伯特

马克斯·韦伯（Max Webber，1864—1920）是德国著名社会学家、政治学家、哲学家，也是近代历史主义的又一位重要人物。他出生于德国图林根的埃尔富特市。他的父亲是威斯特伐利亚纺织业实业家兼批发商家庭的一位法学家，是当地知名的政治家。其父亲的职业使他结识了当时知识界和政界的许多杰出人士，如狄尔泰、莫姆森、聚贝尔、特赖奇克和卡普等人。韦伯最初在海德堡大学和柏林大学攻读法律，兼修中世纪史、经济理论和哲学，1889年获得博士学位。后来他陆续在弗莱堡大学、海德堡大学和慕尼黑大学等大学任教。他对于当时德国的政界影响极大，曾前往凡尔赛会议代表德国进行谈判，并且参与了魏玛共和国宪法的起草设计。他同泰勒和法约尔处于同一历史时期，并且对西方古典管理理论的确立做出杰出贡献，是公认的现代社会学和公共行政学最重要的创始人之一，被后世称为“组织理论之父”。其代表作是《新教伦理与资本主义精神》（*The Protestant Ethic and the Spirit of Capitalism*，1904），主要著作还有《民族国家与经济政策》（1895）、《古典西方农业社会状况》（1909）、《论解释的社会学的若干范畴》（1913）、《经济和社会》（*Wirtschaft und Gesellschaft*，1922）、《社会和经济组织理论》（*The Theory of Social and Economic Organization*，1922）和《经济通史》（*General Economic History*，1923）。

马克斯·韦伯
1864—1920

从经济学的角度来看，马克斯·韦伯代表的是德国的经济历史学派“最年轻的一代”。他对于经济学最重要的贡献是其知名著作《新教伦理与资本主义精神》，这本书强调了观念的独立作用，指出观念是经济增长的重要理论基础，经典地对照了宗教在经济发展上产生的影响。韦伯指出，对于教徒们来说，所有的工作都是神圣的，个人完成在现世所处地位赋予他的责任和劳动义务，是他的天职。个人对天职负有责任，是资产阶级文化的社会伦理中最具有代表性的东西，是资产阶级文化的根本基础。对于企业家们来说，其天职就是经营好上帝赐福于他的物质产业，并努力获取不受需要限制的利润。“在现代经济制度下能挣钱，只要挣得合法，就是长于、精于某种天职的结果和表现。”① 对此，企业家们一方面要购买生产资料和雇用工人，组织生产，监督劳动；另一方面要深入到消费者中去，了解消费者的需求，征求他们的意见。而这只有那些“具有确定不

① ［德］韦伯．新教伦理与资本主义精神．彭强，黄晓京译．西安：陕西师范大学出版社，2002

移且是高度发展的伦理品质，以及洞若观火的远见和行动的能力”①的企业家，才能在顾客和工人中间赢得不可缺少的信任。他们为了自己的事业而生存，不停工作已成为他们生活中不可或缺的组成部分。他们都“节制有度，讲究信用，精明强干，全心全意地投身于事业中”。②

韦伯倡导劳动致富，财富的聚集只要来自于勤奋劳动，就是被许可的。他认为，劳动致富对弘扬资本主义精神作用重大。“在一项世俗的职业中殚精竭虑、坚持不懈、有条不紊地劳动，这样一种宗教观念作为禁欲主义的最高手段，同时也作为重生与真诚信念的最可靠、最显著的证明，对于在此业已称为资本主义精神的那种生活态度的扩张肯定发挥过巨大无比的杠杆作用”。③

韦伯对劳工与管理层的关系有过很多讨论。他认为，在大规模生产中，工人必须与生产资料分离开来，以私有产权为基础的集中控制对于大规模生产的高效进行至关重要。不过，随着大型商业组织的成长和不断扩大，经济倾向于越来越僵化，甚至连工人也考虑起工作的“产权”。根据韦伯的看法，形式理性，或者说交易的模式，必须在自由放任的环境才能发挥作用，而自由放任就必然意味着私有产权、工人与生活资料的脱离、利润最大化、可计算性、合约的执行和合理的货币制度。④ 韦伯对劳动经济问题的讨论大多是零散的，尽管也相当有建设性。对于一个经济学家来说，韦伯的原创性贡献并不多。

保罗·蒙伯特（Paul Mombert，1876—1938）是德国经济学家、后期历史学派的代表人物之一，曾在弗莱堡大学任教，讲授经济学，后任德国基森大学终身教授。他毕生专心致力于从事经济学人口论的研究，在1929年出版了《人口论》一书，堪称是20世纪从经济学的视点完成人口论体系化的卓越作品。他在这部书中举出“人口抚养力”这一概念，以此为中心说明人口与经济在理论及现实中的关系。人口抚养力从狭义上看受生活资料的量所规定，但是随着经济的发展，国际之间展开贸易，人口抚养力就不单是本国国内的生产品，而且还包括通过贸易能取得其他国家的生产品。蒙伯特将其称为人口抚养力的“国内制约部分”和“国外制约部分”。按照蒙伯特的观点，人口与经济的关系已不是那种古典经济学派所说的人口与土地的关系，而是由于贸易和资本等许多纯经济的新因素的介入而复杂化。蒙伯特极为大胆地深入经济学的中心，把经济学本身的问题当作人口论的问题加以处理。

蒙伯特论述了经济与过剩劳动力之间的关系，他在1926年发表了《关于西欧过剩人口的现状》。他从出口的减退、国内市场购买力的衰退、工商业中合理化的增加及就业人口的增加等方面，论述了战后西欧各国过剩劳动力的状况。尤其引人注目的是，他认为战后就业劳动力的增加是部分国民生活状态恶化的结果，是过剩人口的预兆。因为就业人员的增加意味着家庭妇女为了补助家庭生活而参加了工作。

在保罗·蒙伯特看来，劳动力人口与经济的量的关系决不是永久的范畴，而是必须

---

① ［德］韦伯．新教伦理与资本主义精神．彭强，黄晓京译．西安：陕西师范大学出版社，2002
② ［德］韦伯．新教伦理与资本主义精神．彭强，黄晓京译．西安：陕西师范大学出版社，2002
③ ［德］韦伯．新教伦理与资本主义精神．彭强，黄晓京译．西安：陕西师范大学出版社，2002
④ ［美］本·赛里格曼．现代经济学主要流派．贾拥民译．北京：华夏出版社，2010

作为经常依赖于特定的、历史的变动的各种前提而加以把握的范畴，因而在对劳动力人口与经济关系上使用规律这一名词时，基于历史的劳动力人口规律的讨论是必要的。他指出，劳动力人口与生活资料两者量的关系变化所受社会各种因素的影响是重大的，并不存在资本主义生产方式特有的劳动力人口规律的理由。就是说，不在于所谓“劳动力过剩人口是资本主义制度下财富的发展和积累的必然产物”。他承认资本主义社会中的劳动力人口增加和工人水平的提高，而且强调，作为规定劳动力人口和生活资料的因素，与其说是社会因素，不如说是经济因素更有力。

思考题

1. 试论弗里德里希・李斯特的劳动经济思想。
2. 简述威廉・格奥尔格・弗里德里希・罗雪尔的劳动经济学说。
3. 试论古斯塔夫・冯・施穆勒的劳动经济思想。
4. 简述阿道夫・亨利希・戈特黑尔夫・瓦格纳的劳动经济思想。
5. 简述路德维格・布伦塔诺的劳动经济学说。

第 13 章　英国空想社会主义劳动经济思想

13.1　罗伯特·欧文

罗伯特·欧文（Robert Owen，1771—1858）是 19 世纪初英国著名的空想共产主义者，也是一位企业家、慈善家及杰出的管理先驱者。他和昂立·克劳德·圣西门（Claude Henride Rouvrog，comte de Saint-Sirmon，1760—1825）、沙尔·傅立叶（Chrles Fourier，1772—1837）一起被称为三大空想家。他出生于英国威尔士蒙哥马利郡的一个小手工业者家庭，9 岁开始独立谋生。欧文十分刻苦好学，掌握了丰富的知识。1787 年，欧文来到英国纺织工业中心曼彻斯特当学徒。1789 年，他和朋友合办了一家小纺织厂，后自行经营。1791 年，欧文应聘到一家大纺织厂任经理，他的管理才干得到充分发挥。1799 年，欧文与他后来的岳父合伙购买了一家大企业，在此基础上办起了新拉纳克工厂，欧文任经理。此时，英国正处于工业革命的鼎盛期，一方面是生产力飞速发展，资产阶级财富的极度膨胀；另一方面是劳动人民惨遭剥削，工人和资本家之间的矛盾加剧。欧文决心在自己的工厂进行改革社会不合理状况的试验。他的改革原则是既有利于工厂主，又有利于工人。他把工人的工作时间缩短为 10 小时，禁止不满九岁的童工劳动，提高工人工资，工厂暂时停止工资照付，改善工人的生活和劳动条件，设立工厂商店向工人出售比普通市场价格便宜的消费品，开办工厂子弟小学、幼儿园和托儿所，建立工人互助储金会。欧文的这些改革措施取得了明显的成效：工厂增加了利润，工人生活得到改善。这使他成为闻名欧洲的大慈善家。从工商业实践中，欧文逐步认识到慈善事业并不能从根本上改变劳动者受剥削的地位。因此，他拟订了废除私有制的计划，力图从根本上改变资本主义社会，从而逐步转变为空想共产主义者。

罗伯特·欧文
1771—1858

1812 年，欧文为宣传自己的改革成就，发表了《关于新拉纳克工厂的报告》，引起欧洲社会的广泛关注。此后，欧文为了争取议会制定工厂法和限制工作日的立法进行了大量的工作。1815 年，他在《论工业制度的影响》一书中，呼吁制定改善工人劳动条件的议会法案。经过不断努力，议会终于在 1819 年第一次通过了限制工厂中女工和童工、劳动日的法案。1817 年，欧文在《致工业和劳动贫民救济协会委员会报告》中，提出建立合作社来解决失业问题的主张。1820年，欧文在《致拉纳克郡报告》中提出消灭私有制，建立财产公有、权利平等和共同劳动的改革社会的理想主张，这标志着他的空想社会主义思想体系的形成。

为了用典型示范自己改造社会的计划是可行的，1824年欧文到美国创办了“新和谐”公社。公社实行生产资料公共占有、权利平等、民主管理等原则。在资本主义制度下，欧文的这些想法只能是幻想，行动的结局也必然是失败。1829年，欧文回到英国。适值英国工人运动处于高涨时期，他一方面在工人中宣传自己的主张，另一方面投身于蓬勃的工会运动。1833年10月和1834年2月，欧文主持了英国工会和合作社的代表会议，成立了英国工会运动史上第一个全国性的总工会——“全国大统一工会”，并任联盟主席。但是，由于欧文坚持自己的空想社会主义理论，反对无产阶级的政治斗争，他逐渐脱离了工会运动。

欧文是伟大的空想社会主义者、英国社会主义的奠基人。欧文不仅设计了社会主义的蓝图，而且进行了社会主义的实践。他意识到社会主义必须由工人阶级来实现，因此积极地投入并指导英国工人运动，是早期工人运动的著名领袖。欧文作为一个伟大的改革者和空想家，他尖锐地批判资本主义的制度，指出劳动人民的贫困是资本主义社会的必然产物。他幻想建立完美的社会主义制度，但反对通过暴力对社会关系进行社会主义的改造。他的积极活动对于启发工人觉悟及推动工人运动发展起了积极的作用，对后来英国的社会主义运动也有一定影响。但是，欧文尽管同情工人阶级的处境，但不了解这个阶级的历史作用，反对进行阶级斗争，迷信于实验和宣传，这决定了他的实验必然要失败。

欧文的主要著作有《新社会观》(1816)、《致工业和劳动贫民救济协会委员会报告书》(1817)、《致拉纳克郡报告》(1820)、《新道德世界书》(1842—1844) 及《人类思想和实践中的革命》(1849) 等。

罗伯特·欧文在批判资本主义经济时，提出了劳动价值论思想，并将其作为指导思想的理论根据。他认为，价值取决于生产商品耗费的劳动时间。不过，与大卫·李嘉图不同，欧文却得出了否定资本主义制度的结论。他指出，劳动创造了一切价值。财富既然是劳动者创造的，那么它就应当归劳动者享受。但劳动者消耗的产品价值要比他们创造的少得多，在这里有一个差值，即劳动者生产的剩余产品，而剩余产品正是利润的来源。但迄今为止，创造了利润的工人阶级却生活在贫困之中，这是十分不公平的。这是因为在现实的社会中，资本家剥削了工人，他们付给工人的工资只是工人创造的劳动产品的一部分，而不是工人创造的全部价值。要改变这种不公平现象，就应该实行公平的分配，消除剥削，让劳动者享有全部劳动产品。欧文利用李嘉图的劳动价值论指责资本主义剥削制度，这在当时是有进步意义的，然而他并没有对资本主义剥削制度做出科学的分析。

欧文正是在上述理论的基础上提出了一个与资本主义相对立的，没有阶级、没有剥削、人人劳动的理想的“合作公社”的计划，希望劳动者的合作可以创立一种新的经济制度，以排斥资本在生产中的垄断地位。欧文在一系列著作中说明了他理想中的公社经济问题。他说，在公社里，没有失业者，没有游手好闲的人，各种年龄和各种特长的人都被分配以年龄和特长相适应的工作。欧文预计在公社制度下，机器和技术发明将有可能广泛地采用，劳动力将得到充分合理的利用，因而生产力可以无限发展。

在欧文的公社劳动思想中包含着消灭工农差别、城乡差别、体力劳动和脑力劳动差别的萌芽。欧文认为，现存社会制度把劳动者分成单纯从事农业劳动和单纯从事工业劳动的人，这在经济上和劳动者的精神上都造成了有害的影响，公社应当消除这种现象，公社成员应当既从事农业生产，又从事工业生产。欧文还主张公社应当把城市和农村的优点结合起来，消除城乡分离和对立引起的弊害。公社还应当“使劳动阶级各个人的脑力和体力广泛结合起来”，① 教育和生产相结合是促进脑力劳动和体力劳动相结合的一个要素。欧文十分重视生产劳动和体力、智力教育的结合，主张每个人都应当受到全面的教育，以便从事全面的实际工作和劳动。

欧文还主张用自然的价值尺度代替人为的价值尺度，也就是取消货币，直接用劳动时间作为价值尺度。他从古典经济学中寻找主张依据，他指出，劳动只要在适当的支配下就可以成为一切财富和国家繁荣的源泉。并且，他由此推论说：“劳动既是一切财富的本质，它在各项产品中的价值便可以确定，它和其他价值的交换价值也可以随之而确定出来。所有这一切在一定的时期内是稳定的。”② 欧文不仅知道价值和交换价值有着区别，并认为商品的价值不是由个别劳动，而是由“人类的平均劳动”所决定的。但是，他没有进一步研究和阐明这些问题，只是强调既然价值是劳动创造的，就应当直接用劳动作为价值尺度。

根据上述的理论原则，欧文设想改造社会从生产部门和流通领域入手，目的都是把资本从经济领域排斥出去，让劳动者掌握生产和流通。1832 年，他在伦敦创办了全国劳动公平交换市场，次年又在伯明翰设立了市场分支机构。在他领导的劳动交换市场里，没有货币，由劳动交换市场发行劳动券，用劳动券来取代货币。但劳动券的面值不使用通用的货币单位，而是 1 小时、2 小时、5 小时等，这体现了欧文对劳动价值论的认识。投入市场的商品首先要按劳动时间估价，根据这种估价发给相应的劳动券，作为所花费劳动时间的凭证，持券者可以随时到市场提取等价的其他劳动产品。产品的交换是有组织的，但是产品的生产是建立在私有制基础上的无组织状态，因此这种劳动交换市场很快遇到困难。市场只维持了两年，1834 年便宣告破产。

可以看出，欧文的劳动思想包含着许多重要的观点，如劳动创造了一切价值，价值取决于生产商品耗费的劳动时间，各尽所能，实行工业和农业结合、脑力劳动和体力劳动结合等。这些观点对于启发工人阶级觉悟及创立科学社会主义都是极为宝贵的，但欧文建立“合作公社”的思想毕竟是空想，因为他并没有认识到资本主义的社会经济发展规律，力图通过示范和说服教育的方法达到改造社会的目的。正因为如此，欧文尽管充满信心地进行了多次试验，但都注定不能成功。

---

① ［英］欧文. 欧文选集（上卷）. 柯象峰译. 北京：商务印书馆，1965
② ［英］欧文. 欧文选集（上卷）. 柯象峰译. 北京：商务印书馆，1965

13.2　威廉·汤普逊

威廉·汤普逊（William Tompson，1785—1833）是英国经济学家、欧文主义者。他出生于爱尔兰科克郡的一个富裕的地主家庭，曾在都柏林大学、牛津大学和伦敦大学接受系统的高等教育。在伦敦大学就读时，他结识功利主义代表人物耶·边沁，并成为其信仰者。后来，他认识了空想社会主义者罗伯特·欧文后，把边沁的功利主义哲学与欧文的空想社会主义结合起来，成为欧文主义者中最主要的人物。他把自己的地租收入视为他人劳动产品，并将其中很大一部分用于宣传和实现欧文主义。在1831年，他曾计划在故乡建立合作村，只是由于资金不足，计划没有实现。他的一生主要是作为理论家度过的。他的主要著作是《财富分配原则的探讨》(1824) 和《劳动的报酬》(1827)。

汤普逊认为，财富的实质在于它是劳动的产物，使用价值不过是它的一个必要条件。按照汤普逊的说法，没有劳动就没有财富。古典经济学派低估了劳动而高估了资本在生产中的意义。他写道："真正积累起来的财富量，就它的重要性和对于人类的幸福而言，和无论处于什么文明情况的同一社会的生产力比较，和那个社会的即使几年的真正消费量比较都是微不足道的。所以立法者和政治经济学家应该特别注意'生产力'和它将来的自由发展，而不是像以前那样只是注意惹人注目的积累起来的财富。"[①] 这意味着，汤普逊还是承认资本的生产性的。

根据李嘉图的劳动价值论，汤普逊指出，只有劳动才创造新价值，而厂房、工具、原料和工资只是把自己的价值转移到产品上去，并不能使价值得到增加。所以，资本所获得的利润只是从劳动产品中克扣下来的东西。汤普逊把利润归结为剩余劳动，指出"只有靠工厂工人的剩余劳动，资本的价值才能够继续增长。在通常情况下，资本家至少榨取了工人劳动产品的半数"。[②] 汤普逊把价值规律理解为等价交换规律。他认为，由于在资本主义社会中资本对劳动的统治，价值规律被破坏表现为商品价格和价值的背离，劳动者只得到自己劳动产品的一部分，而其余部分成为利润、利息、地租等一切非劳动收入对劳动产品的扣除。这样，资本主义剥削实质上导致资本与劳动的不等价交换。资本家以代表少量的资本换取工人的多量劳动，破坏了等价交换的价值规律。

汤普逊认为，分配问题的公平解决在于等价交换的遵循。价值规律既然在资本主义经济中被破坏，就有必要进行改造。汤普逊的具体改革方案是实施保障制度，也就是全部劳动产品归于劳动者的分配制度。他关心劳动者的利益，认为保护劳动者是平等的同义语。他认为，分配的一个重要原则是劳动者应当有拥有所有自己劳动产品的权利。他根据李嘉图的劳动价值论分析，资本"纯粹是由劳动加上物质资料创造出来的"[③]，资本决不是物质资料的创造物，"死的物质资料不能创造任何东西"。[④] 他努力探求劳动者贫困

① ［英］汤普逊．最能促进人类幸福的财富分配原理的研究．何慕李译．北京：商务印书馆，1986
② ［英］汤普逊．最能促进人类幸福的财富分配原理的研究．何慕李译．北京：商务印书馆，1986
③ ［英］汤普逊．最能促进人类幸福的财富分配原理的研究．何慕李译．北京：商务印书馆，1986
④ ［英］汤普逊．最能促进人类幸福的财富分配原理的研究．何慕李译．北京：商务印书馆，1986

的原因，提出这样一个问题："为什么会存在这样的制度，它牺牲广大生产者的利益而使少数人致富，使贫苦的人陷于绝望的贫困中？"[①] 他指出，少数人占有生产资料是产生这些社会问题的根源。

汤普逊宣称保障制度的分配有三个自然原则：第一，一切劳动的进行和继续必须是自由和自愿的；第二，全部劳动产品必须归于生产者；第三，产品的一切交换必须自由和自愿。在这种保障制度下，等价交换就会恢复，价值规律也就得到恢复，劳动创造全部产品的价值，也就取得全部产品的权利。这些保障制度就是理想与公平合理的分配制度。这种制度将给予生产以最强烈的刺激，生产和资本将以空前的速度增加和积累起来。

汤普逊主张改变资本主义分配制度，使之符合价值规律的要求。汤普逊不仅从理论原则上分析资本主义分配，还从社会生产力的发展研究分配问题，指责资本主义分配制度剥削了直接创造财富的劳动者，使工人失去了生产兴趣，阻碍了生产力的发展。汤普逊认为，人类社会的主要力量应该放在发展生产力上面。在各种劳动组织形式中，只有欧文的合作公社才是最有利于社会生产发展的劳动组织形式。

总之，汤普逊的劳动经济思想是站在劳动者的立场上，从分配问题入手对劳动价值论的片面运用。这种思想其实是继承了欧文的空想社会主义主张，尽管这种主张代表了劳动者的愿望和利益，而且具有某种程度的合理性，试图通过等价交换的价值规律，寻求对分配问题的合理解决，但在劳动经济学上却是错误的。

13.3 托马斯·霍吉斯金

托马斯·霍吉斯金（Thomas Hodgskin，1787—1869）是英国经济学家、政论家、空想社会主义者和工人运动活动家。他出生于英国海军文职职员家庭，12 岁进海军学校。在英法战争时，他成为海军军官。1815 年起，霍吉斯金在欧洲进行了三年旅行，收集了德国北部的经济、政治、文化和风俗习惯等材料，写了一本《德国北部旅行记》。后来，他到过欧洲许多国家，注意这些国家的社会问题。回国后他目睹了格拉斯哥、爱丁堡和利物浦等地劳动人民的悲惨状况，同边沁展开了辩论。他在 1823 年参与创办伦敦技工学院，并创办《技工杂志》。他著有《为劳动辩护，驳斥资本的权利》（1825）、《通俗政治经济学》（1827）和《财产的自然权利和人为权利的比较》（1832）。

霍吉斯金以李嘉图的劳动价值论为基础，将雇佣劳动归结为资本对劳动的暴力统治和剥削。他认为劳动是产生一切价值的，工人是价值的唯一生产者，而资本和土地不产生任何东西。资本本身就是劳动的产物，而利润则是全部劳动产品的一部分。利润的扣除使劳动只能得到其产品的一部分。所以，霍吉斯金要求在劳动获得全部劳动产品的基础上恢复自然所有制。

霍吉斯金认识到，在劳动分工发达的大生产条件下，每一个工人不可能占有生产的全部产品。他指出："再也没有什么东西可以叫作个人劳动的自然报酬。每个工人只生产

① ［英］汤普逊. 最能促进人类幸福的财富分配原理的研究. 何慕李译. 北京：商务印书馆，1986

整体的一部分，由于每个部分单独就其本身来说没有任何价值或用处，因此没有东西工人可以拿来说：'这是我的产品，我要留给我自己。'"[①] 因此，霍吉斯金比一般李嘉图派社会主义者都更明确地把获得全部劳动产品的权利当作一个生产单位整体工人对于他们所生产的全部产品价值的权利。

霍吉斯金批判了认为资本具有"生产性"的观点，证明了流通资本的非生产性。他认为，生活资料的大部分并不处在资本家储存的形态，而是在分工的制度下不断被分别生产出来。分工是同时发生和互相支持的劳动过程。社会的全部生产以各生产同时进行生产为前提。所以，流通资本不代表任何劳动积累。工人所进行的劳动依靠与其他工人并存的劳动，而不是积累的过去的劳动。资本家能够对工人提供生活资料，只是因为他们支配着一切生产部门的并存劳动。

至于固定资本，霍吉斯金认为，它不能归结为并存劳动，而应归结为积累劳动。不过，他还是赋予活劳动在生产中的决定性作用。他指出工具和机器只是过去劳动的成果，但是起决定作用的是现在的劳动而不是过去的劳动，即活劳动而不是物化劳动。没有活劳动的作用，就连生产机器和工具所消耗的费用都难以弥补。霍吉斯金认为，固定资本之所以"给自己的所有者提供利润，不是因为它被积累着，而是因为它是获得对劳动的支配权的手段"。[②]

霍吉斯金否定资本生产理论，并把资本的生产归结为劳动的生产力，这是他的功绩。但是，他毕竟不了解在资本主义生产方式下，劳动的生产力如何会变为资本的生产力，剩余劳动如何变为利润的真正过程和原因。他只是简单地将资本对劳动的支配权理解为暴力的作用。他也不能摆脱把资本看作是积蓄劳动的观点束缚，把否定资本的生产性变为否定资本家的生产性。因为他排除了资本家，从而使劳动条件失去了资本的性质。

13.4　约翰·格雷

约翰·格雷（John Gray，1799—1883）是 19 世纪英国空想社会主义者、小资产阶级经济学家。他出生于苏格兰一个中产家庭，在爱丁堡受过中等教育，之后到伦敦工作，当过店员。由于工作关系，他到过英国的许多地方，结识了各行各业的人士，有机会亲眼看到资本主义制度的"严重缺陷"和广大人民生活的贫困。后来，格雷对他所接触到的这些实际材料进行独立思考，并且在这一基础上形成了自己的具有鲜明特色的思想观点。在活动初期，他宣传过欧文的学说，后来成为改良主义者。他的主要著作有《人类幸福论》（1825）、《社会制度》（1831）和《货币的本质和用途》（1848）。此外，他还著有《通货问题》（1847）。

格雷从劳动创造一切财富的原理出发，认为一切财产的基础是劳动，除了劳动，更没有其他公平的基础。在一切社会里劳动是生产的源泉，所以也是它的唯一基础。因此，

---

① 晏智杰．西方经济学说史教程．北京：北京大学出版社，2002

② 晏智杰．西方经济学说史教程．北京：北京大学出版社，2002

劳动是自然的价值尺度。

格雷特别强调“生活所必需的一切东西，能使生活愉快和舒适的一切东西，都是人类的劳动创造出来的”。[①] 在这个前提下，格雷提出了关于生产阶级和不生产阶级对抗的问题。他把人们分为三个阶级：生产阶级、非生产的有益阶级和无益阶级。生产阶级用自己的劳动创造了一切物质财富；非生产的有益阶级，如医生、艺术家和教师等，虽然不能直接创造物质财富，但向社会提供有益的服务；无益阶级既不生产物质财富，也不为社会提供服务。按照格雷的看法，大部分资本家都应列入无益阶级，他们都是靠生产阶级创造的物质财富生活。他说：“社会的每一个非生产者都是对生产阶级所征收的直接税。”[②] 可是，在资本主义社会中，越是把自己的劳动贡献给有益目的的人，越是受人鄙视，而越是能够靠自己的财产支配别人劳动的人，却越是受人尊敬。格雷认为这种现象是十分不合理的。他主张在未来的社会中，必须把这种情况整个颠倒过来。

在《人类幸福论》中，格雷引证了英国经济统计学家帕·科贡的著作，指出英国生产阶级在1812年平均每人新创造了价值54英镑。然而，他们实际上只从其中取得11英镑。也就是说，只取得他们本身的劳动产品的1/5稍多一些，其余的部分都被非生产者用地租和利息的形式所夺走。接着，格雷尖锐地批判了地租和利息的剥削性。他说，既然劳动是财富的唯一基础，那么地主不参加任何田间的劳动，到时候却把别人的劳动攫为己有，“这就是极大的不公平”。他认为，地租和利息的根源在于对以劳动为价值尺度的自然规律的破坏。因此，只有恢复价值规律的作用，使劳动者获得全部劳动产品，人类的幸福才有保证。

格雷的《人类幸福论》的最有价值的一面在于它论证了价值是工人的劳动所创造的，揭露了工人所创造的价值绝大部分都为不参加生产的资本家和地主攫为己有，指出这是同以公平交换为前提的价值规律的要求背道而驰的，从而要求把劳动者所创造的财富全部归还给他们。

格雷幻想通过商品直接作为社会劳动产品而相互发生交换关系的做法，实现劳动者获得全部劳动产品的权利。他认为，生产者在生产商品时，耗费了一定的劳动，因而在他把这一定劳动的产品转让社会时，社会应以在生产时耗费掉等量劳动的其他产品为报酬，每人取自社会的劳动量应等于他给予社会的劳动量，劳动时间直接成为产品交换比例的依据。这实际上就是把体现在商品中的私人劳动当作是一般的社会劳动，他不懂得必须通过交换才能实现这种转换。

在《社会制度》一书中，格雷提出了社会改革方案，中心内容是建立劳动货币制度。他认为建立劳动社会制度就能使普通商品和货币处于同等地位，就能消除货币的特权。格雷设计的具体方案类似欧文的劳动公平交换市场。按照格雷的主张，由国家中央银行通过自己的支行确定各种商品在生产中所耗费的劳动时间。商品生产者把商品交给银行，从银行那里取得一张价值凭证，也就是按照他生产该商品所耗费的劳动时间的收据。这

① ［英］格雷．人类幸福论．北京：商务印书馆，1963

② ［英］格雷．人类幸福论．北京：商务印书馆，1963

种收据同时起领取凭证的作用，商品生产者凭它可以向银行领取包含同等劳动时间的其他商品。格雷认为，银行发行的这种“劳动货币”能够随商品生产的增减而增减。当它代替金属货币以后，商品生产便可以无限发展，永远不会受到金属货币流通所造成的限制。总之，格雷幻想商品直接就是货币，包含在商品中的私人劳动直接就是社会劳动。

“劳动货币”方案是一种不可能实现的幻想，欧文的“劳动公平交换市场”的垮台就是最好的证明。不过格雷方案和欧文的交换市场并不完全相同。在欧文那里，组织交换市场只是他改造资本主义社会的一个步骤，欧文提倡的是组织生产的新社会制度；而格雷不主张组织生产，而是把劳动货币方案看成是改造资本主义的唯一方法，组织流通被他提高到首要地位。他的目的只是以产品的等价交换保证劳动者获得全部劳动产品权利的同时，不触动小生产私有制及其生产的主动性。

13.5　约翰·弗兰西斯·布雷

约翰·弗兰西斯·布雷（John Francis Bray，1809—1895）是英国经济学家、空想社会主义者。他出生于美国华盛顿，1822年去英国。在英国时，他当过印刷工人和记者，是罗伯特·欧文的信徒。19世纪50年代初期，他回到美国，继续热心于工人运动。主要著作是《对劳动的迫害及其救治》(1839)。

布雷在《对劳动的迫害及其救治》的一书中首先提出了社会的基本原理：一切人是平等的；人们都应该参加劳动；土地是一切人的公共财产；进行同样劳动的人应该得到同等的报酬。他提出了下列必要条件：要有劳动；要有过去劳动的积累，即资本；要有交换。只有具备这些条件，社会基本原理才能实现。

布雷认为，“唯有劳动才产生价值”。“每一个人对于他由于辛勤劳动所取得的东西有着不可怀疑的权利。当他取得自己劳动的果实时，他没有损害别人，因为他没有阻碍别人取得他们的劳动产品的权利。”[①] 布雷从中提出了劳动者应得全部劳动产品的结论。

布雷指出，私有制的存在引起了劳动和资本之间的不等价交换，而这种不等价交换又是一切不平等的根源。他认为，要消灭一切不平等，首先必须消灭劳动和资本的不平等交换，而要消灭这种不等价交换，又必须彻底消灭私有制。他还尖锐地指出了劳动收入和一切不劳动收入之间的对立。他指出，资本家用于支付工资的那部分资本不过是工人在这里以前创造的价值的一部分。他写道：“表面上似乎是由于资本家拿出来与工人的劳动来交换的财富，实在并不是资本家自己的劳动或钱财，而是原先从工人的劳动中获取来的，并且现在仍旧凭着骗人的不平等交换制度，天天在工人身上榨取。”[②]

布雷认为资本是过去劳动的积累，所以资本不能自动的出现，而必须是劳动的产物。但是在今日社会，过去劳动的积累为资本家所篡夺，其结果是工人阶级不但依靠资本家为之提供生产资料，还要依靠资本家为之提供生活资料。资本家凭借这个优越地位，可

① ［英］布雷．对劳动的迫害及其救治．北京：商务印书馆，1960

② ［英］布雷．对劳动的迫害及其救治．北京：商务印书馆，1960

以不劳动而夺取劳动的产品，于是社会就分为劳动和不劳动两个阶级。

布雷的论点集中在交换这一问题上。在他看来，在当前不公平的制度下，劳动和资本间的交换不但不互利，而且简直不能交换。因为人们只有两个东西可以交换，那就是劳动和劳动产品。实际上，这就等于劳动和劳动交换。资本家不能提供劳动作为交换物，因为他不劳动。他也没有以资本作为交换物，因为资本并不是由于与劳动交换而减少，而是增加。他的结论和其他欧文主义者一样，利润、地租和一切非劳动收入只不过是对劳动产品的扣除。布雷强调的扣除可能存在不公平的交换。而在不公平的交换中，他把注意力集中在劳动和资本的交换上。

布雷不懂得资本所体现的生产关系，不了解资本家只是资本的人格化。在他看来，资本家消灭以后，资本并不消灭。他混同了生产资料和资本，认为工人劳动时需要资本，但不需要资本家。为了消灭资本主义剥削并使劳动者享有自己的全部劳动产品，布雷提出了另一种交换组织方案。这种方案建议工人组成100～1 000人的股份公司，用发行银行券的办法筹集资金，租用或购买土地，并取得其他必需的生产资料。银行券的保证不是现有的商品，而是工人将来生产商品的劳动。各个股份公司通过公平交换市场和银行等价交换劳动产品，工人从股份公司中获取同自己的劳动消耗等价的工资。

布雷还第一次明确提出按劳分配的问题。他对未来社会个人消费品分配方案作了具体的描述，提出“等量的劳动应该得到相等的报酬，这就是合股运动的主要原则之一”。[①] 布雷把这种分配制度叫作“按劳动的时间计酬”“同工同酬”或“按劳取酬”制度。并且，他还提出“在这种制度下，每个人必将得到他的劳动成果的全部”。[②] 布雷主张的这种个人消费品分配制度对于当时无产阶级反对资本主义的剥削和压迫具有进步意义，对科学的按劳分配理论的创立也具有很大的启迪作用。但是，他的按劳分配学说中“每一个人必将得到他的劳动成果的全部”的提法，违背了社会再生产的常识，带有浓厚的小生产者的狭隘心理。在劳动形式上，他不区分复杂劳动和简单劳动，提出同量劳动时间得到同量工资的想法。这并不是真正意义的按劳分配，而是一种体现了平均主义的分配制度。

思考题

1. 试论罗伯特·欧文的劳动经济思想。
2. 简述威廉·汤普逊的劳动经济学说。
3. 试论托马斯·霍吉斯金的劳动经济思想。

---

① ［英］布雷．对劳动的迫害及其救治．北京：商务印书馆，1960

② ［英］布雷．对劳动的迫害及其救治．北京：商务印书馆，1960

第 14 章　法国空想社会主义的劳动经济思想

14.1　克劳德·昂利·圣西门

克劳德·昂利·圣西门（Claude-Henri de Rouvroy，Comte de Saint-Simon，1760—1825）是 19 世纪初叶杰出的思想家、空想社会主义者。他出生于巴黎一个贵族家庭，年幼时受过良好的教育。著名百科全书派学者让·勒朗·达朗贝尔曾被聘为圣西门的家庭教师，他向圣西门教授数学、物理学、哲学等，使他爱好研究唯物主义哲学，向往资产阶级的民主自由，对神学和封建制度采取批判态度。根据法国贵族的传统习惯，圣西门在 17 岁时入伍服役，1779 年去美洲参加美国独立战争。他在北美第一次看到了资本主义的新世界，激起了他对社会的关心。他利用业余时间研究和观察社会，逐渐形成了改造人类社会的空想社会主义思想。在战争结束后，他向墨西哥总督提出了开凿运河沟通太平洋和大西洋的计划。虽然没有被采纳，但可以看出圣西门的雄心壮志和他的天才想象力。

克劳德·昂利·圣西门

1760—1825

圣西门回国后继续服役，由于对军队无所事事的生活感到厌倦，不久他就离开军队到欧洲各国游历。1785 年他到荷兰，参加法国与荷兰建立联合远征军的组织工作，1787 年又到西班牙去参与开凿运河把马德里与海洋相连接的工作。1789 年他回国参加法国大革命，1791 年离开革命，与德国商人列德伦合伙搞地产投机买卖。1797 年他与列德伦分手，转而研究自然科学和社会科学，力图掌握各门科学的最新成就。1802 年起他开始写作，宣传自己的空想社会主义。1814 年以后，在他周围逐渐集合了一批学生和门徒，后来形成了一个学派，宣传他的思想和出版他的著作。圣西门的主要著作有《一个日内瓦居民给当代人的信》（1802）、《人类科学概论》（1813）、《论万有引力》（1813）、《论欧洲社会的改造》（1814）、《论实业制度》（1821）、《实业家问答》（1824）和《论文学、哲学和实业》等。他的最后一部著作——《新基督教》（1825）是在他去世前不久完成的。这部著作最终完成了圣西门的空想社会主义思想大厦。

圣西门的空想社会主义学说是建立在他独创的哲学体系之上的。他吸取了法国 18 世纪唯物主义的思想，试图借助当时自然科学发展的成果，尤其是牛顿的“万有引力论”，建立自己新的哲学体系。他的论点中包含着对人类社会发展规律的许多有价值的思想，不过，这种具有科学因素的见解也混杂一些形而上学与历史唯心主义。然而，作为一个反映早期无产阶级要求的思想家，圣西门毕竟提出了一些比18世纪资产阶级学者更为进步的思想。圣西门认为，社会历史的发展过程不是偶然事件的联结，而是与整个宇宙发展过程一样按规律进行的，是一个连续的、上升的、进步的发展过程。他认为，封建制度崩溃后，由资本主义取而代之；而资本主义也终将走向衰亡，另一个更高级，更完善的社会制度必然要出现。圣西门认为法国革命只产生了新的奴役形式，即新封建制度。他预言，旧的社会制度必将为理想的实业制度所代替。在圣西门的思想中还包含着许多劳动经济思想的萌芽，他在批判现存制度的基础上，提出了对未来理想社会制度的设想。圣西门指出，在未来的新社会中，人人都要劳动，没有游手好闲、不劳而获的人。他相信，只要大家都接受这个理想，新的社会就一定会实现。圣西门的设想是美好的，包含着社会主义的成分，也有许多不切实际之处，带有空想的色彩。

圣西门认为，人人都要劳动是实业制度中一项重要的社会主义原则。圣西门指出，未来社会有最大限度的平等，其中一个重要表现是实行普遍劳动的原则。早在1802年的处女作《一个日内瓦居民给当代人的信》中，他就说："劳动是一切美德的源泉，最有益的劳动应当最受尊重。"① 在实业制度下，将以"最可靠和最迅速的手段来保证生产者大众经常有工作"。②

圣西门设想，在新社会制度中，领导权由实业家和科学家掌握。社会的唯一目的应当是尽善尽美地运用科学、艺术和手工业的知识来满足人们的需要，特别是满足人数最多的最贫穷阶级的物质生活和精神生活的需要；人人都要劳动，经济按计划发展，个人收入应同他的才能和贡献成正比；不承认任何特权。他认为，实业家包括工人、农民、工厂主、商人、银行家等。他说："实业家是从事生产或向社会成员提供一种或数种物质财富以满足他们的需要或物质爱好的人。"③ 他们创造社会的一切财富，并且有管理社会的才能，只有他们才能引导社会的发展。他还指出，实业家阶级的人数占社会总人数的绝大多数。他提出的新社会应由占人口绝大多数的劳动者掌握领导权的思想是有创见的。

圣西门认为未来的"实业制度"是从事有益工作的人联合的社会，最高行政委员会由最优秀的实业家组成，掌管行政、生产和财政工作，促进社会财富的迅速增长。他指出，在实业制度中，一切人都要劳动，都要把自己看成是属于某一工厂的工作者。他还说，每一个人都有义务经常以自己的力量为人类造福，为人类的幸福而劳动，这是多么壮丽的事业。圣西门冲破一切剥削阶级轻视劳动的观念，提出了普遍劳动的原则和劳动光荣的思想。

在"实业制度"中，由于人人都参加劳动，人们取得收入的原则也发生了变化。他认为，在"实业制度"下，由于一切特权都将被取消，每个人的收入也不取决于出身，而取决于才能，个人收入应同他的才能和贡献成正比，"按照社会成员的贡献，使每个成

① ［法］圣西门．圣西门选集．上卷．何清新译．北京：商务印书馆，1962

② ［法］圣西门．圣西门选集．上卷．何清新译．北京：商务印书馆，1962

③ ［法］圣西门．圣西门选集．下卷．何清新译．北京：商务印书馆，1962

员得到最大便利和福利。”① 他的门徒把这一劳动经济思想引申为个人的地位将取决于他们的能力，报酬将取决于他们的业务。这种观点已包含了按劳分配思想的萌芽。

不过，圣西门没有提出改变生产资料私有制的对策，他只主张所有权应当有利于发展实业。他认为，要把富人吸引到新制度中来，还必须保留私有财产及由此取得收入的权利。他声称，我们不要无端指责从有益于国家的劳动中获得利润，而要建议把这些利润全部分给从事这类工作的人。在他看来，私有制和利润的存在并不妨碍实业制度会给社会上广大贫困的劳动者带来普遍的福利。这就是说，圣西门认为在实业制度中，在实行按劳分配的同时，仍然保存着资本的剥削收入。圣西门允许“实业制度”下有阶级和贫富差别存在，允许“用脑劳动”的资本家获得利润，并由“用手劳动”的人来养活。这反映了圣西门的劳动经济思想中除无产阶级的倾向外，资产阶级的倾向还有一定影响。

14.2 弗朗斯瓦·马利·沙尔·傅立叶

弗朗斯瓦·马利·沙尔·傅立叶（Franswa MarLey Schall Fourier，1772—1837）是法国伟大的空想社会主义者。他出生在法国贝桑松市一个富商家庭。他的童年时代和青年时代正处于法国资产阶级革命的变革时期，这些变革对于他的思想形成发生了极大的影响。傅立叶在童年即因优异的才能超群出众。中学毕业后，原希望到巴黎继续深造，但他父亲留下遗嘱要他学习经商，母亲也执意要他在商业上飞黄腾达，使他中断了学业。虽然傅立叶没受过系统的教育，但他通过各种不同的方法卓有成效地获得了不少于书本方面的知识。

1792年，依靠父亲的一部分遗产，他在里昂独立经商。一年之后，在里昂的大资产阶级所策划的反对国民公众的暴动期间，傅立叶的全部商品都被当地的反革命政权征用，他本人也被拉去当兵。在革命军攻克里昂后，傅立叶被捕，由于偶然的机会逃到贝臧松。傅立叶这次遭遇对他的政治观点的形成有重要影响。1796—1800年，他先后到过里昂、贝臧松、巴黎、马赛等工商业城市，这为他提供了大量观察、研究各种社会现象的好机会，使他积累了思考现存社会制度弊病的丰富材料。大约在18世纪90年代末，傅立叶开始从一个普通经商者转变为空想社会主义者。

傅立叶的空想社会主义思想主要形成于18世纪末叶到19世纪初期。从1800年起，他开始在里昂的报纸上发表论文、短文和诗歌。不久，傅立叶便完全沉溺于构思和写作他的巨著。他的第一部重要著作是《关于四种运动和普遍命运的理论》，于1808年匿名发表。全书分三部分，分别论述了哲学和社会问题、和谐制度问题、现存社会制度问题。书的形式和内容都很奇特，文字比较晦涩，不太好理解。这本书在论及和谐制度问题时，往往只说到某些细节，不够系统全面。这部著作发表后，傅立叶继续从事商业活动。1822年，他发表了另一部著作《全世界统一的理论》。这本书除了包括《四种运动的理论》的主要内容外，着重描述了未来社会。1829年，他的《经济的和协作的新世界》在

① ［法］圣西门．圣西门选集．下卷．何清新译．北京：商务印书馆，1962

弗朗斯瓦·马利·沙尔·傅立叶
1772—1837

巴黎出版。这部著作逻辑严密，文字流畅，全面系统地阐述了傅立叶的观点，是他的代表作。1835年，傅立叶出版了他的最后一部著作《虚伪的、零散的、可恶的、虚假的行业，和与它对立的自然的、联合的、诱人的、真实的行业》。

傅立叶对资本主义制度的批判在空想社会主义者中可以说是出色的。他把资本主义的一切矛盾看成是由生产无政府状态引起的。社会上的生产的一切灾难的主要原因是生产的分散或不协调劳动。在他看来，生产的无政府状态使投入市场的产品有时不能满足市场的需要，有时又大大超过了市场的需要。此外，加上商人的投机和买空卖空，这一切使资本主义经济陷入混乱状态，而不可避免地会发生生产过剩的危机。① 而资本主义生产的无政府状态又造成了生产与消费的比例失调，从而使资本主义制度不稳固。

在傅立叶的著作中，对生产劳动和非生产劳动进行了深刻的分析。傅立叶认为，在资本主义社会里有2/3的人从事非生产劳动，过着寄生生活，属于"家庭寄生虫"的有妇女、仆役。在傅立叶看来，在未来社会中，由于设立公共食堂和举办公共福利事业，这些非生产劳动就完全不再需要。属于"社会寄生虫"的有陆海军、税吏、工厂主、商人、运输代理人。这些人的劳动在未来社会中同样完全不需要；属于"附属寄生虫"的有合法的游堕者、诡辩者、游闲者、积极破坏者和消极破坏者，他们有的不从事任何劳动，有的仅仅从事有害的劳动。傅立叶关于生产劳动和非生产劳动的描述有力地揭露了资本主义制度的腐朽和寄生性质，但他不了解生产劳动和非生产劳动的区分标志是取决于社会经济形态的性质。在资本主义社会中，生产劳动和非生产劳动决定生产剩余价值。在分析生产劳动和非生产劳动中，傅立叶只否定了资本主义的生产，不了解资本主义生产的规律。

傅立叶还揭露了资产阶级社会劳动的雇佣性质和资本主义制度的剥削关系。他指出，文明社会中工人的劳动不是建立在自愿的基础上，而是建立在贫困、死亡的威胁的基础上。所以，工人不关心自己的劳动成果，痛恨使自己陷入受苦受难的劳动过程。在资本主义社会中，对于工人来说，劳动是痛苦的。单调的繁重劳动使工人身体受到严重的摧残；雇佣劳动不仅使工人的身体，而且也使工人的精神完全受雇主的奴役。傅立叶还指出："由于工业进步使工资降低和人民趋于贫困的竞争是倒行逆施的，因为竞争越发展，工人就越是不得不安于令人讨厌的低工资工作。"②

傅立叶对资本主义批判的另一个功绩在于正确地指出了在资本主义制度下，剥夺了

① ［法］傅立叶．傅立叶选集．第3卷．冀甫译．北京：商务印书馆，1964

② ［法］傅立叶．傅立叶选集．第3卷．冀甫译．北京：商务印书馆，1964

劳动者的劳动权，造成了工人的失业。他抨击资产阶级高唱天赋人权，但是在保障最主要的劳动权方面却是无能的。傅立叶刻画了失业者的贫困生活，正确地指出了当劳动者被剥夺了劳动权利时，那么其余权利也就等于零。他认为，在资本主义社会下，劳动者要获得劳动权利是难以实现的梦想，而只有社会主义才能保证人们拥有这个权利。

傅立叶认为，为了保证人类的天然情欲得到自足和正常的满足，使各人之间的利益不发生冲突，只有克服文明社会中的分散和不协调，把人们联合起来共同劳动和共同生活。傅立叶把他所设想的社会叫作和谐社会，认为这种和谐社会才是自然所预定的社会制度。按照傅立叶的计划，这种和谐社会的基层组织是法郎吉。① 所谓法郎吉，实际上是一种生产—消费协作社的组织。每个法郎吉由 1 600 人到 2 000 人组成，理想的人数是 1 620人。他认为，由于人们的天然“情欲”决定了人们的性格共有 810 种，每种性格的人都有相应的工作，并且为了工作方便最好由两个人做同一种工作，一人为正职，另一人做副职配合。因此，810 人要加一倍，即最好由 1 620 人组成。这样，法郎吉就能保证每个人根据自己的性格和爱好工作，使“情欲”得到满足，也有利于提高劳动生产效率。傅立叶从人的所谓“情欲”和性格因素考虑法郎吉的人数，显然是不科学的。

法郎吉是集体的生产组织，也是集体的生活组织。在法郎吉中人人参加劳动，同时保证人人都有工作。法郎吉实行集体的大规模生产，能够使用机器，大大提高了劳动生产率。法郎吉的成员组成若干谢利叶，即连组，连组再分成若干小组，每一个小组 7 人左右。这些组和小组成为法郎吉的基础。每一个小组都由共同爱好某种劳动的成员组成。法郎吉成员可以根据个人爱好参加某一小组，爱好发生变化也可以退出这一组而参加另一组。他认为，这样的劳动组织有很大好处。由于劳动和个人爱好相结合，人们就不会感到劳动是沉重的负担，每个人将被劳动吸引，从而把劳动看成乐事，并且由于人们都有天生的好胜欲望，各个劳动小组之间将展开劳动竞赛。这种竞赛与资本主义竞争完全不同，它的结果不是互相排挤，而是互相促进。因此，在这样的劳动组织中，法郎吉成员都有很高的劳动积极性。傅里叶杰出地论述了由于劳动性质的改变，由于人们可以自由选择自己所爱好的劳动，所以人们在体力和精神上将得到最大的满足，因而他们将获得全面发展。

傅立叶认为，法郎吉是组织劳动的基本单位，法郎吉之间也可以组织协作，如可以组织共同开凿运河、改造沙漠、修建桥梁等，这样将能够更有成效地改造自然。法郎吉的生产以农业为主，兼营工业。他说，协作制度把工业生产只看作是对农业的补充。他这种思想实际上反映了当时法国农业在国民经济中仍占主要地位，而大工业生产还没有充分发展起来 。

傅立叶指出，在法郎吉中全部的生产收入应分配给成员。“必须使分配这样确定：资本占十二分之四，劳动占十二分之五，才能占十二分之三。”② 按照傅立叶的设想，这种分配方法有利于筹集资金，能够普遍提高法郎吉成员的生活，也有利于建立全体成员的

① 法郎吉（Phalange）：法文“法郎吉”一词的原意是指古希腊马其顿军队在作战时所编成的方形排列。因为按傅立叶的设计，和谐社会的每个基层社会组织平面图也是方形的，故他把这种组织称为“法郎吉”。

② ［法］傅立叶. 傅立叶选集. 第3卷. 冀甫译. 北京：商务印书馆，1964

平等和友谊。资本家会运用他们的资本获得更多利益，劳动者的地位也会大幅度改善。由于私有制和利润的存在，法郎吉仍然有富人和穷人的区别，但是由于所有成员都共同参加劳动，人们之间同情和爱护的“情欲”就会发展起来，和睦相处。不难看出，傅立叶关于资本家和工人之间的对抗关系会因经济改革而协调和亲近起来的设想，纯粹是一种空想。

14.3 路易·勃朗

路易·勃朗（Jean Joseph Charles，Louis Blanc，1811—1882）是法国空想社会主义者、历史学家。他出生于一个法国贵族家庭。勃朗在青年时，先后就读于罗得斯学院和巴黎大学，毕业后从事新闻工作，创办了《进步评论》报。1839 年，他发表了主要著作《劳动组织》。从 1843 年起，他成为小资产阶级派机关报《改革报》的编辑。1848 年法国二月革命时，勃朗在工人群众中已有很高的声望，曾任临时劳工委员会主席，后被排除于之外。六月起义失败后，勃朗以“激起群众暴行阴谋罪”被控告，不得不流亡英国。在英国侨居时，他专心著述，完成了一部《法兰西革命史》的巨著和其他一些著作。第二帝国崩溃后，勃朗回到法国，1870 年被选入“国民议会”，1871 年又当选国民议会议员。巴黎公社期间，他力图使公社妥协。

路易·勃朗
1811—1882

《劳动组织》是勃朗空想社会主义的代表作。书的题目来自圣西门主义者，书中的“劳动权利”“劳动组织”等劳动经济学的概念也不是勃朗的创造，但他把这些名词普及，成为 19 世纪 40 年代法国工人群众的政治要求和行动纲领。他在书中阐述了自己一系列的经济观点和改造社会的基本设想。他同让·沙尔·列奥纳尔·西蒙·德·西斯蒙第（Jean Charles Leonard Simonde de Sismondi）一样，主张国家干预社会经济生活，批判自由竞争，鼓吹阶级合作。他作为一个小资产阶级社会主义者，站在简单商品经济的立场批判资本主义生产方式，谴责大资本家对小生产者和工人的剥削，并从小私有者的要求出发，制定社会改良方案，企图使劳动者成为生产资料和自己劳动产品的所有者。勃朗的理想社会是劳动者的自愿的联社组织。但不同于他的前辈，他所向往的社会，并不是由各个本身包括生产、消费的自给自足单位所构成的联社，而是以各同行业工人组成的生产单位为基础的商品交换社会。勃朗把发动改革的力量寄托于国家，在国家赋予新组织的初建并推动后，使这个运动不断壮大起来。在这个意义上，勃朗经常被认为是国家社会主义的先驱者。

勃朗的劳动组织学说是在批判资本主义的基础上提出来的，他的《劳功组织》一书是在法国工业革命高涨时期写成的。他批判了资本主义自由竞争的危害性。他认为，劳动者处境极其贫困，经常失业，这就引起了叛乱、偷盗等社会祸害，究其根源，皆出于竞争。"对人民来说，竞争是一种毁灭性的制度。"①在当时，无产阶级不仅被剥夺了一切政治权利，而且被剥夺了一切生产资料，他们谋生的唯一出路就是出卖自己的劳动力。对无产阶级来说，所谓竞争，就是出卖劳动力的竞争，迫使劳动者互相歼灭。这种竞争还会进一步加强，工人互相竞争的结果必然引起工资的普遍下降，无产者的生活进一步贫困化。可见，资本主义的竞争是劳动群众贫困的根源。勃朗还进一步指出，资本主义竞争所造成的贫困是犯罪的根源之一。这是他对资本主义社会产生犯罪原因的论述，是他劳动组织学说中极有价值的一部分。

为了消灭竞争和贫困，建立理想社会，勃朗提出建立自愿劳动组织作为社会的经济组织的基础。劳动组织的具体形态就是他所主张的社会工场。他所提出的社会工场不同于圣西门的工业主义国家，也不同于傅立叶的自给自足的经济单位——"法郎吉"。它不是一个综合性的经济组织，而是由同一行业工人组成的生产某一产品的合作工厂。他相信，由于社会工场是工人自己的组织，它在组织上、在工作效率上、在生产积极性上都超过私人企业。只要这一制度一成立，它就构成对私人企业的竞争。

勃朗提出了改革资本主义制度的方案。在工业方面，他认为，有效而合理的感化制度只有一个，就是一种健全的劳动组织，即社团性质的社会工场或国家工场。为了办这种工场，资产阶级政府可以发行公债，用其收入先在工业的重要部门中办起社会工场。工场由政府创办，其规章制度由政府划定，经全国代表大会通过而具有法律效力。为了使这种制度不受独裁的影响，政府不干预工场的经济权利，只监督各工场执行规章制度和调整同类生产中心之间的关系。社会工场积累的资金可以扩建或新建一些社会工场，招收新工人。在那些大规模经营的社团中，可以招收各种不同职业的工人，生产各种不同的产品，并可组织联合企业。工场内部所有成员的工资完全平等，每个成员都有随意处理自己工资的权利。同时，社会工场可以邀请资本家参加，并可以从预算中支付给他们投资的利息，但他们必须参加劳动，以工人的身份分得利润。路易·勃朗认为，一旦社会工场按以上原则建立起来，它必然产生很大的社会效果。当社会工场在主要工业部门建立后，它必然要和私人工场进行竞争。而社会工场以廉价商品和大型企业的优越性，逐步地兼并私人工场企业，逐渐成为社会的主要生产形式，从而也就消灭了竞争。②

勃朗还论述了社会工场的工资问题，他主张工资平等。但工资只是工人收入的一部分，而工资又只是产品产值的一部分，从总产品中除去工资及其他生产成本后，余下者就是纯收入。纯收入又分为三部分：一部分分给工场成员，作为工资以外的收入；一部分作为救济老、病、伤、残的救济资金；一部分作为扩大再生产的基金。全部纯收入属于工人，按需分配是在纯收入分配中体现出来的。

勃朗称资本为"劳动工具的总和"，认为资本对于劳动是不可少的。劳动工场是新社会秩序的开端，但在这开端的时候一无所有的工人从哪里取得必要的资本呢？勃朗把为劳动工场提供资本的任务寄托在国家身上，要求国家以无利息贷款的方式帮助劳动工场

---

① 晏智杰. 西方经济学说史教程. 北京：北京大学出版社，2002

② 韩承文，徐云霞. 路易·勃朗的劳动组织学说评述. 扬州师院学报（社会科学版），1986（4）

的建立。他说："无产阶级所缺乏者为资金。国家的任务就是使其得到资金。如果我要给国家下一个定义，我认为它是贫民的银行家。"[①] 他认为，国家资金的协助是社会工场成功的必要条件。他要求国家在不同工业部门，分别组织若干社会工场，为之提供资金，拟定规章，委派各级管理人员。当然，在成立以后，它们就要靠自己的力量发展成为自治的工人阶级的生产劳动组织。勃朗的空想为1848年革命的现实所粉碎，这种不切实际的理论和方案断送了这一时代的法国社会主义，而勃朗所说的国家工场仅经过四个月的实践就以失败告终，这也证明了勃朗的社会工场只是一种小资产阶级社会主义的幻想。

14.4 比埃尔·约瑟夫·蒲鲁东

比埃尔·约瑟夫·蒲鲁东（Pierre-Joseph Proudhon，1809—1865）是法国经济学家、社会学家、小资产阶级社会主义者、无政府主义创始人之一、法国早期工人运动活动家。他出生在法国贝桑松的农民兼手工业者家庭。少年时当过雇工，他后来在印刷厂当排字工人和校对员，又与友人合伙开办小印刷所。1837年，蒲鲁东以《普通语法试论》一文获贝桑松大学助学金，迁居巴黎后，成为职业作家，并在巴黎从事著述活动。1840年，他发表《什么是所有权》一书，对私有制及维护私有制的各种论调进行了尖锐的批判，得出了"财产就是盗窃"的论点，因而蜚声于世。1846年他发表《贫困的哲学》，企图以政治经济学论证自己的改良主义思想，反对工人阶级的革命斗争。1848年法国大革命发生以后，他开始从事实际的社会改革活动，曾任《人民代表》报和《人民之声》报主编，被选为国民制宪议会议员。1849年他因著文反对路易·拿破仑·波拿巴而被捕入狱，被判三年徒刑。在狱中，他写成《一个革命家的自白》和《19世纪革命的总观念》。1852年他获释，1858年在《论革命与教会的正义》一书中激烈抨击天主教会，在再次被捕威胁下流亡比利时。1862年他遇赦返国，继续宣扬无政府改良主义思想。他的其他重要的作品有《论人类秩序的建立》《社会问题的解决》等。

比埃尔·约瑟夫·蒲鲁东
1809—1865

蒲鲁东的经济思想发端于《论星期日进行宗教仪式对于卫生、道德以及家庭和社会的好处》(1839)、《什么是所有权》(1840)，形成于《论人类秩序的建立》(1843)。在以上论著中，蒲鲁东通过对所有权和古典经济学的批判，构建起了一个经济体系，蕴含着较为深刻的劳动经济思想。对所有权的批判是蒲鲁东经济思想的出发点和核心。在《什么是所有权》中，蒲鲁东鲜明地提出，劳动不能说明所有权的来源，古典经济学的两个主要观点——"所有权的来源是劳动"和"资本主义制度是一种自然、永恒的制度"互相背离。古典经济学作为资本主义上升时期代表产业资产阶级利益的经济理论，

① 韩承文，徐云霞. 路易·勃朗的劳动组织学说评述. 扬州师院学报（社会科学版）. 1986 (4)

第一次把理论研究从流通转到生产，对资本主义经济的内部联系进行了初步探索。其最重要的成果就是提出“劳动价值论”。蒲鲁东指出，这种对所有权起因的解释，无法说明不劳而获者的所有权，也不能说明一定时间之内的劳动何以能够产生永久的所有权。如果说劳动是所有权的来源，那么，结论自然就是所有权应当是劳动的报酬，所有权的享有应该限于实际占有的期限和劳动的期限。①

蒲鲁东在《什么是所有权》中这样定义财产：“财产是享受别人勤劳或劳动成果和随意支配别人这些成果的权利。”②这种权利在利息、利润、地租等形态中得到具体的体现。“财产是盗窃”，因为它使其所有者不工作而收获、不生产而消费、不劳动而享受，而且其所收获、消费、享受的正是别人工作、生产、劳动的成果。蒲鲁东认为，只有劳动是生产的，土地和资本没有劳动就没有用处。因此，资本家和地主在生产成果中索取份额，完全是一种盗窃行为。至于另一种意义的财产，即享受和支配自己劳动成果的权利，他则认为是社会的自由要素。

他在解释“盗窃”的过程时指出，工人集体劳动的产量远超过每个工人的劳动产量的总和。雇主们付给工人以个人所生产的劳动产品等价的报酬，但保留了集体劳动所产生的超额产品。“资本家对于由集体劳动的共同努力、和谐配合所产生的巨大力量，没有支付任何代价。”③“因此，工人以为他们已经得到全部工作的报酬，而实际上他只得到一部分；在得到工资之后，在他生产的产品里面，他还应保有财产的权利。”④

蒲鲁东还提出，不同于财产权，“所有权”是减去私有财产所具有的主要性质，即不劳收入的取得和以后的占有权利。一方面，从财产所产生的一切不劳收入，如利润、利息、地租等都必须取消，因为这是盗窃；另一方面，财产本身的，或者说去了这些盗窃性质的权利之后所留下来的财产权应该保留，以保证工作自由和交换权利。“所有权”保证生活资料的享受和生产资料的利用。劳动是生产资料变为私人所有的条件。只要一个人耕种一块地，这块地就归他所有。土地的产品也是他的，但一个人没有权利以出租生产资料的方式盗取别人劳动的成果。他反对财产，却主张“所有权”。蒲鲁东这一综合命题实际上只是小农和一切小生产者渴望保存自己的生产资料，进行独立生产的要求的反应。⑤

蒲鲁东企图寻找消灭财产而保留“所有权”的途径。他在以价值理论为基础的交换问题上找到答案，提出了所谓的“构成价值”或“综合价值”。什么是构成价值呢？蒲鲁东认为，当产品在交换时被社会承认，被列入社会财富之内时，它就变成了“构成价值”。蒲鲁东进而论证，合理的交换必须保证一切商品可以实现，都变成价值，而保证的条件就是一切商品都应当根据其生产所耗费的劳动确定其交换比例关系。一旦商品价值决定于劳动，交换就必然是等价的，从而劳动者必然得到他的全部劳动产品。如果商品

① 蒲鲁东经济哲学思想研究．2012（1）
② ［法］蒲鲁东．什么是所有权．北京：商务印书馆，1997
③ ［法］蒲鲁东．什么是所有权．北京：商务印书馆，1997
④ ［法］蒲鲁东．什么是所有权．北京：商务印书馆，1997
⑤ 晏智杰．西方经济学说史教程．北京：北京大学出版社，2002

实现了构成价值，一切夺去别人劳动成果的收入，如利润、地租等，都要随之消灭。财产这一特质被取消了，而财产本身所谓的“所有权”将仍然被保留。

显而易见，被蒲鲁东视为伟大发现的“构成价值”实际上是大卫·李嘉图所阐述的决定于劳动的价值。所不同的是，“李嘉图把现实当作出发点，给我们指出这个社会怎样构成价值；蒲鲁东却把价值当作出发点，同他来构成一个新的世界。”“在李嘉图看来，劳动时间确定价值这是交换价值的规律，而蒲鲁东却认为这是使用价值和交换价值的综合。李嘉图的价值论是对现代经济生活的科学解释，而蒲鲁东的价值论却是对李嘉图理论的乌托邦式的解释。”①他所引申的这一结论是不科学的，他认为“构成价值”的出路在于建立一种新的交换制度，使一切商品都可以按其“构成价值”（劳动实现）等价交换。

思考题

1. 试论克劳德·昂利·圣西门的劳动经济思想。
2. 简述弗朗斯瓦·马利·沙尔·傅立叶的劳动经济学说。
3. 试论路易·勃朗的劳动经济思想。
4. 试论比埃尔·约瑟夫·蒲鲁东的劳动经济思想。

---

① ［德］马克思，恩格斯. 马克思恩格斯全集. 第4卷. 北京：人民出版社，1965

第三篇 新古典劳动经济学时代

第 15 章 边际效用学派的兴起

15.1 边际效用学派的形成

边际学派最初是以主张边际效用价值论而出现的，效用价值论是以物品满足人的欲望的能力或人对物品效用的主观心理评价解释价值及其形成过程的经济理论，同劳动价值论相对立。但是，以效用说明商品价值的观点可以追溯很远。早在 17—18 世纪，有些资产阶级经济学家的经济学著作中就有了相关的明确表述和充分发挥。

英国早期经济学家尼古拉·巴本（Nicholas Barbon）是最早明确表述效用价值观点的思想家之一。他在《贸易概论》（1690）一书中指出，一切商品的价值都来自它们的效用；一切物品能满足人类天生的肉体和精神欲望，才成为有用的东西，从而才有价值。意大利经济学家斐迪南特·加利阿尼（Ferdinando Galiani）是最初提出主观效用价值观点的人之一。他在其名著《货币论》（1750）中指出，价值是物品同人的需求的比率，价值由效用和物品稀少性决定。加利阿尼把价值不仅归结为效用，而且归结为稀缺的效用，可以说是边际效用分析的开端。

效用价值论在 18 世纪下半期和 19 世纪初期处于踏步不前状态。产业革命的实现和社会生产力的大发展，为资产阶级古典政治经济学建立劳动价值论和以它为基础的理论体系创造了客观前提。英国古典政治经济学的代表亚当·斯密和大卫·李嘉图在阐述劳动价值论的过程中，对效用价值论进行了有力的批判。在这一时期，尽管还有一些经济学家，如英国的罗德戴尔伯爵和法国的让·巴蒂斯特·萨伊仍然坚持效用价值观点，但他们并没有给这种理论增添新内容。

19 世纪 30 年代后，在对抗古典经济学劳动价值论的背景下，逐渐出现了边际效用价值论。英国经济学家威廉· 福特·劳埃德（W. F. Lloyd，1795—1852）是这一理论的直接先驱者之一。他在 1833 年出版的《关于价值要领的讲义》中提出，商品价值只表示人对商品的心理感受，不表示商品某种内在的性质；价值取决于人的欲望及人对物品的估价；人的欲望和估价会随物品数量的变动而变化，并在被满足和不被满足的欲望之间的边际上表现出来。他实际上区分了总效用和边际效用这两个概念，虽然没有明确表述边际效用决定价值，但已提出边际效用价值论的思想。与此同时，爱尔兰经济学家萨米尔·蒙蒂福特·朗菲尔德（Samuel Mountifort Longfield）也发表了类似观点。他认为，物品市场价格总是由能够引起实际购买的最低程度的需求强度调节的。与传统的供求价值论不同的是，朗菲尔德不限于指出供给和需求，而且试图提示隐藏在供求背后的因素，即生产成本和效用。他认为，每一商品的成本和它的效用间接影响价格。他的价值论是边际成本论和边际需求论的综合。

15.2 萨米尔·蒙蒂福特·朗菲尔德

萨米尔·蒙蒂福特·朗菲尔德（Samuel Mountifort Longfield，1802—1884）是爱尔兰古典经济学家、边际效用学派的先驱者。他出生于教区牧师之家，1823 年从都柏林三一学院毕业后任法官，1832 年被聘为三一学院新设的政治经济学讲座首位主持人，1834 年又任都柏林大学法律教授。此后，他主要从事法律工作，并一度任爱尔兰土地法庭法官、都柏林统计协会主席等职务，1863—1867 年任爱尔兰国家社会调查学会会长。尽管他在法律事业上更有名，但他仍出版了几篇颇有真知灼见的经济学讲义。他对价值的决定因素、收入分配和资本性质的分析都很深刻。他在著作中对边际问题的分析，主要归功于他卓越的数学才能。他的主要著作有《四篇论济贫法的讲义》（*Four Lectures on Poor Laws*，1834）、《政治经济学讲义》（*Lecture on the Political Economy*，1834）及《三篇论贸易的讲稿和一篇论旷工的讲义》（*Three Lectures on Commerce and One on Absenteeism*，1835）。他还发表了一些有关银行与通货、土地租借等问题的文章。

朗菲尔德是边际主义价值论乃至边际生产力论的先驱。在经济学说史上，他是最早试图运用边际方法建立资产阶级经济理论的第一个英国经济学家。朗菲尔德在补充和解释李嘉图价值理论的名义下，比劳埃德更进一步地接近了以边际成本和边际需求影响和决定价值为内容的边际主义价值论。他指出，商品的价值取决于供给和需求，“即每一物品的价值随供给由需求而定”，“由供求规定的价格将足以使供给与有效需求相等。有效需求即导致实际购买或消费的需求”，[①] 而竞争则保证供求之间的平衡。他首先分析了影响商品价值决定的第一个方面即供给，在他看来，商品的生产成本和效用通过影响供给来间接影响和决定价值。他认为，商品价值来源于具有生产力的劳动、资本和土地的生产性贡献，而商品价值中用劳动衡量的那一部分，是在最不利条件下，为生产一定量的商品需要花费的最多的劳动。他实际上提出了边际成本的要领，并且反对李嘉图把边际劳动作为一切商品全部价值的唯一尺度。他认为，所有的商品中都存在这样一部分，其价值可归结为劳动的，只是全部商品价值中的一部分，而不是它们的全部，资本和土地的边际生产力也是商品价值的尺度和源泉。

朗菲尔德在他的价值论的基础上，提出了最初的边际生产力分配理论。他还把边际分析引进地租理论，承袭了李嘉图包含有边际分析的级差地租理论。他说：“决定和调节

① Longfield, S. M. *Lecture on the Political Economy*, London: repint, 1931

农产品生产成本或自然价格的，是以最大量劳动从事耕作的那部分生产的费用。”① 同时他又把地租归结为土地的生产，即土地具有生产出更多产品的能力。他还把边际分析引进利润理论。在朗菲尔德看来，利润是资本报酬的基本形式，是劳动者为眼前支付而付出的“折扣”。“雇主按照契约向劳动力支付工资，他直接支付工资。作为回报，他得到劳动者劳动的价值，以获得最好的收益。雇主通过这一转变得利润。劳动者固定或转移到任一物品上的价值，多于劳动工资，其中的差额就是资本家垫付所带来的利润，它是劳动者为当场支付而付出的折扣。”② 资本是用于生产或交换以取得利润的财富。他把资本功能进一步归结为使现在利益同未来利益实现均等，而这一切均归结为资本的生产力。他还探讨了利润大小的决定问题。他指出，“利润率必定要由效率最低资本的场合来决定”。每个产业所用资本一定会发现利润的水平和高度，是由效率自然的最低的那部分资本的利润决定的。这里实际上提出了边际资本效率或资本的边际生产力的概念。

朗菲尔德从资本最初积累的角度考察时指出，没有资本之助，劳动者效率很低；有了资本，劳动效率提高。但同量资本由不同能力的劳动者使用，效率也不会一致。“随着机器设备的增加，能力较低的其他工人也被雇用，按照上述原理，利润率必定要由效率最低资本的场合决定。”③ 他还论证说，由于雇主之间，劳动者之间，以及劳动者与雇主之间的竞争，使利润率恰好等于效率最低资本场合，不高于它也不低于它。朗菲尔德的这些分析，在后来的边际生产力论者著作中得到了充分发挥。

关于工资，朗菲尔德没有提出边际原理，不过已涉及劳动生产力。他反对古典学派把工资归结为劳动者所需的最低生活资料的价值或劳动的生产成本的观点，认为劳动工资如同任何其他物品的价值一样，取决于供给和需求的比例。在他看来，供给是指现存的劳动者人数，需求则取决于劳动者从事的工作的效用和价值。他已是从需求方面论证工资由劳动边际生产力决定的分配原理了。朗菲尔德由此得出结论：“工资必定出自劳动者劳动的产品，或这些产品的价格。而且，实际上，劳动工资的要素是“利润率和劳动生产力，这些劳动是被雇用来生产从中支付工资的那些商品的。”④

朗菲尔德边际生产力分配论具有辩护论的性质。关于劳动和资本的关系，他以竞争为由，发表了与古典经济学派截然不同的看法。他反对李嘉图关于资本、利润和工资相对立的观点。在他看来，各个契约的各个当事人都有同样的机会捞到彼此对立的利益。尽管各个当事人力图多得到少给，然而，其他人的竞争会阻止这一相反的利益去损害对方，竞争事先就把它从契约中予以排除了。因而在以最好最省的方式生产了交换的物品方面，各个当事人均有共同的利益。

---

① Longfield, S. M. *Lecture on the Political Economy*, London: repint, 1931
② Longfield, S. M. *Lecture on the Political Economy*, London: repint, 1931
③ Longfield, S. M. *Lecture on the Political Economy*, London: repint, 1931
④ Longfield, S. M. *Lecture on the Political Economy*, London: repint, 1931

15.3 安东尼·奥古斯丁·古尔诺

安东尼·奥古斯丁·古尔诺（Antoine Augustin Cournot，1801—1877）是法国数学家、经济学家和哲学家，数理经济学的创始人之一。他出生于法国格雷，早年进入巴黎高等师范学校学习数学，1823年获得该校理学学士学位，1829年获得巴黎大学理学博士学位。古尔诺是第一位打入经济学界的真正数学家。1833年，古尔诺开始出任法国里昂大学的数学教授，还曾担任过数学学院院长的职务。他的第一本学术著作写的是概率论，而接下来就将研究对象由数学转移到了经济领域，并运用其娴熟的数学分析方法于1838年写出了他的第一本经济类学术专著《财富理论的数学原理之研究》(*Recherches sur les principes mathematiques de la theorie des richesses*)。从此，人们就把1838年定为数理经济学派崛起的年份。这是一本研究水平极高的著作，超越了当时研究经济学的学者的普遍水平，但由于是法文版，因此没有引起人们太多的注意。由于古尔诺的超前性，大多数研究经济的人搞不懂他的著作，使古尔诺大为失望。直到25年后的1863年才出版了他的第二本经济学著作《财富理论原理》(*Principes de la théorie des richesses*)，使用所谓的文字语言专门解释他的第一本著作。1877年，古尔诺又出版了《经济学说简评》(*Revue Sommaire des doctyines économiques*)。

安东尼·奥古斯丁·古尔诺
1801—1877

古尔诺的伟大贡献在于他首先建立了正确的市场与价格理论，并且明确指出根据年度资料建立起的消费函数本身是经验性的而非先验性的。他在市场与价格分析中，力图用函数原理、微积分法和求最大及最小值、概率、预测与决策等数学方法来研究和表述某些经济范畴、市场关系和经济运行规律，正确描述了某些经济关系中的数量关系。他关于需求函数、弹性理论、垄断产品价格取决于需求及无限竞争厂商价格等于边际成本的分析提供了微观经济学的基本理论。古尔诺的实证经济学及他倡导的用于研究具体经济问题的数字方法，使他成为计量经济学派的先驱者。他是第一位把数学方法运用到经济学分析中的经济学家，因而被看作是数量经济学的鼻祖。古尔诺也是边际效用价值论的先驱者之一。他认为，在价格决定中，“需求规律”始终居于主导地位。他指出：“一般说来，一个物品越便宜，对它的需求越大。”“价格下降，售卖和需求通常就增加。”①他还列出了这个函数式：$D=F(P)$，这一公式表明需求是价格的函数，需求随价格的变化而反向变动。这一函数公式在他看来是一个连续的函数，价格的任何无限的小量变动

① Augustin Cournot, *Researches into the Mathematical Principles of the Theory of Wealth*, trans. New York: Macmillan, 1929

都相应会有需求无限小量的变动与之相符合，并以此考察了垄断和竞争条件下的价格决定原理。不过，一直到他去世之后，英国经济学家威廉·斯坦利·杰文斯（William Stanley Jevons）、阿弗里德·马歇尔（Alfred Marshall）继续他的事业之前，他的先驱性的工作并没有受到经济学界的重视。

古尔诺第一个提出了纯粹竞争、双头垄断和纯粹垄断问题的数学模型。在分析对制造青铜所使用的铜和锌的需求时，他最早提出了推导资本需求的完整模型。作为边际分析的先驱者，古尔诺的许多分析都集中在总成本和收益数的变动率上。这种变动率，即数学中的导数被变成了经济学家所涉及的边际成本和边际收益。古尔诺从纯粹垄断开始分析，然后再对竞争者的市场环境进行分析。古尔诺对经济分析的贡献中有两项分析特别值得注意，即他对纯粹垄断和双头垄断情况的分析。

古尔诺是第一位对垄断行为分析，并得出利润最大化原理而享有盛名的经济学家。他提出，假定某人拥有一矿泉水，而这矿泉水又单独具有保健功能。他把每升水的价格定在 100 法郎的过高价格，导致需求不足。因此，他把每升水降到使他得到最大利润的点上，在经过不同的实验后，最终采取能使产品总收益最大的方案。

古尔诺假定获得矿泉水的总成本和边际成本都为 0。在这种情况下，总利润将在总收益达到最大时的产量上实现最大化。通过计算，古尔诺指出，这个数量就是总收益函数的导数为 0 处的产量。图 15—1 说明了古尔诺的这一理论。在图 15—1 中，矿泉水的所有者面临着一条向右下方倾斜的需求曲线 D。边际效益曲线 MR 位于需求曲线的下方，因为更低的价格会与全部矿泉水的销售有关，而不仅仅涉及那个额外的销售量。这就是说，每增加一单位销售都将把其价格增加到总收益上去，但是，如果不能增加额外单位

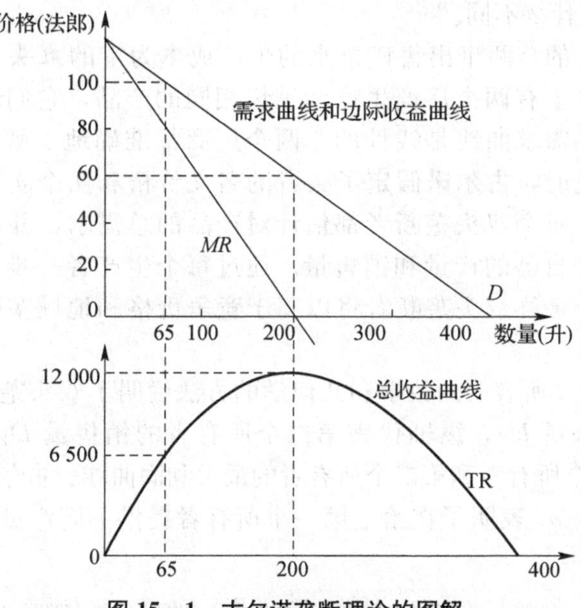

图 15—1　古尔诺垄断理论的图解

资料来源：Augustin Cournot，*Researches into the Mathematical Principles of the Theory of Wealth*，trans. New York：Macmillan，1929

的销售，在其他单位矿泉水上得到的价格将会是较高的。这种潜在收益的损失必须要从额外销售的矿泉水所得到的收益中扣除。当每升矿泉水要价为100法郎时，能销售65升，总收益是6 500法郎。当价格为60法郎时，销售额200升，总收益升到12 000法郎。任何高于或低于60法郎的价格都将减少总收益，所以总收益及在这个例子中的总利润在60法郎价格上达到最大化。在这种产出和价格结合上，图15—1中的边际收益是0，边际成本MC也是0，于是，$MR=MC$。这是实现利润最大化的条件。

古尔诺把他的理论扩展到边际成本为正的条件下。他说，面临边际成本为正的垄断者将在$MR=MC$处的产量水平上，实现利润最大化。这种规律也运用了大量竞争者存在的条件下。

古尔诺还提出了关于两个企业竞争的双头垄断市场的模型，这是经济学家分析寡头市场结构中卖者行为和表现的首次尝试。古尔诺模型假定一种产品市场只有两个卖者，并且相互间没有任何勾结行为，但相互间都知道对方将怎样行动，从而各自怎样确定最优的产量来实现利润最大化。因此，古尔诺模型又称为双头垄断理论。

"为了形成对于垄断的可以理解的一般性看法，我们已经设想过有一处矿泉水和一个所有者的情况。现在我们再设想有两个所用者和两处质量相同的矿泉水的情况。在向同一市场上竞争提供矿泉水方面，它们的规模都较小。这种情况下，对每个矿泉水所有者而言，价格都必定是一样的。如果P是这种价格，$D=f(P)$为总销售量，D_1和D_2分别为第一种矿泉水和第二种矿泉水的销售量，它们中的每一方将各自需求收入的最大化。"①"我们说各自独立的每一方，将只受到非常基本的限制。因为如果他们同意这样以获得各自尽可能大的收入的话，结果将是完全不同的，至于消费者所关心的东西，则与垄断市场下获得的没有什么不同。"②

古尔诺模型分析的是两个出售矿泉水的生产成本为零的寡头垄断厂商的情况。古尔诺模型的假定市场上有两个厂商生产和销售相同的产品，它们的生产成本为零；它们共同面临的市场的需求曲线是线性的，两个厂商都准确地了解市场的需求曲线。在形成其双头垄断理论时，古尔诺假定了买者的名义价格和两个卖者仅仅按照这个价格调整其产量的情况。每个双头垄断者都估计对产品的总需求，并在假定对手的产量保持不变的情况下安排自己的产量和销售量。通过每个生产者一步一步的产量调整，达到一种稳定的均衡，最终双头垄断者将以高于竞争价格和地域垄断价格销售相同数量的产品。

古尔诺以图15—2所表明的数学和几何学的方法说明了双头垄断的情况。横轴代表第一个所有者的销售量D_1，纵轴代表第二个所有者的销售量D_2。曲线m_1n_1和曲线m_2n_2分别表示第一个所有者和第二个所有者的最大利润曲线。古尔诺从其数学方程推导出这些曲线。曲线m_2n_2表明了在给定第一个所有者提供不同产量水平时，能使第二个

① Augustin Cournot, *Researches into the Mathematical Principles of the Theory of Wealth*, trans. New York: Macmillan, 1929

② Augustin Cournot, *Researches into the Mathematical Principles of the Theory of Wealth*, trans. New York: Macmillan, 1929

所有者的利润最大化的特定产量水平。曲线 m_2n_2 上的点 a 是说明性的，如果第一个所有者销售 x_1 单位矿泉水，那么，第二个所有者将会发现通过销售 y_1 单位产品可使其利润最大化。另一方面，曲线 m_1n_1 表明了第一个所有者和第二个所有者提供不同产量水平时，其利润最大化的产量水平。例如，该曲线上的点 b 表明，如果第二个所有者提供 y_1 单位的产品去销售，第一个所有者将会选择提供 x_2 的产量，以便使其利润最大化。由于这些曲线的建立，每个所有者将对对手提供的销售量做出反应，这种曲线就叫作反应曲线。

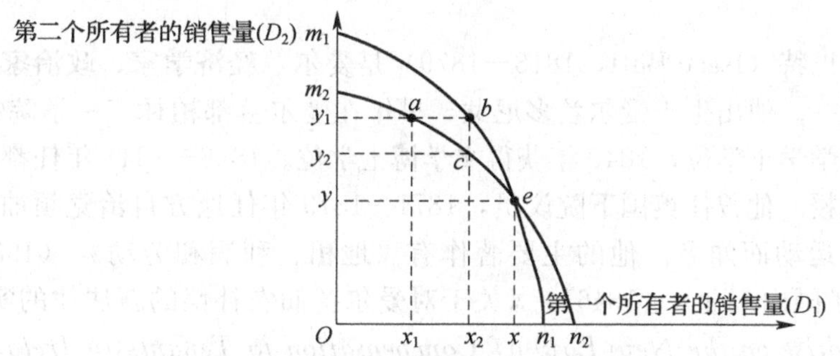

图 15—2　古尔诺的双头垄断模型

资料来源：同图 15—1。

要表明第二个所有者的反应曲线上的点 a 和第一个所有者的反应曲线上的点 b 所建立的产品水平无法保持下去是相当简单的。如果第一个所有者销售 x_1 单位矿泉水，则第二个所有者将销售 y_1 单位矿泉水。随后，第一个所有者又将如何反应呢？他做出的反应是将销售（点 b 处的）x_2 单位矿泉水，因为当产量 D_2 具有 y_1 单位时，x_2 将使其获得最大化利润。一旦第一个所有者提供 x_2 单位矿泉水，第二个所有者就将做出反应，（在曲线 m_2n_2 上的点 c 处）提供 y_2 单位矿泉水。这种调试过程一直继续下去，直到在点 e 处达到均衡。注意，在两条反应曲线死亡这个交点上，双头垄断者每一方都将销售相同数量的产品（$x=y$），并在给定别人产量的情况下得到最大化利润。古尔诺认为，这个位置"是稳定的，就是说，如果生产者中的哪一个为了他的真正利益而被误导，使得均衡暂时被偏离，那么，通过一系列反应，通常是其产量幅度的下降，其将回到均衡点"。①

对现代劳动经济学来讲，古尔诺最为引人注意的贡献是他提出的双寡头模型。该模型在当前经济博弈论的研究中再次得到范例。从双寡头模型出发，通过假设生产者人数不断增多，他研究了在完全竞争条件下的产量和价格决定，正确地指出完全竞争的特征是个别厂商的产量变化无法影响价格，指出保持竞争的条件是各厂商的边际成本递增，否则便会由竞争导向垄断。此外，他在市场与价格分析中，第一次区分了固定资本和变动成本，定义了边际成本和边际收益，这使他成为现代垄断理论的先驱。当然，需要指

① Augustin Cournot，*Researches into the Mathematical Principles of the Theory of Wealth*，trans. New York：Macmillan，1929

出的是，尽管古尔诺的简单模型启发了许多劳动经济思想，如寡头模型、双边谈判及现代博弈论中关注猜测变量的各种假定等，都受到它的启发。但是，古尔诺的分析是基于众多的假设前提，而只要改变任何其中一个就会得出不同的结论。例如，两个厂商的产品存在差异、每个厂商的生产能力有限等，这些后来都被弗朗西斯·伊西得罗·埃奇沃思（Francis Ysidro Edgeworth）和伯特兰等所发展。

15.4 伊萨克·巴特

伊萨克·巴特（Isaac Butt，1813—1879）是爱尔兰经济学家、政治家、边际效用学派的先驱者之一。他出生于爱尔兰多尼戈，早年在爱尔兰都柏林三一学院学习，1835 年获得该学院文学学士学位，1840 年获得文学博士学位。1836—1841 年任都柏林三一学院惠特利讲座教授。他曾任英国下院议员，1871—1879 年任地方自治党领袖。他以积极从事爱尔兰自治运动而闻名。他的主要著作有《地租、利润和劳动》（1938）、《概论》（1838）、《保护国内工业》（1846）、《关于对爱尔兰佃农补偿的新法律的实用论文》（*A Practical Treatise on the New Law of Compensation to Tenants in Ireland*，1871）及《爱尔兰的地方政府》（*Home Government for Ireland*，1874）等。他在《地租、利润和劳动》等著作中，把萨米尔·蒙蒂福特·朗菲尔德的边际生产力利润论和让·巴蒂斯特·萨伊的价值论结合起来，试图提出更完整的边际效用归算论，因而受到人们的关注。

萨伊提出了著名的生产三要素论和三位一体的公式。按照这套理论，效用决定物品的价值，而效用是由生产的三要素——劳动、资本、土地共同协力创造的，都提供了生产性服务，工资、利润和地租就是对各要素所提供的服务的报酬。巴特看到，萨伊的生产三要素论为三位一体公式提供了一个适当的基础，但这一公式并没有指明归算给各要素分配额的具体方法和标准。他还得到朗菲尔德的边际生产力利润论及古典经济学派的级差地租论的归算方法和标准，但是缺乏一个可以接受的价值论基础。于是，巴特试图将萨伊的效用价值论同朗菲尔德的边际生产力利润论结合起来进行论证。

巴特采纳了萨伊的观点，把产品或其他市场价值理解为效用，即各要素所创造的效用。他指出，商品的市场价格决定于它们的效用和稀缺性。他既不同意单用劳动，也不同意用资本来说明商品价值的决定，因为劳动和资本都具有稀缺性，而且在多数商品的生产中协同参与，而非单独使用。问题在于，劳动和资本协同生产的产品之间的交换如何决定？这又涉及另一个更基本的问题，即资本和劳动之间的相对价值如何决定？他发展了朗菲尔德的边际生产力利润理论，认为劳动和资本之间的相对价值决定于一国的全部资本皆能得以使用的那一点。而且，各资本的竞争将确保资本所交换的劳动产品，等于劳动以效率最低方式协助资本之成果。换句话说，资本与劳动交换比例取决于它们的边际产品，即边际效用。①

不过，伊萨克·巴特没有得出边际效用决定于一般商品价格的结论。巴特试图论述各生产要素的报酬是同它们各自的边际使用上所创造的效用相符合的。尽管他没有做出这样明确的表述，但由于他将效用论和边际生产力利润论和级差地租论联系起来进行边际效用分析，无疑比萨伊、朗菲尔德等古典经济学家前进了一步。

15.5　约翰·海因里希·冯·杜能

约翰·海因里希·冯·杜能（Johann Heinrich von Thünen，1783—1850）是德国重要的数理经济学家、经济地理学和农业地理学的创始人，也是边际生产力分配论的主要先驱者。他出生于德国西北部沿海城镇的一个地主之家，早年曾研习农业经营技术。从格廷根大学毕业后，他结识了当时德国著名的农业理论家特尔，特尔对他所研究的整个农业方向产生过决定性的影响。后来他亲自经营庄园，这为他以后写作提供了丰富的感性材料。1826年，他在《孤立国与农业和国民经济学的关系》（*Der Isoliterte Staat in Beziehung auf Landwirtschaft und NationalÖkonomie*）一书中，研究了孤立国的产生布局，不仅充分讨论了农业、林业、牧业的布局，而且考虑了工业的布局。他根据当时德国农业和市场的关系，摸索出因地价不同而引起的农业分布现象，提出了一种涉及农产品生产与销售市场距离不同会得到不同利润的理论。由此，他成为区位理论和农业经济学的先驱者。1850年他又发表了《孤立国》第二卷，副题为《论合乎自然的工资及其与利率和地租的关系》，被视为经济地理学和农业地理学的开篇之作。

约翰·海因里希·冯·杜能
1783—1850

杜能作为现代西方生产区位和工业布局理论的先驱者，把边际分析从地租论扩展至利润论、工资论，较为完整地考究了边际要素生产力分配问题。在方法论上，他不同于当时在德国经济学界占统治地位的历史学派。他反对以对经济现象和历史事实的罗列及描述来取代理论分析，主张运用抽象法探讨客观经济规律。

杜能在经济研究中还应用数学方法，力图把观察方法、会计核算方法同包括代数学和微观积分在内的高等数学结合起来。在《孤立国》一书中，他大量采用数学表达方式，建立数理模型，用数学推导表达自己的研究结论。他是较早地把微分学和增量分析的数学方法引进经济研究的资产阶级经济学家之一。他在考究某些具体经济问题时，往往借助微分学对经济变量的增量进行分析。杜能对这种包括增量分析方法或边际分析方法的数学方法在经济研究中的作用，作了正确的评价。他指出，数学方法有助于准确地认识

---

①　晏智杰. 经济学中的边际主义. 北京：北京大学出版社，1987

规律性的东西，有助于发现经济学的落后状态，但是数学方法并不是研究经济的主要方法和唯一方法。

杜能的核心理论是边际要素生产力分配论。他的孤立国经济模式是抽象法和边际分析法运用自如的典型。他的边际分析把商品价格、价值最终归结为劳动生产力，而不是归结为主观评价。

在地租理论方面，杜能借助边际分析方法说明级差地租。他认为各个圈内所产农产品的生产和运输费用是不相等的，生产地距城市越远，费用越高，反之越低。而在城镇出售的农产品都按统一的市场价格出售。因此，"城市只有支付这样的价格，即至少足以补偿最远地点生产的为城市所需的谷物的费用和运输的费用，才能得到谷物的供应。""谷物的价格必须保持这样的水平，即为了满足对谷物的需求，向市场提供谷物最贵的田庄的生产仍是必要的。"① 在他看来，农产品市场价格必须能使最边远地区的土地资本足够支付地租并获得应得的利润，至少不能从利润中支付地租。换句话说，农产品市场价格由最边远的区域内生产和运输谷物的费用（包括利润）决定。

杜能进而独立提出工资和利息的边际生产力原理。他认为，生产物是劳动和蓄积劳动即由生产工具、机器和建筑物等资本来创造的，而资本的作用在于使劳动生产率提高。在他看来，工人单靠双手创造的超过他在生产时所消费的生活必需品的余额是工资，如果工人再借用资本来生产，那么，凭借资本所生产的超过工资和生活必需品的余额就是使用资本来支付的租金，即利润。杜能提出，资本所得余额的增加并不是同资本量的增加成比例的。不管如何使用工具和机器，资本的使用总有一个界限。超过这个界限，资本的进一步增加甚至不再产生租金。随着资本积累的增加，资本的生产力给资本带来的效益和报酬是递减的。他得出结论："全部资本在出借时提供的租金是最后投入的那部分资本的效益决定的，这是利息学说的要义之一。"② 这里所说的最后投入的那部分资本的效益实际上就是后来提出的资本边际效用。

杜能由此把工资归结为劳动的边际生产力。在他看来，随着雇用劳动者人数的增加，新增工人所增加的产量递减，从而劳动生产率趋于下降。他进而指出，工人劳动的价值也就是他的劳动报酬（工资），而工资则等于在大规模经营中最后雇用的生产率最低的工人所增加的产量；如果工资提高，最后雇用的工人的收入就会超过他劳动的价值；由于不能弥补生产费用的劳动会耗尽财富，因此必将导致雇主解雇工人，直至最后留用的工人的产品价值等于提高的工资额。③ 他说："企业主，不论是田庄主还是工厂主，他们雇用工人的数量只能增长到这样的限度，即增雇的工人还能对他们有利，这是符合他们的利益的。因此，增雇工人的界限就在于最后一名雇用工人的增产量。"④ 在他看来，最后一名工人之前的那些劳动者为资本所有者提供了超过工资的剩余，因此最后劳动生产率法则就是剥夺劳动的法则。

---

① ［德］杜能. 孤立国与农业和国民经济的关系. 北京：商务印书馆，1986

② ［德］杜能. 孤立国与农业和国民经济的关系. 北京：商务印书馆，1986

③ 颜鹏飞. 西方经济思想史. 北京：中国经济出版社，2010

④ ［德］杜能. 孤立国与农业和国民经济的关系. 北京：商务印书馆，1986

杜能还运用孤立国的抽象模型探讨合乎自然工资的决定，因为这将使问题变得简单。他发现在孤立国可耕平原的边境地带，土地租金为零，农产品的产出除了支付利息，剩下的是工资。如果工资提高，地租便为负数，土地所有者就会放弃经营。由此看来，提高工资似乎是不可能的。但杜能发现，上述结论的前提是利率不变。而只要利率能够降低，工资就有可能提高。

为了探讨这一规律，杜能建立了以下数理模型：令某田庄的资本为 Q，雇用的工人人数为 n，从田庄的毛收益减去各种成本后的剩余被称作劳动产品，工人人均劳动产品为 P；一个工人一年的工资为 A，其中生活必需品为 a，非生活必需品为 y，即 $A=a+y$；用 A 去除 Q 得到的是资本相当于一个工人工资的倍数，令其为 nq，其中的 q 表示资本可以使用工人劳动的年份数。当 n 为1时，q 就代表资本可以使用一个劳动的年份；当 q 大于1时，q 就代表资本可以使用全部工人的年份。于是得出下列公式：

$$\frac{Q}{A}+\frac{Q}{a+y}=nq,\ Q+nq(a+y) \tag{15—1}$$

因为劳动总量为 nP，工资总额为 $n(a+y)$，于是资本所有者的净收益为 $n[P-(a+y)]$，资本的收益率或者利率为：

$$z=\frac{n[P-(a+y)]}{Q}=\frac{n[P-(a+y)]}{np(a+y)}=\frac{P-(a+y)}{q(a+y)} \tag{15—2}$$

由公式（15—2）可得：

$$A=a+y=\frac{P}{1+qz} \tag{15—3}$$

公式（15—3）表明了工资 A 与利率 z 之间的负相关关系，说明确实可以通过降低利率而提高工资。那么是否可以让利率将为零来最大限度提高工资呢？

假设工人用其收入中的 y 进行投资，则其所得的利息收益按照通常的利率 z 计算为：

$$zy=\frac{[P-(a+y)]}{q(a+y)} \tag{15—4}$$

令式（15—4）对 y 的一阶导数为零，可得：

$$A=a+y=\sqrt{ap} \tag{15—5}$$

杜能把 $\sqrt{ap}$ 称作“合乎自然的工资或自然工资”。[①] 即自然工资等于工人必需品和劳动产品的几何平均值。其中，a 为工人的必要生活资料数量，p 为工人的产品数量。简单假设 $a=4$，$p=9$，则 $A=6$。

杜能进一步推导了使工人的利息收入 yz 最大化的利率 z^*。[②] 由式（15—2）可得：

$$qz(a+y)+p-(a+y),\ (1+qz)(a+y)=P$$

即：
$$a=y+p/(1+qz) \tag{15—6}$$

于是：
$$y+p/(1+qz)-a \tag{15—7}$$

假设工人贷出 y，可得利息为：

① ［德］杜能．孤立国与农业和国民经济的关系．北京：商务印书馆，1986

② ［德］杜能．孤立国与农业和国民经济的关系．北京：商务印书馆，1986

$$yz + pz/(1+qz) - az \qquad (15—8)$$

令式（15—8）对 z 的导数为零，则可得使工人所得利息最大化 z^* 为：

$$z^* + \frac{\sqrt{ap-a}}{aq} \qquad (15—9)$$

由公式（15—9）可知，工人利息收入最大化要求利率不能为零，把利率降低到零未必符合工人的利益。把式（15—9）中的 z^* 代入式（15—6），则，

$$A = a + y = \sqrt{ap} \qquad (15—10)$$

这就是保证工人利息收入最大化的工资收入水平。

从杜能的整个推导过程来看，其前提假设是工人能够并且愿意其工资的一部分进行投资，并且追求投资收益最大化。在这些假设前提下，工人最优的工资水平应当等于其必需品与其人均劳动产品的乘积的开方。这个最优水平与必需品和人均劳动产品都正相关。当人均劳动产品等于必需品时，它也就等于必需品；当人均劳动产品大于必需品时，它又总是低于人均劳动产品。所以，它被称为分享工资论，因为它表明，即便为工人的利益考虑，也要求把劳动产品在工人和资本所有者之间分享，而不是全部归工人或者全部归资本所有者所有，即最优的利率必须界于 0 和 1 之间。可见，这是一个主张收益分享劳资协调的工资理论。[①]

杜能在西方劳动经济学史上，尤其在边际分析史上占有一定的地位。他是较为完整的边际生产力分配论的主要先驱者，也可能是第一个提出工资决定的边际生产力论，并且是较早地把边际分析方法应用于经济研究的少数西方经济学家之一。他所提出的抽象法是不完备的，因而从总体上并没有对资本主义经济关系做出符合现实运动的分析。而边际要素生产力理论，尽管具有庸俗成分，但不可否认的是，他的论证是非常超前的，基本上以数理方法为主，其中也包含有合理的因素。

15.6 赫尔曼・海因里希・戈森

赫尔曼・海因里希・戈森（Hermann Heinrich Gossen，1810—1858）是德国经济学家、边际效用理论的先驱者。他出生于德国西部的迪伦，1829—1833 年先后在波恩大学学习法律和公共管理学课程，毕业后曾当过律师、地方政府税务官，并与他人合办过保险公司，后退出经营，专心致力于经济学研究与写作。他最先明确提出了人类享乐法则，并以恶邪法则为基础，阐述了价值、生产、劳动和价格等问题，建立了一个相当完整的以主观价值分析为特征的经济理论体系。这一体系为后来的以边际效用论为核心的主观价值学的兴起奠定了基础。戈森对经济学的主要贡献是他在 1854 年出版的《人类交换规律与人类行为准则的发展》（*Die Entwicklung der Gesetze des menschlichen Verkehrs und der daraus fließenden Regeln für menschliches Handeln*）一书中，运用图表和数理方程，提出了边际效用价值论的几乎所有重要的命题。然而，这本书问世后并未引起人们

---

① 张旭昆．杜能经济理论简介．经济思想史评论．2007（1）

的注意。这主要是因为在当时的德国经济学中，历史学派占据了主导地位。19世纪70年代，法国经济学家莱昂·瓦尔拉斯（Leon Walras）和英国经济学家威廉·斯坦利·杰文斯（William Stanley Jevons）发现并肯定了戈森学说的价值与意义，推崇他为边际效用学派的先驱。自此之后，戈森的经济理论才开始为人们所重视，在国际上产生了重要影响。

赫尔曼·海因里希·戈森
1810—1858

戈森把人类行为的目的在于获得最大效用或享乐这一功利主义原理，作为经济学的出发点。他倡议把经济学改名为关于享乐的学说。这门学说的主要任务在于发现享乐原则，以及阐明关于通过最合理地组织消费和生产的方式，得以最大限度地增加效用或享乐总量的规律。他作为边际经济分析的直接和最主要的先驱者，也是第一位以边际原理为基础发展出完整的消费理论的经济学家。他首先撇开生产从消费着手，系统地阐述了著名的边际效用递减规律和边际效用相等规律，并用边际分析的数学方法予以说明和论证。

戈森假定人以追求享乐最大化为目的，即使是禁欲主义者也不例外，因为他们是以死后进入天堂为目的的。从这一基本前提假定出发，他提出了后人所说的戈森第一定律，也就是边际效用递减规律。他把这一定律表述成两种形式：一是假定在一次持续的消费行为中，不断地满足一种或相同的享乐。那么，消费者所感受到的享乐程度会连续递减，即人对某种或某些物品的享乐欲望随物品量的增加或需要不断得到满足而下降，而最后达到的一定的饱和点，则是这种下降的极限点。二是假定消费者单纯地重复满足某种已有的享乐，反复的次数越多，则最初的享乐程度越小，享乐持续时间越短，达到饱和也越快，即享乐量的下降程度取决于消费行为重复的频率。在他看来，这种享乐递减法则是上帝赋予的适用于各种享乐的普遍的法则。

戈森第二定律是享乐递减律的引申，用以解决消费者在一系列享乐可供选择，而可供享乐的时间又不是以使各种享乐均达到的饱和状态的情况下，如何找到一种最佳、最合理的处于平衡状态中的消费组合，从而达到最大限度的享乐量的问题。戈森说，理性的人将把支出花费在每种商品上时，要达到这样一点，即在这一点上，花费在每一种商品上的最后一单位货币会带来与花费在其他任何商品上最后一单位货币相同的满足。这可以用符号表示如下：

$$\frac{MU_x}{P_x}=\frac{MU_y}{P_y}=\cdots \qquad (15—11)$$

这里，MU_x 和 MU_y 代表两种不同商品 X 和 Y 的边际效用，P_x 和 P_y 分别是两种不同商品的价格。这条理性消费者的选择规律构成了需求分析的基础，而后者对于边际效用价值论则是十分重要的。在戈森看来，在物品供给有限和人的欲望无限的情况下，应尽可能使各种欲望被满足的程度相等，从而使各类被享用的物品的边际效用均等。此时，人能获得一定量收入下的最大限度的享乐。

戈森进而探讨了最初在研究享乐法则是所抽象掉的劳动因素。他把劳动或运动归结为人们在创造效用过程中的一种主观心理感受过程。他首先区分了两种享乐：一种是间接享乐，即劳动成果给人带来的享乐；另一种是直接享乐，即劳动本身带来的享乐。他着重分析了后者，对劳动本身引起的人的感觉变化的规律作了理论探讨。他指出，劳动的作用无非是把各种物质加以组合，使它成为能够满足人的享乐的物品，所以劳动也就是人的努力、行动和运动。他认为，劳动给人带来的影响既有痛苦，也有享乐；既有反效用，也有正效用，或者说，既有负价值，也有正价值。享乐不仅包括劳动成果给人的享乐，而且也包括劳动或运动本身对人的享乐。

戈森详细分析了劳动本身带来的享乐和痛苦的变化。他说："在我们经过长时期的休息之后，任何运动起先给我们提供享乐。在继续运动时，这种享乐受上述的下降规律（指戈森第一定律）支配。而如果运动一直继续到享乐下降为零时，那么，这时不仅享乐停止，而且在运动进一步继续时，我们就会得到与享乐相反的感觉。"接着，他对劳动带来的痛苦和享乐的异同进行了对比。他指出："不过，这种痛苦不是直接达到最大化并维持不变。在享乐的场合，我们发现享乐是递减的。与此相反，在痛苦的场合，痛苦不断增加，直至人的体力不足以抵挡这种痛苦，从而筋疲力尽地进入了梦乡。但两者也有类似之处。享乐在达到饱和而被中断之后，人的享乐能力将会得到恢复，准确地说，它同中断的持续时间成比例。同样，人的体力经过休息也将得到恢复，它也是同休息时间的长短成比例。这样，他不仅克服了痛苦，而且会又一次感受到运动（指劳动）的快乐。"

戈森照例给出了图例，如图 15—3 所示，ad 表示劳动时间，ac 表示劳动开始时享乐，随着劳动时间的延续，享乐量不断减少；劳动时间为 ab 时，享乐减少到 0，但还没有感到痛苦；超过 ab 时，享乐即将成为痛苦，痛苦随劳动时间的继续而不断增加，劳动时间延至 ad 时，痛苦量为 de。戈森说，如果 ad 表示劳动行为的反复，则图中的 cbe 表示这种反复给人的心理感受的变化。戈森指出，用直线来表示感受的变动趋势，只是为了简化，实际的情形当然会复杂得多。

通过上述的分析，戈森得出结论："当经由劳动所产生的享乐被估价得高于劳动所引起的痛苦时，我们就通过劳动增加了总享乐。"现在的问题是，劳动时间延续到哪一点，才能使得劳动的享乐量达到最大值？为了说明这个问题，戈森作了如下图解（见图 15—4）。

在图 15—4 中，abc 表示从劳动成果获得的享乐，cb 表示该享乐递减过程。$Aghfb$ 表示劳动过程中的主观心理感受，其中 gf 表示享乐递减和痛苦递减过程。当劳动时间为 a 时，从劳动成果获得的享乐为 ac，从劳动本身得到的享乐为 ag，所以 a 的价值＝cg。同理，p 的价值＝$pq+pn=qn$，h 的价值＝ub。超过 h 点，得自劳动成果的享乐仍是正数，而得自劳动本身的享乐则转化为痛苦，所以 k 的价值＝$mk-ik=im$，d 的价值＝0，r 的价值＝$rs-rt=-st$，b 的价值＝$-bf$。在这里，rs 和 $-st$ 表示痛苦，rt 表示享乐，$-st$ 也表示痛苦，$-bf$ 表示全是痛苦。从图中可以看出，在达到 d 点之前，享乐总是大于痛苦。例如，在 k 点时，$mk>ik$。而超过 d 点之后，痛苦已大于享乐。例如，在 r 点，$rs>rt$。只有在 d 点时，享乐量最大，即等于 gec。在 d 点之前或 i 后均不会出现享乐量最大的情形。例如，在 k 点，享乐量仅为 $gimc$；在 r 点，仅为 $gec-ets$ 之余额。

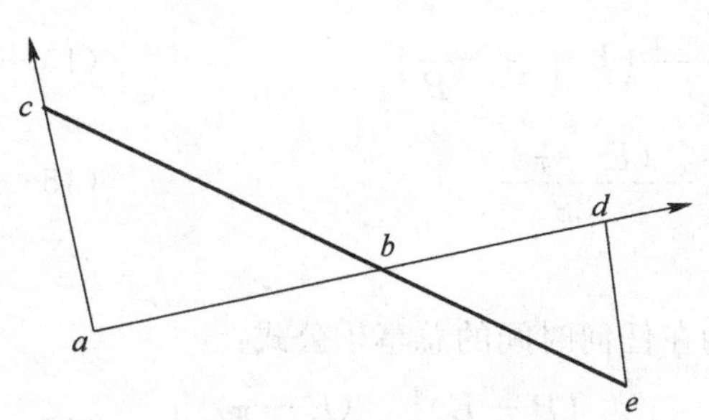

图 15—3　劳动的享乐与痛苦

资料来源：[德] 戈森. 人类交换规律与人类行为准则的发展. 陈秀山译. 北京：商务印书馆，1997

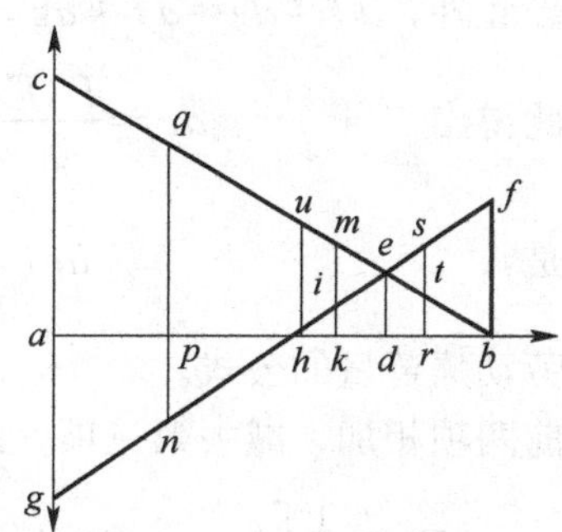

图 15—4　劳动的享乐与痛苦变化（一）

戈森由此得出结论："当 ad 量被生产时，即生产持续到痛苦等于价值时，价值达到最大值。"戈森说，这是就一个产品的生产来说的，如果生产的产品不只一个，则人在生产中所感受的享乐和痛苦也不只一种。这时，只需将它们总和起来加在一起加以计算，而基本的原理是一样的，就是说："为了达到最大享乐，人应将时间和能力在各种享乐中作如下分配，对每种享乐来说，生产的最后的享乐程度等于他在花费努力的最后时刻所经受的痛苦量。"这是戈森第二定律的又一具体运用。

戈森对上述原理作了如下图解。

在图 15—5 中，$adec$ 表示从劳动产品的消费所得的享乐量，agf 表示从劳动本身得到的享乐量，这两者相加，减去 fde 即劳动引起的痛苦量，就得出劳动时间延至某点时所得到的总享乐量。

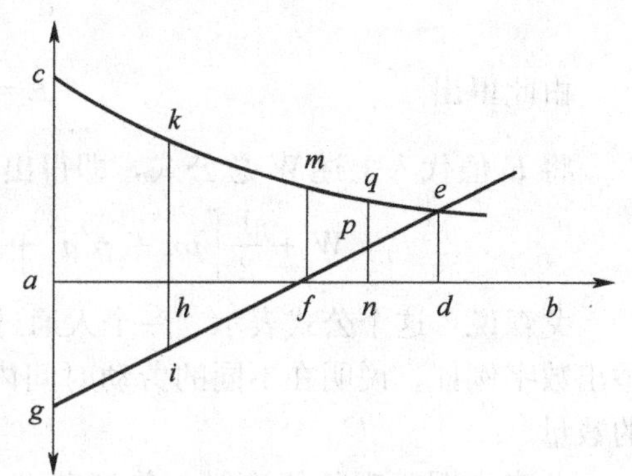

图 15—5　劳动的享乐与痛苦变化（二）

计算消费享乐量的公式是：

$$W_1=\frac{1}{2}\left[Pn+P'n'+P''n''+\cdots+\frac{(P-E)^2}{a}\right] \tag{15—12}$$

其中，P 表示享乐持续到饱和的时间，p'、p''表示不同享乐达到饱和的时间。n、n'、n''表示每种享乐的第一个单位量，E 表示某人利用的全部时间。

$$a=\frac{p}{n}+\frac{p'}{n'}+\frac{p''}{n''}+\cdots \tag{15—13}$$

为得出计算劳动本身享乐量公式，用 π 表示 af，即个人所做出的令人愉快的努力，用 P 表示 ag，即劳动开始享乐，则 $agf=\pi p/2$。

fde 表示劳动痛苦量，它应$=\frac{fd\times de}{2}$。其中，$fa=ad-af=E-\pi$，E 在此表示总劳动量。此外，$df:de=af:ag$，即 $(E-\pi):de=\pi:p$。

由此得出
$$de=\frac{P(E-\pi)}{\pi}+\frac{E-\pi}{\beta}\left(\text{其中 }\beta=\frac{\pi}{P}\right) \quad (15—14)$$

于是，
$$def=\frac{df\times de}{2}+\frac{(E-\pi)^2}{2\beta} \quad (15—15)$$

这就是劳动痛苦量的公式。

将前两项相加，减去第三项，即得出劳动在任何时间的总享乐公式：

$$W+\frac{1}{2}\left[pn+p'n'+p''n''+\cdots+\pi p-\frac{(P-E)^2}{a}-\frac{(E-\pi)^2}{\beta}\right] \quad (15—16)$$

为得出劳动延至最合理时点的最大享乐量，戈森对上述公式作了一些变动。当时间延至 d 时，边际痛苦量$=\frac{E-\pi}{\beta}$。此时，边际享乐$=\frac{P-E}{a}$。在劳动达于 d 点时，两者数值相等；但前者为负值，后者为正值，因而它们之和等于 0，即

$$\frac{P-E}{a}=\frac{\pi-E}{\beta}=0 \quad (15—17)$$

由此得出
$$E=\frac{a\pi+\beta P}{a+\beta} \quad (15—18)$$

将 E 值代入上述 W 总公式，即得出劳动时间为 ad 时的总享乐公式：

$$W+\frac{1}{2}\left[pn+p'n'+p''n''+\cdots+\pi p-\frac{(P-\pi)^2}{a+\beta}\right] \quad (15—19)$$

戈森说，这个公式表示“一个人通过自己的努力可能获得的最大生活享乐”。戈森还举出数字例证，说明在不同的劳动时间内，一个人从劳动中所获得的边际享乐和总享乐的数量。

戈森说明主观价值论时，曾把劳动列入第三类物品，认为劳动的价值同工具机器等物品一样，取决于它们参与生产的消费物品的价值。而在这里在说明劳动论时，戈森又说劳动是享乐和痛苦的源泉，换句话说，是正负价值的源泉，似乎劳动从其本身至少得到一部分价值。在戈森看来，在前一种场合，指的是被雇佣的劳动，它同工具机器一样，被看作是生产的一种要素，其作用在于协同工具机器创造效用和享乐；而在后一种场合，则是指可以自由支配和安排自己劳动时间的生产者，其目的在于从劳动中得到最大享乐。

显然。戈森关于“劳动的反效用法则及其在最大化享乐方面的应用”并不适用于分析雇佣劳动。因为在雇佣劳动者场合根本不具备由他自由支配和安排自己劳动时间，以便获得最大享乐的前提。即使在独立的商品生产者的场合，戈森的劳动法则即便存在，也必须服从客观的价值规律，离开价值规律谈论生产者的主观感受是不切合实际的。

思考题

1. 试论边际效用学派的形成。
2. 试论安东尼・奥古斯丁・古尔诺的劳动经济学说。
3. 简述约翰・海因里希・冯・杜能的劳动经济学说。
4. 简述赫尔曼・海因里希・戈森的劳动经济学说。

第16章　奥地利经济学派的劳动经济思想

16.1　奥地利经济学派的兴起

奥地利经济学派是近代资产阶级经济学边际效用学派中最主要的一个学派。它产生于19世纪70年代，流行于19世纪末20世纪初。其创始人是卡尔·门格尔（Carl Menger）。他的主要经济著作《国民经济学原理》奠定了奥地利经济学派边际效用论的基础。后来，门格尔的理论由继承者弗里德里希·冯·维塞尔（Friedrich von Wieser）、欧根·冯·庞巴维克（Eugen von Böhm-Bawerk）加以补充和发展。这三个最主要的代表人物都是奥地利人，都是维也纳大学教授，都用边际效用的个人消费心理来建立其理论体系，所以也被称为维也纳学派或心理学派。

一般认为，奥地利经济学派的形成始于1871年卡尔·门格尔《国民经济学原理》的发表。当时还是公务员的门格尔也因此书而成为维也纳大学的一名青年教师。经担任数年鲁道夫（Rudolph）王储的私人教师和旅伴后，他被任命为维也纳大学教授。两位更年轻的经济学家，弗里德里希·冯·维塞尔和欧根·冯·庞巴维克虽非门格尔的学生，却成为门格尔这本成名之作新观点的热情支持者。19世纪80年代，由于这两位追随者和门格尔一些学生不遗余力写作，特别是由于门格尔本人发表了一本有关方法论的著作，门格尔及其追随者的观点引起了国际经济学界的重视。至此，奥地利学派已成为一个公认的实体。

奥地利经济学派对价值和价格理论的贡献，既强调边际主义，又强调效用。但一些重大的差别使奥地利经济学派的理论与其他早期边际主义理论分道扬镳。奥地利经济学派没有试图用数学方法表达他们的学说，因此，他们的边际概念与数理经济学派的威廉·斯坦利·杰文斯（William Stanleyb Jevons）和马利·埃斯普里·里昂·瓦尔拉斯（Leon Walras）的多少有点差别。对后来的微观经济学理论家来说，一个变量的边际价值是指“整个”变量的瞬间变化率。但奥地利经济学派的学者却采用了离散变量。更重要的是，边际效用概念及其递减的观念对奥地利学者来说并不是指心理满足本身，而是这类满足依次的边际“评定”。

奥地利经济学派以比较通俗的方式阐述了边际效用理论，在很大程度上，正是由于奥地利经济学派没有使用复杂的数学分析，使边际效用思想得到广泛接受和传播，因而其在经济思想史上的影响远比数理经济学派广泛。不过，从边际方法运用方面看，应该说数理经济学派更具有技术优势，表述也更直接和明确。这正是20世纪之后，边际分析方法超越效用论思想而得到更广泛运用的主要原因。

奥地利经济学派的主要论点是：价值是主观的，是物对人的欲望满足的重要性；价值的成因是效用加稀少性；价值量的大小也只取决于边际效用的大小，与社会必要劳动无关；价值产生于消费领域，不是生产资料将其价值转移到其产品，相反是产品价值赋予其生产资料以价值；资本和土地的收入，或是各自提供效用的报酬，或是产生于现在财货与将来财货的不同估价，与剥削劳动毫不相干。

奥地利经济学派的研究方法是抽象的演绎方法，但带有强烈的主观成分。奥地利经济学派自认为其研究方法与英国古典经济学派相一致，而反对德国历史学派的研究方法。他们认为经济学中只能运用"抽象演绎法"进行研究，而不能像德国历史学派那样采取理论上的虚无主义和"历史归纳法"。

奥地利经济学派所主张的"抽象演绎法"就是运用抽象法把国民经济学的各种复杂现象还原为单纯而实在的各种简单要素，再对之进行量的衡量，并找出其运动规律，从而解释经济现象，演绎出一系列理性法则和国民经济学体系。这里的关键在于，这种方法始终是主观的。该学派的基本信条是边际主义、边际效用递减、把成本视为以往放弃的效用的机会成本、把价值视为互补因素、重视企业家的才能以及方法论上的个人主义和主观主义；同时又主张非均衡的因果分析，而轻视数学运算。

16.2　卡尔・门格尔

卡尔・门格尔（Carl Menger，1840—1921）是奥地利著名经济学家、现代边际效用理论的创始者之一。他生于奥地利的加利西亚（今属波兰），是 19 世纪 70 年代那场开启了新古典经济学序幕的"边际革命"的三大发起者之一，经济科学中的奥地利学派当之无愧的开山鼻祖。门格尔早年先后在维也纳大学和布拉格大学学习法律和政治学，1867 年在克拉科夫大学获得法学博士学位。毕业后，门格尔成为一名撰写经济分析方面的记者，接着进入了奥地利首相办公厅的新闻部工作。在那里，他需要写一些市场报告，开始对价格理论有所涉及。工作期间，撰写了其成名作《国民经济学原理》（*Principles of Economics*，1871）。1873 年，门格尔弃政入学，进入维也纳大学法律系任教，被提升为"杰出教授"。1876 年，他担任奥地利王储的导师，并陪同这位 18 岁的王储游历欧洲各国。1879 年回国后，被任命为维也纳大学政治经济学讲座教授，从此安心于平静的学术生活。1883 年，他出版了第二部著作《经济学和社会学问题》（*Problems of Economics and Sociology*），由这本书所引起的奥地利学派与德国历史学派关于经济学方法的论战持续到 20 世纪初而偃旗息鼓。1884 年，门格尔发表了《德国国民经济学中历史主义的谬误》（*Die Irrthümer des Historismus in der Deutschen Nationalökonomie*），集中批评了德国历史学派研究方

卡尔・门格尔
1840—1921

法的片面性。1900 年，门格尔当选奥匈帝国议会上议院议员。1903 年，门格尔辞去了一切教职，致力于修正和扩展自己原有的经济理论框架，并全身心地从事研究。

门格尔是奥地利学派的创始人和奠基者，其理论对当时和后来相当长时期的经济学理论都产生了很大影响。门格尔在《国民经济学原理》一书中分别探讨财货的一般理论、经济与经济财货、价值理论、交换理论、价格理论、使用价值与交换价值、商品理论以及货币理论，从这种布局可以看出，在顺序上仍有比较浓厚的古典经济学痕迹。因为在古典经济学框架下，价值理论具有举足轻重的地位，价值为价格的基础。门格尔价值理论的最大特点是，他不用数学公式的方法进行表述，也没有在边沁观点的基础上构造其理论。他是通过表格的例子来说明边际效用递减和边际效用相等的规律的。

门格尔在价值理论中指出，人的欲望是分等级的，因此满足欲望的意义的程度也是呈梯度性的。门格尔用著名的欲望分类分级表把欲望满足分为各种等级，如表 16—1 中的罗马数字所示，其中Ⅰ是最重要的（保存生命），Ⅹ是最不重要的，例如娱乐。在每种等级之内，他又区分出不同的欲望满足程度，它们会随着欲望的不断满足程度而逐级递减，如纵向的阿拉伯数字所示。由于欲望种类从Ⅰ到Ⅹ也是递减的，所以每一种类的最高满足程度从Ⅰ到Ⅹ也是递减的。这个欲望分级表是门格尔进一步分析价值尺度的重要工具。但这里面的数字仅是一种序数意义上的赋值，不具有实质性含义。

表 16—1　　门格尔的边际效用递减表

Ⅰ	Ⅱ	Ⅲ	Ⅳ	Ⅴ	Ⅵ	Ⅶ	Ⅷ	Ⅸ	Ⅹ
10	9	8	7	6	5	4	3	2	1
9	8	7	6	5	4	3	2	1	0
8	7	6	5	4	3	2	1	0	
7	6	5	4	3	2	1	0		
6	5	4	3	2	1	0			
5	4	3	2	1	0				
4	3	2	1	0					
3	2	1	0						
2	1	0							
1	0								
0									

资料来源：［奥］门格尔．国民经济原理．上海：上海人民出版社，1959

门格尔认为，对于价值的衡量完全是主观的。所以，一件商品可以对一个人有较大的价值，也可以对另一个人有较小的价值，或者对第三者没有价值，这完全取决于这三个人的偏好差异和每个人所得到的收入总量。因此，不仅价值的性质，而且价值的衡量都是主观的，这和生产成本无关。他说："经济活动的个人赋予一件商品的价值，等于他从该商品应得的具体满足的重要性。在商品的价值和劳动与其他高级商品被运到生产中的数量之间，没有必然和直接的联系。""一般在现实生活中，是没有人在估价一件商品的价值时，要求了解其来源和历史，而只会考虑该商品能够给他提供的服务，如果不能按照自己的意愿拥有这件商品，他就无法得到享受。一些花费了很多劳动的商品往往没有价值；而另外一些商品尽管几乎没有花费什么劳动，或者完全没有花费劳动，却具有很高的价值。花费了很多劳动的商品和几乎没有花费什么劳动，或者完全没有花费劳动的商品，对于经济人来说，往往具有相等的价值。因此，劳动的数量和其他运用到生产中的生产手段的数量不能成为商品价值的决定要素。"①

门格尔指出："高级财货的价值，无论在任何情况下，都为其所产出的低级财货的预期价值所决定。"② 他的理由是："从财货的因果关系来说，高级财货的价值，是不能在最后欲望满足的预期意义中直接求得其尺度，而却应从相应的低级财货的预期价值中求得其尺度的。"③ 如果把门格尔这里所说的价值换成使用价值，这是一个显而易见的事实，因为运用生产资料和劳动力的目的就在于生产有效的产品，所以该产品是否有使用价值，反映着生产它的生产要素的效用性，不能设想只是生产废品的机器还是有效用的。但如果从使用价值的形成来看，生产资料和劳动力是产品的构成要素，也是其使用价值的源泉。同样就真正的价值来说，其转移过程也是从生产资料和劳动力到其产品。生产资料的价值非但不能来自它所生产的产品，而且在生产该产品过程中还会部分地或全部地转移到产品中，构成产品的一部分，另一部分则是生产该产品的新加劳动所创造的。事实上，生产资料在它进入生产过程时就已经具有价值，它们的价值只能来自生产它们时所耗费的人类劳动。可见，门格尔的观点颠倒了真实的因果关系。

门格尔从失业现象出发，认为劳动力不一定是财货或经济财货，不一定有价值，因而不存在最低生活费用决定劳动工资的规则。劳动工资是具体劳动力的价格。其决定也与其他一切财货的价格决定相同，受制于其价值，而其价值也同样遵从与高级财货价值决定的一般原则。门格尔认为，企业家的活动也应算作劳动，并且是一种经济财货，这一点是门格尔劳动经济学的巨大贡献，也是奥地利学派企业和创新理论的源头。门格尔认为，企业家活动可概括为四方面：报告经济情况，进行经济核算，推进要素投入，执行生产监督。企业家本身也是劳动力的组成部分，具有一般技术劳动力的特征，这在规模较小的企业中表现尤为明显；但当企业规模扩大和分工扩展到相当程度后，就需要有企业家脱离一般劳动而专门从事生产经营和监督管理活动，这种活动对企业顺利产出是一个不可或缺的条件。在此意义上，企业家也就成为高级财货价值中的一个组成部分。但它有两个特点：不是商品，所以没有价格；其数量受到资本利用量的限制。

门格尔说，交换价值的基础是不同个人对一些商品主观评价的相对不同。他否认斯密把交换价值归结于人们对物品的交换倾向，认为交换是物品使人们得到愉快的结果。门格尔认为，交换能使该交换的参加者增加其得到的满足。贸易会增加交易双方的总效用。

门格尔在为生产要素定价时最先提出了归算的思想。他认为，价格是由供求决定的，

① ［奥］门格尔. 国民经济原理. 上海：上海人民出版社，1959
② ［奥］门格尔. 国民经济原理. 上海：上海人民出版社，1959
③ ［奥］门格尔. 国民经济原理. 上海：上海人民出版社，1959

但最终要由效用来加以解释。效用是消费品价格的最终决定因素，而生产要素的价格则可以归结到消费品的价格。这就是归算论。边际主义强调消费需求，边际效用和总效用的概念都涉及需求，但他们只运用了消费品和服务方面。那么，是什么支配着生产中使用的机器、原材料、土地等这样一些"更高序列"商品的价格呢？门格尔说："高级财货的价值总是无一例外地取决它生产的低级财货的预期价值。"[①] 为此，门格尔将边际效用原理扩展到整个生产与分配领域，并提出了一种归算理论。

按照门格尔的归算理论，高级财货也可以使消费者满足，但只是间接通过帮助生产能直接满足消费者需要的物品进行的。消费者对一块铁的边际效用是受由这块铁制造的最终产品。比如说一只顶针的边际效用支配的。铁的有用性被归算到顶针的有用性之中，边际效用的原则因此被扩展到整个生产和分配领域。例如，地主得到的地租，就是受那块土地上出产的产品的效用支配的。生产要素或者替代品被分配使用那些支配其交换价值的价值。生产手段的现值等于它们将要生产出来的消费品的预计价值。进行两步推论："对资本系列价值"的一个边际扣除和对企业活动的一个报酬（即利润）。

归算论也可以说是对劳动价值论和实际成本价值论的否定。门格尔说，劳动价值论是"一种最奇特的实质性错误，并在以往科学发展过程中产生了深远的影响"。[②] 这种最基本的错误就是认为，对我们来说，商品获得价值是因为这种对我们有价值的商品在生产中被使用了。他说，这种错误的看法，不能解释土地服务的价值、劳动服务的价值，或者资本服务的价值。相反，生产中使用的物品的价值毫无例外必定是由它们帮助生产的消费品的预计价值决定的。门格尔否认一般劳动的价格是由维持劳动力及其家庭的最低的生活费用决定的。他认为，劳动的服务价格像所有其他商品的价格一样，是由其价值支配的。而它们的价值则受到"如果我们不能享受到这些劳动服务，就不得不经受因不满足而得不到的那种满足的重要性的支配"。[③]

16.3 弗里德里希·冯·维塞尔

弗里德里希·冯·维塞尔（Friedrich von Wieser，1851—1926）是奥地利经济学家、社会学家、奥地利学派主要代表之一。他生于维也纳，父亲是奥地利国防部的高级官员。他最初学习的是社会学和法律学。1874 年毕业于维也纳大学，1875—1877 年赴德国留学，师从历史学派的罗雪尔、克尼斯和希尔德布兰德。回国后在布拉格大学任教，1889 年任该校政治经济学教授。1903 年接替其退休的岳父卡尔·门格尔接成为维也纳大学经济学教授。他和门格尔和博姆·巴维克一同开创了奥地利经济学派，并教导出了许多下一代的奥地利经济学家包括路德维希·冯·米塞斯、弗里德里克·哈耶克和约瑟夫·熊彼特。他在 1917 年成为奥地利财政部长。维塞尔对经济学的两大贡献之一是"归属"理论，主张产品的要素价格是由生产价格加上机会成本所决定的，这个理论成为奥地利经

① ［奥］门格尔. 国民经济原理. 上海：上海人民出版社，1959

② K. K. 亨特. 经济史——一种批判的视角. 颜鹏飞译. 上海：上海财经大学出版社，2007

③ ［奥］门格尔. 国民经济原理. 上海：上海人民出版社，1959

济学派价值的主观理论的基础，也成为新古典派经济学的基础之一。在这些理论的发展中，维塞尔使新古典派经济学改以边际效用为基础来研究稀缺性和资源的分配，亦即在资源有限而欲望无限的情况下，边际效用决定了产品的价值。维塞尔的归属理论使这个原则能够被套用至任何经济学理论中。维塞尔的主要著作《经济价值的起源及主要规律》（*Über den Ursprung und die Hauptgsetze des Wirtschaftlichen Werthes*，1884）一书，介绍和发展了门格尔的理论，把成本分析初次引入门格尔的体系。《自然价值》（*Natural Value*，1889）一书吸收了英法边际经济学的边际成本分析，发展了门格尔的生产要素理论和价值理论，创立了奥地利学派风格的边际生产率分配理论。他还发表《社会经济学》（*Social Economics*，1914）以及《权利法则》（*Das Gesetz der Macht*，1926）。

弗里德里希·冯·维塞尔
1851—1926

维塞尔在价值与价格的决定以及价格制度的功能方面继承和发展了门格尔的主观价值论。他和门格尔一样，以人对满足其需要的财物的效用的主观评价来说明价值。他最先提出“边际效用”一词，说明价值是由“边际效用”决定的。按照维塞尔的解释，某一财物要具有价值，它必须既有效用，又有稀少性，效用和稀少性相结合是边际效用，从而是价值形成的必要和充分的条件。“边际效用”就是人们在消费某一财物时随着消费数量的增加而递减的一系列效用中最后一个单位的消费品的效用，即最小效用。该财物每一单位的价值都由边际效用来决定，其总价值等于边际效用与单位数的乘积。维塞尔把这种由边际效用决定的价值叫作“自然价值”。维塞尔还把边际效用理论应用于解释分配，并提出所谓“归属论”。他认为生产财物即生产资料的价值是由他们所生产的消费财物的边际效用决定的，这价值应按各个生产要素在生产中的作用或“贡献”大小，以一定份额“归属”于各有关生产要素，从而构成各生产要素的收益，工资、利息、地租就是劳动、资本、土地各生产要素的收益，这些收益归根结底都是主观评价的结果。维塞尔对边际效用价值论的发展主要有，关于货币的边际效用及货币对价值的影响，用归属法求解高级财货的价值，以边际效用论为基础解释成本现象及提出机会成本的概念。

维塞尔在他的名著《自然价值》中继承和发展了门格尔的价值学说，认为没有客观的交换价值，交换价值是建立在各个人的主观评价的基础上。这里，维塞尔提出了自然价值概念，它等于所获得的全部产品的边际效用之和。维塞尔说：“对于自然价值而言，财物只是简单地依据它们的边际效用来估计；对于交换价值而言，财物却要依据边际效用与购买力的组合来进行评估。按自然价值，奢侈品被估计得远比交换价值低，而必需品则相对地估计得比按交换价值高得多。”[①] 也就是说，自然价值体现在商品只是由存量与边际效用的关系来定价的场合，此时效用或使用价值将是引导商品生产中稀缺资源配

① ［奥］维塞尔. 自然价值. 陈国庆译. 北京：商务印书馆，1982

置的唯一因素，生产决策将由最高的边际效用定价所决定，而不是由差别巨大的收入分配来决定。

基于自然价值和交换价值的差异，人们就可以发现市场机制的缺陷，它并不能促进社会效用的最大化。事实上，从自然价值和交换价值出发，维塞尔进一步区分了商品生产的效用和效益：商品的总效用等于各价值单位的累加，总收益则等于边际效用乘以单位数量。显然，由于边际效用递减，故导致商品的总收益的增加要低于为商品的增加单位所支付的价格，即边际收益低于边际效用。结果，当边际效用还处于正的阶段时，边际收益就开始为负；这也意味着，当总效用还继续上升时，总收益已经下降。这里就存在一个价值与效用变化方向的悖论。价值与效用变化方向如图 16—1 所示。

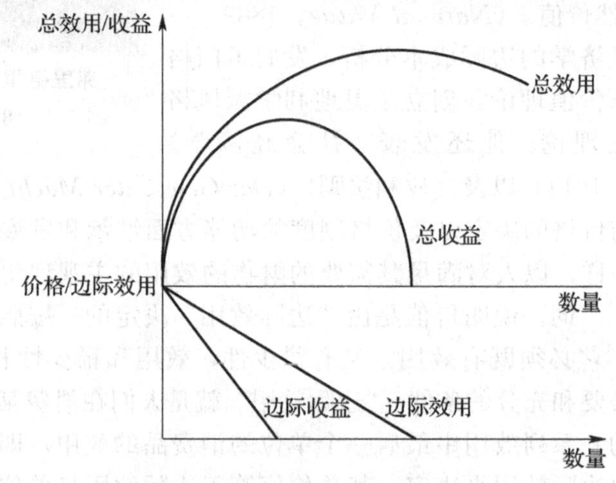

图 16—1　价值与效用变化方向

资料来源：［奥］维塞尔. 自然价值. 陈国庆译. 北京：商务印书馆，1982

针对价值与效用的这一悖论，维塞尔认为："在每个自给自足的私人经济中，效用是最高的原则，而在商业界，只要社会的财务供应还掌握在那些想从中牟利并为自己的服务取得报酬的企业家手里，成为最高原则的就是交换价值，而不是效用。私人企业家提出并不关心为社会提供最大的效用，他们的目标是为自己获得最高的价值，这种价值同时也是他的最高效用。在企业者的经济中，效用正是它自身首要的原则；但是恰恰由于这一点，在交换价值同社会效用发生矛盾的时候，取得胜利的却正是交换价值。"① 因此，维塞尔认为，只要企业家掌握经济权力、实行垄断，就会对社会效用产生不利的影响。

维塞尔在他的生产要素和价值理论中包含了许多丰富的劳动经济问题的研究。他指出，劳动无法被资本化，因为至少在理论模型中，劳动是一种自由的要素，不过单个劳动者的行为和产出可以用这种方法进行计算。这种方法可以确定特定的劳动服务应当分享的产品份额。他认为，每一单位劳动服务的价值最终取决于劳动力供求状况、劳动服务创造效用的过程中所需的其他产品的支持，以及现有的技术水平。不过，确定劳动服

① ［奥］维塞尔. 自然价值. 陈国庆译. 北京：商务印书馆，1982

务的价格和最终产品中劳动应得的份额时，决定性因素还是边际单位劳动的效用水平。维塞尔的分析遵循了固定系数的假设，因此，他的分配理论隐含地假设了劳动服务需求完全有弹性。

关于工资的决定，维塞尔区分了不同经济。他认为，劳动已经成为稀缺资源的发达国民经济的工资理论能够在一般价格理论的基础上加以简单说明。而劳动过剩经济中的工资是为维持生计的，通常不会超过雇主为了保持劳动者具有工作所要求的健康程度所必需的最低工资。他指出，对劳动过剩经济中的劳动者而言，可以自由选择的劳动市场并不存在。雇主处在可以规定合同条款的地位，劳动者除了接受这些条款没有别的选择。

维塞尔进而指出，并不存在统一的劳动市场，由于劳动的不同个人类型和不同阶层而引起大量局部、分层的市场，有必要区分各个局部市场的水平联系和劳动的垂直分层，所以工资在所有者之间并不趋同，只有在同一群体中才存在一个有效的均等化趋势。

他还分析了工会及企业家联盟的作用，他认为，如果工会能够集中力量于劳资集体谈判问题，或许会推动一些改进。在相当大的程度上，只有通过工会运动，现代资本主义社会中的工人才能找到真正的自由。他指出组织和为组织的劳动市场的条件根本不同，工资形式相应也不同。在未组织的劳动市场，个别劳动只能依靠自己，惯例是决定性的。劳动供给由于其巨大数量而处在强烈的过度竞争中。最糟的状况是最弱势群体只能接受一个仅仅能够维持日常最紧迫需求的低工资。

维塞尔指出，在劳资冲突中，只有那些在特定局部市场中联合了所有或几乎所有劳动供给的组织，才是有影响力的。如果这个条件不成立，工人就无法成功使用最重要的武器——罢工。表面上，工会面向作为劳动的需求方，垄断组织起来的企业家。工人组织不能扩大生产，不能划分市场和对消费者进行分级。它必须根据生产条件调整自己，而这些条件是企业家设置的。鉴于卡特尔控制了所有生产，工会仅仅控制了一个起作用的生产要素。通过维持合作。工人们显然可以通过让补充性要素不发挥作用而使生产不可能。但造成这种影响也有不利之处，它同时伤害工人，因为罢工使工人没有收入，所以不能维持很长时间。组织最好的工人团体也只是能够通过罢工等于边际生产力的工资。企业家可能通过限制产量的垄断政策成功地迫使边际效用上升。但工人不能使用这个工具，他们受到把劳动供给全部持续放到工会中的必要性的限制。

维塞尔还试图把政治问题与理论原理联系起来。他认为，工会的行动只能保证劳动者的相当于全部边际生产率的报酬，因此，他建议工会应该避免那些会导致劳动纠纷的行为，而去努力找到一种“符合经济要求的决定工资的友好方式”。这种观点尽管严重受制于边际主义的理论框架，但已经使维塞尔高出其同时代的古典经济学家一筹。

维塞尔的上述劳动经济思想在奥地利学派中是罕见的，在整个古典经济学和边际效用学派中也是不多见的。他对于劳动者的这种深切同情，与他对劳动的看法有关。维塞尔认为，劳动使人成为人，不劳动的人将发现他的享受力量和能力都会衰退，最大的财富也不会再对他有利益。因此维塞尔强调劳动与其他生产要素的根本区别，充分发展的道德情感总是会把人的劳务与无生命的有用物品加以区分。他认为，劳动者与其他生产要素根本的区别在于，具有一种独立的、极具重要性的、不允许被牺牲的价值。劳动者应当受到关爱并得到应有的回报。

16.4 欧根·冯·庞巴维克

欧根·冯·庞巴维克（Eugen von Böhm-Bawerk，1851—1914）是奥地利经济学家，边际学派的主要代表人物和集大成者，也是奥地利学派的主要代表人物之一。他曾就读于维也纳大学法律专业，后在海得尔贝格大学、莱比锡大学和耶拿大学攻读政治经济学。1881年任英斯布鲁克大学的经济学教授。1889年进入奥地利财政部，任币制改革委员会的副主席。自1895年开始，曾3次出任奥地利财政部长。1904年辞去财政部长职务，任维也纳大学经济学教授，还曾任维也纳科学院院长。

欧根·冯·庞巴维克
1851—1914

庞巴维克最重要的著作是《资本与利息》，该书的第一卷题为《资本利息理论的历史和批判》，出版于1884年。从形式上看，这是一本专题的经济学说史——利息理论的批判史，庞巴维克对从古希腊的柏拉图和亚里士多德起一直到与他同时代经济学家的各种利息理论都有所论述和批评。第二卷题为《资本实证论》，出版于1889年，系统地阐述了边际效用价值论和以此为基础的利息时差论。利息理论是《资本实证论》的重点，在论题的其他部分里，总体而言，庞巴维克至少可以追随过去的理论家们的理论。但对利息现象，他提出一个完全属于开辟新领域的解释，他的《资本与利息》已成为经济学的经典著作，被称为“科学发展史上最重要、最有创造性的著作”之一，其核心是时差的价值、资本和利息理论。其最后的代表作是《马克思及其体系的终结》(1896)。

庞巴维克是新古典经济理论的主要传播者，他对新古典经济理论取代古典经济理论而占统治地位做出了许多贡献：他发展了资本与利息理论，并解释了实际利率必须是正数的原因；他是首次将时间因素与经济学分析相结合的经济学家之一，还发展了由时间因素扮演关键角色的经济学。他的理论主要包括资本论、价值论和分配论，其中资本论是前提，价值论是基础，分配论是重心和主体。此外，他对劳动经济问题也有较深的研究。

与维塞尔一样，庞巴维克也提出了自己的价值理论，这体现在《实证资本理论》中。他认为，现代化生产的优势源于控制各种投入要素的能力，因此，分配要素的价值应该大于投入的价值。这也就是说，归属于各个要素的价值之和，应该大于投入要素组合的总价值。他的价值论为解释工资、租金和利润提供了基础。他指出，所有商品都可以还原为土地和劳动，它们是全部的最终生产要素。产品的价值必须回溯到土地和劳动这两种要素上，因此，这两种要素提供的服务必须获得租金和工资。庞巴维克指出，劳动根据其边际贡献获得报酬，由此揭示出边际生产率理论。利润和利息则来自外部因素，通常是导致价格偏离由成本决定状态的各种冲击。利润的出现是由于市场不完全，利息则可以归因于时间因素。最后这一点是庞巴维克对经济思想的独特贡献。

庞巴维克指出，工人的价值等于其生产力的折现值，土地收入也是如此。工资和租金都是一种价格表现形式，分别等于劳动边际产品和土地边际产品乘以各自的数量，而且都必须折现为现值。庞巴维克分析耐用品时也使用了同样的方法，并在这一过程中发现利息渗透到整个经济秩序之中。这是他的分配基础。

关于消费和储蓄问题，庞巴维克发现，为了扩大劳动的再生产，必须储存一定数量的生活资料，以便在未来供应给土地所有者和工人。这就意味着消费要以前期的生产为基础，这似乎是他的生产周期理论的另一面。为了支持土地所有者和工人的生产而持续供应生活资料，是资本家的任务。不过，真正的储蓄应当是为了支持远期的生产而不是即时需求。储蓄过程还不足以创造出资本，还需要前期的生产。庞巴维克说，实际上，储蓄对象是资本的生产能力，而不是资本本身。迂回生产过程把这些生产能力从当前传输到未来，这才是产生中间品的原因。因此，真正的创造力量是迂回生产，而不是资本品。这是因为资本主义具备了这一特有性质，才创造并集聚了资本。它是一种间接的力量，刺激着劳动生产力。

庞巴维克把资本分为狭义资本和广义资本。狭义资本是指生产资本或社会资本，它是中间产品的集合，包括除消费品以外的一切产品：原料、固定资本。广义资本则是指获利资本和私人资本，它除了包含中间产品外，还包括用于交换的消费品以及企业家预付给工人的生活资料等。这种划分使庞巴维克有可能从中间产品的角度去探讨资本在社会化大生产中的功能。他接受了门格尔关于使用中间产品的迂回生产比直接生产具有更高生产力但要更多时间的命题，进一步提出了生产期的概念，用于指称生产消费品所需要的迂回时间。

可以用图16—2说明迂回生产更有生产力：其中纵轴为总产量，横轴为生产期，直线tQ、$t'Q'$、$t''Q''$、$t'''Q'''$分别代表不同生产期的总产量，而斜线$t'Q'$、$t''Q''$、$t'''Q'''$的斜率分别代表不同生产期的边际产量。它们表明随着生产期的延长，总产量不断增加，但边际产量递减。

庞巴维克进一步指出，必须把生产看作是为了创造能够满足需要的商品而把一些东西进行转化的过程，先用劳动生产其他生产资料，再用生产资料生产更多的生活资料。这也就是著名的迂回生产过程。虽然它可能算不上是一种特别新奇的观点，但对庞巴维克来说，是其一般经济理论的重要组成部分。

庞巴维克在论述利息的劳动论时指出，正确的方法必须同时考虑生产的两个基本要素。在生产过程中，土地和劳动这两种基本要素通过合作产生了单一的收入流。以效用和稀缺性为依据的估价过程可以有效地将这个单一的收入流分配给各组成要素。绝大多数利息理论的缺陷都源于它们没有把估值过程看成是经济活动的内在组成部分。那些忽略了时间因素的利息理解同样是错误的，因为它们完全不能解释资本家是如何获得利息的。

庞巴维克论述劳动问题时，假设只存在劳动者对当前生活资料的需求，而不考虑其

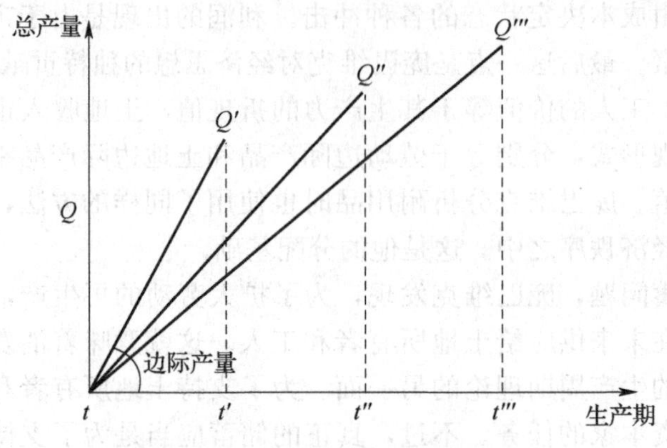

图 16—2 迂回生产更有生产力

资料来源：［奥］庞巴维克．资本与利息．北京：商务印书馆，1959．

他阶级对生活资料的需求。他发现，劳动也像其他商品一样不具有主观价值，它的估值取决于其预期产出，但劳动所能带来的未来产品的多少是随着生产迂回程度的变化而变化的，而后者在某种程度上随着生产周期的长度而变动。资本家能够获取劳动产品，取决于劳动被用于什么用途。均衡最可能在长期中出现，因为在那时，维生基金将足够用于支付全部的劳动产品，而劳动的供给和当前商品会达到完全的“双边交换”状态。短期中可能会发生失业，工人也许不得不接受降薪以保住工作。因此，较长的生产周期能够有效地吸收所有工人并分配维生基金。当然，资本家会把时间和工人数量恰当组合起来，以便给自己带来最大的净回报。当然对此无须担心，因为竞争会实现所需的均衡。

庞巴维克认为，生产期长短取决于工资率，而工资率在资本家看来恰好是劳动所能带来的未来物品的价值的贴现值。而劳动能带来的未来物品的多少又要决定于生产期，且未来物品价值的贴现率又要决定于企业正常利润率。为了说明生产期的长短、工资率和利率之间的关系，庞巴维克运用文字和数表，构造了一个理论模型，以劳动市场均衡和资本不存在闲置为前提条件，说明均衡的工资率、生产期及利率如何同时决定。建立基本模型后，他又进一步考虑改变模型的参数对利率和工资率的影响，并得出主要结论：其他条件不变，既定的资本量及维持基金越大，则利率越低，工资率越高；其他条件不变，既定的劳动者越多，则利率越高，工资率越低。

再就资本和雇佣劳动交换这一关键问题来考察，庞巴维克把劳动当作生产资料，并把劳动说成是一种“将来财货”，而把资本家给予工人的工资说成“现在财货”。于是，资本和劳动的关系就成为在“迂回生产法”条件下，“现在财货”所有者和“将来财货”所有者的交换关系。他试图论证工资是资本家为了得到工人的产品而给予工人的垫付，因为垫付的是“现在财货”，它与工人将来才能制造的属于“将来财货”的产品之间存在价值的“时差”。因此，资本家不能把产品的全部价值给予工人。事实上，不是资本家给予工人以垫付，而是工人给资本家以垫支，工资不是在生产过程之前，而是在过程之后支付的。庞巴维克这里所说的资本家垫付显然是不科学的。

思考题

1. 论述卡尔·门格尔的劳动经济思想。
2. 简述弗里德里希·冯·维塞尔的劳动经济学说。
3. 简述欧根·冯·庞巴维克的劳动经济学说。

第 17 章　数理经济学派的劳动经济思想

17.1　数理经济学派的发展

数理经济学派是 19 世纪末叶边际效用学派的一个分支，这个学派的特点是以边际效用学说为理论基础，运用数学符号和方法来表述、研究和论证经济现象及其相互依存的关系，是边际效用学说和数学方法相结合而产生的一个经济学流派。数理经济学派以数字概念、符号、方程、图表等应用于经济学，并认为数学方法是研究经济学的主要方法，甚至是唯一的方法。它是借用函数概念表达经济现象之间的依赖关系，借用微积分的语言来阐述经济规律，借用联立议程组来构造整个经济体系的一般均衡模型，从而使经济学的结论完备。

法国的安东尼·奥古斯丁·古尔诺（Antoine Augustin Cournot）和德国的赫尔曼·海因里希·戈森（Hermann Heinrich Gossen）是数理经济学的开拓者。在这之前许多经济学家反把数学看成是经济学的表述方法，他们把现存经济学理论翻译成数学语言。而在古尔诺和戈森那里，他们把经济学和数学真正结合起来，古尔诺在 1838 年出版的《财富理论数学原理的研究》中首先应用微积分进行经济分析，尤其是关于垄断和成本的分析。戈森在 1854 年发表的《交换规律的发展和人类行为的准则》中，也应用了若干数学方程和二维图形。但他们的理论在当时没有受到人们的重视，若干年以后，由于威廉·斯坦利·杰文斯（William Stanley Jevons）和莱昂·瓦尔拉斯（Leon Walras）等人的大力宣传，他们才被经济学界所重视，并推崇为数理经济学的先驱。所以，数理经济学被视为一个学派，实际上是以杰文斯理论的问世和以瓦尔拉斯、维尔弗雷多·帕累托（Vilfredo Pareto）为代表的洛桑学派的形成为起点的。由于杰文斯、瓦尔拉斯、帕累托及其他著名的数理经济学家都是以边际效用理论为基础，致力于把主观学派的基本概念表述为数学公式，又因其基本理论原则的共同性，而被认为是与奥地利学派并列的边际效用学派。

19 世纪 70 年代，数理经济学派才开始发展起来。1871 年，英国的杰文斯在《政治经济学理论》中利用导数表述边际效用概念，借助数学推理论证了两种商品之间交换的均衡价格是怎样决定的。并应用数学方法与符号，从主观效用学说出发，说明经济学的主要观念。法国的瓦尔拉斯在 1874 年出版的《纯粹政治经济学纲要》一书中，以边际效用价值论为基础，考察了市场上所有商品的供给、需求和价格相互依存、相互制约，达到均衡状态的价格决定过程，创建了一般均衡论的理论体系。帕累托 1906 年出版《政治经济学教程》一书，在序数效用论的基础上，借助序数效用指数和“无差异曲线”等概念，论证了一般均衡理论。

数理经济学派把交换作为应用数学方法的出发点，他们认为交换是两个商品量相互关系的一种现象，交换的成立表示这一关系是平等的。因此，任何一个交换都可以用 $A=B$ 的方程来表达。数理经济学派把分配、消费和生产都说成交换的不同形态。例如，生产不过是某一数量的生产资料和劳动与某一数量成品的交换。因此，一切经济问题都是交换问题，而数理经济的作用就是把这些问题用数学来表达。他们强调经济数量关系的时候，抛弃一切以因果来解释经济现象的理论，完全用经济现象的函数关系来代替因果关系。例如，用 d 代表市场对某种商品的需求量，用 p 代表该种商品的价格，用 y 代表消费者的收入，把这种商品的市场需求量和价格以及收入的关系表示为 $=f\ (P\times y)$，需求量为价格及收入的函数。至于收入和价格的一定数量变化及需求量相应变化的本身是怎样造成的，它们相互之间又有什么因果关系，都不在他们的考虑之列。但是，运用精确的数学，有利于经济学的科学化。

数理经济学派的出现标志着西方经济学进入一个新的发展阶段。数理经济学派特别注重宣扬数学，他们认为数学是以严密和准确的方式表达当前的经济现象的，但实际上，数学方法是否应该成为经济学的主要研究方法是值得怀疑的。尽管经济学问题中包含着一定的数量关系，但还包含着复杂的社会关系和人际关系，而不是物品之间的数量技术关系。因为数学方法不能代替经济学中的理论方法，而数理经济学派只注重以数学分析代替理论分析，这就回避了对经济社会本质的分析，这显然是不充分的。一般来说，数理经济学派对经济现象的质的分析是薄弱的。

17.2 威廉·斯坦利·杰文斯

威廉·斯坦利·杰文斯（William Stanley Jevons，1835—1882）是英国著名的经济学家和逻辑学家，边际效用价值论的创立者之一，也是创立数理经济学派的先驱者之一。他出生于英国利物浦的一个制铁机械师家庭，早年在伦敦大学学习化学和植物学，1854 年，正在学习自然科学的杰文斯休学去澳大利亚，在悉尼色德造币厂当分析员，在那里他迷上了政治经济学。1859 年他从澳大利亚回国复学于伦敦大学，他便着手研究经济学和微积分。正是这次对经济学的系统学习，为他发现边际效用提供了直接的刺激。1862 年，他发表了《政治经济学数学理论通论》，概括出了价值的边际效用理论。1863 年毕业后，又发表了《黄金价值暴跌》。杰文斯以为，消费者从最后一单位产品得到的效用或者价值与他所拥有的产品数量有关，这个数量也许会有一个临界值。他在 1865 年的《煤炭问题》中提醒英国煤炭逐渐枯竭，受到了社会的赞誉。1866 年任曼彻斯特大学欧文学院逻辑、道德哲学及政治经济学教授。1876—1881 年任伦敦大学学院政

威廉·斯坦利·杰文斯
1835—1882

治经济学教授。

杰文斯的主要经济著作有《通货和金融研究》（*Investigations in Currency and Finance*，1863—1884）、《煤炭问题》（*The Coal Question*，1865）、《政治经济学原理》（*The Theory of Political Economy*，1871）、《货币与交换机制》（*Money and the Mechanism of Exchange*，1875）以及《劳工问题介绍》（1882）。其他著作有《逻辑要义》（1871）和《科学原理》（1874）。

杰文斯把经济学理论区分为一般经济理论和应用经济理论。他的经济学理论研究属于一般经济理论的科学，只考虑在既定的所有权制度下，经济如何通过消费、交换和生产以取得最大的满足。杰文斯经济学说的特点是，以主观心理为出发点，以效用论为基础，以数学分析为工具。他在《政治经济学理论》序言中写道："在本书，我尝试经济学为快乐与痛苦的微积分学。""这个经济学理论颇与静力学相似。交换法则颇与杠杆的平衡法则相似。财富与价值的性质，由无限小量的快乐与痛苦之考虑来说明，正如静力学的理论从无限小量能力均等为依据。"①

杰文斯把经济学看成有关人们主观感受的学问。杰文斯使用微积分的语言来阐述边际效用概念和效用递减原理。他把效用 U 看成是所消费的商品数量的函数，$U=f(x)$，他假定该效用函数是连续的，并用效用函数的一阶函数 $\frac{\mathrm{d}u}{\mathrm{d}x}=f(x)$ 表示现有商品量中最后增加的效用程度，即边际效用。他宣称，他在戈森之后独立发现了最后效用程度 $\frac{\mathrm{d}u}{\mathrm{d}x}$ 会随所消费的商品量 x 的增加而减少这一原理。

利用效用递减原理，他考察了商品用途的分配方式，假设某定量商品有两种用途，应当如何分配该商品才能获得最大的效用？杰文斯提出了他的消费论，其结论是，在两种不同用途上，必须有相等的最后效用程度。如果最后效用程度不相等，则根据效用递减原理，通过减小最后效用程度较小的用途上的商品量和增加最后效用程度较大的用途上的商品量的办法，就可以增加效用总量。杰文斯这一效用最大化的必要条件用的数量表达式为：

$$\frac{\mathrm{d}u_1}{\mathrm{d}x_1}=\frac{\mathrm{d}u_2}{\mathrm{d}x_2} \tag{17—1}$$

公式（17—1）中，x_1u_1 为用于第一用途的商品数量及其相应的效用，x_2u_2 为用于第二用途的商品数量及其相应的效用。

杰文斯在论述最后效用递减规律时与早期的戈森的看法很相似。他说，效用不能被直接衡量，至少不能以手头的工具加以衡量。这种主观满足只能通过观察人们的行为和注意人们的偏好加以估计。他也拒绝对不同人之间的愉快和痛苦加以比较。但是，他认为，单独的个人可以对一种商品的连续单位的效用进行比较，也可以比较几种商品的边际效用。对于前者，杰文斯用图形分析来说明他的"一种商品的最后效用程度的变动规律"。这可以用现代的形式，如图 17—1 所示。

---

① ［英］杰文斯．政治经济学理论．郭大力译．北京：商务印书馆，1984

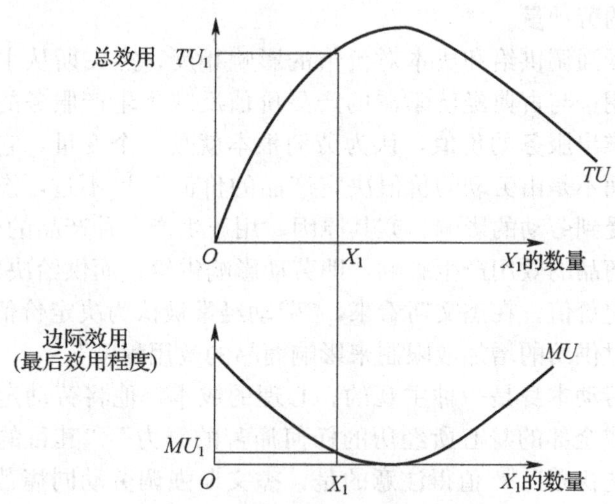

图 17—1　杰文斯的边际效用递减规律

图 17—1 的图形中以纵轴来衡量总效用，以横轴衡量特定商品 X 的数量。总效用 TU 随着所消费的横轴上的商品 X 的数量的增多而上升，但是，随着消费的商品 X 的数量增多，总效用是以递减的比率增加的。这就是说，每个增加的商品 X 的连续单位都比先前的单位增加的总效用要少。

图 17—1 的下半幅图形中，用纵轴来衡量边际效用 MU。边际效用，或者说杰文斯所说的效用的最后程度“随该商品的数量变化而变化，并最终随该商品的数量增加而减少。没有什么商品可以说是我们总能不断对它们具有相同强烈的消费愿望，而不管我们已经使用或者已经拥有多少数量”。[①] 杰文斯说，如果人们拥有如图 17—1 中决定该商品 X_1 的购买量的边际效用曲线，那么，总效用将是 TU_1，最后效用程度即边际效用将是 MU_1。可以通过上半幅图中的 MU 曲线上各点的斜率得出边际效用。“我们几乎不需要考虑除去最后增加的被消费物品之外的所有物品的效用程度，或者说相同的意思是，只考虑下一个增加的被消费的物品的边际效用。因此，通常我总将使用最后效用程度的说法，作为最后增加的，或下一个可能增加的一个极小或无限小的现有存货数量效用程度的含义”。[②]

总体而言，杰文斯认为，人对苦乐的估计受苦乐“强度”“持续时间”“确定性”等远近因素的影响，随着持续时间的增加，感觉强度会递减。他认为，苦乐感觉的变化有其规律：随着享乐持续时间延长，享乐量会递减；现在预期的感情之强度，必定是未来的实际感情及间隔时间的某种函数，它必随实现时刻的临近而增加；未来事务具有不确定性，所以，对任何未来事务所带来的感情量应当打一定的折扣。

杰文斯效用理论最有趣的应用之一就是劳动理论。他反对古典的劳动价值理论，认为它缺乏一般性，只是意味着劳动可以再生产的商品；而且市场上价格实际是变动的，

① W. S. Jevons, *The Theory of Political Economy*. London: Macmillan, 1957

② William Stanley Jevons, *The Theory of Political Economy*, 3rd ed.. London: Macmillan, 1888

它并不反映物品中的劳动量。

与古典经济学派强调供给和成本对价值的影响相反，杰文斯从主观的绝对感觉出发探讨需求背后的作用；与古典经济学派的产品价值反映了生产服务的价值观点相反，杰文斯从产品的价值推出服务的价值，认为劳动根本就是一个变量，它的价值“必须由产品的价值来决定，而不是由劳动的价值决定产品的价值”。① 不过，杰文斯还是承认，商品的价值可以直接受到劳动的影响。究其原因，用于生产一种产品的劳动数量引导供给，而供给反过来又对商品的效用产生影响，即劳动影响供给，而供给决定效用的最后程度，效用的最后程度决定价值。在杰文斯看来，“劳动经常被认为决定价值，但仅仅是以一种非直接的方式，通过供给的增加或限制来影响商品的效用程度”。②

杰文斯认为，劳动本身是一种主观的、心理的成本，他将劳动定义为“以获得未来物品为目的，部分或全部的身心所经历的任何痛苦的努力”“其目的在于防止更大的痛苦，或获得净剩余的快乐”。③ 值得注意的是，杰文斯强调劳动同痛苦的联系，并以加在劳动上的痛苦量作为劳动的尺度。他指出：“诚然，劳动可能既在当时快意又对将来有益；但它的快意是有限的，大多数人都为欲望所驱使而从事更久和更重的工作。”④

杰文斯把劳动最终归结为带来痛苦的活动，旨在强调劳动和效用是根本性质相同的量，都是人的主观心理感受；其间的差别仅在于，效用带来快乐，是正数和正效用；劳动带来痛苦，是负数和负效用。这是就劳动本身而言的。在杰文斯看来，劳动生产物或劳动报酬会带来效用，所以在考察劳动的法则时，必须把劳动本身的感受和劳动生产物的效用结合起来加以考虑。他认为，劳动的心理感受是这样变化的：刚劳动时，因心身尚不适应，往往会觉得有点苦；待越过不再痛苦时刻之后，感到的就是快乐，随着劳动时间的延长，快乐逐渐下降；待越过不再快乐时刻之后，只会感到不断增加的痛苦。

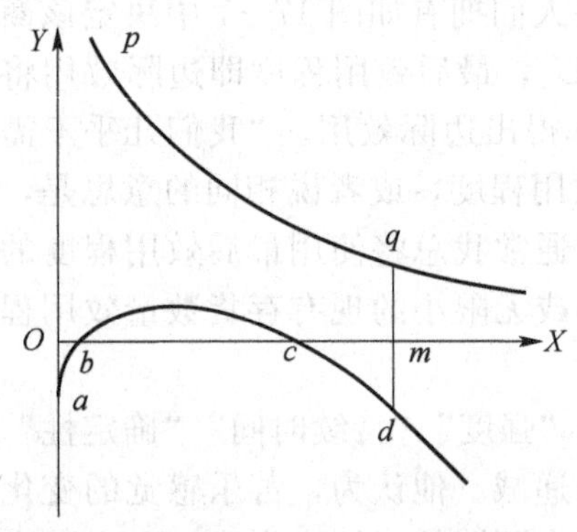

图 17—2 快乐、痛苦与工作日的关系

资料来源：[英] 杰文斯. 政治经济学理论. 郭大力译. 北京：商务印书馆，1984

在杰文斯设想的图 17—2 的图解中，横轴为时间，纵轴为边际效用和边际负效用，pq 曲线为劳动产品的边际效用曲线，与生产成比例的劳动痛苦由曲线 $abcd$ 表示，OX 线上方各点的高度表示快乐，下方各点高度表示痛苦。ab 表示劳动开始痛苦；b 点和 c 点分别表示不苦也不乐的时刻；bc 表示快乐，这一时间内劳动带来正效用；c 点以后到 d 点表示痛苦，劳动产生边际负效用。另外，劳动又是一个获得报酬从而得到效用的过程，按照效用递减法则，追加劳动所带来的快乐会随着报酬增加而递减，如图 17—2 中 pq 曲线所示，OX 此时表示生产量。

① William Stanley Jevons, *The Theory of Political Economy*, 3rd ed.. London: Macmillan, 1888

② [英] 杰文斯. 政治经济学理论. 郭大力译. 北京：商务印书馆，1984

③ [英] 杰文斯. 政治经济学理论. 郭大力译. 北京：商务印书馆，1984

④ [英] 杰文斯. 政治经济学理论. 郭大力译. 北京：商务印书馆，1984

现在的问题是劳动时间多长最为有利，即得到的效用量最大。杰文斯借助图 17—2 指出，当生产进行到 m 点、所得的快乐（qm）与所受的痛苦（dm）恰好相等时，停止生产最为有利。在 m 点之前，快乐大于痛苦，故宜继续生产。超过 m 点，痛苦会超过快乐，生产变得无益。只有在 m 点上，由于得自生产物的快乐与劳动所忍受的痛苦相抵消，故总效用最大。换句话说，在 m 点，劳动的边际负效用 md 正好等于劳动产品的边际效用 mq，所以 m 点便是劳动的均衡时间。显然，这是边际效用相等法则的具体运用。

杰文斯照例给出数学表述。若设 t 为劳动时间，l 为劳动痛苦量，x 为劳动生产物数量，u 为劳动生产物的效用。则 $\frac{du}{dx}\cdot\frac{dx}{dt}$ 为最后劳动增量的生产物的效用程度，劳动时间决定公式可以写成：$\frac{dl}{dt}=\frac{du}{dx}\cdot\frac{dx}{dt}$。

若设劳动时间已经确定，但生产的产品有两种或更多种，应如何将该定量劳动时间分配于各种生产上呢？杰文斯的结论是，当最后劳动增量在各种产品生产上所带来的效用增量相等时，满足达到最大。如果用 $\frac{du_1}{dx_1}\cdot\frac{dx_1}{dt_1}$ 表示最后劳动增量投在第一种生产上所带来的效用增量，$\frac{du_2}{dx_2}\cdot\frac{dx_2}{dt_2}$ 表示最后劳动增量投在第二种生产上所带来的效用增量，则均衡条件可表示为：$\frac{du_1}{dx_1}\cdot\frac{dx_1}{dt_1}=\frac{du_2}{dx_2}\cdot\frac{dx_2}{dt_2}$，其中劳动时间可写成 $t=t_1+t_2$。若 t 已定，可以唯一确定 t_1 及 t_2。杰文斯劳动的边际负效用概念，以及劳动时间均衡的思想，为后来边际主义者提出劳动供给曲线打下了基础。

杰文斯还考察了劳动分配论，他的分析没有涉及真实的价值规律和由竞争而导致的平均利润率规律的作用，一切都被归结为个人主观效用的均衡。他假定一个人能够生产两种商品，其唯一目的是生产最大量的效用；“但是，这将部分地取决于这两种商品的比较效用程度，部分地取决于生产者两种商品的比较难易程度”。[①] 这两者合起来构成了效用量。假定 x、y 是某人已经生产出来的两种商品，如果他想追加劳动 Δl，究竟投在哪种商品上呢？当然是提供效用最多的商品。那个最多取决于增量劳动的生产率和增量劳动产品的效用程度，即 $\frac{\Delta u_1}{\Delta x}\cdot\frac{\Delta x}{\Delta l_1}$ 和 $\frac{\Delta u_2}{\Delta y}\cdot\frac{\Delta y}{\Delta l_2}$，它们分别表示两个商品的增量的效用量。如果 x 的增量的效用量大于 y，个人当然会多生产一些 x，“直到它不再提供任何效用余额为止”。这是因为随着产品的增加，其效用递减的结果。但是，x 的增量的效用量也不能允许减低到 y 增量的效用量以下，否则就不如把增量劳动转而投到 y 上。所以，“当劳动最终分配妥当是，我们必须使来自各种职业的增量效用相等。在其极限上有下列方程式：

$$\frac{du_1}{dx}\cdot\frac{dx}{dl_1}=\frac{du_2}{dy}\cdot\frac{dy}{dl_2} \tag{17—2}$$

① ［英］杰文斯. 政治经济学理论. 郭大力译. 北京：商务印书馆，1984

当此方程式成立时，改变或惋惜这种劳动分配的动机就不复存在，所生产的效用达到了最高度”。[①] 这就是杰文斯关于劳动分配法则的结论。这个法则所显示的是，个人对不同物品效用的主观心理估计的均衡，因此，它适合于解释个体经济。一旦超出这个范围，它就失去了意义。

杰文斯以效用理论为基础，从消费开始，通过交换一直分析到生产并建立了相应的理论。在杰文斯的市场均衡条件中，不仅有消费效用一面，而且有生产费用一面；而在奥地利学派的市场均衡条件中只包含消费效用一面。因此，杰文斯的市场均衡条件比奥地利学派的更接近现代西方经济学。杰文斯说，他从经济过程的终端（消费）追溯到其开端（劳动），从而解决经济学的基本问题：如何花费最少量的劳动来获得最大的满足。实际上，杰文斯对这些问题并没有做出科学的说明。从他对劳动所下的定义可以看出，他是以主观主义心理学为出发点的。他研究的不是资本主义商品生产条件下社会劳动的分配，他撇开了市场价格，用个体生产者根据产品效用和劳动感受来分配自己的劳动，即以自然经济的劳动分配来加以说明，实际上把商品经济，乃至资本主义经济完全等同于自然经济。

17.3 马利·埃斯普里·里昂·瓦尔拉斯

马利·埃斯普里·里昂·瓦尔拉斯（Marie Esprit Léon Walras，1834—1910）是法国经济学家，边际效用论的三大奠基人之一，洛桑学派的创立者。他出生于法国埃夫勒。瓦尔拉斯在年轻时先在巴黎大学学习数学，后改学矿冶工程。1851年、1853年分别获得该大学文学士和理学士。毕业后曾在巴黎从事文学创作，成为一名成功的小说家。后来，他读了古诺的《财富理论的数学原理》，印象深刻，决定改学经济学。从1858年起，他的父亲奥古斯特·瓦尔拉斯（Auguste Walras，1801—1866）在一次散步时指出，社会科学在方法上向自然科学的逼近、数学方法在社会科学中的渗透，是19世纪有待完成的重大课题，鼓励他毕生研究数理经济学。瓦尔拉斯一边工作，一边钻研经济学，终于在1870年被聘为瑞士洛桑学院政治经济学教授，直到1892年。虽然当时数理经济学并不为学校重视，但他坚持不懈，出版了《纯粹经济学纲要》等重要著作。这些论著为他赢得了世界性影响。在那里，他创建了强调把数学运用于经济分析的洛桑学派。在他的推动和影响下，洛桑大学成了数理经济学派的中心。瓦尔拉斯退休后继续担任该院名誉教授。其主要论著有《政治经济学与公正》（*L' Économie politique et la justice*，1860）、《社会理想的研究》

马利·埃斯普里·里昂·瓦尔拉斯
1834—1910

① ［英］杰文斯. 政治经济学理论. 郭大力译. 北京：商务印书馆，1984

(*Recherche de l' idéal social*，1868)、《纯粹经济学纲要》(*Elements of Pure Economics*，1874)、《复本位制数理经济学》(*Théorie mathématique du bimétallisme*，1881)、《社会财富的数学理论》(1883)、《社会经济学研究》(*Etudes d' économie sociale*，1896)、《应用政治经济学研究》(*Etudes d' économie politique appliquée*，1898) 等。

瓦尔拉斯的经济理论和劳动经济思想主要表现在边际效用分析、一般均衡分析以及生产均衡与劳动产品的均衡分析。他把最大效用原则作为全部经济行为的准则，其理论结构的主要程序是：效用学说；两种和多种商品价格的形成；多种生产性劳务价格的形成等。他赞成抽象的逻辑分析方法，并主张采用数学推理，通过以微积分和联立方程式为特征的数理模型来推导一般均衡分析等经济论。他比杰文斯更进一步，将已有的数学方法扩展为运用联立方程式的方法。

瓦尔拉斯在其代表作《纯粹经济学纲要》一书中提出了稀缺价值论。"稀缺"一词在瓦尔拉斯的经济理论中，其含义相当于边际效用，他的稀缺价值论实际上就是边际效用价值论。

他把边际效用称为"稀少性"，并以此构筑其价值理论。他一方面反对劳动价值论；另一方面他又批判单纯效用理论。从强调稀缺这一点出发，瓦尔拉斯特别注意到价格为零时个人所需求的商品量的大小。他把这个量叫作这个商品的"泛效用"，并假定它通常是有限的。如果某个具有效用曲线的商品多到超过了它的泛效用，则最后欲望被满足的程度就是零。因此，该商品就不再是稀缺的，不再具有交换价值。他指出，商品满足欲望的强度是商品供给量的函数，它随供给商品量的增加而递减，最后一单位商品量满足欲望的强度就是"稀少性"。

他认为，需求曲线下降是由效用曲线的特点而定的。随着物品数量的减少，欲望满足强度增加，从而使边际效用量增加，需求量却随之减少。总效用表示一定商品消费所满足的欲望总额，边际效用则表示被消费的一定量商品所满足的最后欲望强度。

瓦尔拉斯以价格代表交换价值，以价格论代替和取消了价值论。他从两种商品的交换这种最简单的情况开始分析价格的形成。他首先假定存在一个完全自由竞争的市场。该市场中，甲、乙都对对方的商品有需求，而对自己的商品无需求，由此产生了交换。交换目的是取得最大限度的满足。实现这一目的的条件为：这两种商品的价格必须等于它们的"稀少性"的比率，或等于它们满足"最后愿欲望强度"的比率。这就是说，商品价格决定了它们的"边际效用"的比率，其公式如下：

$$\phi_{a,1}(d_a)=(P_a)\cdot\phi_{b,1}(q_b-d_a\cdot P_a) \tag{17—3}$$

它表示拥有商品 b 的所有者在价格为 P_a 时，得到最大效用的条件。等式左边表示他从购进商品 a 得到稀少性，右边表示他从剩下的自有商品 b 中所得的稀少性。将公式 (17—3) 一般化，得：

$$\begin{aligned}\phi_{a,1}(q_{a,1}+x_1)&=P_a\phi_{b,1}(q_{b,1}-x_1P_a)\\ \phi_{b,1}(q_{b,1}+y_1)&=P_b\phi_{a,1}(q_{a,1}-y_1P_b)\end{aligned} \tag{17—4}$$

其中，x_1、y_1 表示通过交换而增加到 a、b 两种商品的原有量 ($q_{a,1}$，$q_{b,1}$) 上的增量（正或负）。

瓦尔拉斯认为，物品既要有价值，必须既有用，又稀少。“如果说稀少性和交换价值是两个共生的和成比例的现象，那么，同样可以肯定地说，稀少性是交换价值的原因”。[①]瓦尔拉斯这种论断同杰文斯的交换方程式实质上是完全一样的。

瓦尔拉斯在“稀少性价值论”的基础上，又提出了“一般均衡理论”，这是瓦尔拉斯整个理论的中心和最突出的贡献。如前所述，古尔诺在西方经济学说史上第一个提出了 $D=F(P)$ 类型的需求函数。但古尔诺的需求函数比较狭隘，他只认为某种商品的需求是其自身价格的函数。瓦尔拉斯企图寻求更广泛的函数形式，他因而建立起了西方经济学史上第一个一般均衡经济模型。该理论的指导思想是，认为一切商品的价格都是互相联系、互相影响、互相制约的。任何一种商品的供给和需求，不仅是这一商品价格本身的函数，而且也是所有其他商品价格的函数：$D_i=F(P_1, \cdots, P_n)$。因此，商品的价格不能被孤立地决定，而必须和其他商品价格联合作决定。当整个价格体系恰好使所有商品的供给和需求相等时，竞争市场就达到了均衡状态，市场的一般均衡才算形成，这时的价格就是均衡价格，也就是瓦尔拉斯所说的价值。这时的均衡就是一般均衡。

瓦尔拉斯首先撇开生产、资本积累和货币流通等因素，集中考察交换的一般均衡。假定市场上有几种货物的供给。由于不考虑生产，这些供给是固定不变的。设 $S_i(i=1, \cdots, n)$ 代表第 i 种货物的供给。对任何一种货物的需求可以写成价格向量函数：$D_i=D_i(P_1, \cdots, P_n)$。当所有市场都达到均衡时必有 $D_i(P_1, \cdots, P_n)=S_i(i=1, \cdots, n)$。要解决的问题是：是否存在一组均衡价格 $(P_1, \cdots, P_n)$ 使所有货物的供求都相等呢？瓦尔拉斯认为，在均衡方程中有 n 个价格，但可以取定某一价格为标准并令其等于1，所有其他价格都有用标准价格来表示，因此，需要决定的只有 $n-1$ 个价格；另一方面，无论价格向量 $(P_1, \cdots, P_n)$ 取何值，需求总值都必须与供给总值相等，即存在 $\sum P_1D_1=\sum P_1S_1$。这一恒等式被称为瓦尔拉斯定律。根据瓦尔拉斯定律，如果有 $n-1$ 个市场处于均衡（例如，$D_1=S_1, \cdots, D_{n-1}=S_{n-1}$），则余下的一个市场也必然处于均衡状态（例如，$Dn=Sn$）。因此，有一个方程是多余的，即在 $D_i=S_i(i=1, \cdots, n)$ 中只有 $n-1$ 个独立的方程。根据数学上的理由，$n-1$ 个方程可以唯一决定 $n-1$ 个未知数，瓦尔拉斯得出结论，存在一组使所有市场信息都有处于均衡状态的价格。

但是，实际的市场是否能够达到那个一般均衡状态呢？瓦尔拉斯认为，给定某些前提条件，市场可以通过一种所谓“试探过程”来感受和“摸索”它达到均衡的途径。瓦尔拉斯假定，有一位拍卖人首先喊出一组价格，如果此时供求不等，他就修正自己的喊价：降价供大于求的货物的价格，提高供小于求的货物的价格，直到最后喊出均衡价格；另外，除拍卖人外的所有交易人都是价格接受者，在整个“试探过程”中，他们都不打算把价格固定下来，而只在均衡价格建立以后才开始成交。这就是瓦尔拉斯体系中达到均衡的基本结构。

交换理论是瓦尔拉斯一般均衡模型的最简单形式。分析交换时，由于不考虑生产，因此，供给是假定不变的。在解决交换的一般均衡之后，瓦尔拉斯引入更现实的假

---

① ［法］瓦尔拉斯．纯粹经济学讲义．北京：商务印书馆，1989

定——商品是生产要素生产出来的，从而讨论了生产的一般均衡。他放弃了商品总量不变的假定，认为各类商品的数量将由于生产而变化。但他对生产的技术特征作了重要的假定：生产活动是不消耗时间的，生产技术系数（单位产品所消耗的生产要素的服务量）既定，资本品数量既定。

为了分析生产活动，瓦尔拉斯首先给出了资本和收入的定义。他指出，固定资本或一般来说资本，“指的是一切耐久的物品，是各种形式的根本不会消耗殆尽，或只在经过若干时间之后才被耗尽的社会财富；也就是指数量有限的各种效用，它们在初次使用之后继续存在，简而言之，能够不止一次地使用，如房屋和家具”。① 收入是指一切非耐久物品，是各种形式的立刻被耗尽的社会财富，包括用于生产的种子，也包括用于消费的面包和肉类。在区分资本与收入之后，瓦尔拉斯进而规定了两者之间的关系，他说：“资本的本质在于能产生收入，收入的本质在于能直接或间接地来自资本。”②

在上述定义的基础上，瓦尔拉斯把整个社会财富分成四大类：第一类是一切种类的土地，他产生土地服务或土地收入。第二类是人力资本或个人，它产生人力服务（即劳动）或收入，第三类是土地和人力之外的一切其他资本品，简称为狭义资本品，它产生资本服务或资本收入。第四类是非耐用的消费品及生产原料。前三类属于资本，第四类属于收入。

瓦尔拉斯关于资本的构成及其各自收入的观点是对传统的生产三要素论和“三位一体”公式的变形。他把无论用于何种用途的各种土地都称为土地资本。它符合土地资本的定义：持续使用且持续提供服务即收入。虽然瓦尔拉斯也提出了土地资本具有自然产物和不可毁灭的特征，但他并不理解土地垄断和土地经营在资本主义条件下的实际作用，他只限于指出土地资本会带来收入，而不把地租和资本利润加以区别。

瓦尔拉斯关于人力资本的观点是值得注目的，按照他的观点，人力资本也是一种资本，是同土地和通常的资本同一意义的范畴，这样就“取消了”劳动与资本的对立这个命题，“消除了”承认劳动者受剥削的一切可能性。他说：“社会财富的第二部分是由人们构成的。这是各式各样的人：专事旅游和追求娱乐者；伺候他人的人包括车夫、厨师、仆人、侍女；为国家服务的官吏，例如行政长官、法官和军人；从事农、工、商业的男女工人；自由职业者，例如律师、医生和演员。所有这些都是真实的资本。”“总之，人们在提供了他们的第一次服务之后仍然存在着，他们提供的一系列服务构成了他们的收入。”③ 瓦尔拉斯称上述资本为“人力资本或人”，把带来个人收入或个人服务的能力叫作劳动。按照这种观点，工资被看成是利息，因而劳动力被看成是提供这种利息的资本。

瓦尔拉斯把除了土地和人力之外的资产统称为真正的或本来意义上的资本，把这种资本的服务或收入叫作利润。

瓦尔拉斯认为生产活动就是土地资本、人力资本和狭义资本三者结合在一起共同提供生产性服务。生产性服务的结果是产品。他把社会上参与经济活动的人分为两大类：

---

① ［法］瓦尔拉斯. 纯粹经济学讲义. 北京：商务印书馆，1989

② ［法］瓦尔拉斯. 纯粹经济学讲义. 北京：商务印书馆，1989

③ ［法］瓦尔拉斯. 纯粹经济学讲义. 北京：商务印书馆，1989

提供生产性服务的人，包括提供劳动的工人、提供土地服务的地主及提供狭义资本品服务的资本家；需要各类生产性服务来生产商品的资本家。而整个社会存在两大类市场：一是服务市场。工人、地主和资本家是卖主，企业家是买主，该市场形成三种服务的价格，即工资、地租和利息。二是产品市场。企业家是卖主，而工人、地主和资本家则成为买主，该市场形成各种产品的价格。瓦尔拉斯假定工人、地主和资本家作为生产品的买主，追求的是满足最大化，作为服务的卖主，追求收入最大化，而企业家则追求利润最大化，于是服务的供给和产品的需求都是服务价格和产品价格的函数。

若生产不是通过直接消耗生产服务，而是通过消耗中间产品来进行的，可以通过一定步骤把对中间产品的消耗折算为对生产服务的消耗，生产技术系数不再反映产品对服务的直接消耗，而是反映产品通过中间产品对服务的间接消耗。

瓦尔拉斯的分析暗含两个重要假定，第一个重要的暗含假定，其经济意义是说，当所有价格都变动相同倍数时，服务的供给和产品的需求将保持原来水平。第二个重要的暗含假定是瓦尔拉斯法则，即所有人购买所有产品的总支出恒等于他们出售服务的总收入。

瓦尔拉斯强调指出，生产均衡与交换均衡是同时实现的，实现交换均衡的条件是服务市场与产品市场同时实现供求均衡，实现生产均衡的条件是所有产品的售价等于其成本。他说："现在可以很容易地说明暗含交换均衡在内的生产均衡的意义。第一，它是这样一种状态，在此状态下，生活性服务的有效需求和有效供给是相等的，而且在这些服务市场上存在着静态的现行价格。第二，在此状态下，产品的有效需求和有效供给也是相等的，在产品市场上也存在静态的现行价格。第三，在此状态下，产品的卖价和用在这些产品上的生产性服务条件涉及交换均衡，第三个条件涉及生产均衡。"①

瓦尔拉斯假定在均衡状态下，各生产要素的供给价格等于它们的需求价格，所以它们的总供给价格等于它们的总需求价格。他的生产方程式从下列公式开始：

$$O_tP_t+O_pP_p+O_kP_k+\cdots=d_a+d_bp_b+d_cp_c+d_dp_d+\cdots \qquad (17—5)$$

在等式中，左边各项分别表示土地（t）、劳动（p）和资本（k）服务的供给价格，右边各项分别表示对 a，b，c，d 产品的需求价格，商品 a 是计量者即价值尺度。

根据满足最大效用的条件，在均衡价格下，各服务和各产品的供求量之比属等于价格之比，所以又有下列公式：

$$\begin{aligned}\phi_t(q_t-O_t)&=P_t\phi_a(d_a)\\ \phi_p(q_p-O_p)&=P_p\phi_a(d_a)\\ \phi_k(q_k-O_k)&=P_k\phi_a(d_a)\\ &\cdots\cdots\end{aligned} \qquad (17—6)$$

$$\begin{aligned}\phi_b(q_b)&=P_b\phi_a(d_a)\\ \phi_c(q_c)&=P_c\phi_a(d_a)\\ \phi_d(q_d)&=P_d\phi_a(d_a)\end{aligned} \qquad (17—7)$$

① ［法］瓦尔拉斯．纯粹经济学讲义．北京：商务印书馆，1989

……

$\phi_t(q_t \updownarrow O_t)$，$\phi_p(q_p \updownarrow O_p)$和$\phi_k(q_k \updownarrow O_k)$分别表示各生产要素供给者本人所消费的量，表示相应的稀少性，d_a 仍是价值尺度。这里共有 $n+m-1$ 个方程式，加上前面表示总供给等于总需求的方程式，共有 $n+m$ 个。根据每种服务和每种产品的供给价格和需求价格，在一般均衡状态下，应同它本身及其他各服务及各产品价格保持一定函数关系的原理，瓦尔拉斯得出表示各服务的供给量和各产品需求量的公式：

$$\begin{aligned} O_t &= F_t(P_t, P_p, P_k, \cdots, P_b, P_c, P_d \cdots), \\ O_p &= F_p(P_t, P_p, P_k, \cdots, P_b, P_c, P_d \cdots), \\ O_k &= F_k(P_t, P_p, P_k, \cdots, P_b, P_c, P_d \cdots), \end{aligned} \tag{17—8}$$

……

共有 n 个服务的 n 个服务供给量方程式。

$$\begin{aligned} D_b &= F_b(P_t, P_p, P_k, \cdots, P_b, P_c, P_d \cdots), \\ D_c &= F_c(P_t, P_p, P_k, \cdots, P_b, P_c, P_d \cdots) \\ D_d &= F_d(P_t, P_p, P_k, \cdots, P_b, P_c, P_d \cdots) \end{aligned} \tag{17—9}$$

……

对 A 的需求依照下式：

$$D_a = O_t P_t + O_p P_b + O_k P_k \cdots - (D_a P_b + D_c P_c + D_a P_a + \cdots)$$

共有 m 个产品的 m 个需求量方程式。

这样，就得到 $n+m$ 个方程式，而未知数数目却是 $2m+2n-1$ 个，为使服务和产品的供求价格问题得到确定的解答，显然还需引出新的方程式。在这里，生产成本规律为得出下列方程式提供了依据。

假设 a_t，a_p，a_k，…，b_t，b_p，b_k，…，c_t，c_p，c_k，…，d_t，d_p，d_k 表示“生产系数”，即加入产品（a、b、c、d）生产中的每单位生产服务（T、P、K）的数量，则有下列各式：

$$\begin{aligned} a_t D_a + b_t D_b + C_t D_c + d_t D_d + \cdots &= Q_t \\ a_p D_a + b_p D_b + C_t D_c + d_p D_d + \cdots &= O_p \\ a_k D_a + b_k D_b + C_p D_c + d_k D_d + \cdots &= O_k \end{aligned} \tag{17—10}$$

……

表示所使用的生产服务量等于供给量，共有 n 个方程式。其中没有新未知数。

$$\begin{aligned} a_t P_t + a_p P_b + a_k P_k + \cdots &= 1 \\ b_t P_t + b_p P_b + b_k P_k + \cdots &= P_b \\ C_t P_t + C_p P_b + C_k P_k + \cdots &= P_c \\ d_t P_t + d_p P_b + d_k P_k + \cdots &= P_d \end{aligned} \tag{17—11}$$

……

表示产品卖价等于生产成本，共有 m 个方程式。其中没有新未知数。

这样，就得到 $2m+2n$ 个方程式（包括公式17—8、公式17—9、公式17—10、公式17—11在内），但方程式中未知数目却是 $2m+2n-1$（a 是作为商品价值尺度的），为此，可以从中消去一个方程式，使之变成 $2m+2n-1$ 个方程式。办法如下：如果用 P_t，P_p，P_k…分别乘以 m 个方程组（17—11）的两边，可以得出两组方程式，它们的左边是相等的，所以右边如下所示也是相等的：

$$O_tP_t\acute{G}O_pP_p\acute{G}O_kP_k\acute{G}\cdots\grave{T}D_a\acute{G}D_bP_b\acute{G}D_cP_c\acute{G}D_aP_a\acute{G}\cdots \qquad (17—12)$$

这其实也就是（17—9）方程组中的第 m 个方程式（经过移项），可见它是派生的，可以从方程式总数中减去。这样一来，在一般状态下，可以留下 $2m+2n-1$ 个方程式，决定 $2m+2n-1$ 个未知数。这些未知数包括：n 个服务供给量，这些服务的 n 个价格，m 个产品的需求量，这些产品的 $m-1$ 个价格，用第 m 个产品来表示。问题终于解决了。

在瓦尔拉斯的生产方程式中，作者企图以此表明，在自由竞争条件下，各种生产性服务的供给量和需求量，各种产品的供求量，通过供求法则和生产成本法则的作用，可以在满足最大效用条件下达到均衡；证明这种包括交换均衡在内的生产均衡的条件可以从数学上加以确定。

然而，瓦尔拉斯的生产均衡分析，由于在稀少性原理外，又加上非科学的生产法则而失去了客观现实性。在瓦尔拉斯看来，依据生产成本法则，消费产品的价格等于生产成本，而生产成本取决于生产性服务的价格。生产性服务的价格又取决于生产性服务的需求和供给。这意味着，生产成本归根结底是由主观主义的稀少性原理支配的，因为生产性服务的供求均衡的基础是交换双方对商品的稀少性之比等于价格之比。事实上，稀少性及其比例是一个主观推测，作为说明价格的客观依据是不充分的。

瓦尔拉斯的生产均衡论放弃了服务价格不变的假设前提，开始分析服务市场趋向均衡的摸索过程。在分析中假定商品的产量不变，他认为某种服务的供给是其价格的增函数，而它的需求是由产品需求派生出来的，与产品需求同向变化。产品需求是产品价格的减函数。随着服务价格的变化，供给同向变化，需求反向变化，这就是趋向服务市场均衡的首要条件。趋向服务市场均衡的次要条件是，其他各种服务的价格变动对该服务的供求均衡趋势的有利影响和不利影响大多相互抵消，且剩余的影响不能抵消该服务自身价格变动所导致的趋向供求均衡的趋势。只要具备这两个条件，均衡便具备了稳定性，摸索过程就将趋向服务市场的均衡。由于任何一套服务价格都能导致产品市场和生产的同时均衡，所以当服务市场达到均衡时，也必然会出现与服务市场的一套价格相适应的产品市场均衡和生产均衡。

瓦尔拉斯在劳动经济史上具有较高的地位，部分依赖于他独立发现了边际效用理论，则更多依赖于他使市场经济各部门的相互依赖概念化。一般经济均衡理论和生产均衡理论是瓦尔拉斯的不朽贡献。与另外两位边际革命的奠基人杰文斯和门格尔的分析相比，虽然在强调边际效用决定价值这一点上，他们是共同的，但瓦尔拉斯的贡献更具有魅力。这种魅力在于，瓦尔拉斯抓住了在完全竞争的市场条件下市场经济的均衡问题。他说明了均衡价格的边际效用、要素数量等一系列因素相互作用的结果，是各种商品、服务价格相互影响的结果。瓦尔拉斯在处理一般均衡和生产均衡问题时选择了数学方法。这是他在方法论上的一大创新。而门格尔不欣赏数学方法，杰文斯只是运用了简单的微积分。

事实上，只有数学方法，更确切地说只有数学中的大型连立方程组，才能清楚地表达经济生活中各种因素之间的相互作用、相互关系，才能回答经济均衡的存在性问题。瓦尔拉斯在方法上的创新意义重大，解决问题所采用的方法坚实有力，最重要的是，瓦尔拉斯的一般均衡体系成为后来经济学家提供进一步研究市场经济的出发点，尽管这一体系有明显缺陷，但推动了西方经济学的发展。

17.4　维尔弗雷多·帕累托

维尔弗雷多·帕累托（Vilfredo Pareto，1848—1923）是意大利经济学家、社会学家，经典精英理论的创始人，洛桑学派的创立者。他出生于法国巴黎。他的父亲拉斐尔·帕累托是意大利热那亚的贵族，是19世纪前半叶热烈拥护意大利统一的马志尼主义者。帕累托曾就读于都灵的大学和工艺学院，1869年获都灵工业大学工程学博士学位，1877年开始研究经济学，曾长期任职于意大利铁路及钢铁公司，担任过意大利钢铁公司总经理，其间广泛涉猎哲学、文艺、宗教等领域文献。1893—1906年由马利·埃斯普里·里昂·瓦尔拉斯推荐为洛桑大学的政治经济学教授。其主要论著有《政治经济学讲义》（*Cours d'économie politique*，1896—1897）、《社会主义体系》（*Systèmes socialistes*，1902—1903）、《政治经济学手册》（*Manual of Political Economy*，1906，1909）、《思想与社会：社会学通讯》（*The Mind and Society：a Treatise on General Sociology*，1916）。他对经济学的贡献主要集中于《政治经济学手册》一书中，进一步发展了一般均衡理论，论证了完全竞争取得最优解的有限意义。他对经济学的方法论讨论和该学科在整个社会中的地位问题做出了重要贡献。帕累托在数理经济学方面也有独创性贡献：用序数效用概念取代了效用可测量的假定；引进了无差异曲线分析的技术，并在序数效用论和无差异曲线等基础上建立了一般均衡理论。他还是一位著名的社会学家。他早年更注重经济学的数学化，晚年则发现了单纯强调经济学数学化的缺陷，转而更强调经济学的历史化和社会化，注意从社会学角度考虑经济现象。

维尔弗雷多·帕累托
1848—1923

帕累托作为瓦尔拉斯教习的继承人，在很大程度上继承了瓦尔拉斯的一般均衡理论，但同时又做出重大修正的基础上发展了这一理论。重大修正之一是用序数效用论代替基数效用论，并系统地提出了序数意义上的效用理论。

在帕累托之前，数理经济学派以及边际效用学派都是在基数概念的基础上建立效用理论的。他们认为，效用就像是可以度量的，两个效用量之间的差是一个确定的数量。帕累托则提出不同的看法：我们假定物品提供的所谓享乐、使用价值、经济效用或效益都是数量，但对于这一点并没有提供证明。他还指出，效用是难以测定的，并且一种物品的效用并非只与其本身的数量有关，还与其他物品的数量有关。效用虽然不可测，但从人们日常行为来看，不同物品或不同物品组合，其效用是可以比较的。在帕累托看来，数理经济学的基本原理不应当从未经证明的效用可测量的假设中推出，而应当从可观察的经验事实中总结。帕累托假定，某个消费者面临的各种商品的消费数量分别为 X、Y、Z、…，从对 X、Y、Z、…的消费中，消费者得到一定程度的满足，即效用。设用 u 表示效用，则效用 u 和所消费的产品数量 X、Y、Z、…之间存在函数关系，$u=u(X、Y、Z、\cdots)$。从这个效用函数出发，可以很方便地定义效用的各种关系。例如，假设有两个效用 $u_1=u_1(X_1, Y_1, Z_1, \cdots)$ 和 $u_2=u_2(X_2, Y_2, Z_2, \cdots)$，则如果消费者偏好 $(X_1, Y_1, Z_1, \cdots)$ 更甚于 $(X_2, Y_2, Z_2, \cdots)$，则认为 $u_1>u_2$；如果消费者对这两种商品组合的偏好无差别，则认为 $u_1=u_2$。显而易见，这里的效用概念只具有序数的意义，并不知道效用的绝对值的大小，不知道 u_1 比 u_2 大多少或小多少，但通过消费者偏好的经验调查，可以知道效用相对水平的高低，知道 u_1 比 u_2 是大还是小。这样一来，帕累托就使边际效用理论“摆脱”了“主观感觉不可计量”的批评。

帕累托在序数效用论的基础上，又推演出瓦尔拉斯一般均衡体系所需的需求函数。他采用了埃奇沃思所提出的无差异曲线作为分析工具，并对埃奇沃思的观念进行修正。埃奇沃思的无差异曲线是以效用可测性为前提，根据测定的效果来绘制，而帕累托的无差异曲线则以经验事实为根据，并不需要以效用的测定为前提。用序数效用代替基数效用，就避开了个人效用的计量和不同人效用的比较等无法解决的问题。

帕累托详细列举了两种物品具有不同关系的无差异曲线：①两种物品（A、B）中只有一种（A）具有效用（见图 17—3）；②两种物品（A、B）严格互补（见图 17—4）；③两种物品（A、B）虽互补但并不严格；④两种物品（A、B）效用各自独立；⑤两种物品（A、B）可互替但替代比例不定（见图 17—5）；⑥两种物品（A、B）以不变比例互替（见图 17—6）。不论这些无差异曲线有何不同，其共同特点都是离原点越远的无差异曲线代表越大的效用。这些不同形状的无差异曲线，广为后人所采用的是图 17—4、图 17—5 和图 17—6，尤其是图 17—5 的采用频度为最高。由埃奇沃思提出，进而由帕累托修正发展的序数效用论和无差异曲线，成为后来西方劳动经济学家分析劳动力市场需求和消费者行为需求的有力工具。

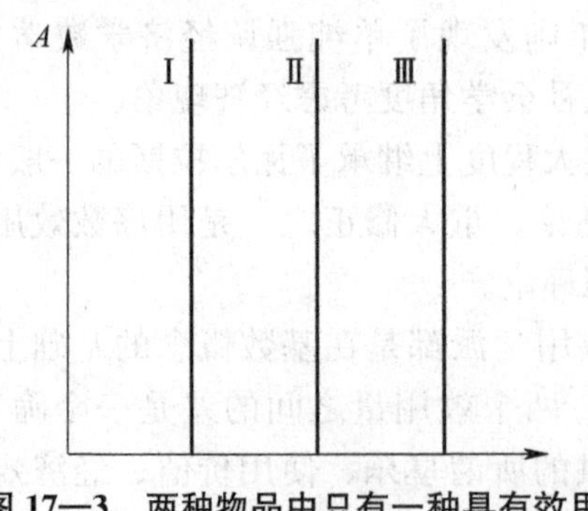

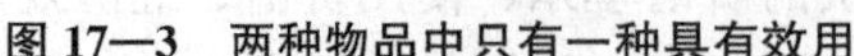
图 17—3　两种物品中只有一种具有效用

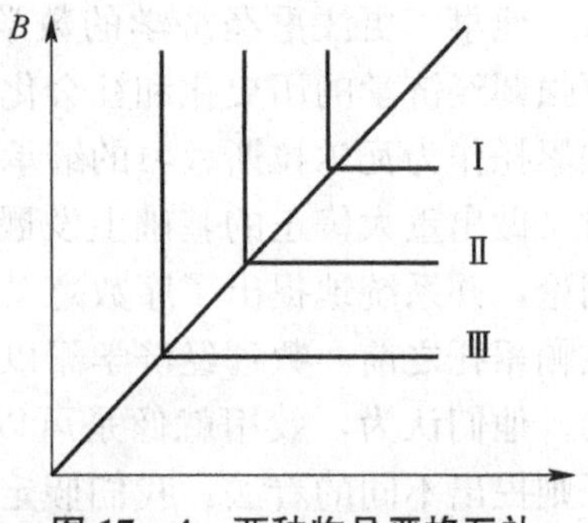

图 17—4　两种物品严格互补

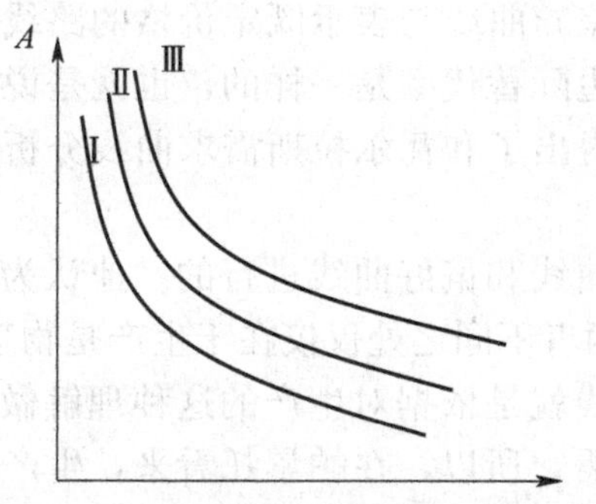

图 17—5 两种物品可互替但替代比例不定

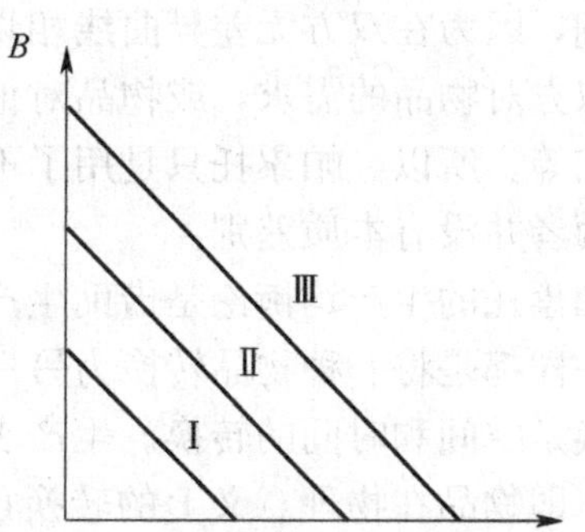

图 17—6 两种物品以不变比例互替

帕累托还发展了瓦尔拉斯的一般经济均衡论，这种发展主要表现在帕累托的分析更简化和更一般化。在帕累托看来，经济生活规律归根结底取决于人的需求和满足需求所遇到的障碍之间的均衡，这两者的均衡贯穿于生产、交换和分配各个领域。帕累托分析了交换均衡。他把交换均衡分为两种情况加以分析。第一种情况是交换者双方都不能单独决定市场价格，市场价格只能在自由竞争中形成和决定。帕累托认为，在这种情况下，交换均衡将在双方无差异曲线的切点上形成，因为双方从处在切点上的物品组合所估量的欲望满足能力是相等的，它表示在存在别人的无差异曲线条件下所能获得的最有利的曲线；这些无差异曲线的切点意味着需求和障碍的均衡，如果将各切点连接起来，便可以得到交换曲线或直线，如图 17—7 中的 CC'。

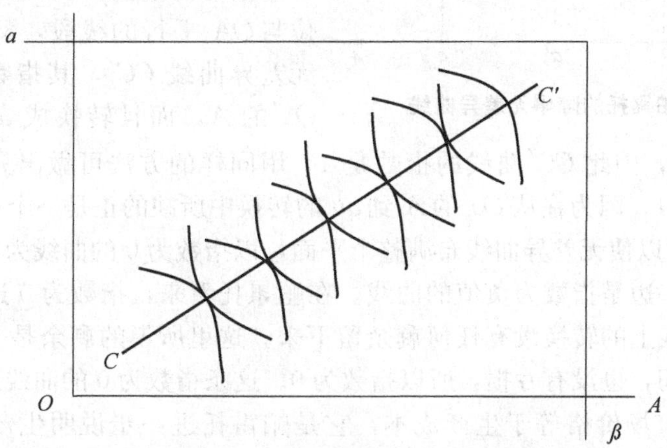

图 17—7 需求和障碍的均衡交换曲线

为进一步研究交换均衡，帕累托在无差异曲线基础上提出了消费者行走路线的概念。行走路线是指个人在许多物品组合或无差异曲线上实际选择的各点的连接线，也就是偏好曲线，在第二种情况下，交换均衡可由不决定价格的一方无差异曲线与价格曲线的切点来决定。

尽管帕累托抛开了基数效用论，而采取了无差异曲线，完成了对交换均衡的分析。但事实上，在帕累托的论证中以追求最大效用为前提，边际效用比例相等仍是交换比例的基础，因为在双方无差异曲线相切点，或无差异曲线与表示既定价格的路线的相切点上，双方对物品的需求，或物品对他们的效用边际替代率是一样的，也就是说边际效用之比相等。所以，帕累托只是用了不同的方式得出了和瓦尔拉斯需求曲线分析一样的结论，两者并没有本质差别。

帕累托的生产均衡论是借助生产者无差异曲线和偏好曲线进行的。他认为，生产和交换一样都是将一种物品转换为另一种物品，两者不同之处仅仅在于生产是物理的转换，而交换是空间和时间的转换。生产者无差异曲线就是依据对生产的这种理解做出的。由于生产即物品在物理意义上的转换也是一种障碍，所以，在帕累托看来，生产者无差异曲线和障碍的无差异曲线在一定条件下是一样的，因此做出障碍无差异曲线就成了分析生产均衡的起点。

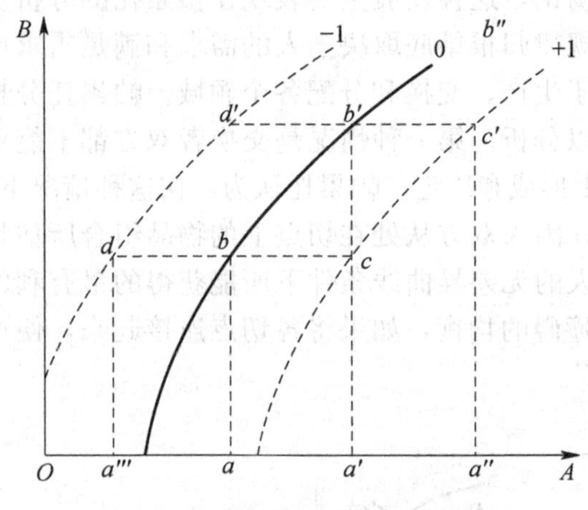

图 17—8 帕累托的障碍无差异曲线

帕累托的障碍无差异曲线如图 17—8 所示。假定物品 A 转换为另一物品 B，已知用一定量 A 就能得到的 B 量。例如用 Oa 的 A 能生产出 ab 的 B，用 Oa' 能生产出 $a'b'$，"这样我们便可以得出 $bb'b''$…曲线，我们称为障碍无差异曲线，而且给它的指数为 0，因为在这条线上的转换是在没有任何剩余的情况下进行的"。①

帕累托指出，从 b 到 b' 点向右作一单位与 OA 平行的线段，又可以得出另一条无差异曲线 CC'，其指数为 1，如果拥有 Oa' 的 A，而且转换成 $a''c'$ 的 B，则会有 $a'a''$，其值等于 1，因此 CC' 曲线的指数是 1。用同样的方法可做出另一条无差异曲线 dd'，其指数是−1，因为在从 Oa 的 A 到 ab 的转换中所缺的正是一个单位，即只能得到 Oa''' 的 A。这样可以使无差异曲线布满整个平面，以指数为 0 的曲线为界，一边是指数为正值的曲线，另一边是指数为负值的曲线。在帕累托看来，指数为 0 这条线是完全的转换线，因为这条线上的转换没有任何剩余留下来。这里所说的剩余是企业家利润。这条线的转换没有利润，也没有亏损，所以指数为 0。这条指数为 0 的曲线意味着投入量等于产出量，或者说市场价格等于生产成本，它是帕雷托进一步说明生产均衡条件的依据之一。

帕累托接着考察了技术水平或生产率不变条件下的均衡。如同消费者追求最大欲望满足一样，生产者追求最大限度利润，由于生产率不变，在价格不变条件下，对利润的追求也就是对生产量的追求。在这些条件下，生产者均衡形成的过程如图 17—9 所示，沿着行走路线或偏好曲线 OL 生产者可以达到 c 点，它是行走路线与指数为 0 的障碍无差异曲线的切点，这一点比该行走线上的其他点具有更大的利润指数。于是在 c 点上形成

① 晏智杰. 边际革命和新古典经济学. 北京：北京大学出版社，1987

了均衡。

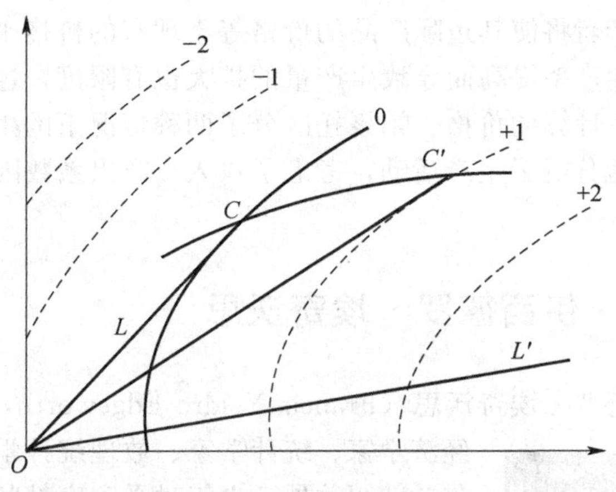

图 17—9　生产率不变条件下的生产均衡

帕累托分析了生产率变化条件下的生产均衡。他说，这里有两类物品：第一类物品当转换的 A 的总量增加时，从每单位 A 获得 B 的量也增加；第二类是另一种物品，对这些物品来说，B 的量在减少。前者指生产率随生产的扩大而提高，后者指相反的情形。帕累托认为，在第一种情形下，如图 17—10 所示，可以有 t，t'，t''，…的曲线，显然，OL 式的偏好曲线不可能同任何一条具有正指数的无差异曲线相切。另外，生产者也不会留在完全转换线 t 左边的区域，因为该区域曲线指数为负值，意味着他要亏损，所以均衡不可能出现在这个区域，而只能在出现 t 线右边的"可能均衡区域"，并且沿着 OL 线尽可能走远，以便追求尽可能多的利润。均衡将在偏好曲线的终点而不是切点上形成，切点和终点都是指个人沿着一定的偏好曲线所可能达到的最高点，不过，切点是整个偏好曲线的最高点，终点是偏好曲线一部分的最高点。在这种情况下，如果偏好曲线相切于无差异曲线，就表示存在一条确定的偏好曲线，然而事实上不存在这条确定的曲线，生产者力求尽可能扩大再生产，直到遇到某种障碍而停止下来。在帕累托看来，在生产率提高条件下不可能确定生产规模，而无限地超过完全转换线 T 的情况也是罕见的。

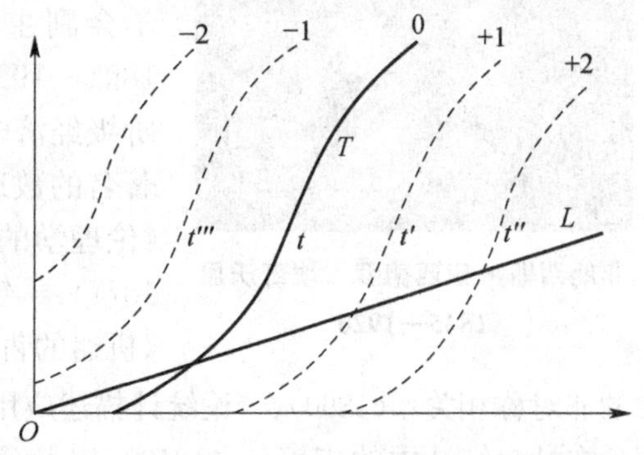

图 17—10　生产率变化条件下的生产均衡

究竟怎样说明在生产率上升或下降情况下价格形成的差别呢？帕累托借助竞争的不同机制。他指出，在生产率下降的情况下，生产者个人利益将促使他的偏好曲线回到最大利润线，从而使均衡发生在最大利润线与交换线的交点上，这是竞争不完全时发生的；在生产率提高、出现新的生产者、最大利润线不再与交换线相交时，均衡将出现在交换线与完全转换线相交的地方，这是竞争完全时发生的。[①] 换句话说，在竞争受到阻碍的场合，生产率下降的生产者将使其边际产品的价格等于现有的价格来确定其生产量；而在完全竞争条件下，因生产率提高而导致生产量的扩大也有限度，这限度在于使其边际产品也能获得按正常成本计算的价格。帕累托区分了两种情况下的生产均衡，这表明帕累托比瓦尔拉斯更深入地分析了生产活动，考虑了投入—产出系数因产量规模变动而变化时尚未生产均衡。

17.5 弗朗西斯·伊西德罗·埃奇沃思

弗朗西斯·伊西德罗·埃奇沃思
1845—1926

弗朗西斯·伊西德罗·埃奇沃思（Francis Ysidro Edgeworth，1845—1926）是英国经济学家、统计学家、数理统计学的先驱。他出生于爱尔兰朗福德郡。少年时受家庭教师的影响，对数学和古典文学很有兴趣。早年在都柏林三一学院，随后转入牛津大学。曾任伦敦大学国王学院逻辑学讲师，1890 年升任图克讲座政治经济学教授，1891—1922 年任牛津大学德鲁蒙德讲座政治经济学教授。曾被选为英国皇家经济学会副主席、皇家统计学会主席、英国科学院院士，1891—1926 年任《经济学》杂志编辑。埃奇沃思对资产阶级经济学和统计学的发展有很多贡献，是 19 世纪后期著名的数理统计学家和数理经济学家之一。主要著作有《伦理学的新旧方法》（*New and Old Methods of Ethics*，1877）、《数理心理学》（*Mathematical Psychics*，1881）、《机遇的哲学》（1884）、《统计方法》（1885）、《社会现象中的非对称相关》（1890）、《论统计描述应用数学公式》（1900）、《误差规则》（1904）、《概率论在社会统计中的应用》（1913）以及《经济学论文选集》三卷本（*Papers relating to Political Economy*，1891—1921）等。

埃奇沃思早期钻研的是数学和逻辑学，研究如何将数学应用于社会科学。后来受威廉·斯坦利·杰文斯的启发，开始对经济学产生兴趣。他热心研究概率论与数理统计，并将其应用到经济学的领域中，是他最早运用数学，特别是概率论来研究社会经济问题。正因为这样，所以他被称为旧数理学派中经济学派的创始人。1881 年，他的名著《数学心理学》一书出版，该书在现代经济学中仍占有十分重要的地位。被普遍采用的“无差异曲线”和“契约曲线”等概念，虽然不是他首次提出，但在这些著作中得到了淋漓尽致的体现。埃奇沃思继承了瓦尔拉斯提出的一般均衡理论，并把数学运用于这一理论的研究，对古典经济理论做出了许多重要贡献。最先以一个可变要素的边际产品下降来给收益递减定义，而在这以前的经济学家都是用平均产品下降来解释这一规律的。他最早

---

① 晏智杰. 边际革命和新古典经济学. 北京：北京大学出版社，1987

提出“一般效用函数”概念，认为一个商品的效用不仅依赖于所消费的该商品数量，而且依赖于个人消费的所有其他商品的数量，从而把替代性和互补性问题引进效用理论中。在埃奇沃思之前，新古典经济学家的边际效用理论，一般是用基数序用论来解释边际效用的，认为边际效用可以用效用单位来计量，并可以加总求和进行比较。埃奇沃思不赞成效用可以计量的观点，他认为效用是一种心理感觉，是无法计算的，效用能表示其程度，而不能计量其大小。他提出序数效用论，用满足程度的不同，来解释效用。同时他第一次提出“无差异曲线”的概念，用同一条无差异曲线表示两种不同商品的组合给消费者带来相同的满足，不同的无差异曲线则代表不同的满足程度。他用无差异曲线来解释边际效用、边际效用递减规律和实现消费者效用最大化的消费者均衡。这样就克服了效用如何计量的困难问题。他在《数学心理学》一书中除了提出无差异曲线、契约曲线外，还有埃奇沃思盒、交换经济的“核”。这些都成为后来西方经济学中边际分析的基本工具。

埃奇沃思在《数学心理学》一书中对杰文斯的效用理论作了重要修正。在杰文斯那里，对于一个交易者来说，各种商品的效用是独立的；一种商品的效用只是由它的数量决定，是该商品数量的一元函数，不受其他商品的数量的影响。从而一种商品的边际效用也只是它数量的一元函数，而与其他商品的数量无关。而埃奇沃思认为，各种商品总是作为一个整体对交易者产生效用的，因此交易者的效用要由各种商品的数量来决定，是各种商品的拥有量的函数，可记为：

$$U=F(x_1,\ x_2,\ \cdots,\ x_n) \tag{17—13}$$

公式中，U 为总效用；x_1，x_2，…，x_n 分别为 n 种商品的数量。于是，一种商品的边际效用便是总效用函数的一阶偏导数：$\partial U/\partial x_i(i=1,\ 2,\ \cdots,\ n)$，它不仅由该商品自身的数量所决定，而且受到其他商品数量的影响。埃奇沃思以修正为基础，分析了交换均衡。他假定 A、B 两人以 a、b 两种商品量的 x 量和 y 量进行交换，成交后 A 的总效用为 $U_A=F_A(a-x,\ y)$，B 的总效用为 $U_B=F_B(x,\ b-y)$，交换的均衡条件是：

$$\frac{[\partial U_A/\partial(a-x)]}{(\partial U_A/\partial y)}=\frac{(\partial U_B/\partial x)}{[\partial U_B/\partial(b-y)]} \tag{17—14}$$

即 A、B 两人对两种产品的边际效用之比相等。这实质上发展了杰文斯的著名交换方程式，其区别在于，某种商品的边际效用在这里改为用偏导数来表示。

埃奇沃思进一步认为，均衡时，进一步交换不可能使 U_A 和 U_B 同时增加，只能以一方的牺牲为代价而使另一方的效用增加，而未达到均衡时，进一步交换则可能使 U_A 和 U_B 同时增加。在用图形说明上述道理时，他提出了无差异曲线和契约曲线，如图 17—11 所示。

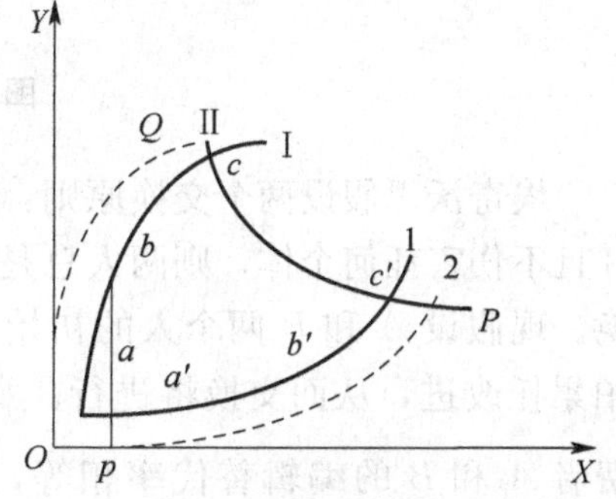

图 17—11　两个物物交换场合的均衡

在图 17—11 中，他分析了 A 和 B 两个人商品交换场合的均衡问题。横轴代表 A 所持有商品 X，纵轴代表 B 所持有商品 Y，曲线 1、2 代表了 X 的无差异曲线，曲线Ⅰ、Ⅱ代表了 Y 的无差异曲线。显然，曲线 1 和Ⅰ比曲线 2 和Ⅱ所代表的效用水平要高。两者通过讨价还价，从 B 开始，他的交换点首先是 a 点，此时 p_a/p_0 为交换比例，最后 B 的交换点为 c；此时 B 的效用水平没有变化，但 A 的效用水平获得了增加。同样，从 A 开始，他的交换点首先是 a'，最后 B 的交换点为 c'；此时 A 的效用水平没有变化，但 B 的效用水平获得了增加。

最后，埃奇沃思得到了一条契约曲线 QP，它是众多无差异曲线的切点连接起来的轨迹。这意味着价格是不确定的，因为如果以 A 的货币来度量，B 的劳动的价格就是不确定的；最后结果取决于讨价还价，但它必然位于契约曲线上的某一点处。也就是说，位于契约曲线上的任何一点都可能是一个均衡点，最终通过讨价还价产生。当然，埃奇沃思认为，价格的不确定性主要存在于双边垄断的情形中，而在完全竞争的市场中，所有交易者都将接受市场所确定的产品价格和劳动价格。

埃奇沃思在《数学心理学》一书中借助在无差异曲线的切点上画出的契约曲线来说明双边垄断交易中存在的不确定性。他认为，无论是双头垄断还是寡头垄断都无一个确切的均衡点。在图 17—12 中，交易者达成只能是在契约曲线的限度以内，却不能确定契约曲线中的某具体点，最后的均衡就在于垄断双方的策略和讨价还价的能力。因为在双头垄断情况下，双方竞争的均衡常呈现出摇摆状况，而没有静止的均衡点，在寡头垄断情况下也是如此，这些接近于后来的垄断理论。

其实，双边垄断可以提供对市场运行机制准确理解分析的框架。在图 17—12 中，A 和 B 两个消费者消费两种商品 x 和 y，消费者 A 的无差异曲线凸向 O_1 点，消费者 B 的无差异曲线凸向 O_2 点；两者越远离自己原点的无差异曲线所代表的效用水平越高。

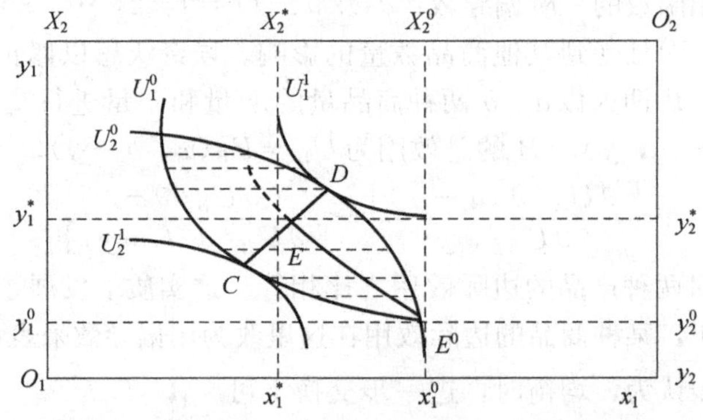

图 17—12　无确切的均衡点

埃奇沃思假设两个交换原则：其一，如果某项交换至少能使一个个体的效用更高，并且不伤害任何个体，则两人总是愿意交换；其二，任何个体都不愿降低自己效用的交换。现假设 A 和 B 两个人的初始点为 E^0，因此在阴影区域的任何一点，都可以促进帕累托改进，从而交换将进行。那么，交换到什么时候为止呢？一般情况下，要使消费者 A 和 B 的编辑替代率相等，即 $MRS_1\acute{G}MRS_2$。因为如果两者的边际替代率不相等，就存在改进的配置。一般来说，两个消费者边际替代率相等的点的连线就称为契

约线 CD。

但是，CD 是一条曲线，而不是一个点，也就是说埃奇沃思分析得到的是一个均衡集合。那么，均衡点究竟在哪里呢？实际上，由于埃奇沃思曲线分析是建立在弱条件的基础上的，因而这种分析也就一般化。个体交换的最终点需要依赖于交换双方的偏好、禀赋以及积极的讨价还价的能力。实际上，从 E^0 到 E 的斜率 $(y_1^* \updownarrow y_1^0)/(x_1^* \updownarrow x_1^0)$ 是 A 用换取 x 的价格，这意味着，斜率越接近 E^0D，消费者 A 越合算。当然，在埃奇沃思看来，在只有很少经济行为人参与的情况下，社会过程也许是不确定的；但当行为人数量很大时，社会过程就变为不确定性的，从而也就可以进行数学分析。显然，这里也就提出了博弈"核"的收敛问题。

埃奇沃思在劳动经济学方面的一个重要贡献，是他第一个提出契约曲线的概念和无差别曲线，并将其引入经济分析，用以分析市场上的交易与生产达到境界的条件。这种形式的曲线后来并没有流行，但这种曲线第一次表明可以用某种方法表示基于效用比较的交换均衡条件，所以，后来被帕累托等数理学派的经济学家所接受、改进和发展，包括改变了利用这种曲线的前提，但人们还是承认埃奇沃思在提出无差别曲线方面的先驱性贡献。

17.6 菲利普·亨利·威克斯蒂德

菲利普·亨利·威克斯蒂德（Philip Henry Wicksteed，1844—1927）是英国经济学家、文学家。他出生于英国利兹，毕业于伦敦大学，获文学硕士学位。1874 年起任街道教会牧师，在此后的 20 年里为此教派的领导人物。他的学术爱好非常广泛，对文学、哲学、社会学等都有兴趣，且均有建树，是当时著名的中世纪史学家。1897 年辞去牧师职务，专心从事经济学研究后，一直致力于教学和著述。主要著作有《经济学入门》（*The Alphabet of Economic Science*，1888）、《分配规律的协调》（*An Essay on the Coordination of the Laws of Distribution*，1894）、《政治经济学常识》（*The Common Senes of Political Economy*，1910）等。威克斯蒂德在西方经济学中是杰文斯最早的追随者，他还是研究边际主义分配原理的经济学者之一，他的这一理论是在 1894 年出版的《分配规律的协调》一书中提出来的，他强调分配规律和价值规律的"协调"，他在边际效用价值论的基础上直接引申出边际主义的分配原理，并且更明确地发挥了按照边际生产力分配论，全部产品被各生产要素完全分光的思想，因而他在边际分配理论发展史上占有一定的地位。威克斯蒂德的观点直到 20 世纪 30 年代才引起学术界的注意，这主要是由于他的边际分析以及提出的边际成本曲线和分配规律比较精深。

菲利普·亨利·威克斯蒂德
1844—1927

威克斯蒂德在《分配规律的协调》一书中提出了边际生产力分配理论。他认为以往的分配规律问题互不协调、不周密，主张"用一种共同的说法来表述每个要素的分配规律"。"如果每个要素所提供服务的客观尺度能够在它的边际应用上发现出来，那么看来就有了协调各种方法的可能"。①

威克斯蒂德将分配理论与边际效用价值理论相联系。他认为："交换价值规律本身就是社会一般资源的分配规律。"② 这个交换价值规律不是别的，正是以主观主义为特点的边际效用规律。他首先以人的欲望和欲望的满足可以衡量为前提，把社会的总欲望和总满足（S）可看作各种商品或服务（A，B，C，D，…）的函数，即 $S=F$（A，B，C，…）。然后对边际效用决定价值的规律作了表述："每个商品或者服务的交换价值取决于该商品或服务的微小增量的增加或撤销，对该共同体总满足的影响（假定其他变量不变）。支配任一商品或服务（K）使人得以对共同体提出要求，这种要求取决于$\frac{ds}{dk}$这个比例，这种商品或服务的总量的交换价值就是$\frac{ds}{dk}k$。$\frac{ds}{dk}$实际上就是作为满足的产生者（K）的边际生产率或重要性。"③ 这同以往边际效用论的想法是一致的，即商品或服务的交换价值决定于它的边际效用。

威克斯蒂德由此推导出了分配规律的一般公式。他说："实际上，我们可以把一个共同体所享受的总满足看作是'产品'，把各种服务和商品看作是各种生产要素。于是，每个要素所获得的产品份额就受着它（作为生产者）的边际效率的调节，这样我们就有了一般的分配规律……如把被分配的某种产品（P）看作各种生产要素（A，B，C，…）的函数，那么，每个要素的（边际）重要性取决于该要素的微小增量对该产品的影响（假定其他变量不变）。这就暗示着，任何要素（K）能够坚持共享（否则就有撤回的危险），该产品的比例将是$\frac{dp}{dk}$（每单位），它的总额将是$\frac{ds}{dk}k$。"④ 他认为，生产三要素都是产品或产品所提供的满足的生产者，有权共享这种产品或满足，这种权利或要求的形式就是各自的报酬，其标准就是各自所提供的边际效率，即每一增量对产品或满足的影响；而报酬总量就是边际效率与该要素单位数的乘积。

威克斯蒂德分配论的最大特点是，认为如能证明按照边际效率决定各要素分配份额，正好把全部产品分光，就最终说明各要素分配规律的协调一致，也就进一步证明边际生产力论的正确性。即如果产品是各生产要素的函数，即 $P=F$（A，B，C，…），则各要素增量（增量单位×边际效率）之和，应等于产品总增量价值，或各要素的价值等于总产品的价值，即：

$$\Delta P=\frac{\Delta p}{\Delta A}\Delta A+\frac{\Delta p}{\Delta B}\Delta B+\frac{\Delta p}{\Delta C}\Delta C+\cdots \tag{17—15}$$

---

① Wicksteed P. H. *An Essay on the Coordination of the Laws of Distribution*. London: Macmillan &Company, 1932

② Wicksteed P. H. *An Essay on the Coordination of the Laws of Distribution*. London: Macmillan &Company, 1932

③ Wicksteed P. H. *An Essay on the Coordination of the Laws of Distribution*. London: Macmillan &Company, 1932

④ Wicksteed P. H. *An Essay on the Coordination of the Laws of Distribution*. London: Macmillan &Company, 1932

或者

$$P=\frac{\Delta p}{\Delta A}\Delta A+\frac{\Delta p}{\Delta B}\Delta B+\frac{\Delta p}{\Delta C}\Delta C+\cdots \qquad (17—16)$$

这个原理可以用不同的方式予以证明，假定生产函数是线性齐次的，即 $P=F(A, B, C, \cdots)$，$\Delta P=F(\Delta A, \Delta B, \Delta C, \cdots)$，便可从中直接引出该公式成立的结论。这个原理后来被称为“欧拉定理”(EULERS' Theorem)。威克斯蒂德虽然也以生产函数具有线性齐次性质为假设，但他并没有从中直接引出结论。他的论证比较烦琐，但结论一样。

威克斯蒂德的边际生产力分配论，用意与约翰·贝茨·卡拉克一样，都否认资本对劳动的剥削。他说：“我们已经看到，所有生产要素的要求受着同一规律支配，所以硬把它们分割开来是没有意义的。”① 事实上，他是反对马克思主义劳动价值论的，在《经济科学入门》中认为劳动价值论是不科学的，并为劳动价值论被人们接受，而对边际效用论的影响有限这一状况深感担忧。

思考题

1. 简述威廉·斯坦利·杰文斯的劳动经济思想。
2. 试论马利·埃斯普里·里昂·瓦尔拉斯的劳动经济思想。
3. 试论维尔弗雷多·帕累托的劳动经济思想。
4. 论述弗朗西斯·伊西德罗·埃奇沃思的劳动经济学说。

① Wicksteed P. H. *An Essay on the Coordination of the Laws of Distribution*. London: Macmillan &Company, 1932

第 18 章　新古典经济学派的劳动经济学说

新古典经济学[①]是 19 世纪 70 年代由“边际革命”开始形成的一种经济学流派。它在继承古典经济学经济自由主义的同时，以边际效用价值论代替了古典经济学的劳动价值论，以需求为核心的分析代替了古典经济学以供给为核心的分析。新古典经济学形成之后，代替古典经济学成为当时经济理论的主流。新古典学派主要包括剑桥学派、边际效用学派、奥地利学派和洛桑学派。认为边际效用递减规律是理解经济现象的一个根本基础，利用这一规律可以解释买主面对一批不同价格时所采取的购买行为、市场参与者对价格的反应、各种资源在不同用途之间的最佳配置等各种经济问题。

新古典经济学派的奠基人是英国的阿弗里德·马歇尔（Alfred Marshall）。在劳动经济学论方面，新古典经济学中产生重要影响的代表人物除了阿弗里德·马歇尔以外，还有英国的埃德温·坎南（Edwin Cannan）和美国的约翰·贝茨·克拉克（John Bates Clark），本章主要介绍这三位新古典经济学派的劳动经济学说。

18.1　阿弗里德·马歇尔

阿弗里德·马歇尔（Alfred Marshall，1842—1924）是剑桥学派的创始人，也是新古典学派的奠基人与主要代表，被誉为近代西方影响力最大的英国经济学家之一。马歇尔出生于英国西部克拉芬地区一个中产阶级家庭，从小爱好数学，中学毕业之后，先是就读于牛津大学，后来进入剑桥大学圣约翰学院学习数学。1865 年毕业之后，马歇尔在剑桥大学圣约翰学院任研究员并辅导数学。1868 年到 1877 年，马歇尔担任剑桥大学圣约翰学院道德哲学特别讲座的讲师，其间，曾经到德国研究伊曼努尔·康德（Immanuel Kant，1724—1804）哲学与格奥尔格·威廉·弗里德里希·黑格尔（Georg Wilhelm Friedrich Hegel，1770—1831）的历史哲学，并开始接触德国历史学派人物威廉·罗雪尔（Wilhelm Georg Friedrich Roscher，1817—1894）的经济学。回国以后，马歇尔又研究了约翰·斯图亚特·穆勒（John Stuart Mill，1806—1873）的《政治经济学原理》。此

---

① 现代西方经济学的系统性发展源自亚当·斯密，中经大卫·李嘉图、西斯蒙第、穆勒、萨伊等，逐渐形成了一个经典的经济学理论体系，这就是古典经济学（Classical Economics）。20 世纪以后，现代西方经济学历经了“张伯伦革命”“凯恩斯革命”“预期革命”等所谓三次大的革命，形成了包括微观经济学和宏观经济学的基本理论框架，这个框架被称为新古典经济学（Neoclassical Economics），以区别于先前的古典经济学。新古典经济学集中而充分地反映了现代西方主流经济学过去 100 年间的研究成果和发展特征，它在研究方法上更注重证伪主义的普遍化、假定条件的多样化、分析工具的数理化、研究领域的非经济化、案例使用的经典化、学科交叉的边缘化。

后，他开始对经济学感兴趣。1877 年，马歇尔离开剑桥大学，到布里斯托尔大学担任院长兼经济学教授。1883 年转到牛津大学巴里奥学院任研究员，讲授经济史，1885 年返回剑桥大学担任政治经济学教授，1903 年他在剑桥大学创立了人类历史上第一个独立的经济系。在此期间，他还参与英国政府政策咨询活动。1908 年，马歇尔从剑桥大学退休后，仍从事经济学研究活动。

阿弗里德·马歇尔
1842—1924

马歇尔生活的时代，是资本主义国家向垄断资本主义过渡的时期，这一时期加速了古典经济学派的解体，因而马歇尔发展了英国古典经济学理论，成为新古典学派经济学之父。他的主要著作有《产业经济学》(*The Economics of Industry*，1879)、《经济学原理》(*Principle of Economic*，1890)、《产业与贸易》(*Industry and Trade*，1919)、《货币、信用与商业》(*Money Credit and Commerce*，1923) 以及《官方文件》(*Offical Papers*，1926) 等，其中《经济学原理》是其代表作。他在英国古典经济学的基础上，吸收和综合了奥地利学派、洛桑学派等各派的经济学说，建立起了“局部均衡”的理论体系，描述了微观经济生活中的各种现象，提供了谋求最大化经济效益、最优化资源配置以及实现有关经济要素均衡的原则，奠定了当代微观经济学基础。他在该书出版后就被资产阶级经济学界誉为经济学发展史上的一座“里程碑”，与亚当·斯密的《国富论》以及李嘉图的《政治经济学及赋税原理》齐名的划时代著作，是英国经济学的“圣经”，是对古典经济学的继承与发展。他的理论体系在西方经济学界居支配地位约长达半个世纪。马歇尔的劳动经济学说主要体现在《经济学原理》一书中，他较集中地论述了劳动经济问题。

马歇尔在论述经济学和人类的关系时指出，经济学是对人类一般生活的研究，是对个人与社会活动中获得和使用物质必需品的最密切相关部分的研究。因次，经济学除了研究财富外，更应注重于对人的研究，这是因为人的性格形成于日常工作及由此获得物质资源的过程之中。人类在数量上、在健康强壮上以及知识和能力上的发展是值得注目的。但对于这一目的，经济学的贡献是有限的，因此还要考虑人类在生产上的直接作用以及作为生产者效率的各种条件。

马歇尔通过改革建立古典经济学派自然秩序基础上的经济增长论，进而提出了有机增长的理论。马歇尔认为，经济学在研究财富的同时还应该对人进行研究，因而对贫困问题甚为关注。由于贫困是使人堕落的原因，并且是阻碍经济发展的因素，因此马歇尔试图提出包括经济发展论和分配论在内的有机增长论，来探明人类社会的进步和福利关系。他在有机增长论中指出工业方面收获递增是普遍的倾向，而收获递增来自大规模生产所带来的外部经济（产业的全面发展）和内部经济（这些从事个别企业的资源及其组织和经营效率）。这两种经济的产生原因如下：知识水平的提高，劳动和机械的专业化，产业组织发达，企业规模的扩大，生产因素和原料的有效使用，有效率的市场交易及其组织改善等。劳动力人口增加一般以增加率以上的高比率引起集合的能率提高，由此引来劳动力增长与产业组织发达，随着发明和进一步的组织改善带来经济的合理性，从而使总生产额大幅度增长，实现经济增长。

马歇尔的供给理论，也是生产理论，主要论述生产要素的供给及其要素变动规律。供给是指生产者为提供一定量商品所愿意接受的价格。供给价格是由生产者一定量商品所付出的边际成本所决定的。他说："生产费用就是商品的供给价格。"①

马歇尔认为，生产要素共有四类，通常把劳动、土地和资本作为生产的三要素，但工业组织也应作为一种生产要素。除了土地以外，其他三要素都有各自的供给价格，这些供给价格都有各自变动的规律。

关于土地要素，他着重论述了土地报酬规律的含义和作用。他认为，土地报酬是土地对于土地上的劳动和资本的报酬，也就是土地对它们的有效需求或需求价格。它的变动倾向可能是递增的，也可能是递减的。在一块土地上，集中投入劳动和资本，按比例计算，收获量大于投资量，则这一耕作阶段的报酬递增，如果在该块土地上连续投入劳动和资本，除非有耕作技术上的改良，否则，按比例计算，劳动增加而收获量减少，这一耕作阶段就是报酬递减。此外，还会有土地报酬先增后减，或先减后增再减等情况的发生。不过，在土地已经充分利用而人口压力不断增加的国家，土地报酬递减的倾向，最终必然是不可抗拒的。

劳动是指人类用手和脑的经济工作。马歇尔认为，劳动是用来生产某种结果的行为，是指生产过程中劳动者的心理感觉，这种心理感觉尽管有一段时间是快乐的，但总的来说是痛苦的过程，因为劳动是一种负效用。他说："劳动是任何心智或身体上的努力，部分的或全部的以获得好处为目的，而不是以直接从这种努力中获得愉快为目的。"② 从一定意义上看，可以把劳动解释为劳动者。所以，他认为，劳动是生产要素。从劳动供给角度看，就是研究人口数量、精力、知识和品性的增加。马歇尔认为，劳动的数量取决于人口的自然增加以及移民，马尔萨斯关于人口供给的观点仍然是有效的，并肯定了马尔萨斯人口论的本质基本上是正确的，但过低估计了生活资料对人口增加的承受能力。他还强调了劳动要素的质量，认为使劳动者保持精神和身体的健康状态有助于提高工业生产的效率，认为教育对提高劳动者素质有重要作用。国家应加大在教育方面的投资力度。

关于资本要素，按马歇尔的解释是指为了生产物质财富，并获得收益而积蓄起来的设备。资本作为生产的一个要素，它不是供满足欲望的直接消费使用，而是财富的主要资料。马歇尔接受纳索·威廉·西尼尔的"节制"说，西尼尔认为资本来自"节制"，节制就是节制享受，延缓享受。但是马歇尔把节制换成等待，等待也意味着延期享受。所以，实际成本＝劳动的负效用＋资本等待。"负效用"和"等待"这些心理现象在数量上

① Alfred Marshall. *Principles of Economics*. London，1890/［日］马場啓之助訳.『経済学原理』(第1分册). 東京：東洋経済新報社，1965—1967

② ［英］马歇尔. 经济学原理（上卷). 北京：商务印书馆，1964

是无法衡量的，他认为可用货币来衡量，实际生产成本可转化为货币成本，即对劳动的负效用和资本等待须支付的货币额。在谈到货币成本时，他又说，生产成本的实质虽然是心理厌恶和牺牲的代价，但不必寻根究底去分析，只要分析生产三要素的价格即可。他认为资本的供给来自储蓄。储蓄是消费或享乐的延期，而利息则是延期享受所受牺牲的报酬，他不赞成把利息看作是忍欲的报酬，而强调它是等待的报酬。

马歇尔又把财富和资本当作同义语。当说"财富"时是作为消费对象来看待的，而说"资本"时看作是生产要素。他认为，财富的最早形态是渔猎的工具和个人装饰品，这时已开始驯养动物，但最初主要是喜爱动物本身的美丽，驯养它们的所有者得到愉快和引以为自豪的东西，又成为社会地位的表面象征，以及作为准备应付将来的需要而积累的最重要的储备。当人们定居下来从事农业以后，耕地是首要财富；其次是房屋、家畜和船只；生产工具是长期不占重要地位的。到了近代，随着知识进步和普及以及新的生产方法和新机械采用，使生产部门相继以高价机械迅速代替手工工具。随着投资机会的增多，生产物超过生活必需品的剩余不断增加，从而财富积累也就增多了。

马歇尔认为，资本来源于节约和储蓄，而节约和储蓄则是为将来而牺牲现在的愉快；"财富积累一般是享乐的延期或等待的结果。换句话说，财富的积累依赖于人的先见，就是他的想象将来的能力"。[①]

工业组织是构成资本的组成部分。他说，资本大部分是由知识和组织组成的，其中一部分是私人所有，而其他部分则不是私人所有。知识是最有利的生产动力，它使人类征服自然，迫使自然满足人类的欲望。工业组织依赖于知识，有很多形式，例如，单一企业的组织，同一行业中各种企业的组织，以及相互有关的各种行业的组织。工业组织是一个独立的生产要素。关于工业组织要素，他认为内容相当丰富，包括分工、机器的改良、有关产业的相对集中、大规模生产以及企业管理。马歇尔着重指出，分工促进了机械的发明和使用，而机械的使用又反过来加深了分工。当然，他看到了分工的进一步发展除了机械的影响以外，还有市场的扩大和需求的增长。机械的优越性尤其在于产品的标准化，从而扩展了产品的适应性和使用范围。他还指出，复杂的机器提高了对操作者智力和判断力的要求，而掌握高级技能的工作者也更易于转行，这就在一定程度上削弱了不同行业之间的鸿沟。

马歇尔把四种生产要素的变化对产品供给的影响概括为报酬递增和报酬递减两种基本情况。他指出，在生产上自然所起的作用表现为报酬递减的倾向，而人类所起的作用则表现出报酬递增的倾向。这是因为自然资源数量有限，若自然在生产过程中所提供的生产要素在数量上无法增加，或必须以日益昂贵的方式增加，而其他生产要素如劳动和资本又在几乎不变的工业组织下不断增加，则将出现报酬递减倾向，产品边际生产费用将增加。然而，劳动和资本的增加，一般会引起工业组织的改进，从而提高劳动和资本的使用效率，这将导致报酬递增倾向，产品的边际生产费用将下降。马歇尔提出，报酬递增和报酬递减这两种倾向是不断互相抵制的。当两者作用相互抵消

① [英] 马歇尔. 经济学原理（上卷）. 北京：商务印书馆，1964

时，便出现报酬不变的情况。他提出，农业部门是报酬递减倾向占上风，非农业部门则往往出现报酬不变或报酬递增，而在大多数原料费用无足轻重的工业部门中，报酬递增倾向占主导地位。

马歇尔进一步指出，报酬递增的趋势在短期内一般是不存在的。因此，在短期中，任何一个生产部门，都存在一个关于产量的边际水平。在这个边际之内，任何一个生产要素使用量的增加，在一定条件下都是有利的；但是超过了这个边际，生产要素的使用量继续增加，就会产生递减的报酬，除非需求增加，同时与某一生产要素合用的其他生产要素也有适当增加。这个关于边际的概念不是一律的和绝对的，它是随着所研究问题的条件而变化的，特别是随着与它有关的时间的长短而变化的。这就是说，由于在短期中工业组织这一要素往往保持不变，所以产量达到一定水平后将出现报酬递减，而在长期中由于工业组织改进会使产量的边际水平不断增大，从而出现报酬递增。

由于一个行业往往同时存在许多企业，有的趋向兴盛，有的趋向衰退，有的倾向稳定，所以，为了分析报酬变动对于产品的边际生产费用的影响，马歇尔提出了厂商这一概念。代表性厂商是指能正常地获得属于一定的总生产量的内部经济与外部经济的企业。这个代表性厂商可作为一个行业的缩影。对它和对整个行业来说，产量增加所引起的边际生产费用可能会有三种变化情况：①费用递减，即随产量增加生产规模扩大，边际生产费用逐步减少。②费用递增，即随产量增加生产规模扩大，边际生产费用逐步增加。③费用不变，即随产量增加生产规模扩大，边际生产费用不变。

马歇尔论述生产理论时分析了生产成本，他把生产成本分为实际成本和货币成本。生产的实际成本包括劳动、工具、货币、土地等各种形态的资本，其中的劳动包括体力劳动和脑力劳动，也包括工人劳动和企业家的劳动。实际成本称为劳作“努力”和“牺牲”总和；这些劳作和牺牲所必须支付的货币额即货币成本，是商品的生产费用或供给价格。

马歇尔分析生产成本时，提出“替代原则”和投资的“有效边际”的概念。他指出，生产同一商品所使用的各种生产要素，在一定程度上是可以互相替代的。例如，可以多使用机器少使用劳动力，或者相反。因此，各种生产要素的费用的比例可以是不相同的。但是，为了降低生产费用，增加利润，生产者“所使用的生产要素的供给价格的总和，一般都小于可以用来替代它们的任何一组生产要素的供给价格的总和；每当生产者发觉情况并不如此，一般说来，他们总会设法代以那种费用比较低的一些方法”。[①] 同时，生产者在把他的成本投向企业的各个生产要素时，会以达到“有效边际”为止。

马歇尔还根据货币成本在生产中的具体用途，把它划分为直接成本和补充成本，并由此引申出平均成本、总成本概念。“直接成本”是指花费在工资、原材料消耗上的货币支出，它的总量随着产量的变动而成正比例同向运动，是一个不定量。但在每一个产品上花费的直接成本则由技术原因所决定，在技术条件不变的情况下是一个不变量。“补充成本”包括维修费用和高级职工的薪金。它的特点是总量相对固定，分摊在每一个产品

① ［英］马歇尔．经济学原理（下卷）．北京：商务印书馆，1983

上的量随着产品量的增加而减少。“总成本”是直接成本和补充成本之和，而“平均成本”则是总成本除以产品量。对成本的具体划分有助于研究规模经济问题。

马歇尔在生产领域分析成本问题时，涉及要素的需求特性以及要素价格变动对生产成本的影响，也涉及企业之间的外部性对成本的影响。由于生产成本的复杂性，马歇尔主要通过代表性企业加以说明。

马歇尔认为，劳动等生产要素的需求是一种取决于最终产品的需求的派生需求。因此，在其他条件不变的情形下，产品需求的价格弹性越大，对劳动需求弹性越大。而厂商生产某种产品往往需要几种生产要素配合起来使用。因此，在其他条件不变的情形下，如果其他要素对劳动的替代性越大，则对劳动需求弹性越大；如果其他投入的供给弹性越大，则对劳动需求弹性越大。

马歇尔认为，对于任何生产一种商品要素的需求表，可以通过在该商品每一个分离的数量上的需求价格中减去在其相对应的其他生产要素量上的供给价格之和，而由该商品的需求表推演出来。这实质上就是联合供给问题，涉及联合成本和联产品成本计算。联合成本是与可分成本相对立的成本，是指在未分离前的联产品生产过程发生的，应由所有联产品共同负担的成本；联产品计算就是联产品分离以前共同生产费用的归集以及分离时共同成本的分配。例如，刀刃和刀是按照固定比例来使用和生产的。马歇尔为此建立了一个刀刃—刀柄—刀模型。根据这一模型，已知刀刃的供给和对刀的需求，就可以求得对刀柄的需求。

马歇尔在分析要素需求的特征和联合供给模型后，又探讨了行业供给曲线和市场均衡问题。他指出，在短期中，厂商无法改变固定投入水平，且行业内厂商数目固定；因此，厂商按照市场的既定价格，只要该市场价格高于平均成本的最低点，就会根据边际成本供给一定的商品。一般来说，所有厂商的供给量之和就构成了该价格下的市场供给量。因此市场均衡价格不仅取决于单个厂商的供给，也与行业的厂商数目有关。在长期中，由于厂商自由进出入，因此当均衡时，所有厂商的边际成本和平均成本都与既定的市场价格一致。如图 18—1 所示，在价格 p_1 时，将有厂商进入，导致行业的供给曲线 S 右移，直到 P^* 为止；而当价格为 p_3 时，将有厂商退出，导致行业的供给曲线 S 左移，直到 P^* 为止。

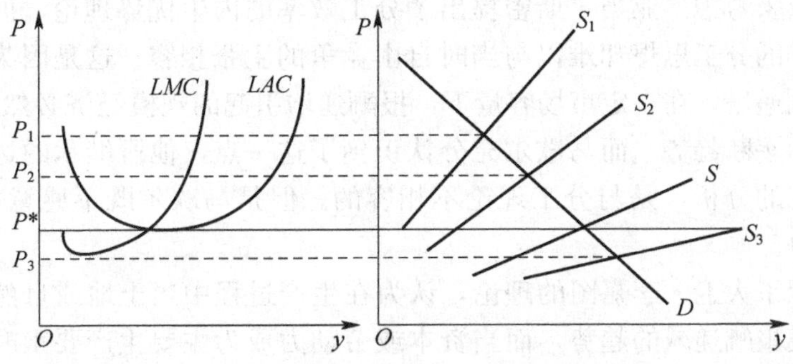

图 18—1　行业供给曲线与市场均衡

然而，厂商的进出入不仅影响行业的供给，而且也会影响生产要素的价格，从而影响所有厂商的成本。因此，行业的长期供给曲线不再保持不变，而且根据行业成本变化状况而不同。这主要涉及行业的外在经济和外在不经济效应。

三类成本下的行业供给曲线如图 18—2 所示。

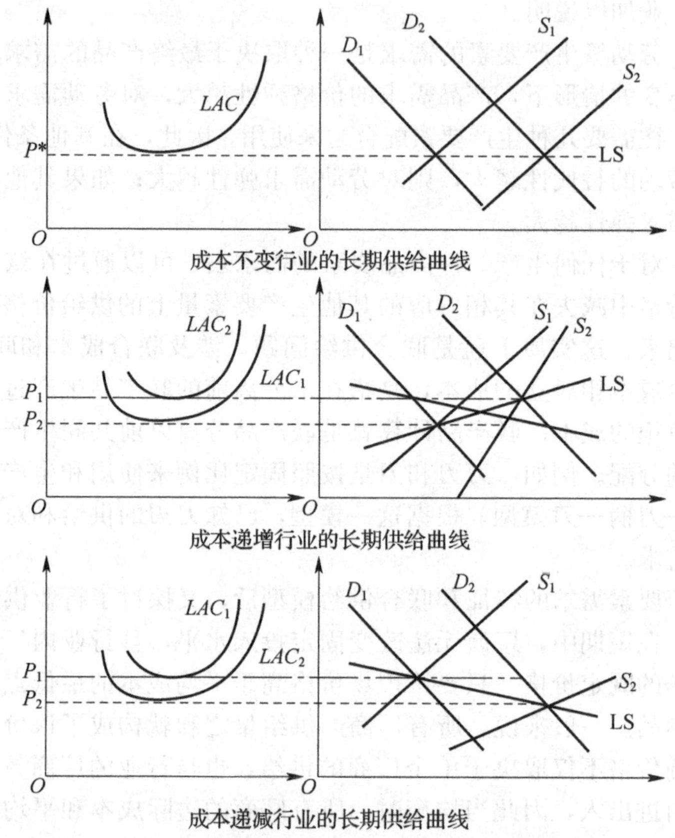

图 18—2　三类成本下的行业供给曲线

马歇尔注意到行业长期成本递减的现象，那么这种递减的原因是什么呢？这可以与分工理论结合起来考虑。亚当·斯密提出了分工效率的内生优势理论，但是以斯密为代表的古典经济学的分工思想却难以与当时自由竞争的主张相容，这是因为分工产生的内生优势导致报酬递增，在一定市场容量下，报酬递增引起的规模经济必然限制市场竞争，从而导致实际的垄断趋势。而马歇尔充分认识到了这一点，他所继承的边际学派的边际分析是一种静态的分析，是与分工理论不相容的。但是马歇尔既不愿意放弃报酬递增，也不愿放弃竞争。

马歇尔继承了大卫·李嘉图的理论，认为在生产过程中当土地或自然资源比较重要时，就存在规模报酬递减的趋势，而当资本或劳动力成为主要生产要素时，就存在规模报酬递增的趋势。马歇尔得出以下结论：自然在生产上所起的作用表现出报酬递减的倾向，而人类所起的作用则表现出报酬递增的倾向。在探究报酬递增的来源时，他考虑了内部经济和外部经济。并揭示了分工效率根源于劳动见的协调：内部经济来自组织的协调，外部经济来自组织间的协调。马歇尔认为，一个行业的规模增长通常会扩大该行业中典型企业的规模，从而同时扩大它的内部经济和外部经济。

马歇尔还研究了垄断条件下的均衡价格和均衡产量。他首先分析了垄断者的行为目标，认为，垄断者所关注的是获得最大限度的纯收入，因此他们提供的产量总是能够使他们获得最大纯收入的产量。马歇尔以这一命题为前提展开对均衡价格和均衡产量的分析，但他同时也承认，垄断者有时也会为了自己的长远利益而暂时不以纯收入最大化为其行为目标。

马歇尔以图18—3表述了追求纯收入最大化垄断者的均衡产量和均衡价格的决定。在图18—3中，横轴为产量，纵轴为价格，DD为需求曲线，SS为供给曲线，yy为纯收入曲线。yy上的任一点到横轴的垂距，都等于其垂距所代表的产量水平的需求价格和供给价格之间的差额，即纯收入额。当产量为K和H时，供给曲线分别交于B和A，纯收入为零。当产量低于K和大于H时，供给价格大于需求价格，纯收入为负值。图18—3中虚线为直角双曲线，其方程式为$xy=g$，即曲线上任一点的两坐标值之积为一常数g，离原点越近的双曲线，其g值越小，图18—3中yy曲线上的q_3点相切于较高的双曲线，而yy曲线上的其余各点，如p_3点则相交于较低的双曲线。由此可知，q_3点代表最高的纯收入，由于线段q_3L等于q_1q_2，即在产量OL处，需求价格超过供给价格的数额最大。由此可知，均衡产量为OL，而均衡价格由该产量下的需求价格决定，为q_1L。

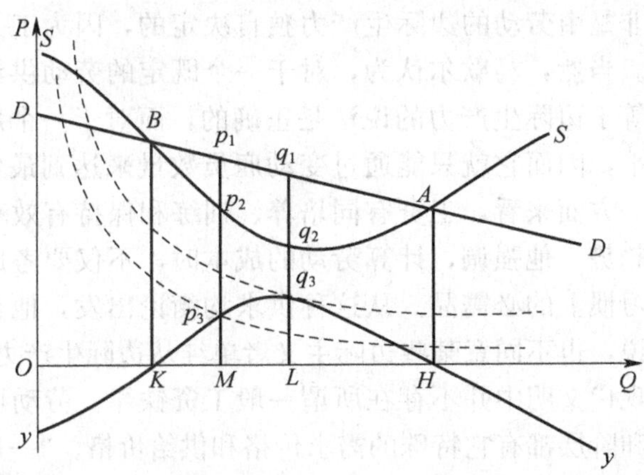

图18—3　追求纯收入最大化的垄断者的均衡产量和均衡价格的决定

马歇尔进一步比较了垄断条件下的均衡产量与自由竞争下的均衡产量。他指出，与竞争条件下的厂商相比，垄断者往往能够保持企业的节约。这是因为竞争条件下的厂商无法利用大规模生产带来的内外部经济，也无法拿出像垄断厂商那样多的资金来改进技术和机器设备，同时相互之间还要竞争。因此，虽然垄断条件下的均衡产量不像竞争条件下那样由供求曲线的交点所决定，而是低于交点所对应的产量，但垄断条件下的均衡产量还是可能会大于自由竞争条件下的均衡产量。这是因为如果垄断者经营有方，那么非垄断产品的供给表所表示的供给价格比垄断价格要高些，所以，在自由竞争条件下所产生的商品的均衡产量小于需求价格等于垄断供给价格的那一产量，这就是说，如图 18—3 所示，虽然 L 在 H 的左方，但若没有垄断，商品的供给曲线将高于图中的 SS 曲线，导致它与 DD 曲线的交点位于 A 点的左右，甚至 q_1 点的左右。从上述论断看，马歇尔并不是无条件地认为垄断不如竞争，从理论上讲，垄断的产量可能大于也可能小于竞争的产量，垄断的价格也同样可能大于或小于竞争的价格。

马歇尔对劳动经济学的贡献体现在他对工资的边际生产力理论的创建。这一理论被学者们公认为对长期工资水平所作的最令人满意的解释，很多劳动经济学家甚至提出，这个理论同样适用于确定短期工资水平。

马歇尔提出这个理论时，沿用了古典经济学家对纯粹经济学通常做出的设想：资源充分利用，生产要素筹措齐全，完全了解一切价格和工资，消费者以及供应户和用户的经济动力适度。从这些假说出发，马歇尔指出，精明的企业家经常利用可用资源方面求得利润，他们极力利用每一种生产要素，直到通过将其一小部分支出转到其他某些要素获得边际利润。马歇尔又进一步指出，这种代用原理因此可以调节每种生产要素的利用状况，而达到边际利用水平，同时，每种生产要素的成本同依靠它们增加的净产品成等比关系。

马歇尔指出，工资和其他生产要素一样是由需求和供给共同决定，工资是劳动供求时的劳动价格。其中，劳动的边际生产力决定了雇主们对劳动的需求价格，劳动者提供劳动的生产成本，则决定了劳动的供给价格，两者相互影响形成供求平衡，从而决定了工资。因此，工资并非是由劳动的边际生产力独自决定的，因为工人数量变化会产生不同可能的边际生产力。当然，马歇尔认为，对于一个既定的劳动供给水平而言，工资衡量边际生产能力并且等于边际生产力的说法是正确的，而对于一个雇主而言，由于工资率固定在市场工资水平，因而它就只能通过变动雇员数量来达到最优的雇用水平。马歇尔进一步指出，从另一方面来看，工资有同培养、训练和保持有效率的劳动精力所用的成本保持密切关系的趋势。他强调，计算劳动的成本时，不仅要考虑生存和维持效率的必需品，而且要考虑习惯上的必需品。从这种供求均衡论出发，他否定古典经济学派的工资铁律和工资基金说，也不同意某些边际主义者单纯从边际生产力来说明工资的决定。

马歇尔认为，在现代文明中并不存在所谓一般工资铁律。劳动可以分为不同种类和阶层，每一劳动种类和阶层都有它特殊的需求价格和供给价格。“一般工资率”这种概念只是为了方便地考察劳动和资本的一般关系。

马歇尔还以供求均衡论为基础，分析了不发达国家的工资决定。他指出，不发达国家的劳动阶级所能消费的奢侈品最少，甚至习惯上的必需品也不多。他们报酬的增加引起人数的大量增加，从而使他们的报酬又迅速降至仅能维持生活所需要的费用的原有水平线上。在世界上大多数地方，工资几乎是按所谓铁律来规定的，这个规律把工资固定在培育和维持一个效率很差的劳动阶级费用上。这一论点似乎是肯定工资铁律，否认不发达国家的工资由供求决定，实际上，马歇尔恰恰是把所谓的工资铁律建立在供求均衡论的基础上。他的上述劳动经济思想可用图 18—4 表达。横轴为劳动供求量，纵轴为工资率。OS 为维生工资率，e_1 为初始均衡，初始均衡工资高于维生工资率，结果引起劳动供给迅速增加，使供给曲线由 SS_1 右移为 SS_2，于是新的均衡点为 E_1，恢复维生工资率。当需求曲线因需求增加而从 D_1D_1 右移为 D_2D_2 后，均衡点为 D_2D_2 和 SS_2 的交点 e_2，工资率再次超过维生工资率，但又引起劳动供给增加，供给曲线从 SS_2 右移向 SS_3，出现均衡点 E_2，又恢复维生工资率，依次类推。结果从长期看，虽然不断有工资高于维生水平的事情出现，但最终总是回落到维生水平，出现工资铁律。由此可知，不发达国家的维生工资率或工资铁律现象完全可以用供求均衡论加以说明。

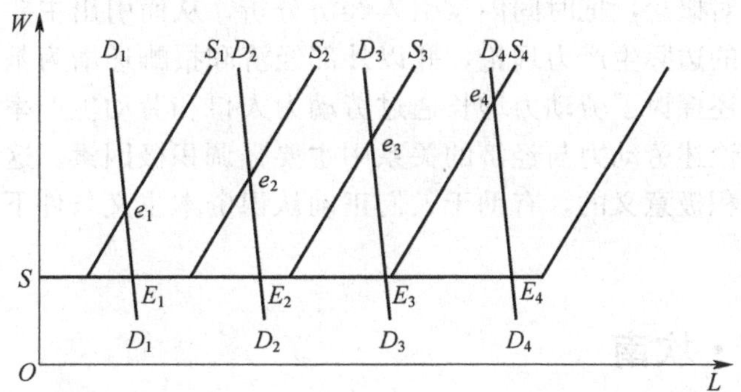

图 18—4　用供求均衡论分析不发达国家的工资决定

发达国家之所以有较高的工资率，马歇尔认为是由于在发达国家中工人的必需品不仅含有维持生存的必需品，而且含有维持效率的必需品。即相对于不发达国家来说，发达国家的劳动供给曲线有更高的位置。由此可知，无论是发达国家还是不发达国家，工资率都是由劳动供求均衡来决定的。区别在于发达国家的劳动供给价格包括维持效率所必需的费用，而不发达国家则不包括这部分费用。

马歇尔不仅对工资问题进行了实证的分析，还提出了自己的规范性要求，即主张实行效率工资。报酬优惠的劳动一般是有效率的劳动，所以不是昂贵的劳动。从这一认识出发，马歇尔提出在一切资本中最有价值的莫过于投在人身上面的资本。

在就业理论的阐述中，马歇尔认为，在经济长期持续发展的条件下，如果人口出生率没有比死亡率下降得更快，那么经济发展自然会带来工资水平的降低，其结果造成劳动力供给增大；与此同时，不断增大的利润如果转化为资本积累，那么，社会资本对劳动力的需求也会增大。这样，已经增大的对劳动力的供给被同样增大的资本所吸收，劳动力增长按充分就业均衡进行并促进经济发展。

在谈到劳动力增长对经济发展的影响时，马歇尔是这样解释的：经济繁荣不断推进，只要不产生使人口出生率较死亡率降得更低的作用，工资的增加可造成劳动力供给增大的倾向；另外，增加的利润有助于提高生活水平，促进经济主体的能动性，使劳动力需求增大。这样由于劳动力工资和资本利润的增加，能带来国民收入水平的提高，因而劳动力增长能够产生促进经济发展的结果。① 在这里，马歇尔是以资本主义经济发展中劳动

① Alfred Marshall. *Principles of Economics*. London，1890/［日］马場啓之助訳.『経済学原理』(第 1 分册). 東京：東洋経済新報社，1965—1967

力与经济的良性循环为前提的。他强调，在劳动力增长与经济的关系上劳动力有积极作用的一面。另外，劳动力人口缩减，使劳动力供给减少，这虽然能够促使工资水平提高，但是，如果国民收入不能依靠技术进步而增加，那么，增加工资会加重资本的负担，减缓资本积累应有的速度，使资本的边际生产力降低，从而减少社会资本的总供给，其结果将阻碍整个国民经济的发展。

总之，马歇尔建立的劳动经济理论，论述了生产要素的供给及其要素变动规律，通过长期和短期这一对概念，把时间因素引入经济分析，从而引出主要成本与辅助成本等概念，创建了工资的边际生产力理论，并以外部经济和报酬递增为基本分析工具建立了对垄断的分析。他还探讨了劳动力增长通过劳动力人口和劳动生产率的高低而作用于经济发展等问题，在论述劳动力与经济的关系中主要强调积极因素。这种研究对劳动经济思想的发展是具有积极意义的，有助于人们正确认识资本主义条件下劳动力与经济互相作用的内在机制。

18.2　埃德温·坎南

埃德温·坎南（Edwin Cannan，1861—1935），是英国剑桥学派的代表人物之一，著名的经济学家，也是新古典学派的主要代表之一。原籍苏格兰，出世后不久，因母亲病逝全家返回英国的伯恩纳斯，并在那里度过了他的少年时代。早年就学于牛津大学的克里夫顿学院和贝利奥尔学院，攻读经济学。后在伦敦大学经济学院任教，1907年升为教授，1932年任英国皇家经济学会会长。他以校订和编辑亚当·斯密《国富论》一书而闻名于世，被学术界公认为亚当·斯密学说最权威的解释者。坎南在伦敦大学任教期间，培养了以奥尼尔·罗宾斯为代表的一批经济学家，其中一些人后来成为剑桥学派的骨干，在他的影响下，罗宾斯等人的学术思想日趋成熟，且秉承了英国经济自由主义的传统，伦敦学派逐渐形成，正是他的传统经济思想，使他自然成为伦敦学派的奠基者和领袖。坎南师承马歇尔，也积极倡导“均衡价值论”，认为在资本主义制度下只要适当分配国民收入，即可以达到最大的经济福利。从他教学中所使用的教材以及他的经济理论观点看，坎南深受英国经济学传统理论的影响，因此被誉为“正统经济学家”。他的许多著作如《初级政治经济学》（*Elementary Political Economy*，1888）、《生产和分配理论史》（1893）、《英国地方税史》（1896）、《1776—1848年英国政治经济学中的生产与分配学说史》（*A History of the Theories of Production and Distribution in English Political Economy From*，1776 *to* 1848，1898）、《经济前景》（*The Economic Outlook*，1912）、《财富论》（*Wealth*，1914）、《货币论》（*Money*，1918）、《一位经济学家的抗议》（*An Economist's Protest*，1927）、《经济理论评论》（*Review of Economic Theory*，1929）、

埃德温·坎南
1861—1935

《现代通货及其价值的调节》(*Modern Currency and the Regulation of its Value*, 1931) 以及《经济大恐慌》(1933) 等都阐述了上述的主要观点。他论述经济问题时，注重探讨劳动经济问题，并明确地提出了经济适度劳动力的思想。

坎南的经济适度劳动力人口首先是从劳动力与土地的关系来分析的。他认为劳动力越多则每个人所分得的土地越少，因而劳动力众多则弊大于利，但是劳动力多又可以实行分工进行协作，使距离远、肥力差的土地得到耕种，使人均土地不会减少。所以在劳动力与土地之间并不是劳动力越多越好，也不是土地越多越有利，而是在两者的比例关系上必须是一个适度点，“在这一点上，有利与不利刚好达到平衡。超过这一点，每人占有的空间和物质较少，不利就超过了有利，就打破了这种平衡”。[①] 在坎南的著作中，他试图寻求在知识和技术进步的条件下，劳动力与土地之间的平衡点，即探讨两者之间有一适当的比例关系。在坎南看来，这个适当比例关系下的劳动力数量，就是从劳动力与土地的关系来看的经济适度劳动力人口。

其次，坎南从劳动力与生产率、劳动力与收益的关系来分析适度劳动力数量。这是坎南分析经济适用劳动力人口的重点。他在1888年出版的《初级政治经济学》中指出，正如某种产业有一个最大收益点一样，在整个产业中也必定有这样的最大收益点。如果劳动力数量不足，则全部产业总收入没有达到这一点，就要低于可能获得的最大数量，其措施是适当增加劳动力的数量；反之，如果劳动力增加过大，其收益减少，要适当减少其劳动力数量。在坎南看来，在一定生产条件下，劳动力既不要太多，也不要太少，一个适度的劳动力数量，才能获得最大的生产率，从而获得最大的经济收益。

坎南认为产业获得最大收益时的劳动力人口为经济适度劳动力人口。这种理论在他1928年出版的《财富论》中有比较完整的表述。坎南指出，衡量劳动力增长对经济发展的影响，不仅要看它对农业收益的影响，而且要看它对全部产业收益的影响；在一定时间里，劳动力增长过快会使农业收益减少，工业收益增加，但只有农业收益的减少额超过工业收益的增加额时，才会使全部产业的收益减少。他还论述道，在任何一定时期或者说在人的知识和各种条件假定不变的情况下，当劳动的增加在达到“最大收益点”以前，收益会呈现递增趋势，但如果超过了“最大收益点”，收益便出现递减趋势，他认为处于“最大收益点”的劳动力数量就是最适宜的经济适度劳动力人口。

对于经济适度劳动力人口是否不变的问题，坎南在《财富论》中指出：“这里非常重要的一点，即如果假设无论是整个产业，还是一种产业，最大收益点是长久固定不变的，那是极其荒谬的。随着知识的进步和其他条件的变化，最大收益点的位置是经常变动的。”[②] 因而其经济适度劳动力人口也并不是固定不变的。坎南关于经济适度劳动力人口随着最大收益点的变化而变化的理论在他于1893年发表的《生产与分配理论的历史》一书中也加以论述。他说，产业的收益停止增加开始递减的最大生产率之点，经常随着知识及其他条件的进步而不断变动。这种变动一般是朝着和这个时候最大可能的生产率和

① ［英］埃德温·坎南. 财富论. 1928
② ［英］埃德温·坎南. 财富论. 1928

一致的增长劳动力人口的方向进行。

坎南对经济适度劳动力人口的另一个贡献是对“收益递减规律”的应用。托马斯·罗伯特·马尔萨斯（Thomas Robert Malthus）在研究劳动经济问题时虽然已经应用“收益递减规律”，但是用来说明的是生活水平所限制的最大劳动力人口规模，而非经济适度劳动力人口。约翰·斯图亚特·穆勒（John Steuart Mill）只注重农业收益方面的分析，而安纳·罗伯特·雅克·杜尔哥（Anne Robert Jacques Turgot）在提出该法则时认为只有在农业中起作用，在工业中不起作用。而坎南则把相应分析扩展到制造业和所有产业。坎南在《财富论》中指出，在任何一定的时期，知识和环境保持不变，刚好每一种产业有一个最大的收益点。所以，把所有产业加在一起，也一定有一个最大的收益点。如果劳动力规模没有达到使所有产业达到最大的收益点，收益将会低于应有的水平，如果劳动力规模庞大，超过了所有产业收益最大点所要求的劳动力数量，那么，收益也会低于应有的水平。坎南认为，工业、农业及其他各种产业，“收益递减规律”都在起作用，但可用改良，即新技术的发明和应用来阻止它的实现。

收益递减法则反映的是生产中投入量与产出量之间的一种技术关系。从坎南关于收益递减法则的论述看，其指的是边际收益递减。坎南假设土地面积、知识、技术等条件不变，而劳动量是可变的，这就是把投入量分为可变投入量与不变投入量。一般来说，边际产品的产量并不是开始就递减的。当劳动的投入量开始增加时，边际产品的产量是以递增的速度增加的，这种递增可以达到一个最高点。当过了这个限界后，边际产品的产量以递减的速度增加。这是因为随着劳动投入量的增加，每单位劳动只能与越来越少的不变投入量结合在一起发挥作用。随后再增加劳动投入量，边际产品的产量继续递减，最后甚至会变成负数。坎南的论述虽然不够清晰，但却有这种思想，并以此为依据，建立了经济适度劳动力人口理论。

坎南提出的经济适度劳动力人口学说把劳动力增长和工农业生产率以及人均收益等联系起来，为劳动经济学的研究开辟了新的途径，但也存在一定的局限性。它主要是研究经济适度劳动力人口，假定人的知识和科学技术等条件不变，对劳动力数量和生产收益量等因素作静态的数量分析，因而只是一种静态的经济适度劳动力人口理论。它没有用社会生产方式来考察劳动力变动与经济发展的关系，而是把劳动力变动看作是经济发展的决定因素，因而缺乏应有的科学依据和正确的理论基础。然而，在研究最优劳动力人口经济效益，分析劳动力变动和物质资料生产之间的最优比例关系时有较高的参考价值，为现代经济适度劳动力人口学说的形成与发展提供了一定的理论基础。

18.3 弗兰克·威廉·陶西格

弗兰克·威廉·陶西格（Frank William Taussig，1859—1940）是美国经济学家，也是新古典学派的主要经济学家之一。他出生于美国密西西比州圣路易斯。青年时期在哈佛大学学习，主修的是经济学和历史学，1879 年获得哈佛大学文学学士学位，1883 年获得该大学哲学博士学位。1885—1892 年任哈佛大学经济学讲师，后升任该大学经济学教授。他的主要兴趣在于关税领域，他成功地把制度的思想和理论分析以一种独特的方式结合在一起。主要经济学著作有《美国关税史》（*The Tariff History of the United States*，1988）、《工资与资本》（*Wages and Capital*，1896）、《经济学原理》（*Principles of Economics*，1911）、《关税问题面面观》（*Some Aspects of the Tariff Question*，1915）以及《国际贸易》（*International Trade*，1927）等。

弗兰克·威廉·陶西格
1859—1940

陶西格对公共事业很热心，他曾任美国政府委员会委员。1916 年，当美国关税委员会成立后，他任第一任主席，是他确定了工作的宗旨。第一次世界大战后，陶西格曾就职于凡尔赛合约的咨询委员会，担任过威尔逊总统顾问，他还长期担任《经济学季刊》的编辑。陶西格通过教学、《经济学原理》一书和在《经济学季刊》的编辑工作，对美国后起的经济学家有重要影响。他的主要理论研究对象是国际贸易，致力于研究关税问题。在他的一般经济理论著作中，强调古典经济学理论与新古典经济学理论之间的连续性，认为人们已经研究和阐述过的各种观念，其实是一个连续的思想体系。

陶西格最主要的经济学理论著作是《工资和资本》一书，它的主要内容是捍卫工资基金说。陶西格认为，工资最终是源于消费基金的一种收入，它在短期内是不可能扩张的。劳动提供的服务具有未来性，在即期不会马上产生效果，但是为了维持劳动服务，却需要为它提供现有商品。工资品的提供方式取决于过去的劳动力，工资的总体水平则与企业家用于提高利润的那一部分资金有关。这就是说，工资是流动资本对劳动供给施加了影响的结果。

陶西格继承了约翰·斯图亚特·穆勒基金说，他指出，对于一个国家来说，在一定时期的资本总额是一个固定的量，其中用于支付工资的部分，即工资基金也是一个固定的量，工资基金决定资本中扣除了生产资料资本和利润之后的剩余。工资水平的高低取决于工资基金的多少，在工资基金一定的情况下，工人人数多，工资水平就低，反之就高。

陶西格承认，古典主义工资学说的表达方式有些僵硬，不过从根本上看，它是正确的。因为工资缺乏可扩张性，即使把它定义为一个流量，其来源仍然具备基金的性质。正是这种情况使得工资难以普遍上升。他指出，只有需求状况改善后，工资水平才可能上升。但是需求的背后，涉及价值、生产和分配等因素。因此，陶西格强调可变生产函数的重要性，他还强调商品流和资本设备的时间结构之间的匹配关系。这样一来，工资品的可得性就不再是流动资本的简单函数。

陶西格在他的工资基金学说中指出，工资的源头并不是劳动产品，因此对工资基金说的攻击并没有什么道理。他说，工资是在竞争中确定下来的，这一观点与约翰·贝茨·

克拉克的观点类似。克拉克断言，根据边际生产率原理分配给人的收入，就是工人应得的收入。陶西格认为，下这种结论已经超出了经济学家的权限范围。可是，陶西格并没能对人们对工资基金说的批评做出满意的回应，他自己也不得不逐渐地放弃了这种说法。

思考题

1. 论述阿弗里德·马歇尔的劳动经济思想。
2. 试论埃德温·坎南的劳动经济思想。
3. 简述论述弗兰克·威廉·陶西格的劳动经济学说。

第 19 章　瑞典学派的劳动经济思想

19.1　瑞典学派的形成与早期的发展

瑞典学派是现代西方经济学的一个流派。这个学派又称北欧学派。它以斯德哥尔摩大学为主要阵地，故又称为斯德哥尔摩学派。它起源于 19 世纪末 20 世纪初，约翰·古斯塔夫·克努特·威克塞尔（Johan Gustav Knut Wicksell）、卡尔·古斯塔夫·卡塞尔（Karl Gustav Cassel）和大卫·达维逊（David Davidson）是这一学派的主要奠基者。他们对经济秩序中存在的各种各样的问题进行了诊断，他们的研究广泛覆盖了生产、价格、劳动经济、货币、政策等领域。

瑞典学派的理论渊源是威克塞尔的累积过程理论。这一理论将资本边际利润率和利息率的差异及其相对变动视为宏观经济变动的基本决定因素。根据这一理论，威克塞尔提出控制利息率以维持经济稳定的经济政策主张。威克塞尔的累积过程理论和宏观货币政策主张，不仅是瑞典学派的理论渊源，而且开创了现代西方国家干预主义经济学的先河，成为凯恩斯主义经济学的理论。

瑞典学派的主要特点是，在沿袭传统的一般均衡价值理论和分配理论的基础上，首创了分析经济现象的一些新概念，并运用了宏观总量的分析方法和动态分析方法，建立了一个动态经济理论体系。此外，瑞典学派关于国家调节经济生活的政策主张和关于“自由社会民主主义”的经济制度理论，在西方经济学界也有重大影响。

具体说来，瑞典学派是在一定程度上摆脱了新古典学派的理论框架而形成发展起来的。其主要贡献和理论方法特点表现在：①最先在实际上批评了“萨伊定律”为代表的传统的新古典经济理论和方法，摈弃了“二分法”，采取了“一分法”的经济分析方法，首创了将货币的变动与实际经济问题结合在一起的货币经济理论。②倡导动态经济学，企图用以修补静态经济理论的缺陷，而他们的所谓动态经济学，则是与他们的货币经济理论密切联系在一起的，称为货币均衡论。③为了完成动态经济的分析，在经济分析的方法和工具方面，编造了一系列新的经济术语和经济范畴。倡导把一些经济变量如资本价值、所得、投资、储蓄、成本等区分为事前、事后两种数值。主张用期间分析或称过程分析、序列分析来阐释资本主义经济的运动变化过程，将经济动态分析推向了一个新阶段。④把预期纳入经济分析中，强调预期在经济运行中的决定性作用。⑤注重纯理论的研究，并从经济理论引申出政策建议，主张国家干预经济。这个学派的主要成员大都直接参与瑞典政府经济政策的制定和执行工作。因此，瑞典学派的理论对瑞典经济政策有重要的指导作用；而在其纯理论的研究方面，如其对凯恩斯学派的宏观经济理论和国家干预思想的影响就比较明显。⑥注重国际经济理论和经济制度理论的研究，提出了独特的国际贸易理论与小国开发型的通货膨胀理论，并取得了相当成果。其中有些理论在西方产生了广泛而深远的影响。

瑞典经济学派的理论对西方经济学理论的发展具有重要的历史性作用和意义，瑞典经济学派的理论和政策主张对约翰·梅纳德·凯恩斯的经济理论和政策主张的形成，有直接的、重要的影响。瑞典经济学派许多独创性的经济理论、政策主张和凯恩斯主义一样，也得到了许多西方国家的政府和经济学界的重视，产生了重要的作用。

19.2 约翰·古斯塔夫·克努特·威克塞尔

约翰·古斯塔夫·克努特· 威克塞尔（Johan Gustav Knut Wicksell，1851—1926）是瑞典著名经济学家、人口学家，瑞典学派的创始人，也是宏观经济均衡体系的最早提出者，并且对奥地利学派、剑桥学派有着深刻影响。威克塞尔出生于斯堪的纳维亚半岛的斯德哥尔摩。青年时代在乌普萨拉大学学习物理学和数学。后来威克塞尔由于发表有关饮酒原因分析的演说，被有些人指责为缺少经济学知识。此后，他从对物理学、数学的研究方向转向专攻经济学，获得了经济学博士学位。他曾经遍游英国、法国、奥地利和德国，深受大卫·李嘉图（David Ricardo）、欧·冯·庞巴维克（Eugen Bohm-Bawerk）和马利一埃斯普里·瓦尔拉斯（Marie-Esprit-Leon Walras）等古典经济学家的影响。回国以后，由于当时讲授经济学的课程隶属法学院，他又攻读法学课程，并获得法学博士学位。威克塞尔长期在乌普萨拉大学和隆德大学讲授经济学，1903 年成为经济学教授。威克塞尔对经济学科有广泛的研究，涉及财政、货币、人口等问题，尤其以价值论、分配论而著称于世。他在 20 世纪初期提出的货币经济理论，也即累积过程理论（cumulative process），首先突破了此前经济学家普遍持有的“货币面纱”论，试图将货币与实际经济结合起来，并且对包括凯恩斯在内的经济学理论发展产生了巨大影响。他的主要学术思想出现在 1898 年出版的《利息与价格》（*Interest and Prices*，1898）一书中。威克塞尔的主要著论有《价值、资本和地租》（*Value Capital and Rent*，1893）、《财政理论考察兼论瑞典的税收制度》（*Finanztheoretische Untersuchungen nebst Darstellung und Kritik des Steuerwesens Schuwedens*，1896）、《国民经济学讲义》（*Lectures on Political Economy*，1901）、《论适度人口》（1910）、《经济理论文选》（*Selected Papers on Economic Theory*，1958）等。

约翰·古斯塔夫·克努特·维克塞尔
1851—1926

威克塞尔在其代表作《利息与价格》中，发展了庞巴维克的资本利息论和瓦尔拉斯的一般均衡理论，第一次把处于分离状态的传统经济理论和货币理论融为一体。他首创了累积过程学说，是现代宏观经济学的开创者。威克塞尔的累积过程原理把涉及价格形成的经济理论（即价值论和分配论）与涉及价格水平的货币理论结合在一个理论框架中。威克塞尔建立了第一个现代宏观经济均衡体系。根据累积过程理论，当货币利率低于自然利率时，投资大于储蓄，总需求大于总供给，经济处于膨胀阶段；反之，总需求小于总供给，经济处于紧缩阶段。由此，威克塞尔建立的累积过程学说是一个宏观经济均衡体系。因此，他是宏观经济均衡体系的创始人。这是他对经济学做出的最重要的贡献。

威克塞尔研究宏观经济学时注重于对价值理论的分析。他在《价值、资本和地租》一书中用准确数学方法表达了这一新理论。他认为，价值并不是不变的客观常量，它随着每个人对自己交易地位的设想而变动。这一观点构成了他的理论基础。威克塞尔认为，虽然稀缺性是一个重要因素，但是真正关键的是边际效用。没有必要再去考虑劳动产品交易中一方得到多少，另一方失去多少，双方都是赢家。威克塞尔认为价值和成本之间确实存在某种关系，但他坚持认为这种关系是次要的。在严格意义上，效用是商品数量的数字的函数，而边际效用则是总效用的一阶导数。因此，边际效用是对总效用变化率的一种度量。当然，这种度量在感念上是可行的，只要对同一种商品在不同的环境中的替代作用可以进行比较。

威克塞尔的价值理论是一种均衡价格论，他既肯定边际生产费用对交换价值的决定作用，也肯定了边际效用对交换价值的决定作用，把边际生产费用和边际效用作为一般均衡体系中与交换价值处于相互作用关系的两股力量，由它们的均衡决定交换价值。因此，他的价值理论综合了古典经济学派的生产费用论和边际学派的边际效用论的结果。他的价值理论本质上是以一般均衡为前提的供求均衡价格论。这一理论与古典经济学派的生产费用价值论和边际学派的边际效用价值论的根本区别在于，后两者理论都认为价值有一个唯一的最终决定因素，而威克塞尔则持有不同的观点。

威克塞尔不认为某种商品的边际效用仅仅依存于该商品本身的数量，而是强调各种商品的边际效用相互之间的依存关系，强调某种商品的边际效用对所有商品的数量的依存关系。虽然这种关系奥地利经济学派在详细说明其边际效用价值时，已经就不少特殊情况加以分析，但威克塞尔用数学方式对这种关系作了一般性表述。威克塞尔把消费者的总效用定义为在某一单位时间里一切商品的数量的函数：$U\dot{T}U(X_1, X_2, X_3, \cdots)$。式中，$U$ 为总效用，X_1，X_2，X_3，…分别是各种商品的数量。这一效用函数与马歇尔的效用函数有明显不同，后者把总效用定义为各种商品的效用总和，其前提实质上是否定了各种商品的效用之间的相互依存。威克塞尔根据上述总效用函数，把某种商品的边际效用定义为一阶导数 $_TU/_TX_i(i\dot{T}1, 2, \cdots)$。对总效用和边际效用上的数学表达被后人一直延续使用。

威克塞尔对生产—分配理论进行了深刻分析。他的生产论和分配论是结合在一起的。生产是生产三要素协同动作创造产品和价值，分配是将这些产品和价值按一定原理分归于各个要素。因而在威克塞尔看来，阐明了生产要素及其功能，也就为阐明分配准备了条件。他认为，在不同经济制度下生产与分配之间有不同关系。他指出，若整个国家是一个统一的经济单位，则生产将纯粹是一个追求某个目标记得化的技术问题，而分配将是独立于生产之外的问题，它要受到纯经济之外考虑所制约。但在自由竞争的私营企业制度下，生产者以利润最大化为目标来安排生产，而利润大小又受到成本以及工资、利息、地租所要求的产品份额的影响。因此生产与分配问题不能分离，并且本质上是同一个问题。

威克塞尔认为，生产要素除了土地、劳动和资本外，还包括以专利、商业秘密形式存在的技术发明、商标和商誉。但在分析自由竞争条件下的生产和分配时，他仍然把三要素作为分析的对象。由于他认为技术发明、商标和商誉这类生产要素会限制自由竞争，所以不必加以考虑。

威克塞尔以产品市场价格既定为前提，对生产和分配问题进行静态分析，首先研究了非资本主义生产，即指基本上不使用机器设备、工具的生产，再研究资本主义生产。在分析非资本主义生产时，威克塞尔的核心论点是用边际生产力递减规律来说明劳动和土地要素对生产量的影响，以及这两种要素的收入份额，即工资和地租决定规律。他说："最后雇用的劳动者的新增产量一般决定着劳动者所得的工资；它既不会高于这个数额，也不会低于这个数额。"[①] 同样，"假如所有的土地并没有被耕种，或相反，假如一切劳动团体对土地的需求没有得到满足，显然，在前一种情况下的地主间的竞争、在后一种情况下的劳动者间的竞争都将会使地租下跌或上涨，直到完全均衡恢复为止。总之，在这里，地租为土地的边际生产力所决定，相反，工资则为该团体内的一切劳动者间进行分配的剩余产品所决定，于是劳动者就成为残余数额的要求者。"[②]

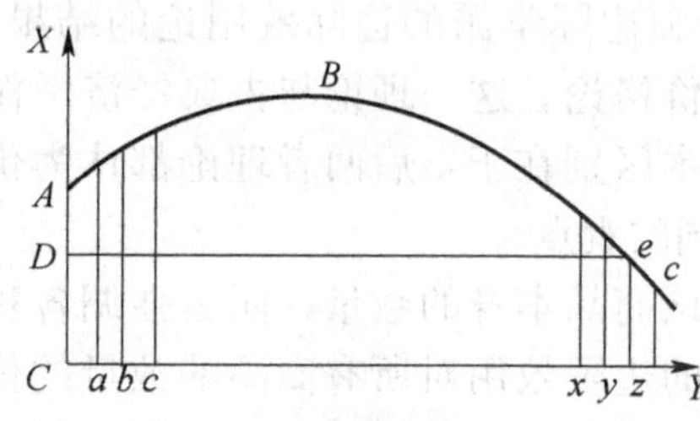

图 19—1　地租和工资的相互关系

威克塞尔用以表示地租和工资的相互关系和它们的相对关系量决定的图解如图 19—1 所示。

在图 19—1 中，OY 轴表示一定面积土地上连续雇用的劳动者数，在每一单位长度（a，b，c，…，x，y，z 等）上的矩形的面积或高度表示该劳动者所产出的新增产量，假如劳动的数目很大，则这些矩形的上方界限就可以表示一条连续曲线（ABC）。该曲线下的面积（$OABCY$）表示劳动者所得的总收益。但这不是劳动的总工资，因为工资是由最后一个劳动者的新增产量即劳动的边际产品决定的，即由最右边的一个单位的矩形面积或其高度（ze）表示，所以工资总额则为同样的高度，且以从原点起的整个距离为底边的矩形（$ODez$）表示。总收益的剩余额即曲线下的面积的上面部分（$ADeB$），则表示土地上的地租。

威克塞尔承认，他的论点和美国经济学家约翰·贝茨·克拉克的论点基本上一致，从而使他和克拉克并列为边际生产力论的发明者。威克塞尔的独特之处是用数学方式表示了边际生产力论，从而清楚地揭示了这一理论的适用前提。

威克塞尔的边际生产率理论分析非资本主义生产时仅涉及劳动和土地的生产过程。在纯粹理论意义上，地主是资本家，工人得到的工资是由其边际生产率决定的，而租金

① ［瑞］威克塞尔．国民经济学讲义．上海：上海译文出版社，1983

② ［瑞］威克塞尔．国民经济学讲义．上海：上海译文出版社，1983

则被认为是产出的剩余部分。另外，如果把工人也看作是企业家，那么工资也是剩余产品。成本上升或报酬递减，这些因素也都包括在他的理论当中，否则小企业将会全部被大企业吸收合并掉。这里关键在于企业的规模确实影响平均产出。这样，比例的变动成为威克塞尔理论体系当中不可分割的一部分。

在分析资本主义生产时，威克塞尔同其他边际主义者一样，认为资本就是指生产资料，或是由一定的货币额表示的价值数额。他还指出资本是土地和劳动的产物，因而它也具有生产力；资本的功能在于延续劳动和土地发生作用的时间；随着生产时间的推移资本的生产力也会递减，从而出现资本的边际生产力；就是这个边际生产力决定着资本的报酬和利息。

威克塞尔不赞成用资本的边际生产力来说明利率。威克塞尔认为利息与工资和地租并不完全类似。关于劳动和土地，边际生产力规律在一定的保留之下是适用于整个国民经济和任何私营企业的，但这个理论只有从个别企业家的观点来观察才适用于资本。假如考察社会总资本的增加，那就决不是随之发生的社会总产量的增加或减少决定资本利率。威克塞尔还指出，在社会资本的某些特定水平上，在同一产业内，可能存在两种或多种生产方法，这两种生产方法可能需要完全不同的资本数额和不同的生产期间。由此可知，他并不认为企业家对生产方法的选择是社会资本量和利率的单值函数。

威克塞尔认为利息是由于劳动和土地要素不直接用于生产消费品，而用于更迂回从而更有效的生产消费品的方法造成的，在这种更迂回的生产方法中，劳动和土地以资本的形式被储存起来，所以资本实质上是储存的劳动和储存的土地。利息则是储存的劳动和储存的土地的边际生产力与现存的劳动和现存的土地的边际生产力的差额。而这个差额之所以经常是正值，则是因为储存的劳动和土地比现存的劳动和土地有更大效率，因为现存的劳动和土地相对于它们所可使用的目的是丰富的；而储存的劳动和土地在同样程度上对许多有利的用途则是不足的。由于储存意味着被储存的劳动和土地要经历更长时间才能变为消费品，所以他把时间因素看作是资本概念的真正核心，把利率看作是"期待"的边际生产力。

威克塞尔的边际生产率理论之所以吸引读者，不仅是因为他以极高的技巧将来自瓦尔拉斯、杰文斯、庞巴维克等人的不同元素融为一炉，而且是因为他在阐述问题时举重若轻，无论是在文学表达上，还是在数学推理过程中。虽然他承认边际主义也有一些问题，但却不接受基于经济事件的非连续性而提出的批评。不过，他的回应也并不完全有说服力。经济生活中存在的冲突的严重性，超出了威克塞尔的预料。他不得不做出妥协，诸如利他主义等非经济因素也有可能主导纯粹的经济问题。

威克塞尔还分析了资本增加对收入分配的影响。他区分了两种情况：技术不变时尚未资本增加和技术进步时的资本增加。技术不变时的资本增加，会使得现存劳动和土地的边际生产力增加，使得资本的边际生产力减少，从而使工资和地租增加，利率下降，但资本在总收入中的相对份额仍然会增加。但随着资本的继续增加，其相对份额将会减少，到最后其绝对额也将减少。他把技术进步所产生的影响归结为生产期的延长或采用更迂回的生产方法。用他的话说便是资本的"深度"增加。因此，技术进步时，除了可以改变生产中土地和劳动的比例外，一定量增加的资本将分散用于比以前更长期的投资中，从而使以后每年增加的资本量将少于未出现技术进步时的数量，这成为抵消资本增加对利率的不利影响的因素。

威克塞尔探讨了劳动力增长与经济发展的关系，他在分析一个国家劳动力增长对经济的影响时指出，劳动力增长对经济发展的作用会产生两种相反的趋势。一方面，当劳动力增长时，劳动力数量增多，人均土地面积和自然资源的数量会相应减少，按劳动力人口平均的劳动生产率也会降低，从而使人均收益下降。并提出劳动力增长会使“收益递减规律”不仅适用于农业，也适用于工业，虽然在短期里工业有可能收益递增，但从长期来看工业生产仍然是收益递减。另一方面，一定的劳动力人口又是社会分工的前提，劳动力增长可以进行更细致的劳动分工，进行更有效的合作和协作，会出现更好的工农业生产组织，由于规模经济法则的作用带来收益递增，从而提高了劳动生产率。正是这两种相反的趋势，或者这两种相反的作用力相互抵消时，平均劳动生产率成为最大，从而带来最大福利，这时也就达到了经济适度的劳动力人口规模。

约瑟夫·阿洛伊斯·熊彼特把威克塞尔和瓦尔拉斯、马歇尔一起并列为1870—1914年间在纯理论方面做出最大贡献的经济学家。这一评价把威克塞尔放到与马歇尔相匹敌的地位上，是恰如其分的。威克塞尔也像马歇尔一样，在大致相同的时间里建立了综合古典经济学和边际效用论的理论体系，其中包含丰富的劳动经济理论。威克塞尔的生产和分配理论是综合边际主义内部两种理论，即边际生产力论和时差利息论的结果。他的累积过程理论是在综合李嘉图的货币数量论和庞巴维克、杰文斯的资本理论的基础上建立起来的。他开辟了宏观均衡分析和宏观过程分析的新领域。在分析方法上，威克塞尔在静态分析的基础上展开了比较静态分析乃至动态分析，为后来瑞典学派的宏观动态分析和宏观劳动经济分析奠定了基础。

19.3 大卫·达维逊

大卫·达维逊（David Davidson，1854—1942）是一位犹太裔瑞典经济学家、瑞典新古典经济学的创始人之一。青少年时代在乌普萨拉大学学习经济学和法律。1878年，他以题为《对资本形成的经济法理论的一个贡献》的博士论文，获得了博士学位。同年他被任命为乌拉普拉大学经济学讲师，1880年晋升为没有职业保障的教授，1890—1919年担任瑞典乌普萨拉大学的经济学和税务法的教授，也是瑞典第一位经济学教授。达维逊的教学活动一直都很活跃。在乌拉普拉大学任职期间，他还担任国会货币和贸易政策、税收和公共财政委员会的委员，晚年成为李嘉图著作的热情研究者和斯堪的纳维亚主要经济刊物的编辑。

达维逊的第一部著作是《资本形成经济规律的诸原理》（*Bidrag Till Läran om de Ekonmiska Lagarna för Kapitalbidringen*，1978），这本有关资本形成的书篇幅不长，沿用古典方法对资本的分析，又是以需求结构为基础的理论，引起了国际学术界的关注，从严格的意义上来说，正是这本书使他成了瑞典经济学派的奠基者。19世纪80年代，他发表了 4 本专著：《地租理论史概论》（*Bidrag Till Jordränteteoriens*，1880）、《欧洲中央银行》（*Europas Centralbanker*，1886）、《对财政法案的评论》（1889）和《所得税的税收标准》（*Om Beskattningsnormen Vid Inkomstskatten*，1889）。

1919 年退休以后，达维逊把他的全部精力用在了他所创办的《经济日报》杂志做编辑和写文章，通过这个期刊，达维逊把当时瑞典经济学界依据德国历史学派分析经济史的风气改革为以英国古典学派理论主导的分析方法，达维逊在期刊发表了超过 250 篇文章。与此同时，服务于国会的各委员会请他做的有关货币和财政政策问题的研究和建议。由于他很长的教学生涯、创办了瑞典第一份经济学杂志和他在政府各委员会的服务，1920 年他被选为瑞典皇家科学院的成员。在他的各种活动中，他经常同威克赛尔接触和合作，而且是威克赛尔和卡塞尔的一个经常的建设性批评者。但是他们都没有试图建立一个有其特有追随者信徒的学派。达维逊的教学、写作和公共服务，确实影响了很多经济学界、商界和政界的人们，但是后来能够继承他的思想和理论的重要经济学家并不多。尽管如此，达维逊在瑞典国内却享有很高的地位，他跟约翰·古斯塔夫·克努特·威克塞尔和卡尔·古斯塔夫·卡塞尔并称为瑞典斯德哥尔摩学派的开山鼻祖。三者之中，达维逊年纪不是最年长的，但却是最早参与经济学研究的。

达维逊的重要贡献是在古典经济学的特别是李嘉图的经济学和新古典经济学之间，在价值和分配领域架起了一座桥梁。他认为，商品的价值和货币的价格不仅彼此相关，而且都必须取决于稀缺性程度。这就是说，一种商品的价值是随着投入要素和生产率的变动而变化的。达维逊说，生产增加与相应的价格下降，自身就可以维持真实工资水平不变，并保证稳定的实际收入流。但是，如果生产上升而价格保持不变，工资和利润将上升，而资本价值会下降。达维逊更偏好的经济政策是，让平均价格水平能够与生产率反向变动，同时投入要素的报酬是稳定的。工人和资本家都将得到同样的货币收入，但在事实上这却更值得。他进一步指出，更高生产率水平的丰硕果实应该由更多人平等分享。

达维逊还注重研究资本投入生产过程的时间变化，这种论述包含较丰富的劳动经济思想。达维逊指出，资本直接比例于投资时期。资本具有两个维度，一定的数量，是一定劳动和土地服务投入的结果，要产生在一段时间之间。增加投资的时期可以增加资本生产力，但是以递减的比率增加的，除非这种时间延长的收益递减被节约劳动的发明所抵消。时间延长与生产和分配的关系是，时间延长增加资本的收益，减少实际工资，同时增加总产品中的劳动份额，相应减少导致生产时期延长的资本份额。

上述资本形成和分配配额之间的直接关系的观点，使达维逊将投资于消费贷款中的储蓄不创造新资本的观察与实际工资基金的概念联系起来。为此，他提出了"企业资本基金"的概念，用它既支付实际工资的基金，又指为取得或生产资本品花费的基金。他指出，在一定情况下，这些基金的一个较大的部分并且最终是全部，可能都要用于支付实际工资，很少或没有用于支付资本品。

达维逊假设，在一个土地最初是免费商品的社会，人们都是独立劳动的游牧民，以打猎、捕鱼和采集野果为生。他们除了简单工具以外没有实物资本。但是，这些游牧民中的一些人有了超过消费需求的剩余，于是把它们用于储蓄或投资于开垦土地、修建草棚，以便依靠农业为生。当这些做法成功以后，这些最初的农业定居者扩张他们的村庄，用稍高于从事打猎等活动可以得到收入的实际工资雇用农牧民。他们让这些农牧民主要生产资本品和扩张农业设施，这些活动都可以看作是"延长生产时期的"。从比较稳定和比较高的工资中，这些游牧民劳动者中的一些人积攒下部分财产，为了自己定居下来在外部的土地上建立自己的农庄。在一代人的时间里，所有从前的游牧民都实际上或者定居下来，或者成了定居者的劳动力。在这个阶段，由于几乎没有剩下的游牧民去转变为新的农场劳动力，劳动发生短缺，实际工资就会增长和不断增长。更多的定居者还在储蓄和试图进一步扩大和改进他们的农庄。但这时他们几乎所有储蓄都要作为工人的实际工资，而工人这时也主要生产消费品。

当为了改善不断恶化的利润前景，重新延长生产时期，节约劳动的技术创新被引进之后，这种田园式的情况就被打断了。有些工人要被解雇，实际工资下降，被解雇的工人与其他仍以低工资受雇的工人发生竞争，资本收益改善。最后，当创新的动机导致进一步扩张时，失业者以较低的工资又找到工作。

然而，这个劳动生产过程不可能是一帆风顺的，其中经常包含危机。随着失业工人消费的减少，无人问津的商品存货就以不断降低的价格堆积了起来。在业工人的实际工资在一段时间会因价格的下跌而提高，因为当商品价格下跌时，货币工资也会下跌，但跌得较慢，有一个滞后期，而且跌幅比前者小。由于创新可以改善利润前景，萧条将达到一个转折点，这个累积的过程又会在几年内的另一个危机中结束。他在论述商业周期的劳动累积过程时似乎在说，工人失业不是因为资本家想多赚利润，而是因为技术发明和技术创新。

在达维逊看来，在第一次世界大战后的商业周期中，连续的资本形成率一般是高于劳动力增长率的，只是因为断断续续的技术变化才导致经济的波动。对分配额的影响，是来自缺乏节约劳动的创新条件下的实物资本的增加。这种实物资本的增加，并不主要来自实际工资的减少，而是来自实际储蓄的增加。

达维逊的影响几乎完全局限在瑞典国内。作为李嘉图的虔诚信徒，达维逊尽力把李嘉图的观点和新古典学派互相调和，他的一些著述几乎就是对古典价值理论的重建。虽然达维逊这些工作似乎有些过时，但却没有削弱其价值理论的意义。他已经考虑了价格水平变化的再分配效应，揭示它可能引发的其他变化，并深刻分析了资本投入生产过程的时间变化与工资的关系。在这方面做出最大贡献的是弗里德里希·冯·哈耶克。不过，受到达维逊影响最大的是年轻一代的瑞典经济学家，包括岗纳·谬尔达尔、埃里克·林达尔等人。

19.4 卡尔·古斯塔夫·卡塞尔

卡尔·古斯塔夫·卡塞尔（Karl Gustav Cassel，1866—1945）是瑞典经济学家、斯德哥尔摩大学的经济学教授。卡塞尔跟克努特·威克塞尔和大卫·达维逊同为斯德哥尔摩学派的创立者。他出生于瑞典首都斯德哥尔摩。卡塞尔早年曾在斯德哥尔摩大学和乌普萨拉大学学习数学和工程学，后来才转而研究经济学，1895年毕业于乌普萨拉大学并获得博士学位。1904—1938年在斯德哥尔摩大学任经济学教授。在理论研究中，摒弃英国和奥地利经济学家的边际效用价值说。多次出席国际间经济会议。由于1920年在布鲁塞尔会议中解决世界货币问题及1921年在国际联盟财政委员会工作中成绩卓著，赢得国际盛誉。1922年卡塞尔获得瑞典皇家科学院金质奖章，1926年担任该院院长。1929—1932年，他担任国际联盟金融委员会的委员。

卡尔·古斯塔夫·卡塞尔
1866—1945

卡塞尔的主要著作有《充分劳动收入的权利》(*Das Recht auf den vollen Arbeitsertrag*，1900)、《社会政策》(*Sozialpolitik*，1902)、《利息的性质和必要性》(*The Nature and Necessity of Interest*，1903)、《1914年以后的货币与外汇》(*Money and Foreign Exchange after* 1914，1922)、《社会经济学理论》(*The Theory of Social Economy*，1918)、《世界货币问题》(*The World's Monetary Problems*，1921)、《世界货币制度的危机》(1923)、《经济学的基本思想》(1925)、《经济学中的数学思想》(*On Quantitative Thinking in Economics*，1935) 以及《金本位的崩溃》(1936) 等。卡塞尔的理论体系是以瓦尔拉斯的一般均衡模式为基础，但抛弃了边际效用理论而采取古尔诺方式直接从交换价值出发进行分析。由于第一次世界大战后期金本位失去支配地位，国际汇兑理论出现空当，卡塞尔在总结前人学术理论的基础上及时系统地提出，两国货币的汇率主要是由两国货币的购买力决定的，即“购买力平价说”而轰动一时。卡塞尔的购买力平价学说影响力是巨大的，时至今日仍然是最具影响力的外汇汇率决定理论的基础。购买力平价理论是建基在一价定律上，一价定律指出，假设运输成本相同且没有贸易壁垒，完全同质的一件货品在不同地方的价格应该一致。购买力平价理论便是从价格上反推出汇率的变动，换言之，购买力平价理论的大前提是相信一价定律成立。卡塞尔的价值论和一般均衡方法对瑞典学派有重要影响。

卡塞尔劳动经济理论体系的一个重要部分是生产均衡理论，他的体系本质是瓦尔拉斯式的。卡塞尔对瓦尔拉斯考虑生产时的均衡方程式进行了简化。他假定生产要素服务的供给是既定常量。此外，卡塞尔方程组中的既定因素还有技术系数和需求函数形式。未知变量是 n 种产品的需求量 (N_1，N_2，…，P_n) 和供给量 (A_1，A_2，…，A_n)，n 种产品的价格 (P_1，P_2，…，P_n)，m 种要素服务的价格 (Q_1，Q_2，…，Q_m)。在此基础上，他建立了一个简化的方程组模型。该模型得到了广泛传播和应用，被称为瓦尔拉斯—卡塞尔均衡模型。

根据这一体系，卡塞尔认为产品的价格实际上取决于体系中三个既定因素：需求函数形式、技术系数和生产要素服务价格的既定供给。前一因素带有主观性质，而后两个因素则带有客观性质。于是他认为产品的价格是由主观因素和客观因素共同决定的。他进一步认为，抽象掉价格决定问题的价值理论是无用的、无意义的。因为实际上交换经济从一开始就必然是货币经济，所以研究交换就是要研究价格的形成，而抽象掉货币因素的价值理论，无论是古典经济学的具有客观意义的价值理论，还是边际效用论的具有主观意义的价值理论，都是无用的，卡塞尔的价值理论无用论使其名噪一时。

卡塞尔认为，边际效用价值必须建立在单位效用能够衡量的基础上，但效用是无法衡量的，同时边际效用分析必须建立在财货的完全可分性和效用函数的连续性假设之上，而这两个假设很不可靠。此外，卡塞尔也反对边际生产力分配论，认为新古典经济学的自由竞争假设在现实中是一种幻想。因此，在卡塞尔看来，边际效用概念和分析方式应全部抛弃，而代之以一种从经验上可以确知的需求函数出发而形成的价格理论。

卡塞尔指出，边际生产率理论是一种套套逻辑。他说，不能把边际生产率当作决定价格或分配的因素，因为在一个给定的生产过程中，各种要素的相对数量本身就是价格结构的函数。卡塞尔强调，正确的看法应当是价格和产出都是未知的，是由理论分析需要确定的，因而边际生产率也是未知的。此外，仅仅当投入要素连续使用时，边际生产率概念才是有效的。卡塞尔说，只有在一个生产要素的数量可以连续变化，而且产出的变化是这种变化的连续函数时，边际生产率才是一个合适的概念。他指出，这种情形不太可能。此外，这个概念又怎么能应用到复杂的生产过程当中去呢？它仅仅在生产一种产品时才是有意义的。卡塞尔这一立场在其工资理论中也得到坚持，他的《论经济学中的数量思想》一书就是对这一立场强有力的重申。

卡塞尔说，工资基金是一个绝佳的例证。工资基金说的基础是一个作为个体的企业家的个人经验，因此，根本不能解释它想解释的问题所包含的广泛的社会经济内涵。卡塞尔说，事实上，总产品是提供社会上每一个人的。这样，生产周期是一个不可能成立的概念，因为要满足任何一种需要，都需要涉及涵盖了多少时期的各种生产性工作。生产是一个连续的过程，既没有起点，也没有终点。虽然商品的产出可能容易出现数量上的波动，但生产本身是不能发生改变的。这里唯一合理的经济学抽象。

卡塞尔的理论体系中谈到劳动需求弹性的概念，他知道劳动需求弹性是重要的，特别是在公共效用率的确定等场合。但是，在他自已的想象中，“稀缺性原理”对劳动经济学的意义更大。至于价值和分配的问题，则被他完全忽视。

工资理论可以分为悲观主义和乐观主义两种，卡塞尔反对前者。他说，悲观主义工资理论的根本错误已经被工资和生活水平的持续提高证明了。卡塞尔攻击了工资基金的概念，因为它除了其他缺点之外，还暗示着经济生活有一种周期性，而这在现实中并不存在。另外，卡塞尔认为，边际生产率理论作为一种乐观的工资理论也是错误的，因为在价格方程当中，边际原理并不是一个客观的因素。考虑到其他生产要素，工资仅仅是由相对稀缺性决定的一种价格。相对稀缺性是从对一个要素的需求角度来看的，它反过来取决于所要完成的工作量。劳动是一个主要的生产要素，但劳动类型是多种多样的，由此导致情况相当复杂。劳动作为一种生产要素，必须被看作是在一个给定时期内的某一类能力。卡塞尔说，这种能力的价格就是工资。

这样一来，卡塞尔就可以通过剩余劳动的存在来解释低工资现象。他在《社会经济学理论》中对工业理性化表示支持，并对工会活动、减税和政府的失业补助等表示遗憾，因为这些有碍于效率的提升。他断言低工资补助政策是不好的，因为它不利于人的自立。卡塞尔希望劳动成为更具流动性的生产要素，方法是推动其在国与国之间自由流动。在这一点上，他是正确的。但是，他对工会横加指责，说它们试图在国内尽力垄断地位，这种活动是失业的根本原因；工会以高工资为目标，导致需求低于供给，从而出现失业。卡塞尔建议的解决方法是让更多的工人进入农业领域，并降低工业领域工人的工资。

卡塞尔是一个主要在应用层面研究经济和劳动问题的学者，他关注经济现实，他的价格理论就是他的价值和价格理论。他的思想植根于英国新古典经济学派和瑞典学派。尽管他对一些其他的劳动经济理论的批评不是完全不值得关注的，但他放弃价值研究的做法，实际上使其劳动经济理论的深度和学术价值都因此受到了负面影响。

19.5　哥斯达·阿道夫森·巴格

哥斯达·阿道夫森·巴格（Gösta Adolfsson Bagge，1882—1951）是瑞典经济学家和保守派政治家。他出生于瑞典斯德哥尔摩。青年时期在斯德哥尔摩大学学习。毕业以后，他和另一位瑞典经济学家伊利·赫克歇尔在 1911 年创办了《瑞典杂志》，此杂志主张经济自由而政治保守。1917 年，巴格被委任为斯德哥尔摩大学副教授，1921 年获正式升为经济学教授。在斯德哥尔摩大学的社会学院从事社会政策研究，担任该大学社会科学研究所所长。1910 年到 1920 年，巴格活跃于政坛主要热衷于社会政策讨论，1932 年成为国会议员。在瑞典失业委员会中，巴格是唯一的一名经济学家，很多瑞典学派的经济学著作都是由这个委员会出版的。这个委员会发表于 1931 年的第一篇重要报告，大部分都是依据巴格的思想和他对这个报告的原因的补充论证写成的，所有当时的瑞典学派经济学成员，都从事过该委员会或巴格负责的社会科学研究所项目分配给的工作。1935 年，担任右翼国家组织的领导人，他是一位右翼政党里的社会保守主义的政治家，却有崇尚自由经济的思想，巴格也曾担任内阁大臣，被 1939 年至 1944 年的联合政府任命为宗教事务大臣，主管教育、科学、文化、体育和教会等事务。1942 年当选瑞典皇家科学院院士，1944 年，巴格获得皇家工学院颁授名誉博士学位。

哥斯达·阿道夫森·巴格
1882—1951

巴格早期最重要的研究是他的博士论文《不同组织的工资规则》。这篇论文的出发点是研究在市场经济的一般均衡模型里，引入集体协议或最低工资法所产生的工资率的外生变化。通过使用比较静态法和对两种均衡状态之间转换的分析，对新均衡和旧均衡作了比较。这篇论文分别分析了集体协议对收入分配、其他生产要素的需求、劳动在不同产业的配置、失业和经济增长的影响，特别关注了相对工资率变化的情况，研究了几种使问题复杂化的因素，如垄断、规模收益递增和非利润最大化雇主的存在等。巴格在这篇论文里有意避开的一个问题是劳动的供给，他认为，工作收入和劳动供给之间的关系具有复杂的和不规则的性质。但他对劳动市场理论发展关注的问题都作了比较深入的分析。例如，信息成本、风险厌恶和工资与效率的关系等问题，都有广泛的研究。巴格分析说，不管是否有工会存在，风险厌恶都会导致工资刚性，“作为工资刚性的结果，工资率的下降比失业更明显；即使把工资率保持在市场率以上的缺点考虑进来，困难时期的收入和生活水平的较高稳定性，也可以抵消它们”。①

巴格分析了在什么条件下在市场工资以上的工资率导致工资总量增加。巴格的博士论文研究的重点问题还有：团结一致的工资政策与基于企业支付能力的工资政策的比较问题，后者实际上是一种利润分享体制；导致同等工作有不同工资的集体协议问题，按照巴格的分析，其结果将是预期收入的均等化，一个人的受雇率取决于职位是如何配置的；不同工作获得同样工资和这种现象如何影响年轻人和妇女就业的问题。

巴格被任命为斯德哥尔摩大学教授几年以后，就着手从事劳拉·斯佩尔曼·洛克菲勒纪念馆资助项目，从实证和理论方面研究工资的形成。为了这一课题，拟订了一个巨大的资料搜集计划。并在这个项目的课题下以瑞典经济研究的名义出版了一系列著作。他和伦德贝格、斯文尼森是两卷本有关瑞典工资发展的著作的联合作者，他们就瑞典工资的长期发展进行了认真的统计分析。他是这个项目下，有关瑞典地方政府中的工人工资的一本著作的作者。巴格还在一些文章里考察工资变化对失业的影响。

在他的博士论文以后，巴格有关失业理论的一项重要成果是他给瑞典失业委员会写的补充意见。它是在1931年和该委员会的主报告同时出版的。该委员会的主报告和他的补充意见是研究20世纪20年代末的失业问题。那些年曾有一段时间的经济繁荣，但同时失业率仍然很高。这种繁荣时期的失业被称为“永久性失业”，该委员会的首要任务就是要解释什么原因引起这种失业。

为了完成这一任务，巴格使用了比较静态法。这个研究的主要部分是分析影响劳动需求规模和结构的各种因素。巴格没有分析决定劳动总供给的因素，但详细考察了决定劳动在地区流动和产业配置的因素。他的主要结论是，工资刚性与不完全的职业和地区的流动相结合，再加上劳动需求的变化，最终导致失业的出现。在这项研究的最后一部分，研究了工资增加对失业的影响。巴格的这个研究及其结论是实际工资的增加有可能导致失业的增加。

巴格的这一研究是对均衡失业理论的一个贡献。古典失业理论认为，非均衡只存在于劳动市场；结构性失业理论认为，失业只存在与劳动需求的变化中；摩擦性失业理论认为，尽管经济中存在着空缺职位，但由于劳动供给的调整存在滞后性，所以会出现失业。巴格的结论是：“这种分析对于失业的原因问题，无法给出一个统一的、确定的答

① 裴小革. 瑞典学派经济学. 北京：经济日报出版社，2008

案。不可能提出一个普遍有效的‘失业理论’，也不可能得出一个涵盖一切的结论。只有在做出关于特定时期的失业规模和特征，以及它们和其他现象联系的实证研究以后，才能看到失业出现的可能原因。”①

巴格是20世纪初期瑞典学派经济学最主要的经济学家之一，他不仅有很多学术贡献，特别是对劳动经济学的深入研究，而且是一个重要的研究和教学工作组织者。他创建了瑞典的社会工作和公共管理学院，并未适应更大规模和更活跃的科学环境，改造了社会科学研究所。在洛克菲勒基金会的资助下，巴格首创了失业委员会的劳动经济研究工作。他的这些贡献明显推动了瑞典学派经济学的发展。

思考题

1. 论述约翰·古斯塔夫·克努特· 威克塞尔的劳动经济思想。
2. 试论大卫·达维逊的劳动经济思想。
3. 简述卡尔·古斯塔夫·卡塞尔的劳动经济学说。
4. 简述哥斯达·阿道夫森·巴格的劳动经济学说。

① 裴小革．瑞典学派经济学．北京：经济日报出版社，2008

第 20 章　美国边际学派的劳动经济学说

美国边际主义的兴起晚于欧洲，其思潮部分从英国和奥地利引进，部分则是自发形成的。在其自发形成的过程中，约翰·贝茨·克拉克（John Bates Clark，1847—1938）起了非常重要的作用，甚至可以说是开山之祖也不为过。克拉克认为，产品的分配归根结底还是要取决于产品的价值和价格，因此，他的价值理论实质上是和他的分配理论合二为一的。在克拉克看来，一个单位的商品所具有的效用是多方面的。价值的基本单位在克拉克这里从商品变成了商品所具有的某个属性，而商品的价值则自然就是其在多方面用途上的边际效用的总和。这是一种相当实用主义的观念，也是只有在商品经济发展到了一定程度，人们认识到商品用途多样化以后才可能产生。克拉克还认为，产品的价值是由社会来决定的，因此，财富的分配情况自然也会影响商品的价值，而且商品的价值和价格是没有区别的。克拉克认为价值里面完全没有劳动的因素，他认为价值是市场上双方竞争并达到均衡的结果。效用的表示有序数和基数两种，克拉克的效用还是用基数来表示的，也唯有如此，效用才可能和价值相呼应。而在另一位美国边际主义经济学家欧文·费雪（Irving Fisher）的价值理论中，一方面，他认为任何一种或至少一种商品的效用只决定于它自身的数量，而和其他商品的数量无关；另一方面，他又承认一个商品的效用取决于一切商品数量的函数，这已经接近于后来的序数效用论，这表明费雪是从基数效用论向序数效用论的过渡人物。而边际主义也正是处在这个过渡阶段的一个经济学流派。

20.1　约翰·贝茨·克拉克

约翰·贝茨·克拉克（John Bates Clark，1847—1938）是美国著名经济学家、美国边际主义学派的先驱者、美国经济学会创始人，也是新古典学派的代表人物之一。他生于罗德岛的普罗维登斯。青年时期进入了布朗大学和阿莫斯特学院，在那里对哲学和伦理学产生了兴趣。毕业后，他在瑞士的苏黎世大学和德国的海伦堡大学研修了 3 年，进修经济学。这一时期克拉克大多数时间在海德堡，其间只有 6 周在苏黎世。当时，历史学派在德国盛行，而在海德堡对克拉克影响最大的一位教授是卡尔·克尼斯，他也是历史学派的一位主要成员，但这一切都没有能够阻止边际效用分析的发展，相反，克拉克日后曾赞扬克尼斯向他提出了若干建议，指导他“发现一种单位，用于衡量财富的各种变量”。回到美国后，任卡尔顿学院经济学、历史学讲师，两年后升任教授。克拉克在卡尔顿学院任教期间发表了他的第一篇经济学论文《财富的新哲学》。全文都是在论述效

约翰·贝茨·克拉克
1847—1938

用，然而，通观全文，他却没有提到任何和边际效用有关的著作，换句话说，那时克拉克还没有显示出任何作为美国边际主义学派先驱者的迹象①。1880 年克拉克创立了美国经济学会，该学会如今已成为世界上最大、最著名的经济学家组织。从 1882 年起，克拉克改任史密斯学院教授。1893 年任阿默斯特学院教授，同年当选为美国经济学协会会长（1893—1895）。1895—1911 年任《政治科学季刊》主编。1895—1923 在哥伦比亚大学任教授，自 1895 年起教授经济学，直到 1923 年退休。在哥伦比亚大学任教期间，卡拉克是和平运动的积极分子。他加入了和平促进联合会，积极拥护国际联盟，并当选为研究世界大战和军国主义的卡耐基国际和平基金会的经济学和历史学部负责人。克拉克在 1938 年病逝以后，依然对美国经济学的发展有着重要的影响，1947 年为了纪念克拉克对美国经济学做出的卓越贡献，美国经济协会设立了约翰·贝茨·克拉克奖②，俗称“小诺贝尔经济学奖”，目的在于纪念提出边际生产力概念与生产耗竭理论，并研究出根植于边际效用的需求理论的著名经济学家克拉克。

克拉克作为美国理论经济学的最主要代表，他不仅把欧洲兴起的边际效用论引进美国，而且把边际效用论从价值论进一步推广到分配论，在边际分析基础上统一经济各部分。他提出的“静态经济学”“动态经济学”以及“边际生产力论”至今仍在现代经济学中保持影响。克拉克对经济学最重要的贡献是他创立了收入分配的边际生产率理论。该理论构想的目的是解释决定不同个体的收入水平的规律，即影响经济领域内收入分配的规律。克拉克的主要著作有《财富的哲学》（*The Philosophy of Wealth*，1885）、《财富的分配》（*The Distribution of Wealth*，1899）以及《经济理论要义》（Essentials of Economic Theory，1907）等。其中，《财富的分配》是其代表作，旨在说明，在市场经济中，社会收入的分配总是受自然规律调节的。自然规律的作用在于把社会总收入分为性质不同的三大部分：工资总额、利息总额和利润总额。这三部分收入分别为劳动收入、资本收入以及雇佣劳动和利用资本的人由于执行某种调和工作而得到的收入。如果自然

---

① 值得注意的是，克拉克在论文中分析价值时，离开劳动价值论而偏向效用价值论，可以说这是克拉克在效用理论方面做出的一个微弱的开端。但是，由于效用本身是人们的主观感觉，因此在进行效用分析时，如果没有边际的概念，效用就无法被真正赋予意义，而此时的克拉克应该还没有认识到这一点，自然也还不可能发现日后的边际效用价值论。

② 约翰·贝茨·克拉克奖（John Bates Clark Medal）俗称“小诺贝尔经济学奖”，是由美国经济协会于 1947 年在美国经济协会创始人、协会第三任会长、著名经济学家约翰·贝茨·克拉克诞辰 100 周年之际所设立的。目的在于纪念提出边际生产力概念与生产耗竭理论，并研究出根植于边际效用的需求理论的经济学家克拉克。它是经济学界除诺贝尔经济学奖之外的另一项重要大奖，这个奖项 1947 年设立，每两年评选一次，入选的基本资格为在美国大学任教、40 岁以下的学者。克拉克奖章的首名得主是著名经济学家萨缪尔森，他于 1970 年获得诺贝尔经济学奖，他也是美国第一位诺贝尔经济学得主。约翰·贝茨·克拉克奖被视为诺贝尔奖的重要指针，获得此奖章的学者，通常会引起瑞典皇家科学院诺贝尔奖评选委员会的注意。

规律能够发挥作用而不受其他因素阻碍，那么，从事任何生产职能所应当分配到的收入量，都将以它实际所生产的成果来衡量。每个生产要素在参与生产的过程中都有其独特的贡献，也都有相应的报酬。他在该书中还提出了“边际生产力”的理论，奠定了美国经济学的理论基础，被誉为“以现代方式出现的第一部主要的美国著作”，对以后西方经济学的发展也产生了重大影响。克拉克还比较重视对劳动经济问题的研究，主要体现在《财富的分配》一书中。

克拉克在论述经济学和人类的关系时指出，一般经济学是研究任何社会都存在的普遍规律，说明获得和使用财富的规律，这只涉及人类与自然的关系，而不是人和人的关系。凡是有关取得和使用财富的过程，不管在什么社会条件下发生的，都属于人类与自然关系这一研究范畴。这些规律主要有：人类要生活，就要生产财富；要生产财富，就要有劳动、土地、资本三个生产要素；这三个要素都是生产力、财富和价值的源泉，称为生产力论；生产的财富随产量和占有量的增加，效用递减，即产生效用递减规律；人们交换的基础是最后效用，即边际效用。这是一般规律。

克拉克主要分析了静态条件下的分配问题。他首先分析了收入在要素所有者之间的分配。他认为，收入在要素所有者之间的分配，从生产的角度看，就是各种要素在收入的生产中贡献份额的确定。他把生产要素归结为劳动和资本两大类，所以收入分配也就是劳动和资本这两大类要素在收入的生产过程中贡献的确定。

克拉克赋予了分配范畴新的含义。他所说的工资除了雇用劳动者的劳动报酬以外，还包括企业家的平均利润。他把平均利润视为企业家组织企业经营活动的劳动报酬，而只把企业家所获得的超额利润视为利润，由于这种利润是技术进步的结果，所以它属于动态分析的范畴。在克拉克所说的雇用劳动者中，既包括普通工人，也包括受雇于资本家的企业经理阶层，他们的职责是具体组织和管理企业生产活动。这在一定程度上是符合现代资本主义发展现实的。随着资本主义生产的扩大化和管理的复杂化和专业化，出现了专司管理职能的经理阶层，他们同样受雇于资本家，他们是生产的组织者和领导者，而这个经理阶层的经营管理报酬被视为劳动报酬是合理的。

边际效用价值论是克拉克边际生产力分配论的前提，他认为边际效用论是生产和消费的普遍规律，一切商品的价值或价格都决定于个人对所消费的最后单位商品效用的主观估价，劳动和资本作为商品，其价值也是由对它们所提供的最后单位产品的估计或最后产品量决定的。在静态条件下，商品价值包括工资和利息。克拉克的这种说法中暗含劳动和资本都具生产力的观点。克拉克将各生产要素都有生产力的无须论证的理论边际价值论结合起来，推导出劳动和资本的边际生产力决定劳动和资本产品价值的原理。

克拉克还提出了生产力递减规律。他接受了“土地报酬递减规律”这一古典经济学派的传统观点，又把它扩展到其他生产要素上，劳动和资本的生产力也是递减的。他认为，在静态条件（即假定资本量）不变时，不断追加劳动量，必将导致单位劳动生产力或生产量递减。如假定劳动量不变而不断追加资本量，必将出现单位资本生产力或生产量的递减。然后把边际概念套在生产力递减规律上，得出边际生产力论，用来说明工资与劳动力。

克拉克分析工资和劳动力数量的关系时，从生产要素论和生产力递减规律出发，认为在资本数量不变的情况下，如果继续增加工人数量，每增加一个工人，则平均每个工人分摊到的工具设备就会减少，每一单位劳动生产出来的产品也会比原来的少。因此追加工人的劳动生产力是递减的，最后增加的那一单位工人的劳动生产力最低。克拉克把最后增加那一单位的工人叫作边际工人，这个边际工人的劳动生产力就是所谓"劳动边际生产力"。"劳动边际生产力"不仅决定边际劳动的工资，而且决定所有与其相同的熟练程度工人的工资。同样，假定工人人数不变而资本加多，则在资本加多之后，每一单位资本所生产的产品将少于前此每一单位的资本的产品。最后追加的那一单位资本的生产力被称为"资本边际生产力"。

克拉克认为，在静态条件下，工资决定劳动的边际生产力。克拉克用图 20—1 形式阐述"工资规律"和"利息规律"，并得出下述结论：正像价值是取决于最后效用一样，分配上各个份额应当得多少，是由最后生产力决定的。这样，利息是由最后增加的单位的资本的生产量决定的，工资是由最后增加的单位的劳动的生产量决定的。商品的价值与劳动和资本的生产力，都是依靠这个普遍规律来决定的。

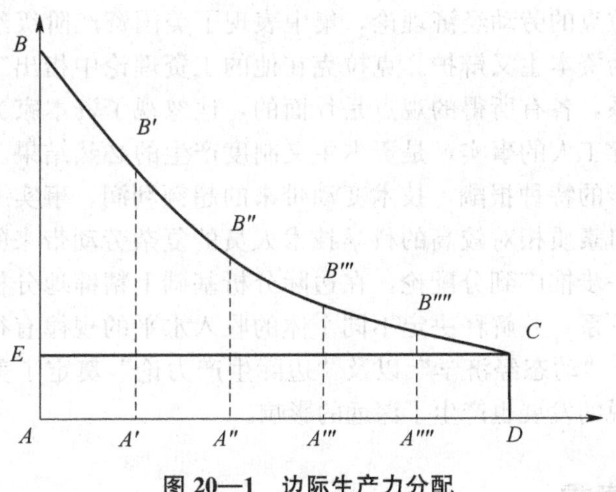

图 20—1 边际生产力分配

克拉克还论述了劳动者的工作时间问题。他以劳动者所获得的享受与所付出的代价之间的平衡来说明正常工作日的长度，他指出随着劳动时间的延续，劳动者所付出的代价递增，而所得的享受递减。当代价与享受相等时，劳动的净收益最大，正常工作日便在这一点结束。克拉克的这种观点为后来边际分析的新应用即确定边际成本开辟了道路。

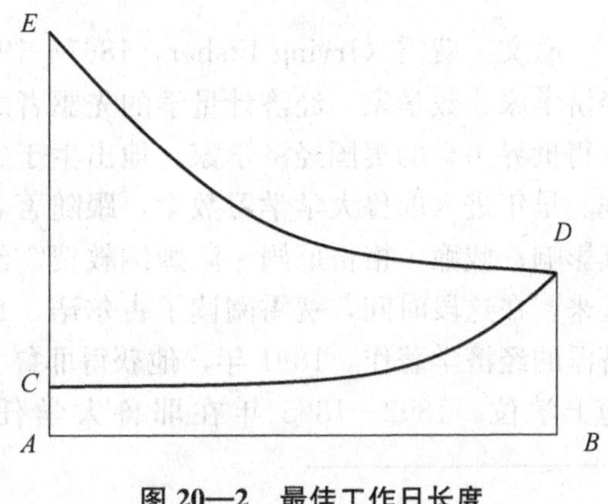

图 20—2 最佳工作日长度

在图 20—2 中，AB 表示劳动时间，AC 表示最初付出的代价，BD 表示最后付出的代价；AE 表示最初收益，DB 表示最后收益。$ACDB$ 表示总收益。当最后代价等于最后收益即都等于 BD 时，净收益 ECD 最大，因此最佳工作日长度应为 AB。

克拉克的劳动经济思想还体现在他的工资理论中。他认为工人和资本家是买卖之间的公平交易关系，谁也没有剥削谁，各自拿到只是他自己创造的那部分。在克拉克看来，利润是对技术进步的特种报酬，不是由工人剩余劳动所创造的。他还认为当所有企业都采用新技术后，社会经济就过渡到一个新的"静态经济"，这时，原来的利润也都加到工资和利息上，而且主要是加到工资上，因为生产方式的改进提高劳动的"边际生产力"。他证明，资本家不仅没有剥削工人，还给工人带来好处。克拉克认为，减税有利于资本积累，资本积累有利于提高工人工资。

克拉克还指出，分配论是"一个公正的原则"和"自然规律"，包括劳动力在内，"每个生产要素在参加生产过程中，都有其独特的贡献，也都有相应的报酬，这就是分配的自然规律""每种生产机能所得的报酬，都和它所生产的数量相符合""那么这些协作从事生产的各个阶级，也就没有什么可以互相埋怨的了"。[①] 这个阶级协作生产的结果，各有所得，利益调和，公正合理。

显而易见，克拉克的劳动经济理论，集中表现了美国资产阶级经济学的特点，这就是折中调和与公开为资本主义辩护。克拉克在他的工资理论中指出工人和资本家是买卖之间的公平交易关系，各有所得的观点是片面的，他忽视了资本家为了攫取最大限度的剩余价值、剥削压榨工人的事实，是资本主义制度产生的必然结果。克拉克还把超额利润看作是新技术进步的特种报酬，技术变动带来的超额利润。事实上，其源泉仍然是由劳动创造的，是人口素质相对较高的科学技术人员的复杂劳动带来的。然而，他把边际效用论从价值论进一步推广到分配论，在边际分析基础上精辟地分析了工资、劳动生产力与劳动力数量的关系，并解释决定不同个体的收入水平的规律有很高的学术价值，他通过"静态经济学""动态经济学"以及"边际生产力论"奠定了美国经济学的理论基础，对劳动经济学说的发展也产生了深远的影响。

20.2 欧文·费雪

欧文·费雪（Irving Fisher，1867—1947）是美国在 20 世纪初期最有影响的新古典经济学家、数学家，经济计量学的先驱者之一，他也是继约翰·贝茨·克拉克之后最早获得世界声誉的美国经济学家。他出生于纽约州的少格拉斯的一个公理宗教会牧师的家庭。早年进入耶鲁大学学习数学，跟随著名物理学家威拉德·吉布斯学习数学，并深受其影响；威廉·格雷厄姆·萨姆纳教费雪经济学，并鼓励他把数学和经济学这两者结合起来。在这段时间，费雪阅读了古尔诺、瓦尔拉斯、杰文斯、埃奇沃思以及奥地利学经济派的经济学著作。1891 年，他获得耶鲁大学文学学士学位，1898 年又获得该大学哲学博士学位。1892—1895 年在耶鲁大学任数学讲师，其后转到该校经济学系任教，

① ［美］克拉克. 财富的分配. 北京：商务印书馆，1959

欧文·费雪
1867—1947

1898—1935年任经济学教授。其间曾任美国经济学会会长、经济计量学会会长。费雪被公认为美国第一位数理经济学家，他使经济学变成了一门更精密的科学。他提高了现代对货币量和总体物价水平之间关系的认识。他的交换方程大概是解释通货膨胀原因的理论中最成功的。费雪认为可以保持总体物价水平的稳定，而价格水平稳定会使整个经济保持稳定。1923 年，他创办了数量协会，是第一家以数据形式向大众提供系统指数信息的组织。费雪是经济计量学发展的领导者，加大了统计方法在经济理论中的应用。他在一般均衡理论、数理经济学、物价指数编制、资本理论、货币理论以及统计学方面都做出了重要贡献。在费雪的经济思想中对后人最有影响的当属他的货币数量论。这一理论主要见于 1911 年出版的《货币购买力》一书中。费雪著作颇多，他一生共发表论著 2 000 多种，出版了 28 本著作，其中有 18 部经济学著作，用著作等身来形容并不为过。其主要论著有《价值和价格理论的数学研究》(*Mathematical Investigations in the Theory of Value and Prices*，1892)、《资本和收入的性质》(*The Nature of Capital and Income*，1906)、《利息率》(1907)、《货币的购买力：其决定因素及其与信贷、利息和危机的关系》(1911)、《经济学基本原理》(*Elementary Principles of Econimics*，1912)、《稳定美元》(*Stabilizing the Dollar*，1922)、《指数的编制》(The Making of Index Numbers，1922)、《货币幻觉》(The Money Illusion，1928)、《利息理论》(The Theory of Interrest，1930)、《繁荣与萧条》(Booms and Depressions，1932)、《通货膨胀》(Inflation，1933) 以及《百分之百的货币》(1935) 等。

费雪在只了解杰文斯交换方程式的条件下，独立发展了与瓦尔拉斯体系相近的一般均衡体系。该体系在某些方面明显优于瓦尔拉斯体系。同时，费雪作为边际效用论由基数论向序数论转变的关键性人物，促进了这一转变。此外，他的利息理论和货币数量方程式也都名噪一时。

费雪的价值理论见于其 1892 年出版的《价值与价格理论的数理研究》一书中。费雪是继瓦尔拉斯之后，较早运用一般均衡方法研究价值决定问题的经济学家之一。他的一般均衡理论是在除了阅读杰文斯的著作外未接触任何数理经济学家的论著提出的，因此，他的理论可以看成是对杰文斯著名的交换方程式的发展。

费雪的一般均衡体系与瓦尔拉斯体系的一个重要差别是，费雪明确把个人的收入水平、各种商品的总量和个人对各种商品的边际效用函数并列为决定均衡价格的参变量，而瓦尔拉斯只明确承认后两个因素的作用。明确肯定个人收入水平对价格的决定作用，是费雪体系优于瓦尔拉斯体系的地方。另一个重要差别是，费雪把边际效用值作为体系的未知变量，而在瓦尔拉斯体系中，边际效用只是决定需求这一未知变量的因素之一，本身并不作为一个明显变量出现在体系之中。这意味着费雪的价值理论必须解决一个瓦尔拉斯体系所不会面临的难题：边际效用值的测量。费雪对这一难题作了解释。他在任何一种或至少一种商品的效用只决定于它自身的数量和其他商品数量无关这一前提下说明效用的单位、研究测量的方法。

费雪对效用的衡量问题进行了深入研究，做出了比杰文斯和埃奇沃思更好的分析。费雪认为，“效用”一词应该去掉功力主义和享乐主义的成分。效用的定义必须使它能与实证的或客观的商品相连接，他放弃了效用可以度量的观念，把效用与客观商品联系起来，最终他的理论成为一个纯粹的决策理论。他认为，虽然度量效用可能有一定的意义，但它充其量只能避免来自伦理学、心理学和形而上学等方面的干扰。经济学家的目标是研究交换过程中隐含的“机械作用”，从客观的价格现象出发就已经足够，没有必要再去寻找一个心理学理论。他反对在经济学中插入心理学的东西，在这一点上，费雪与其他边际效用论者是有较大区别的。

费雪发展了杰文斯、门格尔、瓦尔拉斯和马歇尔等人把商品效用仅仅依存于特定商品本身数量的假定。他说，一种商品的效用是一切商品数量的函数。[①] 费雪还强调效用标准的客观性，认为只有利用客观的标准，才能进行衡量和计算。费雪比较强调序数效用分析。他对埃奇沃思的无差异曲线分析方法的改进，比帕累托的改造更精密和高明，这为现代无差异曲线的运用提供了很大的帮助。费雪还进行了“一种商品的数量可以影响其他商品的效用的两种方式”[②] 的分析。这实际上就是现代消费者选择理论中的关于互补品和替代品的分析。

思考题

1. 论述约翰·贝茨·克拉克的劳动经济思想。
2. 简述欧文·费雪的劳动经济学说。

① Irving Fisher. *Mathematical Investigation in the Theory of Value and Prices*. New Haven: Yale University Press, 1926

② Irving Fisher. *Mathematical Investigation in the Theory of Value and Prices*. New Haven: Yale University Press, 1926

第四篇　现代劳动经济学时代

第21章　凯恩斯学派的劳动经济学说

现代西方宏观经济学是由约翰·梅纳德·凯恩斯（John Maynard Keynes）创立的，所以最早出现了凯恩斯主义，凯恩斯主义曾在西方宏观经济学领域长期处于主流经济学地位，凯恩斯学派产生于20世纪30年代。它的出现不是偶然的，而是有其复杂而深刻的经济根源。它是当时经济大萧条的直接产物。现代西方劳动经济学也开始于凯恩斯的劳动经济学说，随着凯恩斯学派的逐渐形成和发展，凯恩斯学派的经济学家开始强调劳动力增长对经济发展是有利的，并认为劳动力增长、充分就业和生活水平提高成为资本需求的主要因素。凯恩斯学派的代表人物除了约翰·梅纳德·凯恩斯本人以外，还有阿尔文·哈维·汉森（Alvin Harvey Hansen）、罗伊·福布斯·哈罗德（Roy Forbes Harrod）等人。本章主要介绍凯恩斯和汉森的劳动经济学说。

21.1　约翰·梅纳德·凯恩斯

约翰·梅纳德·凯恩斯（John Maynard Keynes，1883—1946）是世界公认的20世纪最重要的经济学家、现代西方经济学中凯恩斯主义经济学的创始人，也是现代西方宏观经济学体系的奠基者，在经济学发展史上占据着里程碑般的地位。他创立的宏观经济学与弗洛伊德所创的精神分析法和爱因斯坦发现的相对论一起并称为20世纪人类知识界的三大革命。他出生于英格兰的剑桥市，入学剑桥大学国王学院。1905年毕业，获剑桥文学硕士学位。之后又滞留剑桥一年，师从阿弗里德·马歇尔（Alfred Marshall）和阿瑟·塞西尔·庇古（Arthur Cecil Pigou）攻读经济学。1909年以一篇概率论论文入选剑桥大学国王学院院士，另以一篇关于指数的论文获亚当·斯密奖。1919年年初作为英国财政部首席代表出席巴黎和会。同年6月，辞去和会代表职务，复归剑桥大学任教。不久表明其对德国赔偿问题所持看法的《和平的经济后果》一书出版，引起欧洲、英国及美国各界人士的大争论，使其一时成为欧洲经济复兴问题的核心人物。在任教的同时，撰写了大量经济学文章。1921—1938年任“全国互助人寿保险公司”董事长期间，其对股东的年度报告一直为金融界人士必读且是抢先收听的新闻。1940年出任财政部顾问，参与战时各项财政金融问题的决策，并在他倡议下，英国政府开始编制国民收入统计，

约翰·梅纳德·凯恩斯
1883—1946

使国家经济政策制定有了必要的工具。1944 年 7 月率英国政府代表团出席布雷顿森林会议，并成为国际货币基金组织和国际复兴与开发银行（世界银行）的英国理事，在 1946 年 3 月召开的这两个组织的第一次会议上，当选为世界银行第一任总裁。返回英国不久，因心脏病突发于 1946 年在索塞克斯（Sussex）家中逝世。因其深厚的学术造诣，曾长期担任《经济学杂志》主编和英国皇家经济学会会长，1929 年被选为英国科学院院士，1942 年晋封为勋爵，1946 年剑桥大学授予其科学博士学位。

凯恩斯的主要著作有《和平的经济后果》（*The Economic consequences*，1919）、《货币改革论》（*A Tract on Monetary Reform*，1930）、《概率论》（*A Treatise on Probability*，1921）、《货币论》（*Atreatise on Money*，1930）、《印度通货与金融》（*Indian Currency and Finance*，1931）以及《就业、利息和货币通论》（*The General Theory of Employment*，*Interest and Money*，1936）。凯恩斯可谓经济学界最具影响的人物之一。凯恩斯一生对经济学做出了极大的贡献，一度被誉为资本主义的“救星”“战后繁荣之父”等。凯恩斯认同借助于市场供求力量自动地达到充分就业的状态就能维持资本主义的观点，因此他一直致力于研究货币理论。他于 1936 年发表的主要作品《就业、利息和货币通论》引起了经济学的革命。这部作品对西方经济学产生了深远影响。凯恩斯发展了关于生产和就业水平的一般理论。其主要理论是：关于存在非自愿失业条件下的均衡，在有效需求处于一定水平上的时候，失业是可能的。与古典经济学派相反，他认为单纯的价格机制无法解决失业问题。引入不稳定和预期性，建立了流动性偏好倾向基础上的货币理论，投资边际效应概念的引入推翻了萨伊定律和存款与投资之间的因果关系。

凯恩斯一生论述甚多，其中论述劳动经济问题较多的是 1936 年出版的《就业、利息和货币通论》一书，在 20 世纪 30 年代大萧条所导致的大量失业的背景下，凯恩斯认为充分就业是值得追求、应当追求的经济目标。在他看来，充分就业这个概念可以从两个不同的角度下两个等价的定义：①当社会的有效需求进一步增加不再导致追加的就业量时的就业水平；②各生产要素的边际产出等于这些生产要素为维持一定产量所要求的最低真实报酬时的就业水平。在图 21—1 中充分就业水平就是由劳动的需求曲线 D_n 与供给曲线 S_n 的交点所对应的就业水平 N_f。

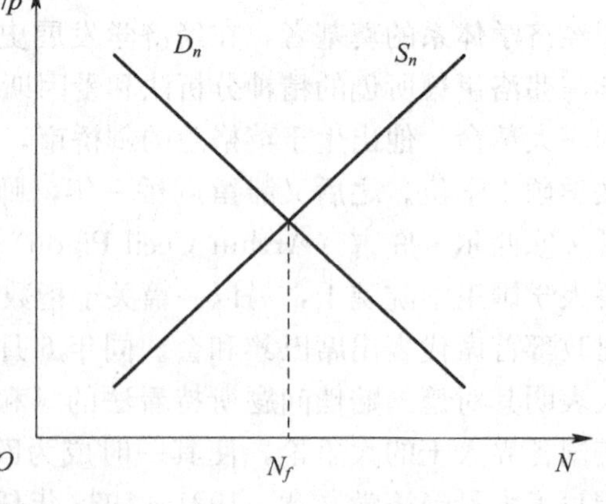

图 21—1　充分就业

凯恩斯认为，充分就业并不意味着所有有劳动能力的人都有工作，充分就业状态并不排除自愿失业和摩擦失业。自愿失业是指劳动者不愿意接受现行的真实工资率造成的失业，是由劳动者自己造成的。摩擦失业是指因季节性生产、机器故障、原料不足、工作转换等生产过程局部的、暂时的失调所造成的失业。

大萧条的现实使凯恩斯认识到，在现实的资本主义社会中，除了自愿失业和摩擦失业外，还经常存在非自愿失业。它是指失业者愿意接受等于或低于现行真实工资率的工资，但仍然找不到工作。非自愿失业的存在表现为当消费品价格相对于货币工资率上升时，劳动的总供给和总需求都将上升，而在不存在非自愿失业时，真实工资率的下降是不会引起劳动供给增加的。为了证明经济中存在非自愿失业，凯恩斯提出的假说是，在资本技术给定的条件下，随着就业人数的增加，劳动的边际产品必然递减，因而实际工资率也必然会随之相应减少，然而在现实货币经济条件下，当货币工资不变而实际工资降低时，一些工人仍按照现行的工资水平就业。这说明在就业量不变的情况下，存在工资效用大于劳动边际负效用，当工资效用等于劳动边际负效用时，则会出现意愿就业量大于劳动实际需求量，即非自愿失业的情况。

凯恩斯认为，当社会存在非自愿失业时，就不存在充分就业，因为存在非自愿失业就意味着劳动的边际真实报酬高于边际负效用。非自愿失业的存在意味着就业水平不像传统理论所认为的那样是由劳动市场的供求力量决定的，这就需要建立新的理论来说明就业水平的决定机制。他还指出，经济萧条导致失业，失业不是由于生产力不足，而是有效需求不足造成的。这表明凯恩斯用有效需求不足理论去说明 20 世纪 30 年代经济危机中存在的大批失业问题。

凯恩斯 1936 年发表了《就业、利息和货币通论》，他以有效需求不足理论为基础，从短期方面考察劳动力人口增长对经济发展所产生的作用，以及失业发生的过程。凯恩斯认为，一个国家的有效需求 D 是根据消费需求 C 和投资需求 I 而形成的，消费需求 C 取决于就业劳动量 L，投资需求 I 取决于就业劳动量 L 和人口、技术、制度等其他一些因素 Q，其总需求函数（Aggregate Demand Function）可写为 $D=C+I=f(L, Q)$。另一方面总供给 Z 则在其他条件不变的情况下依赖 L，其总供给函数（Aggregate Supply Function）为 $Z=\phi(L)$。为了使经济达到均衡，有效需求 D 必须与总供给 Z 一致，在 Q 不变的情况下，可以从 $\phi(L)=f(L, Q)$ 求得均衡就业水平。

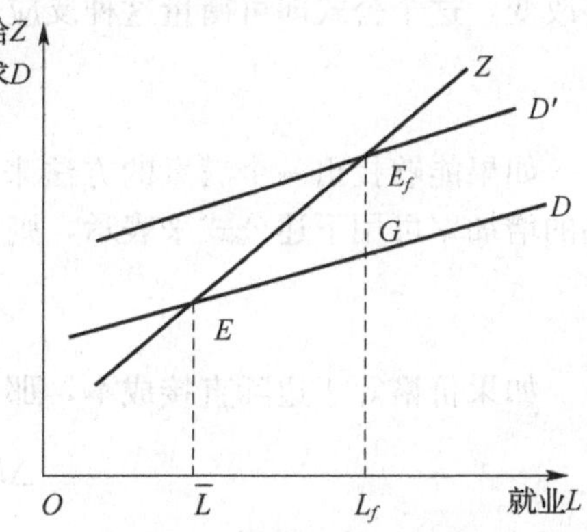

图 21—2　有效需求的原理

然而，现实经济经常出现不完全就业，图 21—2 中所表示的均衡就业水平 $\overline{L}$ 并没有充分就业的必然性，如果 L_f 为充分就业水平，经济中将存在 $\overline{L}L_f$ 的失业。为了达到完全就业，有必要使有效需求扩大到 L_f 的水平，使 D 曲线移至 D' 曲线。按照凯恩斯的理论，降低利息率或扩大政府支出，增大投资需求，可以使有效需求增大，吸收失业，从而把不充分就业引向完全就业。

凯恩斯在论述有效需求不足时，还论述了总供给函数与就业函数的关系。他指出，总供给函数是就业量 N 与其相应产量的总供给价格的关系。就业函数与总供给函数的不同在于：①前者是后者的反函数；②用工资单位作计算标准。就业函数表示有效需求与就业量的关系。它们的共同目标是指出，假设一厂、一个企业或工业全体面临某一特定量的有效需求，对一厂或一企业的有效需求为 D_{Wr}，在该厂或该企业所引起的就业量为 N_r，那么就业函数可写作 $N_r = F_r\ (D_{wr})$。也就是说，如果有效需求为 D_{Wr}，那么 r 工业中所提供的就业量将为 N_r。

凯恩斯在探讨利用就业函数时指出，这个函数教其他普通的供给曲线，更容易处理有关全体工业或全体产量等问题。其原理如下："如果就一种商品而言，要替该商品作一普通的需求曲线，一定要先假定社会各阶层的收入不变，如果收入改变，那么需求曲线一定会重新调整。同样，要替一种商品作一普遍供给曲线，一定先假定工业全体的产量为某一特定量；如果工业的总产量改变，那么该供给曲线也将随之而变。"① 对于就业函数来说，要想找到一个适合于工业全体的函数，足以反映总就业量的改变。

现在假定消费倾向不变，有一个有效需求量，便有一个总就业量与之呼应，而且这一有效需求量，也一定要依一定比例分配给消费与投资。不仅如此，因为有一个有效需求的水准，便有一个特定的收入分配法与之相适应，所以可以进一步假定，某一特定量的总有效需求。它分配给各领域的方法只用一个。

由此，如果总就业量为已知，就可以推测各领域中的就业量，于是可把领域中的就业函数写作 $N_r = F_r(D_w)$，这就是就业函数的第二种形式。写成这种形式的好处是只要把各领域的就业函数相加，就可以得到工业全体的就业函数，即

$$F(D_w) = N = \sum N_r = \sum F_r(D_w) \qquad (21\text{—}1)$$

其次，要给就业弹性下一个定义。某一领域的就业弹性即等于

$$e_r = \frac{dN_r}{dD_{wr}} \cdot \frac{D_{wr}}{N_r} \qquad (21\text{—}2)$$

如果该领域的预期生产物的需求用工资单位计算将有改变，那么其雇用的劳工人数将改变，这个公式即可衡量这种反应。工业全体的就业弹性可写作：

$$e_e = \frac{dN}{dD_w} \cdot \frac{D_w}{N} \qquad (21\text{—}3)$$

如果能够找出一个满意的方法来衡量产量，那么定义产量或生产弹性增加时，其产品的增加率可用下述公式来表示，则为

$$e_{or} = \frac{dO_r}{dD_{wr}} \cdot \frac{D_{wr}}{O_r} \qquad (21\text{—}4)$$

如果价格等于边际直接成本，那么

$$\Delta D_{wr} = \frac{1}{1 - e_{or}} \Delta P_r \qquad (21\text{—}5)$$

① 凯恩斯．就业、利息和货币通论．李欣全译．海口：南海出版社，2010

其中 P_r 是预期利润。由此，设 $e_{or}=0$，也就是说，设该领域的产量毫无弹性，那么全部有效需求的增加量，都将变成雇主利润，即 $\Delta D_{wr}=\Delta P_r$，相反，设 $e_{or}=1$，换句话说，设产量弹性等于1，那么有效需求的增加量，都被边际成本中的构成分子吸收进去，丝毫不变成利润。再假设一领域产量，是该领域所雇用的劳工人数的函数，则有

$$\frac{1-e_{or}}{e_{er}}=-\frac{N_r\phi''(N_r)}{P_{wr}\{\phi'(N_r)\}^2} \qquad (21\text{—}6)$$

其中 P_{wr} 是一单位生产物的预期价格。所以 $e_{or}=1$ 这个条件，即表明 $\phi''(N_r)=0$，也就表示就业量增加时，该领域的报酬既不递增，也不递减。

凯恩斯指出，古典经济学派假定真实工资常等于劳动力的边际负效用，后者随着就业量的增加而增加的，所以假设其他情形不变，那么当真实工资减少时，劳动力的供给也降低。作这种假定，也就是说，如果用工资单位计算总支出，那么总支出在事实上不可能增加。如果这种说法是正确的，那么就业弹性这一概念毫无用处。而且在这种假定下，不能用增加货币支出这一方法来增加就业量，因为货币工资将随着货币支出作同比例的增加。如果古典经济学派的假定不正确，那么可以靠增加货币支出来增加就业量，一直到真实工资降至与劳动力的负边际效用相等时为止，依据定义，可知这一点正是充分就业。当然，在通常情形下，e_{or}的值总是在0与1之间。①

凯恩斯接着谈论了就业函数。他指出，上述假定，某一特定量总有效需求，其分配给各领域的方法只有一个。当总支出改变时，其用以购买各领域的产品的构成部分，一般不会作同比例改变它一部分是因为当个人的收入提高时，其对各领域的产物增购量不成同一比例，另一部分是因为当各种商品的需求增大时，其价格的反应程度不同。因此，当收入增加时，这个增加量的使用法不只一个，那么以上所作的假定——即就业量仅仅随着总有效需求的改变而改变。当总需求增大时，我们假定这一增加量如何分配于各个领域，就业量可以大不相同。例如，如果需求的增加，大部分趋于就业弹性高的产物，那么就业量的增加较大，如果趋于就业弹性低的产物，那么就业量的增加小。同样，设总需求不变，但需求转向就业弹性较低的产物，那么就业量也会降低。

凯恩斯在1937年发表的《人口缩减的若干经济后果》一文中指出，劳动力人口增长是资本需求的重要因素，而资本需求取决于人口、生活水平和资本技术，他运用1860—1913年英国的资本增加同人口增长、生活水平的提高以及资本系数变化之间的关系来考证他的结论，他把1860年英国的资本、人口、生活水平和资本系数作为100，到1913年，资本需求增长2.7倍，主要是因为人口增加和生活水平的提高，分别上升了50%和60%，资本系数在同期则仅增长了10%，其变化是微小的。但是，进入20世纪30年代，随着人口的减少和劳动力供给不足，导致对资本需求的减少，从而不利于资本主义经济的发展。

因此，凯恩斯设在充分就业条件下的储蓄率为8%～15%，并假设资本积累的增长率 I/K 是由投资率 I/Y 和资本系数 K/Y 的比率来表示，其公式为：

① 凯恩斯. 就业、利息和货币通论. 李欣全译. 海口：南海出版社，2010

$$\frac{I}{K}=\frac{\Delta K}{K}=\frac{I/Y}{K/Y} \tag{21—7}$$

凯恩斯估算资本存量约等于国民收入的4倍，为了维持充分就业，保持资本存量的2%～4%的增长率是必要的。如果没有人口、资本技术上的变化，资本只能靠生活水平的提高来增长。然而，英国过去100多年来经验表明，绝大多数年份没有达到过年增长率1%的提高。这就意味着投资达不到充分就业条件下的储蓄水平，$I<S$，因而发生慢性失业，经济陷入长期停滞状态。

凯恩斯就业理论的基础是他的有效需求原理。凯恩斯认为，有效需求是决定社会总就业量的重要因素，能否达到充分就业，取决于有效需求的大小，而失业是有效需求不足的结果。在他看来，增加就业量和增加有效需求是同一命题，也就是说，要消除非自愿失业，就要解决有效需求不足问题。凯恩斯进一步解释了有效需求不足的原因，他认为有效需求不足是由消费倾向、资本边际效率和流动偏好三大基本规律的作用造成的。凯恩斯指出，上述三大基本规律使“消费需求”和“投资需求”所构成的有效需求往往低于社会的总供给，导致就业总小于充分就业水平。

针对充分就业问题，凯恩斯主张在消费需求和投资不足的情况下，只有政府通过干预经济政策来提高社会的有效需求，才能促进生产，减少失业，以实现充分就业。其主要措施是：实行扩张性的财政政策，用发行公债的方式扩大政府开支，通过赤字财政和通货膨胀政策，刺激经济，增加有效需求，从而保持充分就业；实行高额累进税政策进行收入再分配，以刺激消费，通过消费的增加来提高全社会的就业水平；实行政府干预对外贸易政策，扩大出口，以达到保持本国对外贸易顺差、繁荣经济与增加就业机会的目的。凯恩斯的这一就业理论在20世纪中期成为主要发达国家经济决策的理论依据。

21.2 阿尔文·哈维·汉森

阿尔文·哈维·汉森（Alvin Harvey Hansen，1887—1975）是新古典综合派的先驱者、美国著名的凯恩斯主义经济学家。他出生于美国南达科他州，1910年获得雅克敦学院授予的文学学士学位，1915年获得美威斯廉第大学博士学位，曾任明尼苏达、斯坦福、哥伦比亚等大学教授，1937年起，他到哈佛大学任教后转向信奉凯恩斯理论，并在美国积极传播凯恩斯主义。他宣传凯恩斯主义的著作，使凯恩斯理论“通俗化”“美国化”。在罗斯福实行“新政”时代，曾任政府经济顾问。他在哈佛大学任教近20年，培养了不少优秀的经济学家，保罗·萨缪尔森就是其弟子之一。其主要著作有《经济周期理论》（*Business-cycle theory*，1927）、《失衡世界的经济稳定》（*Economic Stabilization in an Unbalanced World*，1932）、《财政政策与经济周期》（*Fiscal Policy and Business Cycles*，1941）、《国民经济中的国家与地方财政》（*State and Local Finance in the National Economy*，1944）、《经济政策和充分就业》、《货币理论与财政政策》（Monetary Theory and Fiscal Policy，1949）、《凯恩斯学说指南》（A Guide to Keynes，1953）、《美国的经济》、《美元与国际货币体系》（The Dollar and the International Monetary System，

1965)、《20世纪60年代的经济学》等。

阿尔文·哈维·汉森
1887—1975

阿尔文·哈维·汉森作为凯恩斯的信徒，其最大的贡献是解释并发展凯恩斯主义。他在1953年出版的《凯恩斯学说指南》是当时最畅销的凯恩斯主义入门读物。在凯恩斯主义理论的发展中他有两个最重要的贡献。一是他发展了英国经济学家希克斯提出的 $ISLM$ 模型，被称为希克斯—汉森交叉图。I 代表投资，S 代表储蓄，L 代表货币需求，M 代表货币供给。这个模型用一般均衡方法说明当物品市场和货币市场同时均衡时国民收入与利率的决定。这被称为对凯恩斯主义理论的标准解释，并成为所有教科书的核心内容。二是他与萨缪尔森提出了解释经济周期的乘数——加速原理模型，又称为汉森—萨缪尔森模型。这个模型说明在市场机制自发调节时，由于消费、投资和国民收入之间的相互影响，必然发生经济周期，从而证明了国家干预经济的必要性。这是新古典综合派经济周期理论的核心，也是战后经济周期理论的重要发展之一。这两个理论都曾风靡一时，至今也仍然有影响。

阿尔文·哈维·汉森把劳动力人口增长和有效需求相联系，用以解释资本主义经济周期，考察了劳动力供给不足有带来经济长期停滞的危险。汉森在1939年《经济进步与人口增长的减退》中阐述了劳动力减少的经济效应。汉森指出，20世纪30年代，美国经济增长的动力很明显在消失，外延性经济扩张已经结束，只剩下密集型发展的可能性。而领土扩张的范围缩小和人口增长率正在下降导致经济停滞。

为了进一步了解汉森长期停滞论中劳动力人口增减对经济影响的意义。假定资本系数 v 为一定，将资本需求 K_d、劳动力人口 L 和生产率 X 作为时间 t 的函数，取这些变量的对数，则得出：

$$\log K_d = \log V + \log L + \log X \tag{21—8}$$

将此式以时间 t 做微分

$$\frac{\mathrm{d}K_d}{\mathrm{d}t}/K_d = \frac{\mathrm{d}L}{at}/L + \frac{\mathrm{d}X}{\mathrm{d}t}/X$$

或得出

$$\frac{\Delta K_d}{K_d} = \frac{\Delta L}{L} + \frac{\mathrm{d}X}{X} \tag{21—9}$$

简化为

$$GK_d = l + x \tag{21—10}$$

公式（21—10）中，l 是劳动力的增加率$\frac{\Delta L}{L}$，x 是生产率的提高率$\frac{\Delta X}{X}$，经济的均衡条件为

$$l + x = \frac{s}{v} \tag{21—11}$$

为了达到充分就业状态下经济均衡，储蓄率必须等于充分就业时的储蓄倾向$\bar{s}$，于是可以得出：

$$l + x = \frac{\bar{s}}{v} \tag{21—12}$$

即劳动力的增长率与生产力提高率之和等于充分就业下储蓄倾向与资本系数之比率时，经济能维持充分就业和稳定发展。

将劳动力对总人口的比例作为A

$$l = AP \qquad 0 < A < 1 \tag{21—13}$$

取对数

$$\log L = \log A + \log P \tag{21—14}$$

将L、A、P作为时间t的函数，用t微分，得到：

$$\frac{\mathrm{d}L}{\mathrm{d}t}/L = \frac{\mathrm{d}A}{\mathrm{d}t}/A + \frac{\mathrm{d}P}{\mathrm{d}t}/P$$

或得出

$$\frac{\Delta L}{L} = \frac{\Delta A}{A} + \frac{\Delta P}{P} \tag{21—15}$$

简化为

$$l = a + p \tag{21—16}$$

a表示劳动力人口对总人口比例A的变化率$\frac{\Delta A}{A}$。

将式（21—16）代入式（21—11）、式（21—12）中，分别成为：

$$a + p + x = \frac{s}{v} \tag{21—17}$$

为了达到充分就业状态下经济均衡，储蓄率必须等于充分就业时的储蓄倾向$\bar{s}$，于是可以得出：

$$a + p + x = \frac{\bar{s}}{v} \tag{21—18}$$

在人口、劳动力人口比例为一定的情况下，a等于零，那么，式（21—17）和式（21—18）又成为：

$$p + x = \frac{s}{v} \tag{21—19}$$

为了达到充分就业状态下经济均衡，储蓄率必须等于充分就业时的储蓄倾向$\bar{s}$，于是可以得出：

$$p + x = \frac{\bar{s}}{v} \tag{21—20}$$

现在劳动力增长率P降低，如果生产力的提高率不能足以抵消其下降的影响，则

$p+x<\frac{s}{v}$，经济陷入长期停滞状态。这样看来，在汉森的长期停滞论中，劳动力增长率可以说有极为重要的意义。在汉森看来，劳动力增长率下降对资本主义经济造成不利的影响。

汉森还提出了认为劳动力增加对资本形成有利的劳动经济论理论：劳动力人口迅速增长要求对住宅建设等大额消费增加，而劳动力供给不足或停滞会导致劳动力人口老龄化，对投资小的个人服务需求增加。因此，劳动力由增长状态转入停滞或减少状态，使消费结构发生变化，减少对生产总值的比率。汉森分析资本形成时把资本形成分为资本扩张（capital widening）和资本深化（capital deepening）。资本扩张是指在资本系数不变的情况下，由生产量或产出量的增加带来资本量的增加，而生产量的增加是以劳动力增加和人均生产率为前提的。资本深化通常是指资本量随着资本系数的上升而增加。他在论述资本深化时用的资本系数是资本量与工人人数之比，即资本装备率。当工人人数不变时，资本系数的提高会促使增加资本需求。这就是指在技术进步的条件下，由资本深化所产生自发性投资的增加。当资本装备率不变时，追加雇用工人，也会促使资本需求量增加，这是由资本扩张产生的诱发性投资。汉森还指出劳动力供给充足会促进资本需求增加，有利于经济的发展；反之，劳动力供给不足或劳动力人数减少，在劳动生产率没有提高的情况下，促使资本需求减少，从而不利于经济的发展。

思考题

1. 论述约翰·梅纳德·凯恩斯的劳动经济思想。
2. 简述阿尔文·哈维·汉森的劳动经济学说。

第22章 新古典综合学派的劳动经济思想

22.1 保罗·安东尼·萨缪尔森

保罗·安东尼·萨缪尔森（Paul Anthony Samuelson，1915—2009）是美国最著名的经济学家，也是“新古典综合派”最主要的代表和奠基人，1970年荣获诺贝尔经济学奖。萨缪尔森的理论观点体现了西方经济学整整一代的正统的理论观点，成为西方国家政府制定经济政策的理论基础。由于其影响在经济学领域中可以说是无处不在，萨缪尔森甚至被称为经济学界的最后一个通才，并被认为是全世界的经济学教师。他所研究的内容十分广泛，涉及经济学的各个领域，是世界上罕见的多能学者。他出生于美国印第安纳州的加里市。1935年毕业于芝加哥大学，随后获得哈佛大学的硕士学位和博士学位，并一直在麻省理工学院任经济学教授。萨缪尔森一生从事经济学的研究，有许多论文和著作，其中1948年出版的《经济学》是他的代表作和成名作，先后再版18次，据报道销售量已达1 000多万册，现在已成为西方最流行的经济学教科书。萨缪尔森是凯恩斯的忠实追随者，自命为凯恩斯的嫡传弟子，为此，其经济学又被称为“后凯恩斯主义流派”。他于1947年成为约翰·贝茨·克拉克奖的首位获得者，1959—1960年，萨缪尔森被任命为美国总统事务委员会调查咨询小组的顾问。1960年，他被美国总统肯尼迪任命为总统调查咨询顾问和美国国家计划局经济顾问。1958年，他与索洛和多夫曼合著了《线性规划与经济分析》一书，为经济学界新诞生的经济计量学做出了贡献。1961年是萨缪尔森学术生涯中的重要一年。他再次出任美国财政部经济顾问。同时，他在《经济学》第五版中把自己的理论体系称为“新古典综合学派”，并在1961年的美国经济学年会上，对其理论的核心部分、理论体系及其研究方法作了较为详细的解释。他的此番解释受到与会者的高度评价，人们一致推选他做该年度学会的会长。1962年，萨缪尔森被授予名誉文学博士、名誉法学博士。1965年，又被任命为美国联邦储备银行经济咨询委员会顾问，并出任美国国际经济学会会长。1966年，萨缪尔森在接受印第安纳大学授予他名誉法学博士的同时，出版了《萨缪尔森科学论文集》。1967年，密执安州大学授予他名誉法学博士。1970年，克莱尔门特·雷特·丢特学校授予他名誉法学博士，伊利诺伊州的伊文斯

保罗·安东尼·萨缪尔森
1915—2009

威林大学授予他荣誉奖章。同年，萨缪尔森因将数学分析应用于经济学领域的巨大贡献而成为第一个获得诺贝尔经济学奖的美国人。瑞典皇家学院称赞他“在提升经济学理论研究的水平方面，比任何一位当代的经济学家所做的都要多”。他被称为“最后一个百科全书似的经济学家”。1971年，他获得了美国国家科学院授予的爱因斯坦奖。

萨缪尔森是一个高产的经济学家。他的主要著作包括《经济分析基础》（*Foundations of Economic Analysis*，1947）、《经济学》（*Economics*，1948，2005）、《线性规划与经济分析》（*Linear Programming and Economic Analysis*，与R. 多夫曼和R. 索洛合著，1948）、《中间的经济学》以及五卷本《萨缪尔森科学论文集》（Collected scientific papers of Paul A. Samuelson，1966、1972、1977）等。萨缪尔森的研究涉及经济理论的诸多领域。他根据所考察的各种问题，采用了多种数学工具，使用了既包括静态均衡分析，也包括动态过程分析的方法，这对当代微观经济学和宏观经济学许多理论的发展，都有一定的影响。萨缪尔森对静态、比较静态、动态三者的联系和区别，作了精辟的论述。在一般均衡论方面，他补充并发展了希克斯关于静态一般均衡稳定条件，进一步发展了均衡的极大条件、均衡位移和提·查特莱尔原理，并举出了很有说服力的经济实例，说明数理方法的普遍适用性。在福利经济学方面，萨缪尔森首先对所有在这一领域中创建各个学说的先驱者的著作进行了分析和评价。尔后，他建立起自己的新福利经济学，并和汉森为国家福利论的建立和在实际生活中实施，做出了重大贡献，他的论述被西方经济学界认为是自阿瑟·塞西尔·庇古（Arthur Cecil Pigou）以来在福利经济方面少有的理论之一。在国际贸易理论方面，萨缪尔森补充了比较成本学说的“赫克谢尔—俄林定理”，对贸易国之间的生产要素价格趋向均等的条件作了严密论证，被西方人士公认为“赫克谢尔—俄林—萨缪尔森模型”。他论述了国际贸易对贸易国利益的影响，被西方各国认为是现代国际贸易理论的一项重要发展。萨缪尔森还擅长劳动经济问题的研究。

萨缪尔森在《经济学》一书中论述分割的劳动力市场和非竞争性群体时指出，即使在一个人们可以很容易变换其职业的完全竞争的世界，工资之间的巨大差异仍会出现。这些差异可能反映出教育和训练成本之间的差异，或者某些职业缺乏吸引力，或者对于特殊才能的报酬。但即使考虑了所有这些导致工资差异的原因，仍可以发现工资之间还存在很大差距，其主要原因是劳工市场被分割，形成了一些非竞争性群体。①

但只要略加思考就能看出劳动并不是一种单一的生产要素，而是众多相互有别而又密切相关的生产要素。例如，医生和数学家是两个非竞争性群体，因为一种职业的成员进入另外一种职业很困难，成本很高。就像许多种不同的房子要价各不相同一样，许多种不同的职业和技能的价格也各不相同，而竞争只是一般性的。因为劳工市场存在许多亚市场，因此造成不同群体之间的工资差异会很大。②

为什么劳动力市场分成这么多竞争性群体？萨缪尔森认为，主要原因是对于执照开业和需要熟练技能的行业来说，需要大量金钱和时间才能成为熟练者，例如医生、律师

① 保罗·萨缪尔森，威廉·诺德豪斯. 经济学（第十六版）. 萧琛等译. 北京：华夏出版社，1999

② 保罗·萨缪尔森，威廉·诺德豪斯. 经济学（第十六版）. 萧琛等译. 北京：华夏出版社，1999

和工程师将多年时间投资于接受正规教育和在职教育，他们以付学费和放弃工资等形式进行人力资本投资。而由于环境约束采煤业衰落，矿工很难希望一夜之间就能找到教环境经济学的工作。当人们专门从事某一特定职业时，他们就成为一个特定劳工亚市场的一部分，于是就处在该市场供求的影响之下。他们会发现自己工资的升降依赖于本行业和本职业所发生的事情。由于这种劳动力市场的分割，一种职业的工资会与其他职业的工资相差很大。

萨缪尔森论述了劳动力市场上的种族和性别歧视问题。他指出，有些劳工收入差异产生于教育、工作经验和其他一些因素。在市场经济中，收入差异是不可避免的。即使矫正了这些差异，黑人和墨西哥人的收入和财富水平长期以来一直大大低于其他群体。一个妇女的收入比一个和她具有相同教育、相同测验分数和相同社会背景的男子低20%，这也是常见的事情。

萨缪尔森指出，当收入差距的产生仅仅由于不相干的个人特征，如种族、性别或宗教等原因是一种经济歧视现象。美国黑人史展示了社会进步如何压低其工资和社会地位。奴隶制度废除以后，美国黑人落入了《吉姆·克劳法案》的社会分级制度。尽管在法律上是自由的，劳动也按照供求规律进行，但黑人工人的工资比白人工人要少得多，他们所受的教育不好，并被工会、地方法律和习惯势力等排斥在最好的工作之外，从事一些卑微的、技能要求低的职业，这些当然也属于非竞争性群体。

供给需求分析可以说明这些排斥行为如何降低被歧视群体的收入。在存在歧视的条件下，一些工作被保留给有特权的群体。如图 22—1a 所示，在这个劳工市场中，有特权工人的供给为 S_pS_p，而对这种劳动的需求为 D_pD_p，均衡工资出现在 E_p 这一高水平上。而图 22—1b 是低报酬的对技术要求不高的工作的情形。少数民族工人居住在学校较差的地区，而且负担不起私人教育，无法获得高报酬工作所需要的培训。因为技术水平低，他们在那些技能要求不高的工作中的边际收益产品较少，因此工资被压低到低于工资均衡点 E_m 的水平。

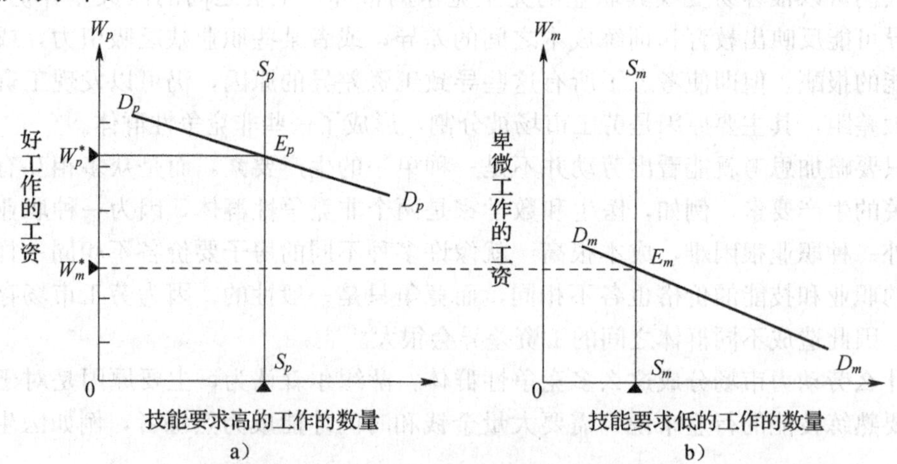

图 22—1　排外造成的歧视降低了被排斥的少数民族团体的工资

a）特权群体的劳工市场　b）少数民族的劳工市场

受经济歧视最大的群体是妇女，即使全年全日工作的妇女，其收入一般也只有同等教育背景的男子的 80%。男女之间收入差异的原因很复杂，它植根于社会习俗和期望、统计性歧视、教育和工作经验等经济因素之中，一般来说，在同一份工作中，妇女的报酬不比男子低很多。妇女收入较低是因为妇女被排斥在工程、建筑和采煤等高收入职业之外。经济中的性别不平等还由于被选入大公司的董事会，或在主要律师事务所取得高级合伙人资格，或在顶尖大学里取得终身教职的妇女很少。因此，像少数民族一样，妇女经常处于低工资的非竞争性群体中。

萨缪尔森认为，歧视的原因有很多。非竞争性群体的产生和维持形成了一个重要的机制，通过分割劳工市场，把管理和专业职位留给白人男子，驱使妇女和少数民族群体去从事卑贱、没有前途的工作。机会的不平等、经济的、种族的和性别的歧视仍能通过竞争性供给和需求的手段表现出来，并导致弱势群体收入的损失。一种经济会使收入的不平等持续几十年。此外，当一个人被按照其所属群体成员的一般行为对待时，就会出现统计性歧视。这种形式微妙的歧视将个人按其所属群体的特征设定为某种类型，减少了个人进行自我提高的激励，从而更强化了对原有类型的成见。

萨缪尔森对劳动经济学的贡献还体现在对通货膨胀与失业理论的分析。他认为，凯恩斯经济学的需求管理分析和菲利普斯曲线难以解释 20 世纪 60 年代资本主义国家的滞胀和失业问题，并对当时的通货膨胀的类型给予新的界定。他指出，这次通货膨胀不是由需求拉动引起的，而是由于生产要素供给的变化或供给价格变化引起的。所以，应该运用新古典经济学的生产要素的供给与价格变动的分析解释当前的滞胀问题。据此，他把当时的通货膨胀称为“新类型的通货膨胀”。同时，他指出，这次通货膨胀在到达可以辨认的充分就业点之前，在劳动市场尚未紧俏和设备尚未得到充分利用之前，物件和工资已经开始上升。这种通货膨胀不仅不能解决失业问题，反而使一些与石油、农产品有关部门因成本过高，销路锐减，造成生产收缩，增加了失业人数。这样就出现了通货膨胀与失业的并发症。①

萨缪尔森还分析了劳工市场对通货膨胀的影响。劳工市场结构的变化及价格与工资决定的特征也难以消除滞胀问题。现代资本主义市场上存在大公司和工会组织两大垄断力量。它们分别控制着物价和工资。由于这种控制，使得物价和工资都有一个共同的所谓“刚性”特征，易升不易降。这两大力量势均力敌。在劳资谈判中，双方都会因强调对方价格上涨，要求提高自己的产品价格，使工资、物价螺旋式上升，推进了通货膨胀。

劳工市场是一个不完全竞争市场，这种市场存在着对劳动资源的垄断问题。因为根据工人的工种、技术、年龄、性别、居住地区的不同，劳工市场被划分为许多彼此之间不能互相替代的市场，往往出现结构性失业。例如劳工市场需求的是懂得计算机知识的技术工人，但失业的是一般车工，这种单一工种的工人不能替代技术工人。再如，不同地区对劳动力需求数量在一定时期内是不同的，如果劳动力不愿到另一地区去填补就业的空缺，这往往也容易造成失业。

① 赵汉平. 西方经济思想库（第三卷）. 北京：经济科学出版社，1997

由于失业与空位并存，强大的工会力量使工资水平易升不易降。并且只要社会上存在职位空缺，工资水平就会上升。这样，失业与职位空缺并存就逐渐转化为失业与工资上升并存，由于工资水平的上升会推动物价水平上涨，因此，失业与工资上升并存又转化为失业与通货膨胀并发。菲利普斯曲线反映的是失业与通货膨胀的彼此交替关系。如何解释这种取舍关系。萨缪尔森认为，菲利普斯曲线对分析短期的失业和通货膨胀的交互作用是可能存在的，但从长时期来看，这种取舍现象并不明显。

22.2　弗兰科·莫迪利阿尼

弗兰科·莫迪利阿尼（Franco Modigliani，1918—　）是著名的美国经济学家、新古典综合学派的代表人物之一、1985 年度诺贝尔经济学奖获得者。莫迪利阿尼于 1918 年出生于意大利罗马。1939 年获得罗马大学法学博士学位，1942 年，他出任哥伦比亚大学巴德学院统计学讲师，1944 年获得纽约社会研究学院社会学博士学位，1949 年出任伊利诺伊斯大学副教授，以后先后担任伊利诺伊斯大学、卡内基理工学院、西北大学教授。他于 1963 年起任麻省理工学院教授，1967 年获芝加哥大学哲学博士学位，1979 年获贝加莫大学博士学位。1985 年，莫迪利阿尼因其在储蓄的生命周期假说和公司财务定理方面的贡献获得了诺贝尔经济学奖。莫迪利阿尼曾经担任美联储学术顾问、布鲁金斯经济活动专门研究小组高级顾问。1976 年他出任美国经济学会会长，1981 年任美国金融学会会长。其主要著作有《国民收入与国际贸易》（*National Incomes and international Trade*，1953）、《计划生产、存货和劳动力》（*Planning production*，*Inventories and Work Forces*，1960）、《在通货膨胀条件下为稳定住房建筑而采取的新的抵押设想》（*New Mortgage Designs for Stable Hosing in Inflationary Environment*，1975）以及《弗兰科·莫迪利阿尼文集》（*Collected Papers of Franco Modigliani*）、《宏观经济学论》（第一卷）（*Essays in Macroeconomics*）、《储蓄的生命周期假定》（第二卷）（*Life Cycle Hypothesis*）、《财政理论和其他论文集》（第三卷）（*Theory of Finance and Other Essays*，1980）。

弗兰科·莫迪利阿尼
1918—

莫迪利阿尼对经济学的主要贡献涉及宏观经济理论、货币理论和金融理论。他阐述了凯恩斯“革命”、古典经济学与货币主义二者之间的关系，说明货币稳定政策和财政稳定政策的含意。他首先提出了储蓄的生命周期假设，这一假设在研究家庭储蓄和全国储蓄中获得了广泛应用。

弗兰科·莫迪利阿尼在 20 世纪 50 年代初期首创“储蓄生命周期假说”，为考察国民储蓄方式中的个人行为模式提供了一个微观经济基础。1953 年，莫迪利阿尼和理查德·布伦伯格（Richard Brumberg）合写了《效用分析与消费函数：横截面数据的一种解释》

一文，将储蓄与个人生命周期紧密地联系在一起，独树一帜地分析了决定和影响储蓄行为的各种因素。

1954 年莫迪利阿尼和布伦伯格发表了《效用分析与消费函数：对典型资料的解释》一文，调和了消费函数理论和消费资料研究的矛盾。同时，该理论也成为西方经济学中研究养老金问题的理论出发点之一。标志着储蓄生命周期理论的创立。在此文中，莫迪利阿尼和布伦伯格采用了生命周期分析方法，强调了消费与个人生命周期阶段的关系，认为人们会在更长的时间范围内计划他们的生活消费开支，以达到他们在整个生命周期内消费的最佳配置，实现一生消费效用最大化。各个家庭的消费要取决于他们在整个生命周期内所获得的收入与财产，也就是说消费取决于家庭所处生命周期阶段。

莫迪利阿尼假定，人的一生分为三个阶段：青年时期、中年时期和老年时期。前两个阶段是工作时期，后面的一个是非工作时期。一般来说，年轻人家庭收入偏低，消费可能会超过收入。但是他们有稳定的工作，他们的未来收入会增加。因此，人们在年轻的时候往往会把收入中的很大一部分用于消费，甚至贷款消费与购买房屋、汽车等耐用品。这时储蓄很小，甚至为零。进入中年，收入日益增加，这时的收入大于消费，因为一方面要偿还年轻时的负债，另一方面要把一部分收入储蓄起来用于防老。当他们进入老年期，基本没有收入，消费又会超过收入，此时的消费主要是靠过去积累的财产，而不是收入。

按照莫迪利阿尼的生命周期理论，理性的消费者总是期望自己的一生能够比较安定地生活，消费支出的来源包括一生收入和最初的财富。假设消费者生命周期为 L 年（从开始工作时算），其中有工资收入的年限是 N，消费者自参加工作起计划其个人终生消费，退休年限为 $L-T$ 年，消费者获得财富的年龄为 T，则消费者年消费支出等于财富（W/P）的 $1/(L-T)$ 加上对工资的边际消费倾向乘以预期的可支配收入 Y，即消费支出取决于现期财富和生命周期内的收入，那么他的消费函数如下：

$$C=\frac{a\cdot W}{P}+CY\quad\left(a=\frac{1}{L-T},\ C=\frac{N-T}{L-T},\ N\geqslant T\right)\qquad(22—1)$$

根据这一理论，由于组成社会的各个家庭处在不同的生命周期阶段，所以，在人口构成没有发生重大变化的情况下，从长期来看边际消费倾向是稳定的，消费支出与可支配收入和实际国民生产总值之间存在一种稳定的关系。但是，如果一个社会的人口构成比例发生变化，则边际消费倾向也会发生变化，如果社会上年轻人和老年人的比例增大，则消费倾向就会提高，如果中年人的比例增大，则消费倾向会降低。但这一模式后来受到一些西方学者的批评。为了使储蓄生命周期假设进一步完善，1976 年莫迪利阿尼和布伦伯格发表了一篇题为《效用分析与消费函数：一种思想的完整化》的论文。在此文中，莫迪利阿尼和布伦伯格除了对原有模式进行修改完善外，还把个人储蓄生命周期推广到整个社会的储蓄消费行为去分析，同时又进一步考虑了取消他们的特殊假设后对储蓄生命周期模式的影响，使他们的储蓄理论接近于现实经济，目的是更能说明现实问题。

整个储蓄生命周期理论认为，消费者消费任何一种商品，只是为了得到一定的效用，个人只能从现在与未来的消费中，以及由前辈传给的资产中获得效用。因此消费者一生中的总效用是他目前和未来总消费的函数。从实际观察的个人消费行为看，消费者总是想把他一生的全部收入，在消费上作最佳的分配，使他在一生的消费中所获得的总效用达到极大，从而得到一生的最大满足。它表明消费者一生中总消费价值不能超过他一生的总收入价值；因此，消费者在任何年龄所能支配的总收入，不是取决于他的现行收入，而是取决于他的整个一生的收入。这一收入包括现行收入、预期未来收入和前辈遗留的财产按照边际效用递减规律，要使消费者在一生中获得的总效用极大化，消费者将选择一个与过去平均消费水平接近的稳定的消费率。在他的一生中，按这个稳定比例均匀消费其总收入。由于个人在任何一个时期的消费率只是他此后一生的整个消费计划中的一小部分，而同时期中的收入也只是有助于形成这个计划的一个因素，所以在任何一个短期内，消费与收入之间并不一定会有密切而单纯的关系。正是由于这一点，当现行收入超过或低于按稳定消费率计算的消费时，个人将进行储蓄或负储蓄；消费者为了在退休时也能保持退休前的生活水平，他需要在工作期间大量储蓄。消费者的储蓄动机主要是为了实现消费效用极大化，以获得一生中的最大满足。因此，消费者的储蓄量是他考虑了人生的全部过程、统筹规划的结果。

莫迪利阿尼是第一个在个人消费储蓄行为中运用边际效用分析方法建立了较为完整的储蓄理论的经济学家。他的理论是以个人或家庭的消费行为的研究为基础的，他依据微观经济学中的消费者行为理论，即用边际效用分析来说明一个理性的消费者以符合理性人的方式消费自己的收入，以实现消费的最佳配置，使之产生的效用达到最大化，并通过效用极大化原则说明，消费者的储蓄不是一个完全被动的行为，消费者储蓄量多少直接制约着消费者的消费效用是否能达到极大化。该理论主要是引用跨时期消费的概念来阐释个人的储蓄与消费行为，构成了以储蓄方式提供劳动者退休收入的养老金理论依据。因此，这也是对凯恩斯绝对收入假说理论中的储蓄取决于即期收入观点的重大修正。

22.3 罗伯特·默顿·索洛

罗伯特·默顿·索洛（Robert Merton Solow，1924— ）是美国著名经济学家、新古典综合学派的代表人物之一，以其新古典经济增长理论著称，1987 年获得诺贝尔经济学奖。他生于纽约布鲁克林。他于 1940 年进入哈佛大学学习，1942 年，他加入美国军队。1945 年退役后重返哈佛大学，开始涉足经济专业。1947 年获哈佛大学经济学学士学位，1949 年获哈佛大学硕士学位，1951 年获哈佛大学哲学博士学位。从 1949 年起，索洛一直在麻省理工学院任教，1950 年任统计学助教，1954—1958 年任麻省理工学院统计学副教授，1958—1973 年任麻省理工学院经济学教授，1973 年至今任麻省理工学院客座教授。曾任美国联邦储备银行理事会的理事和主席、白宫首席经济顾问、收入委员会主席、美国经济计量学会会长、美国经济学会会长等职务。1961 年被美国经济学会授予约翰·贝茨·克拉克奖。1987 年因在研究产生经济增长与福利增加的因素方面所做出的特殊贡献而获得诺贝尔经济学奖。

罗伯特·默顿·索洛
1924—

索洛主要是因为他在20世纪60年代对资本理论和增长理论的开拓性研究而著名。近年来，他的研究方向是宏观经济分析和非再生资源经济学。他的主要著作包括《对经济增长理论的一个贡献》(1956)、《技术变化与总生产函数》(1957)、《增长理论：一个说明》(1969)、《线性规划与经济分析》（与多夫曼和萨缪尔森合著，1958)、《资本理论与收益率》(1963)、《美国失业的性质与原因》(1964)、《增长理论评注》(1969) 等。其最重要的论文有《对增长理论的贡献》和《技术变化与总生产函数》等，其中《对增长理论的贡献》已经成为经济增长理论方面的经典之作。由于索洛的开创性工作而称之为索洛模型，直到现在该模型仍然是经济增长理论中不可或缺的内容。作为一名职业经济学家，索洛大部分研究重点放在了促进对经济增长机制理解的工作上。索洛对经济学的贡献主要是：长期增长理论，特别是增长过程中的均衡条件、动态效率、单位资本收入增长的原因与不可再生资源的作用；宏观经济理论，特别是对市场不能出清的原因的系统考察，失业的性质及其与通货膨胀的关系，以及存量与流量的作用，资本与利率理论。

索洛在20世纪50年代中期提出了一个新的经济增长模型，这一模型标志着人们从哈罗德—多马体系向前迈进了重要一步。索洛认识到哈罗德—多马模型中生产要素不能彼此替代引起的问题，他的办法是去掉固定的生产函数，用新古典生产函数取而代之。事实上，在索洛模型中，资本产出和劳动比不再是固定的，而是根据资本、劳动的相对禀赋，以及生产过程而变化。

索洛基于这一思路，建立了一种没有固定生产比例假设的长期增长模型。该模型的假设条件包括：只生产一种产品，此产品既可用于消费，也可用于投资；产出是一种资本折旧后的净产出，即该模型考虑资本折旧；规模报酬不变；劳动力和资本两种生产要素按其边际实物生产力付酬；价格和工资是可变的；劳动力永远是充分就业的；劳动力与资本可相互替代。

索洛基于上述的假设建立了两个基本方程式：

$$y=f(k) \tag{22—2}$$

$$\Delta k=sy-(n+d)k \tag{22—3}$$

索洛模型的第一个方程表示工人的人均资本是增长过程最基本的因素，该方程式 [$y=f(k)$] 意味着工人人均产出依赖于工人人均资本的数量。模型的第二个方程则集中于决定工人人均资本变化的因素。这是一个非常重要的方程，它表明工人的人均资本的变化 (Δk) 取决于三个方面：其一，Δk 与工人人均储蓄或投资正相关。因为 s 是工人人均储蓄率，y 是工人人均收入或产出，所以 sy 等于工人人均储蓄量。如果工人人均储蓄量增长了，人均投资也会增长，则工人人均资本存量 (k) 得到了增长。其二，Δk 与人口增长负相关，这可以从$-nk$得到说明。由于人口和劳动力的增长，每年可以获得nL的新工人。如果没有新的投资，则劳动力的增长表明，工人的人均资本（k）将会下降。其三，折旧使资本存量降低，工人人均资本量由于折旧每年会下降$-dk$。这个方程$[\Delta k = sy-(n+d)k]$说明工人人均资本量的变化依赖于储蓄、劳动力增长率和折旧。另外，在索洛模型中，引入了人口增长率，并且允许资本与劳动力在增长过程中互相替代。

索洛模型图包含三条曲线，如图22—1所示，第一条曲线是生产函数$[y=f(k)]$。第二条曲线是储蓄函数，由生产函数直接导出，这条新的曲线代表了人均储蓄sy，第三条曲线是$(n+d)k$，这是一条始于原点，斜率为（$n+d$）的直线。这条线代表了为了保证每个工人的资本（k）不变，因劳动力增长和折旧为导致的对新增资本的需要量。在这些条件下，索洛建立的模型显示出：在技术系数可变的情况下，人均资本量具有随时间推移而向均衡状态的人均资本量自行调整的倾向（见图22—1，k_1与k_2逐渐趋向k_0），即当人均资本量大于其均衡状态时（k_2），人均资本量会有逐渐减小的趋势，即资本的增加就会比劳动力的增加慢得多。索洛是从人均资本量入手集中分析均衡（即稳定状态）增长路径的。

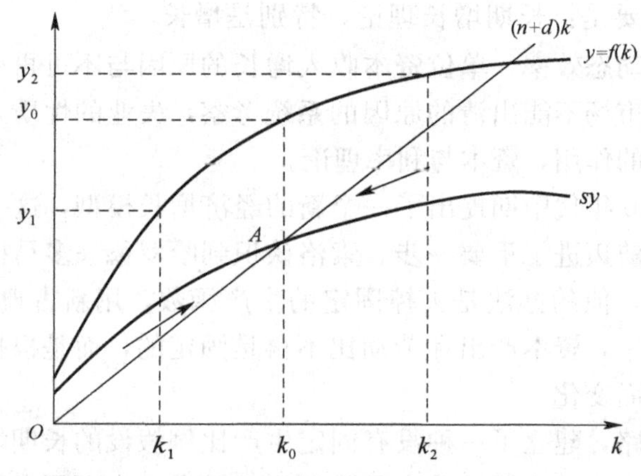

图22—1　基本的索洛经济增长模型

注：在基本索洛模型中，点A是新增储蓄额sy等于新增劳动力和抵补折旧（$n+d$）所需要的新增资本的唯一一点。A点是工人人均资本和人均产出的稳态水平点

索洛模型图还可以用来评价劳动力增长率变化的影响。劳动力增长率由n上升至n，使得资本广化线由$(n+d)k$向左旋转至$(n'+d)k$，如图22—2所示。生产函数和储蓄函数不变。因为现在有更多的工人，每个工人的平均储蓄（sy）变小，并且不再保持工人人均资本不变。因此k开始下降，经济移至一个新的稳态水平C。因为有更多的工人，工人人均资本由k_0降至k_4。因而工人人均储蓄由sy_0降至sy_4。工人人均产出或人均收入也从由y_0降至y_4。因而，在索洛模型中，劳动力增长率的提高导致较低的人均收入。反之，劳动力增长率下降导致一个资本深化的过程，同时k和稳态水平的工人人均收入y增加了。索洛指出，劳动力增长的稳定状态中，人均资本和人均产出是不变的。但由于工人数量以n持续增长，总资本和总产出也必须以n的速率增加。因此，尽管劳动力

增长不能解释生活水平的持续提高（在稳定状态，人均产出不变），但它有助于解释总产出的持续增长。

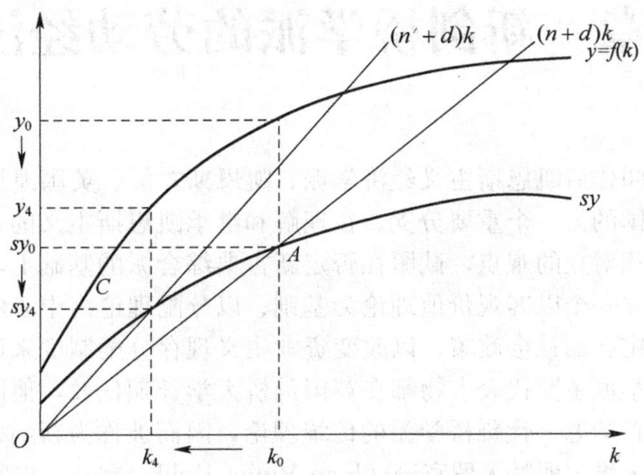

图 22—2　索洛模型中人口增长率的变化

注：劳动力增长率由 n 上升至 n' 使得资本广化曲线向左旋转，均衡工人人均资本从 k_0 降至 k_4。

索洛的新古典增长理论和索洛模型中的劳动力增长学说是现代经济增长理论的基石。索洛模型描述了一个完全竞争的经济、资本和劳动投入的增长引起产出的增长，而新古典生产函数决定了在劳动供给不变时，资本的边际产出递减。这一生产函数与储蓄率不变，劳动力增长率不变，技术进步不变的假设结合，形成了一个完整的一般动态均衡模型。索洛模型强调资源的稀缺性和物质资本积累带来的增长极限，在劳动力增长率不变和技术进步不变条件下的稳态零增长正是这一思想的体现。

思考题

1. 论述保罗·安东尼·萨缪尔森的劳动经济思想。
2. 简述弗兰科·莫迪利阿尼的劳动经济学说。
3. 试论罗伯特·默顿·索洛的劳动经济学说。

第 23 章　新剑桥学派的劳动经济思想

新剑桥学派又叫作后凯恩斯主义经济学派、凯恩斯左派、英国凯恩斯主义。它是现代凯恩斯主义在英国的另一个重要分支。在理解和继承凯恩斯主义的过程中，该派提出了与新古典综合派相对立的观点，试图在否定新古典综合派的基础上，重新恢复大卫·李嘉图的传统，建立一个以客观价值理论为基础、以分配理论为中心的理论体系。并以此为根据探讨和制定新的社会政策，以改变资本主义现存分配制度来调节失业与通货膨胀的矛盾。由于该学派主要代表人物都在英国剑桥大学长期任教，他们的理论观点完全背离了以马歇尔为首的老一代剑桥学派的传统理论，因而被称为新剑桥学派。该学派的主要代表人物有琼·维尔丽特·罗宾逊（Joan Violet Robbinson）、皮罗·斯拉法（Piero Sraffa）、尼古拉斯·卡尔多（Nicholas Kaldor）等人。本章主要介绍这三位经济学家的劳动经济学说。

23.1　琼·维尔丽特·罗宾逊

琼·维尔丽特·罗宾逊（Joan Violet Robbinson，1903—1983）是英国著名经济学家，也是有史以来最著名的女性经济学家之一、新剑桥学派最著名的代表人物和实际领袖、后凯恩斯学派的重要代表人物，被西方经济学家认为是应该获得而未能获得诺贝尔经济学奖的少数几个经济学家之一。她生于英格兰萨里郡。1922 年进入英国剑桥大学攻读经济学，1925 年毕业于剑桥大学格顿学院，以优等成绩获得学士学位。随后与经济学家奥斯丁·罗宾逊（Austin Robbinson）结婚。她最早是新古典主义经济学的一员，但在认识凯恩斯之后，改变了她的想法。1929 年在剑桥大学任教，最初是经济学的助理讲师。1933 年，她出版了《不完全竞争经济学》，是最早对独占性竞争与不完全竞争提出经济学理论的学者之一。1936—1937 年，经济大萧条时期，她是最早在大学中教授凯恩斯《就业、利息和货币通论》的经济学者之一，1937 年升任副教授，在第二次世界大战期间，她曾经拜访过前苏联与中国，启发了她对开发中国家的研究兴趣。1958 年，成为英国国家学术院院士。1965 年任剑桥大学经济学教授，1973 年退休并转任名誉教授后，仍著书立说。1974 年，罗宾逊当选为美国经济

琼·维尔丽特·罗宾逊

1903—1983

学会主席，成为第一位女主席，也是少数几个非美国籍主席中的一员。

罗宾逊著述甚多，除《不完全竞争经济学》(*The Economics of Imperfect Competition*，1933）外，其他主要著作有《就业理论引论》(1937)、《就业理论文集》(1937)、《论马克思主义经济学》(*An Essay on Marxian Economics*，1942)、《资本积累论》(*The Accumulation of Capital*，1956)、《经济增长论文集》(1962)、《经济哲学》(1963)、《经济学——为难之处》(1966)、《自由与必然：社会研究导论》(1970)、《经济学的异端》(1971)、《现代经济学导论》(与剑桥青年经济学家 J. L. 伊特韦尔合著，1973)、《现代经济学文稿》(1978)、《发展与不发展》(*Aspects of Development and Underdevelopment*，1979)、《经济论文集》(*Collected Economic Papers*，*5 vols*，1979)、《现代经济学文稿续集》(1980）等，她的大量著作对当代资产阶级经济理论的发展有相当大的影响。罗宾逊早年对不完全竞争市场的价格决定作了开创性研究，她的《不完全竞争经济学》同张伯伦的《垄断竞争理论》一起被认为奠定了西方现代价格理论的基础。罗宾逊是凯恩斯就业理论的信奉者和传播者，并把凯恩斯的分析引申到开放经济体系和国际贸易理论中去。她认为凯恩斯革命的实质，在方法上就是从传统的均衡概念转变为历史概念，因而她反对均衡的理论，并同美国的新古典综合派围绕资本理论进行了长期的论战。同时她试图把凯恩斯的短期经济分析运用到长期发展中去，提出她的独具特色的经济增长理论。

琼·维尔丽特·罗宾逊在《资本积累论》一书中建立了一个将古典的价值与分配理论的凯因斯的储蓄——投资理论结合在一起的经济增长模型。她假定存在一个自由放任的封闭经济，该经济中只有企业家和工人两个阶级，劳动力供给较为充裕，企业家可以按照需要雇用工人，技术进步是中性的。她运用了两大部类和两个阶级收入的分析模型，把生产部门划分为投资品和消费品两大部类，把总收入分为利润和工资两大部分。按照她的分析，工人将其所有收入（W）用于消费（C），资本家将其所有收入（利润总额 P）用于投资消费（I），这时，工人的收入等于消费品的总价格，资本家的利润等于投资额的总价格，国民收入中利润和工资的相对份额，等于消费品的总价格与投资品的总价格之比。如果根据凯恩斯新的储蓄等于投资的假定，$P=S=I$，则有下列方程：

$$Y=W+P=W+S=W=I \qquad (23—1)$$

如果加进对资本存量（K）的考察，那么，利润率（π）就等于资本积累率（g），公式表示为

$$\pi=\frac{P}{K}=g=\frac{I}{K} \qquad (23—2)$$

如果取消资本家将其全部收入都用于投资的假定，这时利润总额中有一部分被用作资本家的消费，其余部分则是可用作投资的储蓄总额。用表示资本家的储蓄倾向，则利润、储蓄和投资三者间的关系为：

$$s_pP=S=I \quad 或 \quad P=I/s_p \qquad (23—3)$$

代入公式，可以得到：

$$\pi=\frac{P}{K}=\frac{I}{K}\cdot\frac{I}{s_p}=\frac{g}{s_p} \qquad (23—4)$$

在中性技术进步假定下，资本价值对产量的比例在经济增长过程中保持不变，因而，资本增长率（积累率 I/K）也就等于整个经济增长率（g）。

罗宾逊接下来考察了积累率和劳动的增长率两者不一致的情况。为了简化，假定此时技术进步率 x 为零。如果劳动增加率比积累率大，由于劳动过剩而发生失业，工资降低，劳动力对资本比例下降，于是企业家选择使用更多劳动力的技术，资本集约度降低。由于集约度的降低意味着因为生产力函数性质导致资本边际生产力的提高，于是利润率（π）提高。这样积累率提高接近于 1。如果劳动增长率比积累率小，则劳动不足，工资提高，由于劳动对资本货物来说价格相对较高，于是企业家选择劳动节约的，即资本使用的技术，集约度就提高，因而利润率上升，积累率提高。

其次是积累率与技术进步率的关系。假定劳动的增长率为零。当技术进步率大于积累率时，首先是就业减少，失业发生。一般称此为技术性失业，本质上和积累率赶不上劳动增长率时发生的失业性质相同。由于失业的发生使工资降低，因此利润率，从而积累率就提高。失业可能导致技术进步率降低，当技术进步率小于积累率时，产生劳动力不足，这与人口增长率小于积累率所产生的劳动力不足是一样的。实际工资提高，利润率下降，积累率就变得缓慢。而且技术进步率也不可能是一定的。在罗宾逊看来，经济即使从黄金时代离开，而体系本身有一种使它回来的力量，这一点两者有所不同。换句话说，在罗宾逊的理论中，论述了劳动力增长率和经济容许的大小不一样的场合下，体系是如何变化的，这种理论可以说在一定程度上发展了哈罗德的经济增长模式。

罗宾逊还把边际分析广泛应用于效用、成本、收入、要素生产力诸方面，从而使厂商的行为分析以边际分析的方法统一起来。罗宾逊在论述垄断均衡与竞争均衡时，假定厂商追求利润最大化，而利润最大化的产量恰好是等于边际成本的产量，这无论对垄断厂商还是竞争厂商都不例外。边际收入和边际成本分别是总产量增加一单位时总收入和总成本的增量。

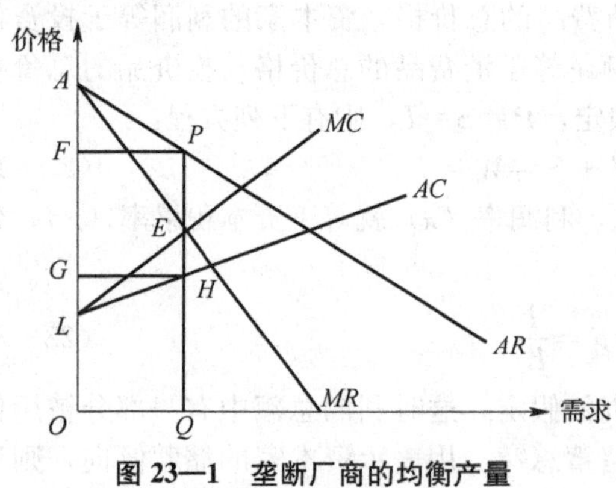

图 23—1　垄断厂商的均衡产量和均衡价格的决定

罗宾逊用图 23—1 表明了垄断厂商的均衡产量和均衡价格的决定。图 23—1 中向下倾斜的需求曲线 AR 同时又是厂商的平均收入曲线。由于 AR 曲线向下倾斜，所以边际收入曲线 MR 位于 AR 下方。平均成本曲线 AC 向上倾斜，所以边际成本曲线 MC 在其上方。边际成本曲线与边际收入曲线相交于 E 点，决定了利润最大化的产量水平为 OQ，以及相应的价格为 PQ。垄断利润为三角形 AEL 的面积，它正好是产量为 OQ 时边际收入曲线以下的面积减去边际成本曲线下的面积后的剩余。同时，垄断利润又等于长方形 $FPHG$ 的面积，它等于总收入（等于面积 $FPQO$）减去总成本（等于 $GHQO$）。

罗宾逊提出，在不完全竞争条件下，厂商的均衡与整个行业的均衡是不同的，后者不仅要求行业中各厂商处于均衡状态，而且要求厂商的数目固定不变，既不再有新厂商加入也没有老厂商退出。这就要求厂商只能获得正常利润而无超额利润。她把行业的均衡称作安全均衡，它需要两个条件；边际收入等于边际成本，平均收入等于平均成本。图23—2表明了完全均衡时厂商的价格、产量和利润：产量为OQ^*，价格为OP^*，该产量的成本也是OP^*，厂商不再有超额利润，只有包含在平均成本的正常利润。

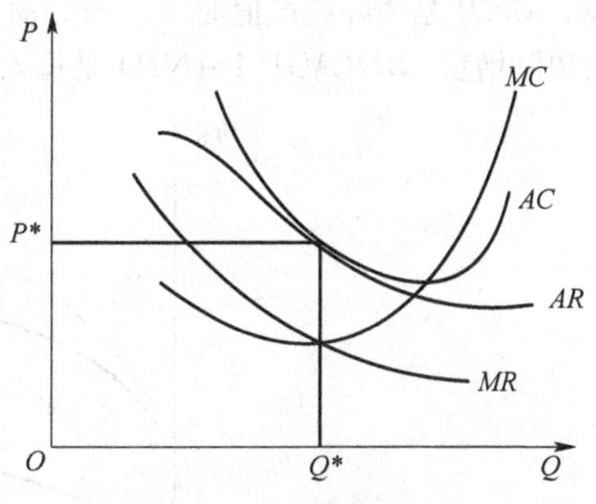

图23—2　完全均衡时厂商的价格、产量和利润

罗宾逊分析了完全竞争条件下的厂商均衡和行业均衡。图23—3a表示厂商均衡，图23—3b表示行业均衡。由于完全竞争，厂商面临水平的需求曲线，同时又是平均收入曲线与边际收入曲线。产量仍由边际成本曲线与边际收入曲线的交点决定。在图23—3a中，均衡产量的价格PQ大于平均成本HQ，存在超额利润（等于长方形$FPHG$的面积）。在图23—3b中，由于厂商数目的变动，消除了超额利润，均衡产量的价格PQ等于平均成本HQ，实现了行业均衡的两个基本条件：$MC=MR$，$AC=AR$。

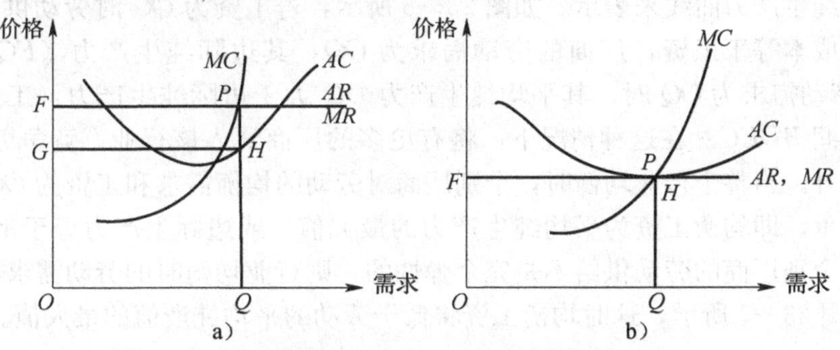

图23—3　完全竞争条件下的厂商均衡和行业均衡

罗宾逊在分析垄断均衡和竞争均衡之后，比较了成本曲线和需求曲线都不变时，垄断产量和竞争产量谁高谁低。她的结论是，只有存在稀缺且垄断者不必为使用稀缺要素支付全部租金，同时又有大规模生产的经济，则垄断产量方可能大于竞争产量。此外，在各种情况下，垄断产量总是小于或等于竞争产量。

罗宾逊以劳动要素为代表，分析厂商对一种生产要素的需求。为此，她提出了4个概念：①平均总生产力：每人平均产值；②边际总生产力：在相应增加其他要素的条件下增加一个人而增加的产值；③平均纯生产力：每人平均产值减每人所用的其他要素的平均成本；④平均纯生产力：边际总生产力减其他要素的成本增量。

罗宾逊用图23—4给出了上述4个变量在个别厂商那里随劳动力就业人数增加而变化的情况：AGP是平均总产值曲线，MGP是边际总产值曲线，ANP是平均纯产值曲线，*MNP* 是边际纯产值曲线。当劳动力人数为 *OQ* 时，*AC*（*MGP* ↕ *MNP*）是其他成本的边际增量，*BD*（*AGP* ↕ *ANP*）是每人其他要素的平均成本。

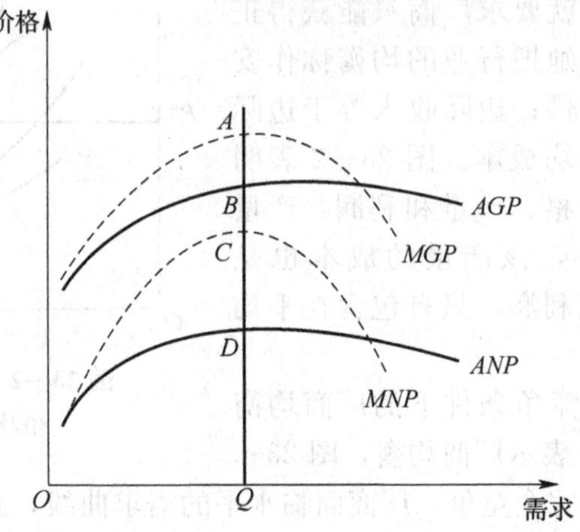

图 23—4　四变量在个别厂商那里随劳动就业人数增加而变化的情况

罗宾逊首先分析了个别厂商对劳动的需求。她假定厂商追求利润最大化，因此按照劳动额边际成本等于劳动的边际生产力的原则确定其需求。因此其劳动的需求曲线可用劳动的边际纯生产力曲线来表示。如图 23—5 所示，若工资为 *OC* 时劳动供给完全弹性，则边际劳动成本等于工资，厂商的劳动需求为 *OQ*，其边际纯生产力（*EQ*）等于工资（*OC*）。当劳动需求为 *OQ* 时，其平均纯生产力 *DQ* 大于边际纯生产力（工资），这意味着有超额利润 *BDEC*。在这种情况下，将有更多的厂商涌入该行业，竞争劳动要素，从而使工资上升。当整个行业均衡时，个别厂商对劳动的均衡需求和工资为 *OQ* 和 *OC*，如图 23—6 所示。即均衡工资为平均纯生产力的最大值，或边际生产力等于平均纯生产力时的值。若个别厂商的劳动供给不是完全弹性的，则行业均衡时的劳动需求和工资为 *OQ* 和 *DQ*，如图 23—7 所示，这时均衡工资将低于劳动的平均纯产值的最大值。

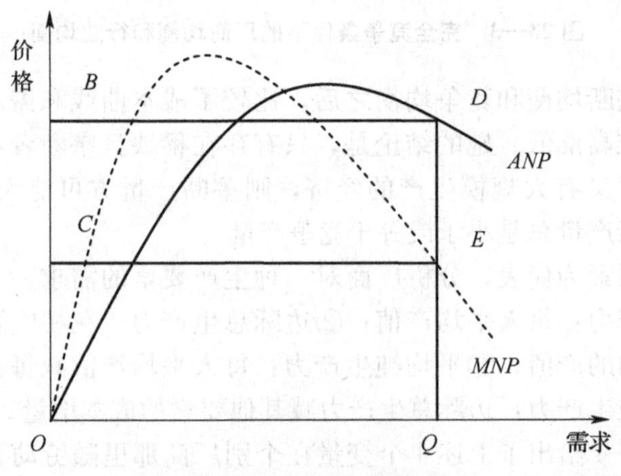

图 23—5　劳动供给完全弹性

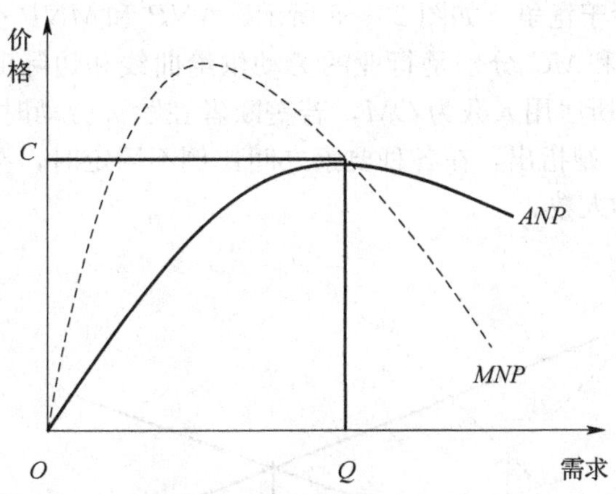

图 23—6　劳动供给完全弹性、行业均衡

由上述可知，个别厂商对劳动的均衡需求取决于两个条件：劳动的边际成本等于边际纯生产力，工资（平均成本）等于平均纯生产力。

罗宾逊进而分析了整个行业在完全竞争条件下对劳动的需求。她认为行业的劳动需求曲线便是行业的劳动平均纯生产力曲线，行业劳动需求曲线上任何一点所对应的工资水平，都同时等于行业内各厂商的劳动边际纯生产力和平均生产力；该点所对应的劳动需求，正好是其中个别企业均衡需求的总和。

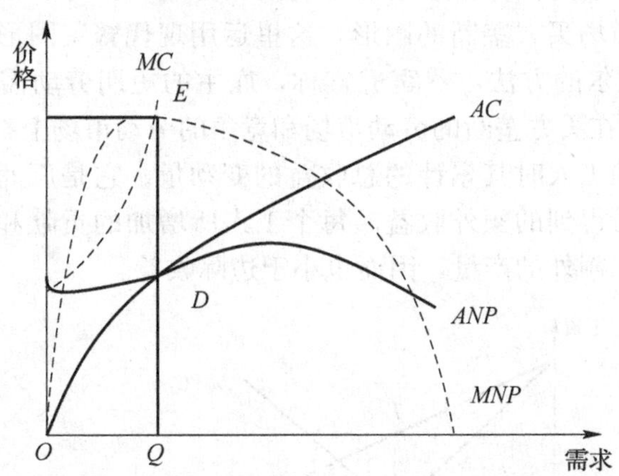

图 23—7　劳动供给不是完全弹性、行业均衡

罗宾逊进一步分析整个行业对劳动的需求弹性。她指出，在行业的劳动供给弹性完全且无大规模经济的场合，若要素之间无替代可能，则劳动的需求弹性将小于其所生产的产品的需求弹性。若要素之间可以替代，则替代弹性越大，劳动的需求弹性也越大。替代弹性是由生产技术条件决定的，它等于要素数量比例的变化百分比除以要素价格比例的变化百分比。若存在大规模经济，则劳动的需求弹性趋向增大，即使在要素不可替代的情况下，劳动的需求弹性也可能等于甚至大于其产品的需求弹性。

罗宾逊比较了垄断和竞争下的劳动需求。她指出，在各种要素之间固定的条件下，垄断下的劳动需求将少于竞争。如图 23—8 所示，ANP 和 MNP 分别是竞争下和垄断下的劳动需求曲线。AC 和 MC 分别是行业的劳动供给曲线和边际劳动曲线。竞争下所雇用人数为 OQ，垄断下所雇用人数为 OM，若垄断者在购买劳动时实行完全的价格歧视，则所雇用人数为 OM'。她指出，在各种要素之间比例不固定时，垄断下所雇用人数有可能大于竞争下所雇用的人数。

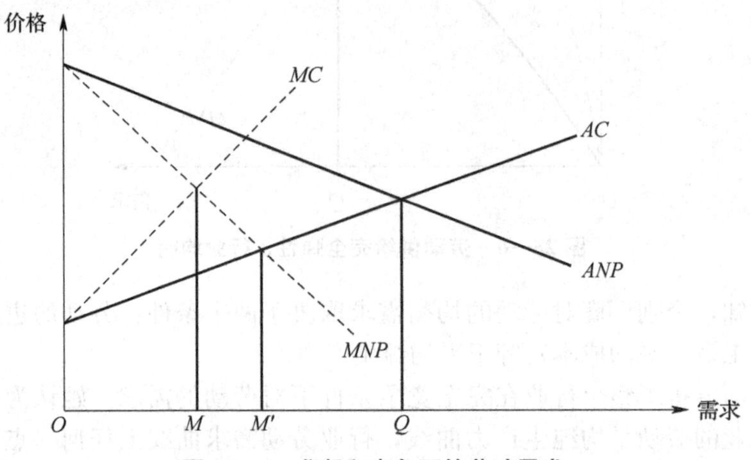

图 23—8 垄断和竞争下的劳动需求

罗宾逊还以劳动市场为例分析了资源市场的买方垄断。可以根据罗宾逊自己得出叙述导出一幅表示劳动市场买方垄断的图形，这里运用现代繁荣图形表示方法绘制，如图 23—9 所示。根据马歇尔的方法，罗宾逊宣称，雇主的短期劳动需求曲线就是其边际收益产品曲线 MRP。这在买方垄断的劳动市场和竞争的劳动市场上都是对的。边际收益就是当雇主用一个额外的工人时其累计的总收益的变动量。它是厂商在销售增加的工人所生产的更多的产品时所得到的额外收益。每个工人所增加的贡献和先前所增加的工人做出的贡献相比，都小于额外的产量，因而也小于边际收益。

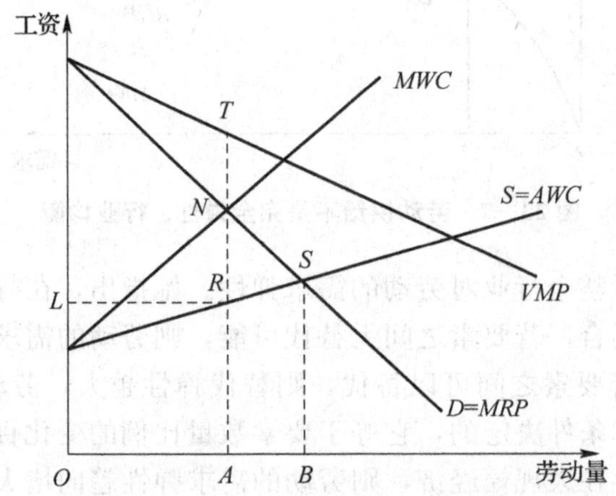

图 23—9 要素（劳动）市场上的买方垄断

面临着买方垄断者的劳动供给曲线将是向右下方倾斜的。由于买方垄断者是一种具体类型的劳动的唯一雇主，只能它面对着市场的劳动供给曲线。这条曲线也表明了平均成本 *AWC*，因为它表明了必须付给每个工人以便吸引一个特定数量的工人的工资率。在买方垄断条件下，边际工资成本超过了平均工资成本或工资率。买方垄断者必须增加工资率来吸引更多的工人放弃别的就业选择、家务活动等。它必须给这些工人更高的工资。因此，雇用额外的工人成本就高于付给这些工人的工资率。这也包括付给那些在较低工资率上被吸引来的工人的额外工资。

图 23—9 中的买方垄断者将需要雇用多少工人？罗宾逊认为是 *OA*，因为这是被雇用的最后一名工人的边际收益恰好等于边际工资成本是（点 *N*）时工人的数量。如果 *MRP* 大于 *AWC*，厂商雇用更多的工人将是有利可图的；如果 *MRP* 小于 *AWC*，雇主将减少雇用量来增加利润。图 23—9 中的买方垄断者将支付工资率 *OL*。在供给曲线上可以看到，它能够在这一工资率上吸引使它得到最大化利润的雇员数量 *OA*。

罗宾逊关于工人遭受剥削的论点是值得注意的，她的剥削论是以边际生产力论为基础的。她认为："如果一群工人的工资小于他们生产的边际物质产品按出售价值所估计的价值，他们就是被剥削的。"① 这显然是以边际生产力工资论为基础的，就是说，工资少于工人的边际生产力即意味着剥削。在罗宾逊看来，工人如果得到了相当于他们的边际生产力价值的工资，剥削便不复存在。

罗宾逊指出："产生剥削的根本原因是在于劳动供给或商品需求缺乏完全弹性。"② 这是不难理解的，劳动供给或商品需求缺乏弹性，便不能使工资恰好等于劳动这个"生产要素"的边际生产力。由此出发，她把产生剥削的场合分为三类：①虽然对个别雇主的劳动供给是完全有弹性的，但存在对商品的垄断；②商品市场完全竞争时由劳动供给的不完全弹性造成的；③当劳动供给是不完全弹性时，由雇主购买劳动的价格歧视造成的。第一种对劳动的剥削与商品销售存在垄断有关。罗宾逊分析其中最简单的一种情况即单独一个垄断者的条件。她说，垄断者所雇用人数是他们的边际物质产品乘垄断者的边际收入等于工资的那一人数。因此，工资小于边际物质产品乘商品的价格，就是说，存在剥削。这种剥削不能由提高工资来消除，否则只会导致失业。

罗宾逊着重分析了第二种剥削和第三种剥削，即买方独占对劳动的剥削。这里的两种情形之一是由于劳动供给弹性不完全而产生的剥削。她认为："买方独占组织所雇用人数将局限于那种人数，在这种人数下所有企业的边际劳动成本等于各特定组织的劳动需求价格。工资将等于劳动的供给价格，而这在各个场合将小于劳动的边际物质产品的价值。因此剥削产生。"③

第一种剥削和第二种剥削可由图 23—10 给出。*AC* 和 *MC* 分别为劳动的供给曲线（平均成本曲线）和边际成本曲线，*ANP* 和 *MNP* 分别是劳动的平均纯生产力曲线和边际生产力曲线。*MC* 和 *MNP* 的交点决定均衡的雇用量 *ON*，工资率为 OM_0。*FH* 为单

---

① Robinson J. *The Economics of Imperfect Competition*. London：Macmillan，1933

② Robinson J. *The Economics of Imperfect Competition*. London：Macmillan，1933

③ Robinson J. *The Economics of Imperfect Competition*. London：Macmillan，1933

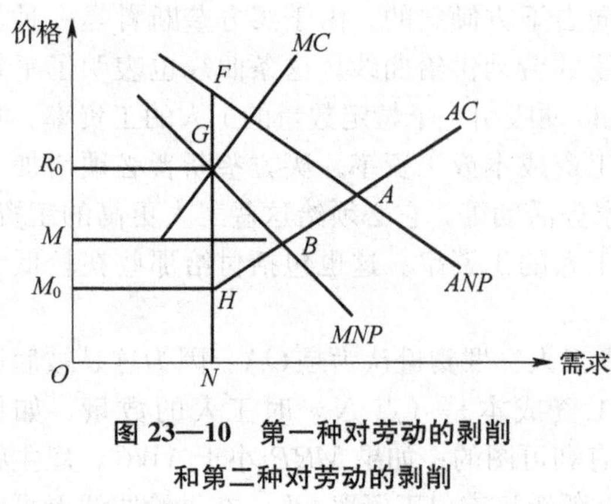

图 23—10 第一种对劳动的剥削和第二种对劳动的剥削

个劳动者的总剥削量，其中 FG 为商品市场的垄断造成的剥削，GH 为劳动市场的买方独占造成的剥削。

第三者剥削可由图 23—11 给出：假定厂商对两组工人实行价格歧视，S_1 和 M_1 分别为第一组工人（男子）的供给曲线和边际成本曲线，S_2 和 M_2 分别为第二组工人（女子）的供给曲线和边际成本曲线，M_r 为总的边际成本曲线，D 为劳动需求曲线。M_T 与 D 的交点决定总的劳动需求量为 OT，其中 OM 和 OW 分别为男工的雇用量和女工的雇用量。在这两个雇用量上男工和女工的边际成本相同且都等于劳动的边际生产力，但是他们和她们的工资分别为 OW_1 和 OW_2，都低于其边际纯生产力。

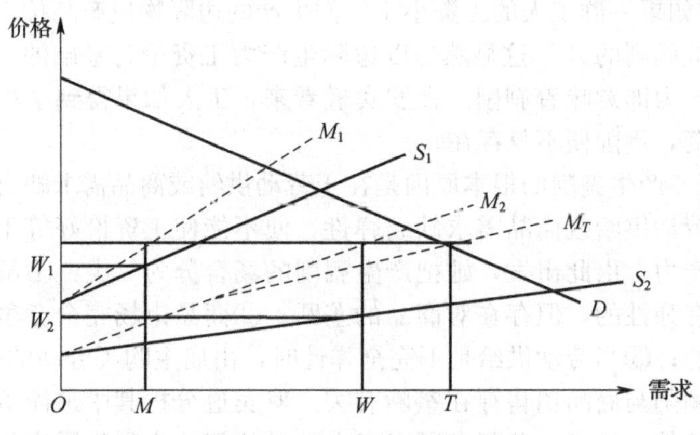

图 23—11 第三种对劳动的剥削

罗宾逊认为，要消除垄断造成的剥削不能由提高工资的办法，否则只会增加失业。消除的唯一做法是控制价格，以便从垄断者那里取得竞争产量。对于买方独占造成的剥削，可能通过规定最低工资或消除市场的不完全来消除，但前一种方法可能导致失业。可以看出，罗宾逊关于造成剥削的原因以及消除的办法，都是着眼于劳动的供给或需求的条件是否具有完全的弹性，从而是否允许工资趋向等于边际生产力。她进一步指出，要消除垄断条件下的剥削，市场就必须成为完全竞争的或者是纯粹竞争的市场。归根结底，罗宾逊的剥削论并未触及问题的本质，不过是对以往边际生产力论结合垄断和买方独占条件所作的运用和发挥。

23.2 皮罗·斯拉法

皮罗·斯拉法（Piero Sraffa，1898—1983）是著名的意大利裔英国经济学家，也是新剑桥学派的重要代表人物。他出生于意大利都灵的犹太人家庭。早年进入都灵大学法学部，师从经济学者，后成为意大利总统的路易吉·伊诺第。1920 年完成博士论文《战间与战后意大利的通货膨胀》。斯拉法 1924 年开始他的学术生涯，在佩鲁贾大学法学院任政治经济学教授，1926 年转到撒丁岛的卡利亚里大学任教授。由于法西斯统治的日益强化，他于 1927 年夏移居英国，接受凯恩斯为他提供的剑桥大学讲师的职位。他的主要经济学论著有《意大利的银行危机》（*The Bank Crisis in Italy*，1922）、《论成本与产品质量之间的关系》（*Sulle relazioni fracosto e quantità prodotta*，1925）、《竞争条件下的利润法则》（*The Laws of Returns under Competitive Conditions*，1926）、《利润递增和代表性厂商》（*Increasing returns and the representative firm*，1930）、《哈耶克博士论货币与资本》（*Dr Hayek on Money and Capital*，1932）、《用商品生产商品：经济理论批判序言》（*Production of Commodities by Means of Commodities*：*Prelude to a Critique of Economic Theory*，1960）、与莫里斯·多布合编的《李嘉图著作和通信集》（共 11 卷，*The Works and Correspondence of David Ricardo*，11 *volumes*，1951—1973）等。

P. 斯拉法
1898—1983

斯拉法的《用商品生产商品》一书使他成为后凯恩斯学派经济学的领导者之一。这本书在西方经济学界引起了巨大反响，被认为是对李嘉图和马克思价值论的“重大发展”，并对新剑桥学派经济理论的发展起了决定性作用。琼·维尔丽特·罗宾逊认为，新剑桥学派的经济理论正是以斯拉法的学说作为进一步探讨价值和收入问题的依据。她把斯拉法的这本著作的出版称为经济理论上的“革命”。也正是因为这本书，使他成为新古典主义的批评者。他在其代表作中通过建立一种“标准合成商品生产体系”，以“标准商品”作为一种不变的“价值尺度”，解决了确立利润率的难题，确立了工资与利润之间的分配关系。

怎样确定一种“不变的价值尺度呢”？在斯拉法看来，关键是要有一种部门。这种部门介于“在那些劳动对生产资料比例很低的生产部门中，在支付工资和利润时将出现赤字，另一些这种比例很高的生产部门中，则将产生剩余”[①] 的生产部门之间，它按照准确比例使用劳动和生产资料，因此，不论工资怎样变化，在原来价格基础上都会表现出工资和利润的严格平衡。他把这种比例称为“临界比例”。

在上述论证的基础上，斯拉法针对简单商品生产和交换的情况，根据商品生产实物投入量和产出量相等实物生产条件的限制，建立了他的基本“生产方程”。

$$
\begin{aligned}
A_aP_a + B_aP_b + \cdots + K_aP_k &= aP_a \\
A_bP_a + B_bP_b + \cdots + K_bP_k &= bP_b \qquad (23—5)
\end{aligned}
$$

① [英] 斯拉法. 用商品生产商品. 北京：商务印书馆，1979

…

$$A_kP_a + B_kP_b + \cdots + K_kP_k = kP_k$$

方程式中的 A，B，…，K 表示商品 a，b，…，k 的总产量；P_a，P_b，…，P_k 表示商品 a，b，…，k 的价格；A_a，B_a，…，K_a，A_b，B_b，…，K_b 和 A_k，B_k，…，K_k 分别表示生产 A，B，…，K 所消耗的相应商品的数量。由此看到，这个体系投入量（方程左边）同产出量（方程右边）是相等的。再设其中一种商品的价格 $P_i=1$，则方程有解，从而求出未知数 P_b，…，P_k。这些解满足生产条件，保持实物的技术构成不变，使生产自行更新。

但是，如果这个体系在满足更新的最低数量之外还有一个剩余，那么，这样一体系的产出量将大于投入量。为了包括这种剩余，斯拉法撤销了劳动者无权享受任何剩余的假定，假定劳动者以工资形式占有一部分剩余，由此提出了新的生产方程：

$$(A_aP_a + B_aP_b + \cdots + K_aP_k)\cdots(1=r) + L_aW = AP_a$$

$$(A_bP_a + B_bP_b + \cdots + K_bP_k)\cdots(1+r) + L_bW = BP_b \qquad (23\text{—}6)$$

…

$$(A_kP_a + B_kP_b + \cdots + K_kP_k)\cdots(1+r) + L_kW = KP_k$$

方程式中，L_a，L_b，…，L_k 为各部门投入的劳动量，W 为工资。

斯拉法通过建立的“标准商品体系”证明，国民收入在工资与利润之间的分配，不会影响到生产价格本身的变化，在全部国民收入对工资为零时的最大利润率既定时，利润率与工资率 w 的关系如下：

$$r = R(1-w) \qquad (23\text{—}7)$$

这一公式表明，在经济生活中，如果工资是由国民收入支付的，则工资和利润之间存在着一种线性关系。① 斯拉法指出，根据 $r=R(1-w)$，在工资从 1 减到零时，利润率的增加和工资的全部扣除成正比例。

如果工资等于零，那么国民收入全部归于利润，这时，$r=R$，R 是最大利润率。如果工资不等于零，国民收入（全部纯产品）不全归于利润，那么 r 的大小与纯产品中支付工资的部分的大小成反比，与纯产品对生产资料的比率成正比。这意味着，r 与生产技术的物质条件有着直接的关系，因为纯产品中支付工资的部分和纯产品对生产资料的比率二者都代表一定的生产技术程度所达到的水平。这表明，工资和利润在既定的国民收入中各自所占份额总是呈相反方向运转的，而这又受利润率高低的制约。利润率越低，则工资总额在国民收入中的比重就越大；反之，利润率越高，则工资总额在国民收入中的比重就越小。显然，斯拉法的这种分析思路是承袭了大卫·李嘉图对工资和利润对立关系的论证方法。所不同的是，斯拉法将生产技术条件视为决定“利润率”水平的根本要素。所以，在收入分配理论上着重研究了劳动者的工资与利润之间的关系。

---

① ［英］斯拉法．用商品生产商品．北京：商务印书馆，1979

23.3　尼古拉斯·卡尔多和卢伊季·洛多维科·帕西内蒂

尼古拉斯·卡尔多（Nicholas Kaldor，1908—1986）是英国著名的经济学家、新剑桥学派的主要代表人物之一。他出生于匈牙利布达佩斯一个比较富裕的犹太家庭。中学毕业后赴英国，1927—1930 年就读于伦敦经济政治学院，并获得该学院理学士学位。1932—1947 年任该学院的助理讲师、讲师、副教授。1947—1949 年，去日内瓦任欧洲经济委员会研究及计划组主任。1949 年回英国后，在剑桥大学经济系任讲师，1952 年升为副教授，1966—1975 年任经济学教授。在此期间，他先后担任过印度、锡兰、墨西哥、加纳、英属圭亚那、土耳其、伊朗、委内瑞拉等国政府的税务顾问，他曾担任联合国欧洲经济委员会研究及计划组组长，并两度担任英国财政部长的特别顾问，也出任过联合国拉丁美洲经济委员会的经济顾问。他还两度担任英国工党政府财政大臣的特别经济顾问。1974 年，因其参政有功，被授予男爵爵位，成为上议院的终身议员。他的主要著作和论文集有《广告支出与出版收入的统计分析》（*Statistical Analysis of Advertising Expenditure and Revenue of the Press*，1948）、《充分就业的国内与国际衡量》（*National and International Measures for Full Employment*，1949）、《论价值与分配》（*Essays on Value and Distribution*，1960）、《论经济稳定与增长》（*Essays on Economic Stability and Growth*，1960）、《论经济政策》（*Essays on Economic Policy*，两卷，1964）、《再论经济理论》（*Further Essays on Economic Theory*，1978）、《再论应用经济学》（*Further Essayson Applied Economic*，1978）、《税收报告》（*Reports on Taxation* 两卷，1979）等。

尼古拉斯·卡尔多
1908—1986

尼古拉斯·卡尔多以提出与经济增长论相融合的收入分配论和建议以消费税代替个人所得税著称。卡尔多的经济研究领域很广，从厂商理论到福利经济学，从资本理论、国民收入分配理论到经济周期、经济增长理论，从国际贸易理论到货币政策、税收政策。约翰·梅纳德·凯恩斯的《就业、利息和货币通论》出版后，卡尔多的理论兴趣逐渐由微观经济学转向宏观经济学。1940 年他发表一篇题为《经济周期模型》的论文，运用凯恩斯的投资—储蓄分析，建立新的经济周期的理论，这是卡尔多转向凯恩斯阵营的一个标志。之后，他写了大量有关宏观经济问题的论文，成为英国新剑桥学派的一个重要成员。他以凯恩斯关于资本主义经济收入分配失调作为考察的重点，把收入分配作为实现充分就业、稳定增长的重要因素。卡尔多在 1956 年发表的《各种不同的分配理论》一文中提出的分配模型就反映了这个特点。

卡尔多分配模型建立在“古典的储蓄函数”的基础之上。这个函数表明储蓄（S）等于利润（P）在国民收入（Y）中所占的比率，即 SǴP/Y。卡尔多在模型中打破了哈罗德—多马模型中储蓄—收入比例不变的严格假定，把这个比例看成是长期增长中的一个变量。

卡尔多在他的模型中假定充分就业状态存在，因此总产量或总收入（Y）不变；总收入中包括工资（W）和利润（P）两项；工人的边际消费倾向大于资本家的。工人的边际储蓄倾向可以等于零；投资—产量比例（I/Y）是自变量。

通过下列方程式可以推导出卡尔多的分配模型。按照上面的假定可用一组方程式来加以说明：

$$Y=W+P \tag{23—8}$$

$$I=S \tag{23—9}$$

$I\dot{G}S$ 是收入趋于均衡状态的基本条件。它们是预计中的投资和储蓄。

$$S_w=s_wW \tag{23—10}$$

$$S_p=s_pP \tag{23—11}$$

在以上两公式中，S_w 代表从工资中产生的储蓄，它决定于工人的储蓄倾向 s_w 和工资总额 W；S_p 代表从利润中产生的储蓄。它决定于资本家的储蓄倾向 s_p 和利润总额 P_0s_p •°Fs_w。

总储蓄则为以上两个公式之和

$$S=s_wW+s_pp \tag{23—12}$$

将 $Y=W+P$ 代入本式，并消去 W，则得：

$$S=s_w(Y-P)+s_pP \tag{23—13}$$

即

$$S=(s_p-s_w)P+s_wY \tag{23—14}$$

等式两边同除以 Y，并以 I 代替 S，则得：

$$\frac{I}{Y}=(s_p-s_w)\frac{P}{Y}+s_w \tag{23—15}$$

本公式可以化为下列形式：

$$\frac{P}{Y}=\frac{1}{(s_p-s_w)}\times\frac{I}{Y}-\frac{s_w}{(s_p-s_w)} \tag{23—16}$$

在上述方程组中，Y 为国民收入，W 为工资总额，P 为利润总额，S 为储蓄总额，s_w 为工资总额中储蓄所占的比例，s_p 为利润总额中储蓄所占的比例，I 为投资总量。

在卡尔多的模型中，收入分配和资本积累是直接相关的。由于卡尔多假定方程式中 s_p 和 s_w 的值不变，并且 $s_p>s_w$，因此利润占总收入的份额 P/Y 是投资—产出比例 I/Y 的函数。如果 I/Y 增大，P/Y 也必然增大。在充分就业的情况下，价格水平决定于需求。如果增加了投资，也就是增加了总需求，价格就会提高，利润率也随着增加，从而降低了真实工资和真实消费。反之，投资下降，物价也随之下降，真实消费因而提高了。这样通过价格的伸缩，保持着充分就业的稳定状态。

在充分就业的情况下，要增加全社会的储蓄与产量之比 S/Y，不外乎两条途径。一是增加储蓄倾向。但因 s_p 和 s_w 都已假定是不变的，储蓄倾向无法改变。二是通过收入再分配，把数量固定的收入中的一部分由储蓄倾向小的阶级转移到大的阶级。卡尔多指出这种转移过程是通过价格机制进行的。因为在充分就业的情况下，增加投资支出首先引起物价上涨，但货币工资不是按照比例增加，因而利润增加了。资本家收入增加以后就会扩大整个社会的储蓄水平。这个过程一直进行到 S/Y 等于 I/Y 达到均衡状态为止。琼斯（Jones）指出，卡尔多的这种分析方式就等于说，总的储蓄倾向 S/Y 或 s 不再是一个常数，而是一个变数。

卡尔多的分配模型实质上把 s 看成是变数，通过调整 s，使 $s/C=n$。这意味着，合意的增长率和自然增长率并不是相互独立的；如果利润幅度能够伸缩，前者将通过相应产生的 P/Y 的变化而自行调整，以配合后者。这种调整仍然是通过通货膨胀，使收入发生有利于资本家的再分配，才达到 $s/C=n$ 的。按照卡尔多的逻辑，工人要想不失业，就要忍受通货膨胀之害，把自己的一部分购买力转移给资本家，来增强他们的实力。这样的收入再分配，实质上只是有利于资本家的收入再分配而已。

卢伊季·洛多维科·帕西内蒂（Luigi Lodovico Pasinetti，1930— ）是新剑桥学派的意大利经济学家。他出生于意大利的贝加莫，1954 年毕业于意大利米兰的圣心天主教大学，获得经济学博士学位。毕业后帕西内蒂去英国和美国，先后在剑桥大学和哈佛大学学习。1960 年，他在牛津大学当助理研究员，1961 年以后，长期在剑桥大学任教和从事研究工作，1962 年在剑桥大学获博士学位。1979 年帕西内蒂获得圣文森特经济学奖。1980 年以后，帕西内蒂回到意大利在米兰圣心天主教大学任经济学教授。他是国际经济学协会成员和执委会委员，经济计量学会成员，并因为对经济学研究的贡献而多次获奖。他的主要著作有《多部门经济增长模型》（*A Multi-sector Model of Economic Growth*，1963）、《增长与收入分配经济理论文集》（*Growth and Income Distribution—Essays in Economic Theory*，1974）、《生产理论讲义》（*Lectures on the Theory of Production*，1977）、《联合生产理论文集》（*Essays on the Theory of Joint Production*，1980）以及《结构变化和经济增长》（*Structural Change and Economic Growth*，1981）等。

卢伊季·洛多维科·帕西内蒂
1930—

帕西内蒂在资本、利润率、收入分配以及多部门的经济增长等方面都有较为精深的研究。他的名字与帕西内蒂定理联系在一起，该定理说明利润率不受劳动阶级储蓄倾向的约束；他的名字还与帕西内蒂悖论联系在一起，其悖论则认为该结论的成立是有条件的，不满足此条件时，利润率决定和收入分配则与资本家的储蓄倾向无关。

帕西内蒂的重要贡献是在卡尔多理论的基础上，扩充了卡尔多模型。有些利润获得者就是靠被转化为投资的储蓄而赚得利润的“工人”，只是这些“工人”的储蓄占他们的收入的比率比资本家的储蓄率要小一些。这些“工人”用利润或者利息形式将其收入储蓄起来，和他们用工资形式储蓄自己的一部分收入时所占的份额是一样的，与他们的工资额大小无关。据此，帕西内蒂认为，稳定状态的经济增长中的长期均衡的“利润率”，完全不受“工人”储蓄倾向的影响。帕西内蒂认为，由于上述问题的存在，“工人的收入”不再与“工资收入”一致，“利润收入”也不再等于“资本家收入”。但是，这只是影响原来的“工人收入”与“资本家收入”的相对份额，而不会影响“工资收入”和“利润收入”的相对份额。他还指出，充分就业需要通过投资需求的增大来实现。帕西内蒂通过对收入分配问题进行了进一步的理论分析，丰富了新剑桥学派的劳动经济理论。

思考题

1. 论述琼·维尔丽特·罗宾逊的劳动经济思想。
2. 简述皮罗·斯拉法的劳动经济学说。
3. 简述尼古拉斯·卡尔多和卢伊季·洛多维科·帕西内蒂的劳动经济学说。

第 24 章 瑞典学派中后期的劳动经济思想

20 世纪二三十年代是瑞典学派的形成时期。在威克塞尔经济理论基础上成长起来的新一代瑞典经济学家冈纳·缪尔达尔（Gunnar Myrdal）、埃里克·罗伯特·林达尔（Erik Robert Lindahl）、贝蒂尔·戈特哈德·俄林（Bertil Gottard Ohlin）以及埃里克·菲利普·伦德伯格（Erik Filip Lundberd）等人，继承和发展了威克塞尔的理论传统，建立起宏观动态经济理论，并得出了以宏观货币政策和财政政策为中心的国家干预经济生活的经济政策结论，形成了现代西方经济学发展过程中独树一帜的斯德哥尔摩学派。他们还从劳动经济学的视角探讨了劳动市场的垄断与货币均衡的关系、通货膨胀与失业的关系以及如何利用利率政策调节宏观经济实现充分就业的问题。它不仅有独特的理论体系和分析方法，而且对当代世界有着重要影响。缪尔达尔、林达尔以及俄林等人就是保罗·萨缪尔森所说的第二代瑞典学派的经济学家。在这一代经济学家中，瑞典学派正式形成。当然，它的主要影响是在北欧，对其他西方国家的影响基本上是学术性的，而不是政策性的。

24.1 冈纳·缪尔达尔

冈纳·缪尔达尔（Gunnar Myrdal，1898—1987）是瑞典著名经济学家、瑞典学派和新制度学派以及发展经济学的主要代表人物之一，1974 年度诺贝尔经济学奖获得者。他出生于瑞典卡尔卡利亚省。1923 年，缪尔达尔毕业于斯德哥尔摩大学法学院，1925—1929 年，他在德国和英国学习，1927 年获该校经济学博士学位，并任斯德哥尔摩大学讲师。1931 年，在瑞士日内瓦国际研究生院任副教授，1933 年，任斯德哥尔摩大学政治经济学和财政学客座教授。1933—1938 年兼任瑞典政府经济顾问和瑞典银行理事。1934 年和 1942 年两度当选为议员。1945—1947 年任瑞典商业部部长。1947—1957 年任联合国经济委员会秘书长。1961 年回斯德哥尔摩大学任经济学教授，筹建国际经济研究所，任所长。1962 起任斯德哥尔摩国际和平研究所董事长。1973—1974 年，他是加州圣地—巴巴拉的民主制度研究中心的客座研究员，1974—1957 年为纽约市大学荣誉客

冈纳·缪尔达尔
1898—1987

座教授。缪尔达尔是三十多个名誉学位的接受者，他是英国科学院、美国艺术科学院、瑞典皇家科学院院士，经济计量学会会员，美国经济学会名誉会员。由于在货币和经济波动理论方面的开创性贡献以及对经济社会和制度现象的内在依赖性进行的精辟分析，1974 年他荣获诺贝尔经济学奖。

冈纳·缪尔达尔的主要著作有《经济理论发展中的政治因素》(1930)、《1630—1930 年间的瑞典生产费用》(1933)、《财政政策的经济效果》(1934)、《人口问题的危机》(合著，1934)、《货币均衡论》(*Monetary Equilibrium*，1939)、《人口：民主制的一个问题》(*Population：A Problem for democracy*，1940)、《美国的困境：黑人问题和现代民主》(1944)、《经济理论发展中的政治因素》(*The Political Element in the Development of Economic Theory*，1953)、《国际经济》(1956)、《富裕国家与贫穷国家》(1957)、《经济理论和不发达地区》(*Economic Theory and Underdeveloped Regions*，1957)、《超越福利国家》(1960)、《亚洲的戏剧：各国贫困问题考察》(*Asian Drama An inquiry into the Poverty of Nations*，1968)、《世界贫困的挑战：世界反贫困计划纲要》(*The Challenge of World Poverty：A World Anti-Poverty Program in Outline*，1972)、《反潮流：经济学评论集》(1973) 等。缪尔达尔是新古典经济学尤其是赫克歇尔—俄林贸易理论的深刻批判者，他拒绝新古典经济学功利主义形而上学和其他隐含的价值假定，他认为新古典经济学功利主义形而上学和其他隐含的价值假定是存在偏见的，是对经济理论分析的扭曲。缪尔达尔在《亚洲戏剧：南亚国家贫困问题研究》一书中系统阐述了他的制度主义思路，构建了一个反新古典术语和思维框架，对 20 世纪六七十年代的西方发展经济学产生了深远影响。缪尔达尔在发展经济学上的突出贡献，使他被列为发展经济学的先驱者之一。缪尔达尔在论述经济问题时，还注重劳动经济问题的研究。

缪尔达尔在 1939 年出版的《货币均衡论》一书中论述了劳动市场的垄断与货币均衡的关系。他把垄断定义为物品或生产要素的价格被长期维持在不能出清市场的水平上。这种垄断现象在劳动市场上是非常典型的，而对于其他市场也有重要意义。因此缪尔达尔着重分析了劳动市场垄断对货币均衡和失衡的影响。

缪尔达尔假定：工资对于因货币政策而引起的变化反应不灵敏，即工资带有刚性，但其他价格是灵活的；劳动市场垄断因素仅存在于供给一方，所以工资受到供方垄断的影响；初始状态是货币均衡且货币政策的唯一目标是维持均衡；失业为零；唯一的初始变动是工人要求提高工资。在上述的假定前提下，若进一步假定所有物品的预期价格都随着工资的增加而立即增加，则结果将是随着工资的增加而立即出现物价的全面上涨，由于失业假定为零，所以工人将再次要求增加工资，物价将再次全面上涨，出现一个物价—工资持续上涨的过程，但这个过程并不类同于威克赛尔的累积过程。因为在这个过程中自始至终保持货币均衡。这说明，在上面的假定下，物价的上涨并不是货币失衡的结果。

若物品的预期价格并不会随工资增加而全部立即增加，货币利率也没有下调，则工资增加的结果将出现货币失衡，产生向下的威克赛尔的累积过程。在这一过程中，工资因垄断的作用而不会充分下降，于是将出现失业的增加。这时，若降低货币利率，诱使其他价格随着工资上升而上升，则新的货币均衡将建立起来。在建立这一新的均衡的过程中，因为并不存在压低工资的力量，所以在新的均衡下工资因垄断因素的作用而保持较高的水平。从而其他价格也比旧均衡时高，同时存在失业现象。

若其他假定不变，劳动市场的垄断因素仅存在于需求一方，则企业家压低工资的初始变动在预期完全的情况下将出现物价的持续下降局面，但始终维持货币均衡。在预期不完全且货币利率不变的情况下将出现货币失衡，出现向上的威克赛尔的累积过程。这一过程只有通过提高货币利率才能终止。在新的货币均衡建立后，工资由于垄断因素仍将较低，同时企业家对劳动的需求在此工资水平下并未充分满足。

根据上述分析，缪尔达尔得出结论：在垄断条件下，货币均衡只能在同时存有某些商品和劳务的供给和需求之间某种差异的情况下，才能维持。更详细地说，这些差异的大小必须正好足够满足供给和需求的垄断条件。当这种差异表现为劳动市场的失业时，货币政策必须根据这种失业来决定，否则，其结果不是一个经常不变的货币均衡以及整个价格体系不终止地向上平行移动，便是一个背离均衡向下发展的威克赛尔的累积过程。

显然，缪尔达尔已经意识到在垄断条件下，宏观经济均衡以微观的非均衡为条件，意识到非充分就业均衡的可能性。在这一点上，缪尔达尔与后来的凯恩斯的区别仅仅在于他把非充分就业均衡看作是劳动市场上供方垄断的结果，而后者则归咎为有效需求不足。他已经意识到，货币政策的目标若是消除与劳动市场的供方垄断相适应的失业，结果将可能导致通货膨胀。这与当今货币主义者用自然失业率和扩张性货币政策来解释通货膨胀有惊人的相似之处。

24.2　埃里克·罗伯特·林达尔

埃里克·罗伯特·林达尔（Erik Robert Lindahl，1891—1960）是瑞典经济学家、瑞典学派主要代表者之一。他出生于斯德哥尔摩市。青年期在隆德大学学习，1919 年获该大学博士学位。1920—1924 年任隆德大学助理教授，1924 年任乌普萨拉大学助理教授，1932 年起先后任斯德哥尔摩大学和隆德大学经济学教授。曾兼任瑞典中央银行顾问、国际经济学家协会主席等职务。主要著作有《征税的权利》（*Die Gerech Tigkrit der Besteuerung*，1919）、《货币政策的范围和手段》（*Scope and Means of Monetary Policy*，1929）、《货币和资本理论的研究》（*Studies in the Theory of Money and Capital*，1939）和《就业稳定问题》（1949）等。

林达尔对瑞典学派的突出贡献在于经济动态学理论。他与冈纳·缪尔达尔一起提出的独树一帜的宏观动态均衡理论对 20 世纪二三十年代这个西方经济理论的发展起着极为重要的推动作用。林达尔通过把威克赛尔的货币理论应用于不从充分就业条件而发展了该理论。他从公共财政领域开始，运用边际主义原理创立了劳务价值理论。

林达尔分析了如何利用利率政策调节宏观经济实现充分就业的问题，在这方面，他对约翰·古斯塔夫·纳特·威克赛尔的理论也有发展。威克赛尔的累积过程原理是以充分就业假定为前提的，因此货币利率与自然利率的差别只引起价格累积的变动，而不致引起总的产量、就业水平的波动，尽管也引起生产的变化，但主要是涉及各部门产业结构间的变化，而不是引起总的产量和就业量的变化。林达尔则从 4 个方面分析在非充分就业条件下利率的变动对产量和充分就业的影响。

（1）如果只有消费品生产部门存在失业，并假定生产要素不能转移，在这种情况下，当货币利率下降时，生产资料制造业不会扩张。因为生产要素无法增加。这样，人们的收入和消费品需求不会提高，消费品价格不会上升，其结果是，消费品生产部门就不会扩大生产，失业不会减少，所以产量、就业的累积过程不会发生，即生产按原来的规模继续进行；如果生产资料制造也存在失业，并假定生产要素可以转移的情况下，当货币利率下降时，生产资料部门生产就会扩大，人们的收入和消费品会增加，消费品价格上升，失业下降，经济处于扩张状态，结果产量和就业量累积地增加。

（2）如果只有生产资料制造业存在失业，而生产要素不能转移，降低利率将导致生产资料部门生产扩大，失业减少，生产资料价格上升。这时，由于人们收入和消费品需求增加，消费品价格上升，结果产量、就业量上升的累积过程就会出现，直到失业完全消失为止。

（3）如果生产消费品部门和生产资料部门都存在失业，而生产要素又不能转移，降低利率将导致生产扩张，生产资料和消费资料都会增加，从而价格不会上升，即使需求增加快于供给增加，价格上升速度也比在生产未增加时慢。但是，如果这一部门失业消失了，情况就会有所不同。例如当生产资料制造业的失业首先消失时，生产就不会再扩张，生产资料、消费资料价格累积过程会停止。再如当消费品生产部门的失业首先消除时，生产资料制造业还会继续扩张，生产资料和消费品价格都会继续上升，价格和产量、就业累积过程都会继续下去，直到生产资料制造业的失业完全消失为止。

（4）如果生产要素可以转移，但在短期内又可能受到某种约束而难以充分自由转移，利率下降就会促使生产扩张，价格上升。这时，假定消费品生产部门存在失业，消费品生产和供给就会增加，从而价格上升较缓、失业消失后，价格则会累积地上涨。

总之，威克赛尔的累积原理的充分就业假定经林达尔改变为非充分就业的现实情况下，其累积过程就不仅表现为价格变动的累积，同时也表现为产量和劳动力的就业量的累积变动。林达尔以高超的技巧，把利率当成一个可以对宏观经济变量进行调节的工具，得出利用利率政策可以调节宏观经济，从而实现产量的累积过程和充分就业的结论。

24.3 埃里克·菲利普·伦德伯格

埃里克·菲利普·伦德伯格（Erik Filip Lundberg，1907—1987）是瑞典经济学家，也是瑞典经济学派在宏观经济研究方面颇有成就的代表人物。青年时代，他在瑞典斯德哥尔摩大学学习，1937 年获得该大学博士学位，同年成为政府经济研究所的第一位所长，他还先后在斯德哥尔摩大学和斯德哥尔摩经济学院任经济学教授，1973—1976 年担任瑞典皇家科学院院长，并于 1975—1980 年任诺贝尔奖金经济学委员会主席。他的主要经济著作有《经济发展理论研究》（*Studies in the Theory of Economic Expansion*，

1937)、《经济周期和经济政策》(*Business Cycles and Economic Policy*, 1957)、《生产率和利润率》(*Productivity and profitability*, 1961)、《不稳定与经济增长》(*Instability and Economic Growth*, 1968) 以及《通货膨胀与失业》(*Inflation and Unemployment*, 1974) 等。伦德伯格的主要贡献是经济周期理论,特别是以乘数和加速原理为基础的非稳定增长模型。研究商品和劳动力的过度需求缺口引起的通货膨胀。分析包括边际和其他税收的影响内的工资膨胀。分析瑞典工业投资和生产率增长之间的关系。发现了"角状效应":劳动生产率如何在很长的、无新投资的时间保持增长问题。由此出发对投资的事前和实际事后收益之间的关系进行经验分析。

伦德伯格的早期经济理论,是一种比较有特点的就业理论,他对劳动经济学中的失业问题也有较深刻的研究,主要体现在通货膨胀与失业的理论。伦德伯格有关通货膨胀与失业关系的理论,主要是在1957年出版的《经济周期和经济政策》与1974年出版的《通货膨胀与失业》两书中发表的。他关于通货膨胀与失业关系的理论的独到之处,是他结合瑞典的特殊环境条件下提出了工资与物价、税收循环上升的模型。

伦德伯格认为,由于瑞典有强大的工会组织促使工资过多上涨而引起了物价上涨。瑞典是一个民主社会主义传统很深的国家,工会组织强大。瑞典政府一向将收入政策托给工会组织执行,不加干预。工会一方面要求增加公共开支,多搞房屋建筑和工业投资,以创造就业机会;另一方面又在工资谈判中力争提高工资水平。伦德伯格指出,工会在提出增加工资时,不仅考虑已经发生的价格和税收的上升,而且考虑预期的价格和税收的增加,以求得充分的补偿。这样,工资与物价、税收的循环上升,势必造成通货膨胀。

伦德伯格用工资乘数模型来表示工资与物价、税收循环上升的关系。这种工资乘数实际上就是工资上升的预期物价弹性。设工资乘数为 WM,Tm、Ta 分别表示边际税率和平均税率,K 表示因工资增长而"诱致价格的增长率"同"自主的工资增长率"之间的比率。则工资乘数为:

$$WM=\frac{1}{\dfrac{1-Tm}{1-Ta}-K} \tag{24—1}$$

乘数的作用是要表明,工人要求工资增长的幅度取决于预期的物价上升率与工资乘数之积。这是按下列程序推出的结论:设 W 代表工人的平均工资额,ΔW 代表工资增加额;P 表示消费价格水平,ΔP 表示消费品价格增长额,则:

$$K=\frac{\Delta p}{P}\div\frac{\Delta W}{W} \tag{24—2}$$

$$\frac{\Delta p}{P}=K\cdot\frac{\Delta W}{W} \tag{24—3}$$

再设 A 代表工人预期的物价上涨率。由于工人预期在下轮工资谈判前物价将会上涨 A,他们在本次工资谈判时自然要把 A 的因素考虑在自己的工资要求内,同时还要考虑税收和税收在工资增加时也会相应增加的因素。于是:

$$(1-Tm)\Delta W=(1-Ta)W\left(A+\frac{\Delta W}{W}\right) \tag{24—4}$$

公式左边代表税后的工资增长额，右边代表考虑了税收、已有的物价上涨以及预期物价上涨在内的所要求的工资补偿。据此公式便可得如下方程式：

$$\left(\frac{1-Tm}{1-Ta}\right)\frac{\Delta W}{W}=\left(A+K\,\frac{\Delta W}{W}\right) \tag{24—5}$$

$$\left(\frac{1-Tm}{1-Ta}-K\right)\frac{\Delta W}{W}=A \tag{24—6}$$

$$\frac{\Delta W}{W}=A\,\frac{1}{\dfrac{1-Tm}{1-Ta}-K} \tag{24—7}$$

公式表明，工人在进行工资谈判时所要求的工资增长率，要考虑预期的物价上升率和工资乘数两个因素，即要取决于二者的乘积。从公式中还可以看出，预期的物价上涨率将等于工资增长率与工资乘数（WM）的比率，即：

$$A=\frac{\Delta W}{W}\div\frac{1}{\dfrac{1-Tm}{1-Ta}-K} \tag{24—8}$$

$$=\frac{\Delta W}{W}\div WM \tag{24—9}$$

在伦德伯格看来，工资与物价、税收就是这样循环上升的，在伦德伯格的这个模型中，关键因素是工资乘数。

第二次世界大战以后，瑞典经济繁荣，但失业率毕竟没有完全消失，尤其是萧条期表现更为明显。伦德伯格在着重研究通货膨胀原因的同时，对失业的原因进行了分析。他认为，20 世纪 60 年代以来像瑞典这样的失业现象，主要是由于部门结构的因素引起的。即由于在技术迅速发展的情况下，各地区、各部门的经济发展不平衡，有些地区、部门处于繁荣状态；而另一些地区、部门却陷入萧条，劳动力过多，他们一时不能适应繁荣的地区，部门职位空缺的需要，而形成失业现象。其次是由于瑞典工资水平比西欧平均水平高引起的。在瑞典工资较高的情况下，一方面吸引了外国劳动力增加了劳动供给；另一方面增加了开发经济部门的成本，削弱了出口产品的国际竞争能力，这样就影响开放经济部门的发展，从而增加就业困难。

思考题

1. 论述冈纳·缪尔达尔的劳动经济思想。
2. 简述埃里克·罗伯特·林达尔的劳动经济学说。
3. 试论埃里克·菲利普·伦德伯格的劳动经济学说。

第 25 章 马歇尔以后的劳动经济学说

25.1 爱德华·哈斯丁斯·张伯伦

爱德华·哈斯丁斯·张伯伦（Edward Hastings Chamberlin，1899—1967）是美国著名的经济学家。他出生在美国华盛顿州的拉康诺，他毕业于美国衣阿华大学，而后进入美国密执安大学任讲师，又在哈佛大学获得哲学博士学位。1929 年起任哈佛大学副教授，1934 年以后一直任哈佛大学教授，曾任经济系主任和《经济学季刊》主编。张伯伦一生致力于垄断竞争理论的研究，其主要论著有《双头垄断：卖方很少时的价值》《垄断竞争理论》（*The Theory of Monopolistic Competition*，1933）、《垄断竞争的再考察》《论"寡头垄断"的起源》、《走向更加一般的价值理论》（*Towards a More General Theory of Value*，1957）以及《垄断竞争理论的起源和早期发展》等。张伯伦在他 1933 年出版的重要著作《垄断竞争理论》中提出关于资本主义市场结构和价格形成的理论。他和英国经济学家琼·罗宾逊（Joan Robbinson）同时又独立提出了垄断竞争学说，被列为西方厂商理论的开山之作，成为现代微观经济学的重要组成部分。这一理论也对西方劳动经济学做出了重大补充。

爱德华·哈斯丁斯·张伯伦
1899—1967

张伯伦认为，实际的市场既不是竞争的，也不是垄断的，而是这两种因素的混合。在他看来，许多市场价格既具有竞争因素，又具有垄断因素，因此，企业家心目中没有纯粹竞争的概念，只有垄断竞争的概念。资本主义市场的整个价格制度，是由纯粹竞争市场、垄断市场以及由垄断和竞争力量相混合的各种市场上的价格关系组成的。

张伯伦以纯粹竞争作为研究的起点。纯粹竞争是指没有任何垄断因素掺杂其中的竞争。他认为如此定义的纯粹竞争有别于完全竞争，因为后者除了排除垄断外，还可解释为包含其他方面的完全性，如要素的完全流动性和未来的完全了解等。指出市场的纯粹性的完全性的区别，是张伯伦市场理论的一大特征。

在具体论述纯粹竞争下的价格决定问题之前，张伯伦预先着重指出，垄断者和竞争者在经济本质上是一致的，都是为了谋取和追求最高利润。而无论在竞争或垄断条件下，价格均是均衡价格。但张伯伦强调，只有纯粹竞争下才是供求的平衡，在垄断条件下却不是供求的平衡，而是边际收益和边际成本的平衡。这样看来，张伯伦的意图是要把均衡的概念由它所联系的供求曲线的交点解放出来，给予价格决定更确切的说明。

张伯伦指出，纯粹竞争需要两个必要条件：①有大量卖者与卖者；②产品是标准的、同质的，卖主也是标准化的，即任何卖主对购买者所贡献的效用是一致的。这两个必要条件合为一体就是没有一个卖主能通过控制市场的供给，从而控制价格。

张伯伦认为，在纯粹竞争市场中，均衡条件是供求相等。他进一步指出，在纯粹竞争下价格之所以等于供求平衡点，是因为它正好是使每个卖者获得最多利润的一点，即为使每个卖者的边际收入等于边际成本的一点。这是因为在纯粹竞争条件下，每个卖主所面临的水平是需求曲线，其高度等于当时的市价，于是这条需求曲线便同时又是每个卖主的平均收入曲线和边际收入曲线。张伯伦这种分析实际上是通过对个别厂商的行为来说明纯粹竞争条件下的价格何以由供求均衡决定。

张伯伦进一步从个别厂商的角度分析了纯粹竞争条件下实现长期均衡的条件：①每个厂商都在均衡价格下获得最多利润，即边际收入等于边际成本；②每个厂商都实现了最有效的生产规模，即都在平均成本的最低点处进行生产；③整个市场处于供求均衡状态。这三个条件如图 25—1 所示。图 25—1a 表示整个市场在价格为 *OM* 时达到供求均衡。图 25—1b 表示均衡价格 *OM* 时，某一厂商的产量为 *Oa*，它是整个市场的均衡产量 *OA* 的很小一部分。当该厂商产量为 *Oa* 时，其边际成本曲线 *MC* 正好与边际收入曲线 *MR* 相交，即边际成本等于边际收入，实现了利润最大化。同时，*Oa* 产量也正好是平均成本曲线 *AC* 最低点的产量，即实现了生产的最佳规模。

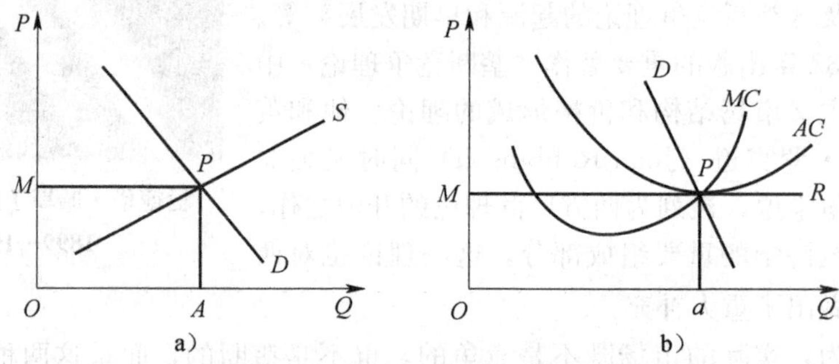

图 25—1　纯粹竞争条件下实现长期均衡的条件

张伯伦指出，在纯粹竞争市场中出现实际价格背离均衡的原因在于各种不完全性，而趋向均衡的调整所依靠的，不是拍卖的减价，而是实际价格的波动。

张伯伦接着分析了非纯粹竞争下的价值论。他认为，以往的价值理论大多只是研究了两种极端情况下的价格决定：纯粹竞争和垄断，不承认介于这两者之间的中间状态，没有探讨中间状态的价格决定理论，而他探讨的就是这种中间状态下的价值理论。

张伯伦把介于纯粹竞争和垄断的状态分为两种：一是起因于售卖人数过少以致售卖者可以操纵价格的双垄断和寡头；二是起因于产品差别的垄断竞争。对于双垄断现象，古尔诺和埃奇沃思已经提到并进行了一定的研究，所以，张伯伦只是对前人的分析进行概略的述评。他说，双垄断和寡头垄断下均衡价格的决定依存于一个售卖者对其竞争者的行为作何假定，因袭便产生了下述不确定因素：其他竞争者是否保持其产量和价格不变；其他竞争者是否有远见；其他竞争者可能的市场份额；由于时间间隔长短不一所引起的市场经营后果的不确定等。由于这些不确定性，在实际生活中双垄断和寡头垄断下的价格也是捉摸不定的。

张伯伦重点分析了与产品差别相联系的垄断竞争。他指出，在实际生活中许多产品之间存在一定的差别，同时又同存在程度不同的替代性。产品差别是造成垄断的一个决定性因素。一种产品具有差别，就意味着卖者对他自身的产品拥有绝对的垄断，但却要遭受非常接近的替代品的竞争。这样每一个卖者都是垄断者，同时也是竞争者，因此是“垄断的竞争者”。产品差别的存在使得售卖这能在一定程度上控制价格，即具有一定的垄断性；替代性又使得不同产品的卖者之间存在竞争性。这就造成了垄断竞争的局面。他指出，产品之间的产别可以是产品本身之间存在的差别，也可以是产品的售卖条件方面的差别。前一种差别包括独有的专利权、商标、商店名称、包装特点、品质、设计、式样等。后一种差别包括售卖者的地址的便利程度、商店的一般风格和特点、经营方法、公平交易的信誉、待人接物方式、工作效率等。

张伯伦认为，在产品差别造成的垄断竞争中，厂商不再像纯粹竞争那样单纯通过调整产量来谋求利润最大化，也不再像垄断厂商那样通过操纵产量从而操纵价格来谋取利润最大化，一是通过产量和价格行为；二是通过改变产品种类，即制造产品产别；三是通过广告和其他各类销售费用，来谋求利润最大化。

张伯伦首先分析了个别售卖这调整其产量和价格的行为。假定一切替代品的性质和价格已知，厂商的产品既定，这种调整如图 25—2 所示。

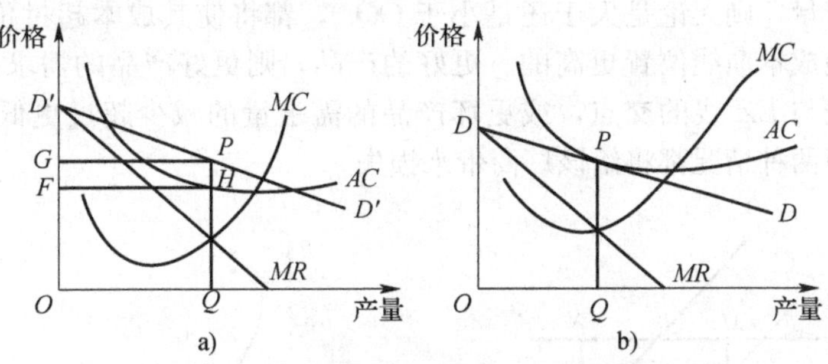

图 25—2　个别售卖者调整其产量和价格

在图 25—2a、图 25—2b 中均衡产量都由边际收入曲线（*MR*）和边际成本曲线（*MC*）的交点决定，为 *OQ*，从而使均衡价格由需求曲线上的相应的点决定，为 *PQ*。在图 25—2a 中均衡价格（*PQ*）高于该产品上的平均成本（*HQ*），存在超额利润 *GPHF*。在图 25—2b 中均衡价格（*PQ*）等于该产品上的平均成本（*HQ*），不存在超额利润，但保证了正常利润。若进一步考虑其他厂商的反应，当出现图 25—2a 的情景时，因存在超额利润，吸引了新厂商的加入，原有的其他厂商也会开始生产富有替代性的产品，结果该厂商面临的需求曲线会向左向下移动，同时成本曲线会因此而移动，可能上升或下降，也可能保持不动，依据在通常的成本理论中所分析的各种情况而定。最终需求曲线和成本曲线移动的结果，将使单个厂商产量和价格状况与在图 25—2b 所描绘的一致，即单个厂商不再获得超额利润，但能获得正常利润。

由图 25—2 可知，由于存在垄断因素，厂商面临的需求曲线不是水平的，而是向下倾斜的，从而使厂商例如最大化的产量水平 OQ 不再是平均成本最低点上的水平，而是低于该水平，同时均衡价格也不再位于平均成本的最低点，而是要高于该点，这表明与纯粹竞争相比，垄断竞争下厂商的产量较低，价格较高。

张伯伦进而分析了个别售卖者调整产品的行为。假定价格一定，其他售卖者的产品和价格也既定。这一分析说明，在价格一定时，个别厂商如何选择能带来最高利润的产品。这种调整可以用图 25—3 表示。假定价格为 OE，AC_A 为产品 A 的平均成本曲线，AC_B 为产品 B 的平均成本曲线，OQ_A 为产品 A 在价格 OE 时的需求量，OQ_B 为产品 B 在价格 OE 时的需求量。A 产品的利润为 $EMRC$，B 产品的利润为 $ENGD$，B 产品的利润大于 A 产品的利润，显然厂商将选择 B 产品。

若考虑厂商的反应，当该厂商选择 B 产品从而获得超额利润时，将引起新厂商的加入，原来的其他厂商也将选择生产时对 B 产品具有替代性的商品，结果导致该厂商的需求由 OQ_B 下降，同时也可能使 B 产品的平均成本曲线向右下上方移动，最终将使该厂商的超额利润消失。

分别分析厂商的产量—价格行为和产品行为后，张伯伦把两种调整行为结合在一起进行分析，并考虑其他售卖者的反应。这时，个别厂商的均衡可以用图 25—4 表示。AC^* 为充分考虑其他厂商的反应时对该厂商来说最有利的产品的平均成本曲线。dd 为充分考虑其他厂商反应时的需求曲线。OE 为均衡价格。OQ^* 为最好产品的均衡产量。若厂商变动其产量，则无论是大于还是小于 OQ^*，都将使其成本超过价格，招致亏损。若厂商选择其他成本曲线位置更高的、更好的产品，则更好产品的需求量增加将不会超过更高成本曲线与 EZ 线的交点，或更坏产品的需求量的减少超过更低成本曲线与 EZ 线的交点，从而两种情况都将给该厂商带来损失。

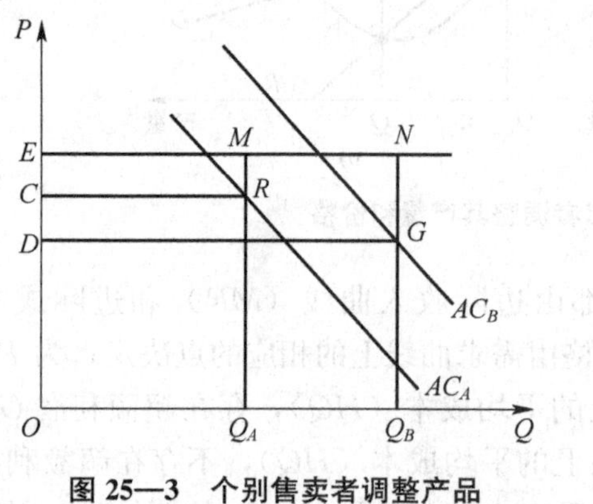

图 25—3 个别售卖者调整产品

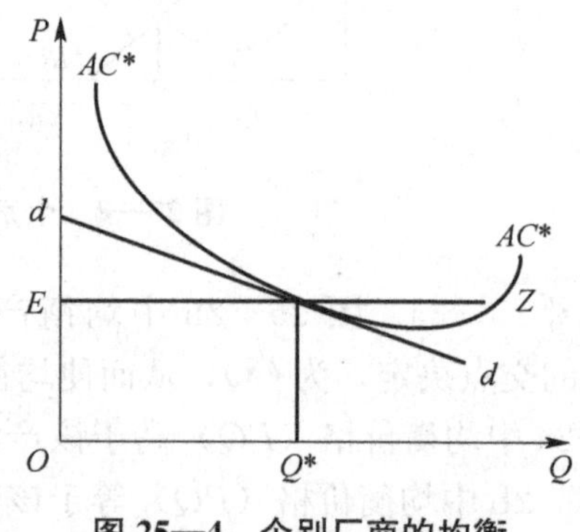

图 25—4 个别厂商的均衡

根据分析，张伯伦认为，与纯粹竞争相比，若产品既定，则垄断竞争下的均衡价格较高，不是等于平均成本的最低点；若价格既定，则垄断竞争下的产品较差。但同时他也指出，垄断竞争与纯粹相比较时的这些弱点，由于前者较之后者能增加产品的种类，从而扩大消费者自由选择的范围而得到弥补。

在垄断竞争厂商的三种调整行为中，张伯伦重点分析了厂商调整销售成本的行为对价格的影响。他指出，销售成本是非纯粹竞争情况下的特有现象，在纯粹竞争条件下，厂商是不需要销售成本的。

张伯伦分析了销售成本与生产成本的区别。他指出，生产成本使商品适应需求，满足需求；销售成本使需求适应产品，影响需求。生产成本影响厂商的供给曲线，而销售成本则影响需求曲线，使需求曲线富有弹性并向右上方移动。他认为销售成本对需求的影响依存于两个因素：①购买者对商品的了解不完全。②广告等销售方法能改变人们的欲望。广告及其销售方法使人们对某种商品增加了解，结果便使这种商品的需求曲线富有弹性并向右上方移动。同时广告等销售方法也会制造某种新的需求，为厂商所生产的产品打开销路。

张伯伦还分析了产品性质和销售活动对产品需求和厂商产量的影响。从发达资本主义国家的现实情况考察，大量垄断竞争是非价格竞争。主要形式是产品性质和销售活动中的竞争。产品性质的竞争就是现在所说的质量竞争。产品性质的变化常常引起生产成本曲线的变化，从而影响对它的需求。由于产品性质的变动是质量的而不是数量的变动，因此无法用一个具体图式来表示。他还指出，销售成本是为了改变产品的需求曲线的位置或形状而支出的成本。销售支出中，广告支出是最重要的项目。销售成本曲线是U形的，销售支出在开始时，其效果是递增的，以后就转变为递减的。

考虑销售成本之后，张伯伦沿用前面的分析方法，先假定其他厂商行为既定，分别考虑个别厂商进行产量—价格调整、产品种类调整、销售费用调整时的均衡，再综合考虑三方面调整同时进行时的均衡，最后再考虑其他厂商反应行为的前提下考虑个别厂商的均衡。

张伯伦通过上述分析得出了重要的结论："垄断竞争与纯粹竞争相比，其价格必然更高，其生产规模必然更小。"①"生产要素组合配置的通常结果是产生多余的生产能力，而这种情况不能得到自动矫正。当然，在纯粹竞争条件下，由于部分生产者的计算失误，或者需求条件的突然波动，这种多余生产能力也可能扩大。但是，垄断竞争的这种特点在长期里却得到了发展，因为它没有受到惩罚，价格总是包含成本的情况，也许实际上会通过价格机制作用的失效而成长为长久的和正常的。剩余的生产能力决不可能被抛开，于是造成了高价格和浪费。垄断竞争理论为经济系统中的这类浪费提供了一种解释，即浪费通常被看作是'竞争的浪费'。事实上，在纯粹竞争条件下，它们绝不可能产生。正是由于这个原因，纯粹竞争条件下是谈不上和必定谈不上这些问题的，哪怕是作为'条件'引入也是一样，就更不用说作为其理论的组成部分了。它们是垄断的浪费，即垄断竞争中垄断因素引起的浪费。"②

总之，张伯伦的垄断竞争理论是对马歇尔为代表的新古典经济学派的传统经济学的补充和发展，使资产阶级经济学关于现象的描述更接近现实。因为完全竞争学说忽视了

① Chamberlin E. H. *The Theory of Monopolistic Cornpetition*. Cambridge: Harvard University Press, 1946

② Chamberlin E. H. *The Theory of Monopolistic Cornpetition*. Cambridge: Harvard University Press, 1946

垄断已成为资本主义经济的一个重要事实。他所创立的垄断竞争理论和厂商理论说明了处在两种极端之间的“垄断竞争”的市场模式，并在其成因比较、均衡条件、福利效应等方面运用边际分析的方法完成了微观经济的革命，将市场结构分成了更符合资本主义进入垄断阶段实际情况的多种类型，对当代微观经济学的形成和发展做出了重要贡献。在其垄断竞争理论中，还详细研究了销售成本，这对微观劳动经济学、广告经济学以及企业经济管理学的产生和发展都具有一定的理论意义。但是张伯伦的垄断竞争理论存在着缺陷。他把垄断归因于“产品的差别”，即同类产品在质量、包装、牌号等方面存在的差别，或者是同质产品在销售条件方面的差别，这是不科学的。若考虑厂商的反应，当该厂商选择 B 产品从而获得超额利润时，将引起新厂商的加入，原来的其他厂商也将选择生产时对 B 产品具有替代性的商品，结果导致该厂商的需求由 OQ_B 下降，同时也可能使 B 产品的平均成本曲线向右下上方移动，最终将使该厂商的超额利润消失。

25.2 弗里德里希·奥古斯特·冯·哈耶克

弗里德里希·奥古斯特·冯·哈耶克（Friedrich August von Hayek，1899—1992）是奥地利裔英国经济学家、政治家，新自由主义的代表人物，1974 年度诺贝尔经济学奖获得者。他出生于奥地利维也纳的一个知识分子家庭。早年就读于维也纳大学，学习了哲学、心理学和经济学，并于 1921 年和 1923 年分别获维也纳大学法学和政治学博士学位。先后任维也纳大学讲师、奥地利经济周期研究所所长、英国伦敦经济学院教授、德国弗莱堡大学教授等。哈耶克以坚持自由市场资本主义、反对社会主义、凯恩斯主义和集体主义著称。他被广泛视为是 20 世纪最伟大的古典自由主义学者之一。虽然他 1974 年获得过诺贝尔经济学奖，但他的学术贡献却远远超出经济学范围。他毕生发表了 130 篇文章和 25 部专著，涵盖的范围从纯粹的经济学到理论心理学，从政治哲学到法律人类学，从科学哲学到思想史，而且见解卓著，特别是在经济学、法学、系统思维、思想史等领域均有相当重要的贡献。

弗里德里希·奥古斯特·冯·哈耶克
1899—1992

哈耶克以研究货币和经济周期而成名。他的主要著作有《货币理论和经济周期理论》（*Monetary Theory and the Trade Cycle*，1929）、《物价与生产》（*Prices and Production*，1931）、《集体主义经济计划论》（1935）、《自由与经济制度》（1938）、《利润、利息与投资》（1939）、《资本纯理论》（*The Pure Theory of Capital*，1941）、《通向奴役的道路》（*The road to Serfdom*，1944）、《自由宪章》（*The constitution of Liberty*，1960）、《法律、立法与自由》（*Law，Legislation and Liberty*，1973）、《哲学、政治学、经济学与思想史新研究》（1978）等。

哈耶克的经济波动理论主要表述于1931年出版的《物价与生产》一书中。他直接受启示于奥地利经济学家路德维希·冯·米塞斯（Ludwing von Mises，1881—1973）的信用波动学说。他是从某种均衡状态出发来分析周期的。哈耶克指出，均衡是在充分就业的前提下，在一切可用的资源都被使用，货币数量一定，整个社会的消费—储蓄比例一定，从而生产的纵向结构一定时，用于购买消费品的货币和用于购买资本品的货币之间的比例，等于消费品产量和资本品产量之间的比例，即两类产品的需求之比等于供给之比，可以把这个比例称作均衡比例。

在哈耶克看来，均衡必然意味着充分就业，至于非充分就业现象，只是经济失去均衡的结果，正是周期理论所要加以说明的现象。充分就业不仅是他均衡的组成因素，而且是他的周期理论的逻辑前提之一。

哈耶克的生产结构就是生产的迂回程度或资本化程度。在他看来，迂回生产包括若干顺次相继的生产阶段，其中每一阶段都以上一阶段的产出为投入，又以自己的产出为下一阶段的投入。除了最后一个阶段外，其他阶段生产的产品都是中间产品，这种具有纵向顺序的诸生产阶段全体，就是他所说的生产结构。当生产的迂回程度不变时，生产结构一定；当生产的迂回程度增加时，就意味着出现新的生产阶段，使生产的纵向结构不断扩张，生产迂回程度的变化，意味着生产结构的变化。他强调这种变化与经济周期的出现有重大关系。而生产结构是稳定还是变化，皆取决于各生产阶段上企业家的盈利情况，而盈利情况又取决于各阶段产品的成本和相对价格。因此，相对价格是决定生产结构最重要的因素。

哈耶克在论述周期波动时强调充分就业这一前提，并不意味着他否认非充分就业状态的出现，而是说他的波动理论不承认会出现非充分就业的均衡状态。哈耶克的均衡是由他的结构分析方法得到的，并不是一种总量均衡，而是一种结构均衡，即产品的需求结构域供给结构相等。但产品结构均衡实际上可以在不同的总产量水平中实现，即结构均衡不给出任何关于总量的结论。这一点从数学上看是一目了然的：$C_d/I_d=C_s/I_s$，在此等式中，是无法得知关于C_d和C_s或I_d和I_s的水平的。因此，从逻辑上看，他必须为自己的理论体系确定一个关于总量的假设性前提，他选择了充分就业作为自己的结构均衡的前提。这一前提的短处在于他的理论无法说明产品的总量是如何决定的。

充分就业这个前提在哈耶克体系中的作用不仅是提供了分析的出发点，而且在于他的体系的内在逻辑是基本不承认在经济失衡和均衡移动时，会出现闲置的非专门性生产因素，只会出现非专门性要素的配置变动和专门性要素的闲置。即他基本上不承认失衡会导致劳动者的大量持续失业，只会造成专用设备的闲置。于是哈耶克的理论就不能像凯恩斯的有效需求论那样更有说服力地解释20世纪30年代那种持续出现大量失业劳动者的萧条。

哈耶克实际上分析了另一种类型的经济萧条，与凯恩斯所分析的不同。凯恩斯所分析的萧条是由总需求不足引起的非充分就业萧条，其特征是各种要素，包括专门性和非专门性两类生产要素都出现闲置现象。这种萧条可以通过扩大总需求来消除。但克服了凯恩斯式的萧条并不能避免哈耶克式的萧条，哈耶克式的萧条是在充分就业的基础上发生的，是由于结构失衡被货币因素破坏而造成的，其特征是只出现了专门性生产要素的闲置，不出现非专门性要素的闲置。

哈耶克式萧条的这种特征，使他的周期理论更适于由各种原因而能保持劳动者充分就业的国家。他的理论对研究转型前的社会主义国家的经济波动也许比凯恩斯的理论更有借鉴意义，因为由于制度性的原因，转型前的社会主义国家的劳动者往往是充分就业的。他的结构均衡实际上同通俗的语言就是两大部类之间、积累中的固定资金和流动资金之间、简单再生产和扩大再生产之间具有均衡的比例关系。他的波动理论所强调的是，不仅要注意货币因素对经济总量的影响，而且要注意货币因素对结构的影响；不仅要注意保持总量的均衡，而且必须要保持结构的均衡。

哈耶克在失业和通货膨胀理论方面也颇有建树。20 世纪 30 年代世界经济危机期间，他就对由萧条引起的大规模失业发表过一系列的看法。由于当时资本主义社会的主要问题是失业，而不是通胀。所以哈耶克虽然认为经济萧条的发生于国家的银行立法和中央银行的信贷政策有某种关系，但还不曾像后来那样直接把政府的干预说成是失业和通货膨胀的根源。

但到了 20 世纪六七十年代，哈耶克建立以一套独特的失业和通货膨胀学说。他坚持认为，造成大规模失业和恶性通货膨胀并存的局面的真正原因是“各种商品和劳务需求的分配同生产那些产品量的劳动及其他资源之间出现了矛盾”，也就是说，生产结构的不合理是导致经济失调的根本原因，而生产结构的不合理根源于相对价格体系的紊乱，其主要原因在于政府对货币发行权的垄断。

据此，哈耶克解释了经济停滞和通货膨胀是可以并存的。他认为，这是由于要维持过去已经达到的充分就业的生产水平，仅靠温和的通货膨胀是远远不够的，它必须依靠一种加速的通货膨胀。为此，政府需要在经济体系的某些方面连续注入追加的货币量，以便创造暂时的需求。但是，当这种货币数量的增长停滞或放缓时，再加上物价不再上涨或涨势减弱，这种暂时的需求就会消失。另外，追加的货币量会把劳动和其他资源投入就业，这种就业只有在货币数量按统一速度继续增长，甚至按给定速度持续增长的时候才能继续下去，一旦通货膨胀放缓，大量失业便浮出水面。于是，就必然会造成既有通货膨胀又有失业的滞胀局面。

哈耶克进一步指出，政府之所以能够把追加的货币连续不断注入经济体系之中，以达到扩张总需求的目的，是因为政府垄断并滥用货币的发行权，而这在实质上破坏了市场机制的正常作用。此外，哈耶克还将成本推动型的通货膨胀也归因于货币量的增加。他认为如果政府不增加货币量，较高的石油价格或较高的工资只会使产品成本提高、销售减少、失业增加，而不会引起一般价格的上升。

哈耶克在经济周期理论研究中，以充分就业为前提，证明了即使经济保持充分就业，也并不能避免经济波动，他对经济增长与充分就业、通货膨胀与失业并存的理论都有独特的见解和重要的创新。不仅如此，哈耶克的周期理论对资本主义经济何以会突然之间由盛转衰以及经济萧条期间出现大规模失业的原因做出了有说服力的解说，但它的不足在于无法解释为何经济危机爆发之后会进一步出现非专门性生产要素，包括劳动力的大量闲置。而他推导出克服危机的对策：进一步紧缩消费，以便腾出非生产性生产要素完成更迂回的生产过程，也显然不是克服萧条的良策。而对非生产性要素大量闲置现象的解释，恰恰是凯恩斯经济波动的长项。

25.3 罗纳德·哈里·科斯

罗纳德·哈里·科斯（Ronald Harry Coase，1910—2013）是英国裔美国经济学家、新制度经济学的鼻祖，1991年获得诺贝尔经济学奖。他出生于英国米德尔塞克斯。科斯早年在伦敦大学学习经济学，1932年取得商学士学位，1951年又获得理学博士学位。1951—1958年任布法罗大学教授，1958—1964年任弗吉尼亚大学教授，1964年以后在芝加哥大学任经济学教授。科斯主要经济学著述有《企业的性质》（*The Nature of the Firm*，1937）、《美国广播业：垄断研究》（*Payola in Radio and Television Broadcasting Journal of Law & Economics*，1950）、《联邦通讯委员会》（*The Federal Communications Commission Journal of Law and Economics*，1959）、《社会成本问题》（*The Problem of Social Cost*，1960）、《经济学中的灯塔问题》（*The Lighthouse in Economics*，1974）等。

罗纳德·哈里·科斯
1910—2013

科斯对经济学的贡献主要体现在他的两篇代表作。其中有1937年发表的《企业的性质》，该文独辟蹊径地讨论了产业企业存在的原因及其扩展规模的界限问题，科斯创造了“交易成本”这一重要的范畴来予以解释。交易成本，即“利用价格机制的费用”或“利用市场的交换手段进行交易的费用”，包括提供价格的费用、讨价还价的费用、订立和执行合同的费用等。科斯认为，当市场交易成本高于企业内部的管理协调成本时，企业便产生了，企业的存在正是为了节约市场交易费用，即用费用较低的企业内交易代替费用较高的市场交易；当市场交易的边际成本等于企业内部的管理协调的边际成本时，就是企业规模扩张的界限。

科斯认为，市场经济的实质是价格机制分配生产要素。不需要任何协调机构，也就是说市场是自我调节的。但是，这一描述不适用于公司。在公司内，不是价格机制来分配资源，而是企业家。科斯指出，公司最明显的标志是企业家命令代替价格机制来分配资源。那么，为什么在这种情况下是价格机制发挥调节作用，而在另一种情况下却是企业家呢？科斯的回答是，运用价格机制必然存在费用，因此公司应该被看作是一种节约这些费用的方式方法。科斯提到三种他认为重要的费用。第一种类型的费用是调查相关价格的费用。这种类型的费用对工作搜寻理论来说是非常重要的。而其他两种类型的费用，即实施一系列相关交易的费用和不确定的情况下实行长期的合同的困难时密切相关的。

科斯指出，组织大批量生产可以提高专业化程度，获得高效率。为了实现这一目标，并不需要一个机构，例如公司，而是可以通过大量生产者的相互合作来实现，例如各个生产者和其他各不相关者签订相互独立的交易合同。尽管这种想法非常不符合实际，但可以设想，每一个工人都从其他工人那购买他们所需的原料，并把他们的产品卖给其他工人。生产过程中一般都需要资本，即使也没有关系，因为每个工人可能拥有一台机器或者每台机器都可能由一个独立的资本家所拥有。在没有公司存在的情况下，每个生产者都必须与其他合作者分别签订合同。在极端的情况下，n 个生产者，每个生产者都必须和其他生产者协作，这样就必须签订 $n(n-1)/2$ 个双边合同。科斯指出，这种组织形式的费用是非常高的。而一个中心合同代理人，例如一个公司，可能是一种更高效率的组织形式。公司和 n 个生产者分别签订合同，并协调这些生产者发挥其最大效用。

公司到底将同其工人签订哪种类型的合同？科斯所说的第二种类型的费用，即起草合同的费用与这一问题相关，因此，这就提出了工人与公司之间的结构类型问题。工人只雇用工人一天这种交易类型确实存在，但并不普遍。原因很简单，如果每天都雇用一批新工人，费用极其高昂。因此，公司倾向于让工人为其工作较长的时间，以避免每天的讨价还价和谈判费用。如果把特殊技能者考虑进去，这种交易方式将更显其优势。一旦工作涉及特殊技能，即使这种特殊性程度很低，也会使每天都雇用不同的工人这种交易方式变得毫无效率。

科斯所认为的令他满意雇用合同应该是这样一种能产生他所渴望的效果的合同，即公司所有资源都由企业家调度。然而，交易成本理论并没有就此结束。仍然有几个问题没有得到解决。为什么工人会接受雇主的命令？仅仅认为如果工人不按雇主的命令行事，他们就会被解雇，这就太简单化。另外一个问题是雇主的命令是否可行，尤其是内部劳动力市场存在的情况下，如果技能的特殊性程度很高，那么技术要获得发展就需要在职培训，而这在极大程度上取决于工人传授知识和接受命令指导的意愿。另外，命令可行与否还依赖于工人的主动性和合作态度。而这些都是不能监督的，害怕被解雇的说法显然是毫无意义的，这需要的是一种更复杂的激励机制。

科斯另一篇著名论文是 1960 年发表的《社会成本问题》，该文重新研究了交易成本为零时合约行为的特征，并论证了在产权明确的前提下，市场交易即使在出现社会成本（即外部性）的场合也同样有效。科斯发现，一旦假定交易成本为零，而且对产权（指财产使用权，即运行和操作中的财产权利）界定是清晰的，那么法律规范并不影响合约行为的结果，即最优化结果保持不变。换言之，只要交易成本为零，那么无论产权归谁，都可以通过市场自由交易达到资源的最佳配置。

罗纳德·哈里·科斯是交易成本劳动经济学理论的创始人，早在 1937 年，在以他的本科论文为基础发表的《企业的性质》一文中，就阐明了该理论的一些基本概念，人们为他当时的洞察力深感惊奇。但该理论建立以后，并没有得到人们的太多关注。沉默了近 30 年之后，交易成本理论才受到重视。20 世纪 80 年代后随着自由放任思想的高涨，这种理论受到高度评价，科斯也正是因此获得诺贝尔经济学奖。

25.4　哈里·布雷弗曼

哈里·布雷弗曼（Harry Braverman，1920—1976）是美国工人出身的经济学家、激进学派的代表人物之一。他出生于一个工人家庭。早年进入布鲁克林学院后因经济困难，于次年休学，当过铜匠业徒工，在海军造船厂、铁道修配厂、基础钢铁工业设备厂等企业工作了14年。1954年参与创办《美国社会主义者》，并任联合主编直至5年后该杂志被禁止出版。此后先在《微型》出版社当编辑，后任副主编和总经理。1967年起任美国《每月评论》出版社社长，是美国经济学界的“新左派”。他的代表作是《劳动与垄断资本：20世纪中劳动的退化》（1974），此外，还著有《俄国的未来》。布雷弗曼在其代表作中研究了垄断资本主义条件下的劳动过程这个重要课题，探讨了劳动过程的许多方面，例如，劳动在各职业内部的演变及其在职业之间的转移，企业管理、现代公司、办公室劳动的演变，科技革命的发展及其影响，以及工人阶级结构的变化。

哈里·布雷弗曼
1920—1976

布雷弗曼在《劳动与垄断资本：20世纪中劳动的退化》一书中对资本主义劳动过程的影响进行了分析。他认为，由于技术和管理的进步，造成人类手脑分类，并最终导致二者的相互对立。脑力工作集中到管理部门或同管理部门密切联系的有限集团手里，劳动过程变成了在两种不同的场所、由两类不同的劳动者分别进行。这样就造成了资本主义特有的劳动过程：一极是脑力劳动者工作时间的价值的升值，而另一极则是体力劳动者劳动时间的价值的贬值。

科技革命也使劳动过程发生变化。劳动本身是一种有目的、有意识的能创造出各种满足人们需要的使用价值的活动。然而科技革命和管理水平的提高，使体力劳动者的主观活动性大大下降，变成了在生产过程中如同机器、设备等生产工具一样的一种客观要素。因此，“劳动”在资本主义生产过程中除生产资料、生产工具之外的第三种“生产要素”，工人变得非人化，只是为别人生产利润的一部机器里的一个齿轮，而只有管理才是唯一的主观因素。生产过程由此被视为通过管理来控制和调节客观生产要素的资源配置的过程。

布雷弗曼指出，由于资本主义劳动过程发生了新的变化，必然会引起工人内部结构发生变化。脑力劳动和体力劳动的分离，一方面使过去从事制造业及相关工业的“产业工人阶级”在总劳动人口中所占的比例出现下降趋势；另一方面科技革命和“自动化”的推行还造就了大批专业的管理阶层，由科学家、工程师、技术员、企业和国家机关中的下层管理人员构成。这一阶层的社会经济关系及其地位均不同于传统的小资产阶级。一方面，在管理过程中，他们本身却不占任何享有控制生产资料和指挥劳动力的权力；

另一方面，他们本身却不占任何生产资料，完全靠出卖劳动力领取工资。他们所处的地位，既与资产阶级有着利益的对抗，又与“产业工人阶级”有种种矛盾。

布雷弗曼认为，在垄断资本主义阶段，劳动过程发展的一般趋势就是，最大限度地把直接生产过程的知识转由管理本身完成，劳动技能和操作技术转由机器和工具完成，工人逐渐成为无须更高技术和技巧的“非熟练”劳动者。他还认为，在垄断资本主义时代，工人阶级仍然是资本运动中与生产资料“死的”部分相对应的一个“活的”部分；工人阶级的职业构成，劳动方式的变化及其在社会各行业中的分布，完全取决于垄断资本积累的性质；工人阶级依然是除自己的劳动力外一无所有的、只能把劳动力出卖给资本家以换取自身生存的阶级。

布雷弗曼从垄断资本主义条件下劳动过程的角度补充和完善了劳动经济理论。他认为，马克思关于资本主义经济规律、劳资关系、劳动者地位的论断是不可动摇的。在此基础上，布雷弗曼探讨了资本主义条件下生产过程的新变化和新现象，如企业管理和科技革命的发展使劳动人民的职业结构和工业结构发生了变化，出现了职业的中间阶层，工人的组织形式也发生了变化。这些变化是资本主义劳动经济发展的一部分。但是技术革命和管理革命并没有改变资本主义劳动过程的本质，它们不仅不会导致劳动者体力和脑力的解放，相反却会加剧劳动者日益严重的异化。布雷弗曼通过实际经验和理论才能的结合，科学地研究垄断资本主义条件下的劳动过程以及雇佣劳动与垄断资本关系的性质及其历史发展特征，拓宽了劳动经济学说的发展。

25.5 阿瑟·奥肯

阿瑟·奥肯（Arthur M. Okun，1928—1980）是美国经济学家，他出生于新泽西州的泽西城。早年就读于哥伦比亚大学，1949 年毕业，1956 年获得哥伦比亚大学经济学博士学位。1956—1961 年在耶鲁大学任教，讲授经济学。1961—1963 年担任总统经济顾问委员会委员。1964—1968 年被聘为约翰逊总统经济顾问委员会委员，而且 1968 年被任命为该委员会主席。1969 年以后一直在布鲁金斯研究所担任高级研究员，并兼任一些大公司的经济顾问。奥肯倾向于凯恩斯主义派，长期以来致力于宏观经济理论及经济预测的研究，并且从事政策的制定及分析。奥肯著作甚多，他的主要著作有《繁荣政治经济学》（*The Political Economy of Prosperity*，1970）、《平等与效率：重大的抉择》（*Equality and Efficiency：The Big Tradeoff*，1975）、《不公平的市场：如何解决市场经济中的不平等》、《布鲁金斯经济活动报告》（*Brookings Papers on Economic Activity*）、《价格与数量：一项宏观经济分析》等。奥肯主要从事宏观经济学

阿瑟·奥肯
1928—1980

理论与政策的研究，并对 20 世纪 60 年代美国政府经济政策的制定起过重大作用。奥肯特别强调经济增长的重要性。他认为，美国社会存在着平等与效率的矛盾，解决这一矛盾的重要方法是实现经济增长，而实现经济增长既要维护市场机制作用，又要加强政府干预。由这一理论出发，奥肯参与制定了美国 60 年代以来充分就业和高经济增长为目标的经济政策。这一经济政策及其相关的理论被称为“新经济学”。其中心是运用扩张性财政政策和货币政策来实现经济高速增长，他在美国经济学界有相当的影响。

奥肯在理论上的主要贡献是率先提出了平等与效率的替换关系和潜在的产出概念，随后发现了周期波动中经济增长率和失业率之间的经验关系，即当实际国民生产总值增长相对于潜在国民生产总值增长（美国一般将之定义为 3%）下降 2%时，失业率上升大约 1%；当实际国民生产总值增长相对于潜在国民生产总值增长上升 2%时，失业率下降大约 1%，这条经验法则由此被命名为“奥肯法则”。潜在国民生产总值这个概念是奥肯首先提出的，它是指在保持价格相对稳定情况下，一国经济所生产的最大产值。潜在国民生产总值也称为充分就业国民生产总值。

这意味着如果初期国民生产总值是潜在国民生产总值的 100%，然后下降到潜在国民生产总值的 98%，失业率就会上升 1 个百分点，即由初期的 6%上升到 7%，图 25—5 显示了不同时期内产出和失业是如何关联的。

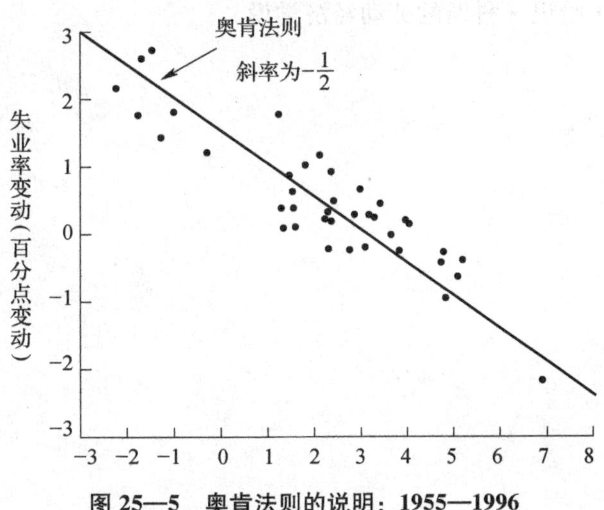

图 25—5 奥肯法则的说明：1955—1996

资料来源：保罗·萨缪尔森，威廉·诺德豪斯. 经济学（第十六版）. 萧琛等译. 北京：华夏出版社，1999

注：根据奥肯法则，产出的增长比潜在产出的增长快 2%时，失业率会下降 1 个百分点，此图表明可以通过国内生产总值的增长率准确地预测出失业率的变动。

奥肯提出的定理曾经相当准确地预测失业率。例如，美国 1979—1982 年经济滞胀时期，国民生产总值没有增长，而潜在国民生产总值每年增长 3%，3 年共增长 9%。根据奥肯定理，实际国民生产总值增长比潜在国民生产总值增长低 2%，失业率会上升 1 个百分点。当实际国民生产总值增长比潜在国民生产总值增长低 9%时，失业率会上升 4.5%。已知 1979 年失业率为 5.8%，则 1982 年失业率应为 10.3%（5.8%＋4.5%）。

根据官方统计，1982 年实际失业率为 9.7%。与预测的失业率 10.3%相当接近。这说明奥肯法则可以用来跟踪经济周期中的失业率。

奥肯提出的定理的一个重要结论是：为防止失业率上升，实际国民生产总值增长必须与潜在国民生产总值增长同样快。如果想要使失业率下降，实际国民生产总值增长必须快于潜在国民生产总值增长。

显而易见，奥肯所提出经济增长与失业率之间的具体数量关系只是对美国经济所作的描述，而且是特定一段历史时期的描述，不仅其他国家未必与之相同，而且今日美国的经济也未必仍然依照原有轨迹继续运行。因此，奥肯提出的定律的意义在于揭示了经济增长与就业增长之间的关系，该定律论证了失业率与国民生产总值增长率二者呈反方向变化的关系：经济增长速度快，对劳动力的需求量相对较大，就业水平高，失业率低；经济增长速度慢，对劳动力的需求量相对较小，就业水平低，失业率高，而不在于其所提供的具体数值。

思考题

1. 论述爱德华·哈斯丁斯·张伯伦的劳动经济思想。
2. 简述弗里德里希·奥古斯特·冯·哈耶克的劳动经济学说。
3. 试论罗纳德·哈里·科斯的劳动经济学说。

第 26 章　劳动力市场歧视理论

26.1　西方劳动力市场歧视理论形成的思想渊源

对劳动力歧视的早期描述主要起源于大西洋沿岸的欧洲人。早在 19 世纪中期，针对女性经济社会地位的附属特征，就有了两性之间并非天然不平等关系的观点。早期经济学家关于歧视问题的研究主要集中于不同群体间的收入不平等，主要的不同观点是：群体间收入差异是由于他们先天遗传的属性表现在能力上的差异所致；收入差异是由于他们现实的实际能力差异所致；即使不同群体间的生产率特征一致，收入差别也仍然是存在的，因为劳动力市场歧视在起作用。争论焦点集中在工资差别上。

关于性别歧视，前新古典理论主要研究工资差别，认为女性低收入的原因是劳动生产率低下，缺乏工会支持，受教育程度低，生活标准较低，可选择的就业机会少。福西特（Fawcett）对女性劳动生产率低的观点提出质疑，她从一战期间军火企业找到依据：射弹厂的女工产量是工会会员的男工的两倍。她认为女性总体低收入是由于她们被排挤在更广泛的产业部门，这些部门被工会控制。她提出“同工同酬”的概念。弗朗西斯·伊西德罗·埃奇沃思（Francis Ysidro Edgeworth）和福西特提出拥挤假说，认为女性收入低于男性在于她们就业被限制在狭窄的职业领域。B·伯格曼（B. Bergmann）将此假说进行了形式化处理。

弗洛伦斯（Florence）也提出另外的看法，性别工资差别不在于两者生产率差别，而在于家庭与社会习惯使女性在劳动力市场上缺乏流动性；男性不情愿与女性一起工作，尤其是女性的领导和管理。琼·维尔丽特·罗宾逊（Joan Violet Roninson）运用买方垄断理论对女性劣势进行了模型化处理。

关于种族歧视，早期美国经济协会经济学家的思想受到人种优生学、种族差别论思潮的影响。他们在经济人口统计学基础上建立假说，如 C·克洛森（C. Clohon）在研究中运用人体测量方法，特别是头盖骨测量。华尔德·威尔考克斯（Walter Willcox ）作为美国经济协会的主要领导人物之一，在 1900 年亲自选定美国经济协会的委员调查黑人问题，组织发表了一系列关于种族问题的研究报告。法拉奇斯·安纳里萨·沃克（Francis Annalisa Wallker）从人口统计角度提出黑人消失假说；在黑人的劳动效率研究方面，A·H·斯通（A. H. Stone）在农场实验比较黑人劳动力绩效，得出非常悲观的结论：黑人比其他群体缺少经济动机和经济理性。而 K·柯曼（K·Coman）的研究有两点区别于当时其他经济学家。她的研究方法更高级，运用委托代理和选择性偏差方法，得出在同等效率的工人中不存在歧视性差别，只要采取合适的激励方法，黑人是可以实现高绩效水平的。

早期种族问题的研究中，冈纳·缪尔达尔（Gunnar Myrdal）的劳动力歧视研究最瞩目，他提出累积因果原理。这一原理将美国黑人问题看作是恶性循环中相互作用和相互强化的结果。他认为美国黑人问题起因于白人反对黑人的行动、黑人的贫困状态、黑人的人力资本及文化特征这三种要素的相互作用及不断的强化，并形成了一种恶性循环。

经济学家对劳动力歧视现象的研究起步相对较晚。有关这方面最早的研究是加里·斯坦利·贝克尔（Gary Stanley Becker）在1957年出版的《歧视经济学》一书。此后西方有关劳动力市场歧视的研究以贝克尔的经济学歧视理论为契机迅速发展起来。

26.2 加里·斯坦利·贝克尔的歧视理论

加里·斯坦利·贝克尔（Gary Stanley Becker，1930—2014）是美国著名经济学家、芝加哥学派的重要代表人物、1991年度诺贝尔经济学奖获得者。他出生于美国宾夕法尼亚州的波茨维尔。1951年，贝克尔在普林斯大学获经济学学士学位，1953年在芝加哥大学获经济学硕士学位，1955年获芝加哥大学经济学博士学位。贝克尔主要在哥伦比亚大学任教，1960—1968年为哥伦比亚大学经济学教授，直到1969年返回芝加哥大学任该大学福特基金会经济学客座教授，并从此一直任教于芝加哥大学，1970年以后任芝加哥大学经济学和社会学教授，现任芝加哥经济系主任。贝克尔是佩尔学会成员，是国家教育科学院的奠基人，曾在美国全国经济研究局和斯坦福大学胡佛研究所从事研究工作。1974年担任美国经济学会副会长。贝克尔曾于1967年荣获美国经济学会颁发的克拉克奖。1991年贝克尔因把经济理论扩展到对人类行为的研究，获得巨大成就而荣膺诺贝尔经济学奖。

加里·斯坦利·贝克尔
1930—2014

贝克尔是现代西方经济学方面最富有独创思维的人之一，他常常把普通观察到的明显不相关的现象与某一些原理的作用相联系，从而开拓经济分析的新视野。他善于把经济理论运用于对人类行为的研究，把经济理论运用到过去同市场力量没有联系的领域，如社会学、政治学、人口统计学、犯罪学和生物学等。他在研究人类行为时，总是力图用经济学的方法和观点去揭示其经济动因，分析影响人类行为的各种因素时，始终把经济因素放在重要地位。在运用经济理论分析人类行为方面，贝克尔是一个成功的先驱者。贝克尔在扩展经济学的疆界方面所做的一切是其他经济学家所不及的，是新学术领域的开拓者。贝克尔是多产的经济学家和社会学家。他著述颇丰，其中代表性论著有《歧视经济学》（*The Economics of Discrimination*，1957）、《生育力的经济分析》（1960）、《人力资本》（*Human Capital*，1964），《时间配置理论》（1965）、《经济理论》（*Economic Theory*，1971）、《人类行为的经济分析》（*The Economic Approach to Human Behavior*，1976）、《家庭论》（*A Treatise on the Family*，1981）、《家庭经济学和宏观行为》(1988) 等。在这些论著中,《生育率的经济分析》是当代西方人口经济学的创始之作;《人力资本》是西方人力资本理论的经典,是席卷 20 世纪 60 年代经济学界的"经济思想上的人力投资革命"的起点;《家庭论》1981 年在哈佛大学出版社出版时被该社称为贝克尔有关家庭问题的一本划时代的著作,是微观人口经济学的代表作。因此,这三部论著被西方经济学者称为"经典性"论著,具有深远影响。此外,西方经济学者把贝克尔的时间经济学和新的消费论称为"贝克尔革命"。贝克尔对劳动经济学的贡献主要体现在《歧视经济学》一书中的劳动力歧视理论,他使用经济学分析法对劳动力歧视行为进行系统的研究,首次运用经济学模型对歧视的经济效应进行了分析。

贝克尔的劳动力市场中的歧视理论是以负效用为基础的:某些人可能因为偏见而自愿放弃成本而不愿与某些群体的成员交往。这种费用的承担可能是直接的,也可能是间接的,比如明知雇用 A 可以为企业带来的利润大于 B 所带来的,但雇主因为对 A 有偏见,所以会放弃利润回报率高的 A,而选择利润回报率低的 B。即如果某人具有歧视性偏好,那么他宁愿用另一个群体去代替此群体。而负效用是由于特殊的偏好而产生的。贝克尔说:"如果一个人具有歧视的'偏好',为了与一些群体为伍,而不是与其他人为伍,他将愿意直接地或以收入减少的形式间接地付出一些费用。"① 他进一步指出:"在现实中,为了实行歧视,必须付出一定的费用,或者为此而放弃某些收入。用这种直面于现实的方法,可以揭示偏见和歧视的本质。"②

根据贝克尔的经济模型,雇主实行歧视的实质是厌恶成本,雇主缩减女工的雇用规模,是为了规避额外的人工成本。被替代的女性的生产率不明显高于男性时,实行歧视的雇主会追求其利润和企业雇员中男性雇用数量的最大化。即:

$$\max U = f(p, m) \tag{26—1}$$

公式中:U 代表雇主目标的函数即效用;p 代表利润;m 代表男性在雇用工人数的比重。如果用图 26—1 来表示,在图 26—1 中,纵轴代表利润,横轴代表劳动力中的性别比例。那么,对雇主而言,图 26—1 中的 IC 是标准的无差异曲线。雇主对妇女的歧视程度越高,无差异曲线就越陡峭。如果男性和女性在生产过程中可以完全替代,并需支付同样的工资,那么水平线 p_1p_1 代表企业的总利润。如果雇主对妇女不持有性别歧视的偏见,IC 曲线就是一条平行线,在模型的假设条件下,均衡点将是不确定的。如果图 26—1 中所画出的 IC 曲线,实行歧视的雇主

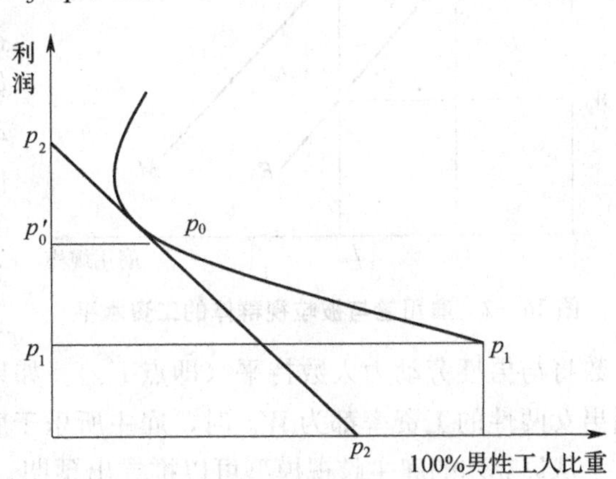

图 26—1 实行歧视的雇主的均衡

① [美] 加里·贝克尔. 歧视经济学. 北京:商务印书馆. 2014
② [美] 加里·贝克尔. 歧视经济学. 北京:商务印书馆. 2014

将宁愿只雇用男人。模型给出的解释是，由于这个雇主具有歧视的偏好，雇用妇女会产生心理成本。尽管雇用妇女的货币成本与雇用男人是相同的，净成本是 w（$1+d$），其中，d（$d>0$）是由于雇员中出现妇女而产生的副效用。贝克尔将 d 称为歧视系数。

D 值可以是从无穷小到无穷大的任何数值。D 值为负数意味着裙带关系，而正值意味着歧视。当 d 为 0 时，在不同工人群体之间没有区别，而 wd 表示雇用妇女时雇主的净成本偏离货币成本的程度。可以将由于雇用妇女而产生的心理成本视为货币成本的等价物。这样，贝克尔的歧视系数可以明确地将歧视行为纳入经济学模型，并研究其影响。贝克尔的分析特别之处就在于可以用一种连续的尺度来计量歧视。

如果在男性和女性雇员生产率和工资率都相同的情况下，雇主偏好男性而抵制女性，如图 26—1 中所画出的 IC 曲线，歧视型雇主倾向雇用男性并承担由此引发的成本。如果女性劳动力的工资率低于男性，那么，男性在雇用人数中所占比重越高，雇主利润水平就越低。事实上，在企业雇员全部是男性时，利润将变成负数。这种关系是用新的利润曲线 p_2p_2 来表示的。在这种条件下，歧视型雇主的均衡点为 p_0，雇主损失的利润等于 p_2p_0'。由此可以推断：首先歧视系数值 d 越高，无差异曲线越是凹向原点，雇主越倾向雇用男性劳动力；其次，男性和女性的工资差别越大，歧视女性的成本就越高；再次，在生产过程中男性劳动力对女性劳动力的可替代性程度越低，女性在雇用工人数中的比重越高。

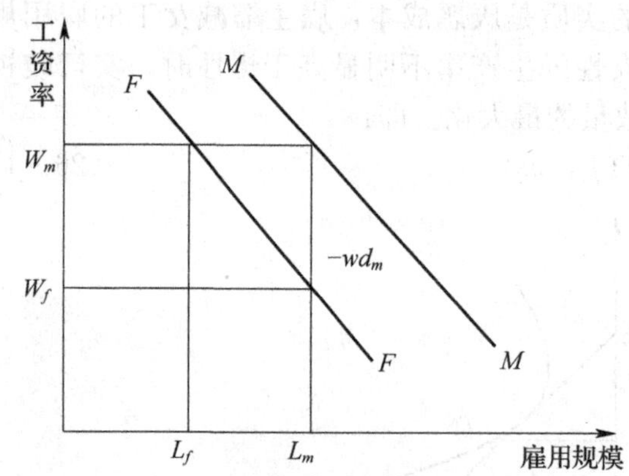

图 26—2　雇用量与被歧视群体的工资水平

图 26—2 的模型可以进一步说明歧视型雇主对雇用某种群体工资率的影响。假设在生产中，妇女与男人是完全可替代的，MM 斜线表示无歧视行为条件下的边际收益产量（同时也表示为劳动力需求曲线）。如果雇主具有歧视女性的偏好，则女性劳动力需求曲线就会向左平行移动，移至 FF 位置，其移动的幅度用 $-Wd$ 来表示，目的是冲抵成本 Wd。如果把这种位移理解为向右下方纵向移动，则意味着，当女性工资等于 W_f 时，雇主所乐于雇用的女性人数将与男性劳动力人数持平（即点 L_f）。如果把这种位移理解为横向左移，则意味着，当男女两性的工资率都为 W_m 时，雇主所乐于雇用的女性劳动力人数则仅为 L_f。

从贝克尔的雇主歧视模型可以推导出预期。从长期来看，歧视型雇主将被货币最小化的非歧视型雇主驱逐出市场。从短期看，在市场的筛选过程还未达到适者生存的程度时，女性和男性之间的工资和就业将存在差距。歧视型企业雇用被歧视群体成员的数量将少于不实行歧视的企业。应该看到，贝克尔的重要贡献是将 d 纳入经济模型中，从而使标准的决策机制发挥作用。但贝克尔模型最大的缺陷是未将歧视问题放到广义的经济环境中加以剖析，这种假设的经济模型也许仅仅适用于对劳动力市场中性别歧视的研究而已。

贝克尔在《歧视经济学》一书中进一步将雇主歧视模型分为偏好一致的劳动力市场

歧视、偏好不同的劳动力市场歧视以及歧视性劳动力市场的进入效应三种类型。

偏好一致的劳动力市场歧视，即市场上所有雇主对某一人口特征人群持有相同的、一致的偏见与不平等的对待。根据该理论，在竞争性劳动力市场和竞争性产品市场条件下，假设有两类工人 A 和 B，除了雇主不喜欢 A 类工人这一点以外，在经济的各个方面两类工人都是相同的。若没有偏见，A 类工人和 B 类工人的工资率就会始终相等。若所有雇主都一致不喜欢 A 类工人，A 类的均衡工资必然较低，因为工资率与 B 类工人相同就无雇主愿意雇用他们。如果 A 类工人的相对工资是 B 类工人的 3/4、1/2 或 1/10 时，雇主也许就会雇用他们，如图 26—3 所示。图 26—3 中，纵轴 W_A/W_B 表示相对工资；横轴 L_A 表示 A 类工人的就业量，L_D 为全体雇主对 A 类工人的需求曲线，L_{SA} 为 A 类工人的供给曲线。

如果没有歧视，对 A 类工人的需求曲线将是 L_{D1}，相对工资为 1（W_A/W_B），雇用量为 L_1，与 B 类工人的数量相同。如果所有雇主都不喜欢 A 类工人，在某一偏好强度下导致需求曲线下降为 L_{D2}，相对工资为 3/4。若相对工资高一点，雇主就不愿意雇用他们；若在 3/4 处，雇主才愿意雇用他们，雇用量减少到 L_2。如果全体雇主对 A 类工人厌恶程度进一步加深，需求曲线将愈发降低，如 L_{D3} 所示，A 类工人的相对工资和就业量将会更少。

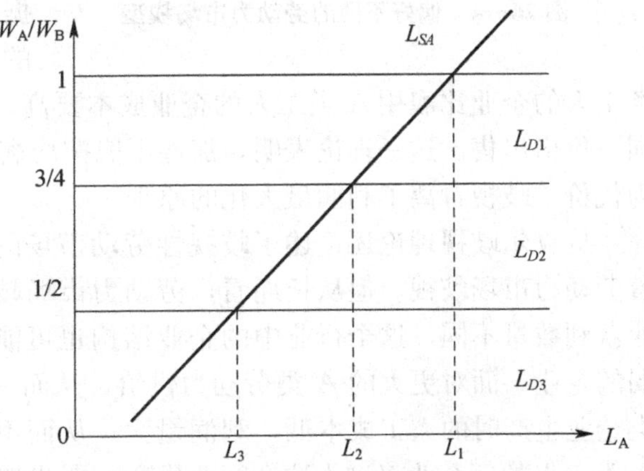

图 26—3　偏好一致的劳动力市场模型

事实上，并不是所有雇主歧视情感都是一致的，往往是一些雇主的歧视程度弱一些，而另外一些雇主的歧视强度强一些，这就产生偏好不同的劳动力市场歧视。这样，对 A 类工人总的市场需求曲线如图 26—4 所示。在相对工资恰好使企业雇用 A 类工人时，把每个企业的需求加总起来就得到总需求曲线 L_{DT}。相对工资小于 1 时，下倾部分表示对 A 类工人有歧视偏好的那些企业的总需求状况，越向上歧视越弱，越向下歧视越强。A 类工人的供给曲线为 L_S。A 类工人的劳动力市场均衡由 A 类工人的需求曲线 L_D 和 A 类工人的供给曲线为 L_S 共同决定，最终结果取决于 L_S 的位置。如图 26—4 所示，供给曲线位置为 L_{S1} 时尚有一部分无偏见企业没有雇用到 A 类工人；供给曲线位置为 L_{S2} 时，所有无偏见企业都雇用了 A 类工人，另有歧视偏见程度不等的一些企业也雇用了 A 类工人，雇用量统共为 L_t。

这一歧视模型有三种含义。第一，劳动力供给对 A 类工人的工资水平起决定作用，如果供给曲线 L_{S1} 一直在 F 点左边区间位置上，A 类工人便可以在没有偏见或歧视偏好的企业内就业，这时不存在工资歧视，即使多数雇主都是潜在的歧视者。第二，在市场均衡点 E，所有雇主对 A、B 两类工人已不再一视同仁，位于均衡点之上的需求曲线所

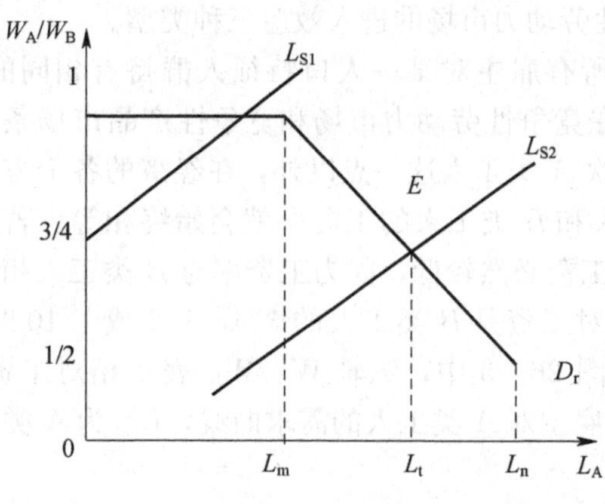

图 26—4　偏好不同的劳动力市场模型

代表的雇主只雇用 A 类工人，因为他们愿意按高于均衡工资的相对工资对 A 类工人进行雇用；同理，均衡点之下需求曲线所代表的那些雇主只雇用 B 类工人。在他们看来，均衡中 A、B 两类工人之间的工资差别，并未达到足以抵消对 A 类工人厌恶强度的地步；只有恰好想在均衡点雇用 A 类工人的企业才既雇用 A 类工人又雇用 B 类工人。第三，假设行业中有些企业只雇用 A 类工人，另一些只雇用 B 类工人，根据最初的假定，A、B 两类工人具有同样的生产率，既然 W_A 小于 W_B，不愿雇用 A 类工人的企业比雇用 A 类工人的企业成本要高，但产品市场是竞争的，各个企业必须按同一价格出售。这一理论表明，那些不愿按均衡工资雇用 A 类工人的企业将以利润减少为代价，歧视背离了利润最大化的原则。

贝克尔歧视理论还论述了歧视性劳动市场的进入效应。贝克尔认为，在短期内存在着劳动力市场歧视，但从长期看，劳动力市场歧视将被市场机制自动解除。由于不同企业获利数量不同，这个行业中的企业结构也可能随着时间的发展而变化。那些歧视偏好弱的企业，面对更大的 A 类劳动力供给，从而 A 类劳动力市场的均衡工资相对较低，这类企业生产时的人工成本低，利润量大，从而不断向外扩张；而另一些同样不怎么歧视 A 类工人的新企业将进入这个行业生产；那些歧视偏好强，宁肯以高于 A 类劳动力均衡工资率的工资雇用 B 类工人，也不愿意以相对较低工资雇用 A 类工人的企业，由于人工成本高，利润量少，无力竞争，所占份额将越来越小，随着时间的推移，可能被从这个行业排挤出去。这就是歧视性劳动市场的进入效应。

图 26—5 反映了进入效应的调整过程。假如初始需求曲线为 L_{D1}，初始相对工资是 1/2。随着对 A 类劳动力不歧视的新企业的进入和老企业的扩张，对 A 类工人的需求曲线将外移。如果竞争压力足够大，会上升到 L_{D2}，最终达到 L_{D3}。其关键是：在自由进入的竞争市场上，利润最大化将消除歧视，因为歧视减少了利润，在长期内歧视将无法生存。

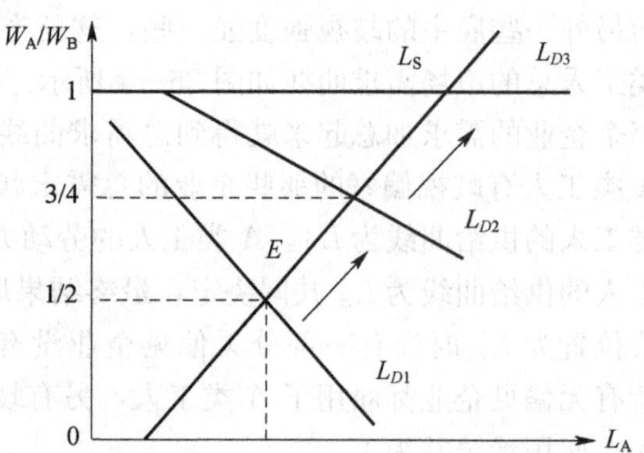

图 26—5　歧视性劳动力市场的进入效应

不过，贝克尔这一理论受到质疑：劳动力市场竞争机制是否能够消除个人偏见歧视？事实上，通过市场机制自动消除歧视过程极其缓慢，并且市场机制并不能完全消除雇主的偏见，还有另外一些原因造成歧视的长期存在。

26.3　肯尼斯·约瑟夫·阿罗的雇员偏见理论

肯尼斯·约瑟夫·阿罗（Kenneth Joseph Arrow，1921— ）是美国著名经济学家、1972 年度诺贝尔经济学奖得主。他出生于美国纽约市。1940 年他获得纽约市立学院社会科学学士学位，1941 年获得哥伦比亚大学数学学士学位。1949 年，阿罗在哥伦比亚大学获得数学博士学位，然后到斯坦福大学担任经济学和统计学助理教授，并于 1953 年在斯坦福大学成为教授。1968 年，他在哈佛大学得到一个教授席位，直到 1979 年再重返斯坦福大学。1956 年他当选为美国经济计量学会会长，1957 年荣获美国经济学会为 40 岁以下的经济学家的最杰出著作颁发的约翰·贝茨·克拉克奖，1963 年当选为管理科学学会会长，1973 年任美国经济学会会长、1980 年任西部经济学会会长。他曾是美国麻省理工学院、英国剑桥大学丘吉尔学院、英国牛津大学万灵学院、意大利锡耶纳大学的客座教授或访问学者。他的主要著作有《社会选择与个人价值》（*Social Choice and Individual Values*，1951）、《线性规划与非线性规划研究》、《存货和生产的数学理论研究》（*Studies in the Mathematical Theory of Inventory and Production*，1958）、《公共投资、利润率和最优财政政策》（*Public Investment，the Rate of Return，and Optimal Fiscal Policy*，1970）、《风险负担理论文集》（*Essays in the Theory of Risk-bearing*，1971）、《组织的限制》（*The Limits of Organization*，1971）等。其中，《社会选择和个人价值》一书是阿罗最著名的成就。阿罗运用当时经济学家尚未熟悉的符号逻辑的记号体系，对政治学中一个从未被经济学家和很少被政治学家提出的问题求解，独立创造了社会选择的规范理论，研究了个人与社会之间的关系；通过对“不可能性定理”的阐述，他提供了现代社会选择理论的基础。此外，还有《最优投资政策》等 100 多篇论文，刊载于各种学术刊物上。阿罗与希克斯因在一般均衡论和社会福利经济学方面的成就，一同被授予 1972 年诺贝尔经济学奖。

肯尼斯·约瑟夫·阿罗
1921—

阿罗在微观经济学、社会选择等方面卓有成就，被认为是第二次世界大战后新古典经济学的开创者之一。除了在一般均衡领域的成就之外，阿罗还在风险决策、组织经济学、信息经济学、福利经济学和政治民主理论方面进行了创造性的工作。阿罗是保险经济学发展的先驱，更一般意义上讲，他是不确定性经济学、信息经济学和沟通经济学的发展先驱。阿罗对劳动经济学的贡献主要表现在建立了雇员歧视理论，他对贝克尔模型作了拓展①，在雇员歧视模型中，分析了劳动力

① Arrow，K. J. ‘Some Mathematical Models of Race Discrimination in the Labor Market’，in A. Pascal (ed.)，*Racial Discrim ination in Economic Life*，Chapt er 6，Lexington：DC Heath，1972

的不完全替代性和存在劳动力调整成本的情况。

首先，分析劳动力的不完全替代情况。贝克尔在分析雇员歧视时表明，如果存在第三种生产要素（如管理劳动等），这种要素是歧视黑人的，而且与他们是互补的或不完全替代的，那么黑人的工资将低于完全替代情况下的白人工资。阿罗根据这个思想建立了一个劳动力要素不完全替代的雇员歧视模型。他假定只有两种劳动类型，在第一种劳动类型中，白人、黑人完全替代，可认为是缺乏技能的工作；第二种劳动类型，他们不完全替代，由于教育程度不同，是互补的，他们宁愿与白人工作而不是黑人。并且假定第二种劳动类型的工资率 w_2 是 L_{1w}/L_1 的函数，L_{11w}、L_{1n}、L_2分别是第一种劳动类型的白人、黑人和第二种劳动类型的劳动力总量。如果全部劳动被厂商雇用，则利润由下式给出：

$$\pi = f(L_1, L_2) - w_{1w}L_{1w} - w_{1n}L_{1n} - w_2L_2 \tag{26—2}$$

这里 f 表示产出。通过分别对三种不同劳动力求导等变换，得相对工资差别：

$$\frac{w_{1w} - w_{1n}}{f_1} = -\left(\frac{w_2'}{w_2}\right)\left(\frac{w_2L_2}{f_2L_1}\right) = -\left(\frac{w_2'}{w_2}\right)\left(\frac{s_1}{s_2}\right) \tag{26—3}$$

该公式中，s_1 和 s_2 分别是第一、二种劳动类型的总劳动力工资报酬，f_1 是第一种在不存在歧视情况下的边际生产率。由此得出的结论是：雇主越看重第二种劳动类型的投入，对第一种劳动类型的劳动力工资歧视就越严重。

其次，分析劳动力调整成本的情况。阿罗假设劳动力调整需耗费资本成本，如雇佣成本、培训成本、组织调整成本等，所以企业也要尽可能减少。那么这种调整成本的大小与雇员歧视的强度比较，不同的结果就会产生不同的歧视性的雇佣。

为了说明这个问题，阿罗假定市场上开始没有黑人劳动力，然后黑人劳动力和额外的白人劳动力进入，达到新的均衡。并且假定企业有相同的生产函数，对增加的劳动力没有新企业雇用。对于边际雇用的工人，企业获得收益 r，同时企业发生相应的成本，最大化利润时其成本等于 r，解除工人没有相应的收益。最后假定成本函数 $C(w, n)$ 是 w 的凹函数，L 固定不变且 $L=W+N$。

根据假定，阿罗认为在雇员歧视的情况下，企业最小化成本是在雇用 W、N 的极值点上，所以企业增加雇员通常是处在下列三种情况之一：$(SN)W=0$，$N=L$；$(I)W=L_0$，$N=L-L_0$；$(SW)=W=L$，$N=0$。L_0 是企业初始拥有的白人数量。第一种情况意味着白人被解雇。在给定劳动力的情况下，可以计算企业在上述三种情况下的利润，以及在利润最大化时，三种情况下劳动力数量选择，设为 L_{SN}、L_I、L_{SW}。

在均衡的劳动力市场要求雇用更多的白人、黑人时，一些企业处在 SW 情况下，比以前雇用更多的白人；另一些企业处在 SN、I 情况下，只雇用黑人。之所以这样选择，是因为最大化利润要求。那么就存在两种可能：一是分隔雇用（$SW\&SN$）：SW 和 SN 企业等利润，SN 企业比 I 企业利润高；二是混合雇用（$SW\&I$）：SW 和 I 等利润，I 企业比 SN 企业利润高。

在（$SW\&SN$）情况下，如果 $L=L_{SN}$，那么 I 企业执行 SN 政策其成本要提高。比较 SN 企业和 I 企业执行 SN 政策的成本，可得 SN 企业存在的条件：$v(L_0/L_{SN}) \geqslant r$，

这里 v 为白人、黑人工资差，即 $v(W/L)=w(W/L)-w_n$。说明了当白人工人要求的工资率差异即白人雇员歧视的强度超过雇用新工人的调整成本时，就会出现分隔雇用。根据这个条件还可得关系式：$v(1)\geqslant 0$，即 $w_w(1)\geqslant w_n$。这表明完全分隔和工资差异同时存在是可能的。

在（$SW\&I$）情况下，如果 $L=L_1$，SN 企业实施 I 政策其成本要提高，比较 I 企业和 SN 企业执行 I 政策的成本，得 I 企业存在的条件：$v(L_0/L_1)\leqslant r$。说明在混合雇用的情况下，雇员歧视的强度不超过雇用新工人的调整成本。由此可得关系式：

$$v(L_0/L_1)>v(1)>0 \tag{26—4}$$

该公式表明在这种情况下，一些企业混合雇用，一些企业分隔雇用。白人工资在混合雇用企业高于在分隔雇用企业，分隔雇用企业的白人工资也高于黑人。

阿罗的雇用歧视模型表明：雇员歧视强度与劳动力调整所耗费的资本成本的大小比较，决定了企业的雇用特征，即混合雇用或分隔雇用；在存在劳动力调整成本的情况下，由于额外增加的劳动力成本因素，白人雇员的歧视态度将导致某种程度的市场分隔，也导致工资差异。阿罗提出的成本调整理论弥补了贝克尔经济模型与现实的背离。如果雇用和辞退都有成本，根据完全竞争法则频繁地调整劳动力的构成，从降低成本的角度是无效率的。这样歧视性工资只有经过一个相当长的时期后才能逐渐消除。阿罗提出的拓展经济模型说明，工资与劳动力一体化的均衡过程是相当缓慢的。

26.4　卡瑞尼·卡恩的顾客歧视理论

卡瑞尼·卡恩（Kawrence M. Kahn）拓展了贝克尔有关顾客歧视的理论。① 他认为，在一般均衡框架下，顾客歧视理论区别于雇主歧视与雇员歧视，特别是在规模报酬不变和非歧视性企业存在的情况下，被歧视的群体可以逃脱歧视，但顾客歧视仍可能存在。歧视性工资差异存在取决于顾客需求、技术、少数群体劳动力的相对规模。

卡恩给出了顾客歧视的一般均衡模型，即两部门两要素模型。设定两部门是服务部门和制造部门，前者顾客与提供服务的生产者直接接触，后者不接触。两要素是白人和黑人工人，并且有相同的劳动生产率，但顾客对黑人在服务部门的产出要打折扣，意味顾客歧视。卡恩认为白人、黑人劳动配置有三种情况：①白人在两部门工作，黑人不在服务部门工作。卡恩分析认为，这种情况下，两部门白人工资相同。由于生产部门没有顾客歧视且企业追求利润最大化，所以白人、黑人在制造部门工资相同。这种设定将消除歧视性工资差异。②劳动力市场完全分割。白人在服务部门，黑人在制造部门，将产生歧视性工资差异。③黑人在两部门工作，白人在服务部门工作。那么两部门的黑人工资相同，白人不在制造部门工作，是因为他们在服务部门机会工资更高。白人在服务部门工资更高是因为顾客设定这种情况，黑人只在制造部门，白人只在服务部门，结果是一个均衡。那么在均衡情况下应当有：$1\geqslant W_B/W_W=\alpha L_W/k\gamma L_B\geqslant D$。$W$、$L$ 表示工资率和

① Kahn, L. K. Customer Discrimination and Affirmative Action., Economic Inquiry, XXIX, July. 1991

劳动力，α 是黑人在制造部门产出弹性，r 是白人在服务部门产出弹性，k 是服务部门与制造部门的产出比，D 是歧视系数。

上述不等式对不同劳动力配置的所有情况下白人、黑人的工资差异设定了界限。很明显，如果 $W_B/W_W>1$，那么白人就会进入制造部门；如果 $W_B/W_W<D$，那么黑人就会进入服务部门，获得白人收入的 D 倍部分。所以上述不等式成立，白人进入制造部门没有好处，黑人进入服务部门没有好处。卡恩认为白人、黑人的工资差异在界限范围内变化的概率是下列情况的增函数：①黑人劳动力的相对规模。规模越大，越难以避免顾客歧视（L_B 相对于 L_W 提高），意味着分割均衡情况下，制造部门的 MP 降低。②收入花在服务部门的比例。k 越大，黑人避免顾客歧视的可能性就越小。③劳动在服务部门相对于制造部门的产出弹性。如果 a 相对于 r 减小，则意味着制造部门的劳动力的 MP 下降，制造部门存在黑人劳动力拥挤现象。

26.5 安妮·奥斯本·克鲁格的歧视的经济动机

安妮·奥斯本·克鲁格（Anne Osbom Krueger，1934— ）是美国经济学家。她出生于美国纽约州恩迪科特。早年在美国奥伯林学院学习，获得了文学学士学位，随后进入威斯康星大学，主攻经济学，并先后获得了该校理学硕士和哲学博士学位。1955 年就职于威斯康星大学，1966—1982 年任明尼苏达州州立大学经济学教授。1982—1986 年任世界银行首席经济学家，1993 年任杜克大学经济学教授；1995 年任美国经济联盟总裁，2001 年至 2006 年任国际货币基金组织代理总裁。2007 年至今任约翰霍尔金斯大学国际研究学院教授，主要研究国际经济学。1974—1975 年任美国中心部经济协会会长，1977 年任美国经济学会副会长。主要出版著作有《外贸体制与经济发展：土耳其》（*Foreign Trade Regimes and Economic Development*：*Turkey*，1974）、《印度进口替代的效益与成本：微观经济学研究》（*The Benefits and Costs of Import Substitution in India*：*A Microeconomic Study*，1975）、《朝鲜的贸易与发展》（*Trade and Development in Korea*，1975）、《许多国家的增长、畸变与贸易类型》（*Growth*，*Distortions and Patterns of Trade Among Many Countries*，1977）、《外贸体制与经济发展：自由化尝试与结果》（*Foreign Trade Regimes and Economic Development*：*Liberalization Attempts and Consequences*，1978）、《汇率决定》（1992）等。克鲁格的主要经济贡献是运用经济理论分析发展中国家的贸易及有关政策。她对劳动经济学也有较深的研究，主要体现在利用贝克尔的两国贸易理论扩展了歧视的经济动机模型。

贝克尔认为白人雇主的目标函数是效用，歧视偏好也是效用的函数。克鲁格认为贝克尔的净收入最大化的假设是合理的①，但也存在对歧视的另外的一种解释，即歧视的动机是经济原因，而不仅仅是一种偏好。即使白人没有歧视偏好，白人的效用函数也能导致歧视。

① Krueger, A. O. The Economic of Discrim ination. *Journalof Polit ical Economy*, LXXI (5), October, 1963

克鲁格同样利用贝克尔的两国贸易模型却得出不相同的结论。贝克尔利用完全封闭交易来解释歧视，而克鲁格利用大国与小国的贸易的最优税收理论来说明歧视问题。

安妮·奥斯本·克鲁格
1934—

在这里歧视相当于一种税收，如果白人仅仅关心他们自己的收入最大化，而不是整个社会的最大化收益，那么在白人资本家没有个人歧视偏好的情况下，通过设置最优税率，也能最大化白人收入。他们国内与国外收入的最优差别是 $t_W=\frac{-1}{n_D+1}$，n_D 是黑人部门进口资本的弹性。

如果白人可以通过对出口资本征收一定税收来增加他们的货币收入，那么给定白人歧视程度的情况下，黑人能否通过反歧视来增加他们的收入呢？克鲁格认为，黑人最大化自己的收入可以对白人资本的进入征收税收，税率是 $t_n=\frac{1}{n_S}$，n_S 是白人的资本供给弹性。只不过 n_S 非常大，黑人对白人资本的歧视是微弱的。而且黑人的最优税率不是独立于白人税率的。t_n 对 t_W 的偏导数值是负的，意味着白人税率增加，黑人将减少资本进口；同样 t_W 对 t_n 的偏导数值也是负的，因为白人资本出口水平随着黑人税率增加而下降。所以，如果双方都有由于歧视而存在的报复性征税，税率的调整将收敛于一个稳定的状态，即稳定的歧视偏好。①

克鲁格重新计算了贝克尔模型中的歧视成本。贝克尔假定 $Q=L^{2/3}K^{1/3}$，$L_w=9$，$L_n=1$，$K_w=150$，$K_n=1$，根据克鲁格计算，白人最大化自己的收入是出口 4.1 单位资本，而不是贝克尔认为的 14.1 单位。这时黑人对白人资本的需求弹性是－1.86，所以白人的最优税率是 116%，此时黑人的最优“歧视”是非常小的，因为白人资本的供给弹性非常大，为 53.0，最优黑人税率仅为 1.9%，所以黑人从反歧视中得到的收益非常小。

26.6 莱斯特·瑟罗的多种歧视类型相互作用的模型

莱斯特·瑟罗（Lester C. Thurow，1938— ）是美国当代著名经济学家。他出生于美国蒙大拿州利文斯顿镇，早年在美国哈佛大学专攻经济学，1964 年获得该大学经济学博士学位。他曾在约翰逊总统经济顾问委员会工作一年，但绝大部分时间都是在哈佛大学、麻省理工学院等院校任教，研究国际经济、总体经济、公共财务及所得分配。现为美国麻省理工学院赖弥尔森管理及经济学教授、世界财经管理趋势大师，曾任美国民主党的经济参谋；《纽约时报》评誉瑟罗为“经济论辩中，极具说服力的分析家及优秀的阐

① 姚先国，谢嗣胜．西方劳动力市场歧视理论综述．中国海洋大学学报（社会科学版），2004（6）

释者”；知名经济学家保罗·克鲁曼（Paul Krugman）称颂瑟罗是“将经济观念诠释得简单清楚的经济学家”。瑟罗在舆论界和政府决策界影响很大，他长年为《纽约时报》《时代周刊》《新闻周刊》等发行量甚大的报刊撰文，并时常在电视中就企业和公众感兴趣的经济问题发表见解。被认为是世界级的经济问题权威。他著述颇丰，主要有《零和社会：分配和经济变革的可能性》(1981)、《知识经济时代》、《危险的趋势：经济学的现状》(1983)、《零和社会解决方案：建设国际水平的美国经济》(1985)、《21 世纪的角逐：行将到来的日、欧、美经济战》(1992) 以及《资本主义的未来：当今各种经济力量如何塑造未来世界》(1996) 等。瑟罗擅长宏观经济学、收入分配、世界经济和管理学。瑟罗认为，除了理性的经济分析外，经济决策还应多加考虑“更人性的因素”，包括动机、团队精神、人性、合作等，以及政治与社会层面的影响，这些都应该放回经济学的领域，依此建构个体经济学，进而架构全球经济。特别是《零和社会：再分配与经济变革的可能性》一书出版后，被誉为美国政坛和国家经济政策的重要声音。瑟罗对微观劳动经济学也有精深的研究，主要体现在他对劳动力多种歧视类型相互作用的垄断模型的研究。

莱斯特·瑟罗
1938—

瑟罗认为，歧视的竞争理论与其说是歧视理论，倒不如说是分隔理论。[①] 用两个社会自由贸易被经济歧视阻断的模型来表示歧视是不恰当的，因为歧视是发生在一个社会，而不是两个社会。统治群体在很大程度上控制了与少数群体的交易与不交易的力量，就好像有歧视的垄断买主、卖主一样。自然的、社会的或经济的压力可能使主导群体与从属群体交易，少数群体几乎没有选择权利，当然也没有拒绝交易的权利，为了生计不得不那样做。例如，美国是一个白人至上的社会，而不是一个分隔的社会。

在竞争模型中，白人会由于与黑人空间距离上分隔而产生货币收入，但这只是一个幸运的副产品，因为公开的目的是空间上的距离，而不是更高的收入。有时白人会在空间距离和更高的收入之间做出选择。相反，在社会距离模型中，白人的目的在于提高货币收入，更高的货币收入有助于增加社会距离，结果白人精心地、系统地实施歧视来提高他们的货币收入。通过实施歧视，他们能从更大的社会距离中提高货币收入和心理收入。由于垄断公司至少可以获得竞争性公司一样多的收入，白人希望尽可能建立对黑人的垄断。如果相关的供给、需求曲线不是完全弹性，白人可能通过垄断提高收入。垄断不仅是提高白人收入的技术，而且是可以解决竞争模型中歧视消失的问题。如果垄断被建立，那么整个社会对社会距离的一般要求就可以确立，而不需要同没有对社会偏好要

① Thurow, L. *Poverty and Discrimination*, Washington DC: Brookings, 1969; T hurow, L. Discrimination And Theories of Income Determination., in Generating In equality: Mechanisms of Discrimination in the U. S. Economy, Chapt er 7, New York: Basic Books, 1975

求的人竞争。

在歧视的垄断模型中，存在多种歧视类型，瑟罗解释了七种歧视类型，即雇用歧视、工资歧视、职业歧视、人力资本歧视、垄断势力歧视、资本歧视、价格歧视。垄断者相机使用，以提高他们的货币收入和社会距离。由于垄断者的兴趣在社会距离而不是空间距离，他愿意与能给他带来利益的被歧视对象联合。

多种类型的歧视都可以使垄断者提高收入，但它们之间也存在冲突，如工资歧视与雇用歧视、职业歧视、人力资本歧视与雇用、工资、职业歧视等。不同歧视类型间的冲突构成了歧视者作为一个群体的主要问题之一。为了解决这些冲突，在可观察的歧视模型中似乎出现一些反常行为。不同结果的出现取决于白人是通过扩大绝对收入获得社会距离，还是通过扩大相对收入的方法。前一种方式，白人采取行动直接提高他们的收入，并且在总劳动力市场上以某种方式分配黑人职业而获得；后一种方式，白人愿意以降低收入的方式来更大地降低黑人的收入。

多种歧视类型相互作用的垄断模型的主要问题与歧视的实施机制有关，因为有些人要承担损失，如雇主不雇用更便宜的黑人劳动力，是什么机制迫使他们承担损失呢？当政府在歧视中扮演积极角色时，那么政府权力将提供实施机制。政府权力是建立和实施白人专买专卖权力和阻止黑人社区反抗力量的主要工具，如教育投资、给实施歧视而受损的白人补偿、暴力镇压等。

如果政府不实施歧视，歧视的实施相对困难一些，社区和社会压力将迫使一些白人承担损失。那么歧视的主要实施机制将来自不同类型歧视的联合状态。不同歧视类型分开来看，会存在有效的经济压力来消除歧视，如没有歧视的雇主可通过雇用黑人增加利润等。但多种歧视类型被集合在一起来看时，经济压力要么不出现，要么以很微弱的方式作用。每一种类型的歧视都可以促进其他类型的歧视，如黑人教育少从而技能少，又容易导致职业、雇用、垄断势力歧视问题，综合起来，所有这些歧视导致低收入，低收入使价格歧视和人力资本歧视更容易，而且这些歧视限制了黑人的政治权力和使学校教育歧视成为可能。不论考察哪一种歧视都可以促进其他类型的歧视，它们处在一个相互作用的系统中。当所有歧视被综合起来考虑的时候，没有白人会从歧视中遭受显著损失，结果终止歧视的经济压力也就是很微弱的。

26.7　B·伯格曼的拥挤学说

埃奇沃思（Edgeworth）和福西特（Fawcell）早在20世纪初期就提出了拥挤学说，认为女性收入低于男性在于她们就业被限制在狭窄的职业领域。B·伯格曼（B. Bergmann）对此假说进行了形式化处理。[①] 假设经济社会中只有两种职业，而且职业完全分隔，白人黑人集中在不同的职业部门，两部门劳动力要素分别是E_1，E_2，非劳动

① Bergmann, B. The Effect on Incomes of Discrimination in Employment., *Journal of Political Economy*, vol. 79, 1971

力要素是 K，白人和黑人劳动力数量分别是 $E_1=P_w$，$E_2=P_n$。设定一个不变替代弹性生产函数：$Y^{-\beta}={}_{\alpha1}P_w^{-\beta}+{}_{\alpha2}P_n^{-\beta}+{}_{\alpha3}P^{-\beta}$，$\beta$ 是不同要素替代弹性的参数，α 是禁止黑人就业的职业性质的参数。假设白人黑人可完全替代。用 E_1^*、E_2^* 代表没有歧视劳动力自由流动后的两种职业部门的劳动力，$\frac{R^*}{R}$ 表示完全流动与完全分隔情况的边际收益之比。那么对白人来说，$\frac{R_w^*}{R_w}=\frac{MP_w^*}{MP_w}=\left(\frac{Y^*}{Y}\right)^{\beta+1}\left(\frac{P_w}{E_1^*}\right)^{\beta=1}$。这里 $\frac{Y^*}{Y}>1$，表明重新分配劳动力，流动利用效率提高了，带来总收入的提高。$E_1^*-P_w>0$，表明 P_w 增加到 E_1^* 时，白人的工资降低。同样对黑人来说，$E_2^*-P_n<0$，表明 P_n 减少到 E_2^* 时，黑人收入增加。

通过 CES 生产函数可得出，如果消除职业隔离，随着总收入的增加，其他要素收入也随之变化，雇主与资本所有者作为一个群体是获益者，但是只雇用黑人的雇主和资本所有者的收益将相对减少，也可能是绝对减少，而排斥黑人的雇主和资本所有者获益则高于平均获益水平。

从伯格曼模型中，可自然地看出：①如果消除职业隔离，对低学历（意味着低生产率）的白人冲击最大，所以在低收入阶层中长期存在种族主义思想，是源于物质利益。②伯格曼的拥挤模型很容易转化为雇员歧视模型，伯格曼说："对白人雇员（歧视）的担心，使得白人雇主考虑目前雇员的士气和目前安排的稳定性，只能安抚或渐进的方式雇用黑人。"① 白人雇员的歧视产生了白人雇主歧视的动力。③雇员产生歧视是由于经济利益，而不是纯粹的歧视偏好。伯格曼认为："歧视的动力不在于外生的歧视偏好，而在于纯粹的经济动机。歧视使黑人集中低收入、低社会地位的工作中，使白人免于黑人的竞争而获得高收入、高社会地位的工作。"②

伯格曼指出，拥挤与职业隔离，特别是性别隔离至普遍存在的，性别把劳动力划分为非竞争性集团，形成和维持了某种性别垄断的职业或职位范围。例如矿工由男性垄断，护士由女性垄断。在性别垄断下，实际上许多较好的职业或职位由男性垄断，从而女性劳动者受到歧视。由于妇女可以就业的职业相对有限，她们处于拥挤的劳动力市场上，工资较低。

他假定，男女劳动力是同质的；劳动力市场完全竞争，高度流动；产品市场是完全竞争的。为了简化起见又作了以下假设：经济中存在劳动力素质要求相似的三个职业市场 X、Y、Z；市场隔离前，各个职业市场劳动力数量相同，每个市场男女各半；市场隔离起因是社会习惯将社会职业分为"男性职业"和"女性职业"，实质上如此划分并无充分的生产率依据；市场隔离后，职业市场 X、Y 被定义为"男性职业"市场，职业市场 Z 被定义为"女性职业"市场。图 26—6 可以帮助描述拥挤与职业隔离造成的歧视。

市场隔离前，X、Y、Z 三个市场的均衡工资率水平相同，为 W_0，均衡就业量相同。

① Bergmann, B. The Effect on Incomes of Discrimination in Employment., *Journal of Political Economy*, vol. 79, 1971

② Bergmann, B. The Effect on Incomes of Discrimination in Employment., *Journal of Political Economy*, vol. 79, 1971

市场隔离后，原先在 X、Y 职业市场的女性劳动者因受就业歧视离开，而拥挤进入“女性职业”市场 Z，导致 Z 市场工资率水平下降到 W_2。而在 X、Y“男性职业”市场，供给曲线因女工的离开而由 L_{S0} 移向 L_{S1}，劳动力供给减少，工资率上升为 W_1。这样，出现了男女工资差别的工资歧视，如图 26—6 所示。这种就业隔离的后果显然是男性以牺牲女性劳动力的收益为代价而获得了较高的工资水平。

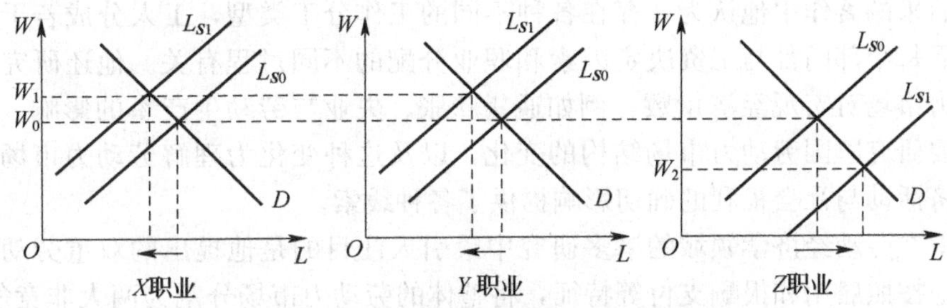

图 26—6　劳动力市场的职业隔离或排挤

伯格曼认为，如果社会通过立法或以其他方式改变人们的行为，人为地拆除职业壁垒，这种歧视现象就必然会消失。高工资水平会吸引女性劳动力从 Z 职业向 X 或 Y 流动，从而实现职业均衡。

26.8 迈克尔·约瑟夫·皮奥里和皮特·多林格的双重劳动力市场歧视理论

迈克尔·约瑟夫·皮奥里（Michael Joseph Piore，1940— ）是美国经济学家。他出生于美国纽约州纽约市。青年时期在哈佛大学学习，主攻劳动经济学，1962 年获得哈佛大学文学学士学位，1966 年获得该大学哲学博士学位。1966—1970 年任麻省理工学院助理教授，1970—1975 年任副教授，1975—1981 年任经济学教授；1968—1970 年任哈佛大学肯尼迪行政管理学院研究员；1970—1971 年任波多黎各总督顾问委员会研究协调员、行动执行主任；1970—1972 年任波多黎各维护劳动、人力、收入顾问。1981 年起任美国麻省理工学院三井讲座当代技术问题教授。主要劳动经济学和经济学著作有《国内劳动力市场与人力调整》（*Internal Labor Markets and Manpower Adjustment*，1971，与皮特·多林格合著）、《候鸟、移居的劳动力与工业社会》（*Birds of Passage，Migrant Labor and Industrial Societies*，1979）、《失业与通货膨胀：制度主义与结构主义的观点》（*Unemployment and Inflation：Institutionalist and Structuralist Views*，1979）、《二元社会的二元论与间断性》（*Dualism and Discontinuity in Industrial Society*，1980）等。此外他还发表了大量有关劳动经济学领域的论文，主要有《双重劳动力市场的在职培训：国家与私人对低收入工人在职培训的责任》（On－the－job training in a dual labor market：public and Private responsibilities in on－the－job training of disadvantaged workers，1969）、《国营企业与私营企业的人力政策》（Public-private manpower policies，1969）、《双重劳动力市场：理论与应用》（The dual labor market：theory and application, 1971)、《社会学工资理论片断》(Fragment of a sociological theory of wages, 1973)、《劳动力市场现实的概念化》(Conceptualization of labor market reality, 1979) 以及《工会与政治学》(Union and politics, 1980) 等。

皮奥里对劳动经济学的主要贡献是双重劳动力市场假说的发明者之一。通过一种从事独特的职业，并很难得到其他就业机会的观点，来解释工业社会中的贫困和社会下层问题。在后来的著作中他认为，存在各种不同的工作分工类型，工人分成若干劳动力市场部门，而每个部门都与工资决定因素和职业分配的不同过程有关。他还研究了这种分割的劳动力市场对宏观经济指数，例如通货膨胀、失业与劳动生产率的影响。近来，他的著作主要研究匡国劳动力市场结构的变化，以及这种变化为理解劳动力市场的分割原因，对经济活动与社会福利的确切影响提供了各种线索。

皮奥里在劳动经济学领域的诸多研究中最引人注目的是他提出的双重劳动力市场歧视理论。他按照雇用和报酬支付等特征，将整体的劳动力市场分割为两大非竞争性部门：一级市场和二级市场。一级市场对劳动者所提供的是相对较高的工资率、较为稳定的就业、良好的工作环境、作业管理过程规范、升迁机会多以及进一步发展的机会。而二级市场只能提供较低的工资率、不稳定的就业以及较差的工作条件，并且根本没有职业发展的机会，在这一部门中，教育和经验的收益被认为接近于零。①

皮特·多林格 (Perter B. Doringer) 和皮奥里认为，一级市场以结构性的内部劳动力市场为主体，通常它有一套指导雇用抉择的详细规则和程序，其工资和劳动力资源配置等由管理和制度性规则来调控，市场力量基本不发挥作用。② 而二级劳动力市场（也称外部劳动力市场）与新古典经济学描述的劳动力市场一致，企业按照劳动边际贡献与边际成本比较及时增减雇用，并按照劳动的边际贡献或市场工资支付报酬。

他们进一步指出，在劳动力市场上，大部分妇女和农村转移进城的劳动力大都在初级劳动力市场上就业，进而导致一种长期延续下来的对他们的歧视。这种歧视的态度会进一步导致妇女和农村进城的劳动力在二级劳动力市场上更加频繁地进出劳动力市场，加大工作经历的不稳定性。

皮奥里和多林格提出的双重劳动力市场理论给出劳动力市场歧视的一个描述性解释。但一些经济学者分析了分割的原因，认为这是由于对不同类型的工人的进行监督时所需要付出的成本差异而造成的。一级市场上工人监督成本高，所以采用效率工资和延期支付工资战略；二级市场监督成本低，可直接监督，没有必要采取一级市场的措施。

莱斯特·瑟罗运用求职列队理论对这种歧视性的就业模式给出一个解释，③ 解释两个指标是求职列队和统计性歧视。其基本假定有：工资结构是外生变量；雇主间的工资差别很大且与求职者的特征没有多大联系。厂商根据求职者未来的可培训程度（在很大程

① Piore, M. J. The Dual Labor Market: Theory and Application, *The State and the Poor*, 1970

② Doringer, P. and Piore, M., *Internal Labor Markets and Manpower Analysis*, Lexington, Mass: D, C. Heath. 1971

③ Thurow, L. Discrimination and Theories of Income Determination., in *Generating In equality*: *Mechanisms of Discrimination in the U. S. Economy*, Chapter 7, New York: Basic Books, 1975

度上是根据未来的生产率）做出选择或列队。获得求职者有关信息的成本很高，甚至连求职者自己对能否录用也不清楚。但是非白人以及已婚妇女能意识到自己在求职过程中处于不利地位，因为根据群体的总体态度、工作技能以及被辞退的可能性等方面来判断，他们自身的条件不及男性白人。只有在职业分布的低区域范围内，他们才能在列队中处于有利的地位。

26.9　丹·布莱克和 C.J. 麦克纳的搜寻成本歧视理论

从市场拥挤和双重劳动力市场的角度对歧视所作的解释是建立在这种假说基础上的，即工人从一些职业群体向其他职业群体流动受到严格的限制。然而这种限制到底是怎样做出的？丹·布莱克（Dan H. Black）和 C.J. 麦克纳（C.J. Mekenna）提出的搜寻成本歧视理论给出了解释。假设对所有的雇员来说，都存在一种搜寻工作的成本。求职者想要找到一份理想的工作，需要对企业进行搜寻。搜寻是有成本的，但也是有收益的，因为搜寻对象越多，对企业的工资分布就越了解。

布莱克认为，在劳动力市场上，不是所有雇主都具有歧视偏好或具有歧视行为。而正在寻找工作的妇女或其他受歧视的劳动力也并不知道哪一位雇主会接受或拒绝他们，即他们没有能力掌握劳动力市场的全部信息。这样，他们可能会为了获得与未受歧视的劳动者同等的工作机会，不得不进行更长时间和更艰苦的搜寻，这就是说，只要遇到有歧视行为的雇主，他们就不得不增加求职的成本。

图 26—7 描述了这种情况，即有两个具有相同生产率的雇员群体（在图 26—7 中表示为可以创造同一水平的边际收益产品 MRP_L^*，即劳动力需求曲线相同），不过其中的一个群体比另一个群体具有更高的工作搜寻成本。图 26—7a 所描述的是搜寻成本相对较低的雇员群体（如男性劳动力等）的劳动力供给曲线以及劳动力边际收益产品曲线。他们的工作搜寻成本较低，所以只要他们所在的企业稍微消减一点工资，就必然导致这些雇员离开这家企业；而稍微有一点工资增加，就会从其他厂商吸引来许多求职者。这样，

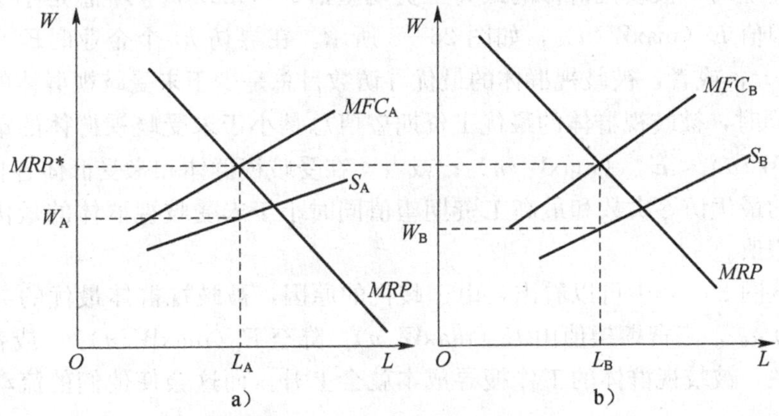

图 26—7　搜寻成本歧视比较

a）低搜寻成本　b）高搜寻成本

这一群体对他们雇主的劳动力供给曲线 S_M 就相对平缓，这就意味着与之相联系的劳动力边际费用曲线（ME_L）$_M$ 也相对较为平缓。利润最大化雇主将会从这一群体中雇用 L_M 个雇员，并向他们支付 W_M 的工资率，这个工资水平仅仅比 MRP_L^* 稍微低一点。

图 26—7b 所描述的是由于歧视性雇主的存在而被迫承担高搜寻成本的那一群体（例如女性劳动力）的劳动力供给曲线和劳动边际收益产品曲线。这一雇员群体被假定与图 26—7a 的雇员具有相同的劳动力边际收益产品，但是由于他们具有较高的搜寻成本，因此，对于女性劳动力而言，意味着她们有一条更为陡直的劳动供给曲线 S_F 和一条更为陡直的劳动边际费用曲线（ME_L）$_F$，即在劳动边际收益产品和工资率之间存在更大的差距。在女性劳动力群体中，将会有 l_F 个女性被雇用，她们所得到的工资率为 W_F。对图 26—7a 和图 26—7b 进行比较可以看出，尽管两大群体中的劳动者都具有相同的生产率，但是具有较高搜寻成本的那一群体中的劳动者所得到的工资却要低一些。

布莱克的搜寻模型将厂商行为中的买方独家垄断模型同市场拥挤和职业分隔现象结合在一起。① 由于雇员搜寻成本的存在，可能会导致单个雇主面临一个向方倾斜的劳动力供给曲线，而这表明劳动力的边际成本将会上升到工资以上，从而引发雇主的买方独家垄断行为。追求利润最大化的雇主在选择雇用水平时，最终会停留在劳动力的边际成本等于边际收益的那一点上。劳动力供给曲线的倾斜角度越陡直，则工资和边际劳动力成本之间的差距越大。所以在实际中，那些具有较高搜寻成本的劳动者很可能会被安排到工资率较低的工作职位上。

麦克纳的劳动力市场寻访模型假定，求职者寻访企业数目给定 n 时最高期望值表示为 EE（$\max W/n$），很容易得出：n 越大，则期望值越高。再假设对每一个企业寻访成本是固定且已知的，用 c 表示。这样寻访的边际成本等于其边际收益时，便确立了最佳的寻访数量 n^*，即：

$$c=E(\max W/n)-E[(\max W/n-1)]$$

假设下标 0 为未受歧视群体，下标 1 为受歧视群体。当劳动力市场存在歧视，于是在寻访 n 个企业时，被歧视群体的最高工资期望值 E（$\max W/n$）$_1$ 总是小于未受歧视群体的工资期望值 E（$\max W/n$）$_0$，如图 26—8 所示。在寻访 n_t 个企业时 E（$\max W/n$）$_1<E$（$\max W/n$）$_0$；或者，被歧视群体的最优寻访数目总是少于未受歧视群体的最优寻访数目 $n_s<n_t$；同时，被歧视群体的最优工资期望值总是小于未受歧视群体的最优工资期望值 E^*（$\max W/n$）$_1<E^*$（$\max W/n$）$_0$；或者，在受歧视群体和未受群体各自都达到其均衡时，前者的最优访寻次数和最高工资期望值同时小于未受歧视群体的最优访寻次数和最高工资期望值。

显然，从图 26—8 中可以看出，由于歧视的原因，被歧视群体最优的寻访企业数目由 n_1^* 下降为 n_0^*，工资期望值由 E（$\max W/n$）$_1^*$ 降至 E（$\max W/n$）$_0^*$。或者说，只要存在歧视性雇主，被歧视群体的工作搜寻成本就会上升，而这会使他们的流动次数要比没

① Black, Dan H., Discrimination in an Equilibrium Search Model., *Journal of Labor Economics* 13, No. 2, April 1995

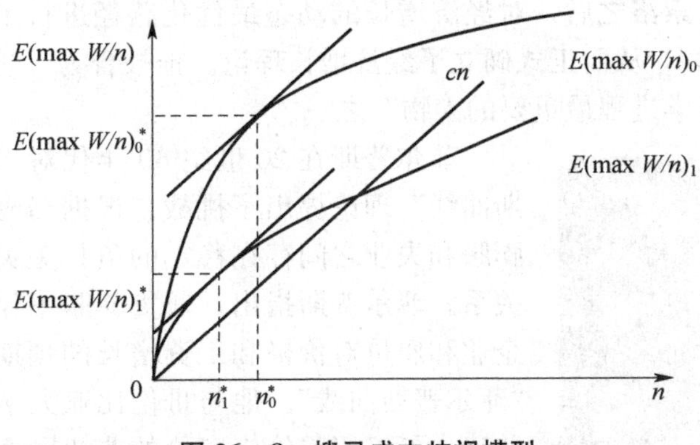

图 26—8　搜寻成本歧视模型

有歧视的群体少。

由此可以看出，如果提高被歧视群体的搜寻成本，而使这些群体的劳动力寻求另外一种就业机会的可能性更小，那么他们的工作匹配质量也会更差一些。于是较高的搜寻成本意味着，单个被歧视群体成员找到那种能最大限度地利用他们能力的雇主的机会是很小的。

26.10　埃德蒙德·菲尔普斯的统计性歧视理论

埃德蒙德·菲尔普斯（Edmund S. Phelps，1933—　）是美国经济学家、2006 年诺贝尔经济学奖得主。他出生于美国伊利诺伊州的埃文斯顿，1955 年获得美国阿姆赫斯特学院文学学士学位，1959 年获得耶鲁大学经济学博士学位，师从诺奖得主詹姆斯·托宾教授。菲尔普斯曾经执教于耶鲁大学和宾夕法尼亚大学，1971 年起任美国哥伦比亚大学经济学教授。同时担任美国科学院院士、美国社会科学院院士、纽约科学院院士、美国经济学协会副会长、布鲁金斯经济事务委员会资深顾问、美联储学术会议专家、美国财政部和参议院金融委员会顾问、《美国经济评论》编委等。主要经济学著作有《财政对经济增长的中立性》（*Fiscal Neutrality Toward Economic Growth*，1965）、《经济增长的金科玉律》（*Golden Rules of Economic Growth*，1966）、《就业与通货膨胀理论的微观经济基础》（*Microeconomic Foundations of Employment and Inflation Theory*，1970）、《通货膨胀政策与失业理论》（*Inflation Policy and Unemployment Theory*）、《经济公正文集》（*Economic Justice：A Reader*，1973）、《宏观经济研究，第一卷：就业与通货膨胀》（*Studies in Macroeconomic Theory：Vol.1：Employment and Inflation*，1979）以及《宏观经济研究，第二卷：再分配与经济增长》（*Studies in Macroeconomic Theory：Vo2.1：Redistribution and Growth*，1980）等。

菲尔普斯的研究方向主要集中于宏观经济学的各个领域，包括就业、通货膨胀和通货紧缩、储蓄、公债、税收、代际公平、价格、工资、微观主体行为、资本形成、财政和货币政策，以及他最有成就的领域——经济增长问题，被誉为“现代宏观经济学的缔造者”和“影响经济学进程最重要的人物”之一。菲尔普斯最重要的贡献在于经济增长理论。他继罗伯特·索洛之后，对经济增长的动态最优化路径进行了分析，提出了著名的“经济增长黄金律”，从而正式确立了经济增长理论。他被誉为“现代宏观经济学的缔造者”和“影响经济学进程最重要的人物”之一。

埃德蒙德·菲尔普斯
1933—

菲尔普斯在20世纪60年代对当时盛行的“菲利普斯曲线”理论提出了挑战。根据当时的这一理论，通货膨胀和失业之间存在稳定的负相关关系，即此消彼长的关系。菲尔普斯指出，通货膨胀不仅与失业有关，也与企业和雇员对价格和工资增长的预期有关，从而提出了“菲尔普斯曲线”。他与哥伦比亚大学的同事们一起研究并建立了工资与价格定价的非协同模型，运用不完全信息等理论来研究自然失业率、隐含工资合同、滞后效应与失业等重要问题。他还建立模型来解释统计性歧视问题。他的研究对经济学理论、劳动经济学和宏观经济政策都产生了重要影响。

菲尔普斯认为，统计性歧视的根源在于信息的不完全，以及获取信息需要支付成本，企业在劳动力市场上雇用求职者时，往往将求职者的群体特征推断为个体特征，这种做法会使不利群体遭受统计性歧视。如果不利群体的总体统计性特征中，随机扰动项越大，即总体特征中个体差异越大，那么利用群体特征来推断作为甄选标准的代价就越高。但是对企业来说，这仍是不完全信息下的高效率的做法，与雇主利润最大化目标是一致的，所以统计性歧视在劳动力市场上将会长期存在。

菲尔普斯建立模型来解释统计性歧视问题。① 假设雇主可以通过考核测得求职者的分数 y_i，作为衡量求职者的产出价值 q_i，用最小二乘法回归预测求职者产出价值，② 可得：$q_i'=\alpha_1 y_i'+\mu_i'$，误差项 μ_i 为0的正态分布，q_i'、y_i'为样本的离差形式，并且可以得出

$$0<\alpha_i=\frac{\mathrm{var}q_i}{\mathrm{var}q_i-\mathrm{var}\lambda}<1,\ Eu_i=0 \qquad (26—5)$$

现将种族（或性别等）作为虚拟变量引入模型：$q_i=\alpha+x_i\eta_i$。这里 $x_i=(-\beta+\varepsilon_i)c_i$，$\beta>0$，$c_i$ 为虚拟变量，ε_i、η_i 服从均值为0，正态且独立分布，x_i 表示与种族（或性别等）相关的社会因素的作用。再设定 $\lambda_i=\eta_i+c_i\varepsilon_i$，$z_i=-\beta c_i$。在种族（或性别等）相关因素介入的情况下，再用最小二乘法预测求职者适合工作的程度，可得：

$$q'_i-z'_i=\alpha_i(y'_i-z'_i)+\mu_i,\ 其中\ 0<\alpha_1=\frac{\mathrm{var}\lambda}{\mathrm{var}\lambda+\mathrm{var}\mu}<1 \qquad (26—6)$$

① Phelps, E. S. The St at istical Theory of Racism ang Sexism., American Economic Review, LXII, Sept-ember, 1972

② Phelps, E. S. The St at istical Theory of Racism ang Sexism., American Economic Review, LXII, Sept-ember, 1972

上式可转化为： $q_i'=\frac{\mathrm{var}\lambda_i}{\mathrm{var}\lambda_i+\mathrm{var}\mu_i}y_i'+\frac{\mathrm{var}\omega_i}{\mathrm{var}\lambda_i+\mathrm{var}\mu_i}z_i'+\mu_i$ (26—7)

根据上式分析，可以得出以下两个结论：①由于黑人是社会的不利群体，对黑人求职者来说 $z_i'<0$，所以通过上式可以看出，即使白人与黑人考核分数相同，也会认为黑人能力低于白人。②当 $\varepsilon\neq0$ 时，即 λ 不独立于 ε_i，受种族因素作用，那么赋予黑人更大的方差，即：

$$\mathrm{var}\lambda_i=\mathrm{var}\eta_i+c_i^2\mathrm{var}\varepsilon_i\text{，且}\lim_{\varepsilon_i\infty}\frac{\mathrm{var}\lambda_i}{\mathrm{var}\lambda_i+\mathrm{var}\mu_i}=1 \quad (26—8)$$

也就是在回归预测方程中，黑人的 y_i 系数要比白人的大，两条预测曲线相交，在考核分数很高的情况下，黑人预测曲线的 q_i 值高于白人，那么可以预测黑人能力将超过与他们得分相同或低于其得分的白人。

埃格勒（Angier）和克恩（Cain）也从不同的角度对统计性歧视进行过深入研究，他们将统计性歧视情况区分为群体间歧视和群体内歧视。不论何种情况，劳动力市场上统计歧视都将一个群体的典型特征推断为群体中的个体具有的特征，并将其作为一个评价标准而产生的歧视。统计性歧视也就是在信息不完全的情况下，由于考察的方法局限性造成的。不管怎么说，在排除雇主其他歧视情况下，统计性歧视是在信息成本约束与利润最大化行为的下一个理性选择。

思考题

1. 简述西方劳动力市场歧视理论形成的思想渊源。
2. 论述加里·斯坦利·贝克尔的歧视理论。
3. 简述肯尼斯·约瑟夫·阿罗的雇员偏见理论。
4. 简述卡瑞尼·卡恩的顾客歧视理论。
5. 试论安妮·奥斯本·克鲁格的歧视的经济动机。
6. 简述莱斯特·瑟罗的多种歧视类型相互作用的模型。
7. 试论 B·伯格曼的拥挤学说。
8. 简述迈克尔·约瑟夫·皮奥里和皮特·多林格的双重劳动力市场歧视理论。
9. 简述丹·布莱克和 C.J. 麦克纳的搜寻成本歧视理论。
10. 简述埃德蒙德·菲尔普斯的统计性歧视理论。

第 27 章　工资理论

27.1　约翰·梅纳德·凯恩斯的工资刚性理论

约翰·梅纳德·凯恩斯（John Maynard Keynes，1883—1946）是 20 世纪最重要的英国经济学家。他在其代表作《就业、利息和货币通论》中提出了工资刚性理论。他指出，工资刚性是指劳动力市场上的货币工资水平向下浮动的可能性或工资向下变动的弹性非常低。求职过程的分析表明，产生失业的根本原因并不在于劳动力需求不足，而是由于市场信息不完善。但是由于工资刚性引起的失业，原因并不在于信息不完善，而恰恰在于劳动力需求不足。由工资刚性引发的失业现象可以用图 27—1 来说明。

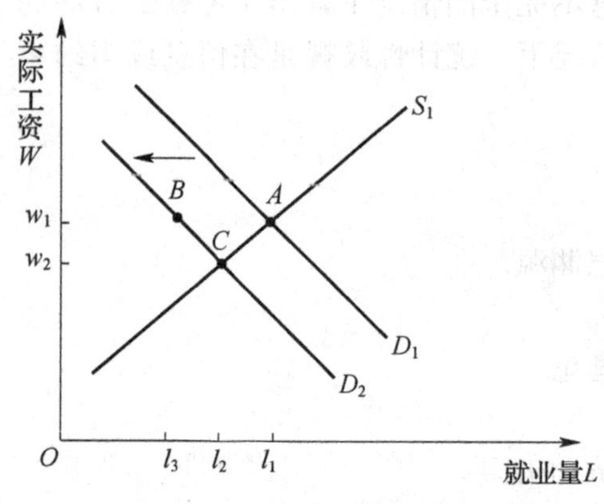

图 27—1　由工资刚性引发的失业现象

图 27—1 中的纵轴表示实际工资水平，它等于货币工资除以物价水平，物价水平是事先给定的，这样，只有实际工资与货币工资按相同的比率变动时，才能以货币工资为基点来分析劳动力市场的供求对比状态。在图 27—1 中，劳动力需求曲线 D_1 和供给曲线 S_1 都是实际工资的函数。在两曲线的交点 A，即当工资水平为 w_1，就业水平为 L_1 时，市场处于均衡状态。当就业水平为 L_1 时，劳动力市场供求量相等，L_1 达到充分就业水平。

假设由于消费者购买力下降，产品市场上需求滑坡，企业产量减少，产出萎缩，随之便缩小用工规模。表现在图 27—1 中，即劳动力需求曲线由 D_1 移动至 D_2。当工资水平保持不变（为 w_1）时，就业水平将下降至 L_3，从而引起劳动力供给出超，其超出量为 L_1-L_3。如果货币工资能够向下浮动，则供给过剩必将导致工资水平下降，直至下降到 w_2，市场实现新的均衡。

但是，在现实经济中，货币工资水平很难下降。因而，当产品市场需求不足时，必然发生失业现象。假设产品市场和劳动力市场都满足完全竞争的假设条件，即当劳动力供给量大于需求量时，货币工资水平将随之下降，但由于产品市场的价格也会相应下降甚至下降幅度更大，这必将使劳动力市场的实际工资水平或者保持不变或有所提高。

凯恩斯认为，市场经济体制不具有实现充分就业均衡的自动调节机制。劳动供给大小并非像传统经济学所说的那样，取决于实际工资的高低，也就是说在货币工资不变的情况下，劳动者不会因为实际工资水平的下降而退出劳动力市场。正相反，劳动者在与厂商签订工资协议的时候，所能确定的不是实际工资水平，而是货币工资水平。因此，凯恩斯认为劳动力供给是货币工资而非实际工资的函数，即 $S=s(w)$。

在此基础上，凯恩斯否定了在传统经济学中工资的即时反映性质，指出货币工资具有下降刚性，这是因为劳动者及其工会组织会竭力反对货币工资下降。因而减少工资也不像古典经济学家认为的那样，是减少失业的万能方法。即使少发工资，严峻的经济形势仍使大量工人在极低的工资条件下仍然不退出劳动力市场，同时又会引发消费者收入和需求的减少，这些足以抵消降低工资的正面作用。因而经济危机不会由市场自动调节恢复平衡。凯恩斯指出，充分弹性的工资只存在于高度集权的国家中。而在市场经济国家，国家不可能通过行政指令直接下调货币工资，因此，在市场经济国家工资的向下刚性是普遍存在的。

27.2　约翰·理查德·希克斯的集体谈判工资理论

约翰·理查德·希克斯（John Richard Hicks，1904—1989）是英国当代著名经济学家，他的集体谈判工资理论首次出版于 1932 年。这一理论最重要的特征是明确指出了罢工威胁在集体谈判中的作用，作为一种工具，可以用它来向雇主施加压力，迫使雇主支付高于在其他情况下他将支付的工资。希克斯认为，工会争取提高工资和改善工作条件的能力，来自让雇主承担高于这种解决的办法的威胁，认为这种威胁提供了达成协议的推动力。希克斯理论的核心是雇主让步的倾向和工会坚持的倾向是威胁的预期罢工长度的函数。如果需要确切了解劳动力市场双边垄断时的工资与就业的决定，希克斯集体谈判模型提供了一个有意的方向。

按照希克斯的理论，雇主将根据对各种方案的成本估计，有两种可选方案间进行选择，据此，希克斯提出了集体谈判模型，如图 27—2 所示。该模型表明，谈判方将接受的工资水平与建立这一工资水平所需要的产业行动时间长度之间存在函数关系。假设集体谈判双方仅就提高工资进行谈判，纵轴 W 是工会和雇主正在谈判中的工资增长百分比，横轴是预期的工会产业行动的持续时间。雇主所愿意提供的工资增长水平是 W_1，为了避免工会采取行动进行抵制，工资水平将随着雇主对工会采取产业行动的预期所做的让步而提高，从而可得雇主的让步曲线 EC，在曲线 EC 上任何一点，表示雇主对应每一工会所采取的产业长度所能支付的最高工资的增长；EC 曲线将变得水平，意味着雇主提高工资有一个最高限度，超过这一限度，在任何情况下，雇主都不会再提高，他宁可发生罢工。

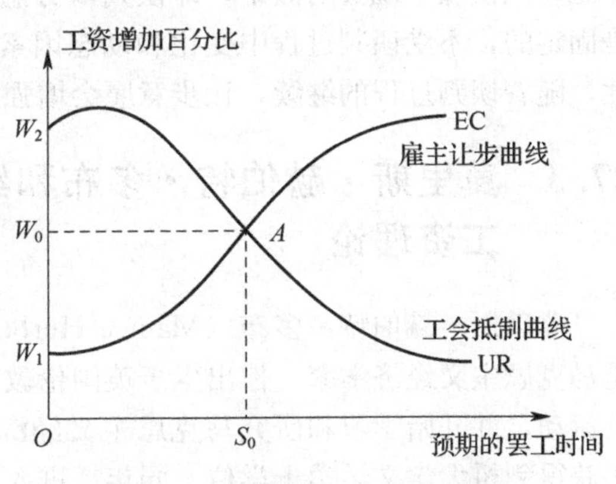

图 27—2　集体谈判让步曲线模型

从工会方面来说，其工资增长要求为纵轴的 W_2。考虑到采用产业行动的损失与成本，工会可以接受的工资增长低于该点。工会抵制曲线 UR 表示在各种采用产业行动长度的条件下可以接受的最低工资增长水平。*UR* 曲线随着产业行动的预期长度而下降，最后趋于平滑，表明工会采取产业行动有最长的时间限度，超过这一限度，工会将接受雇主提供的工资增长水平。若集体谈判破裂而发生产业行动，随着产业行动的继续，工会的工资要求将会下降，而雇主所愿意提供的工资则逐渐上升，直到产业行动进行到 S_0 点，双方达成了妥协。在这一点上，工资提高到 W_0，预期产业行动结束。

希克斯模型表明若集体谈判各方都明确对方的底线，为了不发生产业行动的成本，双方将在产业行动发生之前就在 W_0 点达成协议，但这是不可能的。因为谈判各方都有隐藏底线的真实意图和诱导对方的动机。故希克斯模型的真正意义在于为研究集体谈判双方的谈判力量提供了框架。

希克斯模型的主要含义是：①如果 *EC* 曲线保持不变，则任何 *UR* 曲线向上移动的因素都将同时提高预期的产业行动时间和预期的工资上涨幅度。决定工会抵制力量的因素是工会的组织程度。若产业行动期间，雇主不能找到足够的劳动力替代产业行动工人，就将会增强工会的抵制力量。②任何强化雇主拒绝能力的因素都会导致 *EC* 曲线的下降，从而 *UR* 曲线下降。这些因素是产业行动企业产品的替代可能性以及产品市场的供给情况和市场结构。预期的产业行动期间企业有充分的库存而不失掉市场，垄断性企业将比竞争性企业更具有谈判力量；此外，凡是降低工会的抵制力量的因素都将是强化雇主谈判力量的因素。

希克斯提出的集体谈判工资理论指出了精确的工资决定点，比较准确地描述了劳资双方的行为轨迹，为更加复杂的谈判理论的发展奠定了基础。但是，希克斯的模型存在不足，该模型不现实的假定，即谈判双方意识到对手的让步意愿；该模型假定让步曲线是固定的，不受谈判过程中变化和动态因素的影响，希克斯模型并未意识到这样的可能性，随着谈判过程的继续，让步意愿会增强。

27.3 莫里斯·赫伯特·多布和约翰·托马斯·邓洛普的集体谈判工资理论

莫里斯·赫伯特·多布（Mauice Herbert Dobb，1900—1976）是英国经济学家，也是马克思主义经济学家。他出生于英国伦敦郊区的一个小商人家庭，1918 年投身英国劳工运动，并开始学习和研究马克思主义经济学。1919 年进入剑桥大学学习经济学，1922 年获得剑桥大学文学学士学位。同年，进入伦敦经济学院继续从事经济学研究，1924 年以论资本主义企业的历史和理论的学位论文，获得伦敦经济学院哲学博士学位。同年，回剑桥大学任经济学讲师。1925 年首次访问苏联，1951 年曾作为德里大学经济学院的客座教授访问印度，1956 年应邀访问波兰，1959 年任剑桥大学高级讲师。1964 年获得布拉格查尔斯大学名誉博士学位，以后还获得布达佩斯大学和累斯特大学名誉博士学位。1967 年从剑桥大学退休后，继续从事经济学和经济思想史的研究。主要著作有《资本主义企业和社会进步》（*Capitalist Enterprise and Social Progress*，1925）、《1917 年以来苏联经济的发展》（*Soviet Economic development Since* 1917，1928）、《工资》（1928）、

《经济学家马克思》（*Mars as an Economist*，1943）、《资本主义发展的研究》（*Studies in the Development of Capitalism*，1946）、《经济增长与经济计划论文集》（*An Essay on Economic Growth and Planning*，1960）以及《亚当·斯密以后的价值和分配学说》（*Theories of Value and Distribution since Adam Smith*，1973）等。他致力于建立一个分析资本主义制度的理论框架，这使他不可避免地重新考察价值理论，最后达到对新古典经济学理论的完全否定。他在马克思主义经济学研究方面，对马克思主义劳动价值论、剩余价值论和经济危机理论等问题作了深入研究，为马克思主义经济学在西方的传播和发展做出了重要贡献。他对思想史的众多贡献之一，是同皮埃罗·斯拉法合作编辑了 11 卷本的《大卫·李嘉图的著作和通信集》。他还提出了集体谈判工资理论，认为雇员的工资水平是通过劳资谈判确定的，从而推动了这一领域的研究。

莫里斯·赫伯特·多布
1900—1976

约翰·托马斯·邓洛普（John Thomas Dunlop，1914— ）是美国经济学家，曾任哈佛大学经济学教授，他对集体谈判工资理论也做出过重要贡献。

多布和邓洛普认为，工资的决定取决于劳资双方在工资谈判中交涉力量的抗衡结果。在工业化发展的初期，工资谈判是在企业主和劳动者个人之间个别进行的。由于工人无法遏制自己相互之间的竞争，因而无法抵抗工资下降的趋势。后来由于工会力量的发展壮大，劳资双方的谈判也就趋向于集体方式，即资本家组织与工会组织之间的集体交涉。由于工会被看成是劳动供给的垄断者，因而能够控制劳动力供给和工资量。多布和邓洛普认为，在不完全竞争的劳动力市场上，用均衡价格来决定工资是可行的，如图 27—3 所示。

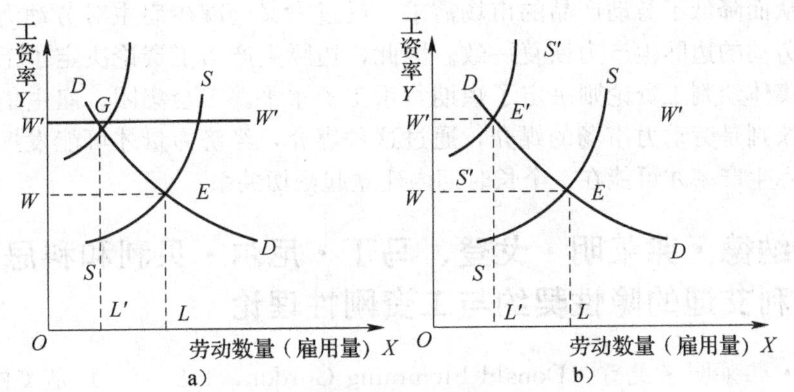

图 27—3 集体谈判对均衡价格的影响

工会人为提高工资率，即 OW 上升到 OW'，或促使政府规定最低工资率，使工资不得不低于 $W'W'$。原来劳动供给和需求的均衡点为 E，OW 为均衡工资率，OL 为均衡条件下的雇用量。现在，雇主受到劳动边际生产力规律的支配，将会自行把雇用量从 OL 减少到 OL'（工资率为 OW' 的条件下，劳动需求曲线由 DD 与 WW' 相交于点 G）。所以提高工资率达到的效果和工会直接限制劳动供给的效果是一样的，如图 27—3a 所示。

工会通过限制劳动力供给，使劳动供给曲线由 SS 移到 $S'S'$。这样，供需曲线相交点由点 E 移到点 E'，工资从 OW 上升到 OW'，雇用量从 OL 下降到 OL'，如图 27—3b 所示。

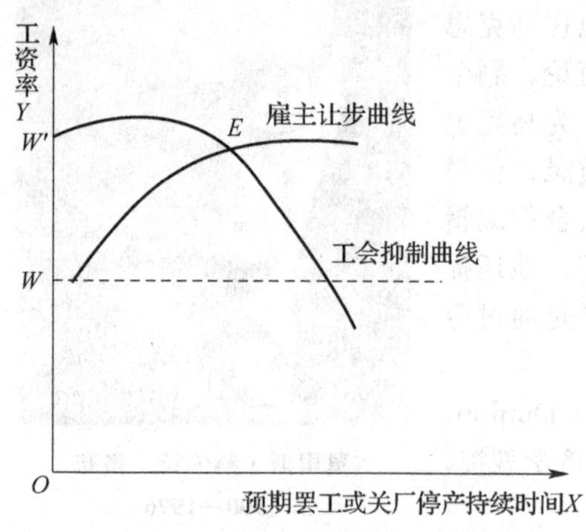

图 27—4　雇主让步曲线和工会抵制曲线

多布和邓洛普认为，现实工会对工资的决定并没有绝对的垄断权。因为雇主不会接受工会最初提出的高工资的要求，否则就会提高生产成本，不利于竞争。在谈判过程中，双方都有既定的策略，在讨价还价过程中，工会最大的施压手段是罢工，雇主最大的施压手段是关厂，最终双方让步，达成协议。约翰·海克斯在分析谈判中双方调整策略后的过程中，提出了集体谈判的海克斯模式，如图 27—4 所示。雇主与工会谈判中都不会愿意为长期停产付出代价，双方让步，找出妥协方案。谈判开始，工会提出新的工资要求 OW'，而雇主只同意 OW。后来，雇主的让步曲线呈正倾斜，工会的抵制曲线呈负倾斜，即雇主愿意接受高于 OW 的工资率，工会愿意接受低于 OW' 的工资率。最后在 OW 和 OW' 之间点 E 达成工资率协议。

集体谈判决定工资，表面上看似乎是谈判结果取决于双方力量的对比，实际上其背后是经济因素在起作用，其各方面都要受到经济因素的制约。即使在某种程度上谈判力量似乎超过了经济力量，工会的胜利最终还是短暂的。因为一时较高的工资必然引起较高的价格，从而降低了劳动产品的市场需求。反过来又会减少雇主对劳动力的需求，使工资最终跟劳动的边际生产力恢复一致。因此，边际生产力工资论决定了工资运动的长期趋势，而集体谈判工资论则决定了短期货币工资水平。工会集团、雇主集团以及他们之间的集体谈判是劳动力市场的媒介，通过这种媒介，经济力量才可能发挥作用。工资和劳动的边际生产率才可能在一个长时期内建立起密切关系。

27.4　多纳德·弗莱明·戈登、马丁·尼尔·贝利和科思泰斯·阿扎利艾迪的隐性契约与工资刚性理论

多纳德·弗莱明·戈登（Donald Flemming Gordon，1923—　）是美国经济学家，他出生于加拿大萨斯喀彻温萨斯卡通。早年在萨斯喀彻温大学学习，毕业后到多伦多大学学习，1946 年获得该大学文学硕士学位，后来在康奈尔大学深造，获得哲学博士学位。1950—1966 年任华盛顿大学经济学助教、副教授、教授，1967—1974 年任罗切斯特

大学管理学研究生院教授，1974—1976年任纽约市立大学教授、经济学哲学项目执行人，1976—1978年任英属哥伦比亚西蒙·弗雷塞大学教授，1978年以后在美国纽约市立大学巴鲁克学院任政府商业研究中心教授、主任。曾任美国西部经济协会副会长、会长。戈登的主要论文有《经济理论中的运算命题》（*Operational propositions in economic theory*，1955）、《什么是劳动价值论》（*What was the labor theory of value*，1959）、《初级产品与经济增长：经济测量》（*Primary products and economic growth：an empirical measurement*，1966）、《论价格动态理论》（*On the theory of price dynamics*，1970）、《凯恩斯主义的新古典失业理论》（*A neoclassical theory of Keynesian unemployment*，1974）以及《谁指挥谁？监督强度与劳动纪律》（1990）等。戈登对劳动经济学的主要贡献是提出了就业寻求模型以及关于依赖预期的动态方程无效的论据，独立提出了隐蔽性合同概念，作为对暂时解雇、工作限量和失业的解释。

马丁·尼尔·贝利（Martin Neil Baily，1927— ）是美国经济学家、美国布鲁金斯研究所研究员，曾任美国前总统经济顾问委员会主席。贝利的代表性论文是《不确定需求条件下的工资与失业》（1974）。贝利对劳动经济学的主要贡献是独立提出了隐性契约理论，较好地解释了由于实际工资刚性所引发的失业现象。

科思泰斯·阿扎利艾迪（Costas Azariadis）是美国经济学家、华盛顿大学路易斯分校经济学教授。阿扎利艾迪的主要代表性劳动经济学论文有《隐性契约和失业均衡》（1975）、《隐性契约和相关课题：一项调查》（1981）以及《隐性契约、劳动力流动性和失业》（1983）等。

他创立的隐性契约理论，通过对完全信息下的隐性合约理论和不对称信息下的隐性合约理论的探讨，较好地解释了导致实际工资刚性的原因。

早期的隐性契约理论是20世纪70年代中期发展起来的。戈登、贝利和阿扎利艾迪是该理论的创始人。他们认为劳资双方形成的隐性契约会导致货币工资刚性的出现。因为以人力资本形式存在的资产，其风险通常是难以化解的，职工在既定的时间内只能够受雇于一个企业，即人力资本不能一分为二，工人不能以这种方式实现规避风险的目的，这种特性决定了工人比企业拥有更高的厌恶风险的倾向，他们更希望在一定时期内固定在某一企业工作，而不希望由工作的变动引发收入水平的较大变动。而企业可以通过分散投资来规避投资风险。因而，如果在雇佣合同中含有某些保险性因素，对双方都有利。这种保险性因素在合同中是隐蔽地或含蓄地为劳资双方所认同，所以这种保险并不能由专业性保险公司来提供，这种合同即为所谓的隐性合约。这样在上述假定前提下，厌恶风险的工人为了避免收入的不确定性与风险中性的企业达成了一种没有明说的长期保险契约合约；合约具有隐性而非显形的特征，使隐性合约的履行要依赖于双方对现有合约的维护，则不是强制履约。因此，劳资双方在确定工资水平的时候就形成了这样一个心理契约：一方面，工人的工资不随经济波动发生变化，风险主要由企业来承担；另一方面，作为将风险转嫁出去的代价，工人接受低于市场出清水平的工资。在这种情况下，工资具有不随经济波动变化的向上和向下的刚性。

在隐性契约模型中，假设某一雇主是风险中性的，他的雇员是风险厌恶的。考虑一个同职工群体打交道的厂商，其利润公式为：

$$\pi = pf(L) - WL \quad f'(L) > 0,\ f''(L) < 0 \tag{27—1}$$

这里Π为企业利润，L是厂商雇用的劳动数量，w是工资，p是产品价格，为外生变量，$f(L)$是该企业的生产函数。假定职工工作的效用函数为$u(w)$，失业福利b给工人带来的效用为$v(b)$，则必须满足$u(w)>v(b)$，因为热爱劳动并不是人们的天性，所以只有$w.℉b$时，人们才会选择工作。假定职工是风险规避者，所以$u(w)$和$v(b)$成为凹型函数，也就是说二阶导数小于零。

假定信息是充分的，仅产品价格存在波动，其波动值为（p_1，p_2，…，p_n）。设p_i发生的概率为a_i，$\sum_{i=1}^{n} a_i = 1$。合约规定当产品价格为p_i时，雇用工人的数目为L_i，支付的工资为w_i。工资和雇工数量都随产品价格的变化而定。因此对企业而言，期望利润最大化表达式为：

$$\max E\pi + \sum_{i=1}^{n} a_i [p_i f(L_i) - w_i L_i] \tag{27—2}$$

对职工而言，总的期望效用要满足：

$$EU = \sum_{i=1}^{n} a_i \left[\frac{L_i}{N} u(w_i) + \frac{N - L_i}{N} v(b)\right] \geqslant \overline{U} \quad (L_i \leqslant N,\ i+1,\ 2,\ \cdots,\ n) \tag{27—3}$$

上式假定了N个工人中有L个被录用，且他们的就业机会是相等的，他们所实现的期望效用水平至少与在其他企业供职时的效用$\overline{U}$一样高。

假设参与约束条件得到满足，即公式（27—3）成立，则公式（27—1）对w_i求一阶偏导可以得到：

$$-a_i L_i + \frac{\mu a_i L_i}{N} u'(w_i) = 0 \tag{27—4}$$

该公式可以简写成：

$$u'(w_i) + \frac{N}{\mu} \tag{27—5}$$

其中，N代表劳动力总数，独立于产品价格p_i；μ是前一个限定条件的拉格朗日乘数，也独立于产品价格p_i。也就是说，无论产品价格如何变动，所有被雇用者的边际收入效用都是相等的，也就证明了求解公式（27—3）得到如下公式：

$$w_i = w \tag{27—6}$$

公式（27—6）就是隐性合约理论中著名的工资刚性定理，工资并不随企业产品价格的变化而波动。该模型对工资刚性的解释是：在隐性契约中，由于劳资双方对风险的偏好程度不同，所以以一个略低于平均水平的固定工资来取代随机扰动的工资，对合同双方都有好处，需要注意的是，该模型的前提条件是价格总水平不变。如果价格水平发生变动，就会影响工资的实际水平，就要根据价格总水平对名义工资进行指数化调整，以保持工人实际工资不变。而工资不变的刚性期限必须以合约期限为限。

总之，在完全信息和企业与职工风险不对称的假设条件下，戈登、贝利和阿扎里迪斯所创立的隐性合约理论较好地解释了导致实际工资刚性的原因。由于隐性契约理论从企业提供的保险合约来解释实际工资刚性和失业，在一定程度上为以固定价格为特征的一般非均衡凯恩斯主义经济学提供了较为牢固的微观经济基础，因此，被认为在一定程度上弥补了凯恩斯工资理论的不足，并成为后凯恩斯主义经济学的一个主要理论分支。

27.5 罗伯特·默顿·索洛的效率工资模型

罗伯特·默顿·索洛（Robert Merton Solow，1924—　）是美国著名经济学家，他在 1979 年发表的论文《工资黏性的另一个可能原因》中首先提出了效率工资理论。他的目的是想说明，对于工资黏性的原因，除了宏观经济学家提出的传统原因外，还可能有另外一个原因。在论证这一效率原因的过程中，他指出，在成本最小化工资水平，努力的工资弹性是 1，这就是著名的"索洛条件"。

为了推导索洛条件，先看企业的利润函数

$$\prod = pQ(eE) - wE \tag{27—7}$$

这里，努力 $e=e(w)$，是工资 w 的函数，为了使问题简化，假定产品价格 p 是由产品市场的竞争决定的，因此是一个常数。在这里，生产函数是努力和工人数量的乘积函数。其含义是，如果努力增加一倍，那么只需原来工人数量的一半就可以获得相同的产量水平。然而很难使一个工人付出双倍的努力来操作两台机器。不过，大部分情况仍然可以被近似地看作是这种乘积形式。在索洛推导出弹性为 1 这一结论的过程中，他并没有假定函数的这种乘积形式，而是指出生产函数的形式必须是最优工资水平，不受产量制约。

分别对 E 和 w 求偏微分，可以得到

$$pQ'_E(eE) = \frac{w}{e} \tag{27—8}$$

$$pQ'_w(eE) = \frac{1}{e'(w)} \tag{27—9}$$

第一个条件决定了最优劳动投入水平。它的一般表达式是"边际产品价值等于工资"，用效率单位来表示。e 倍的 E 是用效率单位表示的劳动投入，w/e 是一效率单位劳动的成本。第二个条件给出了企业的最优工资水平，图 27—5 可以更好地理解这一点。图 27—5 中描述了典型的努力—工资关系可能是怎样的。

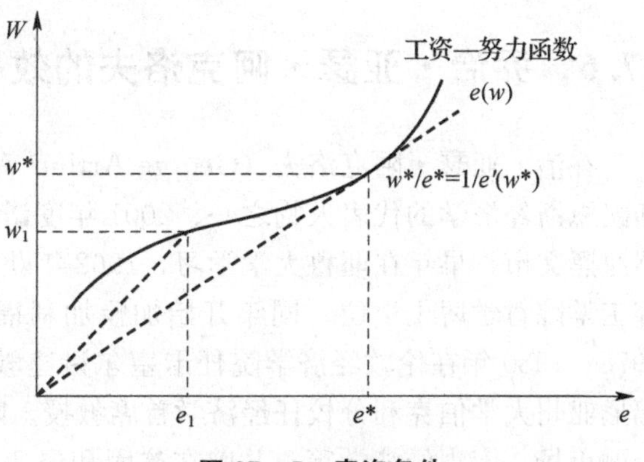

图 27—5　索洛条件

为了更好地理解上述条件，用纵轴

表示工资 w，以使曲线的斜率为 $1/e'(w)$。企业所面临的问题是选择曲线上的一点，已知的工资水平对应一定的努力水平。选择 w_1，它对应的每效率单位成本是 w_1/e_1，表示从原点出发经曲线上该点的射线的斜率。在该点上，努力—工资曲线的斜率是相对更大。在 w^*，从原点出发的过曲线的射线达到最小值，而且等于工资—努力曲线在该点上的斜率。因此，可以得出两个结论，第一，一效率单位劳动的成本 w/e 在 w^* 达到最小值；第二，在该点上，$w/e=1/e'(w)$。用图像推导每效用单位最小成本的过程，同推导整个曲线上最小平均成本是相同的问题。通过联合两个条件等式，可以准确地得到预料的结果。联合公式（27—8）和公式（27—9），重新整理得：

$$\left(\frac{w}{e}\right)e'(w)=1 \qquad (27—10)$$

换句话说，努力的工资弹性应该是一单位。

弹性为 1 表明：在最优工资水平，工资的一定百分比变化引起的努力的相同百分比变化是非常有意义的。如果在此之后的变化较大，那么工资增加且变化大于它所引致的努力的变化。

然而，重要的是得出了最优工资取决于工资—努力关系的结论。当产品价格 p 增加时，既然最优工资不取决于 p，那么如果 p 改变，最优工资将保持不变。这样就得到与标准模型相同的结果。边际产品曲线将向外移动，并交 w/e 曲线更高的值。企业将雇用更多的工人，而不会通过更高的工资来诱导现有工人提供更多的努力来增加劳动投入。如果令 p 的改变代表商业周期的影响，那么可以得出无论产量水平如何，企业将保持工资水平不变。企业面对需求的减少，将减少产量和解雇工人。相反，在繁荣时期，企业将扩大产量并雇用更多的工人，只要他们不受到劳动供给的限制，就不会改变工资水平。因此，索洛的效率工资模型为商业周期中实际工资刚性提供了一种解释，同时也表明很可能存在失业均衡。如果效率工资水平高于劳动力市场出清时的工资水平，企业就不会为了利用超额劳动力供给而降低工资水平。

索洛的效率工资模型并没有详细解释为什么劳动生产率应该取决于工资水平，尽管它指出存在许多可能性，然而，20 世纪 80 年代，索洛的效率工资思想被许多经济学家所继承和发展。

27.6 乔治·亚瑟·阿克洛夫的效率工资理论

乔治·亚瑟·阿克洛夫（George Arthur Akerlof，1940— ）是美国著名经济学家、新凯恩斯经济学的代表人物之一、2001 年度诺贝尔经济学奖得主。他生于美国康乃迪克州纽黑文市，早年在耶鲁大学学习，1962 年获得该大学文学学士学位，1966 年获得麻省理工学院哲学博士学位。同年开始加盟加利福尼亚州大学伯克利分校经济系，任助教。1978—1980 年在伦敦经济学院任卡塞尔讲座教授，自 1980 年到现在，一直在美国加利福尼亚州大学伯克利分校任经济学首席教授。阿克洛夫的研究范围较广，包括货币理论、金融市场、宏观经济学等，并曾在贫困和失业理论、犯罪与家庭、社会习俗经济学等领域发表过大量研究论著，其中有《稳定增长——在危急关头吗?》(1967)、《资本、工资与结构失业》(1969)、《“柠檬”市场：质量的不确定性与市场机制》(1970)、《种族制度经济学与无休止的激烈竞争及其他可悲的陈述》(1976)、《货币需求基金流通理论的微观模型》(1978)、《失业影响的社会习俗理论》(1980)、《货币需求短期趋向：对老问题的新展望》(1982)、《礼物互换与效率工资理论：四种展望》(1984)、《一位经济理论家的故事书》(1984)、《劳动力市场效率工资模型》(与耶伦合著，1986)、《非理性行为的理性模型》(1987)、《泡沫经济学》(1989)、《合理工资前提与失业》(与耶伦合著，1990)、《惩罚与服从》(1991)、《社会悬殊与社会制裁》(1995)、《自我控制与退职救助》(1998)、《经济学与恒等式》(2000) 等。

乔治·亚瑟·阿克洛夫
1940—

阿克洛夫得到承认是因为他的研究借鉴了社会学、心理学、人类学以及其他学科以确定经济学的影响和结果。他的专业领域包括宏观经济学、贫困问题、家庭问题、犯罪、歧视、货币政策和德国统一问题。他对市场的不对称信息研究具有里程碑的意义。他引入信息经济学研究中的一个著名模型是“柠檬市场”。主要用来描述当产品的卖方对产品质量比买方有更多的信息时，低质量产品将会驱逐高质量商品，从而使市场上的产品质量持续下降的情形。阿克洛夫的理论被广泛运用于一些完全不同的领域，如健康保险、金融市场和雇佣合同等。“柠檬市场”模型是信息经济学文献中最为重要的研究，提出了简单而又深奥的一个普遍化思想，并因应用广泛而产生了巨大影响。阿克洛夫认为许多市场机构可以被看成是为了解决不对称信息问题而出现的。除了对不对称信息所进行的研究外，阿克洛夫还从社会学和社会人类学的角度发展了经济学理论，在这方面最值得一提的贡献是他对效率工资和劳动力市场效率的关注。

阿克洛夫将社会学、人类学及心理学等其他学科的研究成果融入劳动经济学，探求经济行为新假设的结果。为此，他提出公平工资努力假说，建立效率工资模型解释现实的失业问题。他指出，要解决工人的非自愿性失业就必须打破社会均衡。在阿克洛夫的文章中，公平工资 W^* 是一个外生的变量，而为什么公平工资会出现以及公平工资是由哪些因素决定的，阿克洛夫在其礼物交换假说中给出了相应解释。

阿克洛夫认为，工人与企业之间的就业合同也具有相似的互惠性，即双方都向对方赠送了相应的礼物，而交换的程度部分取决于内生决定的行为规范。工人们将自己工作努力中的一部分作为礼物送给企业，从而使努力程度高于最低出清水平；而企业也送给工人一定的礼物，构成了工资的一部分，这样的工资水平即是公平工资 W^*。工人获得的公平工资取决于这类工人的数量及其历史工资水平、其他工人的工资水平、失业工人的救济金、当前及过去的失业人数、其超过工作规则的努力水平、工作规则本身等。[①] 当企业给予工人的实际工资 W 小于公平工资 W^* 时，工人将降低自己的努力程度，使得企业得不偿失；当企业支付的工资 W 高于公平工资 W^* 时，工人将以最大的努力程度工作。当公平工资 W^* 超过市场出清水平工资时，失业现象出现。

阿克洛夫认为在社会规范以及其他诸多习俗的制约下，工人基于商品交易公平，为企业提供超出均衡工资水平的劳动，企业为了答谢工人的慷慨行为，也将支出超过均衡工资水平的实际工资。超过市场出清水平的工资使得部分工人无法就业，非自愿失业问题出现。失业并非随机发生在劳动者的身上，因为劳动者的劳动能力并非相同，不同劳动市场的失业率也不一样，初级市场的失业情况好于次级市场，经济周期的循环出现使得一部分劳动者等待从次级市场上升到初级市场的机会，宁愿失业也不选择在次级市场上就业，从而加大了失业的可能性。

为了将上述假设融入经济模型，形式化上述劳动经济思想，阿克洛夫设计了如下模型：每个企业都具有相同的二次生产函数 F，同时雇用两种类型的有效劳动力，L_1 和 L_2 表示类型 1 和类型 2 的劳动投入，e_1 和 e_2 是各自的努力水平，则有：

$$F=A_0+A_1(e_1L_1)+A_2(e_2L_2)-A_{11}(e_1L_1)^2+A_{12}(e_1L_1)(e_2L_2)-A_{22}(e_2L_2)^2 \quad (27\text{—}11)$$

每种类型的劳动力的努力水平如下：

$$e_1+\min(w_1/w_1^*,\ 1) \quad (27\text{—}12)$$

$$e_2+\min(w_2/w_2^*,\ 1) \quad (27\text{—}13)$$

工人付出的努力程度与实际工资 W 和公平工资 W^* 相关，当企业支付工人的实际工资 W 小于公平工资 W^* 时，工人将降低自己的努力程度，使得企业得不偿失；当企业支付的工资 W 高于公平工资 W^* 时，工人将以最大的努力程度工作。公平工资并非是一个外生变量，而是由其他因素决定的，假定公平工资是参考群体的工资和市场出清工资的权重，则有：

$$w_1^*=\beta w_2+(1-\beta)w_1^c \quad (27\text{—}14)$$

$$w_2^*=\beta w_1+(1-\beta)w_2^c \quad (27\text{—}15)$$

其中，w_1^c、w_2^c 是类型 1 和类型 2 各自的市场出清工资，β 是权重，表示参考群体工资所占的影响公平工资的能力。支付的工资水平的差别程度与权重 β 相关，当 β 越高时，工资差距越小。当工人的努力程度与工资无关时，即 $e_1=e_2=1$ 时，分别对 L_1 和 L_2 求导，得 $w=\frac{\partial F}{\partial L}$，即工人实际工资 W 等于其边际产出，代入公式整理可得劳动类型 1 和类型 2 各自的需求函数：

$$L_1=a_1-b_1w_1+c_1w_2 \quad (27\text{—}16)$$

$$L_2=a_2-b_2w_1+c_2w_2 \quad (27\text{—}17)$$

其中：$a_1+A_2A_{12}+2A_1A_{22}/V$，$b_1=2A_{22}/V$，$c_1=-A_{12}/V$；$a_2=$（$A_1A_{12}+$

① George A. Akerlo. f Labor contracts as Partial gift Exchange The Quarterly of Economics，Vo. l97，1982

$2A_2A_{11}/V$，$b_2=-A_{12}N$，$c_2=2A_{11}/V$，$V=4A_{11}A_{22}-A_{12}^2$)。

阿克洛夫认为各自的工资效应大于交叉工资效应，故有 $b_1>c_1$，$c_2>b_2$。假设马歇尔条件下的市场出清工资水平为：

$$w_1^c=w_1-(\overline{L_1}-L_1)/b_1 \quad (27—18)$$

$$w_2^c=w_2-(\overline{L_2}-L_2)/c_2 \quad (27—19)$$

$\overline{L_1}$和$\overline{L_2}$表示各自类型的工人供给数量，当假设其他参考群体工资不变时，出清工资水平代表所有劳动数量都可以得到雇用的水平，即劳动需求量等于劳动供给量。假设类型 1 的工人为高技术水平群体，对其支付高工资；类型 2 的工人为低技术水平群体，对其支付低工资。在这个模型中，将出现高技术—支付工资的工人的完全就业和低技术—支付工资的工人的部分失业现象，低技术—工资支付的工人获得超过市场出清水平的公平工资，而高技术—工资支付的工人获得超过公平工资的市场出清工资水平。之所以如此，是因为工人的边际产出与他的努力程度密切相关，当工人觉得自己受到了不公平的对待时，将降低自己的工作努力程度，从而使边际产出小于实际工资，这对企业来说是非常不利的，因而为了鼓励工人努力工作，企业支付工人的工资必须至少等于公平工资。高技术—工资支付水平的工人努力程度为 1，获得超过公平工资的工资，高技术工人的边际成本等于其工资水平，而与低水平工人无关。而低技术工人的工资水平与工人的边际成本和公平工资相关，企业应选择一个合适的公平工资水平，最大化低技术工人的边际产出。高技术工人市场完全出清，即劳动供给等于劳动需求$\overline{L_1}=L_1$，代入劳动需求函数可得高技术工人的实际工资：

$$w_1+[(a_1-\overline{L_1})/b_1]+(c_1w_2/b_1) \quad (27—20)$$

当高技术工人市场完全出清后，低技术工人市场的就业程度被以下均衡条件决定。对一个最大化利润的企业来说，雇用工人的数量取决于有效劳动产出等于其边际产出的那个点。

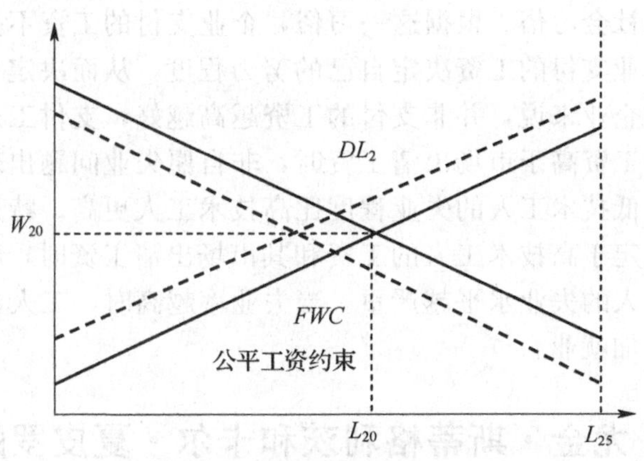

图 27—6　低技能工人的需求曲线

低技术工人的劳动需求函数如公式 (27—18)，即：

$$L_2=a_2-b_2w_1+c_2w_2 \quad (27—21)$$

低技术工人的就业水平—工资均衡用图 27—6 表示，图 27—6 中向下倾斜的曲线表示低技术工人的需求状况，在给定需求函数（27—17）的前提下，当 w_2 变化时，高技术工人的工资水平 w_1 将被公式（27—20）内生决定，从而保证高技术工人的充分就业；低技术工人的劳动需求曲线从函数公式（27—17）和公式（27—20）中推导出来，得到低技术工人的需求数量与工资的函数关系：

$$L_2=a_2+(a_1-\overline{L_1})b_2/b_1=(b_2c_1/b_1-c_2)w_2 \qquad (27—22)$$

因模型中假设各自的工资效应大于交叉工资效应，因而 $b_1>c_1$，$c_2>b_2$，故在此，$b_2c_1/b_1-c_2>0$，低技术工人的需求数量与实际工资呈反向关系。

图 27—6 中向上倾斜的曲线是“公平工资约束（FWC）”曲线或劳动供给曲线，这条曲线显示当满足高技术工人充分就业的工资按照函数公式（27—20）变化时，低技术工人实际（公平）工资与就业变化的关系。“公平工资约束”曲线从函数公式（27—20）和公式（27—21）推导，之所以曲线呈上升趋势，是因为低技术工人认为当就业上升时，他们应该获得更多的公平工资，供给曲线如下：

$$L_2=\frac{\beta c_2}{1-\beta}\left[\left(\frac{1-\beta}{Bc_2\overline{L_2}}-\frac{a_1-\overline{L_2}}{b_1}\right)+\left(\frac{1-c_1}{b_1}\right)w_2\right] \qquad (27—23)$$

根据低技术工人需求曲线公式（27—13）和公式（27—14），可以求得低技术工人的实际工资水平 w_{2D} 和就业量 L_{2D}，工人的失业率 $u=L_{2S}-L_{2D}/L_{2S}$。工人的实际工资与诸多因素相关，如参考群体工资的权重、不同类型的工人的生产函数、各自类型劳动的供给量等，当这些因素发生变化时，将影响低技术工人的需求曲线和供给曲线，从而影响工人的就业水平。劳动供给曲线的斜率严格决定于 β，当 $\beta=1$ 时，公平工资约束为水平线，支付给低技术工人的实际工资为 w_1；相反，当 $\beta=0$ 时，工人们获得市场出清水平工资，并认为这是公平的，公平工资约束是垂直曲线 $\overline{L_2}$。

阿克洛夫的效率工资理论，通过吸收社会学、人类学的研究成果，将人的劳动行为看成基于公平出发的社会习俗。根据这一习俗，企业支付的工资不少于工人预期的公平工资，而工人根据企业支付的工资决定自己的努力程度，从而决定自己的边际产出。对于追求利润最大化的企业来说，并非支付的工资越高越好，支付工人的工资应等于工人的边际产出。当公平工资高于市场出清工资时，非自愿失业问题出现。失业对不同的工人来说是不一样的，低技术工人的失业程度比高技术工人更高。特别是当低技术工人的预期公平工资内生决定于高技术工人的工资和其市场出清工资时，越是取决于高技术工人的工资，低技术工人的失业水平越严重。当失业率越高时，工人预期的公平工资水平将同等下降，从而增加就业。

27.7 约瑟夫·尤金·斯蒂格利茨和卡尔·夏皮罗的效率工资理论

约瑟夫·尤金·斯蒂格利茨（Joseph Eugene Stiglitz，1943— ）是美国著名经济学家、2001 年诺贝尔经济学奖获得者。他出生于美国印第安纳州加里，24 岁就跳级获得麻省理工学院哲学博士学位，此后前往剑桥大学从事研究工作，26 岁被耶鲁大学聘为经济学正教授。3年后他被选为计量经济学会的会员，这是一个经济学家所能获得的最高荣誉之一。1979年，他获得了美国经济学会两年一度的约翰·贝茨·克拉克奖，该奖项用于表彰对经济学做出杰出贡献的40岁以下经济学家，1988年他成为美国国家科学院院士，同年起在斯坦福大学任经济学教授。1993年，斯蒂格利茨步入政界，成为克林顿政府的总统经济顾问委员会成员，并从1995年6月起任该委员会主席。1997年起，他又担任了世界银行高级副行长兼首席经济学家。他还曾经在国际货币基金组织任职。2011—2014年是国际经济协会主席。自2000年至今，斯蒂格利茨执教于哥伦比亚大学。2001年，因为经济学的一个重要分支——信息经济学的创立做出的重大贡献，斯蒂格利茨获得了诺贝尔经济学奖。主要经济学论著有《现代经济增长理论文集》(*Readings in Modern Theory of Economic Growth*，1969)、《公共经济学讲义》(*Lectures in Public Economics*，1980)、《商品价格稳定化理论》(*The Theory of Commodity Price Stabilization*，1981)、《不平等的代价：破解阶级对立的金权结构》(*The Price of Inequality：How Today's Divided Society Endangers Our Future*，Norton，2012）等。

约瑟夫·尤金·斯蒂格利茨
1943—

斯蒂格利茨最重要的研究是试图要加深理解不完全和高成本信息是如何影响经济行为和市场均衡的。这项研究证明完全竞争的基本存在、特征和福利原理并不健全，并为建立明确包括不完全信息的更广义理论打下了基础。这项研究还考察了这一理论在垄断者和政府行为，以及劳动力、资本和产品市场均衡中的具体应用，为经济学的一个重要分支——信息经济学的创立做出了重大贡献。他所倡导的一些前沿理论，如逆向选择和道德风险，已成为经济学家和政策制定者的标准工具。他是世界上公共部门经济学领域最著名的专家。他所著的《经济学》教材是世界上最通行的教材之一，被翻译成多种语言。斯蒂格利茨对劳动经济学也有精深的研究，早在1976年，他率先在世界上提出了效率工资理论，这是劳动经济学最新的研究成果之一。

卡尔·夏皮罗（Carl Shapiro，1955—　）是美国经济学家。他出生于1955年，1981年获得MIT的经济学博士学位。20世纪80年代任教于普林斯顿大学，从1990年起一直任教于加州大学伯克利分校，是该校经济学、商业战略学教授，并兼任加州大学伯克利分校经济研究所主任。夏皮罗公开发表的论文主要涉及产业组织、竞争政策、创新经济学及竞争战略等。目前的研究兴趣包括反垄断经济学、知识产权与许可证发放、产品标准与相容性、网络经济学与互联互通等。卡尔·夏皮罗在1984年也从不同的角度提出了效率工资理论，他也是这一理论的开拓者之一。

斯蒂格利茨和夏皮罗认为，工资水平会直接影响劳动生产率的高低。雇主将实际工资水平确定在略高于市场保留工资水平的位置，不但可以吸引、留住优秀的熟练工人，而且还可以对现有工人有正向的激励，减少工人怠工和偷懒行为，降低流动率，减少工

卡尔·夏皮罗
1955—

人与雇主之间的摩擦，从而提高劳动生产率。

他们对工资黏性问题的解释是：因为雇主对他所要雇用的潜在雇员的生产率具有相当的不确定性，而降低工资的结果是降低雇员的平均绩效，绩效下降带来的成本的增加会抵消由于工资的下降所带来的成本的减少。所以，当劳动力市场的供给发生波动时，就会改变劳动力的边际产量，最终影响的是实际就业量而不是工资水平，因而工资具有黏性。具体用数学模型表示如下：

设在一个完全竞争的经济中，每个厂商的行为都相同，其生产函数是：

$$Q=F(e(w),N) \tag{27—24}$$

其中 Q 是厂商的产量，F（•）是生产函数，e（•）是劳动效率的函数，它由实际工资水平 w 决定，N 是厂商雇用的劳动人数。那么，一个利润最大化的企业确定其工资水平以及雇用工人的人数，实际工资水平就是 w^*，实际工资应该等于边际生产率，因为利润最大化的厂商的利润函数是：

$$Max\pi+Max[p\cdot F(e(w),N),N-wN] \tag{27—25}$$

关于 N 的一阶导数为：

$$\frac{\partial\pi}{\partial N}=pF'-w=0 \tag{27—26}$$

在这种生产函数下，追求利润最大化的厂商的边际生产率和工人的实际工资（w/p）还是相等的。假设 e（w）的弹性是逐渐下降的，那么，效率工资所处的位置就是弹性为1的点，也就是说，工资增加1%，劳动效率也增加1%。其中 w^* 是效率工资，在这个工资水平下，每个效率单位的劳动成本最小。每个厂商最优化地雇用工人的数量应满足下式：

$$e(w^*)\cdot F'(e(w^*),N^*)=w^* \tag{27—27}$$

也就是边际产品应该等于实际工资。当实际工资 w^* 超过出清水平时，效率增加，劳动需求量减少，就业就会相应减少，实际就业 N^* 就会少于市场出清时的就业量。为了激励工人提高劳动生产率，厂商将不接受低于或等于 w^* 工资的失业者，而是给在职职工以高工资，以提高劳动的边际产品率。

效率工资模型可以清楚地解释工资黏性问题。这是因为效率工资的决定是工人劳动生产率对实际工资的弹性为1的点，它与产品市场的需求变化和总的物价工资水平无关。因此，经济中的随机扰动变量不会影响效率工资的决定。所以产品需求量的变化只会带来厂商雇用量的变化。但是，生产函数的规模收益的变化、技术进步等因素会对效率工资带来影响，所以效率工资是具有一定程度的黏性的。

斯蒂格利茨和夏皮罗还指出，当生产率提高带来的收益大于工资提高引起的成本增加时，企业利润反而增加。因此，企业提高工资不一定会减少利润，降低工资也不一定会增加利润。这一工资理论的含义在于工资可以作为增加利润的有效手段。这一理论可借助理论模型表示出来。斯蒂格利茨和夏皮罗认为，企业中每个工人的生产率 λ 是企业支付的工资率 W，其他企业支付的工资率 W^* 以及失业率 μ 的函数，即：

$$\lambda=(W, W^*, \mu) \quad (27—28)$$

于是每个有效单位的劳动成本是 W/λ。开始生产率 λ 随 W 的增加呈加速增加，W/λ 递减。但在某个有效点后，生产率 λ 的增长速度减缓，W/λ 递增。最求利润最大化的企业必然追求每个有效劳动单位的成本最小化，即工资—劳动成本曲线的最低点 W^*/λ^*。这个最低点对应的工资率 W^* 便是效率工资，如图 27—7 所示。

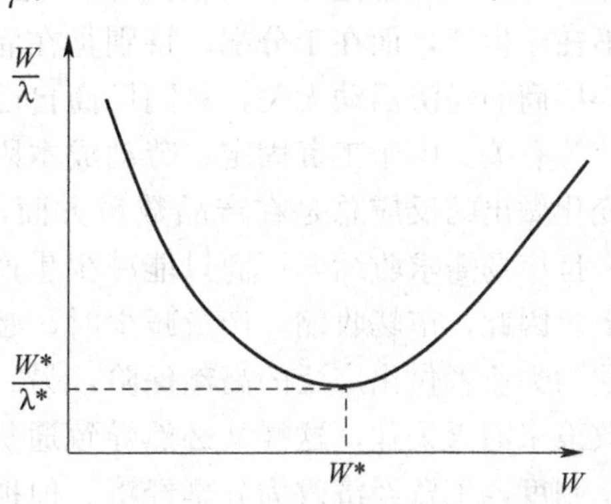

图 27—7 工资—劳动成本曲线

从上述的效率工资理论中可以看出，保持适度的失业率是必要的，因为它可以刺激人们努力而勤奋地工作，有利于提高有效劳动供给量。斯蒂格利茨和夏皮罗所说的失业，显然是非自愿失业的一种表现形式。这些非自愿失业者在劳动力市场上处于等待的状态，一旦出现合适的工作机会，他们就会欣然接受。这是待业者与主动寻找工作者之间的主要区别。斯蒂格利茨和夏皮罗提出的效率工资理论开辟了工资理论的新视野，从此工资不再是一种被动的东西，而是作为促进生产率增长的一个重要因素，成为经济学家们研究的对象。

27.8 马丁·劳伦斯·韦茨曼的分享工资理论

马丁·劳伦斯·韦茨曼（Martin Lawrence Weitzman，1942— ）是美国经济学家。他出生于美国纽约州纽约市，早年在美国斯沃斯莫尔学院学习，1963 年获得该学院文学学士学位；1964 年获得斯坦福大学理学学士学位，1967 年获得麻省理工学院哲学博士学位。1967—1972 年任耶鲁大学经济学助理教授、副教授，1972—1973 年任麻省理工学院经济学副教授，1973 年以后任该学院经济学教授，现任哈佛大学经济学教授。他的研究关注环境经济学，尤其是气候变化和灾难经济学。主要论文有《创造间接资本过程中利用规模经济的最优增长》（*Optimal growth with economies of scale in the creation of overhead capital*，1970）、《自由进入与私有制——供选择的公共财产管理制度》（*Free access vs. private ownership as alternative systems for managing common property*，1974）、《价格与数量》（*Prices vs. quantities*，1974）、《国民产值在动态经济中的福利意义》（*On the welfare significance of national product in a dynamic economy*，1976）以及《最优选择的最优探究》（*Optimal search for the best alternative*，1979）等。

韦茨曼主要致力于比较各种计划和调节方法的有效性的理论工作，例如，评价不同调节措施的作用；对经济增长、调查结论、刺激、研究和开发、规模经济学和比较经济学均有所贡献。他的最重要研究是提出了著名的分享工资理论。这是一种将工人与雇主的利润联系起来的理论，他主张以“分享基金”作为工人工资的来源，它与利润挂钩，工人与雇主在劳动力市场上达成协议规定双方在利润中的分享比例。利润增加，分享基金增加；反之，则减少。

分享工资理论是韦茨曼在 1984 年提出的。他认为，传统的资本主义经济的根本弊端不在于生产，而在于分配，特别是在雇员报酬制度方面。传统的雇员报酬制度中，工资同厂商的经济活动无关，只同厂商自己无能为力的一些要素如货币发行量、生活费用指数等有关。由于工资固定，劳动成本固定，厂商按照利润最大化原则，对市场总需求的变化做出的反应总是在产品数量方面，而不是价格方面，成本不能动，价格也不能动，一旦市场需求收缩，厂商只能减少生产，不能降价，因为在成本不能动时，降价就会亏损。因此，市场收缩，产量减少时，必然出现工人失业。韦茨曼说，西方社会一方面必须为失业者付出广泛的高额保险，另一方面必须采取凯恩斯式的扩张性财政政策和货币政策来消灭失业，这样又必然导致通货膨胀。基于上述原因，他提出将工资制度改为分享制度，工资经济改为分享经济。他把工资制度改为分享制度的要点就是：把固定的工资改为和某种反映厂商经营状况的指标相联系。这样，工人和雇主在劳动力市场上达成的就不是规定每小时多少工资的合同，而是工人与雇主在企业收入中各占多少分享比率的协议。

从理论上分析，分享制度建立分享基金作为工人工资的来源，与利润挂钩。当利润下降，分享基金减少，雇用水平不变时，工人工资就会持续下降，而且随着工人的增加，工人工资还会继续下降，即单位劳动成本随就业增加而下降，边际劳动成本低于平均劳动成本。因此，实行利润分享的企业倾向于多雇用工人，从而稳定就业减少失业。问题在于分享制度虽然可鼓励雇主增加工人，减少失业，但是随着雇用量的增加，平均工资就会下降。企业为了吸引工人和留住工人，工资就必须等于或高于其他企业同等级工人的工资。因此，分享制度是否会限制企业追加雇用量或保留住现有工人的能力值不得而知。

韦茨曼指出，劳动报酬方式影响劳动力供给。工资分享制度下的工资水平要随着市场条件的变化而变化。如果工资水平能随着经济周期的循环而波动，则就业规模的波动幅度就会缩小，经济衰退期的失业水平就会下降。在韦茨曼看来，产生滞胀现象的原因在于：当产品需求发生波动时货币工资并不能随之相应地调整，是垄断竞争性的市场结构推动工资上扬，并带动了通货膨胀的螺旋式上升。韦茨曼认为，如果在劳动力的边际产出与平均成本之间嵌入一枚“楔子”，那么，全面推行利润分享式的工资制度后，国民经济就会出现一个长期的劳动力需求出超局面，因而就可以实现充分就业。当劳动报酬制度能解决失业问题时，货币政策就可以更有效地根治通货膨胀问题。

在对工资分享理论的阐述中，韦茨曼明确无误地排除了员工参与决策的可能，也不实行职工持股计划。这种制度的政策含义值得深思。韦茨曼呼吁，应实行税收补贴措施，以鼓励工人和企业采用并坚持工资分享制度。如果工资分享制度的主要作用是通过企业的绩效来实现的，那么，实施这一制度就只对企业自身有利。因此，政府补贴对社会公众来说是否有明显作用是一个存疑未决的问题。劳动力市场调节能力的增强，也许具有更广泛的政策性含义，但是，仅就改善劳动力市场与工资制度之间的关系而言，即使抛弃工资分享制度，也可能存在其他更有效率的制度安排。但韦茨曼认为，普遍推行工资分享制可以使国民经济永久处于劳动力旺盛的状态，从而可以解决滞胀问题。这对于政府和整个社会无疑是有利的，但未必有利于单个企业。如果所有其他企业都继续实行工资分享制度才能维系劳动力需求旺盛的这些先决条件，韦茨曼才使自己的理论与公共补贴政策建立起一种联系。从制定政策的角度看，这个问题不仅涉及工资分享制是否影响劳动力市场的运作机制，而且与这种机制赖以发挥作用的渠道有关。

思考题

1. 简述约翰·梅纳德·凯恩斯的工资刚性理论。
2. 试论约翰·理查德·希克斯的集体谈判工资理论。
3. 试论莫里斯·赫伯特·多布和约翰·托马斯·邓洛普的集体谈判工资理论。
4. 简述罗伯特·默顿·索洛的效率工资模型。
5. 论述乔治·亚瑟·阿克洛夫的效率工资理论。
6. 论述约瑟夫·尤金·斯蒂格利茨和卡尔·夏皮罗的效率工资理论。
7. 简述马丁·劳伦斯·韦茨曼的分享工资理论。

第 28 章　就业理论

就业理论是随着工业革命以来资本主义劳动制度的产生而逐渐形成的。自 19 世纪初期以后经济学家对劳动力的就业、失业的原因、产生体制影响因素，以及解决方法等方面进行了系统的研究，提出一系列就业理论。它的先驱者是阿瑟·塞西尔·庇古（Arthur Cecil Pigou），主要代表人物是约翰·梅纳德·凯恩斯（John Maynard Keynes）、奥尔本·威廉·豪斯戈·菲利普斯（Alban William Housego Phillips）、米尔顿·弗里德曼（Milton Friedman）、阿瑟·B. 拉弗（Arthur B Laffer）、罗伯特·E. 卢卡斯（Robert E. Lucas）、詹姆斯·托宾（James Tobin）以及约翰·希克斯（John Hicks）等。其中古典经济学派的萨伊最早展开了就业理论的研究，他在《政治经济学概论》一书中提出了“供给会自行创造需求”这一命题，引人瞩目。而弗里德曼等其他就业理论具有一定的创新性，因此，本章将介绍古典经济学派以来的主要就业理论及发展过程，以引导对该学说的思考与探索。

28.1　阿瑟·塞西尔·庇古的就业学说

阿瑟·塞西尔·庇古（Arthur Cecil Pigou，1877—1959）是英国著名经济学家、剑桥学派的主要代表之一。他出生于英国怀特岛的一个军人家庭。青年时代进入剑桥大学学习历史学和伦理学。后来受英国著名经济学家阿弗里德·马歇尔（Alfred Marshall）的影响，并在其鼓励下转学经济学。毕业后任剑桥大学讲师，成为宣传马歇尔经济学说的一位学者。他先后担任过英国伦敦大学杰文斯纪念讲座讲师和剑桥大学经济学讲座教授。他被公认为是剑桥学派领袖马歇尔的继承人。当时他年仅 31 岁，是剑桥大学历来担任这个职务最年轻的人。他任期长达 35 年，直到 1943 年退休。退休后，他仍留在剑桥大学从事著述研究工作。另外，他还担任英国皇家科学院院士、国际经济学会名誉会长、英国通货外汇委员会委员和所得税委员会委员等职。

庇古在经济学上的主要贡献可以归纳为两个方面。一是他关于外部性的分析为福利经济学、现代公共财政和环境经济学奠定了坚实的基础；二是第一个反对由凯恩斯发起的宏观经济学革命的主要学者。经济著作有《工业和平原理和方法》（1905）、《财富与福利》（最初于 1912 年出版，后来于 1920 年以《福利经济学》再版）、《论失业问题》（1914）、《工业波动》（1927）、《公共财政研究》（1925）、《失业理论》（1933）、《社会主义与资本主义的比较》（1937）、《静态经济学》（1935）、《就业与均衡》（1945）、《收入理论》（1946）、《凯恩斯“通论”的回顾》（1956）等。其中，《福利经济学》是他最著名的代表作，因为此书他被西方经济学界奉为福利经济学的创始人。从总体上看，他仍延续着马歇尔的学术传统与分析框架。庇古在其经济著作中除了研究福利经济学和现代公共财政等领域外，还特别注重于就业理论的研究，主要著作有《论失业问题》、《失业理论》以及《就业与均衡》等，使他成为剑桥学派在就业理论方面的奠基人。

庇古不仅继承了萨伊市场定律，而且还将边际主义思想融入就业理论。这种观点在他 1933 年出版的《失业理论》中可以得到充分反映。庇古认为，决定就业量的前提：一是工资等于劳动的边际生产物，它决定了就业的需求量；二是当就业量不变时，工资的效用等于该就业数量时的边际负效用。庇古等古典经济学派的经济学家认全竞争的市场条件下，产品价格和货币工资可以根据市场供求状况灵活调整，劳动供给和劳动需求相互作用从而决定实际工资和就业水平，供求平衡时的就业量就是充分就业量。由此形成了一个新古典的劳动力市场理论模型。这一模型可以用图 28—1 来表示：在图 28—1 中，L_d 和 L_s 分别表示劳动力的需求和供给，W/P 表示工资，L_d 和 L_s 是 W/P 的函数，通过图 28—1 可以看出工资 $(W/P)_0$ 能使劳动力市场的供求相等，即劳动力需求曲线 L_d 和劳动力供给曲线 L_s 相交于 E 点，由此决定了就业量为 L_0，此时不会有失业存在，经济处于充分就业水平。如果工资水平上升到 $(W/P)_u$ 的水平时，在这个工资水平上，劳动需求和劳动供给分别为 L_{du} 和 L_{su}，工资的提高导致 $L_{su}<L_{du}$，由此可见，工资高于充分就业水平，就业水平就会低于充分就业水平，并引起失业，这时可以通过市场中劳动供给与工资的相互影响，使它们再次达到 E 点均衡的位置，从而实现就业均衡。

阿瑟·塞西尔·庇古
1877—1959

根据庇古的就业理论，劳动要素市场供求在长期必然保持充分就业均衡。因为在工资总是等于劳动的边际生产物，而工资的效用又等于劳动的边际负效用的前提下，只要存在完全竞争制度下的劳动力市场，工资可以随劳动市场供求状况而变化，就业量也随之自行调整。只要工人愿意接受现行工资水平，就能实现就业。在庇古看来，在自由竞争制度下不会存在大量失业，如果说在资本主义竞争制度下有失业的话，那么这种失业往往是自愿的、暂时的，只能被看作是“自愿失业”和“摩擦性失业”。“自愿失业”是由于工资有刚性或缺乏必要的弹性引起的，工资不能随着劳动力市场供求状况的变化而引起的失业。而“摩擦性失业”是由于季节性原因或技术性原因而引起的失业。因此，解决失业的办法是消除工资的刚

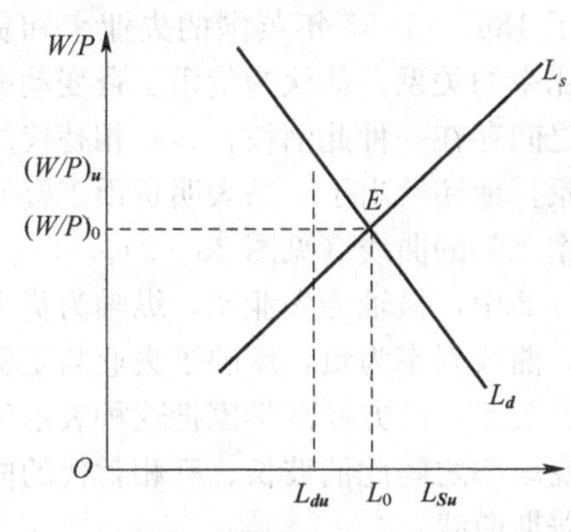

图 28—1 劳动力市场均衡

性，使它们自由下降，通过货币工资来降低实际工资。

28.2 奥尔本·威廉·豪斯戈·菲利普斯对失业与通货膨胀的说明

奥尔本·威廉·豪斯戈·菲利普斯（Alban William Housego Phillips，1914—1975）是英籍新西兰著名经济学家。他出生于新西兰特雷宏加。早年曾在澳大利亚从事采矿工作，青年时期前往英国，不久在伦敦电力局工作，二战期间曾服役。战后进入伦敦经济学院学习社会学，获得文学学士学位，后来获得哲学博士学位。1950年任伦敦经济学院助理讲师，1954年升为副教授，1958—1967年任该校经济科学与统计学教授，1965年任麻省理工学院客座教授，1967年离开英国到澳大利亚国立大学社会科学研究院担任经济学教授，1970年在患中风症后返回新西兰。菲利普斯的代表性论文有《1861—1957年英国的失业水平与货币工资率的变动率之间的关系》（1958），其他重要论文有《经济动态学中的机制模型》（1950）、《封闭经济中的稳定政策》（1954）和《就业、通货膨胀与增长》（1962）等。菲利普斯对经济学的主要贡献，是他首创了货币工资率的变动与失业水平之间关系的菲利普斯曲线，最先把最优控制与控制工程的技术应用到经济计量模型，在经济计量估算技术方面取得了一些发展。

菲利普斯曲线是用来表示通货膨胀率与失业率之间存在反比关系的一条曲线，它是对凯恩斯就业理论的修正和延伸。按照凯恩斯的就业理论，只有超过充分就业的总需求会引起通货膨胀，但充分就业是遥远的事情，不值得注目。长期以来，西方一些经济学家受凯恩斯学说的影响，认为工资、通货膨胀与失业不会并存，美国战后较长时期的经济发展也证明宏观经济政策确实有效控制了通货膨胀，降低了失业率，并促进了经济增长。但到了20世纪60年代，失业和通货膨胀显著上升，通过财政和货币政策降低失业率的宏观经济政策已显得无能为力，这样失业与通货膨胀的关系成为经济学家关注的焦点问题。

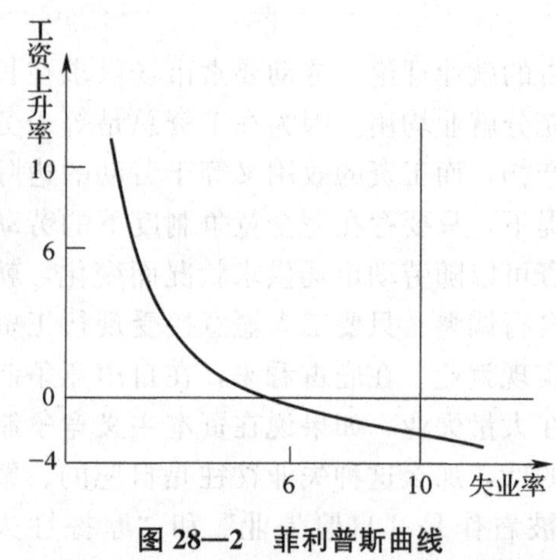

图 28—2 菲利普斯曲线

最早研究失业与通货膨胀关系的是菲利普斯，他研究了1861—1957年英国的失业率和货币工资变化比率的关系，他认为货币工资变动率与失业水平之间存在一种此消彼长、互相替代的逆向变化关系，他还给出了一条表明货币工资变动率与失业率之间的曲线（见图28—2）。

在图28—2中，横轴为失业率，纵轴为货币工资变动率。曲线斜率为负，反映了失业与工资变动率的相反关系，西方经济学家把这种表示失业率与工资变动率之间此消彼长、互相替代的曲线称为菲利普斯曲线。

它表明，失业率和货币工资增长率之间是逆相关的，当失业率低意味着较高的社会总需求与劳动力供给的短缺，由此引起工资水平的较快增长；当失业率高则导致工资增长放慢。两者之间存在非线性的负相关关系。

菲利普斯曲线的提出，从理论上说，给出了一种行之有效的政策选择：一个经济可以用通货膨胀为代价来降低失业率；反之，以失业增加来抑制通货膨胀。换言之，如果要减少失业，那就必然会出现较高的物价上涨率；反之，要稳定物价，那就必须以较多的工人失业作为代价。

菲利普斯并没有从他的研究得出结论，但是其他经济学家继承了他的事业。第二次世界大战期间相似的通货膨胀与失业之间的反向关系出现在美国，许多经济学家得出的结论是：需求刺激政策（通货膨胀）能够永久地降低失业率。保罗·萨缪尔森在1959年指出人们能够以不太多的通货膨胀来换取较少的失业。20世纪60年代，凯恩斯主义者把资本主义国家通货膨胀的主要原因，归结为货币工资的增长率超过了劳动生产率的增长；并假定：物价上涨率＝货币工资增长率－劳动生产率增长率。这样，由菲利普斯最初提出的这条曲线，在理论上又进一步被深化，用来表示通货膨胀率与失业率之间的此消彼长的关系，许多经济学家也持有同样的看法。

经济学家将成本型通货膨胀与菲利普斯曲线联系起来，菲利普斯曲线中的货币工资变动率变成通货膨胀率，从而利用变形后的菲利普斯曲线描述通货膨胀率与失业率的关系。变形后的菲利普斯曲线如图28—3所示。

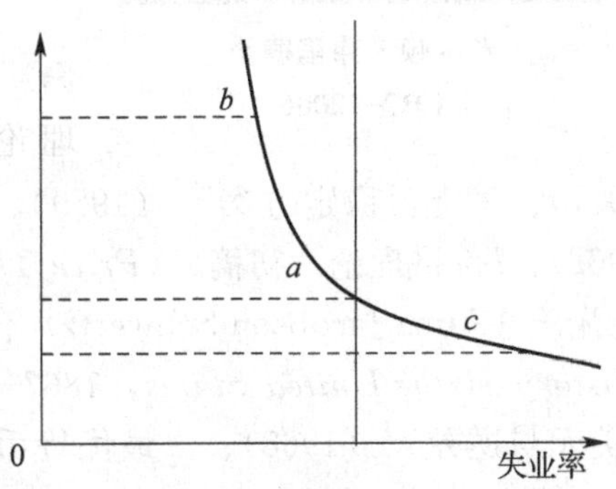

图28—3 变形后的菲利普斯曲线

变形后的曲线形象地反映了通货膨胀率与失业率之间的此消彼长的关系：当失业率高表明经济处于衰退期，工资与价格水平较低，通货膨胀率也较低；当失业率低，意味着经济处于景气期，工资与价格水平较高，通货膨胀率也较高。这样，政府要降低失业率，就必须付出更高的通货膨胀率的代价，而要抑制通货膨胀，则必须忍受更高的失业率。

28.3 米尔顿·弗里德曼的自然失业率假说

米尔顿·弗里德曼（Milton Friedman，1912—2006）是当代美国著名经济学家，也是20世纪最具影响力的经济学家、自由经济理论的一代宗师、货币主义理论的创始人。在这方面，人们常常将他与约翰·梅纳德·凯恩斯（John Maynard Keynes）相提并论。他以研究宏观经济学、微观经济学、经济史、统计学及主张自由放任资本主义而闻名。他出生于纽约市的犹太人家庭，青年时期在拉各斯大学学习经济学，1932年毕业，同年他到芝加哥大学学习，翌年获得芝加哥大学硕士学位。毕业后不久他到哥伦比亚大学继续修读经济学，研究计量、制度及实践经济学。1935年回到芝加哥大学被亨利·舒尔茨聘任为研究助理。1940年，他又到威斯康星州大学任经济学客座教授。1941—1943年，他出任美国财政部顾问，研究战时税务政策，曾支持凯恩斯主义的税赋政策，并且也确实协助推广了预扣所得税制度。1943—1945年在哥伦比亚大学参与战时科学研究与发展

米尔顿·弗里德曼
1912—2006

署下面一个统计研究小组工作。1946 年荣获哥伦比亚大学博士学位。同年，他受芝加哥大学的聘请教授经济理论。1948 年升任经济学教授，一直工作到 1976 年，在这 30 年里他将芝加哥大学的经济系打造成一个紧密而完整的经济学派，被称为芝加哥经济学派。在弗里德曼领导下，多名芝加哥学派的成员获得诺贝尔经济学奖。1967 年弗里德曼出任美国经济学会会长。1976 年获得诺贝尔经济学奖，以表扬他在消费分析、货币供应理论及历史、稳定政策复杂性等范畴的贡献。1977 年米尔顿·弗里德曼从芝加哥大学退休后，担任斯坦福大学胡佛研究所高级研究员。弗里德曼在 1988 年取得了美国的国家科学奖章。

米尔顿·弗里德曼的主要著作有《实证经济学论文集》(*Essays in Positive Economics*，1957)、《消费函数理论》(*A Theory of the Consumption Function*，1957)、《货币稳定方案》(1959)、《资本主义与自由》(*Capitalism and Freedom*，1962)、《价格理论：初稿》(*Price Theory：A Provisional Text*)、与安娜·雅各布森·施瓦茨 (Anna Jacobson Schwartz) 合著的《1867—1960 年美国货币史》(*A Monetary History of the United States*，1867—1960，1963)、《通货膨胀：原因与后果》(1963)、《美元与逆差》(1968)、《最优货币数量和其他论文》(1969)、《货币分析的理论结构》等。

1968 年，美国经济学家米尔顿·弗里德曼 (Milton Friedman) 对菲利普斯曲线提出了异议，并提出了著名的自然失业率假说，形成了货币学派的就业理论。他认为，菲利普斯曲线在短期内有一定作用，但长期来说通货膨胀与失业的替代是不可能的。这是因为菲利普斯曲线只是把失业率与名义的工资变化比率联系起来，而没有把失业率与实际的工资变化比率联系起来；长期关系应是工资率水平与失业率之间的关系，而不是工资率的变化与失业率之间的关系。

弗里德曼所说的自然失业率是指在没有货币因素干扰情况下，劳动力市场和商品市场自发供求力量发挥作用时应有的处于均衡状态的失业率。这种自然失业率在资本主义经济中是始终存在的。弗里德曼指出："自然失业率并不是一个固定不变的量，它取决于和货币因素相对立的实际因素——如劳工市场的有效性，竞争和垄断的程度，阻碍和促进人们变换其工作岗位等。"① 换言之，只要发挥市场竞争因素的作用，提供充分的市场信息，增加劳动力的流动性，就可能把自然失业率降低；如果市场竞争因素受到阻碍，市场信息不充分，劳动力缺乏流动性，自然失业率会上升。

弗里德曼认为，估计的向右下方倾斜的菲利普斯曲线是短期现象，是对自然失业率

① [美] 弗里德曼．危机中的自由经济．世界经济译丛，1982 (2)

的非均衡的偏离。根据自然失业率假说，弗里德曼对菲利普斯曲线进行了解释。弗里德曼指出，劳动供给量是随着实际工资的变化而变动的，而不是随货币工资而变动的。工人愿意向市场提供多少劳动，不是看他能得到多少货币工资，而是看他得到的工资能买到多少商品。菲利普斯曲线把失业率与货币工资增长率联系起来，同时又把货币工资增长率换成通货膨胀率，使失业率与通货膨胀率之间存在负相关的论断是不正确的。弗里德曼认为不正确的通货膨胀的预期能产生失业与通货膨胀之间的短期替代关系，但是这种交替只不过是暂时的，最终，工人会认识到实际通货膨胀率高于预期通货膨胀。当他们修正预期时，工人将需要更高的工资以赶上实际通货膨胀率。但是较高的名义工资将提高生产成本和价格，引起短期总供给减少，这一自动调节过程将促使潜在国内生产总值水平地回归，使失业降至自然失业率水平。

但从长期来看，失业率与通货膨胀率之间的变化情况呈一条垂直线，两者之间不存在交替关系。失业率在长期内所处的水平就是自然失业率。如果政府试图将失业率降低到自然失业率以下，经济做出的反映如图28—4所示。

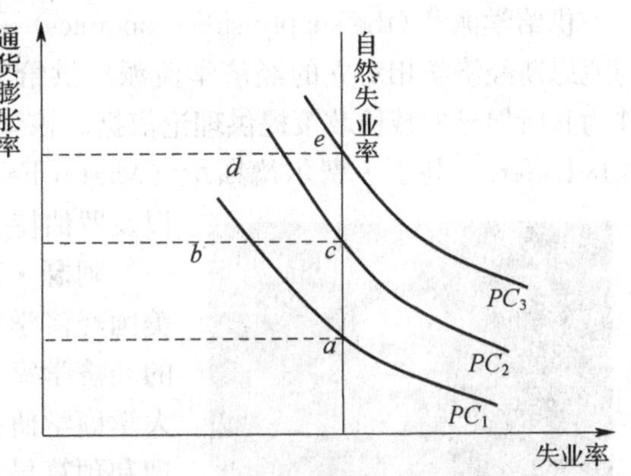

图28—4 对总需求变动的长期调整

假如通货膨胀开始被预期为2%，自然失业率为6%，如果实际通货膨胀等于预期的通货膨胀，经济将在a点上处于长期的均衡，在这里PC_1这条菲利普斯曲线与自然失业率相交。而政策制定者可能决定使用扩张政策，增加货币供给或减税，降低死亡率。在短期，如果现实的通货膨胀没有被认识，实际国内生产总值可能上升，失业率降至自然率以下，在图28—4中这种变化表现为PC_1上从a点到b点的移动，这样的移动对应于沿着短期总供给曲线向上的和向右的移动。但是长期内，居民或厂商将会修正预期去适应4%的现实通货膨胀率，菲利普斯曲线从PC_1到PC_2。PC_2与自然失业率交于c点，在这点，现实的通货膨胀率和预期的通货膨胀率均为4%，向左移动，经济会调整至潜在国内生产总值水平，即自然失业率。

如果政府继续试图将失业率降至4%的水平，那么总需求将再次增加，引起经济沿着PC_2曲线移动至d点，这点的通货膨胀率是6%。在长期，当预期被修改为高通货膨胀率时，短期菲利普斯曲线再次向上移动至PC_3。扩张性政策并不能使失业率保持低于自然率的水平，从长期来看，这些政策将只能提高通货膨胀率。相反，通过降低总需求降低通货膨胀的尝试对失业率不存在长期影响。而在长期内，菲利普斯曲线是垂直的，没有长期替代关系，即无论通货膨胀率如何变动，失业率总是在自然失业率的水平上，所以宏观经济政策在长期中是无效的。只有在自然失业率水平上，现实的通货膨胀率和预期的通货膨胀率相同，只有在这一水平上经济才能达到长期均衡。根据上述解释，弗里德曼认为，政府干预是造成通货膨胀和失业并存的主要原因。减少政府干预、充分发挥市场的自发调节作用，就能使经济处于均衡状态，使失业水平处于自然失业率水平。

充分发挥市场的自发调节作用，还有可能使自然失业率降低到更低水平，这是由政府干预无法取得的效果。他认为，要保持资本主义国家的经济稳定，金融当局应当按照工资率大约等于经济的实际增长率的原则来使货币供应量的增长率保持稳定，就业问题将在这个正常的经济环境中逐步得到解决，最终使高于或低于自然失业率的市场失业率接近自然失业率的水平。

28.4 供给学派的就业理论

28.4.1 供给学派与阿瑟·B. 拉弗的就业学说

供给学派[①]（the supply-side economics）是20世纪70年代中期以来在美国出现的一个与凯恩斯经济学相对立的经济学流派。供给学派的就业理论以供给决定需求为基本命题，并为其所倡导的减税政策提供理论依据。该学派的主要代表人物有阿瑟·B. 拉弗（Arthur Betz Laffer）、马丁·费尔德斯坦（Martin Feldstein）、保罗·克雷·罗伯茨（P. C. Robert）以及罗伯特·孟特尔（Robert Mundell）等。

阿瑟·B. 拉弗
1941—

阿瑟·B. 拉弗（Arthur Betz Laffer，1941—　）是美国经济学家、供给学派的代表人物，被誉为“神童式”的经济学家。他出生于1941年，曾任美国南加利福尼亚大学商学研究院教授，在尼克松政府时期曾担任行政管理和预算局的经济学家。早年，当拉弗还是斯坦福大学研究生时，就预言里根会在加利福尼亚州州长竞选中获胜，后来事实证明拉弗的预言是对的。而后，拉弗逐渐成为里根的好友。这对后来供给学派理论成为“里根经济学”的核心部分起到了一定的作用。里根政府时期，拉弗成为总统经济政策顾问委员会成员，为里根政府推行减税政策出谋划策。拉弗之所以引人注目，最主要的还是他所提出的描述税收与税率之间关系的曲线——

① 供给学派是20世纪70年代在美国兴起的一个经济学流派。该学派强调经济的供给方面，认为需求会自动适应供给的变化，因而得名。供给学派认为，生产增长决定于劳动力和资本等生产要素的供给和有效利用。个人和企业提供生产要素和从事经营活动是为了谋取报酬，对报酬的刺激能够影响人们的经济行为。自由市场会自动调节生产要素的供给和利用，应当消除阻碍市场调节的因素。供给学派的主要代表人物之一阿瑟·拉弗把供给经济学解释为：“提供一套基于个人和企业刺激的分析结构。人们随着刺激而改变行为，为积极性刺激所吸引，见消极性刺激就回避。政府在这一结构中的任务在于使用其职能去改变刺激以影响社会行为。”第二次世界大战后，凯恩斯主义占据资产阶级经济学的统治地位，西方国家普遍依据凯恩斯的理论制定政策，对经济进行需求管理，并取得了一定的效果。于是凯恩斯主义盛极一时。但是，凯恩斯主义人为扩大需求，最后导致70年代西方经济出现生产呆滞、失业严重，同时物价持续上涨的“滞胀”局面。于是西方经济学界纷纷向凯恩斯主义提出挑战，并研究替代的理论和政策。供给学派就是在这样的背景下兴起的。

“拉弗曲线”。① 这被看作是供给学派的思想精髓。20 世纪 70 年代末到 80 年代初推动起来的供给学派革命，是以拉弗曲线作为其理论核心的。拉弗虽然没有获得诺贝尔经济学奖，但他建立起的拉弗曲线，比一些诺贝尔奖获得者毫不逊色。拉弗和其他供给学派的经济学家还从理论上考察了税率与劳动供求以及资本形成之间的关系，建立了劳动、资本“楔子”模型，试图说明改变税率对于劳动需求函数和资本形成的影响。

拉弗等人认为，在现实中，就业机会与雇用工人的成本直接相关，如果政府实行高税率，直接提高了雇主雇用工人的成本，这样就会减少就业机会。这是因为税收是支付政府的，当税率提高时，雇用工人的实际总成本就比支付给工人的实际工资率更高。这就好像在劳动的供求之间打入了一个“楔子”，称为劳动“楔子”。

如图 28—5 所示，在没有税收“楔子”打入的均衡点 E，雇用劳动的雇主成本与工人实际得到的工资收入是相等的。当工资税开始增加时，不仅增加了雇用工人的成本费用，而且由于工人也支付了类似的税收，因而工人得到的实际工资也就降低了。由此可见，税收“楔子”导致企业主对劳动需求数量的减少，以及劳动力市场上劳动供给的减少。当“楔子”增大到 Y_2 时，这意味着在每个工人的雇用成本和工人得到的实际工资之间“偏离的增长”。例如在 Q_1，雇用一个工人的成本是 Y_2，而实际支付给这个工人的实际工资却是 Y_1。相反，如果税收减少，市场的力量会向相反的方向作用于劳动力的供给与需求，达到 Q_2。当例如公共服务等领域的某些工作通过转移支付的形式得到津贴补助时，由于雇主的劳动成本小于工人所得到的工资水平，这样会刺激雇主提供更多的就业机会，就有可能使就业量达到 Q_3。

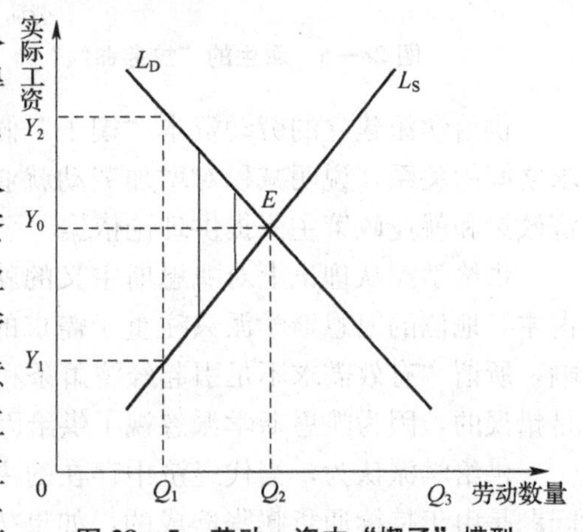

图 28—5 劳动、资本“楔子”模型

以拉弗为代表的“激进的供给学派”的经济学家认为，一个类似于劳动“楔子”模型中的税收“楔子”存在于资本的供给与需求之间。同样，税收“楔子”使资本供给成本和需求成本不断上升，严重挫伤了储蓄者和投资者的积极性，导致资本的供给不足和投资的削弱，这就是美国经济停滞最根本的原因。

上述劳动、资本“楔子”模型实际上是一条派生的“拉弗曲线”。它是“拉弗曲线”在理论上的延伸。由于劳动力的供给函数仅仅是一个税后工资函数，假定在工资税率中，

---

① 拉弗曲线说明的是这样一个问题：总是存在产生同样收益的两种税率，所以减税未必使政府税收收益减少，于是可以通过减税增加供给又不用担心会减少政府收入。如果税率为零，意味着人们可以获得生产的全部成果，政府收益自然就为零。这样，政府对生产没有妨碍作用，生产即可达到最大化。但是，由于税率为零，政府的收益也为零，政府就不可能存在。如果税率为 100%，政府收益仍为零，这是由于人们的所有劳动成果都被政府征税，他们就不愿意再工作了。生产中断，自然没有什么可供 100% 的税，因此，政府收益就等于零。税率为 0～100%，税收总额从零回归至零。在一定的税率之下，政府税收是随税率增加而增加的，而一旦税率再增加而越过转折点，政府税收将随税率进一步增加而减少。换句话说，总是存在产生同样收益的两种税率，所以减税未必使政府税收收益减少，于是可以通过减税增加供给又不用担心会减少政府收入。

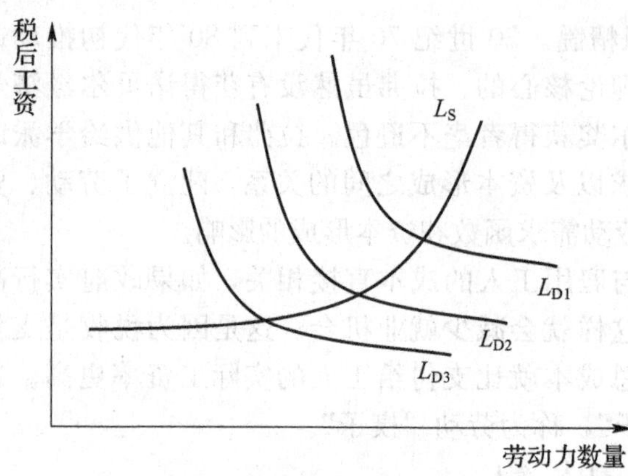

图 28—6　派生的"拉弗曲线"

有一个外生变量，那么劳动力的供给函数可以看成是固定不变的。在图 28—6 中，L_{D1} 代表对劳动力的需求，假定这时的工资税率为零，劳动力的就业机会是较为丰富的。当工资税率开始提高时，由技术决定的边际生产率保持不变，但由于工资普遍下降，导致劳动力需求曲线移到 L_{D2}，劳动力的就业机会有所减弱。如果工资税率进一步提高，就会使劳动力的需求曲线进一步向较低的就业均衡点移动。

供给学派建立的劳动资本"楔子"假说从理论上论证了减税同劳动、资本供给与需求之间的关系，说明减税对增加劳动就业和增强投资引诱有积极效应，从而为他们的经济政策和就业政策主张提供理论依据。

供给学派从理论上对凯恩斯主义的就业理论进行了批评。他们认为长期在经济学界占主导地位的凯恩斯学派只注重于需求的分析，忽视了较低生产率和较高通货膨胀的影响，所谓"有效需求不足引起经济萧条和失业"，用人为刺激需求来抑制经济恶化的主张是错误的，因为凯恩斯学派忽视了供给因素的作用。

供给学派认为，当代经济中存在的主要问题是通货膨胀和失业，而美国严重的失业问题是由于持续通货膨胀造成的，如果按照凯恩斯学派的需求自行创造供给的理论，那将使市场受到更大的冲击，难以发挥市场调解经济的功能，使通货膨胀和失业问题更加严重。供给学派认为，当代经济中存在的另一个主要问题是商品竞争能力较差，而其原因在于储蓄率下降和技术变革速度放慢。储蓄率下降和技术变革速度放慢的原因在于政府高税率使投资者缺乏积极性，工作效率下降。因此供给学派提出减税的主张，认为税率提高将会使劳动资源流向居民部门或用于闲暇享受，使劳动供给减少；减税可导致实际工资提高，从而使劳动供给增加，工作效率提高。

在政策主张上，供给学派的政策核心是实施减税政策。他们主张经济自由，反对扩张公共支出或进行失业救济的就业政策，提倡通过减税刺激经济增长以增加对劳动力的内在需求。其次，供给学派认为，应该消除对劳动力市场的干预，停止政府部门的公共服务就业计划，充分发挥市场机制的作用。

28.4.2　马丁·费尔德斯坦的就业学说

马丁·费尔德斯坦（Martin Feldstein，1939—　）是美国经济学家，被称为供应学派经济学之父。他是犹太人，出生于纽约市。青年时期就读于哈佛大学，他对经济学原本无甚兴趣。1961 年本科毕业后，他想继续就读于哈佛医学院，结果却拿到了英国牛津大学的富布莱特奖学金，到了英国，开始注重英国医疗体系研究中，获牛津大学经济学博士学位，返回哈佛大学任教。这时，他才开始将研究焦点放在经济政策上。1967 年起任哈佛大学教授；曾任美国经济研究局主席以及里根总统经济顾问委员会主席；获得过美国经济学会的约翰·贝茨·克拉克奖，费尔德斯坦是该奖的首位获得者，其研究造诣可窥一斑。马丁·费尔德斯坦原来是一名凯恩斯主义者。后来因为看到政府干预的不良后果，转而信奉经济自由主义的市场学说。费尔德斯坦赞成和主张供给学派的理论，但他的理论包含了一些折中因素，因而成为"温和供给学派"的代表人物，他不赞成以拉弗为代表的"激进供给学派"过于理想化的观点，他们无论是在政策上，还是对政策主张的理论论证上都存在分歧。

马丁·费尔德斯坦
1939—

马丁·费尔德斯坦著有300多篇学术论文和众多书籍，主要著述有《卫生事业效率的经济分析》(*Economic Analysis for Health Service Efficiency*)、《资本税收》(*Capital Taxation*)、《通货膨胀、税收规则与资本形成》(*Inflation, Tax Rules and Capital Formation*)、《税收政策分析中的行为模拟方法》(*Behavioral Simulation Methods in Tax Policy Analysis*)、《美国税收刺激、国民储蓄与资本积累》、《社会保障与财富分配》、《社会保证金与国民资本积累》、《失业的个人与社会的损失》以及《通货膨胀与股票市场》等，其中著名的代表作有《转变中的美国经济》。费尔德斯坦的研究兴趣相当广泛，在国际经济学、卫生经济学、社会保险计划、公共经济学等领域的理论和方法方面都做出了重要的、甚至是开创性的贡献，其中某些论著引发了经久不息的热烈争论。

费尔德斯坦认为在当今已趋充分就业的美国经济中，凯恩斯主义的扩展性政策和货币政策是引起失业率和通货膨胀上升以及资本形成率下降的主要原因；政府通过扩大社会福利计划时失业人数反而增多，个人的储蓄减少，也阻碍了经济增长和资本投资。他指出，20世纪80年代美国经济正处于存在自然失业率条件下的充分就业，他的理论模型就是建立在这种与凯恩斯主义完全不同的经济假设条件之上的。他认为，在充分就业和经济增长的条件下，财政赤字的增加可以表现为政府债券或货币供给的增加，或两者同时增加，而货币供给会造成通货膨胀的压力。

费尔德斯坦还提出了著名的费尔德斯坦曲线[①]，以说明财政赤字对通货膨胀、资本形

① 费尔德斯坦认为，拉弗的方法过于简单，以为减税就会自动产生政府收入、消除通胀和实现快速增长是不现实的。当时美国宏观经济的首要任务是要平衡预算，降低赤字和通胀，以创造刺激储蓄和投资的环境，提高资本形成率。为此，他提出一个财政赤字、资本形成率以及通货膨胀三者之间关系的分析模型，称为费尔德斯坦曲线。该模型假设经济中存在三种金融资产，货币、政府债券和私人有价证券，货币、政府债券与私人有价证券是相互替代的关系。在充分就业和经济增长的情况下，财政赤字增加产生两方面作用，一是增加货币供给，即在不影响资本形成率的前提下，财政赤字弥补只能靠扩大货币供给来实现，这样就导致通货膨胀，二是增加发行政府债券，即在不影响通货膨胀水平的情况下，只能依靠发行政府债券来弥补赤字，但这样势必提高政府债券的利率，造成对私人有价证券的替代，从而降低资本形成率和实际国民收入。美国一直推行财政赤字政策，并混合发行货币和债券，导致既形成了通胀，又抑制了资本形成。

成的影响及其相互关系的一个分析模型。他根据这个理论模型，推断凯恩斯主义的分析工具菲利普斯曲线所反映的通货膨胀率和就业之间的替代关系已经不能解释当时的美国经济现状。菲利普斯曲线的理论内容在于说明一个国家可以有低通货膨胀和高失业或者高通货膨胀和低失业之间的替代关系，通货膨胀和失业率的反比关系，其政策含义是选择一个最优的通货膨胀和失业率的组合。费尔德斯坦认为，菲利普斯曲线所反映的这种替代关系在经济处于非充分就业的条件下和短期内是存在的、有效的，但是，当经济达到充分就业是菲利普斯曲线的替代关系就消失了，并为费尔德斯坦曲线的替代关系所代替。

在费尔德斯坦看来，在充分就业的条件下，凯恩斯的传统经济政策已经失效。这时宏观管理政策应该从需求转向供给方面，主要的政策任务是平衡预算，推行紧缩性货币政策和刺激性财政政策，逐步降低或消除财政赤字，使费尔德斯坦曲线向下移动转化为一条水平线，达到自然通货膨胀的水平。同时，他提出减税主张，认为减税可以使实际工资提高，从而使居民向市场部门提供的劳动力供给增加，其工作积极性增强，工作效率提高。此外，他指出紧缩货币供给和减税可以刺激投资，促进经济增长，从而扩大就业。

28.5　理性预期学派的就业理论

28.5.1　理性预期学派的形成与就业学说

理性预期学派（school of rational expectations）也称合理预期学派或新古典宏观经济学派，它是20世纪70年代中期发展起来的一个经济学流派。它的先驱者是约翰·弗雷泽·穆斯（John Fraser Muth），主要代表人物是罗伯特·E. 卢卡斯（Robert E. Lucas）、托马斯·J. 萨金特（Thomas J. Sargent）和罗伯特·巴罗（Robert Barro）等人。合理预期概念最早是由美国经济学家穆斯在1961年发表的《理性预期和价格变动理论》（*Rational Expectation and the Theory of Price Movements*）一文中提出的，他指出由于合理预期是对未来事件有根据的预测，所以它们与有关的经济理论的预测在本质上是一样的。穆斯认为，人们总是竭力按照以往一切有用的知识来进行价格波动的预测，这就是理性预期[①]。穆斯从工程学文献中借用了这一概念，并且构造了一个假定经济主体信息的经济模型。但这一理论并没有引起经济学家的注意。20世纪70年代，美国芝加哥大学经济学教授卢卡斯连续发表论文，发展了理性预期概念，逐步形成了以卢卡斯为主要代表的理性预期学派。

理性预期学派的出现在西方经济学引起了较大震动。英国经济学家约翰·斯特拉瑟(John Struther）说："在理论和经验宏观经济学中，新近发展的最具挑战性的概念之一

① 实际上，理性预期主要包含以下含义：做出经济决策的经济主体是有理性的，他们为了追求最大利益，总是力求对未来做出正确的预期；为了做出正确的预期，经济主体在做出预期时会力图得到有关的一切信息，其中包括对经济变量之间因果关系的系统了解和有关的资料与数据；经济主体在预期时不会犯系统的错误。

是理性预期论》。"[1] 到了 20 世纪 80 年代以后，理性预期的概念已被西方经济学界所普遍接受。理性预期概念不仅用来分析产量的波动，而且也用来分析劳动力市场及失业率的波动，引起了经济学家和人口经济学家的重视。

理性预期学派否认了凯恩斯的总量就业理论。他们认为，失业作为一种实际的经济变量，是由劳动市场的供求关系、生产的技术条件等实际因素决定的，与总需求的变动没有必然联系。在论述通货膨胀与失业的关系时，理性预期学派的论断是：通货膨胀与失业之间即使在瞬间也不存在交替关系，因此通货膨胀与失业并存是经常出现的。他们得出的基本假说是：经济行为主体的经济行为都是合理预期条件下进行的。

预期是指人们根据自己的经验和估计对经济前景的一种推断，并根据这一推断来决策自己的行为。根据合理预期理论，单个经济主体对未来经济状况的预期，是他们进行现期选择的重要决定因素。例如，企业现期雇用工人数量的决定取决于下一时期市场对产品的需求状况的预期。因此，很自然地得出通货膨胀与失业两者之间不存在交替关系。

在理性预期学派看来，劳动力市场主要不是靠价格来调节市场，而是主要靠就业人数或每人提供的劳动数量来调节市场。由于工会和工人通过理性预期要求保证一定的实际工资率而不是名义工资率，致使工资存在着明显的刚性而不能发挥调节市场的功能。而工人只有在符合自己的预期收入的条件下才愿意提供一定数量的劳动，这样通过劳动力供给的变动来调节劳动力市场。

在就业的政策主张方面，理性预期学派认为，人们对政府政策的实施，在掌握充分信息的条件下，必然会做出相应的预防性对策，因此各种国家干预或调节政策的结果是无效的。他们反对政府通过财政扩张和货币扩张来提高产量和增加就业，反对把充分就业作为政策目标，主张追求经济发展的自然水平。他们还认为解决失业问题的最好对策是让市场经济体制自由调节，政府应提供良好的经济环境，树立良好的政府信誉，这样可以弱化工会和工人的合理预期，增加产量并实现充分就业，实现经济的持续增长。

28.5.2　罗伯特·卢卡斯的政策无效性命题

罗伯特·卢卡斯（Robert Lucas，1937—　）是 20 世纪 70 年代以来最有影响力的经济学家之一，是理性预期学派的重量级代表，倡导和发展了理性预期与宏观经济学研究的运用理论，深化了人们对经济政策的理解，并对经济周期理论提出了独到见解。他改变了此前由凯恩斯主义经济学一统天下的宏观经济学理论的基础，提出宏观经济模型应该具有微观基础。他最为人熟知的是他对"理性预期"含义的探索。他开发了有关经济政策制度的"卢卡斯批判"，认为对于那些在一个经济中表现出的关系，例如通货膨胀和失业之间很明显的关系，会随着经济政策的变化而变化。卢卡斯从 20 世纪 70 年代初起，率先将理性预期假说成功运用于宏观经济分析，开创并领导一个新的宏观经济学派——

---

① ［英］约翰·斯特拉瑟．合理预期是有前途的研究大纲，还是货币学派合理原教旨主义理论．经济学译丛，1986（8）

理性预期学派，或新古典宏观经济学派。直到获奖前，卢卡斯在宏观经济模型构造、计量方法、动态经济分析以及国际资本流动分析等方面都做出了卓越贡献。

卢卡斯在 20 世纪 70 年代连续发表论文将理性预期概念运用于稳定性经济政策的争论，从而逐渐在美国形成了以卢卡斯为核心的较为系统的理性预期学说。卢卡斯认为，弗里德曼附加预期的菲利普斯曲线存在严重缺陷，即公众的通货膨胀预期不是适应性预期，而是理性预期。适应性预期是人们仅根据过去的通货膨胀实际而对未来变动趋势的一种预测，是一种被动的预期。而理性预期是指经济模型的一致性公理，它只有在涉及具体模型时才能给出准确的含义，因而它是人们充分运用其所掌握的知识和信息所做出的切合未来实际的最佳预测。1972 年，卢卡斯在《预期和货币中性》一文中首次运用理性理论分析了货币、失业和通货膨胀等问题，将理性预测的应用领域从微观拓展到宏观，理性预期成为新古典宏观经济模型中不可缺少的特征之一。并将理性预期与自然率假说结合在一起，进一步说明对自然率的偏离是暂时的，在既定的经济结构中，形成特定的产量、就业量和自然失业率。

卢卡斯等理性预期学派认为，菲利普斯曲线的交替关系即使在短期内也不存在。因为在理性预期条件下人们已经估计到货币供应量增长后可能发生的实际后果，从而采取了预防性措施。这样，一旦货币供应量增加，就只能导致通货膨胀率的变化，从而不能使工资和利息率下降。于是，政策的变化连暂时的产量增加和失业率下降的目的也达不到。在合理预期学派的经济学家看来，“在货币政策的反馈规则之间所作的选择对于具有合理预期的新古典经济中的随机变化时无关的”。①

根据这一观点，卢卡斯等理性预期学派推导出货币政策无效性的命题。该命题认为，货币供给中可预期部分对就业、产量或其他实际变量均无影响，其中不能被预期的部分或货币供给量意外地、不规则地变动，虽然能对上述变量产生一定的影响，但其作用只会加剧经济的不稳定与波动。因此，政府采取的旨在降低失业率的经济政策，无论是长期还是短期都是无效的，其结果都是引起通货膨胀。对于该命题可以从图 28—7 来说明。

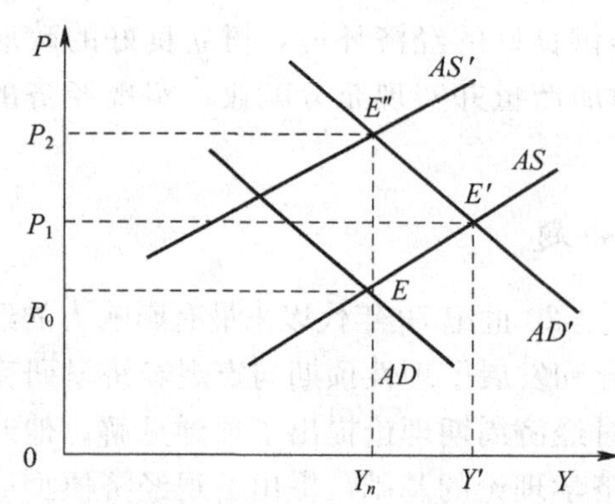

图 28—7 通货膨胀与失业

在图 28—7 中，纵轴代表价格，横轴代表国民收入，AD 代表总需求曲线，AS 代表总供给曲线，Y_n 代表与自然失业率相对应的就业水平下的国民收入水平。假定最初 AD 与 AS 相交于 E 点，国民收入水平为 Y_n，价格水平为 P_0。如果政府认为该国民收入水平不能达到充分就业的均衡，决定增加货币供应量来刺激总需求。那么，按照凯恩斯主义者的

① 贝尔特・T. 麦卡勒姆. 关于“政策无效”争论的目前情况. 见：现代国外经济学论文选（第 7 辑）：北京：商务印书馆，1983

观点，总需求将会从 AD 变为 AD'，产量和物价都将上升，失业会相应减少。现代货币主义者认为，短期内货币政策将会产生效果，但是，在长期中，货币政策是无效的，失业率会回到自然率的水平，而通货膨胀将更加严重。理性预期学派则认为，人们对价格水平的预期并非固定不变或者仅仅依据过去的经验得出，而是会考虑到未来货币供应量的变化情况。出于对自身经济利益的考虑，经济活动的主体会充分利用目前可以得到的一切有关信息，较为准确地预测到货币政策的变化而造成的物价上升。于是，工资、利率等名义变量都会立即向上调整。结果，总供给曲线和总需求曲线分别从 AS 和 AD 上升到 AS' 和 AD'，其交点 E'' 代表的国民收入水平，仍然处在原来与自然失业率相一致的就业率所能够得到的水平 Y_n 上，只是价格水平因货币政策的变化而提高到 P_2 的水平上。

根据政策无效性命题，卢卡斯认为，即便在短期内，菲利普斯曲线也是一条位于“自然失业率”水平上的垂直线。通货膨胀和失业之间不存在任何替代关系。对此，卢卡斯说：“当扩张性的货币政策反复推行时，它就不再能实现自己的目标。推动力消失了，对生产没有刺激作用。预期得到扩大，但结果确实通货膨胀，而不是别的。”①

卢卡斯的政策无效性命题是建立在自然率理论、理性预期以及完全伸缩性价格的理论前提之上的，他发展了理性预期假说，为政策无效命题确立前提，并把它纳入理论分析之中。其结论是：理性预期使中央银行不能达到预期目标，扩张性政策只会带来通货膨胀，而不会带来经济增长，货币政策在短期和长期均是无效的。通过对这个命题的论证，卢卡斯不仅批判了凯恩斯主义的财政赤字政策和货币政策，而且展现了以他为主创建的理性预期学派的理论特色，并提出了相应的政策主张。他认为在价格完全浮动条件下，竞争的力量能够保证社会总需求和总供给均衡，与此同时，总产量和总就业量会保持在自然失业率水平。他还指出由于人们的理性预期不会对总需求水平产生系统的预期偏差，即使在短期内政府的需求量管理政策对实际产量和就业量也不可能发生实质的影响。卢卡斯旗帜鲜明地反对国家干预经济、把充分就业作为政策目标、反对凯恩斯刺激总需求的政策，他相信追求经济发展的自然水平和解决失业问题可以依靠市场经济的自动调节机制。

28.6 新古典综合派的就业理论

28.6.1 詹姆斯·托宾的就业理论

凯恩斯的就业理论只考察了发达国家总就业量变化和就业水平的高低，却没有分析就业结构。从 20 世纪 70 年代初期开始，凯恩斯学派由于不能解决发达国家经济停滞和

① 小沃尔特·格萨迪．切合实际的新经济学．世界经济译丛，1979 (4)

通货膨胀并存的问题，受到非凯恩斯学派的攻击。新古典综合派①经济学家从劳动力市场结构不均衡的角度加以分析，对失业与通货膨胀并行的问题进行了补充和发展，其主要代表人物是詹姆斯·托宾（James Tobin）和约翰·理查德·希克斯（John Richard Hicks）等，其就业理论代表了西方就业理论的最新发展。

詹姆斯·托宾
1918—2012

詹姆斯·托宾（James Tobin，1918—2002）是美国当代著名经济学家、新古典综合派代表人物之一。他出生于美国伊利诺伊州。1935年进入哈佛大学学习经济学，在哈佛大学的6年先后获得经济学学士和文学硕士学位，并受到了约瑟夫·熊彼特、爱德华·张伯伦、瓦西里·里昂惕夫等著名经济学家的指导。1941年，托宾以经济学专家身份在政府任职，先后在物价管理署、战时生产局工作。1946年，托宾离开部队，返回哈佛大学经济系，攻读经济学博士学位。1947年，他以一篇关于消费函数的理论和统计的论文获得博士学位。同年成为副研究员。1949年，他到英国剑桥大学应用经济系当访问学者。1950年以后，托宾就一直在耶鲁大学从事教学和研究工作。1955年升为经济系教授。同年，原来设在芝加哥大学的柯立芝经济研究委员会迁移到耶鲁大学，并更名为柯立芝基金会。1955—1961年和1964—1965年，托宾担任基金会的主席职务。由于托宾在经济学界的影响，1957年，他成为美国计量经济学会副会长，翌年又担任该学会会长。1961—1962年，担任美国肯尼迪总统顾问，1962年又回到耶鲁大学任教。1964年任美国经济学会副会长。1968—1969年任耶鲁大学经济系主任。1970—1971年任美国经济学会会长。1974—1978年再度聘任耶鲁大学经济系主任。1977年任美国东部经济学会会长。1979—1982年任经济科学部主席。1981年取得诺贝尔经济学奖，以表彰他在经济学方法、风险理论等方面的建树，尤其是在对家庭和企业行为以及在宏观经济学纯理论和经济政策的应用分析方面独辟蹊径。

托宾的主要贡献涉及广泛的经济研究领域，如经济计量方法、严格数学化的风险理论、家庭和企业行为理论、一般宏观理论、经济政策应用分以及投资决策等，均做出了突出贡献。他最主要的贡献是建立在以描写各个家庭和企业怎样确定他们的资产构成的理论基础之上，这种理论被称为资产组合选择理论，他是极其重要的创始人之一。托宾

---

① 新古典综合派是所谓的“凯恩斯革命”之后起初最有影响力的凯恩斯学派，又先后自称“后凯恩斯主流经济学”和“现代主流经济学新综合”。第二次世界大战以后，凯恩斯的追随者纷纷根据经济现状发展凯恩斯主义，试图解决凯恩斯没有解决的问题。在发展凯恩斯主义的热潮中，后凯恩斯主义经济学的内部大体上形成了两大主要支派：以美国萨缪尔森为首的新古典综合派和以英国琼·罗宾逊为首的新剑桥学派。新古典综合的经济理论以最完整的形式体现在萨缪尔森的《经济学》一书中。20世纪50年代以来，新古典综合派不但是西方资产阶级经济学界流行的主流经济学，而且他的政策主张相继被主要资本主义国家作为基本经济政策付诸实施。在经济政策上，主张运用财政政策和货币政策，调节总需求，以减少失业、消除危机。在经济制度方面，主张混合经济论，即公私机构共同对经济施行控制。

的主要著作有与哈里斯（S. E. Harris）等合著的《美国企业准则》（*The American Business Creed*，1956）、《国家经济政策》（*National Economic Policy*，1966）、《经济学论文集：宏观经济学》（*Essays in Economics：Macroeconomics*，1971）、《十年后的新经济学》（*The New Economics one Decade Older*，1971）和《经济学论文集：消费与计量经济学》（*Essays in Econometrics：Consumption and Econometrics*，1975）等。

詹姆斯·托宾在《通货膨胀和失业》一文中着重从劳工市场的技术结构角度来论述结构性失业问题，并把结构性失业同通货膨胀结合在一起加以考察，从结构性失业的角度分析了当时失业和通货膨胀并发的原因。

托宾认为大公司和工会的经济权利的集中使工资和价格都存在刚性并导致工资和价格的螺旋式上升，结构性的失业并不会使工资降低，由此导致失业和通货膨胀并发的局面。他指出："操纵的工资和价格优势有了永久的增长，这与农业和其他自营业部门的相对衰落有关系。这种发展，由于扩大那些货币工资对过度供给的反映慢于它们对过度需求的反映的劳动市场数目，大概助长了整个经济的通货膨胀倾向。"① 也就是说，对工资和物价的操纵促成了工资和物价交替上升的可能性。

托宾反对弗里德曼所说的"自然失业率"假说。他认为由于劳工市场是一个不完全的竞争市场，与劳动市场技术结构不相适应，所以不可能知道经济中究竟什么样的失业率是最优的。在劳动市场技术结构不相适的条件下，零过度需求也会带来通货膨胀，所以那种认为市场失业率与"自然失业率"一致就可以避免产生过度需求，从而不会带来通货膨胀的观点是站不住脚的。"自然失业率——即和零通货膨胀率一致的失业率，从经济福利的角度看，是没有特殊理由存在的。在工资调整作用过程中的通货膨胀倾向一定的情况下，非通货膨胀引起的失业率，远远不是能用自愿的或有效的寻找职业的活动加以解释的。"②

托宾认为凯恩斯"充分就业"的原意是：充分就业意味着劳动市场的均衡，非自愿失业的存在意味着劳工市场的失衡，他提出了不同于凯恩斯的刺激需求的主张。在托宾看来，凯恩斯刺激需求的就业措施只能解决"就业水平"问题，不足以解决就业内容和就业结构问题。政府应该采取的措施是：限制工资和物价的上升，以缓解通货膨胀；调整劳动力市场结构，对劳动力重新训练与教育，把非熟练的工人训练成能够满足雇主需要的技术熟练工人，以缓和资本主义经济中因劳工市场技术结构不相适应而造成的失业问题。为了解决就业问题，托宾还认为有必要修改现行的包括失业补助金制度的福利制度，增加失业补助金制度的灵活性，以刺激失业者去寻求就业机会。

28.6.2　约翰·理查德·希克斯的就业理论

约翰·理查德·希克斯（John Richard Hicks，1904—1989）是英国当代著名经济学家、新古典综合派代表人物之一、诺贝尔经济学奖获得者。他出生于英国瓦尔维克郡，

① ［美］托宾．通货膨胀与失业．见：现代国外经济学论文选（第1辑）北京：商务印书馆，1979

② ［美］托宾．十年来的新经济学．北京：商务印书馆，1980

约翰·理查德·希克斯
1904—1989

17岁时获得牛津大学巴里奥学院的奖学金，最初攻读数学，1923年，他以优异的成绩通过了数学学位考试后，转入对哲学、政治学和经济学的学习，1925年获牛津大学硕士学位。1926—1935年，希克斯到伦敦经济学院任助教，后来又任讲师，1932年获取伦敦大学博士学位。在伦敦经济学院期间，希克斯学到了许多经济学方面的知识，逐渐从一个经济学知识贫乏的初学者，成长为一名颇有理论建树的经济学家。1935年，希克斯离开伦敦经济学院来到剑桥大学冈维尔和凯厄斯学院任研究员和大学的讲师，直到1938年。1939年希克斯又到曼彻斯特大学，成为首任斯坦利·杰文斯政治经济学讲座教授，直到1946年。其间，1942年，他成为英国科学院院士。1943—1945年，他担任曼彻斯特统计学会主席。从1946—1952年，希克斯在牛津大学纳菲尔德学院任研究员，并兼任尼日利亚的税收分配委员会委员、皇家利润税和收入税方面的委员会成员。这一时期，希克斯主要的贡献在消费者剩余和福利经济学方面。1952—1965年，他任该院“德拉蒙德讲座教授”，并任万灵学院专职研究员，直到1971年退休。在他从事经济学研究和教学的50年学术生涯中，希克斯发表了10多部重要的经济著作和多篇论文，内容涉及价值、货币、工资、一般均衡、福利经济学、经济增长、国际贸易和国际金融等许多领域。1972年，因他在“一般均衡理论和福利经济理论方面做出了首创性的贡献”获得诺贝尔经济学奖。

希克斯的主要学术著作有《工资理论》（*Theory of Wages*，1932)、《价值与资本》（*Value and Capital*，1939)、《论贸易循环理论》（*A Contribution to the Theory of the Trade Cycle*，1950)、《需求理论的修正》(1956)、《资本与增长》（*Capital and Growth*，1965)、《货币理论评论集》(1967)、《经济史理论》(1969)、《资本和时间》(1973)、《凯恩斯经济学的危机》(1975)、《经济学的因果关系》(1979)、《财富和福利》(1981)、《货币、利息和工资》(1982) 等。希克斯对西方经济学理论的研究是相当广泛的，主要体现在工资理论、货币理论、经济增长理论、资本理论、福利经济学理论以及经济学方法论和经济史理论方面。特别是在早期他将主要精力投入到工资理论方面的研究。

希克斯在《工资理论》中，从劳工市场的部门结构的角度分析了发达国家的就业问题。他提出了“公平性原则”和“工资黏性”的概念。他将社会中的经济部门分为扩展部门和非扩展部门。在经济扩展部门，繁荣时期由于劳动力缺乏，工资是上升的，在经济衰退阶段工资并不下降。由于现代资本主义经济中工资已经失去黏性，每当扩展部门的工资上升时，非扩展部门的工人就会认为这种提高是永久性的，因而，为了公平，他们要求自己的工资水平向扩展性部门看齐，雇主为了搞好劳资关系，只有提高非扩展部门工人的工资。这样扩展部门的工资很快普遍化到非扩展部门，引起工资普遍膨胀。他认为，在不同部门的相互交往和影响中，人们往往相互攀比，追求收入的“公平性原则”，从而产生“工资黏性”。他所说的“工资黏性”是指当失业存在时，工资不一定下降，当劳工缺乏时，工资也不一定提高。这意味着职位空缺的存在，有可能引起工资增长或者不增长，一切依照企业或劳动力市场的具体情况而定。

希克斯认为，由于经济各部门发展的不平衡性而使有的行业扩张有的停滞或衰退，而工人对于公平的待遇和行动，推动了工资的普遍上升，从而促进了通货膨胀，又导致失业增加。希克斯分析了战后发达国家经济中失业及其与通货膨胀的并发症。在就业对策方面，他主张通过各部门平衡发展来解决失业的问题，而反对货币学派严格控制货币数量、尽量减少政策干预的主张。在希克斯的就业理论中，就业能否随着投资的增长而扩大，主要取决于各个部门在存货方面应当大致上适应，这是投资乘数和就业乘数起作用的重要条件。这样，希克斯实际上把扩张性财政政策和货币政策在扩大就业中的作用看成是各部门之间的协调增长或平衡增长。关于发展中国家就业问题，希克斯特别强调技术选择的重要性，主张选择适中的技术以更有效地扩大就业。

思考题

1. 论述阿瑟・塞西尔・庇古的就业学说。
2. 试论菲利普斯对失业和通货膨胀的说明。
3. 试论米尔顿・弗里德曼的自然失业率假说。
4. 简述供给学派与阿瑟・拉弗的就业学说。
5. 简述马丁・费尔德斯坦的就业学说。
6. 论述理性预期学派的形成与就业学说。
7. 简述罗伯特・卢卡斯的政策无效论命题。
8. 论述詹姆斯・托宾的就业学说。
9. 简述约翰・理查德・希克斯的就业学说。

第 29 章　人力资本理论

人力资本理论最早起源于经济学研究。20 世纪 50 年代后期，西奥多·舒尔茨（Theodore W. Schultz，1902—1998）和雅各布·明瑟尔（Jacob Mincer，1922—）等人从各自的研究领域已经构建起人力资本理论的基本框架，并从这一理论框架出发，对于未解的"经济之谜"做出了更为合理的解释，昭示了人力资本在现代经济增长中的重要作用。但是，这些理论都缺乏对人力资本理论进行更深层次的分析。随后，爱德华·富尔顿·丹尼森（Edward Fulton Denison，1915—　）对美国 1929 年至 1957 年期间经济增长之源的研究，用实证分析为舒尔茨的观点提供了最有力的证据和补充，使得人力资本理论的研究与实证分析紧密地结合起来。而加里·斯坦利·贝克尔（Gary Stanley Becker，1930—　）在 20 世纪 60 年代初阐述的家庭生产理论和时间价值与分配理论为人力资本理论提供了微观理论基础，使人力资本理论更具科学性和可操作性。他在 1964 年发表的《人力资本：特别关于教育的理论与经验分析》标志了人力资本理论的最终确立。20 世纪 70 年代末以后，人力资本理论研究发展的势头有所减弱，但是到了 20 世纪 80 年代后期，以技术内生化为特征的新经济增长理论，将人力资本纳入理论模型中，这一时期出现的新经济增长理论的代表人物，主要有美国经济学家保罗·罗默（Paul M. Romer，1955—　）、罗伯特·卢卡斯（Robert Lucas，1937—　）等，他们从经济增长模型中阐述和发挥人力资本理论，从而促进人力资本理论的发展和完善，使人力资本理论达到新的高度。

29.1　人力资本理论形成的思想渊源

人力资本的萌芽起源于英国著名经济学家威廉·配第（William Petty）对人力资本的研究。配第较早地对人口素质的重要性做出了论述，他认为人口素质对经济发展有重要影响。他说："有的人，由于他有技艺，一个人就能够做许多没有本领的人所能做的许多工作。"① 他分析认为欧洲国家经济实力差距的一个主要原因就在于劳动力素质的高低不同。而英国著名经济学家亚当·斯密（Adam Smith）则对人力资本进行了较为系统的分析，他明确提出应当把投资在人的才能和教育上的费用看为资本，并第一次论证了人力资本投资对人们收入和工资结构的影响。他认为可以将一个国家全体居民的所有后天获得食物有用能力当作资本的重要组成部分。同时他还分析了劳动力素质对于经济发展的影响。他认为劳动生产力的水平受制于人们在劳动中所表现出来的熟练程度、技巧和

① 威廉·配第．政治算数．北京：商务印书馆，1960

判断力，而这又是人们受到教育和培训的结果。随后，让·巴蒂斯特·萨伊（Jean-Baptiste Say)、弗里德里希·李斯特（Friedrich List)、阿弗里德·马歇尔（Alfred Marshall）等众多经济学家都有关于人力资本思想的研究，这些研究主要体现在人的经济价值、人力资本概念和含义、人力资本的投资、人力资本投资的收益、人力资本与收入差别关系以及人力资本与生命周期的关系等方面。

这些在人力资本领域研究的思想和观点虽未被纳入经济学的主流，却构成了现代人力资本理论丰富的思想渊源，成为现代人力资本理论形成的重要基石。早在18世纪和19世纪，塞缪尔·蒙蒂福特·朗菲尔德（Samuel Mountifort Longfield)、约瑟夫·希尔德·尼科尔森（Joseph Shield Nicholson）等就作过细致的研究，人力资本同物质资本一样也存在一个形成、使用、维护、消耗直到最终报废的过程，19世纪法尔就在其《收入与财产税》一文中对人力资本生命周期问题作过分析。后来恩斯特·恩格尔（Ernst Engel）更加明确地将一个人的经济生命划分为：成长和受教育时期、劳动或生产时期、老年时期三个阶段。这种划分甚至还能在现在的经济学研究中找到。由此可以看出：这一时期关于人力资本、人力资本投资等问题的研究就已经比较深入，许多重要思想先后被提出。可以说现代人力资本理论正是在这些思想和研究成果中萌发起来的。

然而就在20世纪二三十年代，人力资本理论呼之欲出的情况下，西方许多经济学家却将目光转移到当时爆发的经济大危机之中，失业和商业周期波动等问题成为当时的焦点。约翰·梅纳德·凯恩斯（John Maynard Keynes）理论和凯恩斯学派一时间成为经济学的主流，并大大推动了经济学的发展，这似乎中断了经济学家们在人力资本理论领域的研究。但随着第二次世界大战结束、欧洲重建、德日的兴起和众多经济之谜的涌现。这些一方面使经济学遭遇到重重的困难和挑战，另一方面也为经济学家们指明了研究的方向，提出了具体任务。从而为人力资本理论的发展造就了新的机遇。经济学家们在寻求解决这些“经济之谜”的同时，纷纷开始了有关人力资本的研究。正是在这样的背景下，20世纪50年代末和60年代初，人力资本理论在西奥多·舒尔茨（Theodore W. Schultz)、加里·斯坦利·贝克尔（Gary Stanley Becker)、雅各布·明瑟尔（Jacob Mincer）的努力下破土而出，终于确立并逐步形成了。

29.2 西奥多·威廉·舒尔茨的人力资本学说

西奥多·威廉·舒尔茨（Theodore William Schultz，1902—1998）是美国著名经济学家、人力资本理论之父、农业经济学大师、1979年诺贝尔经济学奖获得者。他出生于美国南达科达州阿林顿郡的一个普通德国移民家庭，父亲是小农场主。舒尔茨从小天赋一般，并无过人之处，他在1924年布鲁克林农业学校毕业，以后考入南达科他州立学院攻读农业专业。3年后取得学士学位。此后，他又进入威斯康星大学攻读硕士和博士学位，于1928年和1930年分别获得科学硕士和哲学博士学位。1934—1943年担任衣阿华州立学院经济学与社会系教授兼主任。1943—1972年担任芝加哥大学经济学教授，是芝加哥学派的代表人物之一。1946—1961兼任经济系主任，是芝加哥学派的代表人物之

西奥多·威廉·舒尔茨
1902—1998

一，从1952年到1972年退休，一直被选为芝加哥大学查尔斯·哈钦逊特殊贡献教授。1972年荣获美国经济学会最高荣誉——弗朗西斯·沃尔克奖。退休后受聘为芝加哥大学名誉教授。1960年担任美国经济学会会长，他也是美国国家科学院院士、美国人文科学院院士。他还先后担任过联合国粮农组织、世界银行、美国农业部、商业部、联邦储备委员会和美国国会等经济顾问。舒尔茨长期专注于农业经济和以农业为基础的经济发展问题的研究，为农业经济学的发展和发展经济学的进步做出了突出贡献。从研究农业经济中，他提出并倡导人力资本理论。由于舒尔茨在研究农业经济以及整个经济的发展方面做出的突出贡献，1979年他和刘易斯一同获得了当年的诺贝尔经济学奖。

他的主要论著有《关税对大麦、燕麦、玉米的影响》（1933）、《世界粮食》（1945）、《不稳定经济下的农业》（*Agriculture in an Unstable Economy*，1945）、《不发达国家经济的度量》（*Measures for Economic Development of Underdeveloped Countries*，与他人合著，1951）、《农业经济组织》（1953）、《由教育形成的资本》（*Capital formation by education*，1960）、《人力资本投资》（*Investment in human capital*，1961）、《教育的经济价值》（*The Economic Value of Education*，1963）、《改造传统农业》（*Transforming Traditional Agriculture*，1964）、《经济增长和农业》（Economic Growth and Agriculture，1968）、《人力资本投资：教育和研究的作用》（*Investment in Human Capital：The Role of Education and of Research*，1971）、《人力资源、人力资本：政策问题和研究机会》（*Human Resources，Human Capital：Policy Issues and Research Opportunities*，1972）、《农业刺激的扭曲》（1978）、《报酬递增的源泉》（1979）、《对人的投资——人口质量经济学》（*Investing in People——The Economics of Population Quality*，1981）、《恢复经济均衡——经济现代化中的人力资本》（*Restoring Economic Equilibrium，Human Capital and the Modernizing Economy*，1990）等。舒尔茨的主要贡献在两个方面：一是在农业经济学领域。他提出了一个著名的观点：传统农业贫穷，但还是有效率的。要想转变传统农业，就必须向农业提供现代投入品，对农民进行人力资本投资。二是在教育经济学和人力资本理论方面。他在1960年就提出了人力资本投资理论，认为人力资本投资是促进经济增长的关键因素。因此，人们通常还把舒尔茨称为人力资本理论之父。

现代人力资本理论作为经济学中的一门新兴领域产生于20世纪50年代，形成于60年代中期。这一时期美国等发达国家正处于经济迅速发展的阶段，人力资本与经济增长之间关系的研究引起了西方经济学界的注目。美国经济学家西奥多·威廉·舒尔茨50年代连续发表了《关于农业生产、产出与供给的思考》《教育与经济增长》《人力资本投资》等重要文章，成为现代人力资本理论的奠基之作。舒尔茨在长期对农业经济问题的研究发现，从20世纪初到50年代，促使美国农业生产产量迅速增加和农业生产率提高的重要原因已不是土地、人口数量或资本存量的增加，而是人的能力和技术水平。1960年，他在美国经济协会的年会上以会长的身份作了题为《人力资本投资》的演讲，曾引起理论界的巨大震撼。在这次演讲中他明确阐述了人力资本的概念与性质、人力资本投资内容与途径、人力资本对经济增长的作用等重要思想和观点。他指出，人的知识和技能是资本的一种特殊形式，这种资本形成在经济发展中具有决定性的作用，他提出，正规教育、成人教育、在职训练、医疗保健、人口流动等方面人力资本开发是许多西方国家经济发展的最直接原因，阐述了许多无法用传统经济理论解释的经济增长问题，明确提出人力资本对当今时代国民经济增长的重要性，认为“人口质量[①]和知识投资在很大程度上决定了人类未来的前景”[②]。他认为，单从自然资源、土地和资金已不能解释生产力提高的全部原因。人力是经济发展的决定性原因，一国人力资本存量越大，人力资源质量越高，其国内的人均产出或劳动生产率就越高。战后工人工资得到了大幅度增长，这也是来自人力资本的投资。舒尔茨的分析有力地证明了人力资本在经济增长中的决定作用，这不仅大大推动了人力资本理论的发展，而且确立了舒尔茨在人力资本理论创立过程中的重要地位。

舒尔茨提出的人力资本理论是以往另一些经济学家困惑不解的问题得到澄清，对其后人口经济学说的发展产生重要影响。舒尔茨在探索经济增长过程中发现，新古典经济学的增长理论由于考虑的仅是自然资源、物质资本和劳动力投入数量的增长，因而，不能有效解释美国国民收入的增长大大快于其物质资源投入增长的原因；不能有效地解释第二次世界大战后日本、德国这样一些国家经济得到迅速恢复和发展及一些资源贫乏的国家在经济上获得成功的原因。舒尔茨认为，这些现象说明，除了人们所认识的影响经济增长的生产要素以外，一定还有什么重要的生产要素被人们忽略了，而这一要素就是人力资本。

关于“里昂惕夫之谜”，按照舒尔茨的人力资本论，美国人口虽然只有两亿多，但劳动者的平均劳动熟练程度很高，劳动者事实上从事的是单位时间内可以折合成多倍简单劳动的复杂劳动，以此角度来看，美国并不是一个劳动缺乏的国家，而是一个人力资本相对丰富的国家。所以，对外贸易中，美国出口自己资源优势比较大的产品，或者说因为美国的劳动力素质较高，人力资本占有较大比重，如果在资本要素中把人力资本因素考虑在内，则资本与劳动的比率就会变小，实际上美国出口的主要产品是资本密集型产品。

关于经济“增长余值的困惑”，舒尔茨认为，“投入与产出之间增长速度之差，一部

---

① 人口质量从微观上来看，包括身体素质、文化科学素质和道德素质三个因素。其中，身体素质是构成人口质量最基本的内容。身体素质是指人们的身体发育的健全程度、营养状况和耐力的持久状况等。文化科学素质是指人们的智能，包括经过开发的智力，即文化知识水平、科学技术水平以及通过生产劳动积累的生产经验、劳动技能等。人口的道德素质是指人们的道德意识状态，包括人生观、道德观、道德品质和传统习惯。这三个因素构成人口质量的主要内容。

② ［美］西奥多·舒尔茨．人力投资——人口质量经济学．北京：华夏出版社，1990

分是由于规模收益，另一部分是由于人力资本带来的技术进步的结果”[①]。使得单位劳动、土地和资本的耗费可以产生比以前要高得多的产出和效益，由此可以理解二战后以及整个 20 世纪 60 年代资本主义世界经济高速发展的原因。如果只从投入要素的数量与经济增长的变化去考虑，是难以解释经济“增长余值的困惑”，如果考虑到投入要素质量方面的改进，特别是人力资本增长计算进去，投入和产出增长的差距就会显著缩小，以致消失。

在谈到德国和日本战后经济迅速发展的原因时，舒尔茨认为，两国战后之所以出现经济复兴的奇迹，最主要的原因是人力资本。战争虽然破坏了这两国的物质资本，但并未破坏其充裕的人力资本；再加上这两国悠久的文化传统和重视教育的现代国策为经济发展提供了大量高素质的劳动力，这使两国的经济发展得以建立在高技术水平和高效益基础上。

舒尔茨认为，人力资本是体现在劳动者身上的一种资本类型，它以劳动者的数量和质量，即劳动者的知识程度、技术水平、工作能力以及健康状况来表示，是这些方面价值的总和。人力资本是通过投资而形成的，像土地、资本等实体性要素一样，在社会生产中具有重要的作用。在人力资本的形成过程中，投资是非常关键的。舒尔茨指出，区分消费支出和人力资本投资支出，无论在理论还是在实践上都是很困难的。但大概可以将人力资本投资渠道划分成营养及医疗保健费用、学校教育费用、在职人员培训费用、个人和家庭为适应就业机会的变化而进行的迁移活动等。这些投资一经使用，投资所形成的劳动者素质的提高将在很长的时期内对经济增长做出贡献。

在舒尔茨看来，人力资本的积累是经济增长的源泉。其主要原因是人力资本投资收益率超过物力资本投资的收益率。舒尔茨认为人力资本与物力资本投资的收益率是有相互关系的，认为人力资本与物力资本相对投资量，主要是由收益率决定的。收益率高说明投资量不足，需要追加投资；收益率低，说明投资量过多，需要相对减少投资量。当人力资本与物力资本二者间投资收益率相等时，就是二者之间的最佳投资比例。在二者还没有处于最佳状态时，就必须追加投资量不足的方面。当前相对于物力投资来说，人力资本投资量不足，必须增加人力资本投资。而且人力资本在各个生产要素之间发挥着相互替代和补充作用。舒尔茨认为，现代经济发展已经不能单纯依靠自然资源和人的体力劳动，生产中必须提高体力劳动者的智力水平，增加脑力劳动者的成分，以此来代替原有的生产要素。因此，由教育形成的人力资本在经济增长中会更多地代替其他生产要素。例如，在农业生产中，对农民的教育和农业科学研究、推广、应用，可以代替部分土地的作用，促进经济增长。

人力资本也是农业增长的主要源泉，这是舒尔茨反复强调的一个观点。他多次借鉴历史事实，来论证人力资本的重要性。例如他指出，第二次世界大战后，西欧伤痕累累，一片废墟，经济萧条，但它很快就摆脱了战争的阴影，重振往日雄风，这颇为出人意料。因为在当时的经济学家看来，物质资本受到如此重创后，国民经济已经元气大伤，短期

① ［美］西奥多·舒尔茨．人力投资——人口质量经济学．北京：华夏出版社，1990

内很难恢复原状。他们没有估计到幸存下来的人力资本对经济恢复的巨大作用，因而对西欧经济前景过于悲观。相比之下，他们对发展中国家的经济潜力又估计过高，因为他们只考虑物质资本的增加，而忽视了人力资本的匮缺，而后者又正是经济增长的关键。

同时，舒尔茨指出人力资本是社会进步的决定因素。他认为一个国家人力资本存量越大，人口受教育程度、科技文化水平和生产能力越高，其国内的人均产出或劳动生产率就越高。而且，人力资本除了本身具有收益递减的重要特点外，它还能改善物质资本的生产效率。为了进一步论证他的理论，舒尔茨采用收益率法对1929—1957年美国教育投资与经济增长的关系进行了定量研究，得出如下结论：各级教育投资的平均收益率为17%；教育投资增长的收益占劳动收入增长的比重为70%；教育投资增长的收益占国民收入增长的比重为33%。与其他类型的投资相比，人力资本投资回报率很高。舒尔茨这一实证研究成果证明了人力资源作为一种生产要素资源，其投资带来的收益率远远超过了一切其他形态的资本的投资收益率。换句话说，促进美国经济增加的重要原因是人的能力和技术水平的提高，人口数量或资本投入的增加已不再是起主导作用的因素，人力资本对经济增长的贡献远比物质资本和劳动力数量的增加重要。

舒尔茨的人力资本理论为新古典经济学的复兴提供了重要的理论基础。发展经济学中的结构主义曾经认为，新古典主义经济学理论虽然比较适合于分析发达国家的经济，却不适合分析发展中国家的经济；由于发展中国家普遍存在工资刚性，要摆脱经济落后，收入低下的困境，必须依靠国家干涉增加资本积累，实现工业化。舒尔茨在《穷国的经济学》一文中指出，这种观点是认识上的错误，已有越来越多的经济学家开始认识到，与适用于高收入国家的相应问题一样，标准的经济学理论也适用于解决低收入国家的经济匮乏问题。在发达国家所运用的新古典自由主义方法同样可以运用于解决低收入国家的经济匮乏问题，如提高人口逐年、增加人力资本等。舒尔茨强调“改进穷人的福利的关键性生产因素不是空间、能源和土地，而是提高人口质量、提高知识水平”。后来的发展经济学出现，从片面强调物质资本积累，转而重视人力资源的开发。舒尔茨的人力资本是这种复兴的一个重要理论支点。

29.3 加里·斯坦利·贝克尔的人力资本理论

加里·斯坦利·贝克尔（Gary Stanley Becker，1930— ）是美国著名经济学家，被认为是现代经济学领域最有创见的学者之一，同时也是人力资本理论研究的推动者，1992年诺贝尔经济学奖获得者。他在人力资本理论方面做出了很大贡献，其著作《人力资本》被西方学术界认为是“经济思想中人力资本投资革命的起点”。在这本书中，他系统地阐述了形成人力资本的各类投资及其产生的收益，确立了微观人力资本理论。以至于当他在1992年获得诺贝尔经济学奖时，对之人们竟有一种姗姗来迟的感觉。贝克尔早在20世纪60年代初就在家庭生产理论和时间价值与分配理论等领域做过重要的研究，并发表了《生育率的经济分析》《时间分配理论》等文章，这些为他在人力资本理论上的创作造就了机遇。他在1962年和1964年先后发表的《人力资本投资：一种理论分析》

和《人力资本：特别关于教育的理论与经验分析》两篇文章，从微观上阐述了人力资本、人力资本投资等重要思想和观念。贝克尔将新古典经济学的基本理论应用到人力资本投资上，提出了较为系统的人力资本框架，主要包括人力资本生产理论、人力资本收益分配理论以及人力资本与职业选择理论等内容。

贝克尔突破传统的资本概念的束缚，从一个全新的角度揭示了经济发展的重要原因，发展了经济增长理论。贝克尔认为人力资本状况的改善是战后以来发达国家经济发展过程中所产生的“余增长率”的根本原因。改善贫困人口的决定性因素是人口质量的改善和知识的增进。关于国民收入核算问题，贝克尔认为现行的国民收入核算办法不能正确估计一国的总投资与总消费规模。他特别指出，任何一个社会的基本的资源是人的时间，因而主张把人力资本投资成本与各种“放弃收入”算入整个国民收入中去。认为这样做有助于宏观经济分析和正确反映现实。这个观点已为越来越多的经济学家所接受。贝克尔反对古典经济学家的“自然资源决定论”和马尔萨斯的“人口决定论”等悲观论调，在贝克尔看来，决定人类前途的并不是空间、土地、自然资源，而是人的智慧与能力。从广大发展中国家角度考虑，基础教育与在职培训确实应当成为政府援助的方面，因为人力资本投资不仅能提高国民素质，增加社会资本存量，而且能提高一国的比较优势，增加了一国的国际竞争力。特别是进入知识经济的今天，人的素质状况决定了一国的科学技术发展潜力，在重视物质资本投资的同时。应高度重视人力资本投资问题。

贝克尔首次用传统的微观均衡分析方法建立了人力资本投资均衡模型。在该模型中，贝克尔首次使用了成本—收益分析方法，对人力资本投资进行分析，弥补了人力计划理论的不足。20世纪五六十年代，发展经济学家普遍意识到教育对经济发展的重要作用，认为加速经济发展不仅需要大量的物质资本，而且需要有效地管理和使用这些资本的各种专门人才，在这种思想指导下，人力计划理论风靡一时，但这种理论最大的缺憾是没有考虑人力资源建设的成本问题。贝克尔的人力资本投资均衡模型克服了这方面的不足，他不仅考虑了人力资本投资利益，而且考虑了人力资本投资成本问题，特别是引入了“放弃收入”概念和时间因素，使人力资本投资的成本核算更完整、更全面。贝克尔认为，人力资本投资的边际成本的当前值等于未来收益的贴现值。他认为人力资本与物质资本投资一样，与个人未来收入之间是存在紧密联系的。在假设每个家庭都追求效用最大化的基础上，贝克尔证明了在人的生命周期的某个阶段，人力资本投资的均衡条件为：“人力资本投资的边际成本的当前价值等于未来收益的当前价值。”① 贝克尔认为在人的一生中，最优投资量是随着年龄的增长而下降的。因为随着年龄的增长，积累的资本增多，工资在上涨，进一步投资的边际成本变大；另外，随着年龄的增长，可预期的收益在下降，因为寿命有限，留下来取得这些投资收益的年限减少了。因此，从个人经济利益角度考虑，每个人都应当在年轻时加强人力资本投资，这样做是最合算的。这是因为人力资本投资随着年龄的增长而变化。一般年轻时，人力资本投资增长快，收入增长也快，后来增长慢，投资量趋于下降；年老时，继续工作的年限有限，投资可能不足于抵消人

① ［美］贝克尔．人类行为的经济分析．上海：上海人民出版社，1996

力资本折旧，收入可能下降。

贝克尔还从微观经济学的角度对家庭生育行为的经济决策和成本—效用进行了详细分析。提出了孩子的直接成本和间接成本的概念、家庭时间价值和时间配置的概念、家庭中市场活动和非市场活动的概念。贝克尔认为每个家庭都要根据有限的资源情况，在多生孩子，还是要给孩子们多进行训练、教育或多消费这两者之间进行选择而做出决定，并引入“影子价格”概念，按照家庭追求效用最大化的原则，证明了孩子的质量与父母买其他消费品是接近的替代物，孩子的质量和数量通过影子价格发生作用而构成最好的相互替代关系，由此解释了人口增长与人力资本投资的互动关系。贝克尔认为发达国家生育率下降，一方面是由于随着经济增长，时间价值高，已婚妇女的时间价值提高而使孩子数量减少而质量提高。另一方面是随着经济增长，对孩子的质量和数量通过影子价格发生作用而构成最好的相互替代关系，由此解释了人口增长与人力资本投资的互动关系。对如何降低发展中国家过高的人口增长率问题，贝克尔认为除了采取措施降低每个普通家庭对孩子的投资成本，同时完善工资制度，提高有技术人员的工资以刺激劳动生产率，改善人们对投资选择，提高人力资本投资而减少人口供给。

贝克尔还对企业员工在职培训与人力资本问题进行了论述。在人力资本投资各种形式中，贝克尔重点考察在职培训。他将在职培训分为“一般培训”和“特殊培训”。关于“一般培训”，贝克尔指出“一般培训在提供这种培训之外的许多企业都是有用的”。[①] 大多数一般培训在提高提供这种培训的企业的工人未来边际生产力的同时也增加了许多其他企业的边际产品。按照完全竞争假定，任何一个企业所支付的工资率都是由其他企业的边际生产力所决定的。这样，在提供一般培训的企业边际产品的增加大于工资率时，它们才能获得培训的部分收益，完全一般性培训在许多企业中都是同样有用的，而且在所有这些企业中，边际产品都按同样的幅度增加。所以，工资率和边际产品增加的量完全相同，而提供这种培训的企业就得不到任何收益。贝克尔指出：“受过培训的人在培训期间将得到较低的收入，因为在这段期间要为培训付出代价。而在以后的年龄中可得较高的收入。”[②] 因为受过培训的人的年龄收入曲线比没有受过培训的人的年龄收入曲线更加倾斜，投资成本与从投资中得到的收益越大，这种差别也越大。而且一般培训不仅使曲线倾斜，也使曲线更凹，这说明，培训对青年时的收入增加率比对老年时的收入增加率的影响更大。

关于“特殊培训”，贝克尔指出，不同类型的培训所提高的生产率在提供培训的企业和其他企业显然也是不同的。贝克尔认为在特殊培训的情况下。“企业必须支付培训费用，因为没有一个理智的雇员会对他没有好处的培训支付费用。企业将以利润更多的形式得到这种培训的收益，利润增加来源于更高的生产率，无论收益多少——按适当的比例贴现——只有在收益至少等于成本时，企业才会提供培训，长期竞争的均衡要求收益的现值完全等于成本。”[③] 关于正规学校教育、保健等其他人力资本投资形式，贝克尔也

① ［美］贝克尔．人力资本．北京：北京大学出版社，1996

② ［美］贝克尔．人力资本．北京：北京大学出版社，1996

③ ［美］贝克尔．人力资本．北京：北京大学出版社，1996

有自己独到的见解，他把学校看作是专门从事教育生产的机构，并认为学校正规教育与企业在职培训之间并不一定总是有明显的区别，在某些方面，可以把学校作为一种特殊企业，把学生学习作为一种特殊培训。关于保健，贝克尔认为，身心健康在世界各地日益作为决定收入的重要因素，保健投资与在职培训有同样的影响。

关于人力资本投资，贝克尔认为用于教育、在职训练、卫生保健、劳动力迁移以及收集价格与收入信息等实际活动的支出都是一种投资，而不是消费，因为它们不仅在短期内提高劳动生产率，而且可以长期起作用。就人力资本的内涵而言，贝克尔认为人力资本不仅意味着才干、知识和技能，而且意味着时间、健康和寿命。在谈到人力资本的特性时，贝克尔认为人力资本首先是一种人格化的资本，表现为人的能力与素质，与人本身不可分离。

贝克尔还认为，所有用于增加人的资源并影响其未来货币收入和消费的投资为人力资本投资，对人力的投资主要是教育支出、保健支出、国内劳动力流动的支出或用于移民入境的支出等形成的人力资本；人力资本投资具有较长的时效性，因此投资时既要考虑短期收益，又要考虑长期收益；收集信息、情报资料也是人力资本投资的内容之一，同样具有经济价值；唯一决定人力资本投资量最重要的因素是投资收益率；一个人的收入水平因年龄增长而增加，在同龄组的人口中，一个人的受教育程度越高，其收入水平也越高；受较高教育的孩子，未来的收益较多，给父母带来的效用或满足也较大。

显而易见，贝克尔对人力资本的理解突破了物质资本的传统经济学的局限，颇具开创性，使经济学研究朝着主体化的方向发展。他对人力资本理论的最大贡献在于，为这项理论提供了坚实的微观经济分析基础，对正规学校教育和在职培训在人力资本形成中的地位和作用、教育和培训投资的收入效应和收益率计量以及人们在这方面的决策行为进行了深入的理论和经验分析。对家庭在人力资本形成中的地位和作用以及家庭人力资本投资问题进行了经典的理论实证和应用研究，令人耳目一新。此外，贝克尔还用人力资本理论解释其他一些社会经济问题，取得了一些引人注目的成果，并使之数学化、精细化和一般化，填补了人力资本理论的空白，被视为现代人力资本理论最终确立的标志。至此一个具有重要影响的新的经济学理论和经济学分析工具——现代人力资本理论形成了。

29.4 雅各布·明瑟尔的人力资本理论

雅各布·明瑟尔（Jacob Mincer，1922— ）是美国著名经济学家、人力资本理论的奠基人。他是犹太人，1922年出生于波兰的中部城市托马舒夫。1938年就读于捷克斯洛伐克布尔诺市的一所大学，1946年受希勒尔基金援助赴美，人亚特兰大的埃默里大学，1950年在爱墨里大学获得学士学位。第二次世界大战以前，明瑟尔因长于数学而选择了工程学，在埃默里大学转学社会科学，因经济学中的结构化特点很适合他那偏于数学习性的头脑，明瑟尔进入了这一领域，并终身以此为业。1957年明瑟尔获哥伦比亚大学经济学博士学位，并开始在芝加哥大学进行博士后研究，他与同在芝加哥大学经济系任教的西奥多·舒尔茨（Theodore W. Schultz）教授的研究相得益彰，都使用“人力资本”这一概念，但后者关注经济发展和农业，他则关心收入分配的合理性问题。明瑟尔1962年以后一直任哥伦比亚大学教授。他的一生颇为平淡，从事学术研究，不像那些活跃于政界和媒体上的经济学家那样声名显赫。但他的成就在经济学界是公认的，是美国艺术与科学研究院院士、美国经济学会资深会员，2000年当选为美国国家科学院院士。明瑟尔是第一位使用相对简单、易于操作的经济学模型来系统地阐述和解释劳动力市场行为的经济学家。

明瑟尔的主要论著有《已婚妇女作为劳动力参加工作的情况》（*Labor force Participation of married women*，1962）、《经济预测和预期》（*Economic Forecasts and Expectations*，1969）、《劳动收入的分配》（*The distribution of labor income*，1970）、《教育、经验和收益》（*Schooling，Experience and Earnings*，1974）、《家庭对人力资本的投资：妇女的收入》（*Family investment in human capital：earnings of women*，1974）、《家庭迁移决策》（*Family migration decisions*，1978）、《劳动流动和工资》（*Labor mobility and Wages*，1981）等。其主要学术贡献是试图将非市场的经济行为和劳动力市场行为相结合，以促进工资结构的现代人力资本分析，包括人力资本收入函数的第一个公式和用途的发展；最早研究家庭范围内的劳动供应理论和以经验为依据的劳动供应函数的第一个公式和用途；以非市场行为中的机会成本为中心，研究经济人口统计学中实际人口出生函数，并为其制定公式。

雅各布·明瑟尔作为人力资本理论的开拓者早在1957年从收入分配领域最先提出了人力资本理论。他在其博士论文《个人收入分配研究》一文中指出，美国个人收入差别与增长率水平有密切关系，他从人的后天质量差别及其变化入手，提出人们的受教育水平的提高，即人力资本投资是个人收入的增长和收入分配差别的根本原因。他在该文中首次尝试建立个人收入分配状况与其接受的培训量之间关系的经济数学模型，此类研究的最终成果是1974年出版的《学校教育、经验与收入》一书，将人力资本收益函数发展成一个简单通俗的经济计量学工具。他根据对劳动者个体收入差异的分析，估算出美国在职培训方面的投资总量及这种投资的私人收益率。他最早用收益函数揭示了劳动者收入差异与其接受教育、获取工作经验的年限之间的关系。明瑟尔还把收入差异的这种人力资本分析方法应用于工资的性别差异分析之中，形成了《已婚妇女的劳动力参与：一项劳动供给研究》《家庭的人力资本投资：妇女的挣得》等论文。他区分了工资增长的收入效应和替代效应，并将之应用于劳动力供给变动的研究，把家庭中的劳动投入与劳工市场上的劳动供给行为纳入同一研究范式。此外，他还撰写了《人力资本投资与个人收入分配》和《在职培训：成本、收益及意义》等论文。在这些论文中，他系统地阐述了人力资本及人力资本投资与个人收入及其变化之间的关系，并建立了个人的收入与其接受培训量之间相互关系的数学模型，从收入分配领域对人力资本理论作了诠释。

明瑟尔对人力资本理论的贡献多集中于个人收入分配和劳动力市场行为。第一，提出了人力资本理论，开创并系统地发展了人力资本理论与研究方法。明瑟尔运用现代经济学的基本分析工具来研究人力资本生成与发展过程以及人力资本发展对经济运行过程的影响，并用这一理论解释个人收入差别与人力资本之间的关系。他把个人收入差别归因于接受正规教育、在职培训和工作中经验积累形成的人力资本差别，并把受教育年限作为衡量人力资本投资的最重要标准，建立了说明人力资本投资与个人收入之间关系的人力资本收益率模型。第二，他借鉴了亚当·斯密的“补偿理论”，建立了人力投资的收益率模型。该模型用参加培训的年数表示人力投资量，因而进行人力资本投资就意味着挣得的迟延。人力资本投资量越大的人年收入也就越高，这种挣得上的不均等显然是对人力资本投资在收益上的补偿。这一模型未将个人收入分配置入人力资本的理论框架奠定了基础。第三，用人力资本理论研究劳动力供给问题，尤其是妇女劳动力供给的行为。在对妇女劳动力供给的行为的研究中，他首先把劳动供给理论归入家庭决策，证明了对妇女而言，工资增长的替代效应（用劳动代替闲暇）大于收入效应（收入增加，增加闲暇，减少劳动），因此，妇女参工率提高。第四，工资差别与工作转换之间的关系。他把人力资本理论和妇女劳动力供给的行为研究结合起来，综合论述了男性劳动力和女性劳动力之间的工资差别问题。他证明了，男性与女性工资差别不是由于性别歧视，而是由于妇女在生育期间工作中断，由工作经验积累减少而引起的人力资本增加慢于男性。工资增加率与工作转换率反方向变动。

雅各布·明瑟尔的这些研究既有理论模型，又有资料的实证分析，其研究结论影响经济理论与政策制定。在过去的40多年中，明瑟尔的研究极大地促进了现代劳动经济学研究体系和专业风格的形成。特别是其重要论著收入了两卷本的《雅各布·明瑟尔论文集》（第一卷《人力资本研究》，第二卷《劳动供给研究》），引人注目。这些论著提出了现代人力资本理论，全面奠定了这种理论的基础，成为人力资本理论的经典著作。他通过同加里·斯坦利·贝克尔（Gary Stanley Becker）及其他一些经济学家共同的努力工作，使劳动经济学在20世纪成为应用经济学研究领域当中成果最丰富的一个分支。明瑟尔的研究成果多年来经受着理论界的严格检验，并被不断提炼、完善。

29.5 爱德华·富尔顿·丹尼森的人力资本学说

爱德华·富尔顿·丹尼森（Edward Fulton Denison，1915— ）是美国著名经济学家，被誉为增长核算或增长原因分析之父。他出生于美国内布拉斯加州奥马哈。1946年获得奥柏林学院经济学学士学位，随后在布朗大学继续攻读经济学，1938年获得该大学文学硕士学位，1941年获得哲学博士学位。1941—1962年任美国商业部商业经济局副处长，其中在1956—1962年兼任经济发展研究委员会副主任。1962—1978年为布鲁金斯学会研究所经济研究室高级研究员，担任过美国经济学会副会长、美国统计协会联合会会长。

丹尼森的主要论著有《美国经济增长》（1962）、《余额要素与经济增长》（1962）、《美国经济增长因素和我们面临的选择》（*The Sources of Economic Growth in the United States and the Alternatives Before US*，1962）、《经济增长率为何不同：九个西方国家战后的经验》（*Way Growth Rates Differ*：*Post-war Experience in Nine Western Countries*，

1967)、《教育对提高劳动力质量的作用》(*The contribution of education to the Quality of labor: comment*, 1969)、《论美国1929—1967年经济增长》(*Accounting for United States Economic Growth*, 1929—1969, 1974)、《日本经济如何高速增长》(*How Japan's Economy Grew so Fast*, 1976)、《论经济增长减慢:70年代的美国》(*Accounting for Slower Economic Growth: the United States in the* 1970s, 1979)等。其主要贡献在于对经济增长因素的理论分析和核算，并将它应用于研究十个发达国家的增长和它们产量水平差别的研究。对测算资本存量，以及对美国、西欧和日本等发达国家和地区经济增长因素的研究，特别是质量的变化的理论和实践也做出了贡献，他的研究方法是一种把观察到的国民收入增长分解成其构成要素，以便说明经济增长原因的技术。这种方法通常产生大量未解释的产出“剩余”，并将“剩余”分解为劳动和资本质量的改进，产业内资源转移、规模经济等。

丹尼森作为人力资本理论的先驱者之一，在1962年出版的《美国经济增长因素和面临的选择》一书中，根据美国的历史统计资料，对经济增长因素的因素进行分析和估计，并度量它们所引起作用的大小，其中有关教育年限和知识增进等经济增长因素的分析和计量，以及“因素分析法”计量方法，具有较高的借鉴价值。该书对美国经济增长因素进行了详尽的分析和计量，明显看出正规教育年限增加对美国经济增长的贡献。

丹尼森分析的经济增长因素，主要有以下几个方面。

属于生产要素投入量方面的有两项：①劳动在数量上的增长和质量上的提高。丹尼森把劳动的质量划分为3个方面：一是由于正常劳动时间的缩短而引起的劳动质量的变化；二是成年男工由于正常教育年限的增长而引起的劳动质量的变化；三是由于年龄、性别构成的变化和相对于男工说来，女工劳动价值的变化而引起的平均的劳动质量的变化。②资本(包括土地)在数量上的增加。丹尼森认为美国土地的数量是不变的。他把能够再生产的资本投入分为五类，即企业建筑和设备、非农业的住宅建筑、存贷、美国居民在国外的资产、外国人在美国的资产。

属于生产要素单位投入量的有三项：①资源配置的改善。主要是指两种人力资源的改善。第一，配置到农业上的过多劳动力从农业中转移山去，第二，非农业性的独立经营者和那些本小利微的小企业参加劳动但不取报酬的业主家属，从该企业中转到大企业，充任工资劳动者。②规模的节约。就是西方经济学中经常涉及的随着生产规模的扩大，报酬是递增还是递减。③知识进展和它在生产上的作用。丹尼森认为，知识进展能使同样的生产要素投入量的产品只需更少的投入量。促进经济增长的新技术的采用，只是在知识有所进展时，才有可能实现。

丹尼森在他的《美国经济增长因素和我们面临的选择》一书中具体估计了各种增长因素的重要性。通过估计把1909—1929年、1929—1957年间美国实际的经济增长率分解并分配到各个增长因素上去，来比较在这段时期内，各个增长因素在美国经济增长中相对地位的变化。从1929—1957年的数字来看，整个增长率2.93%中，68%归因于生产要素投入量的增加和质的改进，其余的32%是由于生产要素单位投入量的增长。

在生产要素总投入量占增长的百分比从1909—1929年的80%降为1929—1957年的

68%的情况下，增加就业和工时占增长的百分比也相应从占39%降为27%。与此相反，教育年限增加这个因素所占增长的百分比，却从1909—1929年的12%上升到1929—1975年的23%，几乎占国民总收入全部增长率的1/4。丹尼森指出教育方面的变化是巨大的。1948年美国工商界雇用的人员44%以上只受过8年或少于8年的教育。1969年这个百分比降到22%，降低了一半；另外，受过4年或4年以上大学教育的人增加了一倍，由原来的5.7%增加到11.97%，至少念完高中的人由35%增加到60%。由此，丹尼森认为，对人力资本的投资，或者说投资于接受更好教育的劳动力，相对说来变得更重要。

丹尼森利用1950年美国人口普查资料按教育年限分组的1949年货币收入数据，以受过初等教育8年的男性收入为基准折算不同教育程度的简化系数，用几何平均法算出1929—1957年间各教育年限的平均简化系数（1.296）的年度平均增长率：

$$R'_e=\sqrt[28]{1.296}-1=0.93\%$$

再根据工资收入在全期国民收入中的比例估得K_L为73%，全期国民收入增长率R'为2.93%，算出教育投资对国民经济增长率的贡献度：

$$Y_e=(0.93\%\times 73\%)/2.93\%=23\%$$

由该公式求得经济增长中有23.0%是教育水平提高所作的贡献。丹尼森经过精确计算，确定了1929—1957年间美国经济增长中的23%的份额是教育投资做出的贡献。学术界普遍认为，丹尼森的计算方法比舒尔茨的理论更严密、更精确，因而这一结果也比舒尔茨的更不会精确，是对舒尔茨的结论的重要修正，也是他最著名的研究成果。

丹尼森的人力资本理论，不仅肯定了人口质量对经济发展的作用，而且扩大了资本的概念，克服了传统经济学中总量分析的局限性，对美国现代经济增长做出了较为合理的解释。丹尼森在1967年出版的《经济增长率为何不同：九个西方国家战后的经验》一文中进一步分析了西欧等国家经济增长情况，认为西欧的经济增长因素中，要素投入量占40%，而人力资本投资以及技术进步等的增长率为60%。由此可见，人力资本投资、技术进步等引起的经济增长率是不容忽视的。然而丹尼森的人力资本理论缺乏一个系统的理论框架，虽然对人力资本投资的诸项进行了分析，在对于人力资本积累即人口质量对经济增长促进作用的研究不够深入，在一定程度上反映了西方人力资本理论还不够成熟。

29.6 保罗·罗默的人力资本学说

保罗·罗默（Paul M. Romer，1955— ）是美国经济学家、斯坦福大学教授。他在芝加哥大学本科所学的专业是数学和物理，由于想转到法学院，在大学四年级学习了他的第一门经济学课程。授课教师萨姆·佩尔兹曼（Sam Peltzman）对经济学的精彩讲授深深吸引了他。在佩尔兹曼的影响和鼓励下，罗默放弃了学习法律的念头，转而走上了经济学的求索之道。大学毕业后，他转到麻省理工学院攻读博士学位，在那时开始了经济增长理论的研究，1982年转回到芝加哥大学，1983年在芝加哥大学获得经济学博士学位。他先后担任罗切斯特大学助理教授、芝加哥大学教授和加州大学伯克利分校教授，现任斯坦福大学经济学教授，胡佛研究所高级研究员。他被认为是经济增长方面的专家并且是诺贝尔经济学奖的有力候选人。他还被《时代杂志》选为1997年美国最具影响力的25人之一。

保罗·罗默
1955—

保罗·罗默的主要论著有《收益递增与长期增长》（*Increasing Returns and Long Run Growth*，1986）、《内生技术变化》（*Endogenous Technological Change*，1990）、《科学、经济增长与公共政策》（*Science, Economic Growth and Public Policy*，1996）、《增长周期》（*Growth Cycles*，1998）。他的学术贡献是在20世纪八九十年代发展了“新增长”理论。该理论不仅是经济增长理论，而且也是人力资本理论，即人口质量经济理论，同时它也是对人力资本理论的完善和发展。它的主要贡献在于把人力资本纳入增长模型中。尽管舒尔茨和贝克尔也论及人口质量对经济发展的作用，但他们把人力资本看成是外生变量，而罗默和卢卡斯则使其内生化；使人力资本研究具体化、数量化，因而研究更深入、更细致，不仅促进了人力资本理论的发展，而且可以用人力资本理论来具体预测和调整经济发展速度和方向提供了可能；揭示了人力资本的“外部效应”和外溢效应。罗默把知识分为一般知识和专业知识，其中专业知识可以使生产要素收益递增，因为知识不同于一般商品，它不具有完全的排他性，因而具有“外溢效应”。

罗默在1986年建立了内生经济增长模型，把知识完整纳入经济和技术体系之内，使其作为经济增长的内生变量。罗默提出了四要素增长理论，即新古典经济学中的资本和劳动外，又加上了人力资本（以受教育的年限衡量）和新思想（用专利来衡量，强调创新）。在罗默的知识溢出模型中，罗默假定代表性厂商的产出是该厂商的知识水平 、其他有形投入和总知识存量是 K 的函数。对于个别厂商的自身投入而言，该生产函数表现出不变规模收益、满足新古典生产函数的假定。然而，如果将 K 考虑在内，则这一生产函数对于代表性厂商和整个经济具有不同的含义：代表性厂商将总知识水平 K 视为给定的变量，因此生产函数表现为不变规模收益；但对整个经济（假定它由 N 个同质的厂商组成）而言，生产函数表现为规模收益递增。在这里，总知识水平 K 成为外部性的来源。此外，罗默还假定 K 的增长率取决于 K 水平和投资数额。这样，罗默模型通过知识积累的“副产品”性质和知识存量的外部性得到了内生增长。

新经济增长理论是由罗默在其题为《外部因素、收益递增和无限增长条件下的动态均衡》的博士论文中首先提出的。他探讨了纠正新古典经济增长模型的局限性的一些可能途径，用内生的技术来解释经济的增长。罗默在内生增长领域做出了杰出贡献，导致经济增长分析的全面复兴。他的博士论文发表在1986年的《政治经济学期刊》（*The Journal of Political Economy*）上，提出了内生经济增长理论，在罗默的“收益递增型增长模式”中，特殊知识和专业化人力资本是经济增长的主要因素，它们能使资本和劳动等要素投入产生递增收益，从而使整个经济的规模收益递增，而递增的收益则能够保证长期持续的经济增长。

1990年，保罗·罗默提出了他的第二个内生增长模型。在该模型中，罗默则从人力资本积累的投入出发将技术进步的内生化，他认识到除了实践积累外，知识的获得可能更多的来源于正规学校教育和研究与开发活动（$R\&D$）。罗默将知识分为以人力资本为载体的部分 H 和不以人力资本为载体的技术部分 A，显然 A 可以随着知识的积累而无限增长。在模型中 A 被表示为资本品的种类。由此，罗默将经济分为 $R\&D$ 部门、中间产品生产部门和最终产品生产部门，其中 $R\&D$ 部门使用现有的人力资本和知识存量生产新的知识。

假设人口和劳动力供给 L 不变，总人力资本量 H 也是给定的，最终生产函数可以表示为：

$$Y(H_Y,\ L,\ x)=H_Y^{\alpha}L^{\beta}\sum_{i=1}^{\infty}x_i^{1-\alpha-\beta} \tag{29—1}$$

其中，Y 表示最终产品的产出，H_Y 表示用于最终产品生产的人力资本投入，X_i 为第 i 种资本品的投入量，$x=\{x_i\}_{i=1}^{\infty}$ 表示最终产品生产所需的资本品集合。在一般的生产函数中，假定不同资本品具有完全替代性，因此可以加总成一个，但在这里，各类资本品之间不完全能互相替代，每一类产出都具有可加性的单独的作用。

中间生产部门的资本增量方程为：

$$K'(t)=Y(t)-C(t) \tag{29—2}$$

其中 $C(t)$ 表示时刻 t 的总消费。因为生产一单位的资本品需要 η 单位已有的消费品，这样核算 K 就与在生产中实际使用的资本品有关，其核算方法为：

$$K=\eta\sum_{i=1}^{\infty}xi=\eta\sum_{i=1}^{A}xi \tag{29—3}$$

研究部门的产出是指新产品的超设计思想，它的投入包括人力资本和已有的知识存量。假设第 j 项技术的生产函数为 δH_j、A_j，其中 δ 为生产率系数，H_i、A_j 分别表示生产第 j 项技术所需的人力资本和知识存量，由于知识的非独享性，实际上每项研究活动所面对的知识存量都是相同的，等于总知识存量。将各项研究加总，可得知识的生产函数，即 $R\&D$ 部门的知识生产进步方程为：

$$A'=\delta' H_A A \tag{29—4}$$

其中 A 为总知识存量，$H_A=H-H_Y$ 为从事 $R\&D$ 的总人力资本，δ 是生产率参量。

由此，最终生产部门的生产函数可表示为：

$$\begin{aligned}Y(H_A,\ X,\ L)&=H_Y^{\alpha}L^{\beta}\int_0^{\infty}x_i^{1-\alpha-\beta}di\\&=(H_YA)^{\alpha}\cdot(LA)^{\beta}\cdot K^{1-\alpha-\beta}\cdot\eta^{\alpha+\beta-1}\end{aligned} \tag{29—5}$$

由利润最大化的假设，可得出均衡经济增长率方程：

$$g=\frac{dC}{C}=\frac{dY}{Y}=\frac{dK}{K}=\frac{dA}{A}=\delta H_A=\delta H-\frac{\alpha}{(1-\alpha-\beta)(\alpha+\beta)} \qquad (29—6)$$

可以看出，经济增长率与人力资本存量和 $R\&D$ 部门生产率成正比，而与人口和劳动力规模无关。

保罗·罗默将 $R\&D$ 部门引入经济增长模型，从人力资本的角度内生技术进步是他对经济增长理论的突出贡献。同时。这一模型对各国经济增长的差异以及发展中国家的“低收入陷阱”问题也给出了很好的解释。

罗默的新经济增长模型的突出贡献是，首先，将知识和人力资本因素引入经济增长模式，认为专业化的知识和人力资本的积累可以产生递增的收益使其他投入要素的收益递增，从而使总的规模收益递增。罗默的新增长模型，激起人们对于经济增长的兴趣，进而形成经济增长可持续发展的理论，即知识和人力资本才是经济持续增长的动力，一个国家的经济增长主要取决于它的知识积累、技术进步和人力资本的提高。其次，罗默的新经济增长模型将国际贸易的原则由“比较成本”或“资源优势”改写成“人力资本优势”，指出知识和人力资本的传递可以产生一种“赶超效应”。罗默建立的新经济增长模型使人力资本研究进一步深入化和精致化，有力地促进了人力资本理论的发展和完善。

29.7 罗伯特·卢卡斯的人力资本学说

罗伯特·卢卡斯（Robert Lucas，1937— ）是美国著名经济学家、理性预期学派的重量级代表、1995年诺贝尔经济学奖获得者。卢卡斯出生于华盛顿州亚奇马，青年时期在芝加哥大学主修历史学，后由于获得了一项伍德罗·威尔逊博士奖学金，进入加州大学攻读历史学专业研究生。在伯克莱，他选修了经济史课程，并旁听经济理论课，开始对经济学产生浓厚的兴趣，后改学经济学，1964年获得哲学博士学位。1963年，在卡内基工学院任教。1973年又回到芝加哥大学教书，1975年任芝加哥大学经济学系副主任，经济学教授，1980年成为该大学约翰·杜威讲座有贡献的经济学教授。1995年获得诺贝尔经济学奖，以表彰他对“理性预期他假说的应用和发展”所做的贡献。他的研究，“改变了宏观经济的分析，加深了人们对经济政策的理解”，并为各国政府制定经济政策提供了崭新的思路。主要论著有《调节成本和供应理论》（*Adjustment costs and the theory of supply*，1967）、《不确定情况下的投资》（*Investment under uncertainty*，1971）、《经济计量政策评价：评论》（*Econometric policy evaluation：a critique*，1975）、《经济周期理论研究》（*Studies in Business-cycle Theory*，1981）、《理性预期与经济计量实践》（*Rational Expectations and Econometric Practice*，1981，与T.J.萨金特合作）、《经济周期模式》（1987）、《论经济发展的机制》（*On the Mechanics of Economic Development*，1988）、《经济动态学中的递归法》（1989）等。

卢卡斯的主要贡献之一是在建立的模型中把人力资本视为最重要的内生变量，特别强调人力资本存量和人力资本投资在内生性经济增长和从不发达经济向发达经济转变过

罗伯特・卢卡斯
1937—

程中的首要作用。这种研究充分揭示了人力资本投资水平及其变化对各国经济增长率和人均收入水平收敛趋势的影响，进而确定人力资本和人力资本投资在经济增长和经济发展中的关键作用。卢卡斯认为，人力资本积累是经济得以持续增长的决定性因素和产业发展的真正源泉。他以 K. j. 阿罗（K. J. Arrow）“边干边学”模型为基础，建立了人力资本积累模型，强调了外部效应对人力资本积累的作用。他指出，两国间经济增长率和收入水平的差异主要源于它们在生产商品时投入死亡人力资本的差异。人力资本增长率高的国家，往往经济增长率也较高。发展中国家更多地吸收先进技术和管理经验，从而提高了经济增长的速度。

卢卡斯提出了解释“亚洲四小龙增长奇迹”的分析框架，他的理论对发展中国家的经济发展具有一定的启发性。他指出，发展中国家必须通过大力提高人力资本积累率来吸引国际资本。同时，还必须扩大经济开放度，引进国外先进设备，在实践中积累经验，掌握先进技术。在地区经济增长中，劳动力质量比数量更为重要。高素质人才从富裕地区向贫困地区移动是有限的，因此，贫困地区应当加大人力资本投资力度，不断提高本地区人力资源管理水平。

卢卡斯在 1988 年发表了著名论文《论经济发展的机制》，提出了“两个经济增长模型”。卢卡斯利用他的增长模型证明了人力资本的增长率与人力资本生产过程的投入产出率、社会平均的和私人的人力资本在最终产品生产中的边际产出率正相关，与时间贴现率负相关。这不仅是 20 世纪 80 年代末期以来出现的新增长理论研究热潮中的初始之作，而且是最重要的代表作之一。卢卡斯运用更加微观的个量分析方法，在罗伯特・默顿・索洛（Robert Merton Solow）等人的新古典增长模型的基础上，把人力资本积累因素纳入进来，建立了一个人力资本经济增长模型。在这一模型中，卢卡斯提出以下基本假设：

假设人力资本是劳动者个人事务一般技能水平，生产率与每个人的人力资本成正比。假设共有 N 个劳动力，各自的人力资本存量水平 h 在（0，∞）内变动，具有人力资本存量水平 h 的劳动力数量为 N（h），所以有

$$N=\int_0^{\infty} N(h)dh \tag{29—7}$$

每个劳动力将他的非闲暇时间分配于两个方面：用于生产的时间为 u（h），用于个人人力投资积累的时间为 1—u（h）。

设人力资本存量平均水平为 h_a，外部效应由平均的人力资本所致：

$$h_a = \frac{\int_0^{\infty} hN(h)dh}{\int_0^{\infty} N(h)dh} \tag{29—8}$$

人力资本存量的平均水平可以影响所有生产要素的生产效率。卢卡斯把这种影响称为人力资本的“外部效应”，因为虽然所有人都可以从中受益，但进行人力资本投资时，没有人会考虑它。

假设人口增长率保持不变，经济是封闭的完全竞争市场。卢卡斯认为，新古典经济增长模型的缺陷是没有考虑人力资本的作用，因此他把人力资本因素纳入模型，提出如下形式的生产函数：

$$Y = N(t)c(t) + K'(t) = AK(t)^{\beta}[u(t)h(t)N(t)]^{1-\beta}h_a^{-}(t)^{r} \tag{29—9}$$

如前假设，为用于积累人力资本的非闲暇时间，有：

$$h'(t) = h(t)\delta[1-u(t)] \tag{29—10}$$

假定经济的跨时效用函数采取不变替代弹性形式：

$$\max\int_0^{\infty} e^{-\rho t} \cdot \frac{c(t)^{1-\alpha}-1}{1-\sigma} \cdot N(t)dt \tag{29—11}$$

根据式（29—9）、式（29—10），就可以求解经济的最优增长路径和均衡增长路径。由于存在人力资本的外部性，均衡增长路径与最优增长路径是不一致的，两者的差异体现在约束条件的不同上。求解最优增长路径，就是在式（29—9）、式（28—10）的约束条件下，如何选择 K（t）、h（t）、h_a（t）、C（t）和 u（t），使跨时函数（29—12）最大化。对于最优增长路径来说，公式 h（t）$=h_a$（t）是始终成立的，该式的含义是人力资本的外部效应 h_a（t）对于社会计划者来说其实是一个内部效应。而 θ_1（t）和 θ_2（t）分别表示物质资本和人力资本增量价格，社会最优总问题的哈密尔顿函数可以表示为：

$$\begin{aligned} H(K, h, \theta_1, \theta_2, c, u, t) = {} & \frac{N}{1-\sigma}(c^{1-\sigma}-1) + \theta_1[AK^{\beta}(uNh)^{1-\beta}h^{\gamma} - Nc] \\ & + \theta_2[\delta h(1-u)] \end{aligned} \tag{29—12}$$

其中 θ_1 和 θ_2 为影子价格，分别表示 K 和 h 变动对哈密尔顿值 H 的影响。由于动态最优理论控制理论可得最优路径和均衡路径上的人均消费增长率和人均实物资本增长率，两者均为 k：

$$K = \frac{1-\beta+v}{1-\beta} \cdot \frac{h'(t)}{h(t)} \tag{29—13}$$

而均衡路径上的人力资本增长率和最优路径上的人力资本增长率 v 分别为：

$$v = \frac{(1-\beta)[\delta-(\rho-\lambda)]}{\sigma(1-\beta+v)-V} \tag{29—14}$$

$$v^* = \sigma^{-1}\left[\delta - \frac{1-\beta}{1-\beta+v}(\rho-\lambda)\right]^{①} \tag{29—15}$$

---

① Lucas，R. E.，“On the Mechanics of Economic Development”，Journal of Monetary Economics，Vol，22，1988

罗伯特·卢卡斯在他的模型中，应用更加微观化的数量分析方法，将舒尔茨的人力资本引入索洛模型，视索洛模型中技术进步的另一增长动力，并将其具体化为每个人的专业化的人力资本；将人力资本积累看作是经济长期增长的决定因素，他认为知识积累、技术创新和专业化的人力资本才是经济增长的原动力，它们不仅能使自身的收益递增，而且能使其他收入要素的收益递增，从而使经济增长动态化。另外，卢卡斯放弃了以往经济理论中资本收益递减的假定，假定资本收益不变，这排除了外生技术进步的带动，完全将增长要素内生化，同时资本收益不变的假设实际上隐含了规模收益递增的假设，而规模收益递增是以不完全竞争经济为前提的，这显然更符合经济现实。虽然卢卡斯的新增长理论有它的局限性，例如模型中普遍用的“人力资本”是一个很难测度的因素，到目前为止定量分析仍没有令人满意的结果，但它提出的思想是不容忽视的。卢卡斯的理论以人力资本为核心，强调对特殊知识和生产某一产品所需专业化人力资本分析，从而使人力资本的分析更具体，为人们正确认识人力资本的作用，以及调整经济增长速度、预测经济增长趋势等提供了新的方法。

思考题

1. 论述人力资本理论形成的思想渊源。
2. 论述西奥多·威廉·舒尔茨的人力资本学说。
3. 详述加里·斯坦利·贝克尔的人力资本理论。
4. 简述雅各布·明瑟尔的人力资本理论。
5. 简述爱德华·富尔顿·丹尼森的人力资本学说。
6. 浅谈保罗·罗默的人力资本学说。
7. 论述罗伯特·卢卡斯的人力资本学说。

第 30 章　劳动力迁移理论

劳动力迁移作为一种与经济发展密切相关的现象，历来是劳动经济学家十分关注的焦点之一，但突破性进展是在 20 世纪五六十年代，力求建立有关研究的理论基础和分析框架成为西方经济学说中人口迁移研究的主流，逐渐形成了一套较完整的理论体系。美国经济学家威廉·阿瑟·刘易斯（William Arthur Lewis）最早提出了二元经济结构发展模型，对农村剩余劳动力向城市迁移的问题进行了考察。随后，古斯塔夫·拉尼斯（Gustav Ranis）和费景汉、西奥多·威廉·舒尔茨（Theodore William Schultz）、西蒙·库兹涅茨（Simon Kuznets），迈克尔·P. 托达罗（Michael P. Todaro）以及约翰·里斯·哈里斯（John Rees Harris）等经济学家对经济发展中的人口迁移问题进行了深入研究，使人口迁移的经济模式理论逐步趋向完善。本章主要概括性地介绍一些经济学家从人口迁移的经济模式、人口迁移与农业和工业的发展、资本与劳动力迁移等方面的研究而得出的一些有代表性的理论观点。

30.1 威廉·阿瑟·刘易斯的劳动力迁移模式

威廉·阿瑟·刘易斯（William Arthur Lewis，1915—1991）是美国著名经济学家、1979 年度诺贝尔经济学奖得主。他出生于原英属西印度群岛圣卢西亚岛一个黑人移民的家庭。1932 年，刘易斯到英国伦敦经济学院学习经济学，1937 年获得经济学学士学位，1940 年获经济学博士学位并留校任教直至 1948 年。这是刘易斯学术生涯的第一时期，主要研究一般经济学问题，涉及工业组织及一般经济学问题。这一时期的研究为他以后对经济发展问题的探讨打下了坚实基础。1948 年，刘易斯到曼彻斯特大学担任斯坦利·杰文斯政治经济学讲座教授，他的研究主要集中在经济发展问题。在理论方面，刘易斯最重要的研究成果是 1954 年发表于《曼彻斯特学报》的《劳动无限供给条件下的经济发展》。这篇文章提出了用以解释发展中国家经济问题的两个著名模式，这两个模式在经济学界引起广泛争论，也是他获得诺贝尔经济学奖的主要原因。在实践方面，他担任了各种职务，为发展中国家的经济发展出谋划策，比较重要的有 1951 年任联合国总部不发达国家专家小组成员，1957—1959 年任加纳共和国总理经济顾问，1959—

威廉·阿瑟·刘易斯
1915—1991

1960 年任联合国特别基金的代理人，1959—1963 年任西印度大学第一副校长，1970—1973 年任加勒比地区开发银行第一总裁。由于这些贡献，刘易斯 1963 年被英国女王晋封为勋爵。1963 年，刘易斯应邀到美国普林斯顿大学任教。从 1968 年起他在该校公共和国际事务的伍德罗·威尔逊学院担任詹姆斯·麦迪逊政治经济学讲座教授，并兼任协调发达国家与发展中国家关系的联合国皮尔逊委员会成员。这一时期，他主要研究国际经济关系，重点是发展中国家与发达国家国际经济关系的历史演变。1979 年，由于在经济发展方面进行了开创性研究，深入研究了发展中国家在发展经济中应特别考虑的问题，他于 1979 年获得诺贝尔经济学奖，他也是第一个拿到非和平奖的诺贝尔奖的黑人。1986 年，刘易斯从普林斯顿大学退休后继续从事经济发展问题的研究，并为各国提供发展指导。

刘易斯的主要著作有《经济计划原理》(1949)、《加勒比地区工业发展》(1949)、《1870—1960 年世界生产、价格和贸易》(1952)、《经济增长理论》(*The Theory of Economic Growth*，1955)、《无限供给的劳动：进一步的说明》(1958)、《发展计划：经济政策的实质》(1966)、《经济成长面面观》(1969)、《国际经济秩序之演化》(1978) 等，其中代表作《经济增长理论》一书，对经济发展的相关问题进行了广泛而深入的分析，至今仍被认为是“第一部简明扼要地论述了经济发展问题的巨著”。刘易斯还写了许多总结各国经济发展中经验与教训的著作与论文。鉴于刘易斯对发展经济学的突出贡献，被列为十大先驱者之一。他主要从理论上探讨经济增长以及经济发展的模式，阐明发展中国家应该通过什么途径来发展经济问题，刘易斯把资本积累作为经济发展的中心进行详细研究，他提出了古典经济学发展理论体系。刘易斯对发展经济学的主要贡献，是所谓的两部门模型，也是经过对长期所得分配的观察与深入研究所获致的成果。

20 世纪 50 年代中期，威廉·阿瑟·刘易斯在《无限劳动供给下的经济发展》一文中提出了二元经济结构发展模型，也称为无限过剩劳动力发展模型，其目的是论证发展中国家农业劳动力向城镇工业部门流动的两部门人口流动模型。刘易斯认为，发展中国家一般存在二元经济结构，即发展中国家的经济结构由传统的自给自足的农业部门和现代工业部门组成。在传统农业部门，不可再生性的土地是生产的基础，耕地面积的扩展是有限的，生产技术简单而变化缓慢。另外，农村人口持续增长，劳动力遵照“共同体原则”，参加劳动产品分配。其结果使相对于土地资源，劳动力过剩，处于不充分就业或隐蔽性失业状态。在其他要素不增加的条件下，一部分劳动产值和边际生产率接近于零或负增长。正因为如此，刘易斯认为，将这些剩余劳动力从农业部门抽出来不会减少农业生产。在高劳动生产率的现代工业部门，生产规模的扩大和生产速度的提高超过人口增长速度，使劳动就业人口的边际效益递增，人口平均收入不断提高。

传统的、人口过剩的农业部门和高劳动生产率的现代工业部门在经济结构和收入上的差异，导致仅能维持生存的农业部门的剩余劳动力会源源不断地转向现代工业部门，为城市现代工业部门所吸收。这种转移过程可用图 30—1 说明。

在图 30—1 中，纵轴表示实际工资或劳动边际产品，横轴表示劳动数量，OW_A 表示传统农业部门维持最低生活水平的平均实际收入水平，OW_M 则表示工业部门的实际工资水平。在这一工资水平上，农村劳动的供给被假定为无限的或完全有弹性的，可以用劳动供给水平线 W_MS_L 表示。假定工业部门增长的初期阶段，资本供给固定为 K_{M1}，当资本供给固定为 K_{M1} 而逐渐增加劳动量的投入时，就会有一条由递减的劳动边际生产量决定的劳动需求曲线，并在图 13—1 中由左上方向右下方倾斜的曲线 D_1D_1' 来表示。根据利润最大化的决策原则，工业部门将雇用劳动力直到他们所生产的劳动边际产品与实际工资相等时为止，也就是劳动供给曲线 W_MS_L 和劳动需求曲线 D_1D_1' 相交之点 F 为均衡点，此时，工业部门的总就业量为 OL_1。工业部门的总产量由点 OD_1FL_1 围成的面积表示。总产量中以工资形式支付给工人的工资总量为矩形 OW_MFL_1，总产量中的剩余部分为利润总额 D_1FW_M。由于刘易斯假定这些利润可以再投资而形成资本，从而工业部门的资本形成将从 K_{M1} 增长到 K_{M2}。这一增长的资本投入导致工业部门的劳动边际生产率提高，于是，劳动边际产品曲线即劳动需求曲线由 D_1D_1' 向右上方 D_2D_2' 移动，此时，雇用的劳动数量为 OL_2，工业部门的劳动供给曲线 W_MS_L 和新的劳动需求曲线将在 G 点建立一个新的就业水平。当工业部门的工资总额和利润总额分别增长到 OW_MGL_2 和 W_mD_2G 的同时，总产量也增长到 OD_2GL_2。这部分扩大（W_mD_2G）的利润又可以再投资而形成资本，使资本总额由 K_{M2} 增加到 K_{M3}。投入资本量再度扩大后，劳动边际生产率又进一步提高，工业部门再扩大劳动雇用量也增长到 OL_3。

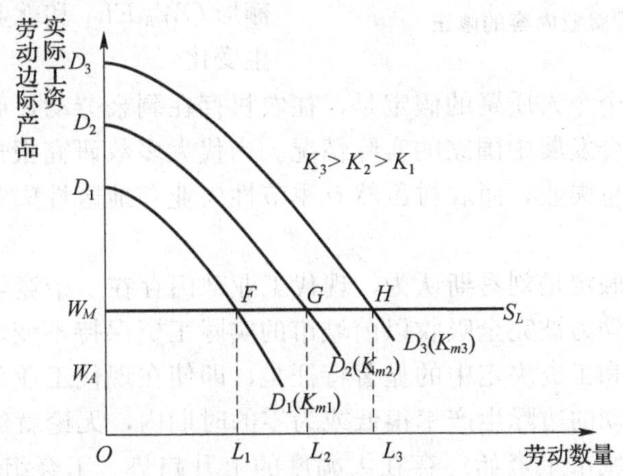

图 30—1 农业剩余劳动转移与工业增长

刘易斯认为，发展中国家只有通过现代工业部门把所有农村中隐蔽性失业的过剩劳动力完全吸收干净为止，才能使收益递减转变为收益递增，国民经济发展方式由停滞转变为稳定增长，随着经济活动由传统农业部门向现代工业部门的转移，就发生了经济结构的转变。

应当指出，刘易斯提出了二元经济结构发展模型之后也遭受了一些经济学家的批评，特别是迈克尔·P. 托达罗（Michael P. Todaro）在《欠发达国家劳动力迁移和城市失业模型》（1969）、《第三世界的经济发展》（1985）、《经济发展》（1999）等论著里，根据发展中国家的经验，批评了刘易斯的理论模型，对乡村—城市迁移理论作了重大修正。他指出刘易斯的二元经济结构发展模型有三个关键性的假设前提与大多数发展中国家的经济现实不符。

第一，刘易斯模型暗含的假定现代工业部门的劳动转移率和就业创造率与现代部门的资本成正比例的关系而增加。资本积累率越高，工业部门的增长率越高，新工作的创造率也就越高，从而劳动转移率也就随之上升。但事实上这个前提条件是不一定有的。现代工业部门在资本量增加、生产部门扩大时，会越来越倾向于资本密集型的采用，结果现代工业部门扩展了，但创造的就业机会并没有同步增长，这种情况可通过图30—2来说明。在图30—2中再现了图30—1中下端现代工业部门的图解，只是新的劳动需求曲线 D_2D_2' 不是像往常那样向外移动，而是在事实上相交于 E 点。劳动需求曲线 D_2D_2' 比 D_1D_1' 更向下倾斜，这是因为在新增加资本中节约劳动的先进技术提高了劳动生产率。从图30—2可以看出，尽管总产出大幅度增加（即 OD_2EL_1 比 OD_1EL_1 大得多），但工资总额形 OW_MEL_1 和就业总量 OL_1 却没有发生变化。

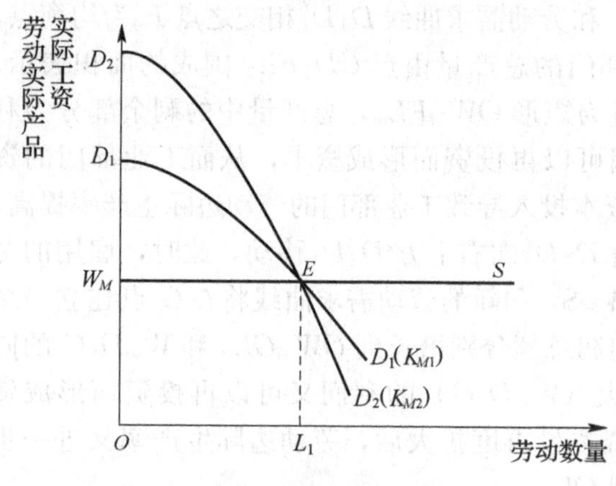

图30—2　节约劳动型资本积累对刘易斯模型就业内容的修正

刘易斯模型第二个令人质疑的假定是，在农村存在剩余劳动，而城市实现了充分就业。这一假定也不符合发展中国家的实际情况。当代大多数研究报告显示，在不少发展中国家，城市存在大量失业，而农村虽然有季节性失业和地区性失业现象，但剩余劳动的存在并不普遍。

第三个不现实的假定是刘易斯认为，现代工业部门存在一个竞争劳动力市场，从而保证在农村的剩余劳动力被完全吸收以前城市的实际工资保持不变。但大多数发展中国家的城市劳动力市场和工资决定中的显著特征是，即使在现代工业部门的公开失业水平不断上升，农村中劳动的边际生产率很低或为零的时期内，无论就绝对量还是相对于农村的平均收入而言，城市工资始终存在大幅度的上升趋势。工会组织的讨价还价能力，公务人员的工资升级制度等这些制度上的因素都驱使发展中国家现代工业部门的劳动力市场无论是否存在竞争力量都起不了什么作用。

而一些经济学家指出，刘易斯模式中所说的无限剩余劳动供给在现实中不可能存在。他们认为，发展中国家的传统农业部门虽然生产率低，但资源配置是有效率的，不可能存在零值边际生产率的剩余劳动，因而也就不可能存在对现代工业部门的无限劳动供给。当农业部门一部分劳动流向现代工业部门后，农业产出将减少。

尽管如此，刘易斯提出的二元经济结构发展模式对某些发展中国家是适用的，对描述经济发展过程中产业部门之间的互动关系和产业结构的变动过程产生过重大的影响作用。但这个模式的基本假设条件与多数发展中国家的经济现实不完全相符，“零”值劳动力只是一定社会、经济条件下的产物，并不是发展中国家农业中普遍存在的经济现象。

而传统农业部门向现代工业部门的转移，既需要有大量资本和科学技术的投入，也需要有解决大量农业剩余劳动力的就业出路，这些条件在多数发展中国家是不具备的，但该模式提出的工农业两个部门或二元经济结构性的差异导致农村劳动力转移的见解是较为精辟的，具有较高的学术价值。

30.2 古斯塔夫·拉尼斯和费景汉的劳动力迁移模式

古斯塔夫·拉尼斯（Gustav Ranis，1929— ）是美国知名的经济学家。他生于德国达耶斯塔特。1952年获布兰代斯大学文学学士学位。1953年和1956年在耶鲁大学分别获得文学硕士学位和哲学博士学位。1964年起一直任耶鲁大学经济学教授。同时在1965—1967年任美国国际开发署规划管理助理；1967—1975年任耶鲁大学经济增长研究中心主任。除此之外，还先后担任美国社会科学研究委员会日本问题研究员、墨西哥福特基金会研究员、哥伦比亚福特基金会赞助客座教授等。

古斯塔夫·拉尼斯的主要著作有《劳动力过剩经济的发展：理论与政策》（*Development of the Labor Surplus Economy*：*Theory and Policy*，与费景汉合著，1964）、《富国与穷国的差距》（*The Gap Between Rich and Poor Nations*，1972）、《分享发展：菲律宾的就业、平等与增长计划》（*Sharing in Development*：*A Programme of Employment*，*Equity and Growth for the Philippines*，1974）、《平等与增长：台湾的实例》（*Growth with Equity*：*the Taiwan Case*，与费景汉和S·库奥合著，1979）和《科学、技术与经济发展：历史与比较研究》（*Science Technology and Economic Development*：*A Historical and Comparative Study*，与贝拉尼克主编，1979）等。主要论文有《经济发展理论》（*A theory of economic development*，与费景汉合著，1961）、《投资标准、生产率与经济发展》（*Investment criteria*，*productivity and economic development*，1962）和《生产函数、市场不完全与经济发展》（*Production functions*，*market imperections and economic development*，1962）等。拉尼斯的主要学术贡献是：进行有关经济发展的综合性理论研究，特别是有关劳动力过剩的发展中国家经济的研究。他和费景汉共同开辟了一个发展中国家有关的理论与政策研究的重要领域，发展了刘易斯的二元经济理论。

费景汉（1923—1996）是美国华裔国际知名的经济学家、耶鲁大学终身教授。他在1947年进入华盛顿大学深造，1948年获经济学硕士学位，随即转入麻省理工学院继续深造，于1952年获经济学博士学位。随后在麻省理工学院任讲师，同时在哈佛大学担任研究员。自1955至1962年，费景汉任教于俄亥俄州的安狄欧克学院，其间曾于1958年在华盛顿大学担任访问教授。自1962年至1965年，费景汉转任耶鲁大学副教授，1965—1969年担任康乃尔大学卡尔·马可（Carl Mark）讲座教授。自1969年以后，费景汉任耶鲁大学教授，直至1993年退休，改任耶鲁大学荣誉教授。费景汉一生致力于经济学的教学与研究，他在美国执教近四十年，著作颇丰，论著百余篇。他的主要学术贡献是在发展经济学理论方面。费景汉与古斯塔夫·拉尼斯的合作最早见于1961年发表的两篇论文，一篇是经济发展理论的论文，这篇论文开启了以费景汉、拉尼斯命名的理论模型，发表之后曾引起其他学者的热烈讨论。另一篇是探讨无限制的劳动供给与平衡成长的观念，后来，两人合著的《劳动剩余经济发展之理论与政策》（*Development of the Labor Surplus Economy*：*Theory and Policy*）一书于1964年出版。这本书已成为发展经济学的经典作品之一，书中所提出的理论，在经济学界称为拉尼斯—费景汉模式。此一理论的要旨在于分析经济发展过程中，劳动过剩与不再过剩之间的转折点，在此转折点前后，不同的技术条件对经济发展有不同的影响，从而必须调整互相配合的政策。此一理论模型对经济后进国家由农业转向工业发展的途径，具有很重要的指引作用。

古斯塔夫·拉尼斯和费景汉则认为，刘易斯的二元经济结构发展模型忽视了农业劳动生产率提高和农业剩余产品的增加是农业劳动力转入现代工业部门的先决条件。为此，费景汉和拉尼斯在刘易斯的二元经济结构发展模型的基础上，把农业部门和现代工业部门的发展联系起来加以说明，如图30—3所示。

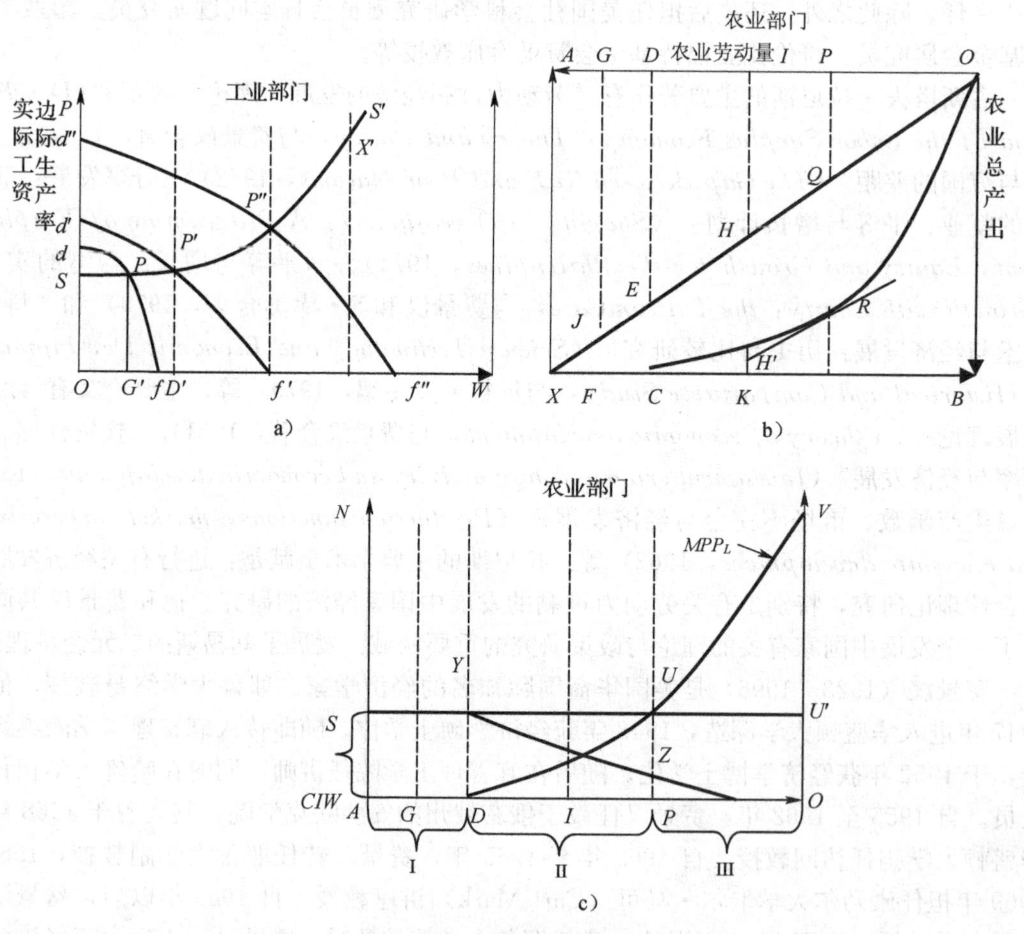

图30—3　农业劳动力流动

图30—3a表示现代工业部门的变化。纵轴OP表示劳动边际生产率和实际工资，横轴OW表示工业劳动力的数量。在初始阶段劳动需求曲线即劳动边际生产率曲线df与

劳动供给曲线SS'相交于P点。劳动供给曲线由水平部分的SP和上升部分的PS'组成，当劳动供给曲线处在水平部分时劳动供给被假定为无限的，P点为转折点，其后的上升部分显示劳动供给出现弹性。当劳动需求曲线为df时，工业部门的劳动雇用量增长到OG'。由于产出剩余转化为利润并形成资本，加上工业部门的技术革新，使劳动边际生产率逐步提高，劳动需求曲线逐步向$d'f'$和$d''f''$等位置移动，劳动雇用量也逐渐增加到OD'、Of'等。可以看出费景汉—拉尼斯模式关于工业部门发展的分析与刘易斯模式大体上是一致的。

图 30—3b 和图 30—3c 则表示农业部门的变化。在图 30—3b 中，原点在右上角。纵轴表示农业总产出，横轴表示农业劳动量。$ORCX$为农业部门总产出曲线。这条曲线由凹面向上的ORC部分和CX部分组成，前者表示随着农业劳动的增加，边际生产率递减；后者表示农业劳动增加，但边际生产率等于零。因此，AD量的劳动力能够从农业部门撤出而不改变农业的产量。他们假设农业部门的总劳动量为OA，而农业总产出量为AX，于是农业平均产量由农业总产出量AX和农业部门的总劳动量之比OA求得。只要农业部门存在剩余劳动，其边际生产率就低于平均产出或平均收入，费景汉和拉尼斯称这个收入水平为不变制度工资，因为它不是由市场机制的竞争力决定的，而是由制度上的因素决定的。不变制度工资由OX线的斜率，即AX与OA之比来表示。当农业总产出曲线$ORCX$在R点上的切线平行于直线OX的时候，边际劳动产品与平均收入相等，这时投入的农业劳动量为OP，费景汉和拉尼斯把体现P点以后的PA劳动量的农业劳动力称为“伪装失业者”（*the disguised unemployed*）。从图 13—3b 还可以看出，如果GA劳动量流入工业部门，农业总产出GF减去农业部门自身消费GJ，其差额FJ即农业总剩余。图 30—3b 显示，农业总剩余等于AX线与$ORCX$线之间的垂直距离，当农业流出劳动量为GA时，农业总剩余为FJ，农业流出劳动量为DK时，农业总剩余为CE，其余可以类推。但仅限于第一阶段和第二阶段。

在图 30—3c 中，伪装失业者、剩余劳动力和不变制度工资等得到进一步说明。图 30—3c 的原点设在右下方，纵轴OV表示农业劳动边际产品和平均产品，横轴OA则表示农业劳动量，$VUDA$曲线为劳动边际产品曲线，它由负斜率部分VUD与水平部分DA组成。$VUDA$所反映的情况与图 30—3b 农业部门总产出曲线$ORCX$所反映的情况是一致的。在图 30—3c 中，SU'为不变制度工资曲线。可以理解，这条线与横轴的距离等于图 30—3b 中OX线的斜率，即农业劳动平均产品。

拉尼斯和费景汉把两部门经济发展划分为三个阶段，揭示了每个阶段上农业劳动力向工业转移的不同特点。按照拉尼斯—费景汉的劳动力迁移模型，农业部门和现代工业部门发展的三个阶段如下。

第一阶段：在传统农业部门存在大量显性失业人口时，农业部门的劳动边际生产率等于零。这时的劳动力的供给弹性是无限大的，农业剩余劳动力可以退出农业部门进入现代工业部门，不会减少农业生产量，而由于农业剩余劳动力的流出，使农业部门形成的农业产品剩余，正好可以提供流入工业部门的劳动者。

第二阶段：由于农业劳动力持续不断地减少，农业部门的劳动边际生产率提高，变为大于零，但仍然低于制度工资。这时不存在显性劳动力失业，但依然存在隐性失业的过剩农业剩余劳动力。这部分隐性失业的劳动力会继续流入城市现代工业部门。由于这一阶段农业部门的劳动边际生产率为正数，因此，农业劳动力的流失会引起农业总产量的减少，粮食短缺引起农产品价格相对上涨，从而使工业部门不得不提高工资。

第三阶段：农业部门已不存在剩余劳动力，农业部门的劳动边际生产率逐渐高于制度工资水平，这种现象说明农业部门劳动力收入不再取决于制度工资，而是由农业劳动的边际产值决定，也意味着传统农业转化为商业化农业。费景汉和拉尼斯把第二阶段向第三阶段的转变点称之为商业化点，由此开始进入稳定增长的发达经济。

拉尼斯—费景汉模型同刘易斯模型一样，认为发展中国家农业部门存在巨大的剩余劳动力。在剩余劳动力全部转移到工业部门以前，农业劳动力的收入水平被假定不变，并且始终等于平均产品。拉尼斯—费景汉模式把不变的平均收入叫作不变制度工资，因为在有农业剩余劳动存在时，农业劳动者的收入是由制度决定的，而不是由市场决定的。拉尼斯和费景汉指出，农业劳动生产率的提高是保证工业部门扩张和农业剩余劳动力转移的必要条件。在一个停滞的农业中，工业部门是不可能持续扩张的，农业剩余劳动力是不可能全部转移的。此外，拉尼斯和费景汉指出，要使农业剩余劳动力顺利转移，农业劳动生产率还必须与工业劳动生产率保持平衡增长，使工业与农业的贸易条件保持不变。

拉尼斯—费景汉模式与刘易斯模式一样以二元经济结构的存在为分析的出发点，它对第二阶段的论证与后者的论证如出一辙，但是，在第二阶段和第三阶段的分析中，拉尼斯和费景汉考察了刘易斯没有涉及的一些问题。在刘易斯看来，发展中国家的农业对经济发展的贡献在于为工业部门的扩张提供所需要的廉价劳动力，至于农业本身是否发展，在劳动流出的过程是无关紧要的。拉尼斯和费景汉认为，农业对经济发展不仅为工业部门的扩张输送廉价劳动力，而且还为工业部门的扩张提供所需的农业剩余。如果没有农业剩余，工业扩张所必需的粮食就没有来源，农业劳动的输出就要受到阻碍。拉尼斯和费景汉把技术进步和资本积累都看成是工业扩张的源泉，并论证了创新对提高生产率的作用。拉尼斯—费景汉模式注意到技术进步对经济增长的作用，把要素比例看成是变化的，因而在资本积累过程中有出现不利于劳动转移和就业增长的可能性，在这一点上拉尼斯—费景汉模式纠正了刘易斯模式的缺点，指出发展中国家的决策者在开发技术、引进技术时要防止偏重于资本密集型的倾向。

拉尼斯—费景汉模式简单描述了发展中国家二元经济结构转变的三个阶段和农业剩余劳动力转变的条件，但有的经济学家认为这个模式是根据发达国家经济增长的历史经验模拟的，不符合发展中国家的经济发展状况。如拉尼斯—费景汉模式是以农业剩余劳动力转变和工业部门增加的就业机会均与工业部门资本积累率成比例为前提，但实际上并非如此。事实上，许多发展中国家中存在大量失业者，而且对农业剩余劳动力的吸收能力十分有限，有时甚至出现工业部门资本投入及生产量都增加而劳动就业量反而减少的现象。由此可见，这个模式还不能完全概括发展中国家二元经济结构的转变过程，以及农业人口转化为工业人口的过程。尽管拉尼斯—费景汉模式尚存在不周全之处，但这个模式中提出的农业劳动生产率的提高是农业剩余劳动力转入工业部门的前提条件等论点无疑是正确的。

30.3 迈克尔·托达罗和约翰·里斯·哈里斯的劳动力迁移模式

迈克尔·托达罗（Michael P. Todaro，1942— ）是美国著名经济学家、发展经济学的代表人物。他出生于美国纽约州纽约市。1964年获得哈佛大学神学院文学学士学位，后进入耶鲁大学，1966年获得哲学硕士学位，1967年获得耶鲁大学哲学博士学位。1972—1976年任洛克菲勒基金会社会科学副主任，1976年任圣巴巴拉加利福尼亚大学经济学客座教授，1977年任哈佛大学威廉·派尔·菲利普斯讲座杰出客座教授，现任美国纽约大学经济学教授。他曾任夏威夷东西方中心人口研究所国际顾问委员会成员、美国人口委员会政策研究中心副主任、巴基斯坦发展评论编委会委员。

托达罗的主要著述有《经济理论》（*Economic Theory*，与P·W·贝尔合著，1969）、《欠发达国家的劳动力流动和城市失业模型》（*A model of labor migration and urban unemployment in less developed*，1969）、《技术转让、劳动力吸引和经济发展》（*Technological transfer labour absorption，and economic development*，1969）、《人口流动、失业和发展：二部门分析》（*Migration，unemployment & development：a two-sector Analysis*，与J·R·哈里斯合著，1970）、《发展计划：模式和方法》（*Development Planning：Models and Methods*，1972）、《发展中国家的内部人口流动》（*Internal Migration in Developing Countries*，1976）、《城市职业发展，引致人口流动及失业上升》（*Urbanjob expansion，induced migration and rising unemployment*，1976）、《发展中世界的经济学》（*Economics for a Developing World*，1977）、《第三世界的经济发展》（*Economic Development in the Third World*，1977）以及《发展政策和人口增长：计划人员纲要》（*Development policy and population growth：a framework for planners*，1977）等。他对人口经济学的主要贡献是最先撰写关于欠发达国家城乡人口流动和城市失业之间的关系的理论著作。“预期收入”模型最早揭示了在城市失业上升和城市工资不灵活情况下，人口不断流动在经济上的合理性。这一模型的重要意义在于说明了创造更多的城市就业机会，或许只会恶化而不是消除城市的失业问题。他还写了一部国际性的经济发展教科书。他的《经济发展》一书已经再版六次，这是一部关于发展中国家发展问题的著作。它集作者在拉丁美洲和非洲二十余年的生活和教学经验于一书，运用一般的经济学原理、理论和政策，深入浅出地阐述了发展中国家的发展问题。

约翰·里斯·哈里斯（John Rees Harris，1934— ）是美国经济学家。他出生于美国伊利诺伊州罗克福。1955年获得伊利诺伊州惠盾学院文学学士学位，1964年获得西北大学文学硕士学位，1967年获得该校哲学博士学位。1964—1966年任西北大学经济学讲师，1966—1970年任麻省理工学院经济学助理教授；1970—1974年升任麻省理工学院城市计划经济学副教授，自1975年起任美国非洲研究中心主任、马萨诸塞州波士顿大学经济学教授。

哈里斯的主要著述有《人口流动、就业和发展：二部门分析》（*Migration，unemployment & development：a two-sector Analysis*，与迈克尔·P. 托达罗合著，1970）、《发展中经济的城市与工业分权：分析结构》（1971）、《人口流动、就业与工资收入》（*Migration，employment and earnings*，与B·阿克利卢合著，1980）、《发展中国家的城市失业：关于更广泛的探究模型》（*Urban unemployment in developing countries：towards a more general search model*，与R·萨博特合著，1981）等。他的主要人口经济学贡献是根据预期收入说明发展中国家的城乡人口流动，并结合影响人口流动速度和选择的问题，进一步研究劳动力市场制度和社会网络的作用。

20世纪60年代和70年代初期，美国发展经济学家托达罗发表了一系列论文，阐述他的人口迁移模式。他的模式的出发点是发展中国家存在失业，而人口是在普遍失业这一条件下迁移的。由此可以看出托达罗模式的特点。托达罗认为，从西欧和美国的经验来看，劳动力从农村流向城市，是经济发展的一个重要标志。劳动力从传统农业中释放出来，重新配置到城市生产部门，使城乡生产有明显分工，促进了工业化，也促进了城市化。他认为刘易斯、费景汉和拉尼斯以欧美的历史经验为蓝图建立了他们的人口迁移模式，说明了发展中国家的劳动力转移过程和经济发展情况，但对发展中国家的实用性是不大的。托达罗说，要建立一种符合发展中国家现实的人口迁移模式，必须对农村人口流入城市和城市失业同步增长的矛盾现象，做出合理解释。从这点出发，托达罗提出了他的模式。

按照托达罗模式，人口迁移基本上是一种经济现象，是一种合乎理性的经济行为。尽管城市中存在失业，流入城市的人们还是可以做出合理决策的选择，他们所关心的，与其说是城乡现实的收入差异，不如说是城乡预期的收入差异。无论是已经开始迁移的人口，还是准备迁移的人口，都把农村的现实收入与如果移入城市后能找到工作机会的预期收入做出比较，以决定其择业。总之，影响他们预期的是两个因素：一是城乡之间的实际工资的差异，二是在城市求得工作机会的概率。由于在获取正式工作之前，有一个过渡期，流入城市未必能马上找到工作，他就必须在农村现实的较低收入和城市可能的较高收入及可能的失业概率之间做出理性的决策。

分析农村人口流入城市数量时，托达罗提出如下公式：

$$\frac{\overline{S}}{S}(t)=F\left[\frac{Y_u(t)-Y_R(t)}{Y_R(t)}\right],\ F'>0 \qquad (30\text{—}1)$$

公式中，$\overline{S}$ 指乡城净人口迁移的数量，S 为当前城市劳动力数量，$Y_u(t)$ 指一非熟练工未来某一时期在城市中预期收入的贴现值，$Y_r(t)$ 则是其在同一时期于农村预期收入的贴现值。托达罗解释道，上述公式中 $\overline{S}/S$ 指的是迁入人口占城市现有劳动力的比例，是一个相对数，之所以不用绝对数，纯粹是为了公式的数学推导，并不影响分析的结果。

如果用 $a(t)$ 表示城乡实际收入差距的百分比，则有

$$a(t)=\frac{Y_u(t)-Y_R(t)}{Y_R(t)}+\frac{\overline{S}}{S}(t)=F[a(t)] \qquad (30\text{—}2)$$

另外，迁入城市者在城市正式部门就业的概率 $\pi(t)$ 可以表示为：

$$\pi(t)=\frac{rN(t)}{S(t)-N(t)} \tag{30—3}$$

这里 r 表示城镇正式部门就业增长率，$N(t)$ 表示 t 期内正式部门的就业人数，$S(t)$ 表示 t 期内城镇劳动力数量，$S(t)-N(t)$ 则意味着 t 期城市劳动力减去正式部门就业者后余下的在传统部门就业者，其中也包括失业或就业不足者。

$$\frac{\overline{S}}{S}(t)=\beta+\frac{rN(t)}{S(t)-N(t)}\cdot F\left[\frac{Y_u(t)-Y_R(t)}{Y_R(t)}\right] \tag{30—4}$$

即

$$\frac{\overline{S}}{S}(t)=\beta+\pi(t)F[a(t)] \tag{30—5}$$

这里 β 为城镇劳动力自然增长率。

如果用 $E(t)$ 表示 t 期内正式部门就业劳动力的比例，则有

$$E(t)=\frac{N(t)}{S(t)}+\frac{\overline{E}}{E}(t)=\frac{\overline{N}}{N}(t)-\frac{\overline{S}}{S}(t) \tag{30—6}$$

公式中，$\frac{\overline{E}}{E}(t)$ 为正式部门就业增长率。

根据上述模型，托达罗分析指出，工业化初期，城镇工业部门的迅速发展使其就业增长率大大高于城市人口自然增长率 $r>\beta$。由于较大的城乡实际收入差距（a）和较高的就业概率（π）流入城镇就业者激增。劳动力的持续迁入，会使城镇劳动力的增长超过就业率的增长，即 $\beta+\pi(t)F(a>r)$，从而使流入劳动者就业概率下降，即 $\pi(t+1)<\pi(t)$，就业概率下降，会抑制农村劳动力的流入，直至城镇就业率与劳动力增长率之间重新趋于均衡。

因此，对于农村人口迁入城镇以及城镇中存在的失业和就业不足问题，托达罗认为，要解决城镇中失业问题，仅从扩大正式部门规模，提高就业水平是不足以解决问题的，因为在既定的预期收入差异（a）下，正式部门就业增长率（r）越大，就业概率也就越大，迁入城镇的劳动力越多。这样创造就业机会越多，农村迁移到城镇的人口越多。因此，解决城镇失业问题不能仅靠城镇正式部门的扩张，还要同时缩小城乡收入的差距，一方面应限制城镇工人工资水平的提高，另一方面应大力改善农村生活条件。

托达罗认为，他的模式不仅有理论上的意义，而且有政策的含义，发展中国家关于人口迁移的政策，牵涉工资、收入、工业化和农村发展等各个方面的政策。托达罗指出，应当尽量减轻城乡经济机会不均等现象。如果城市工资的增长率一直快于农村平均收入的增长率，则城市失业不断加剧，而过量的农村劳动力迁入城市，不仅会引起城市的许多经济问题，还会造成农村劳动力不足，在农忙时节尤其如此。要适当控制工资补贴和政府雇用人员的数量。如果政府随意给雇用单位以工资补贴或增加雇用人员，其结果扩大城乡收入差距，助长了农村人口流入城市的盲目性。要从城市就业的需求和供给两个方面做出考虑而订立综合性的政策，关键在于摆脱只重视城市的偏见，转而注意农村发展。总之，托达罗认为，在人口迁移问题上，发展中国家应当采取一揽子政策，不要人为加剧城乡经济机会不平等，使农村人口流入城市这个不可避免的趋势得到顺利发展。

托达罗模式的一个显著优点是能够对从农村到城市人口迁移和城市失业并存的矛盾

现象做出解释，而这是刘易斯模式和拉尼斯—费景汉模式所未能做到的。因此，它受到许多经济学家和人口学家的赞扬。托达罗模式有其鲜明的特点，它假定发展中国家不一定存在剩余劳动而城市却有大量失业，这一观点与刘易斯模式和拉尼斯—费景汉模式的假定相反。后两者模式都假定发展中国家中农村存在剩余劳动而城市实现了充分就业。托达罗模式由于不同于其他乡—城人口迁移模式的观点，没有强调劳动力迁移对经济发展的积极意义，而是着重研究如何放慢人口流动的速度，减轻城市的失业压力。托达罗在特殊的模式中假定，城市工业部门的工资水平不是固定不变的，而要受到社会和政治因素的影响，因而往往是上升的。不断上升的城市工业工资水平使城乡收入水平差距不断扩大，由此导致农村向城市人口迁移的增加率大于城市工业部门就业岗位的增加率，从而恶化城市的失业问题。托达罗模式还强调了农业部门和农村发展的重要性，改变发展中国家非现代化的经济结构的关键不是依靠农村人口不断流入城市，而是如何提高农业生产率，改善农村生活条件，使工农差别和城乡差别逐渐缩小。

托达罗模式不明确划分发展中国家的工业部门和农业部门的差异，关心的是城市的失业现象和农村人口流出现象的平行发展，强调的是人们的心理预期，因此，其模式属于新古典主义思路是比较明显的。托达罗模式把农业部门本身的进步作为一个发展目标。在托达罗看来，不仅经济增长，而且增加就业、减轻贫困、缩小分配差距、解决城市社会问题等都是经济发展的目标。托达罗的这些观点与发展经济学在 20 世纪 60 年代中期以后的转变是一致的。

约翰·里斯·哈里斯和迈克尔·托达罗在 1970 年发表了《人口流动、失业和发展：二部门分析》的论文，针对发展中国家城市失业率水平居高不下情况下，大量农村人口迁移到城市的现象提出了城乡人口迁移模型，并做出了较好的理论解释。这个模型对从前的二重经济论不能说明的大量城市失业现象而言，根据城市部门的工资和农村部门的工资差别以及在城市获得工作的概率作为农村人口向城市迁移的结果进行了说明。

在哈里斯和托达罗的城乡人口迁移模型中，假定农民根据城市部门的预期工资与农村收入的经济相比较，决定迁移趋向。城市部门的工资以及农村部门收入的变化分别是 W_m、W_a，假如 C 作为迁移费用，在迁移中经济的纯得利 $V=W_m-W_a-C$。农民由城市的预期工资和农村收入的差别到 0 为止持续向城市部门迁移。在这里，存在城市的失业以及低生产性、低工资、不完全就业为特征的城市非正式部门。城市非正式部门是雇用城市现代部门不能雇用残余城市劳动的部门。其主要特征是参与障碍、当地资源的利用、家庭经营、小规模经济单位、劳动集约低的技术水平、公共机关以外的技能学习、没有公共规章制度的竞争市场等，因而这个部门的参入与其他部门相比较容易。该部门的实体是小商人、行商、露天商、修理工、商店的帮工、出租司机、家务杂事以及劳务者等杂工种。另外，农村移民的大部分不能加入城市正式部门。以上的假定城市的预期工资 W_u^* 等于城市正式部门的工资 W_m 乘以其工作机会的概率 p，即 $W_u^*=W_m$。它成为与农村部门比较的对象。

如果考虑农村部门向城市部门迁移等于获得工作机会的话，城市工作机会的概率 p 根据以下公式算出。

$$p=\frac{L_m}{L_m+L_n} \tag{30—7}$$

但是，L_m 和 L_u 分别是城市正式部门的雇用数和失业数。由城市的预期工资 W_u^* 和就职率 p 的公式得出经济的纯得利（V）。

$$V=\frac{L_m}{L_m+L_u}(W_m-W_a-C) \tag{30—8}$$

上述关系如图 30—4 所示，现代城市正式部门和传统农业部门的边际生产力曲线分别是 MM'、AA''。假如城市正式部门和农业部门之间工资没有僵硬性，通过迁移进行工资平衡的话，两部门边际生产力的交点 E 达成均衡。这时，农业部门的收入 W_a^* 与城市部门的工资 W_m^* 相等。然而，实际上城市正式部门的高工资是人为的高设计。如果不考虑城市部门的失业，城市正式部门不能吸收所有的雇用量是 W_a^{**} 的低工资，只能在农村雇用。

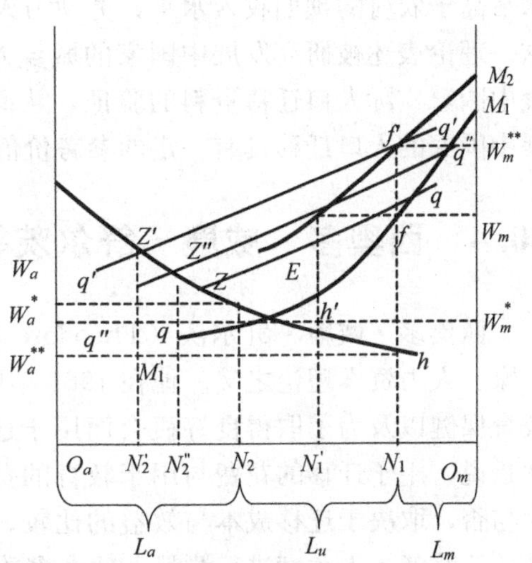

图 30—4　哈里斯和托达罗模型

资料来源：［日］冈部达味，毛里和子．改革・开放时代的中国．东京：日本国际问题研究所，1992

根据哈里斯和托达罗模型的假定，如果城市的预期工资超过农村收入，劳动力呈现由农村向城市迁移，在那里不完全就业是不可避免的。那么，城市部门的失业或者城市非正式部门的规模是怎样决定的呢？

假定城市正式部门的工资是 W_m，城市正式部门和农村部门之间的工资差别是 hf，由于这种差别发生了农村向城市正式部门的劳动力迁移。但是，如果考虑城市正式部门的雇用是固定不变的话，随着人口迁移的增长，城市失业增加，就业概率下降，导致城市的预期工资降低。迁移人口持续到工资差别到 0 点为止。这就是预期工资的下降曲线 qq 的轨迹。新均衡点 Z 表示为城市正式部门的雇用量 L_m 和农村部门的雇用量 L_a，而城市失业以及城市非正式部门是 L_u。这时，城市正式部门的边际生产力曲线由 M_1M_1' 向 M_2M_2'移动。工资由 W_m 上升到 W_m^{**} 时，qq 曲线向 $q'q'$曲线移动，如果雇用不变的话，工资差别扩大到 hf'。这时 $q'q'$曲线和传统农业部门的边际生产力曲线 AA'的交点 Z'比 Z 向左上方移动，N_2N_2'只是城市部门的失业的增加。另一方面，工资不变而雇用扩大的情况下，工资差别缩小到 $h'f''$，而 $q''q''$曲线向左上方移动，在 Z''点与 AA'曲线相交。这样，城市正式部门的雇用机会扩大（N_1N_1'），如果没有超过城市失业的增加（N_2N_2'），其结果城市失业的绝对量增大。

当然，哈里斯和托达罗的城乡人口迁移模型导入了若干单纯的假定。这种经验的假定在现实中是否适合呢？这种疑问是必要的。这里与发展中国家的现状有关系，只提出一个问题。该模型认为农村劳动力迁移到城市以后，非正式部门的雇用者期望加入城市正式部门，是正在等待时机的预备军。因而，对城市期待工资而言，没有考虑城市非正式部门的工资。该假说与发展中国家的实际状况是不符合的。在发展中国家农村劳动力流向城市的大部分，是考虑以非正式部门的就业和工资作为其目的，因而进一步考虑劳动力行动样式模型的精致化是有必要的。

然而，哈里斯和托达罗的城乡人口迁移模型论证了工资水平、就业机会的概率以及迁移费用等经济因素是决定城乡间人口迁移的主要诱因。而且表明只要城市部门的预期水平高于农村的预期收入水平，劳动力人口就会源源不断地由农村部门向城市部门迁移，这一理论表述被研究发展中国家的城乡人口迁移的经济学家广泛接受，并经受了不少发展中国家实际人口迁移资料的验证，从而证明哈里斯和托达罗的城乡人口迁移模型对发展中国家的人口迁移具有一定的参考价值。

30.4 西奥多·威廉·舒尔茨等人的劳动力迁移投资与收益理论

西奥多·威廉·舒尔茨（Theodore William Schultz，1902—1998）是美国著名经济学家、人力资本理论之父。他在1961年出版的《人力资本投资》一书中，把“直接用于教育保健以及为了取得良好机会而用于迁移的费用”都看作是人力资本的直接投资，也就是说，用于迁移的花费与用于教育的费用一样，都是为了获更大效益的投资。迁移发生与否，取决于迁移成本与效益的比较。所发生的成本可分为资金成本和社会成本，都是从迁移者个人角度进行测量，比大多数经济发展的综合指标更能说明问题。

迁移的效益是指迁移者在迁移以后因为拥有更好的机会而增加的收入。迁移的成本是指为了实现人口迁移而花费的各种直接和间接的费用，包括现金成本和非现金成本。迁入地和迁出地的收入差距必须大于迁移的成本，迁移发生在经济上才有效益。如果两个地区之间存在收入差异，却没有迁移发生，很可能是收入上的差异无法弥补迁移的成本。这一点可以较好地解释人口迁移的年龄特征，一般来说，年龄大的人较少迁移，其原因是，他们在迁移以后增加的收益的时间较短，因而预期收入增长比较少。而年轻人在迁移以后还能够有较长的增加预期收入的时间，由于在迁移以后的收益较高，因此，年轻人的迁移与年龄大的人相比相对较高。

根据舒尔茨的人力资本理论，对个人来说，迁移被视为是一种在个人人力资本上的投资，这种个人投资可以增强自身的经济效益从而提高自身的整体生活水平。多数研究表明，人口迁移主要是在市场调节下移民对经济机会的选择。

美国经济学家斯达科将舒尔茨的“成本—效益”模型用于解释迁移的动因，并进一步定量化。他指出，人口迁移的花费是人口迁移的投资资本，迁移后的所得是人口迁移的效益，因此，人口迁移行为取决于迁入地的平均收入是否超过迁出地的平均收入加上用于迁移过程的花费。换句话说，人口迁移实现与否，取决于人口迁移净收益的大小。迁移者实现的净收益可用下列公式表示：

$$PV=\frac{L_j-L_i}{rd_i}-G_{ij} \qquad (30—9)$$

式中，PV 为迁移者实现的净收益；L_j 为迁移者在迁入地的实际收入；L_i 为迁移者在迁出地的实际收入；$L_j - L_i$ 表示迁入地 j 和迁出地 i 之间实际收入之间的差额；rd_i 为迁移者迁移后收益表现为迁出地现实收入的贴现率；G_{ij} 为从 i 地到 j 地迁移所花费的迁移费用。

如果迁移者在迁移后除去折扣率和实际收入值，超过迁出地的实际收入和迁移成本之和，则人口就会选择迁移，否则这种投资是不经济的，人们就不会迁移。

30.5 戴尔·乔根森的农业劳动力迁移学说

戴尔·乔根森（Dale w. Jorgenson，1933— ）是美国著名经济学家、发展经济学新古典学派代表人物之一。他出生于蒙大拿州的博斯曼。1955 年毕业于里德学院，获得文学学士学位，1957 年获得哈佛大学文学硕士学位，1959 年获得该校哲学博士学位。1959 年，他开始在加利福尼亚大学伯克利分校任教。1967 年，戴尔·乔根森在伯克利升任经济学教授。1969 年起为哈佛大学经济学教授。1971 年因其论投资的经济计量模型建立的著作而获美国经济协会的约翰·贝茨·克拉克奖。1978 年被选为美国科学院院士。他曾当选为美国科学促进会、美国统计协会、计量经济学会的特别会员。他任美国经济学会主席期间，荣获该协会 2001 年杰出研究员的称号。1991 年，他作为发起人之一成立了科学技术及经济政策全国研究理事会，并在 1998—2006 年任该理事会主席。并曾被多家大学授予荣誉博士学位。

戴尔·乔根森
1933—

乔根森的主要著述有《资本理论与投资行为》（*Capital theory and investment behavior*，1963）、《具体化的假说》（*The embodiment hypothesis*，1966）、《检验供选择的各种二元经济发展理论》（1966）、《生产率变动的解释》（*The explanation of productivity change*，与 Z. 格里利切斯合著，1967）、《剩余农业劳动力和二元经济发展》（*Surplus agricultural labour and the development of a dual Economy*，1967）、《投资行为的经济计量学研究：评论》（*Econometric studies of investment behavior：a review*，1971）、《二元经济发展》（*The development of a dual economy*，1971）等。他对经济学的贡献包括在信息技术与经济增长、能源与环境、税收政策与投资行为及计量经济学应用等方面具有影响力的研究。系统阐述了以资本服务的租金价格为基础的新古典投资理论，以及从增加投资中物化的新技术方面解释了生产率的变动。除了论发达经济中投资行为的著作外，他创立了新古典二元经济发展理论，给不发达国家中的“二元主义”提出了一种新古典主义的解释，摒弃了刘易斯的有影响的“具有无限劳动供给的经济增长”论。乔根森在 1966 年发表的论文《检验供选择的各种二元经济发展理论》，由于其本身的成功而很快成为论经济发展的文献中的一篇经典之作。

与威廉·阿瑟·刘易斯（William Arthur Lewis）、古斯塔夫·拉尼斯（Gustav Ranis）和费景汉不同，戴尔·乔根森在1967年发表的《过剩农业劳动力和二元经济发展》一文中提出乔根森模型，该模型指出农业人口向非农产业部门流动的原因在于消费结构的变化，可以说是消费需求拉动的结果。同年，乔根森提出具有古典经济学色彩的二元经济模型，以新的假定和新的角度考察了城乡人口迁移，对刘易斯二元结构模型的各种假设作了深刻反思，指出农业剩余是劳动力从农业部门转移到工业部门的充分与必要条件。他认为农业剩余劳动力向非农产业部门流动和转移的根本原因在于消费结构的变化，是消费需求拉动的结果。因为人们对粮食等农产品的需求有其生理限度，而对工业品的需求则是无限度的。

乔根森依据新古典主义的分析方法创立的一种理论，出于对古典主义的反思，在一个纯粹的新古典主义框架内探讨工业部门的增长是如何依赖农业部门的发展的。他认为工业部门的工资等于边际生产力，而农业部门的工资等于劳动的平均产品，劳动力可以在两部门之间自由流动，工业的发展取决于“农业剩余”和人口规模，农业是经济发展的基础。农业剩余规模越大，劳动力转移规模也越大，两者同比例增长，即不发达国家一般存在着两种性质不同的结构或部门，现代工业部门和落后农业部门。落后农业部门的产量由土地和劳动所决定，生产函数呈收益递减。

乔根森认为，农村剩余劳动力转移的前提条件是农业剩余。农业剩余是指农业部门产品的增长快于人口的增长，即人均粮食供给增长率大于人口增长率。人口增长是由经济增长所决定的，而且有一个生理最大量界限，而经济增长，则有不断进步的技术作为保障，因此，经济增长超过人口增长是必然的，农业剩余的出现也是必然的。当农业剩余等于零时，不存在农村剩余劳动力转移。只有当农业剩余大于零时，才有可能形成农村剩余劳动力转移。在农业剩余存在的前提条件下，乔根森又提出了一个重要假设，即农业总产出与人口增长相一致。在这种条件下，随着农业技术的不断发展，农业剩余的规模将不断扩大，更多的农村剩余劳动力将转移到工业部门。因此，农业剩余的规模决定工业部门的发展和农村剩余劳动力转移的规模。但是乔根森模型仍然忽视了对农业物质投资的重要性以及城市的失业等问题。他认为粮食产出增长率超过人口增长率，即农业剩余出现是农村劳动力向城市转移的必要充分条件，农业剩余的规模与劳动力转移的规模一致，农业剩余占农业总产出的比重等于工业劳动力占总人口的比重；人口增长由经济增长决定，但由于技术进步的力量，当人口增长达到最大时会被经济增长所超过，农业剩余也就会产生并扩大；农村劳动力流向城市的原因在于消费结构的改变，因人们对粮食的需求有限，而对工业品的需求无限。

威廉·阿瑟·刘易斯分析了乔根森农村剩余劳动力转移理论的内涵，与刘易斯理论和拉尼斯—费景汉理论相比，有以下4个特点：①乔根森理论是用新古典主义分析方法和依据农业剩余为基础创立的理论。刘易斯和拉尼斯—费景汉理论是用古典主义分析方法和依据剩余劳动力为基础创立的理论。②乔根森理论认为工资率是随着资本积累上升和技术进步而不断提高的。而刘易斯等人的理论认为，在全部剩余劳动力转移到工业部门之前，工资率由农业人均收入水平决定，是固定不变的。③乔根森理论认为，农村剩余劳动力转移到工业部门，是人们消费结构变化的必然结果。而刘易斯、拉尼斯和费景汉理论认为农村剩余劳动力由农业部门转移到工业部门，会提高整个经济的生产率，从而促进经济发展。④乔根森理论从马尔萨斯人口论的观点出发，认为人口增长是由经济增长决定。正因如此，乔根森理论否定了刘易斯、拉尼斯和费景汉理论的剩余劳动假说和固定工资观点。

乔根森理论的一大缺陷是关于粮食需求收入弹性的假定，即在存在农业剩余时，粮食需求收入弹性为零，这个假定显然与事实不符。此外，该理论应用了托马斯·罗伯特·马尔萨斯（Thomas Robert Malthus）人口论的观点，也不符合发展中国家的实际情况。乔根森认为，发展中国家只有在工业化的同时注意降低资本—产出比率，才能提高工业吸收农村剩余劳动的能力。他分析了经济发展的三个阶段上人口增长率同部门劳动力增长率的变动规律：在第一阶段，人口增长率等于农业技术进步率，并且所有新增加的人口都将成为过剩劳动力；在第二阶段，人口增长率等于农业技术进步率对比土地供给的产出弹性——在经济发展第一阶段，工业的产出、就业和资本增长率不断扩大，但资本增长率小于产出增长率，这时工业就业机会将不断扩大，足以吸收农业过剩劳动力；在第二阶段，农业劳动力增长率下降——此时经济发展进入第三阶段，农业和工业的实际工资率相等。

戴尔·乔根森还指出，在农业人口向城镇工业部门流动过程中，工资水平并非固定，而是不断上升的。不但工业部门为了吸收农业劳动力要提供高于农业部门的工资水平，而且农业部门由于劳动生产率的提高，农业工人的工资也是不断上升的。乔根森认为只有农业发展，农业部门才有可能向工业部门提供追加劳动力；工业发展不取决于资本规模大小，而取决于有没有农业剩余，影响经济长期发展的因素可以归纳为人口规模和农业剩余。当农业人均产出率达到人均农产品消费的临界水平时，人均收入的增加额就会转向对工业品的需求上，这时便出现了农业剩余。在这个前提下，才为农村劳动力流向工业部门提供了必要条件，农业人口才有可能向工业部门转移。

30.6 卡林顿劳动力迁移模型

经济因素的劳动力人口迁移是一个复杂多变的动态过程，例如，移民在城市中寻找工作、做出移民决策时的一些前瞻性考虑以及迁移过程的区位选择，将贯穿于为了寻找就业机会的迁移过程之中。卡林顿（Carrington）所做的一个简单的人口迁移过程的经济模型以独特的视角将这些问题包容进去，因而得出的结论具有启发意义。

卡林顿假设个人能够选择在城市还是在农村居住，将某一区域初始人口定为1，M_t是在t时期居住在城市的农村人口数量，则农村的人口是$1-M_t$。设π_t为t时期农村生产的利润，Y^Y是农村工资，它取决于农村人口，其公式为：

$$\pi_t = Y^Y(M_t) \quad (30—10)$$

假设E_t为t时期工业部门雇用的流动人口数（$E_t < M_t$），W_t为工业工资。制造业

部门的反劳动力需求函数为

$$W_t = Y^m(E_t) \tag{30—11}$$

Y^Y 随M_t 递增，Y^m 随E_t 递减，$Y^m(0) > Y^Y(0)$ 即人口迁移发生前，制造业部门的工资高于农村工资。假设 t 时期从农村到城市的人口迁移成本 $C(M_{t-1}, h)$。因此，移动成本取决于城市原有移民的数量和 h，h 是关于潜在移民个人特点的指标（如年龄、教育等）。假设 $\partial C/\partial M<0$，$\partial C/\partial h>0$，F_h 为低于或等于 h 的农村工人的指标函数，工人可以永远活下去，且他们在选择居住地点是最大化未来收入的预期贴现值，也就是期待的迁移成本净值。

当然，在由农村向城市迁移的过程中，不一定能保证找到工作。新的移民必须寻找工作，在寻找工作的过程中，他们能够得到先来的、并且已经找到工作的移民的帮助。设 $p(E_{t-1})$ 是 t 时期新移民找到工作的概率。先来的、并且已经找到工作的移民在帮助后来的移民找工作就存在外部效应，这反映在 $p'>0$ 的假设上。为了简化问题，假设任何在城市出生的人或已经找到工作的人终生雇用。

设 $V^m(M_t, E_{t-1}, h, u)$ 是 t 时期一个类型为 h 的（原来在农村的，在城市也没有工作）工人未来收入的预期贴现值，$V^m(M_t, E_{t-1}, h, e)$ 是一个已经就业工人的相应值，$V^Y(M_t, E_{t-1}, h)$ 是 t 时期留在农村者的相应值。卡林顿认为，在没有反向迁移情况下，个人在城市的预期收入就与他们的类型（h）无关，因为 h 只影响从农村向城市迁移的成本。如果无工作的人流向城市，他们的预期收入的贴现值就用以下公式表示：

$$V^m(M_t, E_{t-1}, h, u) = p(E_{t-1})V^m(M_{t-1}, e) + \partial[1-p(E_{t-1})]V^m(M_{t+1}, E_t, u) \tag{30—12}$$

找到工作的城市居民的预期收入是：

$$V^m(M_t, E_{t-1}, e) = Y^m(E_t) + \delta V^m(M_{t+1}, E_t, e) \tag{30—13}$$

而留在农村的人口的预期收入是：

$$\begin{aligned} V^Y(M_t, E_{t-1}, h) = Y^Y(M_t) + \delta\max[&V^m(M_{t+1}, E_t, h, u) \\ &- c(W_t, h)]V^Y(M_{t+1}, E_t, h) \end{aligned} \tag{30—14}$$

现在考虑类型 h，但现居住在农村的某人的移民政策。只有在下述不等式成立时，他才会向城市流动：

$$V^m(M_t, E_{t-1}, u) > V^Y(M_t, E_{t-1}, h) + c(M_{t-1}, h) \tag{30—15}$$

不等式（30—15）的右边部分随 h 上升。所以，如果类型为 h 的人在 t 时期愿意迁移，那么，所有 $h'<h$ 的类型都愿意迁移。当人口迁移持续进行、移民数量越来越多的时候，迁移的成本就会下降。同时，找到工作的移民数目也会上升，这样新移民找到工作的概率也就会上升。由于上述两个原因，更多农村居民就愿意迁移。这个过程将会一直持续，直到工资差距足够小，以至于无法带来更多的迁移激励为止。在这种稳定状态下，$M_t = M_{t-1} = M$，因而不会再有更多的人口迁移。从长远看，所有迁移的人都找到了工作，所以 $M=E$。设 $H=F^{-1}(M)$ 为边际的农村工人，在迁移与不迁移选择之间的无差异者。在稳定状态下，城市的工人不会有激励回流农村，也不会有激励使人们从农村移向城市。

$$V^m(M, M, e)=Y^Y(M)/1-\delta > V^r(M, M, h), \forall h < H \quad (30—16)$$

$$V^r(M, M, h) => V^m(M, M, u)-c(M, h)$$
$$=\frac{p(M)V^m(M, M, e)}{1-\delta[1-p(M)]}-c(M, h) \quad \forall h < H \quad (30—17)$$

对边际的农村工人 H 而言，在稳定均衡状态下，人口迁移的水平满足公式（30—17），并使它取等号。因此，依据方程（30—14），$V^Y(M, M, h) => V^m(M)/(1-\delta)$。将 $V^m(M, M, e) => Y^m(M)/(1-\delta)$ 代入公式（30—17），并使 $h=H$，可以看到：

$$\frac{r^m(M)-r^r(M)}{1-\delta}=c(M, H)+\frac{r^m(M)[1-p(M)]}{1-\delta[1-p(M)]} \quad (30—18)$$

对于均衡状态下那些农村潜在的边际移民来说，城市与农村工资差距的贴现值正好先于迁移的成本（c），加上他在城市寻找工作时所损失收入的预期贴现值。

卡林顿模型的主要特点是人口迁移牵涉前瞻性行为，人们在做出迁移决定时往往要考虑他们在城市和农村居住时对未来前景的预期；人口迁移与人们的选择有关，而选择取决于贴现率的高低，这一点为此模型所强调，因此，对于年轻的移民和受教育程度较高的移民从农村迁往城市的现象能够得到较好的解释，因为这些移民在城市和农村之间的预期工资差别的贴现值很高，而且迁移成本较低；人口迁移必然涉及工作的搜寻，在卡林顿模型中可以看出如果城市中有大量移民，后来的移民迁移成本相对较低，找工作的难度也会有所下降，因为先来的移民是潜在移民寻找工作机会的主要来源，而且这些先行的移民所组成的社区往往能够为新移民介绍潜在雇主，使后来的移民较容易适应新的城市工作环境和生活环境。这就是解释为什么从特定农村地区来的移民往往集中在特定的城市或城市的几个特定的地域，这一模型所揭示的原因是由于他们能够充分利用先来的移民提供的便利条件和好处。换句话说，先来的移民能够帮助后来的移民从低效率的农村部门转移到高效率的工作部门，并得到较高的经济收益，在经济因素的人口迁移中具有外部效应①。

30.7　I·S·劳瑞的劳动力迁移引力经济模型

劳动力口迁移的引力模型自20世纪40年代以来经历了一个由简单的数量描述到建立解释模型的过程，使这一模型逐步走向成熟，并被许多劳动经济学家广泛应用。它通常被用来分析和预测地区间的劳动力人口迁移数量，并收到一定的效果。劳动力人口迁移的引力模型主要考察宏观的劳动力人口迁移，它借用物理学的引力概念，分析两个地区之间的劳动力人口迁移数量的影响因素。在劳动力人口迁移的引力模型中比较有代表性的是热普夫的互动假说、斯托佛的中介机会模型、索马梅杰的引力模型以及劳瑞的引力模型，其中劳瑞的引力模型引入了经济因素来解释劳动力人口迁移现象，最为引人注目。

① 李通屏等．人口经济学．北京：清华大学出版社，2008

I·S·劳瑞（I·S. Lowry）是美国劳动经济学家。他认为就业机会是决定迁移规模与方向的主要因素，他在1966年发表的《迁移和大城市增长：两个分析模型》中利用建立的统计模型，用经济和吸引力等因素来解释人口迁移。在模型中用来描述经济和吸引力的变量包括失业率、制造业的工资率、用非农劳动力表示的两个地区的人口数量，其公式如下：

$$M_{ij}=K\left(\frac{U_i}{U_j}\times\frac{W_i}{W_j}\times\frac{L_iL_j}{D_{ij}}\right) \tag{30—19}$$

其中，M_{ij}表示由地区i向地区j的迁移人数；L_i和L_j分别表示地区i和地区j的非农劳动力人数；U_i和U_j分别表示两个地区的非农劳动力的失业率；W_i和W_j分别表示两个地区制造业的小时工资率水平；D_{ij}表示地区i和地区之间的直线距离；K为常数。

上式经对数转换，可以表示成线性模型，即便于应用，同时也便于解释因果关系。

$$\log M_{ij}=\log K+\log U+\log W_i+\log L_i+\log L_j-\log U_j-\log W_j-\log D_{ij} \tag{30—20}$$

上式表明，劳动力人口迁移的方向，是由低工资的地区向高工资的地区，由劳动力过剩的地区向劳动力不足的地区迁移。

在经过较长的时间以后，迁移者会影响迁入地的劳动力市场，当迁入地的劳动供给大于需求的时候，其吸引力就会减少，甚至出现相反的情况。当$U_i=U_j$，并且$W_i=W_j$时，两个地区之间仍可能有随机的人口迁移，其数量由两个地区之间的人口数及距离决定。

I·S·劳瑞提出的这一模型是较为成熟的，在人口迁移的原因解释方面仍显得不足，但由于其简便性，使它在城市交通、零售市场、住宅建设、工业区划的规划和设计等方面得到了广泛应用。西方的劳动经济学家和人口学家对这个模型的运用也相当广泛，几乎用于解释世界上不同地区的区域间迁移。在运用中显示，失业率并不是主要解释因素，就业结构是更重要的指标，尽管有不少从高失业地区向经济繁荣地区的迁移，但从繁荣地区向繁荣地区的迁移往往是更常见的。

30.8 布林利·托马斯的资本与劳动力迁移模型

布林利·托马斯（Brinley Thomas）是英国经济学家。他在《迁移与经济增长》（1954）、《迁移与国际投资》（1958）等论著里论述了国际资本流动与劳动力流动的关系，并建立了资本—劳动力流动理论模型，被称为布林利·托马斯模型。他从国际迁移的角度，考察资本运动和劳动力迁移的关系，进行了迁移长波分析。这一模型的建立与其经济背景是密切相关的，根据统计资料的分析表明，直到1913年以前，劳动力流动一直是经济增长的一个重要因素；在研究美国移民的动力时认为，美国的“拉力”大于欧洲移民国家的“推力”。他的理由是，美国经济的发展和起伏决定外来移民浪潮的高低。当美国经济高速发展时，入境移民就会大幅度增加，反之就会锐减。在经济危机时还会出现移民倒流回国的现象；但1913年以后情况发生了很大变化，其后国际迁移受国际事件的影响更大，例如，美国移民限制法的实施，两次世界大战，20世纪30年代初的经济衰退等。然而托马斯模型针对的是1913年以前的迁移模式，探讨人口从一国向另一国循环波动的必要条件与充分条件，主要考察资本国际流动与迁移的经济关系①。

资本—劳动力流动理论模型引发如下矛盾现象，主要表现在：非农业生产连续大规模发展，使从前以传统农业为主的国家向国外移民的必要性有所下降，而主要的移民迁入国伴随着经济的发展，城市化和工业化增强了对外来移民的吸引力。换句话说，移民迁出国的工业化抑制移民出境，而移民接纳国的工业化又刺激移民。托马斯认为，如果将相关国际移民国家的经济看成一个整体经济，上述这种矛盾就容易解释，他将1840—1913年的大西洋两岸构想为一个大西洋经济，其东半部相对于土地、自然资源而言资本和劳动力充足，而西半部资本和劳动力相对短缺，如果能自由流动，这种要素就会从东半部向西半部迁移。由于西半部劳动力边际生产率比东半部大，这种要素转移会增加西半部的经济效益。这种要素转移呈现周期性波动，在迁移—外国贷款周期的增长阶段，新大陆吸引大量的欧洲移民迁入，而在周期的下降，欧洲自身工业化的迅速发展使大多数潜在迁出移民留在本国，从而解决了前述的矛盾现象。

托马斯模型通过大量的统计资料分析显示，国际资本流动和劳动力迁移和流动是直接相关的。1863—1872年、1879—1891年、1898—1907年几次欧洲向美国移民高潮②都伴随着英国的资本输出，在英国和海外新国家之间形成了经济增长的逆向相关。要素长期转移结果使西半部经济增长超过东半部，从1840年到第一次世界大战前夕，英国原来作为世界上经济最发达的国家逐渐衰落，其经济领袖地位逐渐被美国取代。托马斯用大量的历史资料说明，迁移的波动是美国经济增长波中的重要因素。

布林利·托马斯将第二次世界大战后经济增长模式同上述模式做比较分析。他认为第二次世界大战以后国际资本流动和劳动力流动不在直接相关，1946年尽管美国有大量的海外投资，但并没有导致美国劳动力向海外大量流动；相反，却继续吸引大量欧洲移民涌入。这表明，国际迁移和向外投资之间的动态关系已经消失，以往西半部和东半部的经济增长逆向关系，在第二次世界大战后的发达国家和发展中国家已经不复存在。当代经济欠发达的地区大都人口过剩，尽管劳动力充足，但投资规模相对较少。当代投资总是倾向经济发达、工业化程度高的国家，1913年以前的模式已经不能恢复。

---

① Thomas，B：Migration and Economic Growth，Cambridge Univ. press，1954

② 19世纪60年代到80年代，美国的移民主要来自英格兰、爱尔兰、德国和斯堪的纳维亚半岛等西欧和北欧国家。这些移民的数量在80年代达到高峰，以后开始大幅度减少。从19世纪80年代开始，来自中欧和南欧的各国移民日益增加，到19世纪90年代，来自中欧、俄国和意大利的移民规模超过了西欧。从1900年到1914年，每年都有20万以上的欧洲人移居到美国。同一时期来自俄国的移民平均每年超过15万人；而来自意大利的移民平均每年超过20万以上。此外，随着美国经济的迅速发展，来自东欧和南欧的移民规模也较大，当时被称为“新移民”，成为日益引人注目的问题。

30.9 约瑟夫·约翰·斯彭格勒的国际劳动力迁移

约瑟夫·约翰·斯彭格勒（Joseph John Spengler，1903— ）是美国当代著名的人口经济学家。他早在1958年用比较静态分析的方法论述了国际迁移问题。他在发表的《1939年以来移民对接纳国的影响》一文中，考察一个给定的移民流，说明初始的平衡如何被破坏，而新的平衡又如何达到。假定A国的边际劳动力比B国低，从A国到B国的迁移会使迁移者及A国其他劳动力的工资提高。如果B国处于报酬递增的阶段，B国劳动力的工资也会提高。这种劳动力迁出国和接纳国之间的利益协调是19世纪大多数迁移共有的特征，而与此同时存在的资本运动也会增加A国和B国双方的利益。

斯彭格勒认为，要说明国际迁移过程中外来移民流对接纳国的影响而言，必须区分“替代效应和收入效应。这两个概念是这个理论模型的核心。斯彭格勒把这两个概念用于比较静态理论模型之中。假设由A国到B国的移民大多数是工人，他们大多数进入职业分类a_1、a_2、a_3、a_4之中，他们的职业结构与其迁入国的职业结构存在差别，这是就会出现替代效应。在B国的进口和出口倾向都很低时，B国从事类似职业的工人数就将在b_1、b_2、b_3、b_4的职业分类里被外来迁入工人所替代，结果在这些职业工作的本国工人的收入就会下降，而其他职业的本国工人的收入可能相对提高。这在一定程度上是互补效应作用的结果。斯彭格勒还指出，在经济因素的国际迁移过程中，A国迁往B国的工人大多数是不熟练工人，技能偏低，因此，一般进入B国职业金字塔的底层。移民迁出国处于上层职业的人，其迁移倾向一般较低，由于文化差异等原因，外来移民一般被排除在职业金字塔上层之外，所以外来移民主要和迁入国不熟练的收入较低的工人竞争，使这些工人的工资收入下降。而其他职业分类属于较高层次的人，则由于互补效应从外来移民得到好处。

斯彭格勒还认为，外来移民也产生收入效应。这在那些发展中国家更容易产生，因为外来移民的流入必然伴随着B国收入总量的上升；如果B国人口规模低于收入最佳规模，这种上升将会最大，因为这时产生的收入增长会比劳动力的增长更大。在经济活动上与外来移民是互补关系的那些职业（b_5-b_n）的人均绝对收入会上升，但是与外来移民是替代关系的那些职业（b_1-b_4）的人均绝对收入一般不会上升。此外，当一国经济处于报酬递增阶段时，收入效应就会明显大于替代效应。他所说的收入效应，可以由外来移民带来的新思想和新技术产生，也可以由外来移民加进劳动力，增加收入总量产生。无论如何，收入效应将会减轻移民的替代能力与互补能力的影响。

在斯彭格勒的模型中，以上假设的是B国的进出口都很少时外来移民的影响，如果B国经济开放，情况将发生一定的变化，这时B国经济可以看成是一个更大的带有国家性质的社区经济的一部分，外来移民的流入成为这一社区经济的劳动力结构对自己扩张的总需求的调适，外来移民的影响会得到缓冲，但是，只要有外来移民继续大量流入，而移民的职业结构和本国人又有差别，替代效应和互补效应就不会停止。即使移民潮已经停止，移民后代的职业结构和本国人后代的职业结构有差别，这两种效应还会存在。

约瑟夫·约翰·斯彭格勒的理论模型是以自由竞争与自由贸易为前提条件的，而且假设整个世界只有两个国家，只产生两种商品，没有专业化等，这种严格意义的前提条件是根本不能实现的。他的理论意义是只有自由贸易和生产要素在国际间的转移相结合，才能使整个世界经济的总产量达到最大。显然他所分析的时代仅限于当时的经济背景，而在20世纪中叶以后国际迁移对经济增长的贡献已经大不如前。20世纪后半叶的人口形势不同于19世纪，经济欠发达地区大多人口过剩，甚至美国、加拿大和澳大利亚等人口密度低的国家成长起来的“发达经济”也出现活跃的人口增长率，使迁移规模和范围已经大幅度缩小，同时科学技术的进步已经日益替代迁移成为经济增长的重要因素。

值得注目的是自第二次世界大战结束以来，尤其是20世纪60年代以来，大多数殖民地国家获得了民族独立，发展中国家的国际地位有所提高，国际移民也发生了深刻变化。国际移民再也不像工业化时期那样由少数欧洲国家流向少数欧洲人建立的移民地，而是真正具有全球性的规模。移民输出国和移民输入国的种类和数量增多了，全球移民的供应地也从欧洲转移到发展中国家。工业化时代的国际人口迁移是将人们从人口稠密而工业化进程迅速的国家带到人口稀少而迅速工业化的国家，如今后工业时代的移民却是将人们从人口稠密而处于工业化初期的国家引到人口稠密的后工业化社会。而当代移民接纳国大都是资本和技术密集而土地短缺的发达国家，这些国家由于资本的集中和科技的进步，把许多本地劳动力排除在制造业之外，这些国家由于出生率低和老龄化现象严重，仍需大量外来移民的补充。移民输出国和输入国之间在经济发展的差距远比工业化时期要大，因为当代移民输出国大都是发展中国家，而工业化时期的移民输出地——欧洲国家却比移民输入地先进。还应该看到，当前科学技术在经济发展中日益重要，发展中国家向外迁出的人口已不再是大量非熟练工人，而是这些国家的各类高级人才。因此，人们更关心的是迁移的后果。应当指出，有关迁移的上述经济学理论模型，开始提出时主要针对美国，是符合美国当时的实际情况的，但其后用这一经济模型来分析其他国家的国际迁移时发现差别很大。

思考题

1. 论述威廉·阿瑟·刘易斯的劳动力迁移模式。
2. 简述古斯塔夫·拉尼斯和费景汉的劳动力迁移模式。
3. 试论迈克尔·托达罗和约翰· 里斯· 哈里斯的劳动力迁移模式。
4. 简述西奥多·威廉·舒尔茨等的劳动力迁移投资与收益理论。
5. 简述戴尔·乔根森的农业劳动力迁移学说。
6. 试论卡林顿的劳动力迁移模型。
7. 试论 I·S·劳瑞的劳动力迁移引力经济模型。
8. 简述布林利·托马斯的资本与劳动力迁移理论。
9. 试论约瑟夫·约翰·斯彭格勒的国际劳动力迁移学说。

第31章　工会理论

31.1　西德尼·詹姆斯·韦伯和比阿特丽丝·珀特·韦伯的工会理论

西德尼·詹姆斯·韦伯（Sidney James Webb，1859—1947）是英国社会活动家、费边社会主义理论家。他出生于英国伦敦。1885年加入费边社并成为该社主要领导人之一。1914年，韦伯参加英国工党。韦伯在工党政府中任贸易大臣和殖民地大臣，长期担任伦敦郡议会议员和下院工党议员。1929年被封为帕斯菲尔德男爵，进入上院。比阿特丽丝·珀特·韦伯（Beatrice Potter Webb，1858—1943）是英国社会活动家，她于1887年开始从事社会活动，曾在有关妇女和工人问题的皇家委员会里工作。1892年比阿特丽丝·珀特·韦伯和西德尼·詹姆斯·韦伯结婚。此后，韦伯夫妇二人密切合作从事社会和科学活动。1895年共同建立伦敦经济学院。1913年共同创办《新政治家》杂志。他们的主要合著有《工会运动史》（*The History of Trade Unionism*，1894）、《工业民主》（*Industrial Democracy*，1897）、《英国地方政府》（*English Local Government*，1906）、《贫困法的终结》（*The Break up of the poor Law*，1909）、《消费者合作运动》（*The Consumers' Cooperative Movement*，1921）、《资本主义文明的衰落》（*The Decay of Capitalist Civilization*，1923）以及《社会研究方法》（*Methods of Social Study*，1923）等。

西德尼·詹姆斯·韦伯和比阿特丽丝·珀特·韦伯的婚姻开创了非凡的合作关系，在研究领域和社会主义政治领域取得了许多成就。他们的观点基本上是功利主义的，谋求以多种公有制和合作制取代私有制，实现社会主义社会，主张以渐变来实现这一目标。他们还对经济史进行了大量研究。他们合著的《工会运动史》《工业民主》等书全面探讨了劳动力市场体制的发展。按照韦伯夫妇的观点，劳工运动的真实原因在于工人阶级要求提高自己在工业社会中的经济地位和社会地位。只要这种社会还存在，工会运动就必不可少。

西德尼·詹姆斯·韦伯
1859—1947

韦伯夫妇指出，工会活动并非是一种暂时的，或者过渡的体制。增进工作效率、提高劳工的生活品质、增加教育和技术、参与民主国家的政治活动，来确保所有劳工拥有更好的生活，是工会运动的终极目标。

他们给工会下的定义是：工会是工资收入者为维持

或改善工作条件而建立的永久性组织。在《英国工会运动史》一书中，他们分析了工会主义的起源。在英国城镇最早记载的是“学徒工兄弟会”。但韦伯夫妇认为“学徒工兄弟会”并不是真正的工会组织，这些学徒制的熟练工人和他们的雇主属于同一社会阶层。如果勤奋的学徒工不能与雇主的女儿结婚，那么他们就希望能够另立门户。因此，一些早期的组织就经常失去经验丰富、勤劳能干的成员。这可以看出，除非这类熟练的学徒工没有机会成为雇主，否则很难形成一个永久的工会组织。

韦伯夫妇分析了工会与行会的区别。作为工会，从成员来看，是自由技术工人的相互联合；从联合的目的来看，是为了避免其生活日益恶化，为了防止遭受剥削并保护工人免受雇主滥用职权的影响。而行会是工匠的自治团体，即使有一部分学徒工也加入了行会，但行会的主要组成人员还是那些拥有生产工具、管理自己的小作坊、并出售产品的师傅。从建立的目的来看，行会自行制定组织条例，以保护生产者的利益。

比阿特丽丝·珀特·韦伯
1858—1943

他们认为，工会起源于一些学徒工的集会，但真正出现工会的情形是当“很多工人不再是独立的生产者，他们不再控制生产过程，不拥有生产资料和劳动所创造的产品，而转变成“完全的工资收入者”的时候。在这种情形下，有了雇主和雇员的利益对立，雇员因此组织起来，成立工会。韦伯夫妇还谈到工会的策略。他们认为，工会有两种主要策略用以提高劳动条件，一种为限制人数，另一种为共同规则。限制会员人数这种策略的假设是：如果不对会员人数进行限制，劳动力市场处于完全开放的状态，那么工人可能会面临工作不稳定的威胁。通过限制竞争者，可以保证在工会内的劳动者在与雇主谈判时可以要求更高的劳动条件。限制人数的直接目的是保持特定职业的劳动者在劳动力市场的垄断。但事实上，限制人数的做法是有损于工业效率的。一方面，对职位空缺进行限制降低了工作候选者的能力。另一方面，对空缺职位进行限制降低了那些已经在职业中的劳动者的能力。最后，即使是原来非常享受劳动力市场垄断的劳动者也必须付出相应的代价。从生产效率的角度来看，与长时间的劳动时间、不安全的劳动条件和很低的工资相比，他们拥有更好的劳动条件，但这同时要求劳动者具有更高的劳动技能、更好的工作行为和更快的生产效率。从工会发展的角度来看，一旦工作场所有了技术的提高从而降低劳动力需求时，那么失业的劳动者将获得很少的补偿，当会员越来越少时则整个工会将由此衰退。因此，限制人数的方式在现代产业中变得越来越不适用。

韦伯夫妇认为，当限制人数越来越不适用时，共同规则得到了发展。共同规则的具体做法是：通过互助保险、集体谈判、立法来确定适用于所有劳动者的最低劳动条件。共同规则所建立的假设是：如果不实行共同规则的方法，那么市场上将出现雇用条件的自由竞争，这实际上意味着雇用条件的确定是通过劳资双方在不平等的经济力量下的个别谈判形成的。为了使整个社会获得最大的效率，首要的是必须建立一个共同的基础，所有工资收入者不应低于这个基础。

韦伯夫妇对共同规则中集体谈判和立法两种方法进行了比较。集体谈判的优点是双方可以针对特定的情形进行谈判，具有较好的弹性，而且对产业的发展情形反应快速。但缺点是劳资双方容易发生争议。对于立法的方法而言，其优点是可以避免双方的摩擦。但缺点是法律标准并不能马上制定，而且一旦制定了又很难更改。那么，这两种方法如何适用呢？他们认为，首先，对于一些长期的因素，例如最低的安全卫生、休息和工资的标准，应通过立法确立共同准则。但考虑到每个行业的特殊利益，并考虑没有工会仅仅满足于全国最低标准，因此每个工会可以通过集体谈判的方法，确定具体的劳动条件。

韦伯夫妇还提出了工会主义的理论假设，认为工会是逐渐进化的。在各个历史阶段，工会确立了相应的主旨和学说，这些主旨和学说反过来决定了工会当前的目标或策略，以及完成目标的适用方法。在不同的阶段，工会主义者具有以下不同的假设。

在既得利益学说阶段，既得利益学说的前提假设是：工人的工资和雇用条件在任何情况下都不应该恶化。18 世纪，工会主义者相信工人在工会中应具有法定的要求一个特定工作的权利。因此，工人具有天生的通过法律武器来保护他们利益的权利。为了实现工人的利益，工会采用严格限制会员数量的方法来限制劳动力市场的供应。具体做法有实行严格的学徒制度、排除非法劳工、采用世袭制和入会费制等。但是，通过人数限制的方式来保障会员的既得利益具有明显不足，不仅阻碍了雇主选择合适的工人，与扩大市民的机会这种直接的民主意识不相符，而且降低了产业效率。

在供给需求学说阶段，随着 19 世纪资本主义和市场经济的发展，供给需求理论已经深入工会领导的思想。劳动力和其他商品一样，在市场上有供给和需求两方：雇主购买劳动力，希望获得最便宜的价格；而劳动者则希望在市场上获得较高的工资。劳动供给学说阶段，工会认为工资应该是由工会的“策略地位”决定的。因此，在产业形势好的时候，工人应当从雇主那里分享到利润。但在另一方面，工会也做出了让步——劳动者的收入不应仅仅是在产业形势好的时候上升，而也应由产品的市场价格来决定。然而，供给学说也存在基本矛盾。因为物品都由市场来决定，当产业效率提高所带来的利益不足以弥补集体谈判所确定的劳动条件时，产品的成本就会提高，从而导致产品价格提高，消费者对该产品的需求就会减少。这时，工资增长是以一部分劳动者失业为代价的。另外，劳资双方在集体谈判过程中往往会发生争议，从而影响整个社会。

在生活工资学说阶段，公共舆论开始质疑是否应由集体谈判来确定劳动条件。有些非常重要的劳动条件，如通风设置、排水、温度、卫生间或工程设施等劳动条件的确定并不能依靠劳资双方的策略地位，而应该固定统一。由此可见，公众在长时间之后，意识到通过既得利益学说和劳动力供给和需求学说来决定劳动条件是不够的。同时，公众意识到如果所有的工人都能获得保障，那么对整个社会来说是有利的。因此，工会主义者开始探讨建立保障生活的工资标准，也即工人必须获得足够的工资以保障生活，不得低于与产业效率、市民责任不相符的工资条件。这个目标可以通过建立一个国家最低标准来实现，而立法是唯一可以将最低标准付诸实施并使其具有普遍性的方式。

韦伯夫妇指出，工会是产业民主的代理人。民主的国家必须解决两个基本矛盾。他们认为，如果借鉴工会的经验，解决好这两个基本矛盾，则可以达成一个国家的民主。如果民主意味着将管理效率和大众控制相结合，那么工会的经验表明，会出现三大独立阶层的分化，即有选举权的公民、被选举的代表和专业的服务者。民主国家要解决的第一个矛盾是，每个人既是国家的主人，也是人民的公仆。一方面，个人总是为社会服务的，这时候他就是公仆。然而，在个人所服务的领域中，他又表现出最大的专业优势，具有职业的技能。但是，他必须听从于那些专业技能低于他的服务对象。另一方面，作为具有选举权的公民，个人又是主人，他可以决定那些他并非熟悉的专业事务。这一矛盾的解决有赖于这个国家民主的程度。除非那些具有专业知识和能力的公仆能够根据大众的意愿来行动，否则他们的行为不会产生真正的和持续的进步。根据工会的实际研究发现，权力可分为两个部分：一方面由专业人员来提倡建立什么样的社会秩序，另一方面则由公民来最终确定社会秩序。通过这种民主的方式，是避免个人或单个阶级过于集中权力从而产生压迫的唯一有效的手段。民主国家要解决的另一个矛盾是，在民主的社会，没有一个人是只关注他自己的事务的。社会化大生产要求每个人必须为他人的意愿而工作。这个矛盾的理解涉及民主和自由之间的关系。鉴于在产业关系中，工会的作用是考虑到整个国家的利益的，韦伯夫妇认为的自由，应是每个人都根据社会意愿而自由地行动。所谓自由，并不是不可剥夺的权力，而是在社会中可以导致每个人都能够得到最高程度发展的现存条件。从这个意义上说，民主不仅和自由紧密相连，而且是唯一能够保证自由的方式。

总之，韦伯夫妇认为，根据工会的经验，一方面，通过专业人员运用共同规则的方法来进行产业管理，并由市民最终做出决定；另一方面，通过考虑整个社会的利益而不是考虑特定人物或特定阶层的利益时，个人才能得到智力和性情的最大发展，整个国家的资源才能得到有机整合。他们认为，只有解决上述两个基本矛盾，才能实现民主。

韦伯夫妇是英国工人运动史上两个很有影响的人物。他们在自己漫长的一生中积极从事社会问题的调查研究，参与社会改革的实践和工会运动实践，并且留下了大量著作。和他们的实践活动一样，他们的著作在指导思想上是改良主义的。但是，他们的思想观点并不是一成不变的，不同时期的著作是他们所生活的不同时期的特征的反映。他们的早期著作着重宣扬费边社会主义和他们的“和平长入”的“渗透”政策，到了后期，他们的著作加强了对资本主义制度的揭露和批判。此外，韦伯夫妇的著作中汇集了大量历史文献资料和他们亲身实践活动的记录，这些都为后世研究英国工人运动史乃至整个这段时期的历史提供了宝贵遗产。

31.2 约翰·托马斯·邓洛普的工会最大化模型

约翰·托马斯·邓洛普（John Thomas Dunlop，1914— ）是美国经济学家。他出生于美国加利福尼亚州普拉塞维尔。早年在加利福尼亚大学学习，1935 年获得文学学士学位，1939 年获得加利福尼亚大学哲学博士学位，他还在芝加哥大学获得法学博士学位。1950—1973 年任哈佛大学经济学教授，1973—1974 年任生活费用委员会主任，1975—1976 年任美国劳工部部长，1976 年以后任行为科学高级研究中心理事会主席，1979—1980 年任美国工资咨询委员会主席。1981 年以后任美国哈佛大学拉蒙特大学教授。1961 年任美国劳资关系学会会长，1973—1976 年任美国国际劳资关系学会会长。他的主要著作有《工会的工资决定》(*Wage Determination under Trade Unions*，1944)、《产业关系体系》(*Industrial Relations Systems*，1958)、《产业主义与产业家》(*Industrialism and Industrial Man*，1960)、《工人与美国社会》(*Labor and the American Community*，1970)、《工资与物价管制的教训——食品部门》(*The lessons of Wage and Price Controls-The Food Sector*，1977)。此外，他还发表了《实际工资与货币工资的趋向》(*The movement of real and money wages*，1938)、《职业空缺的测算与经济分析》(*Job vacancy measures and economic analysis*，1966)、《增长、失业与通货膨胀》(*Growth，unemployment and inflation*，1978) 等大量论文。邓洛普对经济学的主要贡献是寻求填补经济分析和对劳动力市场制度理解之间的差距，以及经济分析和私人机构与政府制定实际经济政策之间的差距。

邓洛普分析工会工资政策问题时，采用了微观经济学中有关理性企业的假设，明确界定了目标函数的最大化。他认为，工会的经济学理论要求假设这种组织追求某些东西的最大化。

斯蒂芬·A·罗斯 (Stephen A. Ross) 针对邓洛普用经济学理论分析工会行为的做法提出了挑战。罗斯指出，工会是由具有不同利益和目标的异质成员构成的组织，工会的政策不是以任何简单的最大化过程为基础形成的。而是以政治决策机制为基础形成的，通过这种机制，工会领导人放弃了自己的个人目标，调和他们所感受到的内部压力和外部压力。罗斯认为，由于他们的个人职业报复和他们与工会的认同，在他们必须应付的政治压力下，工会领导者和决策者的核心之组织的生存，而只把经济目标视为第二位的目标。他认为，正统的经济分析不能恰当地解释工会的目标和行为，需要用政治理论来取而代之。

邓洛普应对这一挑战时指出，尽管工会具有政治性，但这并不意味着它像罗斯想让人们相信的那么重要，就美国的情况而言，实际上只有一小部分工会的行为是受政治因素支配的。邓洛普进一步认为，尽管存在政治力量，工会领导者了解客观的经济现实，特别是在长期，实际情况证明，工资变动是由市场变量决定的。因此，不论经济政策本身具体是如何形成的，工会的这些政策和经济活动是由经济制度的运作过程和约束条件限定的，因而是可以经受经济学分析的检验的。

在建立工会最大化模型时，邓洛普提出了雇用量最大化模型的变种。他指出，工会追求的是使会员人数最大化，加入工会的工人数是工资率的一个函数。据此，邓洛普建立了一个会员人数函数，将会员人数表示为工会工资率的一个增函数，并指出，可以用它来替代一般使用的劳动力需求曲线。他指出，劳动力供给曲线反映的是工人们的收入—闲暇偏好，而不是他们对工会的忠诚。在只有会员才能被雇用的情况下，对于工会化的企业来说，劳动供给曲线与会员人数函数是一致的。但是应该指出，它与这个企业在没有工会的情况下所面临的劳动力供给曲线不一定相同，因为一些工人会选择不加入或到别处寻找工作，在这种情况下，会员人数函数将处于一般劳动力供给曲线的左侧，其向左移动的距离表示在所考虑的工资率上不加入工会的人数。

在图31—1中，L_s 是工会化雇主所面临的劳动力供给曲线，假设它是向上倾斜的；MF 是会员人数函数，它表示在不同的工资率上将成为工会会员的雇员数量。如果工会的目标是使其会员人数最大化（在理论上可类比追求销售额最大化的企业），它希望工资率为 w，在这一工资水平上，会员人数函数与其劳动力供给曲线 MRP 相交，以便使会员人数达到其最大值 N。在图31—1描述的情况下，工会会员人数函数处于劳动力供给曲线的左边，从而会员人数最大化与雇用量最大化不一致。工会将在竞争性工资率 wm 处达到最大雇用量，但这样做会使其失去 $N-Q$ 个会员。

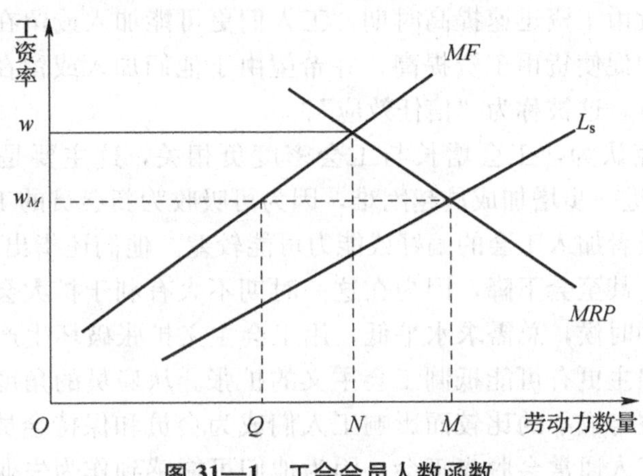

图31—1 工会会员人数函数

邓洛普在他的会员人数函数理论中，尽管明确区分了雇用量与会员人数，但它与其他工会简单化的最大化模型具有同样的缺陷，这一模型意味着工会愿意并能够为使其会员人数最大化而牺牲被雇用会员的工资。此外，将工会会员人数定义为唯一取决于工会工资率的一个函数是过于简单化的，事实上，其他经济因素对工会会员人数也有重要影响。

31.3 G·S·贝恩和F·埃尔塞克的工会发展模型

G·S·贝恩（G· S. Bain）和F·埃尔塞克（F·Elsheikh）都是美国经济学家。他们在1976年共同发表的《工会的成长和商业的周期：计量经济分析》一文中试图构造一个适用于任何时期和任何国家工会发展的模型。他们的模型把工会密度变化率作为因变量，而变量包括价格变化率、货币工资变化率、失业率、最后的工会密度。他们在该研究中考察了澳大利亚、瑞典、英国和美国工会会员增长率的影响因素，他们发现，现实情况与一个工会会员增长的简单模型相当吻合。按照这一模型，会员人数的年变化率决定于上述价格变化率等四个因素。尽管贝恩和埃尔塞克的模型受到了一些质疑，但它成为工会增长研究的一个焦点。例如，在后来的研究中，贝恩和埃尔塞克将这一模型运用于英国产业层次的数据，他们认为，工会会员的变化与零售价格和工资正相关，与工会密度和失业水平以及失业率负相关。

贝恩和埃尔塞克认为，在价格迅速膨胀时期，工人们试图充分提高其货币工资，以避免价格上涨造成的损失，维持其真实生活标准，从而他们更有可能加入或留在工会中，他们称之为“威胁效应”。此外，他们还提出，如果将价格上升看作是一般性“产业繁荣”的标志，也会影响工会化的机会。在价格上涨时期，雇主们更容易将增加了的成本转嫁出去，同时，他们担心进一步的工会化引起的产业行动会损害可赢利的生产，从而可能愿意满足提高工资和改善工作条件的要求，这被称为“繁荣效应”。威胁效应和繁荣效应的作用方向相同，从而工会增长与价格膨胀率是正相关的。

他们指出，在货币工资迅速提高时期，工人们更可能加入或留在工会中，因为工人们相信，工会有能力促使货币工资提高，并希望由于他们加入或留在工会中，使工会在未来也能做到这一点。这被称为“信任效应”。

贝恩和埃尔塞克认为，工会增长与工会密度负相关，这主要是由于存在“饱和效应”，即密度越高，进一步增加成员越困难，因为可吸收为新会员的工人已经很少，剩下的那些尚未成为会员者加入工会的偏好或能力可能较差。他们还指出，当失业率较高时，会员数的增长较慢，甚至会下降，因为在这一时期不大有利于扩大会员数量。贝恩和埃尔塞克认为，在这种时候，总需求水平低，用工会主义扩张破坏生产而减少的产品计算的成本较低，从而雇主更有可能抵制工会主义的扩张。从雇员的角度看，失业也会通过会员资格的预期收益与成本的比较而影响工人们成为会员和保持会员资格的偏好。那些正在变为失业者的工人通常会脱离工会，因为他们可能感到作为失业者，会员资格已经没有什么好处，而且会费通常随着他们的收入而提高。在高失业时期，一些仍被雇用的工人也可能不再愿意加入工会，因为他们担心在劳动力供给过剩时引起雇主的反感，会使他们失去职位。在高失业和失业率上升时期，仍被雇用的工人也可能退出工会，因为他们估计在现行经济条件下，工会在集体谈判中取得进展的余地不大，会员资格的预期收益，即以工会工资提高和工作条件改善的形式已不足以抵消其成本。

贝恩和埃尔塞克模型可归纳为下述代数表达式：

$$\Delta T_t = a_1 + a_2 \Delta P_t + a_3 \Delta W_t + a_4 U_t + a_5 D_{t-1} \tag{31—1}$$

公式中，ΔT 为工会会员数年变化率，下标表示时间，ΔP_t 为价格膨胀率，ΔW 为工资膨胀率，U 为失业率或失业的变化率，D 为工会密度。在以上论述的基础上，各个系数的符号为：a_2 和 $a_3>0$；a_4 和 $a_5<0$。

贝恩和埃尔塞克分析澳大利亚、瑞典、英国和美国四个国家 1900—1970 年的经验资料显示，这些数据与其所提出的模型大体上吻合，并大体上证明了经济环境的作用。这一模型尤其适用于英国。在模型中，需要考虑立法的影响（例如，美国的瓦格纳法），还要考虑澳大利亚仲裁体制的特殊性质，因为仲裁往往把工资调整到同生活费用相一致的水平，这就抵消了价格上升对工人生活水平的作用影响，因此，导致的结论是价格变量是无足轻重的。在瑞典发现，货币工资变化并不显著，并且具有错误的信息，使人们认为集权的集体议价体系降低了工会的“信誉影响”对增加工资的作用。布津特（Burkitt）和鲍文斯（Bowers）曾用英国和爱尔兰的经验资料对这一假说做过检验。他们认为，在高利润或利润提高时期，利润对工会会员增长率是明显的，工人们更可能加入工会，工会会员增长较快，因为他们判断，此时工会获胜的余地加大了。布津特和鲍文斯的经验研究支持了这一观点。

31.4 奥利·阿申菲尔特和J·H·潘卡维尔的美国工会发展模型

奥利·阿申菲尔特（Orley Ashenfelter，1942— ）是美国经济学家。他出生于美国旧金山。青年时期在克莱尔蒙塔大学学习，1964年获得文学学士学位。其后在普林斯顿大学研究哲学和经济学，1968年获得普林斯顿大学哲学博士学位。1972—1973年供职于美国劳工部，1981年在布里斯托尔大学任客座教授，1986年以后任普林斯顿大学工业关系组经济学教授、主任。他的主要著述有《美国工会的成长》（与J·H·潘卡维尔合著，1969）、《种族歧视与工联主义》（*Racial discrimination and trade unionism*，1972）、《劳动力市场的歧视》（*Discrimination in Labor Markets*，1974）、《家庭劳动力供给模式中收入和替代效果的估价》（*The estimation of income and substitution effects in a model of family labor supply*，1974）、《社会计划对劳动力市场的影响的估计》（*Evaluating the Labor Market Effects of Social Programs*，1976）、《劳动总供给模式中的失业与不均衡》（*Unemployment and disequilibrium in a model of aggregate labor supply*，1980）等。阿申菲尔特对劳动经济学的主要贡献是研究劳动力供给和失业的决定因素，试图区分工作成果的决定因素和限制工作成果的复杂因素，后者已成为现代工作场所的一个重要问题。他还研究工会，重点是研究种族歧视和工会的行为。

奥利·阿申菲尔特和J·H·潘卡维尔（J·H·Pencavel）在1969年发表的《美国工会的成长》一文中提出了一个可以解释美国工会会员增长率的模型。这一模型将工人是否加入一个工会的决定看作是一种决策过程的结果，在这一决策过程中，理性的工人会权衡会员资格的边际成本与由会员资格产生的预期收益。在这种框架中，会员资格的收益不仅包括提高了的工资，也包括就业障碍和工作条件的改善。与这些收益相对应的是会员资格的成本，它不仅包括会员费，而且包括由于雇主对工业化的敌意而失去职位和遭受其他报复的可能性。

阿申菲尔特和潘卡维尔模型可写成下述形式：

$$\Delta T_t + \beta_0 + \beta_1 \Delta P_t + \beta_2(L)\Delta E_t + \beta_3 g[U_t^p，t-\theta] + \beta_4 D_{4-1} + \beta_5 POL_t \quad (31—2)$$

其中，ΔT_t、ΔP_t 和 $D_{t:1}$ 分别为工会会员的增长率，价格膨胀率和滞后的工会密度。ΔE 是该经济中工会化部门的就业变化率，$g\ [U_t^p，t-\theta]$ 是发生于 $t-\theta$ 个时期以前的上一经济周期中失业程度的某种函数，POL 是一个政治环境指标，L 是一个形式定义的分布性时滞参数，即 $\beta_2(L)\Delta E_t = \sum_{i=0}^{n} \beta_{2i}\Delta E_{t-i}$。

由公式（31—2）得出的有关价格膨胀率和工会密度水平的结论与贝恩和埃尔塞克模

型大体相同。作为一个解释变量纳入模型的变量 *POL* 体现的是劳动者的政治情绪，阿申菲尔特和潘卡维尔认为，这种情绪会影响工人对工会吸收会员的活动所做出的反应和有助于工会增长的立法行动。在其对美国的经验研究中，阿申菲尔特和潘卡维尔是用美国众议院中民主党人所占比例来近似地表示这一变量。

在方程式中，失业项 $g\left[U_t^p,\ t-\theta\right]$ 不同于公式（31—1）（贝恩和埃尔塞克模型）中那种简单的失业变量。按照阿申菲尔特和潘卡维尔对其模型的说明，工人们有着一个不满情绪的“存量”，它的增加会促使工人们加入工会以寻求保护。他们认为，不满情绪的存量取决于用 U_t^p 表示的前一经济周期中失业的普遍程度。他们还认为，不满情绪会随着时间而减弱，他们所定义的 $g\left[U_t^p,\ t-\theta\right]$ 体现了这一点。为进行估计，他们采用了下述定义：

$$\lambda^{t-\theta}U_t^p\text{，其中，}0\leqslant\lambda\leqslant 1 \qquad (31—3)$$

按照这一定义，工人不满情绪的存量会随着时间流逝而按几何级数减弱。最后，工会所在部门的就业增长有一个分布性时滞项。将这一变量作为影响会员增长的一个因素纳入模型的主要理由是：雇主不大可能在劳动力供应紧张时报复想要加入工会的工人；只能雇用工会会员的协议意味着会员资格是随着就业增加“自动地”增长的；在吸收会员的过程中所需要支付的成本可能会随着就业的增加而下降。而以一种分布性时滞形式定义的就业增长项反映了这一事实：由于存在社会和政治的纽带及出于工会可能会帮助寻找工作这种经济上的考虑，工人们可能不愿意在就业下降时立即退出工会，而且在现期会员的数据中还包括一些暂停缴纳会员费的失业工人。

阿申菲尔特和潘卡维尔用 1904—1960 年的美国数据对公式（31—2）进行了检验，他们发现，这一检验在相当大的程度上支持了他们的模型。特别是政治环境变量（*POL*）的系数为正，而且明显大于 0。这表明，在其他情况相同的条件下，当民主党在众议院中占支配地位时，美国的工会增长得更快。另外，公式（31—3）中的 λ 值处于 0.95～1.0 之间，这意味着工人的不满情绪存量随着时间的流逝而减弱的速度相当缓慢。

31.5 艾伯特·里斯的工会对资源配置影响理论

艾伯特·里斯（Albert Rees，1921— ）是美国劳动经济学家。他出生于美国纽约州纽约市。青年时期在奥柏林学院学习，1943 年获得文学学士学位。其后在芝加哥大学研究经济学和文学，1947 年获得芝加哥大学文学硕士学位，1950 年获该校哲学博士学位。1966—1979 年任普林斯顿大学经济学教授，1980 年以后任纽约阿尔弗雷德·P. 斯隆基金会主席。里斯的主要劳动经济学论著有《制造业的实际工资：1890—1914 年》（*Real Wages in Manufacturing*，1890—1914，1961）、《工会经济学》（*The Economics of Trade Unions*，1962）、《工会对资源配置的影响》（1963）、《城市劳动力市场的工人和工资》（*Workers and Wages in an Urban labor Market*，1970）以及《工作与工资经济学》（*The Economics of Work and Rey*，1973）等。里斯对经济学的贡献主要体现在劳动经济学领域，他对理解工会对工资的影响、工会和资源配置、同一职业内工资差别的原因以及实际工资变化的历史计算做出了贡献。

工会通过影响相对工资而影响经济中资源配置的程度是一个重要问题。里斯在1963年发表的《工会对资源配置的影响》一文中提出了一种方法，用以估计劳动力的不合理配置所引起的福利损失。

在里斯假设的经济中，劳动力是同质的，其供给是完全无弹性的，并假设这个经济分为N和U两个部门，开始时，两个部门都没有工会化。如图31—2所示，S是同质劳动力的供给曲线，D_u和D_n分别为部门U和N的劳动力需求曲线。D_t为D_u和D_n水平相加得出的劳动力总需求曲线。在初始情况下，不存在工会，并假设两个部门通过竞争确定的工资为W_c。在这一工资水平上，就业于U部门的人数为E_0，就业于N部门的人数为N_0，总雇用量为（E_0+N_0）。

假设出现了工会，将U部工会化。如果通过集体谈判，工会成功地将这一部门的工资提高到W_u，并且由于雇主和消费者以其他要素和其他产品来替代工会劳动力和工会化部门的产品，从而使这一部门的雇用量由E_0下降到E_1。按照假设，与继续失业相比，在U部门失去了职位的工人们更愿意以非工会工资就业于N部门，从而使非工会部门的劳动力供给增加（E_0-E_1），即增加到N_1，非工会工资由W_c下降到W_n。

工人由工会部门向非工会部门的这种转移造成福利或产量损失，因为此时这些工人们的边际生产率低于以前的水平。由于各部门的劳动力曲线是其边际收入产量曲线，各曲线下面在相应雇用量之前的区域表示这个部门的总产量。为测量由于工会工资提高到竞争水平之上造成的这个经济总产量的下降，必须测量D_u下面由E_0到E_1的区域与D_n下面由N_0到N_1的区域的面积之差。非工会部门的产量增加了aN_0N_1b，工会部门的产量减少了cE_1E_0d。这两个区域的面积之差（即由于工会工资提高造成的产量损失）是E_0与E_1之间有阴影的矩形面积。在两个部门需求曲线相互平行的特殊情况下，可以得出：

$$cE_1E_0d-aN_0N_1b=1/2(W_n-W_u)(E_0-E_1) \qquad (31—4)$$

或者说，产量损失等于工会/非工会工资之差乘以雇用量之差的乘积的绝对值的1/2。里斯以1957年的收入为基础，估计这种福利损失大约为美国国民生产总值的0.14%。

里斯承认，图31—2中的分析是比较简单的。例如，两部分的劳动力可能在质量上是不同的，而且两条需求曲线也不必是完全竞争的，更重要的是，非工会的劳动力市场可能是以需求方的买方垄断为特征的，在这种情况下，很难确定福利效应的作用效果，更不用说数量了。值得注意的是，在买方垄断条件下，与不存在工会垄断时的均衡工资和就业水平相比，工会的垄断可能使均衡的工资水平更接近于竞争条件下的均衡工资和就业水平。这可能是因为工会提高了工作信息的有效性，有助于减少结构性失业，从而对资源配置产生了积极作用。

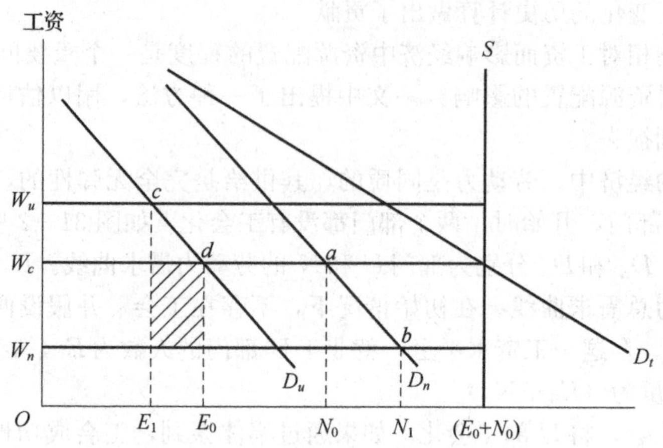

图 31—2 工会工资差对资源配置的影响

31.6 哈里·G·约翰逊和彼得·迈克尔·密斯科夫斯基的一般均衡状态下的工会效应与会员化理论

哈里·G·约翰逊（Harry G. Johnson，1923—1979）是加拿大裔美国经济学家。他出生在加拿大多伦多。早年在多伦多大学学习，1943 年获得文学学士学位。其后在剑桥大学研究经济学和文学，1951 年获得剑桥大学文学硕士学位，1958 年获得哈佛大学哲学博士学位。1946—1948 年任多伦多大学教员，1949—1956 年任剑桥大学助教、讲师，1956—1959 年任曼彻斯特大学教授，1959 年以后在芝加哥大学担任经济学教授。约翰逊曾任加拿大政治学会会长、英国大学经济学教师学会主席、美国东部经济学会会长、美国经济学会副会长。其主要论著有《国际贸易与经济增长：纯理论研究》（*International Trade and Economic Growth: Studies in Pure Theory*，1958）、《对欠发达国家的经济政策》（*Economic Policies Toward Less Developed Countries*，1967）、《货币经济学论文集》（*Essays in Monetary Economics*，1967）、《关税理论的诸方面》（*Aspects of the Theory of Tariffs*，1971）、《论经济学和社会》（*On Economics and Society*，1975）等。其主要劳动经济学论文是《工会化对收入分配的影响：一般均衡法》（*The effects of unionization of the distribution of income: a general equilibrium approach*），与彼得·迈克尔·密斯科夫斯基合著，1970）。约翰逊是同代人中最多产的经济学家之一。他阐述和发展了有效贸易保护理论、"科学的"关税概念和对国际收支问题的货币探讨，并提出了一般均衡的两要素、两部门模型，这两项研究都同比较静力学和经济增长有关。他的著作还有助于引导宏观经济学家将凯恩斯思想与微观经济学的新古典传统，进行新的持续综合。

彼得·迈克尔·密斯科夫斯基（Peter Michael Mieszkowski（1936— ）是波兰裔美国经济学家。他出生于波兰佩尔普伦。早年在麦克尔大学学习，1957 年获得该大学理学学士学位，1959 年获得文学硕士学位，后转学到约翰·霍普金斯大学继续深造，1963 年获得哲学博士学位。1962—1971 年在耶鲁大学任助理教授、副教授，1971—1974 年任安大略女王大学经济学教授，1975 年以后在德克萨斯休斯敦大学任经济学教授、系主任。主要经济学著作有《当前城市经济学中的问题》（*Current Issues in Urban Economics*，1979，与 M. 斯特拉斯海姆合著）、《财政联邦制和援助拨款》（*Fiscal federalism and Grants-in-aid*，1979，与 W. 奥克兰合著）等。密斯科夫斯基注重研究应用收入分配问题，特别强调课税理论，还强调工会对收入分配的一般均衡作用，强调贵族对取得教育成就的重要性，对地区间移民的效率问题和资本化理论也有贡献。

约翰逊和密斯科夫斯基在 1970 年共同发表的《工会化对收入分配的影响：一般均衡法》一文中对一般均衡状态下的工会效应进行了检验，他们的分析采用了国际贸易理论中通常采用的一般均衡集合分析法。模型中假定有两种商品（X 和 Y）和两种要素资本（K）和劳动（E），假定要素是同质的和完全流动的，并且假定规模报酬不变以及完全竞争。假定团体的各个部分的偏好可看作是一个团体的总偏好体系，那么，实际总收入的减少将减少两种商品的需求量，一种商品相对价格的下降将引起人们用这种商品替代一种商品。

如图 31—3 所示，用埃德沃斯—鲍利匣子说明了经济的生产可能性。匣子的垂直面表示可用的资本量，水平面表示可用的劳动量，匣子中的等产量线表示 X 和 Y 的产量水平，并且各自的原点分别是 O_X 和 O_Y。经过 e 点的协议曲线是这些等产量曲线的切点的轨迹，表示工会成员的可能性范围。假定 X 是资本密集型商品，Y 是劳动密集型商品，那么协议曲线位于 O_XO_Y 对角线的西南侧。

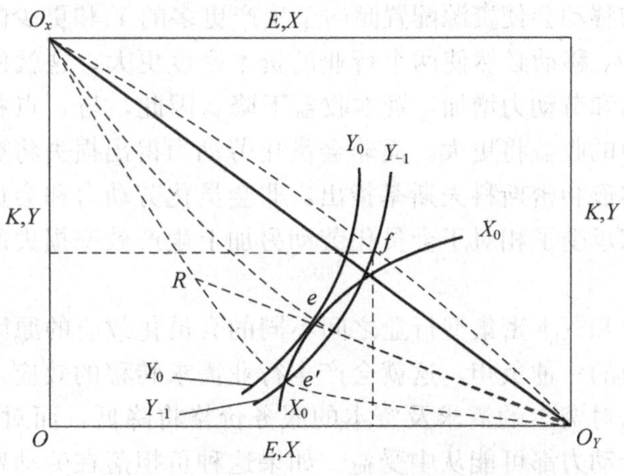

图 31—3　工会化：一般均衡分析

约翰逊和密斯科夫斯基指出，经济的生产可能性曲线可以通过这个匣子来描述。由于假定规模报酬不变，所以协议曲线上任何一点的 X 的产量就是沿 O_XO_Y 线从 O_X 到过 e 的 X 等产量线的割点之间的距离，同样，Y 产量就是沿 O_XO_Y 线从 O_Y 到过 e 的 Y 等产量线的割点之间的距离。对于一般原点 O，可以通过向 OO_Y 和 OO_X 作垂线来表示 X 和 Y 的产量。并借此推导出生产可能性曲线，它经过图中所示的 f 点。生产可能生产线上

的 f 点与协议线上的 e 点相对应。

他们把会员化作为一种能够使会员化行业的工资比非会员化行业的工资高一定比例的因素引入模型。因为会员化行业的工资率比非会员化行业的工资率高出一定比例，与此相反，两种行业的资本边际产品必定仍然相等。这一点可以通过协议曲线的移动反映出来，因为在切点处，会员化行业的等产量曲线的切线的斜率大于非会员化行业的等产量曲线的切线的斜率。假定 X 行业作为资本密集部门是会员化行业，均衡点 e' 对应的是不变量 X 和更低产量的 Y。一条新的协议曲线经过 e' 点，因此，在协议曲线上的所有点，其中一种商品的产量必定小于它在非会员化时的产量，会员化使资源配置的效率降低。

反过来，除了极限点外，生产可能性曲线将会向原点的方向移动，甚至可能变为凸向原点。与消费者能够根据真正的机会成本进行选择的情况相比，会员化对生产成本的影响也可能使消费者消费更少的 X 和更多的 Y，并且上述社会成本不再反映到相对价格上。

因为在 e' 点处，X 的价格相对 Y 而言已经上升，会员化劳动力获得的工资就两种商品而言具有更大的购买力，而非会员化劳动力获得的工资就两种商品而言具有更小的购买力。另一方面，用 X 来衡量的话，资本得出收益更低，用 Y 来衡量资本的收益更高。换句话说，在 e' 点，会员化劳动力的经济状况将更好，而非会员化劳动力的经济状况将恶化。资本家的状况可能变好，也可能变坏，这取决于他们所消费的 X 和 Y 的相对数量。然而，约翰逊和密斯科夫斯基指出，生产不可能位于 e' 点，因为团体的实际收入小于 e 点处的实际收入，根据前面的假设，这必然导致人们消费比 e 点处更少的 X。与 e' 点相比，向均衡点的移动会使资源配置倾向于生产更多的 Y 和更少的 X，这种沿着新的协议曲线从 e' 点向 O_X 移动必然使两个行业的资本密度更大，这就使会员化行业和非会员化行业的边际产品和劳动力增加，资本收益下降。因此，与 e' 点相比，在最后的均衡状态，会员化劳动力的收益将更大，而非会员化劳动力得出损失将更小，而资本家必然遭受收入损失。约翰逊和密斯科夫斯基指出，非会员化劳动力和会员化劳动力甚至可能都获益，同时资本家承受了相对于会员化劳动另加上生产效率损失的全部或多于全部的收益。

劳动密集型行业和资本密集型行业之间不同的会员化效应的原因在于会员化实际上是会员化行业劳动力的一种负担，这就会产生行业需求转移的效应。如果这种负担落在资本密集行业，那么对资本的需求及资本的服务价格将降低，而对劳动力需求将增加，这就使两个部门的劳动力都可能从中受益。如果这种负担落在劳动密集行业，结果将是对资本的需求增加，对劳动力需求减少，这可能使两个部门的劳动力遭受损失。约翰逊和密斯科夫斯基建立了一种简化的代数模型，并提出了一些经验性的估计，表明会员化劳动力的收益主要以损害非会员化劳动力的利益为代价。

31.7 H·G·刘易斯的工会对工资率影响假说

H·G·刘易斯（H·G. Lewis）是美国经济学家、芝加哥大学经济学教授。他在

1963年出版的《美国的工会运动和相对工资》（*Unionism and Relative Wage in United States*）一书中论述了工会对工资率的影响理论。他假设劳动力市场最初有两个部门，一个是工会部门，另一个是非工会部门，这两个部门的劳动者在其他各个方面都是完全相同的。再假设用 W_u 代表支付给工会会员的工资，用 W_n 代表支付给非工会会员的工资。如果这两组劳动者之间的工资差别可以完全归咎于工会的存在，那么，就可以得到工会为它们的会员争取到相对优势的工资（R）。如果用百分比来表示，则这种相对工资的优势为：

$$R=(W_u-W_n)/W_n \qquad (31—5)$$

然而，这种相对工资优势并不代表以百分比形式表示的工会能够为其会员争取到的绝对工资水平提高程度，这是因为工会还会同时以直接和间接的方式对非工会会员的工资率往往也产生影响。此外，还不太肯定的是 R 的估计值到底高估还是低估了工会能够为其会员争取到的实际工资水平的上涨程度。为了说明在解释工会会员和非会员之间的工资差别时可能遇到的困难，可采用图31—4所示的简单的劳动力市场模型。

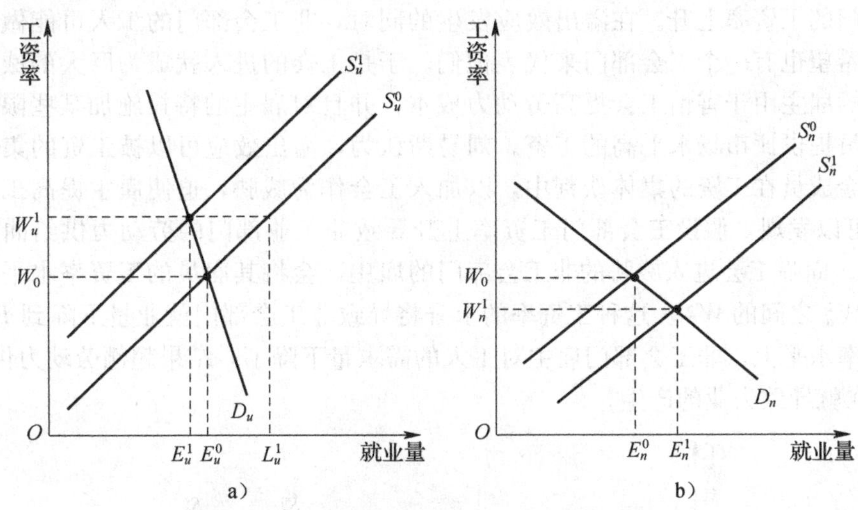

图31—4　工会对工资率和就业量的溢出效应

a）工会部门　b）非工会部门

图31—4所代表的是劳动力市场上的两个部门，这两大部门所雇用的劳动者是相似的。图31—4a代表的是工会部门，图31—4b代表的是非工会部门。假设在最初时，两大部门都是非工会部门，并且劳动力在两大部门之间的流动没有成本约束。这样，工人就会在两大部门之间流动，直到两部门的工资率完全相同。当两大部门的需求曲线分别为 D_u 和 D_n 时，劳动者会在两部门之间流动，直到两大部门的劳动供给曲线分别为 S_u^0 和 S_n^0 时为止。两大部门同时达到均衡时的工资率都将是 W_0，雇用量将分别是 E_u^0 和 E_n^0。

一旦其中的某一部门成为工会化部门，它的工资率就会上升到 W_u^1，就会产生溢出效应。工会的溢出效应是指如果工会成功提高了工资率，随着工资提高将会导致雇用量的下降，结果将有一部分工人失业，这部分劳动者将转移到低工资的其他部门。如图31—

4所示，在企业工会力量的作用下，雇主提高工资，相应地企业会减少劳动力数量。这样一来，在工会力量较强的企业里得不到雇用的劳动力，为了就业就参与非工会成员劳动力市场的竞争，从而降低了非工会会员劳动力市场上的工资率，这一效应使得实测数据可能高估工会谈判对工资水平的影响。如果工会成功地将工会部门的工资提高到 W_u^1，那么，这种工资提高将会导致雇用量下降到 E_u^1 个工人，结果这一部门将有 $L_u^1-E_u^1$ 个工人失业。如果所有这些失业的劳动力都溢出非工业部门中，则两大部门的劳动力供给曲线将会分别移动到 S_u^1 和 S_n^1。这样，从整个社会效应来看，工会部门的失业将会消失，然而在非工会部门，在量上将出现 $E_n^1-E_n^0$ 的超额劳动力供给，结果非工业部门中的工资率将会受到一种向下的压力，直到该部门的劳动力市场一个更低的工资率 W_n^1 和一个更高的雇用水平 E_n^1 为止。工会成功地提高了在这一模型背景下，那些能够保住工作的工会会员的工资水平。然而，它却将一部分劳动者转移到低工资的非工会部门。因此，通过这种溢出效应的作用，它实际上降低了最初在非工业部门中就业的那些工人的工资率。

工会的作用还有可能带来威胁效应。这种效应是指由于工会进入的威胁，从而导致非工会部门的工资率上升。在溢出效应发生的同时，非工会部门的工人可能做出另一种反应，即希望也有一个工会部门来代表他们。于是工会的进入就成为巨大的威胁。而非工会部门的雇主由于害怕工会提高劳动力成本，并且对雇主的特权施加某些限制，可能通过向雇员提供比市场水平高的工资。刘易斯认为，溢出效应可以被工资的集体谈判抵消。非工会成员在工资的集体谈判中，以加入工会作为威胁，迫使雇主提高工资。从图31—5中可以发现，假设工会部门工资率上升导致非工业部门的劳动力供给曲线平移到 S_n^1。这时，面临工会进入威胁的非工会部门的雇主，会将其雇员的工资率水平提高到介于 W_0 和 W_u^1 之间的 W_0^*。这种工资率的上升将导致非工会部门就业量下降到 E_n^*。在更高的工资率水平上，非工会部门雇主对工人的需求量下降了，结果超额劳动力供给 $L_n^*-E_n^*$ 的存在就导致失业的产生。

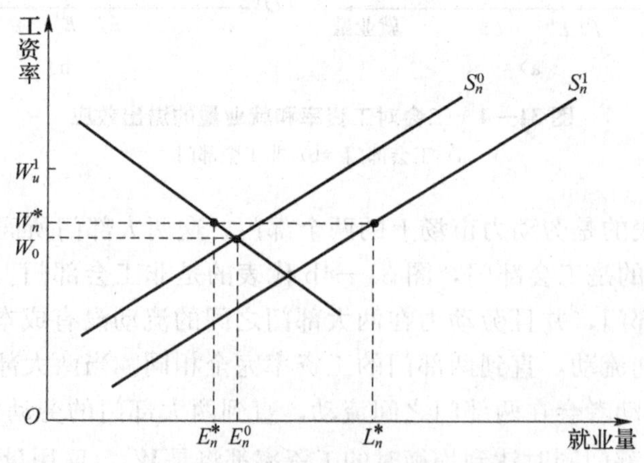

图31—5　工会对非工会部门的工资率和就业量的威胁效应

刘易斯认为，不可否认存在这样一种情况，工会部门中失业人员未必一定会到非工会部门中就业。由于退休、死亡以及自愿流动等原因导致工会部门中职位空缺的出现，那些工会部门失业人员感到工会部门的工作更具有吸引力，因而拒绝接受低工资的非工会部门工作，而处于等待性失业中。等待性失业的重要性在于，并非所有在工会部门中失业的人都会溢出到非工会部门中去。事实上，在非工会部门工作的人也可能会辞去现有的工作，等待机会到工会部门中工作。对于这些人来说，他们现在没有处于被雇用的状态，所以他们的工作搜寻活动可能会更有成效一些。这就是形成了一种等待性失业的现象。从而减缓了非工会部门工人工资所受到的向下的压力。此外，如果有足够多的非工会部门的工人决定到工会部门中寻找工作，则非工会部门中的劳动力供给曲线甚至有可能会向左移动。这样，反而会出现另一种情况，即一个部门的工会化可能会引起另外一个非工会部门工资率的上升。

31.8　理查德·B·弗里曼和J·梅多夫的工会理论

理查德·B·弗里曼（Richard B·Freeman，1945—　）是美国劳动经济学家。他出生在美国纽约州纽堡。早年在达特莫斯学院学习，1964年获得文学学士学位。其后在哈佛大学攻读哲学和经济学，1969年获得哈佛大学哲学博士学位。毕业后在哈佛大学工作，现任该大学经济学教授、哈佛大学法学院劳动与工作生活项目主任、美国国家经济研究局首席劳动经济学家、伦敦政治经济学院高级研究员。主要劳动经济学著作有《受过大学训练的劳动力市场》（*Labor Market for College-trained Manpower*，1971）、《劳动经济学》（*Labor Economics*，1978）、《工会做些什么?》（*What Do Unions Do*，与J·梅多夫合著，1984）等。主要劳动经济学论文有《劳动力市场歧视：对发现的情况和问题的调查》（*Labor Market discrimination ：a survey of findings and problems*，1974）、《对变化着的科学人才市场的供给与薪金调整：物理学，1948—1975年》（*Supply and salary adjustments to the changing science manpower market：physics*，1948—1975，1975）、《劳动力市场中个人流动性与工会的呼声》（*Individual mobility and union voice in the labor market*，1976）、《工联主义对工资分散的影响》（*The effect of unionism on the dispersion of Wages*，1980）等。

弗里曼在学术领域广泛涉猎，他的研究主要涉及全球化与劳工标准、劳动力科学管理、犯罪经济学、网络对劳动力流动的影响、从历史角度看工会的迅速成长等方面。由于他在劳动经济学领域的重要贡献，弗里曼教授于2006年获得劳动经济学会颁发的明瑟尔终身成就奖；2007年获得IZA劳动经济学奖。他在劳动经济学领域的广泛研究使他在很多劳动问题上都有独到见解。

弗里曼和J·梅多夫（J. Medoff）在1984年出版的《工会做些什么?》一文中指出，工会主义存在两面性。一方面，工会具有“垄断面”，就是工会运用它们的垄断力来提高工会会员的工资水平，使之高于竞争水平。通过这种方式，要素的相对价格被歪曲，从而导致劳动力的不合理配置，国民收入减少。垄断面的另一方面就是工会运用垄断力把非工资强加于雇主，例如，较低的工作努力程度和降低生产率。

按照弗里曼和梅多夫的观点，工会主义之所以具有另一面，是由于工会是运作于劳动力市场之中的一种集体呼吁制度。在这一分析框架中，工会的作用是将工人们在一系列问题上的偏好直接传递给管理者，并参与建立内部劳动力市场中的工作规则。弗里曼和梅多夫认为，非工会劳动力对不满的反映方式主要是退出，而工会劳动力的主要方式是通过“集体代言人”来表达他们的不满。他们指出，如果单个非工会会员表达他们的不满，他们可能会感受到容易受到雇主的惩罚，而工会可以为他们的成员提供保护，避免他们遭受这种惩罚，所以，往往采取通过工会集体代言人的方式来向雇主表达不满。

在这一模型中，工会的作用之一就是减少劳动力周转。它可能对劳动生产率产生积极的正效应，而对劳动成本产生负效应，因而减少了产量的单位成本。这是因为劳动力周转增加了雇主对雇员的雇用费用和训练费用，并且由于雇员缺乏经验而使生产率降低。另一方面，面对较低的劳动力周转率，雇主会增加对培训工人的投资，因为他们期盼从工人那里获得更久的劳动服务。除了劳动周转率的降低对生产率产生积极作用外，集体代言人机制也对生产率产生积极作用。通过集体谈判，集体申述和讨论程序等方式，雇主和雇员之间的交流渠道得到改善，这就促进了信息交流和工人的士气，从而提高了生产率。

工会可以通过一种渠道，使劳动者能够将管理者的注意力引导到使双方获益的工作方法或生产技术转变上来。这种渠道还提供了一种机制，通过这种渠道还提供了一种机制，通过这种机制，工会可以“促使”管理者干得更好一些。工会还可以通过增加工作的经济补偿和发泄不满情绪的机制，增进会员们的道德感、动机和努力，从而直接提高其会员的生产率。另外，工会可以通过规章制度，例如，资历制度等来监督工会化成员的行为并减少工人之间的敌对状态。因此，退出代言人模型认为工会化能够提高生产率，增加公司的效率和整个社会的福利。

31.9 萨缪尔·高姆帕斯伯的工会目标的市场约束机制

萨缪尔·高姆帕斯伯（Samuel Gompers）是美国劳工联合会的创立者。他在谈到工会目标的约束条件时指出，工会的愿望常常与工会提高其成员劳动报酬水平的目标联系在一起，其中最重要的劳动报酬因素是工资。但是，在美国，集体谈判常常包括养老金、健康保险和休假等一些雇员福利项目。雇主坐在谈判桌的另一端，工会与雇主所达成的集体协议，必须使雇主既能够与他们和平相处，又能够在市场上获得必要的利润。提高工人的劳动报酬会给雇主提供一种用资本替代劳动的刺激，而且如果雇主的生产成本提高到一定程度，他们还有可能会受到缩减经营规模的压力。换句话说，工会最大的愿望是在一定的约束条件下发生的，工会最终必须面对一条向下倾斜的劳动力需求曲线。这样，无论是这条曲线的位置还是其弹性大小，都会对工会达到其目标的能力形成一种约束。可借用图 31—6 进行分析。

在这里，暂时忽略雇员福利和工作条件。图 31—6 中，有两条需求曲线 D_e^0 和 D_i^0，它们在一个初始的工资水平 W_0 和就业水平 E_0 上相交。假设一个工会想将其会员的工资

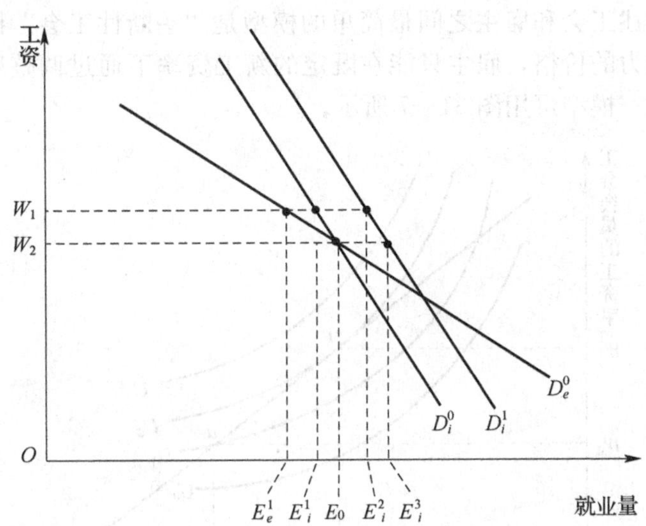

图 31—6 需求增长与需求工资弹性对工会面临的市场约束的影响

率提高到 W_1，为达到这一目的，工会会员的就业量就必须下降。这时有两种情况：如果工会所面临的需求曲线是相对富有弹性的 D_e^0，就要求就业量必须下降到 E_e^1；如果工会所面临的需求曲线是相对缺乏弹性的 D_i^0，就业量就会下降到 E_i^1。在其他条件相同的情况下，劳动力需求曲线的弹性越大，则与任何既定的工资水平提高程度相联系的就业量降低幅度就越大。

工会提高会员工资的能力与劳动力需求曲线的弹性及劳动力需求曲线移动的方向密切相关。假定在谈判的过程中，劳动力需求曲线从 D_i^0 向右平移到 D_i^1，这种移动可能是因为对最终产品的需求上升所导致的。如果工会成功地将其会员的工资率提高到 W_1，那么在这种情况下，工会会员就业量就不存在绝对的减少。只不过工会使得就业量没有能够扩大到 E_i^3，而只是扩大到 E_i^2。因此，在一般情况下，如果其他条件相同，那么劳动力需求曲线向右（左）平移的速度越快，则与任何既定的工资水平提高程度相联系的就业量或就业增长率降低程度越小（越大）。因此，在那些劳动力需求的工资弹性极高的产业以及劳动力需求曲线向左平移的产业，工会提高会员工资的能力是最弱的。在那些劳动力需求曲线缺乏弹性的快速增长的行业，工会提高会员工资的能力是最强的。

31.10 罗纳德·G·伊兰伯格和罗伯特·S·史密斯的“垄断性工会”模型和“效率合约”模型

罗纳德·G·伊兰伯格（Ronald G. Ehrenberg）和罗伯特·S·史密斯（Robert S. Smith）均为美国著名的劳动经济学家，他们在共同出版的《现代劳动经济学理论与公共政策》一书中介绍了两种工会模型，这两种模型描述了在所面临的市场约束既定的情况下，工会和雇主在就工资和福利进行集体谈判的过程中所采取的行为。两种模型分析了工资与就业之间的相互作用，以及它们之间的相互替代性。

他们指出，描述工会和雇主之间最简单的模型是“垄断性工会”模型。在这种模型中，工会确定劳动力的价格，雇主只能在既定的新工资率下通过调整雇用量来谋求自己利润的最大化。这一模型可用图 31—7 所示。

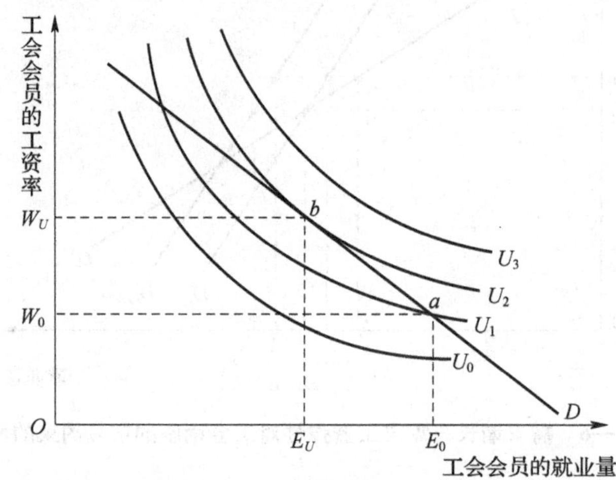

图 31—7　劳动力需求曲线约束之下的工会效应最大化

在图 31—7 中，假定工会对其会员的工资水平和就业量的价值评价具有一致性，在此基础上可以建立以工资和就业量为自变量的工会效用函数。工会效用函数用无差别曲线组 U_0、U_1、U_2、U_3 来表示。这些曲线中的每一条都代表着对工会来说没有效用差别的一系列就业量和工作组合的轨迹。无差别曲线具有负的斜率，这是因为要维持某一既定的效用水平，工会必须用一种变量（就业量和工资）的增加来补偿另外一种变量的降低。它们还表现出边际效用递减的特性。较高的无差异曲线代表着较高的工会效用水平。

假设在没有工会的情况下，市场力量会导致工资率达到的 W_0 的水平（图 31—7 中的 a 点）。如果考虑集体谈判的结果，一种可能性是工会和雇主同意制定一个较高的工资率，于是，雇主将在既定工资率下决定所要雇用工会会员的人数。而在谈判工资率一定的情况下，雇主为了实现利润最大化，必然会根据劳动力需求曲线来确定自己的雇用量。由于假定工会知道这一情况，因此，它的目标就是在工资—雇用量组合必然处于需求曲线上这一约束条件之下，使自己的效用函数实现最大化。

基于这种情况，工会将会努力使组合向 b 点移动，在这一点上，无差异曲线 U_2 正好与劳动力需求曲线相切。在这一点上的工资率将等于 E_U，而就业量则等于 E_U。在劳动力需求曲线这一约束条件一定的情况下，点 b 就代表了工会能够取得的最高效用水平。

伊兰伯格和史密斯认为，垄断性工会模型相对比较简单，其带有一个特征，即工会没有“效率”。如果不是首先由工会确定工资然后再由雇主决定双方共同决定工资和雇用量，那么双方的福利都能够得到改善，如果是这样，就存在着一整套至少可以使其中的一方获益而却不使另一方受损的工资和雇用的组合，这些组合被称为“效率合约”。在这里，效率指的是狭义的。广义的帕累托效率是指社会福利的改善，一种交易如果使整个社会境况变得更好，同时又没有让个人的利益受损，那么这种交易就被认为是帕累托改善。而工会理论中的“效率”仅仅指劳资双方福利的改善，它并不意味着整个社会从中受益。反之，有时的“效率合约”可能还会导致整个社会在劳动力使用上的浪费。

在图31—8中，D 是劳动力需求曲线，I_0、I_1、I_2 是等利润曲线，初始工资率为 W_0，雇用量为 E_0。如果雇主想扩大雇用量，那么利润就将会下降，为了不使利润下降，就要求制定一个较低的工资率。等利润曲线是一条由一系列工资和雇用量组合所形成的轨迹，沿着这条轨迹运动的雇主所获得的利润是不会改变的。较高的等利润曲线所代表的雇主利润水平较低，这是因为在较高的等利润曲线上，与每一雇用水平向联系的工资水平更高，可以说相对于等利润曲线 I_2 上的任何一点，I_0 上的点都更偏好一些。显然，最初的工资—雇用点 a 在 I_0 上，而等利润曲线 I_2 上则包括工会的工资和雇用量组合。

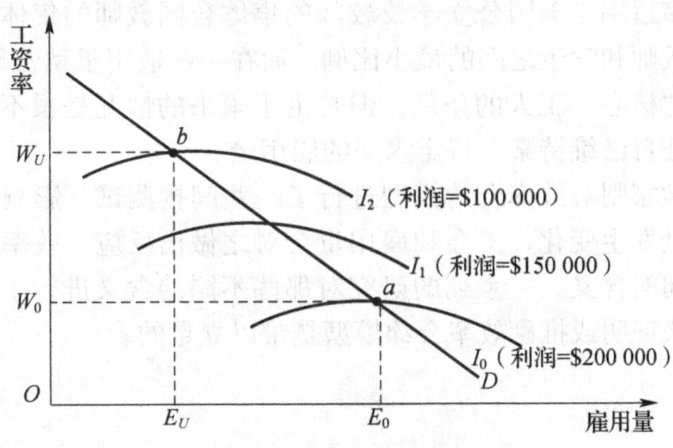

图31—8 雇主的等利润曲线

图31—9描述了为什么垄断性工会所得出的工资与雇用量组合，即点 b 不是一种“效率合约”。假设不将决策点定在 b，双方经过谈判所确定的合约点为 d，这时工资率（W_D）将会更低，并且工会会员的就业量为 E_D 会更高。在点 d 上，工会的福利将会更高，因为它将处在一个更高的无差异曲线 U_3 上，而企业却并未遭受到任何损失，因为它同时还在等利润曲线 I_2 上。

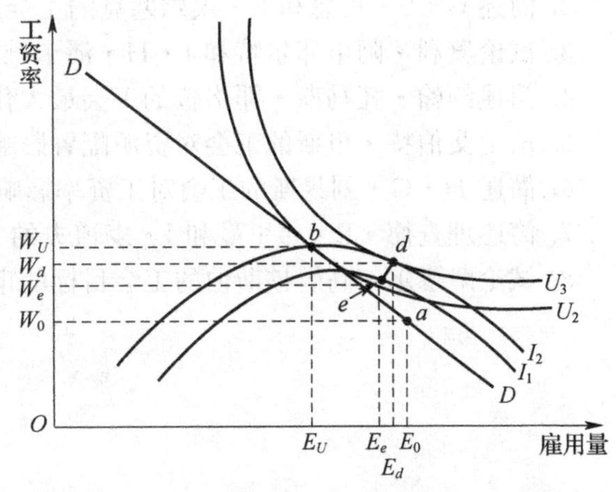

图31—9 合约曲线——“效率合约”的轨迹

假设工会同雇主谈判所订的合约在点 e 上，则工资率为 W_e，雇用量为 E_e，与垄断性工会的决策点 b 相比，工会的福利状况没有改变，因为它还保留在同一条无差异曲线 U_2，而企业的福利状况却得到了改善，这是因为它能够达到等利润曲线 I_1。而 I_1 在 I_2 的下面，即它代表的是更高的利润水平。

事实上，工会和雇主双方能够找到一系列不比点 b 处差的合约。在这些组合中，效率合约是指那些能够使雇主的等利润曲线与工会的无差异曲线相切的那些点，比如 d 点和 E 点。事实上，还存在一条代表这些点的完整轨迹，它就是曲线 ed，通常被称为合约曲线。这条曲线上的每一点都代表着工会的无差异曲线和雇主的等利润曲线的一个交点。在这些点上，都将使劳资双方的福利至少像 b 点处一样好，并且至少有一方的福利比 b 处更好。然而，在 ed 曲线的所有决策点上，双方并不是无差异的，工会显然会偏好接近 d 点，雇主更偏好 e 点。在此模型中，双方谈判力量的投入决定了实际的解决方案究竟确定在合约曲线的哪一点上。

伊兰伯格和史密斯针对合约的"有效率"指出，就效率合约模型的现实性而言，一个最明显的做法，是去看集体谈判协议中所使用的语言，看是否能够找到工会和雇主联合决定的证据。许多适用于美国公立学校教师的集体合同教师的集体合约都明确指出了班级的最大规模或教师和学生之间的最小比例；而在一些适用于私营部门的集体合约中，则包括不解雇某些"核心"工人的条款。但是由于未来的情况是很不确定的，因此很难让一位雇主明确保证自己维持某一特定水平的雇用量。

还有一些经济学家则对效率合约模型进行了一些间接测试。影响劳动力需求或工会偏好的那些变量一旦发生变化，工会和雇用量会对之做出反应，效率合约模型和垄断性工会模型得出了不同的含义。一系列的研究对那些不同的含义进行了分析，但是，如果要说可以找到证据来证明或推翻效率合约模型是难以立足的。

思考题

1. 论述西德尼·詹姆斯·韦伯和比阿特丽丝·珀特·韦伯的工会理论。
2. 简述 G·S·贝恩和 F·埃尔塞克的工会发展模型。
3. 试论奥利·阿申菲尔特和 J·H·潘卡维尔的美国工会发展模型。
4. 简述约翰·托马斯·邓洛普的工会最大化模型。
5. 试论艾伯特·里斯的工会对资源配置影响理论。
6. 简述 H·G·刘易斯的工会对工资率影响假说。
7. 简述理查德·B·弗里曼和 J·麦道夫的工会理论。
8. 试论萨缪尔·高姆帕斯伯的工会目标的市场约束机制。

第 32 章　劳工运动理论

32.1　理查德·西奥多·伊利

理查德·西奥多·伊利（Richard Theodore Ely，1854—1943）是美国经济学家、美国制度学派的创始人。他生于美国纽约州。1876 年自美国哥伦比亚大学经济学科系毕业后前往德国就学。1879 年，他获得该国海德堡大学哲学博士学位。1881—1892 年任约翰·霍普金斯大学经济学讲师，1892—1922 年任威斯康星州大学教授。他是美国政治经济学的理论创始人，关心劳工运动、农业运动，他还创建了美国经济学会、美国劳动立法协会、美国农业立法协会等，并在 1900—1902 年任美国经济学会会长。伊利的主要经济学著作有《政治经济学的过去和现在》（*The Past and Present of Political Economy*，1884）、《美国劳工运动》（*The Labor Movement in America*，1886）、《政治经济学介绍》（*An Introduction to Political Economy*，1889）、《经济学纲要》（*Outlines of Economics*，1893）、《财产和契约同财富分配的关系》（*Property and Contract in their Relation to the Distribution of Wealth*，1914）等。

伊利是美国制度学派的创始人，他在威斯康星州建立了德国历史学派和制度主义经济之间的联系，该学派以其进步的威斯康星州的通力合作而闻名。《财产和契约同财富分配的关系》是他已经出版的著作中的主要贡献，但这仅仅是他大量论著中的一部分。他的经济学的研究和创办美国经济学会的活动，使他成为当时最有影响的经济学家之一。1892 年，伊利在威斯康星州大学建立了一所关于经济、政治科学和历史的新学院。伊利非常注重经验事实的积累，并对历史过程非常感兴趣，这些为其理论框架提供了原始资料。

理查德·西奥多·伊利
1854—1943

伊利在劳工领域的主要著作是《美国劳工运动》。他首先对美国劳工组织的发展和当时的状况进行了描述，尤其对美国的劳工骑士团进行了评价。他认为，美国劳工骑士团是一个伟大的组织，这一组织的长远目标是以合作的社会取代竞争的社会。但是，伊利并不同意该组织的一些激进做法。对于劳工骑士团和工会的关系，伊利认为这两个组织应当通过法律和友好的方式进行合作。此外，伊利对工会存在的必要性给予了肯定。

伊利对劳动力这种商品的特殊性进行了分析。对一般商品而言，商品出售者可以通过调整生产来控制最终的产出，从而在市场上保持商品良好的供求关系。但劳动力这种特殊的商品是与劳动者不可分割的，劳动者提供劳动是为了维持其本人和家庭的生活，在没有立法介入或劳工组织的前提下，贫穷迫使他必须提供劳动而不能参考劳动力市场的需求与供给。基于劳动力的特殊性，导致三个结果：一是双方实际处于不平等的地位，由一方决定劳动力的价格和其他的劳动条件；二是雇主几乎完全控制着社会和政治生活、物质和精神物品，甚至是劳动者的支出水平；三是出现贫富差距。针对劳动者在劳动关系中的不利地位，伊利提出工会和劳工组织应发挥作用。劳工组织使劳动者能够在短期内保留他的劳动力，等待比较满意的劳动条件，而不是被动地接受劳动条件。此外，工会和劳工运动的其他机构，例如劳工刊物，可以帮助建立良好的劳动力市场，这对整个社会而言都是有利的。

伊利认为工会具有教育的职能。工会能够帮助其成员判断将来的工资，帮助成员获得尽可能高的工资，使成员能够考虑他人的福利，培养劳工对他人施加行为的责任感，限制学徒工的数量以保证工人能够获得与付出相当的报酬等。因此，通过工会，劳动者能够遵守纪律、进行自我约束，学到如何进行团结行动的方法，还能判断谁是可以信赖的。

伊利认为劳工运动的目标是广泛地建立劳资双方的合作。与传统经济学派认为经济制度的目的是满足消费者需求以及物质财富最大化不同，伊利认为，人类的目标是“每个人都能得到全面和协调的发展——具有工作、领悟、理解、爱的能力”。工作是最大的恩惠，因为工作提供了个人自我发展和自我实现的机会。在制度学派的理论中，伊利赋予工作内在的价值，劳工不仅仅是为了产出而输入的商品，而是具有尊严的人。

32.2 约翰·罗杰斯·康芒斯

约翰·罗杰斯·康芒斯（John Rogers Commons，1862—1945）是美国经济学家、美国制度学派早期的代表人物和集大成者。他出生于美国俄亥俄州荷兰斯堡。早年在奥柏林大学和约翰·霍普金斯大学上学，1888年毕业于奥伯林学院，获得文学学士学位，1892年，任该学院经济学、社会学教授，1915年在该学院获得法学博士学位。1901—1902年，任美国工业委员会研究员。1904—1932年任威斯康星州大学教授。康芒斯积极参加州和联邦政府的顾问工作。他在起草诸如产业关系、行政机构、公用事业管理、工人补偿和失业保险等方面的重大问题的立法中起了很大作用。他在联邦和州产业委员会任职，是美国劳动法规联合会的创建人，1923—1935年任全国消费者联合会主席，1920—1928年任全国经济研究局局长，1917年任美国经济学会会长。他的主要经济著作包括《财富的分配》（*The Distribution of Wealth*，1893）、《美国工业社会的历史纪实》（10卷）（*A Documentary History of American Industrial Society*，10 vols，1910—1911）、《美国劳工史》（4卷）（*History of Labor in the United States*，4 vols，1918—1935）、《资本主义法律基础》（*Legal Foundations of Capitalism*，1924）、《制度经济学：它在政治经济学中的地位》（*Institutional Economics: Its Place in the Political*

Economy，1934)，以及《集体行动经济学》（*The Economics of Collective action*，1950)。作为制度经济学方面有特色的威斯康星传统的奠基人，康芒斯从他的实践的、历史的和以实验为根据的研究中，尤其在劳动关系和社会改革方面，得出了他的理论见解。康芒斯在他的理论著作中还发展了对国家的集体行为和其他各种制度的分析，他认为这些是了解经济生活的基础。

约翰·罗杰斯·康芒斯
1862—1945

康芒斯长期从事劳动运动的研究，他的代表作是《美国劳工史》，在美国劳工运动史领域中作过广泛的著述。除此之外，他在改进和治理国家和州两级的社会保障以及其他劳动立法方面也做出了巨大贡献。

康芒斯认为，工会主义的方向主要是非革命性的，某个国家的劳工运动状况是由这一运动在其中发生并且发展的特殊经济、政治、社会和地理环境所造成的。据此，康芒斯把美国劳动运动发展因素的迟缓以及它具有的独特性归结为这个国家的几个主要环境因素。

第一个因素是自由土地，按照康芒斯的描述，这一因素确定减缓了劳工运动的增长，因为它为那些失意的城市工人提供了出路。第二个因素是早期获得的男子普选权，这一因素对工人组织的发展起了减缓作用。因为美国失意潦倒的男性工人19世纪20年代以后还拥有了政治活动这一选择。

康芒斯所列举的第三种因素——环境因素是市场的迅速扩展有助于工人组织的产生，因为它产生了金融家、商人和资本家。他们通过签订严厉的工资合同，竭力把工资和工作条件压低。这样，南北战争以后市场扩展得以加速的时候，工会运动就迅速增长。

康芒斯所说的第四个因素是联邦政府的复杂形式。他认为这一因素导致美国劳工运动对经济活动的巨大信赖，而不是对于政治活动；导致美国的工会主义者对政治体制所抱有的怀疑和否定态度。美国联邦政府的复杂性除了明显表现在行政、立法和司法等三个政府部门的权利划分上外，还表现在联邦政府和州政府范围之间的权利分散上。美国的工会主义在早期就曾遭到破坏，这种破坏来自司法部门对于联邦或州立法机关制定的似乎有利的法款的诠释中得出不利的裁决。同样，美国工会早期曾经历过由比较有利的州立法带来的空头胜利，而这种立法随后被联邦最高法院判定为违反宪法。康芒斯深信，正是工会主义在这种复杂的美国政府下的经历，使工会运动越来越强调经济活动，越来越不依靠政治活动。

导致美国工会运动具有现在性质的另外两种环境因素是康芒斯所说的移民和经济周期。移民因素会造成工人阶级中的文化隔膜，从而造成对于早期工人组织的敌对；经济周期这一因素会造成经济繁荣时期内工会会员的大幅度增长；随后则是经济萧条时期乃会员的急剧下降。

康芒斯对于工会运动的研究得出的证据表明，在美国，工会主义先于工业化，因为工人早在18世纪便经常以组织的形式反抗商人和资本家阶级对压低工人工资的条款。他认为劳动运动的产生并不依赖于工业化。康芒斯还认为，美国的工会本质上并非阶级意识的产物。他说："它的工会并不具有社会主义革命意义上的阶级意识，而是具有同雇主阶级既相分离，又相合作意义上的工资意识。"[①]在如何解决劳工问题上，康芒斯采用制度分析方法，主张包括国家干预在内的"集体行动"，强调政府在调节和管理经济中的作用。

32.3 罗伯特·富兰克林·霍克斯

罗伯特·富兰克林·霍克斯（Robert Franklin Hoxie，1868—1916）是美国经济学家。他出生于美国纽约州埃德梅斯顿。曾任美国芝加哥大学经济学教授。主要劳动经济学著作有《科学管理与劳动》（*Scientific Management and Labor*，1915）、《美国的工会主义》（*Trades Unionism in the United States*，1917）等；代表性论文是《论经济指导的经验方法》（*On the empirical method of economic instruction*，1901）。霍克斯作为劳动经济学家，试图把一个有关工业生活复杂性的更确切概念注入一般经济理论，对工联主义的研究强调其差异性。

霍克斯的代表作《美国的工会主义》是在第一次世界大战中美国工会会员迅速增长的情况下撰写的。他反对对劳工运动作单一的或"一元化"的解释。[②] 他认为，不管是结构还是职能来看，工会都是多元的，要认识工会的真正特征和劳工运动的问题，应该对现存的工会类型进行分类研究。

从结构上，霍克斯将工会分为：①单一职业工会，这是由工资收入者组成的工会，工会的成员具有同一工作，工作内容局限于单一的任务或一些联系紧密的任务。职业工会分为地方职业工会和全国性的职业工会两种形式。②职业联合工会，这是不同职业工会的联合，这种工会有三种形式：地方职业联合工会、州职业联合工会以及全国职业联合工会。这种工会的特点是每个成员工会都具有独立性。③产业工会，这种工会是建立在产业的基础上，将所有的工人，不管是技术工人还是熟练工人，都团结到同一组织中。产业工会有：地方产业工会，即当地某一产业的所有工厂、企业的雇员组织；全国产业工会，在全国范围内特定产业的所有工人的组织；区域产业工会，由同一产品或同一市场员工组成的工会。④劳工联合会，这种工会包括所有工人的工会组织，即不管是地方的、区域的还是全国性的工人的组织。

在霍克斯所列举的工会类型中，有的工会可能介于几种类型的工会之间。一种是介于单一职业工会和职业联合工会之间的组合，它和单一的职业工会所不同的是，这些劳动者并非从事相同的工作任务。但这种工会也不是产业工会，因为这种工会的工人在同一个工作场所中工作。也就是说，这种工会具有与上述工会的重合部分。另一种工会是

① ［美］康芒斯．集体行动的经济学．朱飞等译．北京：中国劳动社会保障出版社，2010

② Simeon Larson and Bruce Nissen. Theories of the Labor Movement, Detroit: Wayne State University Press, 1987

“准产业联合会”，这是一种基于产业的具有相关职业的工会，范围包括当地、区域、州和全国，例如一些地方的印刷工会、地方或全国性的建筑工会等。这种工会的特点是其职员成员工会仍然保留自己的自治权，但在处理涉及共同利益的事务时听从总会。这种“准产业联合会”类似于职业联合工会和产业工会，但有不同之处。与职业联合工会相比，它的联合更狭义和紧密，从工会的范围和活动的特点来看，两者有不同，与产业工会相比，它缺乏产业工会的有机同质性和集中性。因此，这种工会相当于一种中间状态，处于职业工会和产业工会之间。①

霍克斯认为，只有从各种工会主导的、特定的职能意义上，才能对工会予以解释。在他看来，美国的工会主义按其职能可分为5个主要种类：商务工会主义、提高工会主义、革命工会主义、掠夺工会主义和依附工会主义。

霍克斯指出，商务工会主义则是美国一种最普通的形式。这种工会主义职责意识多于其阶级意识，目标比较保守，满足于在此时此地为参加职业或行业工会的工人争取更多的利益，主要涉及更高的工资、更短的工时以及更好的工作条件，以求改善雇员的经济状况。因此，商务工会主义的主要目标限于取得较好的协议或合同而已。其次，多数情况下都不考虑特定的组织群体以之外的工人利益，通常也不会考虑政治及社会因素，除非这些因素会直接影响其经济目标。商业工会主义把工会制度主要看作是一种谈判制度，主要力图通过集体谈判来达到其目标。在追求目标的过程中他们会运用一些方法作为支持，其经验会不时表明这些方法对维持并提高其谈判力量是有效的。

提高工会主义被霍克斯认为，它作为一种工会具有理想主义的观点，热衷于提高其会员的文化水平和经济状况。这样，除了集体交涉以外，提高工会主义还强调会员的福利事业、文化教育和娱乐休息的方案。国际纺织工会及高度发展的夜校和广泛的娱乐方案，一直是这种职能的工会主义的一个重要例证。

革命工会主义是一种比较激进的类型。它强调长远意识形态目标。它的主要目标一般在于推翻现存的经济体系和政治体系。世界产业工人协会在1905年到1920年之间的短暂活动期限中，经常被引用为革命工会主义的例证，其主要追随者是收入低下的流动的农场工人、伐木工人以及采矿工人等。霍克斯认为，如果不受限制的国外移民持续增加，革命工会主义还会增长，但这种工会主义对美国工人来说并不适宜。

掠夺工会主义被霍克斯认为具有一种敲诈勒索的性质，其领导阶层与其说是真心实意地代表会员的利益，倒不如说掠夺会员。在某些情况下，工会领导可能同一些不讲信用的雇主结成同盟，其结果是双方都能加害于工会会员和广大消费者。掠夺工会经常向雇主兜售“保护”，并且经常使用贿赂手段来达到它的目的。

在霍克斯看来，依附工会主义是这样一种工会，它的创建、集会地点、资金，以及被允许集体交涉的题目，都听命于雇主。换句话说，最狭小形式的公司工会往往是这种职能的工会种类的样板。这种工会的主要职能往往在于防止各方面的工会来组织本企业

① Simeon Larson and Bruce Nissen. Theories of the Labor Movement, Detroit: Wayne State University Press, 1987

的会员，以维护企业经济最大限度的特权。这种形式的工会主义在 20 世纪 20 年代以及 30 年代初期特别流行。

霍克斯指出，没有任何一个工会可以被划分以上任何工会主义的一种。有些情况下，所有工会都是以上几个种类中甚至全部的混合物。不过，霍克斯认为，有关组织的主导性职能决定了它最适合哪一种类。特别值得注意的是，美国最普遍的工会形式依然是商务工会，从总体上说，许多特征与提高工会有关，反过来也是如此。根据国会 1958—1959 年的某些工会调查结果，某些商务工会在短期内具有掠夺工会的某些非法的特征，这种情况也是非常明显的。

霍克斯的理论试图对一切种类的工会主义，特别是某些工会主义予以解释，这些种类的划分取决于会员和领导本组织的主导作用或职能的认识。霍克斯深信，工会主义在本质上是实用主义的，而不是革命主义的。不过，他的论著中似乎包含他个人的一种希望，工会主义最好变得更富有革命性，而不是趋向更保守。

32.4 乔治·道格拉斯·霍华德·柯尔

乔治·道格拉斯·霍华德·柯尔（George Douglas Howard Cole，1889—1959）是英国经济学家、历史学家、社会学家、改良主义者。他出生于英国伦敦郊区，早年在牛津大学上学，1919 年获得文学学士学位。1925 年以后成为牛津大学讲师，1944—1959 年任牛津大学奇力切讲座社会和政治理论学教授。柯尔 1908 年加入独立工党和费边社，1939 年以后为费边社领导人之一。他是基尔特社会主义运动创始人之一，他反对国家社会主义，认为其过于官僚化及反自由主义；而提出一种地方分权的民主社会主义，在此种社会中所有成员根据其职业分别组成，他是工党著名的理论家。主要著作有《劳工世界》（*The World of Labor*，1913）、《工业中的自治》（*Self government in Industry*，1917）、《英国工人阶级运动简史：1789—1925 年》（三卷本，1925—1927）、《黄金信贷与就业》（*Gold Credit and employment*，1930）、《经济计划原理》（*Principles of Economic Planning*，1935）、《人民阵线》（1937）、《英国近代史》（1938）、《今日英国工联主义》（1939）、《费边社会主义》（1943）、《货币：现在和未来》（*Money：Its Present and Future*，1944）、《合作的世纪》（1946）、《工党历史：1914 年以后》（1948）、《社会主义思想史》（五卷本，*History of Socialist Thought*，5vols，1953—1960）、《阶级结构研究》（1955）、《战后英国状况》（1956）以及《今日资本主义》（1957）等。柯尔反对国家社会主义，认为其过于官僚化及反自由主义；而提出一种地方分权的民主社会主义，在此种社会中成员根据其职业分

乔治·道格拉斯·霍华德·柯尔
1889—1959

别组成，他出版的大量著作比他卷入的政治活动更加成功，范围包括自工业革命以来工人阶级运动的历史研究：现代劳工运动的组织、工作条件、罢工和工业组织的研究。

柯尔在1913年出版的《劳工世界》一书中提出了一种不同的劳工运动理论，这种理论被称为“产业的联合控制理论”。在他看来，劳工运动的最终命运取决于他同社会主义政权合伙对产业的控制。柯尔认为，劳工运动在社会主义条件下的作用，既不能低于，也不能高于国家政权的作用，两者基本上处于相同的水平上。柯尔把产业工会主义当作劳工运动达到其最终目标的主要手段，因为他认为，这种组织形式比技艺工会主义同卷入阶级斗争的某一阶级的活动更加吻合，技艺工会主义不利于阶级团结，而更容易导致阶级分裂。

柯尔对劳工运动方面的政治前途是非常悲观的。他甚至预言，当时已经成立了13年的英国工党绝不会执政，而且即使它通过偶然机会能够执政的话，也不懂得如何去执政。虽然柯尔确实预见到了劳工运动最终会同国家政权合伙对产业加以控制，但他相信：“对整个国民生活的控制最主要的不是依靠它们。”他认为，这种控制要留给政权来做。

32.5 塞利格·珀尔曼

塞利格·珀尔曼（Selig Perlman，1888—1959）是俄国裔美国经济学家、劳工历史学家。他出生于俄国波兰比亚为斯托克，1908年移居美国。他在美国威斯康星大学任经济学教授期间，一直从事劳动经济学研究，主要劳动经济学著作有《美国工联主义》（*History of Trade Unionism in the United States*，1922）、《劳工运动理论》（*Theory of the Labor Movement*，1928）等。珀尔曼的劳工历史理论本身并不抽象，但却包含他对劳工历史百科全书般的知识。他认为工作保障，而不是工资谈判或工人控制，是对工会兴起的最真实的说明。

珀尔曼在威斯康星大学工作期间试图制定一种通用的劳工运动理论，这一理论在一切时间和地点上都可以适用。结果形成了一种理论，被称为工作意识理论或匮乏意识理论。珀尔曼创立的劳工运动理论在世界劳工运动史上的影响是深远的，比其他出现的任何一种劳工运动理论都更为广泛地被人们所接受。

珀尔曼认为，任何一种劳工运动的发展都具有三个非常重要的基本因素：

第一种基本因素包括：①资本主义的抵抗力；②知识分子“智力”对劳工运动的控制程度；③标志着工会智力的成熟程度。资本主义的抵抗力是指资本主义的雇主集团所表现出来的维持其统治地位和克服对立集团进攻的能力，或者无能。资本家集团这种维持力是以一定时间和地点上具有的机动程度为条件的。在任何地方只要社会的主要成分，特别是那里的体力工人，接受资本主义的基本原则，这种抵抗力也就会增大。

第二种基本因素是知识分子“智力”，被珀尔曼用来表示理想主义知识分子对于工会运动的影响，或具有控制的能力或者缺乏能力。在此种控制占上风时，劳工运动便呈现出革命的态势并且追求长远的意识形态的目标。例如社会主义或无政府主义，而不太愿意采取短暂的实用主义目标，如较高的工资、较好的工作条件等。珀尔曼指出，在大多数工业国家中，知识分子往往低估资本主义的抵抗力而高估劳工要求根本变革的愿望。因此，在那些资本主义抵抗力强大而工人要求根本性变革的愿望弱小的地方，知识分子智力就会在其左右劳工运动的企图上失败。在资本主义方面抵抗力表现的很弱、产业工人方面的革命倾向表现的很强的地方，则会出现相反的情况。

第三种基本因素是工会智力，是指劳工集团及其领导人对工人经济状况方面现实可见的改进的向往和对于长远目标的忽视。工会智力就其方向上来说，是工作意识的，它往往通过集体交涉而建立劳工在工作上的所有权或利益，从而采取工会统一的工作标准，将稀有工作机会在会员中合理分摊，以确保劳工集团对工作机会的控制。珀尔曼接着指出，工人所固有的匮乏意识，是一种促使工人组织起来并且制定工作目标和规定，以控制工作机会的因素。在珀尔曼看来，工会智力主要目的不在于同雇主斗争，相反在于寻求发展一种“完美无缺的工作控制权”。

珀尔曼把出版的《劳工运动理论》运用到美国现实的劳工运动，他发现，这里资本主义方面对反对其产业控制权的任何集团的抵抗程度很高，美国工会智力的成熟程度也很高。由此他得出结论，在美国，一种保守的、实用主义的、商务类型的工会存在是很自然的。这一结论反映了珀尔曼对劳工运动研究的转变。他年轻时曾经相信马克思主义对劳工运动的解释是一种最令人信服的，而对英国和美国劳工运动的深入考虑使他意识到，对大多数自由企业的资本主义社会来说，关于劳工运动的实用主义解释往往比革命性解释更有益。不过，珀尔曼的劳工理论具有很大的伸缩性，足以提供对一切条件下不可能发生的劳工运动的各种解释。

32.6 弗兰克·汤尼伯

弗兰克·汤尼伯是澳大利亚裔美国经济学家，他 1893 年出生于澳大利亚，1905 年移居美国。他的代表性劳动经济学著作有《劳工运动：它的保守作用和社会后果》(1921)、《劳工哲学》(1951) 等。

汤尼伯制定了一种以心理学和经济学为指导的劳工运动理论。他的理论在 1921 年被首次引入出版界。他在最初著作《劳工运动：它的保守作用和社会后果》中指出，产业工人感到，由于工厂体系及其强调间接的生产所造成的人格降低和经济无保障，他们作为劳动市场上孤立无援的个人而充满低落的情绪。这种劳动市场上的工人感到，他们的决定权力完全被限制了。其结果是工会主义的出现，它可以满足工人要求“有所归属”，要求提高对劳动市场的控制，以便获得最低限度的竞争和最高限度的经济保障的这种希望，他们的希望同雇主的希望当然是不同的。

汤尼伯认为，工会主义首先是通过恢复其会员的某些决定权而在劳工市场上对他们予以保护。之后，随着工会主义的成熟，它要求保护工人免于大机器带来的降低人格的影响。换句话说，劳工发现，机器生产过程和由此产生的社会财富是被工商业社会所控制的，劳工不得不组织起来进行自卫。工会会员通过扩大劳工决定权的方式提高他们的保障。与此同时，工会也会通过削减雇主决定权而对雇主的保障产生反面的影响。这样，汤尼伯认为，工会主义的社会结果可能是革命性的。他预见工会主义会排除掉经纪人的干扰，最终赢得产业的控制权，并且对产业进行操纵管理。

汤尼伯在1951年出版的《劳工哲学》一书中对劳工运动理论作了修改，他放弃了关于工会主义实际上是革命性的观点，宣称工会主义是当代工业经济中保守的、反对革命的机构。他指出，工会主义将改变社会作为“合同”的产物的现状，使之回到注重阶层的原状上去。工会主义之所以被认为是一种保守的、反对革命的机构，是因为它关心的只是一种实用主义的短暂目标，诸如组织那些非工会会员的工人，改进劳工的工资、工时和工作条件等。在他看来，工会达到成熟的时候，就会接受它们对工业社会的责任以及它们的特权。“经验和时间会教训并整顿工会运动；它最终会形成一种传统和不成文的法律，以此来表明它的责任和特权”。

汤尼伯在总结《劳工哲学》时声称，工会对权威主义政权是一种可取的选择。他预言：“公司和工会最终将会在共同所有制中融为一体而停止其一分为二的状况。只有这样，才能重新出现一种共同一致体，治理人们的生活，赋予每个人以全民公认的权利和义务。”

从汤尼伯早期和后期著作中，都可以明显看到其心理学基础，他认为工会主义克服了工业化造成的工人阶级的自卑心理。工会拯救了工人的主动精神，通过扩大劳工决定权的方式提高了他们的工作条件和工资。

32.7 约翰·凯尼斯·加尔布雷斯和理查德·A·赖斯特

约翰·凯尼斯·加尔布雷斯（John Kenneth Galbraith，1908—2006）是苏格兰裔美国经济学家、社会学家，美国制度学派代表人物。他出生于加拿大安大略省。1931年毕业于加拿大的贵湖大学，1933年取得同校硕士学位，1934年获得柏克莱加利福尼亚大学哲学博士学位，并于同年获聘于哈佛大学担任导师。他同时也拥有来自全球超过50个荣誉博士学位。先后在加利福尼亚大学、哈佛大学、普林斯顿大学任教。1937年成为美国公民后，多次担任历届美国总统经济顾问，曾任美国价格管理局局长助理、民主党顾问委员会经济顾问委员会主席。第二次世界大战后，担任过印度、巴基斯坦和斯里兰卡政府顾问。1961—1963年任美国驻印度大使。1972年被选为美国经济学会会长。他的主要著作有《美国资本主义：抗衡力量的概念》（*American Capitalism*：*The Concept of Countervailing Power*，1952）、《1929年的大崩溃》（*The Great Crash*，1929，1954）、《富裕的社会》（*The affluent Society*，1958）、《新工业国家》（*The New Industrial State*，1967）、《经济治国》（*Economics and the Public Purpose*，1973）、《不确定的年代》（*The Age of Uncertainty*，1977）以及《美好社会》（1997）等。

就经济学传统而言，加尔布雷斯是凯恩斯思想的继承人。凯恩斯对经济学范式的贡献因为其后的经济学家沉浸于数学模型而被大大低估，加尔布雷斯的意义在于，他继承了凯恩斯处理公共政策的技巧，并再次证明经济学家能够并且应该同公众有效交流。加尔布雷斯没有发展出坚实的经济学理论，他厌恶经济学的纯理论方法。他认为，经济学

约翰·凯尼斯·加尔布雷斯
1908—2006

的最大问题在于“经济研究狭隘地排除了权利和政治利益的因素”。在一个理想的完全竞争的世界中，经济学理论在前提假设上就忽视了推动社会演变的制度因素。与其说加尔布雷斯是一个经济学家，还不如说他是一个社会学家和政治学家。他三本最著名的书是美国各个时期的写照。在1952年出版的《美国资本主义》中，巨型企业与一些相反的力量，尤其是工会，针锋相对；在1958年的《丰裕社会》中，大规模的物质消费与惊人的浪费并存；而在1967年的《新工业国》中，生产者主权取代了消费者主权，商业竞争下降。随后的几十年时光里，证明了他的这些预言。

加尔布雷斯在劳工运动方面也颇有建树。他在其抵制力量理论中曾经指出，在劳动市场中，工会主义体制作为一种抵制力量而兴起，抵消了原来作为雇主公司所具有的力量。产业工会组织被认为是工人对抗公司雇主的巨大经济力量以求自我保护的关键。加尔布雷斯把抵抗力量称为竞争的对手，也就是说，只要竞争在一定商品市场或代办市场上产生了整体的不平衡，那么，抵制力量就会侵入。他还指出，工会不仅可以对雇用单位的经济权利进行制约和对抗，而且可以或者被发展成对商品市场中公司经济力量的果实的瓜分。他指出，抵制力量也许不是劳工运动的唯一解释，但这种解释是重要的；虽然抵制力量对许多工会来说，甚至也许不是最重要的解释，但是它却是这种恰当的解释之一。

理查德·A·莱斯特（Lester A·Richard，1908）是美国经济学家。他出生于美国纽约州布拉斯德尔。早年在耶鲁大学学习，1929年获得耶鲁大学哲学学士学位，1930年获得普林斯顿大学文学硕士学位，1936年又获得哲学博士学位。1948—1974年任普林斯顿大学经济学教授。退休后任普林斯顿大学劳资关系处非正式成员。曾任美国劳资关系研究学会常务理事、会长，美国经济学会执委会委员、副会长，全国劳动力咨询委员会研究组主席。他的主要经济学著作有《货币实验》(*Monetary Experiments*，1939)、《劳动经济学》(*Economics of Labor*，1964)、《雇用实践和劳动竞争》(*Hiring Practices and Labor Competition*，1954)、《失业补偿经济学》(*Economics of Unemployment Compensation*，1962)和《论歧视》(*Reasoning about Discrimination*，1980)。此外还有《对劳动垄断问题的见解》(*Reflection on the*“*Labor monopoly*”*issue*，1947)以及《关于工资差别的理论》(*A range theory of wage differentials*，1952)等。

莱斯特的主要研究领域是劳动经济学，他对工资级差理论和分析公司对工资变化和劳力短缺而进行的调整等均有贡献。为研究专业工作和管理工作的资历与报酬，为分析劳动力市场就业中的性别歧视和种族歧视制定了一套办法。

莱斯特提出了一种工会长远发展的理论，用以反对工会产生理论。他在这方面指出，因为工会诞生时经常勉励这一种敌视的环境，所以早期工会领导人表现出一种布道激情；

等到工会组织的长期存在有了保障之后，便会开始一种逐年成长的过程。这时，工会权力的中心从地方工会转移到全国工会，这一权力集中过程阻止了一般成员对工会事务的参与，而使一套政治机器的建立成为可能。莱斯特指出，工会会员对这种新兴的工会官僚制度的适应，潜移默化地伴随着公司雇主对工会的逐渐适应。

莱斯特在论述工会长远发展的理论时，还以美国为例进行了较为详细的分析。他指出，在工会业已成熟的美国，已经较少诉诸罢工了；工会和公司经理的共同利益是显而易见的，全国性工会始终要求其所属成员严格地按合同办事，从而在某种意义上日益变成了整个经理管制制度的一个部分。工会的专职人员已变成日益重要的官员，越来越多的政策出自工会上层统治集团，然后通过巧妙的方式“兜售”给会员。工会会员便获得了经理人员所具有的那种官场特征和某些优越标记。除了满足劳工最基本的需要以外，工会的兴趣发生了很多变化。它开始注重于关心整个社会的重大问题，而不像最初那样“仅以工会为原则”。

思考题

1. 论述理查德·西奥多·伊利的劳工运动理论。
2. 试论约翰·罗杰斯·康芒斯的劳工运动理论。
3. 简述罗伯特·富兰克林·霍克斯的劳工运动理论。
4. 简述乔治·道格拉斯·霍华德·柯尔的劳工运动理论。
5. 简述塞利格·波尔曼的劳工运动理论。
6. 试论弗兰克·汤尼伯的劳工运动理论。

第33章　凯恩斯以后劳动经济学说的发展

33.1　罗纳德·G·伊兰伯格和罗伯特·S·史密斯

罗纳德·G·伊兰伯格（Ronald G·Ehrenberg）是美国著名劳动经济学家，康奈尔大学产业与劳资关系学院欧文·M·艾夫斯讲座教授、康奈尔大学高等教育研究所所长。曾任康奈尔大学副校长，主管学科规划和预算。他的主要经济代表作是《现代劳动经济学：理论与公共政策》（*Modern Labor Economics*：*Theory and Public Policy*，1986、2012，与罗伯特·S·史密斯合著）。伊兰伯格的研究领域主要是教育经济学、劳动市场分析等。

罗伯特·S·史密斯（Robert S·Smith）是美国劳动经济学家，康奈尔大学产业与劳资关系学院教授、副院长。1971年在斯坦福大学获得博士学位。先后在康涅狄格大学和康奈尔大学任教。他的研究兴趣主要集中在各种劳动市场政策的分析，尤其是在安全和健康领域。

伊兰伯格和史密斯在他们合著的《现代劳动经济学：理论与公共政策》中指出："劳动经济学研究劳动力市场的运行和结果。确切地说，劳动经济学研究雇主和雇员对工资、价格、利润及雇佣关系的非货币因素的行为反映。"

他们在这部书中首先探讨了劳动力市场的定义、事实和趋势。他们指出，任何市场都有买方和卖方，劳动力市场也不例外。在劳动力市场上买方是雇主，卖方是雇员。由于在任何时候都有众多的买者和卖者，所以在任何特定的情况下，做出的决策都会受到他人决策和行为的影响。例如，某个企业为了保持在劳动力市场的竞争能力，吸引和保留人才，如果其他企业提高报酬，那么它也会这样做。因此，劳动力市场由劳务的所有买者和卖者构成。尽管某些参与者并不是任何时候都积极寻求新的职业或寻找新的雇员。但是，每一天都有成千上万的企业和工人在劳动力市场上需求交易。

有些劳动力市场，尤其是卖方由工会代表的劳动力市场，是在部分控制着双方交易的一系列严格规则的约束下运行的。例如，在工会控制的建筑业和码头搬运业，雇主必须从工会职业介绍所的一份关于合格的工会成员的名单中雇用工人。在其他受工会控制的市场，雇主对雇用谁有选择权，但是受制于劳资协议。政府工作岗位及大量非工会控制的工作岗位的劳动力市场，雇主的活动也受制于那些限制管理部门权力和保证雇员公平待遇的规则。

他们指出，劳动力市场是企业为了生存而必须参与的三个市场之一，另外两个市场是资本市场和产品市场。劳动力市场和资本市场是企业投入要素的主要市场，产品市场是企业出售产品的市场。当然，实际上一个企业可能同时置于不同的劳动力、资本和产品市场上。劳动力市场研究从劳动力的供求分析开始，并以劳动力的供求分析结束。劳动力市场的需求方是雇主，其关于雇用劳动力决策受三个市场条件的影响；劳动力市场的供给方是劳动者和潜在的劳动者，这些人在做出是否提供劳动以及在何处提供劳动的决策时，必须考虑他们的其他时间花费方式。

伊兰伯格和史密斯在谈到劳动力需求时指出，劳动力需求是一种派生的需求，专用于分析雇主的雇用动机和行为，但也考虑了工人的行为。也就是说，雇主之所以需要雇用工人，是由于工人能够在某些用于销售的产品或服务的过程中做出贡献。然而，工人所获得的工资以及他们有资格获得的雇员福利，甚至包括他们的工作条件，在某种程度上都还要受到政府的影响，其中包括最低工资立法、养老金规定、对解雇工人的限制、工作中的安全要求、移民控制、由政府提供的养老金，以及通过雇主工薪税方式筹集资金来源的失业保险金等。所有这些要求和规定都有一个共同的特点，即提高了雇主雇用工人的成本。

他们指出，与某一工资率变化相伴随的规模效应和替代效应表明，劳动力需求曲线是工资率的一个负斜率函数。如果这一命题正确的话，那么那些强制性地提高雇主雇用工人成本的政策，将会产生一种减少工人就业机会的不良作用。如果这种就业机会失去的太多，那么工人们失去工作机会的损失可能足以抵消政府的这些规定为他们所提供的帮助。因此，对任何一位对公共政策感兴趣的人来说，理解劳动力需求的特点是有必要的。

伊兰伯格和史密斯分析了劳动力供给问题。他们指出，尽管从长期看，雇主必须满足雇员的劳动力供给偏好，但工时的短期内变化似乎源于市场的需求方。周工时通常因经济周期而变化。需求繁荣时期工时也长。而需求萧条时期，有些工人难以获得希望的工作时间，他们不得不通过失业、接受非全日制工作、取消加班等办法，非自愿地减少工作时间。如果劳动力供给或需求的大幅度变化未能被市场所适应，在长期中，需求因素也能制约工人的工时选择。例如，如果对技术的需求下降，而其工资仍维持在均衡水平上，则劳动力供求之间的差别限制了非技术工人的工作时间。因此，分析工作时间的变化趋势时，应认真区别需求和供给因素。

伊兰伯格和史密斯还讨论了劳动经济学的感兴趣的几个专业问题，包括劳动力市场制度的影响、人力资本投资、工资与生产率、歧视性工资差别、工会对劳动市场力的影响、工资报酬中的不平等以及失业等问题。

罗纳德·G·伊兰伯格和罗伯特·S·史密斯编著的《现代劳动经济学：理论与公共政策》是劳动经济学领域的一本经典教材，它不仅吸纳了当前以及过去一些经典的研究成果，而且运用了大量政策实例，采用了案例研究的方法，从而向读者生动地揭示出了劳动经济理论在实践、历史以及跨文化背景下的运用情况。正如纽约州立大学格雷塞奥分校的雷奥内·斯通教授所说："《现代劳动经济学：理论与公共政策》是一本经典的劳动经济学教科书，它是所有其他同类教科书的一根标杆。"艾奥瓦州立大学的彼得·奥拉赛姆教授也对该书做出了很高的评价，他说："《现代劳动经济学：理论与公共政策》一书对劳动经济理论作了最完整的展现，该书不仅抓住劳动经济学领域的各个重要课题，而且内容清晰，同时很好地兼顾了对政策的分析。”

33.2 皮埃尔·卡赫克和安德烈·奇尔贝尔博格

皮埃尔·卡赫克（Pierre Cahuc）是法国经济学家。现任法国巴黎第一大学——巴黎综合理工学院经济学教授，数量经济学研究小组、经济学与统计学研究中心、经济政策研究中心和劳动研究学会成员。他的主要著作是《劳动经济学》（Labor Economics，2001，与安德烈·齐尔贝尔博格合著）。

安德烈·齐尔贝尔博格（André Zylberberg）是法国经济学家。现任法国国家科研中心经济学研究主任、巴黎综合理工学院经济学教授、巴黎第一大学数量经济学研究小组成员。他的代表作是和皮埃尔·卡赫克合著的《劳动经济学》。

卡赫克和齐尔贝尔博格合著的《劳动经济学》涵盖了一个非常广泛的领域，并且揭示一些具有极其重要意义的经济和社会问题。它以工资、就业、失业、劳动力成本、每周工作时间、劳动强度、雇员解雇、雇员辞职、工伤事故、个人参与劳动力市场的决策、工会、罢工、强制性缴费的影响以及现代社会公众所关心的许多其他问题为研究对象。

这部教材既有深度，又有广度，汲取了现代劳动经济学各重要领域最新研究成果的精华。该书首先阐述劳动力供给和需求的决定因素。卡赫克和齐尔贝尔博格认为，要从事有报酬的工作，还得先做出这样的决策。这就是所谓的“新古典”劳动力供给理论的出发点。他们假设，每个劳动者个体只有有限的时间。他可以在有报酬的工作与闲暇之间配置自己有限的时间。显然，个体能够索要的工资是决定劳动力供给的一个重要因素，但不是应该考虑的唯一因素。个人财富、来源于劳动力市场以外的收入，甚至家庭环境都起着决定性作用。事实上，一个人的时间配置取决于比工作—闲暇选择更加复杂的抉择。因为有报酬的工作其对应物不仅是通常意义上的闲暇，还有一个很重要对应物就是“家庭生产”。家庭生产的结果就是取代在消费品市场上能够买到的商品。这就意味着雇用劳动必须考虑家庭生产的成本和效益，而且家庭生产通常是家庭内部计划甚至谈判的结果。婚姻状况、需要抚养的孩子人数、来源于雇用劳动以外的个人收入都会影响个人的时间配置。当劳动者个人有机会把自己的一部分时间禀赋用于家庭生产时，最理想的情况是小时工资等于家务劳动的边际生产率。家庭生产会提高劳动者个人雇用劳动的供给弹性。

卡赫克和齐尔贝尔博格指出，劳动力需求理论是生产要素理论的组成部分。其基本假设就是厂商利用劳动力提供的劳务，拿它们与资本等其他投入要素进行组合，以使自己所销售的产品能产生最大的利润。因此，劳动力需求理论旨在解释对雇员提供的劳动力和工作时间量的需求。当劳动力所产出的收入大于其成本时，企业主就有兴趣雇用他们。因此，劳动力需求取决于劳动力成本，而且还取决于其他要素的成本以及影响厂商收益的其他因素，如劳动力的效率和产品销售价格。劳动力的效率取决于可利用的其他生产要素的数量及劳动雇员的素质。

他们还考察了劳动力市场政策以及制度因素对劳动力市场运行的影响。他们认为，国家可采取积极的政策和消极的政策来对劳动力市场进行干预。积极的政策的目的在于为那些觉得参与劳动力市场有困难的个体增加就业机会和工资。求职援助、改善职业培训、就业补贴甚至在公共部门创造职位等都是最常见的积极的劳动力市场措施，而消极则旨在增加弱势群体的物质福利，而不是事先改善他们的劳动力市场绩效。失业保险和提前退休就属于消极的劳动力市场政策措施。他们进一步指出，虽然很多造成劳动力市场运行低效率的原因通常说明实施积极的政策是合理的，但这种政策并不能系统改善劳动力市场的绩效。理论研究和实证评价显示，积极的劳动力市场政策往往无法收到预期的效果。例如，在公共部门创造临时性就业机会的初衷是方便年轻人进入劳动力市场，但这项措施成本高、效率低，因此导致这一群体就业总人数下降。此外，消极政策可能在某些情况下对劳动力市场产生有益的影响。例如，增加失业保险福利，在并非每个劳动者都能享受的情况下倒有可能减少失业人数。失业救济能帮助受益者承担一部分寻找工作成本，从而允许他们更加认真地选择工作，进而提高匹配质量，并且能够增加经济体的总产出。卡赫克和齐尔贝尔博格提供了一个用以分析积极的劳动力市场政策效率的理论框架。

这部书既援引了大量的实际数据，又注重理论推导。此书的理论推导反映了劳动经济学领域最近30年发生的深刻理论重构。他们在一个统一的教学框架内阐述了劳动经济学领域的新发展。他们的教学方法基于数学模型，并且辅之以条理清晰的数学分析，然后在数学附录中推导出大部分结论。这部书因其旁征博引、资料新颖的特点而被证明是现代劳动经济学领域中的前沿代表作。

33.3　德怀特·H·波金斯

德怀特·H·波金斯（Dwight H·Perkins）是美国经济学家、哈佛大学政治经济学教授、哈佛国际发展学院前任院长。他也是哈佛大学经济系前任主席。他本人在哈佛大学获得了硕士学位和博士学位，之前他在康奈尔大学获得了学士学位。他是中国与韩国经济方面的杰出学者，拥有这两国与马来西亚、越南、日本等的实地经验。

波金斯等人出版《发展经济学》一书，从宏观劳动经济学的角度探讨了发展中国家劳动力供给的增长问题。他们认为，发展中国家在其发展进程中所面临的挑战，与工业化国家在其初期发展的初始阶段所遇到的问题相比，其重要差别在于发展中国家劳动力供给的增长率上升得极为迅速。在大多数低收入国家，那些寻求就业的人口通常以每年大于2.5%的速率增长。由于绝大多数的成年男子和大多数成年女子都试图找工作，因此，潜在工人的数量的增长几乎接近总人口的增长水平。

发展中国家劳动力最明显的特征之一，是绝大多数人口都从事农业生产劳动。在那些最贫穷的国家，劳动力在农业中所占的比重最高，但随着人均国民生产总值的增长，这一比率在有规律地下降。伴随着这一下降，从事工业和服务业的人口所占的比重则在上升。尽管各个国家情况不同，但大多是按照这一模式完成这一演变过程的。

按照发达国家的标准来衡量，发展中国家劳动力的另一个显著特征是工资水平通常都很低。相对于能够提高生产力和允许支付更高工资的配套资源的供给来说，发展中国家的劳动力是充裕的，几乎所有配套资源都趋向于稀缺，如资本、可耕地等，以及那些无形而却是更重要的资源，例如企业家和管理才能。因此，从简单的供求角度看，低工资是不难理解的。从工资水平的差别来看，由于受教育程度高低不同所引起的收入差距是非常悬殊的。之所以存在如此大的收入差距，部分是由于那些受过教育、掌握了技艺的人才的稀缺，导致更大的市场差价。

发展中国家劳动力的另一个特征是现实可利用劳动力供给的使用普遍不充分。这种劳动力的不充分使用，大量以隐性失业的形式表现出来，远远超过了发达国家普遍存在的公开失业。然而，他们对产出的贡献并不显著。通过资源的重新配置和制度改革，可以提高这些国家劳动力的生产率。当然，不同国家间劳动力不能充分利用的程度是不同的，存在着明显的区别，这主要取决于相对工作年龄人口数量的可耕地以及其他配套资源的供给情况。

波金斯等人阐述了发展中国家的就业问题。他们认为，发展中国家就业问题的主要症结在于，相对于自然资源基础，人口和劳动力在迅速增长。然而劳动力市场的需求方面也存在问题。即使在资本存量增长快于劳动力增长的场合，使劳动力的吸收大大低于其潜在的供给。人们曾经认为，进口替代工业将使大多数发展中国家的就业问题得到迅速解决，但事实却表明，在进口替代工业的许多场合，虽然工业部门的就业有了快速增长，却难以吸收不断增加的劳动力。

在波金斯等人看来，发展中国家的工业部门在低基数的基础上往往迅速增长。低收入国家在1965—1983年工业附加值以年均7.1%的速率增长。而该部门的就业增长率却只有该速度的60.0%，或者说，每年增长4.3%。从一个既定的产出增长率可推算出工业就业增长，该公式表示如下：

$$\Delta E_i = \eta g(V_i) S_i \tag{33—1}$$

在公式中，ΔE_i 为工业部门的就业增长，表示为劳动力增长的百分点；η 为与附加价值增长有关的就业增长弹性；g（V_i）为工业附加价值的增长，用百分点来表示；S_i 为工业就业在总就业中所占的比重。

波金斯等人认为，由于工业就业机会往往是国民经济中最具有生产性和报酬性最高的就业机会，因此，了解怎样做才促进工业的就业创造是非常重要的。根据上面给出的公式，提高为工业部门的就业增长率 ΔE_i 要求工业附加价值 g（V_i）和工业就业 S_i 的增长，或要求这三个变量同时增长。只有随着时间的不断推移，就业（S_i）中的工业份额才能提高。在中期，只有部门附加价值增长率 g（V_i）的提高或就业弹性 η 的提高，才能保证工业部门劳动力吸收能力的提高。

波金斯等人指出，工业部门不仅应该吸收绝大部分增长的劳动力，而且应该逐步从自耕农业、小型服务业、家庭手工业这些低生产性就业形式中吸收劳动力。然而，在大多数发展中国家，恰恰是工业部门吸收劳动力的业绩难尽如人意。当工业部门难以实现上述目标时，这些低生产新部门的就业量非但不会减少，反而必须增加，这将导致工人生产力和收入水平的停滞甚至下降。在一些已经成功建立部分出口基础的发展中国家的出口产业中，这些情形已经带来的损害。

发展中国家的劳动力得不到充分利用的问题，大体上可以从供给和需求这两个方面着手解决。然而，实际上，供给方面几乎没有调节的余地。劳动力供给往往逐年稳步增长，很难阻止人们寻找工作。大多数政策制定者也不希望这样做，因为就业创造的既定利益，作为收入再分配的手段，可以使每个参与经济的人都获得好处。供给方面唯一现实的可能性，是在长周期中通过节制人口来减少劳动力供给的增长。

波金斯等人认为，通过调节供给来矫正劳动力市场非均衡，其可能性毕竟是有限的，政策必须着重于劳动力的需求方面。许多不同的政策都可以影响国民经济为日益增加的劳动力创造就业机会的能力。工资、促进产业发展以及教育等政策，对于就业都有着重要影响。波金斯等人还指出，加速生产性就业机会的创造，是各国的共同愿望，尤其是那些希望把实现平等的合理措施与经济增长结合起来的国家，更是如此。许多不同类型的公共政策都会对创造就业发生影响。非常清楚的是，特定的发展中国家的状况以及它们的规模和经济结构，决定了必然实行不同类型的就业创造战略。

33.4　皮特·B·多林格和迈克尔·约瑟夫·皮奥里

皮特·B·多林格（Perter B·Doringer）和迈克尔·约瑟夫·皮奥里（Michael Joseph Piore，1940—　）是美国著名劳动经济学家，他们的内部劳动力市场理论的系统产生于20世纪70年代初期。多林格和皮奥里在总结和吸收以往研究成果的基础上出版了《国内劳动力市场与人力分析》（*Internal Labor Markets and Manpower Adjustment*，1971）这部重要著作，第一次明确提出并系统阐明了内部劳动力市场的概念、起源、运行机制与基本特征等一系列重要问题，这一理论才被广泛接受。内部劳动力这一论述是非常重要的，正是它把制度学派许多不同的思想融合到一起形成了一个核心框架，它已经被广泛接受并成为劳动经济学著作中被印证最广的著作之一。

从更广度上来看，多林格和皮奥里的内部劳动力市场概念之所以如此重要，主要原因是内部劳动力市场理论提供了关于公司内部组织的分析说明。而这一领域一直受新古典主义的忽视，但是开始受到重视。他们的分析表明内部劳动力市场对劳动力市场的运行方式产生重要影响，这是在他们关于劳动力市场如何调整，尤其是在调整过程中，对工资作用的分析最为明显，这些成就进一步拓展了早期工资决定的制度分析。

多林格和皮奥里对内部劳动力市场所下的定义是："一个管理单位，例如一个制造厂，在这一单位内部，劳动力的价格和分配是由一系列管理规则和程序决定的……它与传统经济理论中所说的外部劳动力市场中，价格、分配和培训都是由经济变量直接决定的。"

他们强调的最重要的特点之一是关于在职工人的权力和特权，例如，那些在职工人享有从事非入门级别工作的特权和就业持续性特权。因为这些特权给在职工人提供了逃避直接竞争的保护，因此内部劳动力市场和有些人所说的行业封建主义和劳动力市场割据有密切的联系。他们的定义更适合于一个组织或者一个公司内的内部劳动力市场。他们考虑的是制造业中无技术或半技术的蓝领工人。但是，内部劳动力市场概念也适合于那些从事文书、行政管理工作的工人。

除了这些企业内部劳动力市场外，那些技术性蓝领工人和白领工人的行业的、职业的或专业的劳动力市场也可以被看作是内部劳动力市场。正如企业内部劳动力市场那样，这些市场的运行也是受到规则和程序的制约。多林格和皮奥里认为，当规则和程序是固定的时候，内部劳动力市场是一个有用的概念，但是，当这些规则和程序不固定时，仍固执于制度分析，就会使人们对与基本经济力量的认同变得模糊。基于这一思想，要专门重点研究企业的内部劳动力市场。

多林格和皮奥里认为，有三个因素对劳动力市场的产生至关重要：特殊技能、在职培训和习惯势力。根据多林格和皮奥里的观点，这些因素的影响是很大的，这和传统的新古典主义理论所持有的观点是一致的。

第一个因素是特殊技能，是指公司特有的技能，与一般技能或可转让技能相比，是相对更重要的技能。

第二个因素是在职培训的重要性。多林格和皮奥里认为，在工作中对蓝领技术工人的需要仍然占最大比例。在某种程度上，这一观点可以被引申到白领工作，但有一个附带条件：某种类型的正规教育资格可能是更重要的前提。在职培训和特殊技能紧密相连，因为非常特殊的技术要求，所以几乎没有人能在特定时间内及时学会特定的技能。这样，原则上通过正规训练就可以获得的规模经济就很难实现，而非正规的在职培训总是更有效的。

第三个因素是在内部劳动力市场运行中，习惯势力的重要性。习惯势力是一系列非书面性的规则，这些规则对工作的某些方面起着制约作用，这些方面包括旷工、纪律、工作分配、工时、支付。从制度角度来看，习惯势力总是被看作是社会组织的天然组成部分。在某种情况下，个人和团体长期相互作用，用时，对这种相互作用起制约作用的惯例在不断发展演变。工厂也不例外。

他们认为，专用性技能的存在和在职培训的过程强化了员工与特定生产过程以及企业之间的相互依赖性，使劳动力成为一种准固定性生产要素，由此在企业内部产生了维持稳定就业关系的习俗与惯例，习惯法的作用则在于在长期实践中强化这些惯例，使之演化成为企业内部的一整套隐含的或成文的管理规则。在此基础上，他们进一步分析了内部劳动力市场的效率问题，强调了内部劳动力市场在招收、挑选、培训方面的技术效率。高效率的获得取决于管理人员有更多关于在职工人的信息。他们的能力、技术和个人贡献可以从他们的工作经历中获得。因此，挑选工人参加培训时，管理人员必须了解是否具备所要求的能力，以及他是否可能在较长时间内在本公司工作。从这种关于效率的分析可见，多林格和皮奥里基本上还是在新古典的框架内来看待内部劳动力市场的，他们试图将内部劳动力市场融入新古典的理论体系中。

33.5 奥利弗·E·威廉森

奥利弗·E·威廉森（Oliver E. Willamson，1932— ）是美国经济学家、2009 年诺

贝尔经济学奖获得者。他出生于美国威斯康星州苏必利尔。早年在麻省理工学院学习，1955 年获得该大学理学学士学位，后转学到斯坦福大学，1960 年获得工商管理硕士学位，1963 年获得卡内基—梅隆大学经济学博士学位。1955 年，由于取得了麻省理工学院学士学位后的第一份工作，威廉姆森成为美国政府的一名项目工程师。这使他能经常参观项目所涉及的那些政府部门和企业，那些大企业的开创者的素质，深深打动了他，并充分了解科层组织是如何运作的。这份工作还使他有机会去日本、韩国和台湾地区，以及遍访世界各处。这为他此后的研究提供了相当丰富的实践经验。他获得博士学位后先后在加州大学伯克利分校、宾夕法尼亚大学从事工业组织的研究和教学工作。威廉森自 1988 年以来在美国加州大学伯克利分校任教，教授商业管理、经济学和法学。威廉森现在是加州大学伯克利分校哈斯商学院埃德加·凯泽荣誉退休教授。他的主要出版著作有《自由支配行为的经济学：厂商理论中的管理目标》（*The Economics of Discretionary Behavior*：*Managerial Objectives in a Theory of the Firm*，1964）、《公司控制和企业行为：组织形式和企业行为：组织形式对企业行为的影响的探究》（*Corporate control and Business behavior*：*An Inquiry into the Effects of Organisation Form on Enterprise Behavior*，1970）、《市场的等级：分析与反托拉斯的意义》（*Markets and Hierarchies*：*Analysis and Antitrust Implications*，1975）、《资本主义经济制度》（1985）、《治理机制》（1996）等。

奥利弗·E·威廉森
1932—

威廉森早期的研究领域是工业组织和不同市场结构中的劳动需求理论。例如，他在第一本专著《自由支配行为的经济学：厂商理论中的管理目标》中论述管理效用最大化时指出，管理者有其自身的特殊利益，并力图实现自身效用最大化，但这种利益或效用只是部分地同企业的报告利润相挂钩。在效用最大化模型的简单形式中，假定管理效用是报告利润 π^r、处于管理者直接控制下的雇员支出 S，以及额外利益 M 的函数，可列举多种理由说明这些变量的合理性。例如，S 可反映管理者的权力或威信；π^r 可反映管理者的能力；M 是一种衡量非货币收入的指标。假定该函数的每一个自变量都会产生递减的边际效用，使任何一对收益之间的边际替代率递减，引出凸向原点的无差异曲线群。

为了集中探讨该模型的就业情况，可先假定额外利益为零。假定该模型中的雇员是非生产工人，这些雇员与销售收入最大化模型中的一样，能够影响产量水平和产品销售价格，由于那些获取管理者效用的活动所需要的资金来源于经营利润，管理者需要保证企业在生产中维持高效率。

在图 33—1 中，针对每一种雇员支出水平，都有一条由 π^{r*} 表示的企业能够达到的最大报告利润曲线。管理者的无差异曲线为 u_0^u、u_1^u、…，它们表示报告利润与雇员之间的替代关系。效用最大者的均衡点是利润曲线 π^{r*} 与 u^{u*} 的切点。u_1^u 所表示的较高费用是他达不到的，u_0^u 所表示的较低效用水平不是最优的。在该效用最大者所选择的 s^{u*} 的雇员水平上，他所放弃的最后 1 英镑报告利润的边际效用等于用这 1 英镑增雇雇员所带来边际效用。另外，争取利润最大的所有管理者，只能从报告利润获得效用，而不能从雇员本身获得效用。因此，他们的无差别曲线在图中表现为 u_0^π、u_1^π、u_2^π、…所有兼管理者的最大效用点为 $u^{\pi*}$ 曲线与 π^{r*} 曲线相切的对应点 $S^{\pi*}$ 的点。从该图可知，效用最大者一般要比利润最大者雇用更多的雇员。在两个模型中，人们都假定企业在生产活动中是有效率的，因此，效用最大者决定的非生产雇员对生产雇员的比率也会高于利润最大者。完整的模型也考虑专业管理者从额外利益获得效用的情况。追求效用最大化的管理者可以通过放弃部分利润，或减少一些雇员，以得到更多额外的利益，从而提高其总效用水平。

威廉森指出内部劳动力市场是一个高效的管理机构。威廉森对内部劳动力市场繁荣的贡献之所以重要，是因为他对内部劳动力市场概念作了根本性解释。有人把他的这一理论称为新制度主义。威廉森对经济分析中关于人的行为特征的基本假定进行了新的界定：经济生活中的人总是尽最大能力保护和增加自己的利益，也就是说，经济中的人都是自私的，而且为了利己，还可能不惜损人。威廉姆森把人一有机会就会不惜损人利己的“本性”，称为机会主义。人的这种本性直接影响以私人契约为基础的市场效率。市场上交易的双方不但要保护自己的利益，而且要随时提防对方的机会主义行为。每一方都不清楚对方是否诚实，都不敢轻率地以对方提供的信息为基础，而必须以自己直接收集的信息为基础做出交易决策。因此，机会主义使交易费用提高。交易越复杂，交易费用的提高幅度也越大，威廉森认为，对于“机会主义”的认识，是他对经济学首创的贡献之一。一切足以引起提高市场交易费用的其他因素都是通过了人的机会主义行为，才会具体转化为交易费用的上升。

威廉森假定交易费用是在不确定状态下进行的，并且信息是不对称的。这些假定仅仅明确了对交易成本的兴趣所在。威廉森将“交易费用”形象地比喻为物理学中的摩擦力。不过，威廉森认为，在完全静态的条件下分析交易费用，并不会有很大的意义。他指出信息不对称是一种普遍现象，而不是特殊情况。就雇佣关系而言，这种信息不对称可能是正确的，在委托人和代理人模型中，新古典主义对这一问题的分析也采用了相同的假设。

威廉森进一步明确了交易成本的关键因素是交易的频率、交易条件下的不确定程度和类型以及资产的特殊性程度。尽管这些要素都是重要的，但是其结论却是随着资产的特殊性变化而变化，特殊人力资源是一个资产的例子，这种资产把交易成本分析和内部劳动力市场紧密地联系起来。

对于内部劳动力市场，威廉森对交易成本的基本原理进行了最具说服力的表述。他指出，第一，由于工资是同工作联系在一起的，而不是工人，所以那种由于少数成员进行交易的问题被削弱了，这就阻碍了工人对个人工资的讨价还价，因此个人机会主义行为减少。第二，把内部分配机制尤其是晋升看作是一种激励机制。因此工人不仅仅是毫不迟疑地接受命令，他们如此做的原因是存在一种奖励服从的内部激励结构。第三，有限的入门职位或内部晋升具有信息高效性。也就是说，公司通过对工人的长期观察做出的劳动力分配与公司通过把所有的职位都对外开放所做出的劳动力分配相比，前者效率会更高。

威廉森对交易成本经济学工贡献在于它为内部劳动力市场提供了完整的解释。经济机构，包括公司，被看作是一种使交易成本经济化的机制。就雇佣关系而言，在职工人的特殊技能构成了一个难点。这不是雇佣关系所具有的，其他市场也具有类似的问题。为了解决雇佣关系的这一特殊性，就需要一种特别的契约性安排，而内部劳动力市场就是这样一种安排。它是一种不完善合同，而完善合同由于交易成本问题而排除在外。工人在一定限度内接受管理人员的命令，这在极大程度上是由规则和程序决定的，而这些规则和程序是随着习惯势力的演变而改变。显而易见，威廉森把内部劳动力市场的规则和程序可被看作是一个高效的管理机构，之所以高效，是因为它平衡了适应性的需求和工人对稳定的渴望。

思考题

1. 论述罗纳德·G·伊兰伯格和罗伯特·S·史密斯的劳动经济思想。
2. 简述皮埃尔·卡赫克和安德烈·奇尔贝尔博格的劳动经济学说。
3. 简述德怀特·波金斯的劳动经济思想。
4. 试论皮特·多林格和迈克尔·约瑟夫·皮奥里的内部劳动力市场理论。
5. 试论奥利弗·E·威廉森的劳动经济思想。

参考文献

[1] [英] 阿弗里德·马歇尔. 经济学原理. 廉运杰译. 北京：华夏出版社，2005.
[2] [英] 阿尔弗雷德·马歇尔. 经济学原理（上卷）. 朱志泰，陈良璧译. 北京：商务印书馆，1964.
[3] [英] 阿尔弗雷德·马歇尔. 经济学原理（下卷）. 朱志泰，陈良璧译. 北京：商务印书馆，1983.
[4] [美] 阿瑟·刘易斯. 二元经济论. 北京：北京经济学院出版社，1989.
[5] [美] A. E. 门罗编. 早期经济思想. 北京：商务印书馆，2011.
[6] [美] 奥肯. 平等与效率. 王奔洲等译. 北京：华夏出版社，1999.
[7] [法] 巴斯夏. 和谐经济论. 王家宝等译. 北京：中国社会科学出版社，1995.
[8] [法] 巴斯夏. 财产、法律与政府. 秋风译. 北京：商务印书馆，2012.
[9] [美]保罗·萨缪尔森，威廉·诺德豪斯. 经济学（第 16 版）. 北京：华夏出版社，1999.
[10] [美] 保罗·J·麦克纳尔蒂. 劳动经济学的起源与发展. 杨体仁，潘功胜译. 北京：中国劳动出版社，1993.
[11] [美] 贝克尔. 人类行为的经济分析. 上海：上海人民出版社，1996.
[12] [美] 贝克尔. 人力资本. 北京：北京大学出版社，1996.
[13] [法] 布阿吉尔贝尔. 论财富、货币和赋税的性质. 北京：商务印书馆，1979.
[14] [法] 布阿吉尔贝尔. 布阿吉尔贝尔经济著作选集. 武纯武，梁守锵译. 北京：商务印书馆，1984.
[15] [英] 布雷. 对劳动的迫害及其救治. 北京：商务印书馆，1960.
[16] [美] 本·赛里格曼. 现代经济学主要流派. 贾拥民译. 北京：华夏出版社，2010.
[17] [美]比尔·康纳狄，拉姆·查兰. 刘永军，朱洁译. 北京：机械工业出版社，2012.
[18] [美] C·A·摩尔根. 劳动经济学. 杨炳章等译. 北京：工人出版社，1984.
[19] [美]C·R·麦克南等. 当代劳动经济学. 刘文等译. 北京：人民邮电出版社，2004.
[20] [美] C·R·麦克南，S·L·布鲁，D·A·麦克斐逊. 当代劳动经济学. 刘文，赵成美等译. 北京：人民邮电出版社，2006.
[21] [英] 大卫·桑浦斯福特等. 劳动经济学前沿问题. 北京：中国税务出版社，2000.
[22] [英]大卫·桑浦斯福特，泽弗里斯·桑纳托斯. 劳动力市场经济学. 王询译. 北京：中国税务出版社，2005.
[23] [英] 大卫·李嘉图. 政治经济学及赋税原理. 北京：商务印书馆，1972.

[24] [英] 大卫·李嘉图. 政治经济学及赋税原理. 北京：华夏出版社，2005.
[25] [英] 大卫·李嘉图. 李嘉图著作和通讯集（第1卷）. 北京：商务印书馆，1983.
[26] [美]丹尼尔·R. 富斯菲尔德. 经济学——历史的解析. 北京：人民邮电出版社，2011.
[27] [美] 德怀特·H·波金斯，斯蒂芬·拉德勒，唐纳德·R·斯诺德格拉斯，马尔科姆·吉利斯，迈克尔·罗默. 发展经济学（第五版）. 北京：中国人民大学出版社，2005.
[28] [德] 德里克·博斯沃思，彼得·道金斯、索尔斯坦·斯特龙巴克. 劳动力市场经济学. 北京：中国经济出版社，2003.
[29] [德] 杜能. 孤立国与农业和国民经济的关系. 北京：商务印书馆，1986.
[30] [法] 杜尔哥. 关于财富的形成和分配的考察. 北京：商务印书馆，1978.
[31] [美] E. K. 亨特. 经济思想史——一种批判的视角. 颜鹏飞译. 上海：上海财经大学出版社，2007.
[32] [美]费景汉，古斯塔夫·拉尼斯. 劳动剩余经济的发展. 北京：华夏出版社，1989.
[33] [美] 弗里德曼. 资本主义与自由. 张瑞玉. 北京：商务印书馆，1986.
[34] [美] 弗里德曼. 危机中的自由经济. 世界经济译丛. 1982（2）.
[35] [美] 弗里德曼. 货币政策的作用. 现代国外经济学论文选（第1辑），北京：商务印书馆，1979 .
[36] [法] 傅立叶. 傅立叶选集（第3卷）. 冀甫译. 北京：商务印书馆，1964.
[37] [英] 格雷. 人类幸福论. 北京：商务印书馆，1963.
[38] [日] 岡部達味，毛里和子.『改革·開放時代の中国』. 東京：日本国際問題研究所，1992.
[39] [美] 哈里·兰德雷斯，大卫·C·柯南德尔. 经济思想史. 周文译. 北京：人民邮电出版社，2011.
[40] 韩承文，徐云霞. 路易·勃朗的劳动组织学说评述. 扬州师院学报（社会科学版）. 1986（4）.
[41] 胡学勤. 劳动经济学（第二版）. 北京：高等教育出版社，2004.
[42] [英] 杰文斯. 政治经济学理论. 郭大力译. 北京：商务印书馆，1984.
[43] [法] 古诺. 财富理论的数理研究. 陈尚银译. 北京：商务印书馆，1994.
[44] [英] 凯恩斯. 就业、利息和货币通论. 高鸿业译. 北京：商务印书馆，1999.
[45] [英] 凯恩斯. 就业、利息和货币通论. 李欣全译. 海口：南海出版社，2010.
[46] [美] 坎贝尔·R·麦克南，斯坦利·L·布鲁，大卫·A·麦克斐逊. 当代劳动经济学. 刘文，赵成美，连海峡译. 北京：人民邮电出版社，2002.
[47] [法] 坎蒂隆. 商业性质概论. 余永定，徐寿冠译. 北京：商务印书馆，1986.
[48] [美] 凯里. 社会科学教本. 北京：商务印书馆，1963.
[49] [美] 克拉克. 财富的分配. 北京：商务印书馆，1959.
[50] [法] 魁奈. 魁奈经济著作选集. 北京：商务印书馆，1979.

[51] [美] 康芒斯. 制度经济学（上）. 于树生译. 北京：华夏出版社，1962.
[52] [美]康芒斯. 集体行动的经济学. 朱飞等译. 北京：中国劳动社会保障出版社，2010.
[53] [美] 理查德·弗里德曼. 劳动经济学. 北京：商务印书馆，1987.
[54] [英]李嘉图 D. 政治经济学及赋税原理. 郭大力，王亚南译. 北京：商务印书馆，1962.
[55] [英]李嘉图 D. 李嘉图著作和通讯集. 郭大力，王亚南译. 北京：商务印书馆，1997.
[56] [德] 李斯特. 政治经济学的国民体系. 陈万熙译. 北京：商务印书馆，1961.
[57] 李通屏等编著. 人口经济学. 北京：清华大学出版社，2008.
[58] 李仲生. 欧美人口经济学说史. 北京：世界图书出版公司，2013 .
[59] 李仲生. 人口迁移与经济发展. 当代中国百业英才业绩（论文卷）. 北京：中国经济出版社，2004.
[60] 李仲生. 人口经济学（第三版）. 北京：清华大学出版社，2013.
[61] [瑞] 林达尔. 货币与资本理论的研究. 北京：商务印书馆，1963.
[62] [瑞]林德贝克. 新左派政治经济学. 张自庄，赵人伟译. 北京：商务印书馆，2013.
[63] [美] 罗伯特·M. 索洛. 经济增长因素分析. 北京：商务印书馆，1999.
[64] [美] 罗纳德·G·伊兰伯格，罗伯特·S·史密斯. 现代劳动经济学：理论与公共政策（第 6 版）. 北京：人民出版社，1986.
[65] [美] 罗纳德·G·伊兰伯格，罗伯特·S·史密斯. 现代劳动经济学：理论与公共政策（第 10 版）. 北京：人民出版社，2012.
[66] [德] 罗雪尔. 国民经济学原理（第一册）. 亨利·霍尔特出版公司，英文版，1981.
[67] [德]罗雪尔. 历史方法的国民经济学讲义大纲. 朱绍文译. 北京：商务印书馆，1981.
[68] 罗志如，范家骧，厉以宁，胡代光. 当代西方经济学说（上）. 北京：北京大学出版社，1989.
[69] 鲁友章，李宗正主编. 经济学说史. 北京：中国人民大学出版社，2013.
[70] 梁小民，姚开建. 西方经济学必读手册. 北京：中国物资出版社，1999.
[71] 栾博. 西方经济思想库（第一卷）. 北京：经济科学出版社，1997 .
[72] [苏] 卢森贝. 政治经济学史（第一卷）. 北京：生活·读书·新知三联书店，1978.
[73] [英] 洛克. 政府论（下篇）. 叶启芳等译. 北京：商务印书馆，1996.
[74] [英] 马尔萨斯. 人口原理. 北京：商务印书馆，1959.
[75] [英] 马尔萨斯. 政治经济学定义. 何新译，北京：商务印书馆，1960.
[76] [英]马尔萨斯. 政治经济学原理. 厦门大学经济系翻译组. 北京：商务印书馆，1962.
[77] [英] 马克·布劳格，保罗·斯特奇斯. 世界重要经济学家词典. 北京：经济科学出

版社，1987.
[78] [德] 马克思. 资本论（第1卷），北京：人民出版社，1975.
[79] [德] 马克思，恩格斯. 马克思恩格斯全集（第1卷）. 北京：人民出版社，1995.
[80] [德] 马克思，恩格斯. 马克思恩格斯全集（第2卷）. 北京：人民出版社，1957.
[81] [德] 马克思，恩格斯. 马克思恩格斯全集（第3卷）. 北京：人民出版社，1960.
[82] [德] 马克思，恩格斯. 马克思恩格斯全集（第5卷）. 北京：人民出版社，1958.
[83] [德] 马克思，恩格斯. 马克思恩格斯全集（第13卷）. 北京：人民出版社，1972.
[84] [德] 马克思，恩格斯. 马克思恩格斯全集（第16卷）. 北京：人民出版社，1964.
[85] [德] 马克思，恩格斯. 马克思恩格斯全集（第22卷）. 北京：人民出版社，1965.
[86] [德] 马克思，恩格斯. 马克思恩格斯全集（第26卷）. 北京：人民出版社，1972.
[87] [德] 马克思，恩格斯. 马克思恩格斯全集（第37卷）. 北京：人民出版社，1971.
[88] [德] 马克思，恩赫斯. 马克思恩格斯全集（第38卷）. 北京：人民出版社，1972.
[89] [德]马克思，恩格斯. 马克思恩格斯全集（第46卷下）. 北京：人民出版社，1980.
[90] [德] 马克思，恩格斯. 马克思恩格斯选集（第1卷）. 北京：人民出版社，1995.
[91] [德] 马克思，恩格斯. 马克思恩格斯选集（第3卷）. 北京：人民出版社，1995.
[92] [德] 马克思，恩格斯. 马克思恩格斯选集（第4卷）. 北京：人民出版社，1995.
[93] [英] 马歇尔. 经济学原理. 海口：南海出版社，2010.
[94] [英] 马歇尔. 经济学原理（上卷）. 北京：商务印书馆，1964.
[95] [英] 马歇尔. 经济学原理（下卷）. 北京：商务印书馆，1983.
[96] 马颖. 简论威廉・罗雪尔的经济发展理论. 经济评论，1995 (1).
[97] [美] 迈克尔・P. 托达罗. 经济发展与第三世界. 北京：中国经济出版社，1992.
[98] [美] 迈克尔・P. 托达罗. 经济发展. 北京：中国经济出版社，1999.
[99] 莫瑞・N. 罗斯巴德. 亚当・斯密以前的经济思想：奥地利学派视角下的经济思想史（第1卷）. 张凤林等译. 北京：商务印书馆，2012.
[100] [奥] 门格尔. 国民经济原理. 上海：上海人民出版社，1959.
[101] [英] 麦克库洛赫. 政治经济学原理. 郭家麟译. 北京：商务印书馆，1975.
[102] [英] 曼德维尔. 蜜蜂的寓言：私人的恶德，公众的利益. 肖聿译. 北京：中国社会科学出版社，2002.
[103] [英] 穆勒. 经济学原理. 郭大力译. 上海：世界书局，1936.
[104] [英] 穆勒. 政治经济学原理（上卷）. 赵荣潜等译. 北京：商务印书馆，1991.
[105] [瑞] 缪尔达尔. 货币均衡论. 北京：商务印书馆，1963.
[106] [美] O. 阿申费尔特，[英] R. 莱亚特. 劳动经济学手册（第1卷）. 北京：经济科学出版社，2009.
[107] [美] O. 阿申费尔特，[英] R. 莱亚特. 劳动经济学手册（第2卷）. 北京：经济科学出版社，2010.
[108] [英] 欧文. 欧文选集（上卷）. 柯象峰译. 北京：商务印书馆，1965.
[109] 裴小革. 瑞典学派经济学. 北京：经济日报出版社，2008.

[110] [法] 蒲鲁东. 什么是所有权. 北京：商务印书馆，1997.
[111] [英]配第. 配第经济著作选集. 陈东野，马清槐，周锦如译. 北京：商务印书馆，1981.
[112] [奥] 庞巴维克. 资本与利息. 北京：商务印书馆，1959.
[113] [奥] 庞巴维克. 资本实证论. 陈瑞译. 北京：商务印书馆，1981.
[114] [法] 皮埃尔·卡赫克，安德烈·齐尔贝尔博格. 劳动经济学. 沈文恺译. 上海：上海财经大学出版社，2007.
[115] [希腊] 柏拉图. 法律篇. 张智仁，何勤华译. 上海：上海人民出版社，2001.
[116] [希腊] 柏拉图. 理想国. 郭斌和，张竹明译. 北京：商务印书馆，1995.
[117] [英] 庇古. 论失业问题. 北京：商务印书馆，1959 .
[118] [英] 乔治·拉姆塞. 论财富的分配. 北京：商务印书馆，1984.
[119] [美]乔治·J·鲍哈斯. 劳动经济学（第三版）. 北京：中国人民大学出版社，2010.
[120] [美] 萨尔·D·霍夫曼. 劳动力市场经济学. 崔伟，张志强译. 上海：上海三联书店，1988.
[121] [法] 萨伊. 政治经济学概论. 陈福生等译. 北京：商务印书馆，1963.
[122] [法] 萨伊. 政治经济学概论. 北京：商务印书馆，1982.
[123] [法] 圣西门. 圣西门选集（上卷）. 何清新译. 北京：商务印书馆，1962.
[124] [法] 圣西门. 圣西门选集（下卷）. 何清新译. 北京：商务印书馆，1962.
[125] [英] 斯拉法. 用商品生产商品. 北京：商务印书馆，1979.
[126] [希腊] 色诺芬. 经济论·雅典的收入. 张伯健，陆大年译. 北京：商务印书馆，1981.
[127] [希腊] 色诺芬. 回忆苏格拉底. 北京：商务印书馆，1984.
[128] [美] 唐·白劳德，马克·杰克逊. 劳动经济学——劳动市场的理论与实践. 郑洪栋，何小培译. 北京：科学普及出版社，1989.
[129] [英] 汤普逊. 最能促进人类幸福的财富分配原理的研究. 何慕李译. 北京：商务印书馆，1986.
[130] [意] 托马斯·阿奎那. 阿奎那政治著作选. 马清槐译. 北京：商务印书馆，1982.
[131] [英] 托马斯·孟. 英国得自对外贸易的财富. 北京：商务印书馆，1982.
[132] [美] 托宾. 通货膨胀与失业. 载现代国外经济学论文选（第1辑）. 北京：商务印书馆，1979.
[133] [美] 托宾. 十年来的新经济学. 北京：商务印书馆，1980.
[134] [德] 屠能. 孤立国. 吴衡康译. 北京：商务印书馆，1986.
[135] 陶大镛. 外国经济思想史新编（上册）. 南京：江苏人民出版社，1990.
[136] [法] 瓦尔拉斯. 纯粹经济学讲义. 北京：商务印书馆，1989.
[137] [瑞] 威克塞尔. 国民经济学讲义. 上海：上海译文出版社，1982.
[138] [英] 威廉·配第. 赋税论. 陈东野等译. 北京：商务印书馆，1963.

[139] [英] 威廉·配第. 政治算数. 北京：商务印书馆，1960.
[140] [德] 维尔纳·桑巴特. 现代资本主义（2卷）. 李季译. 北京：商务印书馆，1939.
[141] [德] 维尔纳·桑巴特. 现代资本主义（1卷）. 李季译. 北京：商务印书馆，1958.
[142] [奥] 维塞尔. 自然价值. 陈国庆译. 北京：商务印书馆，1982.
[143] 王朗玲，孟庆林. 西方经济思想库（第二卷）. 北京：经济科学出版社，1997.
[144] [德] 韦伯. 新教伦理与资本主义精神. 彭强，黄晓京译. 西安：陕西师范大学出版社，2002.
[145] 巫宝山. 古代希腊、罗马经济思想资料选集. 北京：商务印书馆，1990.
[146] [英] 休谟. 休谟经济论文选. 陈玮译. 北京：商务印书馆，1984.
[147] [古罗马] 西塞罗. 国家篇·法律篇. 沈叔平，苏力译. 北京：商务印书馆，1999.
[148] [古罗马] 西塞罗. 北京大学哲学系外国哲学史教研室编译. 西方哲学原著选读（上册）. 北京：商务印书馆，1982.
[149] [美] 西奥多·舒尔茨. 人力投资——人口质量经济学. 北京：华夏出版社，1990.
[150] [美] 西奥多·舒尔茨. 对人进行投资——人口质量经济学. 北京：首都经济贸易大学出版社，2002.
[151] [法] 西斯蒙第. 政治经济学新原理. 何钦译. 北京：商务印书馆，1998.
[152] [法]西斯蒙第. 政治经济学研究（第1卷）. 胡尧步等译. 北京：商务印书馆，1989.
[153] [法]西斯蒙第. 政治经济学研究（第2卷）. 胡尧步等译. 北京：商务印书馆，1989.
[154] [法] 西斯蒙第. 新原理. 何钦译. 北京：商务印书馆，1964.
[155] [英] 西尼尔. 政治经济学大纲. 蒋受百译. 北京：商务印书馆，1977.
[156] [美] 雅各布·明瑟尔. 劳动供给研究. 北京：中国经济出版社，2001.
[157] [英] 亚当·斯密. 国富论. 杨敬年译. 西安：陕西人民出版社，2001.
[158] [英] 亚当·斯密. 国民财富的性质和原因的研究. 上卷. 郭大力等译. 北京：商务印书馆，1972.
[159] [希] 亚里士多德. 政治学. 北京：商务印书馆，1965.
[160] 杨河清，胡建林. 劳动经济学. 武汉：武汉出版社，2009.
[161] 杨河清，王守志. 劳动经济学（第3版）. 北京：中国人民大学出版社，2010.
[162] 晏智杰. 经济学中的边际主义：历史的批判的研究. 北京：北京大学出版社，1987.
[163] 晏智杰. 古典经济学. 北京：北京大学出版社，1998.
[164] 晏智杰. 边际革命和新古典经济学. 北京：北京大学出版社，2004.
[165] 晏智杰主编. 西方经济学术史教程. 北京：北京大学出版社，2012.
[166] [美] 约翰·贝茨·克拉克. 财富的分配. 陈福生，陈振骅译. 北京：商务印书馆，1983.
[167] [英] 约翰·斯特拉瑟. 合理预期是有前途的研究大纲，还是货币学派合理原教旨

主义理论. 经济学译丛. 1986 (8).
[168] 颜鹏飞. 西方经济思想史. 北京：中国经济出版社，2010.
[169] [美] 张伯伦 E. 垄断竞争理论. 郭家麟译，北京：三联书店，1958.
[170] 张旭昆. 经济思想史. 北京：中国人民大学出版社，2008.
[171] 张旭昆. 杜能经济理论简介. 经济思想史评论. 2007 (1).
[172] 朱富强. 经济学说史——思想发展与流派渊源. 北京：清华大学出版社，2013.
[173] 赵汉平主编. 西方经济思想库（第三卷）. 北京：经济科学出版社，1997.
[174] Adam Smith . *An Inquiry into the Nature and Causes of Wealth of Nations*. 1776. / 大内兵衛，松川七郎合訳：『国富論』，東京：岩波書店，1969.
[175] Alfred Marshall. *Principles of Economics*. London，1890/ [日] 馬場啓之助訳. 『経済学原理』. 第 1 分册. 東京：東洋経済新報社，1965—1967.
[176] Alfred Marshall. *Principles of Economics*. London，1890/ [日] 馬場啓之助訳. 『経済学原理』. 第 2 分册. 東京：東洋経済新報社，1965—1967.
[177] A. Monroe ed. Early *Economic Thought*. Cambridge Mass：Harvard University Press，1965.
[178] Arrow，K. J. 'Some Mathematical Models of Race Discrimination in the Labor Market'，in A. Pascal (ed.)，*Racial Discrim ination in Economic Life*，Chapt er 6，Lexington：DC Heath，1972.
[179] Augustin Cournot，*Researches into the Mathematical Principles of the Theory of Wealth*，trans. New York：Macmillan，1929.
[180] Becker，G. S. *A Treatise on the Family*，Harvard University Press，1981.
[181] Becker，G. S. Human capital：a theoretical and empirical analysis with special reference to education. New York：NBER，1966.
[182] Bergmann，B. The Effect on Incomes of Discrimination in Employment.，*Journal of Political Economy*，vol. 79，1971.
[183] Black，Dan H.，Discrimination in an E quilibrium Search Model.，*Journal of Labor Economics* 13，No. 2 (April) 1995.
[184] Caldwell，J. C. *Theory of Fertility Decline*，London，Academic Press，1982.
[185] Cannan，Edwin. *Elementary Political Economy*，London，1988.
[186] Chamberlin E. H. *The Theory of Monopolistic Cornpetition*. Cambridge：Harvard University Press，1946.
[187] Charles P. Kindleberger. *Economic Development*. New York：McGraw-Hill，1958.
[188] Doringer，P. and Piore，M.，*Internal Labor Markets and Manpower Analysis*，Lexington，Mass：D，C. Heath . 1971.
[189] Dale w. Jorgenson. The development of a dual economy，*Economic Journal* 71，1971.

[190] Dale w. Jorgenson.. Surplus agricultual labour and the development of a dual Economy. *Oxford Economic Papers* 19. 1967.

[191] Davis, k. The Amazing Decline of Mortaluty in Underdeveloped Areas. *American Economic Review* 46 (2), 1956.

[192] Dennis L. Meadows and Donrlla H. Meadows. The Limits toGrowth. New York: Potomac Assoc, 1972.

[193] Edward Fulton denison. *The Sources of Economic Growth in the United States and the Alternatives Before US*. New York: CED, 1962.

[194] Edward Fulton Denison. The contribution of education to the Quality of abor: Comment. *American. Economic Review*59, 1969.

[195] Gary Stanley Becke, *The Economic Approach to Human Behavior*, 1976.

[196] Hansen, Alvin Harvey. "Economic Progress and Declining Population Growth", *Population Theory and Policy*, ed. by Spendler and Duncan, Glencoe, 1957.

[197] Harris, John Rees and Todaro, Michael. P. Migration Unemployment and Development, A Two Sector Analysis, *American Economic Review*, Vol. 60, No. 1, 1970.

[198] Hicks, John. R. *The Theory of Wages*. London, Macmillan, 1932.

[199] James Edward Meade. *The Growing Economy*. Chicago: Aldine, 1957.

[200] John Rees Harris and Michael P. Todaro. Migration, unemployment & development: a two—sector Analysis. *American economic Review* 60, 1970.

[201] John R Commons. *Institutional Economic*. New York: Macmillan, 1924.

[202] Kaldor, N. "A Model of Economic Growth," *Economic Journal*. LXVⅡ, December 1957.

[203] Kahn, L. K. Customer Discrimination and Affirmative Action., Economic Inquiry, XXIX, July. 1991.

[204] Kuznets, S. Toward a Theory of Economic Growth of Nations, Norton, 1968.

[205] Leon Walras. *Elements of Pure Economics*. London: Allen & Unwin, 1954.

[206] Lewis M. Terman and Melita H. Oden, The Gifted Group at Mid—lifti, Genetic Studies of Genius (volume5), Stanford Uni. Press, California, 1959.

[207] Lewis W. A. Reflection on Unlimited Labor. *International Economics and Development*. New York: Academic Press, 1972.

[208] Lucas, R. E., On the Mechanics of Economic Development, Journal of Monetary Economics, Vol, 22, 1988.

[209] Longfield, S. M. *Lecture on the Political Economy*, London: repint, 1931.

[210] Lowry, I. S. *Migration and Metropolitan Growth: Two Analytical Models*, Chandller, 1966.

[211] Lowell J. Reed and Margaet Merrell. A Short Method for Constructing an

Abridged Life *American* Table, *Journal of Hygiene* 30, 1939.

[212] Lucas, R. E., On the Mechanics of Economic Development, *Journal of Monetary Economics*, Vol, 22,. 1988.

[213] Irving Fisher. *Mathematical Investigation in the Theory of Value and Prices*. New Haven: Yale University Press, 1926.

[214] Phelps, E. S. The St at istical Theory of Racism ang Sexism., American Economic Review, LXII, Sept ember, 1972.

[215] Paul T. Schultz. An economic model of family planning and fertility. *Journal of Political Economy*77,. 1969.

[216] Piore, M. J. The Dual Labor Market: Theory and Application, *The State and the Poor*, 1970.

[217] Robinson J. *The Economics of Imperfect Competition*. London: Macmillan, 1933.

[218] Schultz Theodre. W. *Agriculture in an Unstable Economy*, New York, McGraw-Hill, 1945.

[219] Simon Kuznets. Quantitative aspects of the economic growth of nations. *Levels and Variability of Rates of Growth* 1., 1956.

[220] Simeon Larson and Bruce Nissen. *Theories of the Labor Movement*. Detroit: Wayne State University Press, 1987.

[221] Spegler, j. j. The economic effects of migration. *In Selected Studies of Migration Since World War*2. F. G. Boudreau and C. V. Kiser, eds. New York: Milbank Memorial Fund, 1958.

[222] Thurow, L. Discrimination and Theories of Income Determination., in *Generating In equality: Mechanisms of Discrimination in the U. S. Economy*, Chapter 7, New York: Basic Books, 1975.

[223] Thurow, L. *Poverty and Discrimination*, Washington DC: Brookings, 1969.

[224] Thomas, B. Migration and Economic Growth, Cambridge Univ. press, 1954.

[225] Thomas Greville., "Short Methods of Constructing Abridged Life Tables", *Record of the American Institute of Actuaries* 32, 1943.

[226] Thomas, B. *Migration and Economic Growth*, Cambridge Univ. press, 1954.

[227] Todaro, M. P. Internal Migration in Developing Countries: A Survey, *Population and Economic Change. in Developing Countries*, R. A. Easterlin ed., chicago Univ. Press, 1980.

[228] Thompson, B. *Migration and Economic* Growth, Cambridge Univ. Press, 1954.

[229] W. S. Jevons, *The Theory of Political Economy*. London: Macmillan, 1957.

[230] Wicksteed P. H. *An Essay on the Coordination of the Laws of Distribution*. London: Macmillan &Company, 1932.

[231] Wilbur Zelinsky：The Hypothesis of the Mobility Transition，*The Geographical Review*，Vol. 61，1971.

[232] William Arthur Lewis. *The Theory of Economic Growth*. London：George Allen and Unwin，1955.

[233] William Stanley Jevons，*The Theory of Political Economy*，3rd ed.. London：Macmillan，1888.